Das Gelände der Alsterdorfer Anstalten 1973

Kohlhammer

Gerda Engelbracht, Andrea Hauser

Mitten in Hamburg

Die Alsterdorfer Anstalten 1945–1979

Verlag W. Kohlhammer

Abbildung Umschlagvorderseite: Werner Voigt, Alsterdorfer Passion I, 1984; siehe S. 202–208.
Abbildungen Umschlaginnenseiten: Luftbilder; Legende siehe S. 301–307.

ISBN 978-3-17-023395-9

Inhalt

Geleitwort 9

Vorwort 11

Einleitung 15

Wiederaufbau und Konsolidierung – Die Alsterdorfer Anstalten 1945–1954 21

Die Hypothek des Nationalsozialismus 26

    „[E]s ist alles so unruhig voll Spannung bei uns." –
    Personelle Brüche und Kontinuitäten 27

    Der Betriebsausschuss – Entnazifizierung „von unten" 32

    Der „Fall Budde" 35

    „MINDERWERTIG WERDEN JETZT DIE ANDEREN GENANNT" 38

    Verdrängen und Tabuisieren –
    der Umgang mit Zwangssterilisation und „Euthanasie" 40

Volkmar Herntrich – Kirchlicher Multifunktionär
und kommissarischer Anstaltsleiter 43

Die Entwicklung der Alsterdorfer Anstalten im ersten Nachkriegsjahrzehnt 49

    VON DER KIRCHLICHEN HOCHSCHULE ZUR THEOLOGISCHEN FAKULTÄT 53

    Anstalt versus Krankenhaus –
    die hierarchische Ordnung der Krankenhauswelt 54

Alsterdorf als „Gelebte Diakonie" 1955–1967 61

Sattelzeit der Modernisierung 62

Julius Jensen – Theologe in sozialer Verantwortung 64

    Wiederkehr der „Euthanasie"-Diskussion 71

Bauliche Modernisierungsprozesse 79

    MICHELFELDER KINDERHEIM – „TO A REAL HOME, ZU EINEM WIRKLICHEN HEIM" 82

Inszenierte Geschichte:
100 Jahre Alsterdorfer Anstalten (1963) – 100 Jahre Anstaltsschule (1967) 83

Das christliche Anstaltsmilieu im Umbruch 90

Das religiöse Leben in den Alsterdorfer Anstalten 92

„TANTE KARIN" – ALS PFARRVIKARIN IN ALSTERDORF 95

Die Diakonie in der Krise – Nachwuchsmangel und Erosionen 97

Die Alsterdorfer Schwesternschaft – ein Rückblick 100

Von der Konsolidierung bis zur Bedeutungslosigkeit
der Alsterdorfer Schwesternschaft 104

Schwesternalltag zwischen Gemeinschaft und Gehorsam 110

„DAS WAR EIN SCHLAG" – DIE VERWEIGERUNG DER HAUBE FÜR EINE SCHWESTER 113

Neue Fachlichkeit – die Ausbildung des Pflegepersonals 114

Berufsfachschule für Kinderpflegerinnen –
„Unterricht für die Betreuung geistig Behinderter" 116

Von der Berufung zum Beruf – die Krankenpflegeausbildung in Alsterdorf 123

Arbeitsbedingungen und Arbeitsalltag des Pflegepersonals:
Zwischen Identifikation und Überforderung 126

„Hier bleibst du nicht" – hohe Fluktuation 128

„EINE SCHULE FÜR'S LEBEN" –
EIN GESPRÄCH MIT DEN ERSTEN ZIVILDIENSTLEISTENDEN IN ALSTERDORF 131

Reglementierte Freizeit – der Kost- und Logiszwang in der Anstalt 134

„Ich war also die ganze Zeit alleine tätig" – Arbeitsalltag 138

„Man hat versucht zu machen, was man konnte" – Förderung? 140

„Es war unendlich viel Liebe da" – Selbstverständnisse 141

Leben im Spannungsfeld von Geborgenheit und Zwang 145

Die Bewohnerstruktur in Alsterdorf 146

WIE TOTAL IST DIE „TOTALE INSTITUTION"? – ZUM KONZEPT ERVING GOFFMANS 148

Die Betroffenen kommen selbst zu Wort 150

SO WAR DAS HIER – VON DER NOTWENDIGKEIT DER ERINNERUNGSARBEIT 154

Versorgung statt Fürsorge 155

Wohnen in Alsterdorf 158

Reglementierte Grundversorgung 160

Hygiene im Kollektiv 161

Die Mahlzeiten 163

Beschäftigung und Freizeitaktivitäten 164

Die Besuchskiste 166

Lederhosen, Schürzen und abgelegte Kleidung 168

Arbeiten zwischen Sinnerfüllung und Zwang 171

Die „Hilfsmädchen" und „Hilfsjungen" 173

Bezahlung als Erziehungsmittel 176

Feste und Feiern 178

Zwischenmenschliche Beziehungen 185

Die inneren und äußeren Grenzen der geschlossenen Anstalt 188

Strafen und Gewalt 190

Die „Alsterdorfer Passion" von Werner Voigt 202

Zwei Versuche, der Totalität der Anstalt zu entkommen 208

Lisa Hiller (1929–2003) 208

Olaf Wohlert (*1944) 217

Das Pflegepersonal zwischen Identifikation und Aggression 225

Alltägliche Gewalt 225

Das Ende der Verwahranstalt 1968–1979 231

„Arbeit auf dem Felde der Diakonie" – Hans-Georg Schmidt 236

Neues Management – strukturelle Veränderungen 239

Kontinuität der räumlichen Notsituation – die bauliche Entwicklung 241

PR-Maßnahmen zur Behebung finanzieller Engpässe 248

Der „Kosmos Alsterdorf" war unendlich viel mehr als eine Ansammlung
von Gebäuden – Ein Rückblick von Hans-Georg Schmidt 252

Neue Wege der Rehabilitation 253

Ein Traum wird wahr – Das Werner Otto Institut der Alsterdorfer Anstalten 255

Normalisierungsprinzip im behindertenpolitischen
„Entwicklungsland" Deutschland 258

Neue pädagogisch-psychologische Therapiekonzepte 263

   Wider die Anstaltskarrieren – die Modellstation 265

   Heilpädagogisches Training oder Dressur? – Verhaltenstherapie 267

   Von den Grenzen des „grundsätzlichen Ja zur Sexualität des Behinderten" 270

   Erweiterung des beschäftigungs- und arbeitstherapeutischen Angebots 272

Paradigmenwechsel in der Ausbildung –
vom medizinisch-pflegerischen zum heilpädagogischen Ansatz 277

Die Geschichte eines Skandals –
Vom Kollegenkreis Alsterdorf zur Goldenen Krücke 281

   „Wir waren der Meinung, dass da eine irrsinnige Verlogenheit lief." 295

Basis für eine grundlegende Reform – Ausblick 299

Anhang 301

   Die Gebäude der Alsterdorfer Anstalten 301

   Liste der Interviews 308

   Abkürzungen 310

   Archive 311

   Literatur 311

   Personenregister 321

   Bildnachweis 326

Geleitwort

Sehr bewusst erscheint dieses Buch zur Geschichte der Alsterdorfer Anstalten in der Zeit von 1945 bis 1979 im Jahr unseres 150-jährigen Jubiläums. Neben einer großen Ausstellung zur Geschichte von Exklusion und Inklusion im Hamburger Rathaus und im Hamburg Museum ist der Band, den Sie in Ihren Händen halten, der wichtigste Beitrag in und zu diesem Festjahr.

In vielen geplanten und zufälligen Gesprächen zur Gestaltung unseres Jubiläumsjahres haben wir uns dazu entschieden, auf eine Gesamtdarstellung der Geschichte unserer Stiftung zu verzichten. Es war weniger die Angst vor einer nicht zu bewältigenden Aufgabe, die uns von diesem Vorhaben abbrachte. Mehr noch hatten wir den Eindruck, dass die selbstkritische und gründliche Auseinandersetzung mit einem prägenden Abschnitt unserer jüngsten Geschichte für die Identitätsbildung im Heute und Hier mehr austrägt als eine Gesamtdarstellung, die neben einer gewissen Oberflächlichkeit immer auch die Gefahr einer Selbstdarstellung läuft.

Die kritische Auseinandersetzung mit der eigenen Vergangenheit hat in unserer Stiftung bereits gute Tradition. Mit ihrem Band „Auf dieser schiefen Ebene gibt es kein Halten mehr…" hatte bereits 1987 das Autorenteam Michael Wunder, Ingrid Genkel und Harald Jenner eine der ersten Aufarbeitungen der Zeit des Nationalsozialismus vorgelegt. Der immer noch aufschlussreiche Band, der schon lange vergriffen ist, befindet sich zurzeit in der Überarbeitung und wird voraussichtlich im kommenden Jahr neu aufgelegt werden.

Mit diesem Band zu fast dreieinhalb Jahrzehnten der Zeit nach dem Zweiten Weltkrieg sind wir sehr bewusst einen Schritt weitergegangen. Wir haben den Auftrag zu Aufarbeitung und Darstellung dieser Zeit an zwei Wissenschaftlerinnen außerhalb der Stiftung gegeben. Beide, und dies war uns wichtig, betrachten die Stiftung von außen und stehen in keinerlei Abhängigkeitsverhältnis zu ihr. Als ausgewiesene Expertinnen haben Gerda Engelbracht und Andrea Hauser bereits die Geschichte anderer, in manchem vergleichbarer Einrichtungen aufgearbeitet. Besonders hat uns für die beiden Verfasserinnen eingenommen, dass sie neben gründlicher Quellenarbeit immer wieder die Befragung von Zeitzeugen in das Zentrum ihrer Aufarbeitung stellen. Wir freuen uns, dass es den beiden Autorinnen mit dem jetzt vorliegenden Band wieder gelungen ist, wissenschaftliche Seriosität mit gutem Schreibstil zu einer Einheit zu verbinden. Immer wieder stehen dabei die Originaläußerungen von Zeitzeugen im Mittelpunkt.

Bewusst haben wir von Seiten der Stiftung auch während der Zeit der Erforschung und Abfassung keinerlei Einfluss auf den Prozess genommen. Wir hatten uns für einen wissenschaftlichen Beirat entschieden, in dem die Autorinnen ein unabhängiges Gegenüber hatten. Es wurde mit internen und externen Fachleuten besetzt, die ihre wissenschaftliche Expertise einbrachten, sowie durch interne Schlüsselpersonen, die den Autorinnen wesentliche Hinweise auf die komplizierte Zusammenhänge und vor allem auf mögliche Zeitzeugen geben konnten. Zu danken haben wir allen, die so zum Gelingen dieses Prozesses beigetragen haben. Neben den beiden Autorinnen möchten wir hier namentlich erwähnen: Prof. Dr. Matthias Benad, der seine diakoniegeschichtliche Expertise und seine knappe Zeit unentgeltlich zur Verfügung stellte, Dr. Harald Jenner, der als Archivar unserer Stiftungen die Autorinnen in ihrer Materialbeschaffung unterstützt hat, und Pastorin Hilke Osterwald, die ihre Kenntnisse von Personen und Zusammenhänge in den Prozess eingebracht hat. Besonders zu danken haben wir Herrn Dr. Michael Wunder, der den Prozess nicht nur wesentlich angestoßen hat, sondern die Fäden immer wieder aufgenommen hat und ohne den dieses Werk sicherlich nicht rechtzeitig hätte abgeschlossen werden können. Dankbar sind wir auch dem Kohlhammer Verlag für die Aufnahme dieses Bandes in sein Verlagsprogramm. In der verantwortlichen Lektoratsleitung von Florian Specker hatten wir stets ein verlässliches Gegenüber. Die unglaubliche und auf Grund des vielfältigen und teilweise schwierigen Zustandes des Bildmaterials äußerst anspruchsvolle Arbeit des Layouts hat stud.theol. Simon Ulrich auf sich genommen. Vielen Dank auch dafür.

Der Vorstand und der Stiftungsrat haben sich dazu entschlossen, auf jede inhaltliche Kommentierung, Zusammenfassung der Ergebnisse oder Ertragssicherung für die Gegenwart zu verzichten. Wir verantworten die Geschicke dieser Stiftung im Hier und Heute und sind dabei darauf angewiesen, von anderen zu lernen. Eine Bewertung der Vergangenheit und erst recht unserer Vorgänger in der Leitungsverantwortung maßen wir uns nicht an. Dennoch muss festgehalten werden: In der Geschichte der Alsterdorfer Anstalten sind Menschen zu Opfern von Gewalt geworden. Die historische Aufarbeitung und die juristische Klärung von Ersatzansprüchen sind hier das eine. Von Seiten des Vorstandes und des Stiftungsrates liegt uns aber besonders an der zutiefst ernstgemeinten Geste der Entschuldigung gegenüber denen, denen in den Alsterdorfer Anstalten Leid zugefügt wurde.

Nun, verehrte Leserinnen und Leser, liegt das Buch in Ihren Händen. Wir freuen uns, gleich aus welcher Perspektive, auf Ihre Resonanz. Vielleicht bieten die noch im Jubiläumsjahr ausstehenden Veranstaltungen die eine oder andere Gelegenheit, dass Sie uns Ihre Leseeindrücke mitteilen. Auch in dieser Hinsicht wollen wir im 150. Jahr unseres Bestehens unserem Anspruch gerecht werden, eine lernende Organisation zu bleiben.

Hamburg im Juni 2013

Für den Stiftungsrat   Für den Vorstand

Uwe Kruschinski   Hanns-Stephan Haas

Vorwort

Für die Entscheidung, die Geschichte der Alsterdorfer Anstalten zwischen 1945 und 1979 aufzuarbeiten, gab es viele gute Gründe. Einer bestand schlicht in der Neugier, mehr über diese Periode erfahren zu wollen. Eine Epoche, die wie eine Latenzphase zwischen der NS-Zeit und dem Jahr 1979 liegt, dem Beginn der langsamen Anstaltsauflösung. Ab Ende der 1970er Jahre setzt auch eine Art kollektives Gedächtnis der heute in Alsterdorf Arbeitenden ein. Aber die Zeit davor? Im Gegensatz zur Geschichte Alsterdorfs im Nationalsozialismus, die Anfang der 1980er Jahre zwar spät, aber dann umfangreich publiziert wurde, waren die Kenntnisse über die Zeit von 1945 bis 1979 bisher nur sporadisch und lückenhaft.

Ein weiterer wichtiger Grund für die Aufarbeitung zum jetzigen Zeitpunkt waren die jetzt noch befragbaren ZeitzeugInnen – BewohnerInnen wie MitarbeiterInnen –, die aus ihrer Sicht über die Lebenswirklichkeit in der Anstalt in dieser Zeit heute noch Zeugnis ablegen können. Gerade vor dem Hintergrund der öffentlichen Debatte über die Gewalt in den Heimen in den 1950er und 1960er Jahren, die ja auch durch die Berichte Betroffener[1] ausgelöst wurde, war dies der entscheidende Grund zur Beforschung dieser Zeit in Alsterdorf zum jetzigen Zeitpunkt. Hinzu kommt, dass das große öffentliche Aufarbeitungsprojekt zur Heimerziehung von 2010[2] und das zum sexuellen Missbrauch von 2011[3] die Zustände in Heimen der Behindertenhilfe nicht oder nur am Rande thematisiert. Umso mehr war es deshalb vor dem Hintergrund der großen strukturellen Ähnlichkeit der damaligen Heimerziehung und der Behinderteneinrichtungen Aufgabe unserer Aufarbeitung, der Frage von Gewalt und Missbrauch in den damaligen Alsterdorfer Anstalten nachzugehen.

Wie viele betroffene, heute noch lebende Menschen mit Behinderung mag es geben, so war die bange Frage, die in dieser Zeit Gewalterfahrungen in Alsterdorf gemacht haben, aber darüber auf Grund der heute noch nachwirkenden Anstaltsstrukturen und damit verbundenen Einschüchterung oder auf Grund ihrer Behinderung nur schwer berichten können?

Um diese Problematik besser auszuleuchten, war es Aufgabe der vorliegenden Aufarbeitung, neben den strukturellen und personellen Entwicklungen gerade auch die Alltagserfahrungen und die unmittelbare Lebenswirklichkeit der Menschen mit Behinderung in den Alsterdorfer Anstalten jener Zeit genauer zu erfassen. Hierfür wurde eine Reihe von Interviews mit ehemaligen BewohnerInnen geführt, also mit Menschen, die bisher in der Geschichtswissenschaft kaum als ernst zu nehmende Zeitzeugen wahrgenommen wurden.

---

1   Wensierski 2006.

2   Abschlussbericht des Runden Tischs Heimerziehung unter www.rundertisch-heimerzieh ung.de/documents/RTH_Abschlussbericht.pdf (17.3.2013).

3   Abschlussbericht Anlaufstelle der Unabhängigen Beauftragten zur Aufarbeitung des sexuellen Kindesmissbrauchs, Dr. Christine Bergmann, Bundesministerin a.D. www.beauftragt er missbrauch.de/file.php/30/Abschlussbericht.pdf (17.3.2013).

Die Zeit, um die es geht, ist einerseits umrahmt vom Ende des nationalsozialistischen Regimes und der Frage, ob es danach einen wirklichen Neubeginn gegeben hat. Andererseits vom Jahr 1979, das in der Selbstwahrnehmung der Evangelischen Stiftung Alsterdorf als das Jahr der Revolte gilt – der Revolte gegen die über Jahrzehnte aufrechterhaltenen alten Anstaltsstrukturen, gegen Gewalt und Entmündigung von Menschen mit Behinderung – und als Beginn eines bis heute nicht abgeschlossenen Erneuerungsprozesses.

Die Geschehnisse von 1979 und aus der unmittelbaren Zeit danach haben eine Reihe älterer MitarbeiterInnen der Evangelischen Stiftung Alsterdorf entweder selbst miterlebt oder aus vielerlei Quellen immer wieder gehört. 1979 gab es zum ersten Mal eine breite öffentliche Berichterstattung über die unmenschlichen Zustände in der Anstalt, über Herabwürdigung, Gewalt und Ausschluss vom normalen Leben. Elf Jahre nach 1968 und dem Aufbruch der Studentenbewegung und vier Jahre nach dem aufrüttelnden Enquete-Bericht zur Lage der Psychiatrie von 1975, der auch erhebliche Missstände in der Behindertenhilfe aufgezeigt hatte, erreichten Protest und Aufbegehren in Alsterdorf einen Höhepunkt. Die Wut und die Empörung, vor allem von jüngeren MitarbeiterInnen, traf auf eine bereits latent vorhandene Kritik an Großeinrichtungen und Anstalten und entfaltete eine breite Resonanz in der Fachöffentlichkeit und der Politik, so dass grundlegende Veränderungen unabdingbar wurden.

Allzu leicht hat sich damit aber auch das Bild festgesetzt, die Zeit davor sei eine in sich homogene und geschlossene Epoche der Rückwärtsgewandtheit und des Stillstandes gewesen. Dieses Bild galt es zu hinterfragen.

Hier setzte die Arbeit des wissenschaftlichen Beirats ein, der für die fachliche Begleitung und Beratung der beiden externen Autorinnen, Gerda Engelbracht und Andrea Hauser, vom Vorstand der Evangelischen Stiftung Alsterdorf eingesetzt wurde. Ihm gehörten an: Birgit Schulz als Vertreterin des Vorstandes der Evangelischen Stiftung Alsterdorf, die als junge Mitarbeiterin das Ende der 1970er Jahre in Alsterdorf noch selbst erlebt hat und mit zu denen gehörte, die die damaligen Zustände aktiv kritisiert haben; Pastorin Hilke Osterwald, die vielen, insbesondere älteren BewohnerInnen vertraut ist und die Verbindung zu den Autorinnen herstellen konnte; Prof. Dr. Matthias Benad, Kirchengeschichtler von der Kirchlichen Hochschule Wuppertal/Bethel als externer Sachverständiger; Dr. Harald Jenner, Historiker und Archivar der Stiftung, sowie meine Person als Leiter des Projekts.

Wie – so lautete eine der von uns formulierten Fragen – kam es zu Zuständen, die, einmal veröffentlicht, eine solche Welle der fast einmütigen Kritik und Entrüstung auslösten? Wie kam es vor allem dazu, dass diese Zustände intern so lange Zeit, wenn auch wahrscheinlich nicht für gut, aber doch zumindest für hinnehmbar befunden wurden? Und wie ist es zu erklären, dass die Kritik an der Abgeschlossenheit der Anstalt und der Aussonderung der Menschen mit Behinderung, die frühzeitig bereits in den 1960er Jahren von der Lebenshilfe und anderen Organisationen geäußert wurde, so lange von der Anstalt abprallte? Nicht die Geschehnisse in der NS-Zeit und auch nicht der Umgang damit nach 1945, der durch Verleugnen, Herunterspielen und Verschweigen gekennzeichnet war, haben die Protestwelle von 1979 ausgelöst – obwohl, ähnlich wie in der 1968er Bewegung, der Hinweis darauf und insbesondere der Vorwurf der Vertuschung und der verdeckten Kontinuität immer eine Rolle spielten.

Auslösend waren vielmehr die unmittelbaren Lebensbedingungen der Menschen mit Behinderung in Alsterdorf und der Alltag in der Anstalt, wie er sich seit 1945 erhalten oder entwickelt hatte.

In der Aufarbeitung der Geschichte der Alsterdorfer Anstalten zwischen 1945 und 1979 zeichnen die beiden Autorinnen ein hoch differenziertes Bild einer alles andere als stillstehenden Zeit, einer Zeit der Entwicklung vom Wiederaufbau, dem Kampf um Teilhabe am materiellen Aufschwung bis hin zu Modernisierungen, in der bereits viele Fragen auftauchten, die auch 1979 gestellt wurden und die uns bis heute bewegen. Zusammen mit einer bereits kleinen Serie ähnlicher Aufarbeitungen evangelischer Behinderteneinrichtungen[4] rundet sich so ein Bild der Anstaltswirklichkeit für Menschen mit Behinderung dieser Epoche ab.

In den Zeugnissen der befragten ehemaligen BewohnerInnen werden alle Elemente dieser „Welt in der Welt" als Keimzelle der strukturellen Gewalt deutlich: Massenquartiere, kollektive Hygieneverrichtungen, Aufhebung jeglicher Intimsphäre, ständiger Aufenthalt in der Gruppe – „man durfte nicht allein sein", berichtet eine Bewohnerin den Autorinnen –, zwangsweiser Tagesablauf mit abnormen Zeiten, wie Nachtruhe ab siebzehn Uhr, Strukturierung des Tages nur durch die Mahlzeiten. Dazu ein streng reguliertes System von Bestrafung und Belohnung sowie abgeschlossene Türen oder, wenn diese nicht verschlossen waren, eine bewachte Pforte, die man nur mit Sondererlaubnis durchschreiten durfte.

Die Befragung der BewohnerInnen deckt aber auch Formen der direkten Gewalt auf: Essensentzug, Schläge, Strafstehen, Strafliegen, Fixierungen, Zwangskleidung, Einsperren. Umfassender und prägender für die erfahrene Lebenswirklichkeit mag aber das umgebende System der täglichen strukturellen Gewalt gewesen sein.

Natürlich gab es Abstufungen, und natürlich entwickelten viele dennoch in der Anstalt ein Heimatgefühl. Wahrscheinlich war diese Ambivalenz von Zwang und Geborgenheit ein wesentlicher Grundzug des Anstaltslebens und einer der Gründe für die Zähigkeit, mit der sich die Anstalt bis Ende der 1970er Jahre gegen grundlegende Reformen wehrte.

Im Namen des Beirats darf ich dem Wunsch Ausdruck verleihen, dass das differenzierte Bild der Entwicklung der Jahre 1945 bis 1979, das Gerda Engelbracht und Andrea Hauser in der vorliegenden Studie zeichnen, dazu beitragen möge, die Langsamkeit der weiteren Entwicklung und den Stand des heute Erreichten besser zu verstehen und zu würdigen. Vor allem den älteren Bewohnern und Bewohnerinnen, die so unendlich viel in den Alsterdorfer Anstalten erlebt und mitgemacht haben, gilt unser Dank und unser größter Respekt.

Für den wissenschaftlichen Beirat

Michael Wunder

---

4   Den Anfang machte das Johanna-Helenen-Heim Volmarstein (Schmuhl, Winkler 2010). Es folgten u. a. der Wittekindshof (Schmuhl, Winkler 2011) und die Stiftung Kreuznacher Diakonie (Winkler 2012).

Einleitung

„Da oben [im Norden, d. V.] sind die drei Endstationen von Hamburg. In Fuhlsbüttel das Gefängnis, in Alsterdorf die Irrenanstalt. Und in Ohlsdorf der Friedhof."[1] Als Wolfgang Borchert (1921–1947) diese Sätze in sein Theaterstück „Draußen vor der Tür" schrieb, war er gerade 25 Jahre alt und lebte, todkrank aus dem Krieg zurückgekehrt, in der elterlichen Wohnung in der Carl-Cohn-Straße 80 in Hamburg-Alsterdorf und damit unweit der Alsterdorfer Anstalten. Für Borchert waren Friedhof, Gefängnis und „Irrenanstalt" Metaphern für Ausgrenzung und Verdrängung. Genauso, wie man die Toten und „Verbrecher" aus der Mitte der Gesellschaft verbannte, hatte man die vermeintlich Irren im Norden der Stadt hinter Zäune gesperrt und hinter Mauern versteckt.[2] Die Uraufführung seines Kriegsheimkehrer-Dramas in den Hamburger Kammerspielen am 21. November 1947 erlebte Wolfgang Borchert nicht mehr. Am Tag zuvor war er während eines Kuraufenthaltes in Basel verstorben. Während der Text bis heute zur Pflichtlektüre in deutschen Schulen gehört und Borchert posthum berühmt machte, gibt es keine Überlieferungen, welche Reaktionen die Benennung Alsterdorfs als „Endstation" hervorgerufen hat.

Anders war das bei einem Artikel, den die Wochenzeitung Die Zeit im April 1979 veröffentlichte.[3] Zur Charakterisierung der Alsterdorfer Anstalten und der dort existierenden Zustände hatte die Journalistin die Metapher der Schlangengrube gewählt. Die Schlangengrube, die in Sagen und Märchen traditionell den Ort des Schreckens, der Folter und des Todes definiert, galt seit der Aufführung des US-amerikanischen Spielfilms The Snake Pit (1948)[4] und seiner deutschen Fassung (Die Schlangengrube, 1950)[5] aufgrund der Protagonistin des Filmes, die nach einem psychischen Zusammenbruch in einer Anstalt eine Schocktherapie durchmachte, als Synonym für die „Irrenanstalt" schlechthin. Spätestens seit Veröffentlichung der Psychiatrie-Enquête (Bericht über die Lage der Psychiatrie in der Bundesrepublik Deutschland) im Jahre 1975 avancierte die Schlangengrube zum Bild für die dort

---

1   Borchert 1947, 5. Szene. Im Spätherbst 1946 (Borchert 1949, S. 98) oder im Januar 1947 (Rühmkorf 1961, S. 132f.) hatte der unheilbar kranke Borchert das Drama innerhalb einer Woche geschrieben. Am 13. Februar 1947 wurde es erstmals als Hörspiel vom Nordwestdeutschen Rundfunk gesendet, am 21. November 1947 und einen Tag nach Borcherts Tod, in den Hamburger Kammerspielen uraufgeführt. www.hdg.de/lemo/html/biografien/Borchert Wolfgang/index.html (19.10.2012).

2   So auch in der Predigt von Hanns-Stefan Haas, Psalm 36,10: In deinem Licht sehen wir das Licht vom 9.3.2009. www.ebookbrowse.com/predigt-prof-dr-haas-psalm-36-09-03-2009-esa-pdf-d191681113 (31.10.2012).

3   Zimmer 1979.

4   Die Schlangengrube, so der Titel der deutschen Fassung, startete am 18.04.1950 in den deutschen Kinos. www.moviepilot.de/movies/die-schlangengrube/images (19.10.2012).

5   In den USA wurde The Snake Pit 1948 zum ersten Mal ausgestrahlt. Der Film basiert auf dem 1946 publizierten halb-autobiografischen Roman von Mary Jane Ward (1905–1981).

herrschenden elenden menschenunwürdigen Verhältnisse.[6] In Hamburg löste der bundesweit beachtete Inhalt des Artikels einen Skandal aus, der die endgültige Auflösung der Alsterdorfer Anstalten in ihrer tradierten Form einleitete.

Die beiden Texte, Borcherts Drama und der Zeit-Artikel, deren Veröffentlichungstermine sich fast genau mit dem Anfang und Ende des Untersuchungszeitraums dieser Studie decken, vermitteln ein düster monochromes Bild von der im Hamburger Norden gelegenen Anstalt. Erst bei genauerem Hinsehen tritt die Vielschichtigkeit der Anstaltsgeschichte hervor. Kontinuitäten zur Zeit vor und während der Ära des Nationalsozialismus werden ebenso sichtbar wie partielle Auf- und Umbrüche und das Bemühen, den Bewohnerinnen und Bewohnern, dem diakonischen Ethos entsprechend, ein menschenwürdiges Leben zu ermöglichen.

Genau hinzusehen, dies war auch der Auftrag unserer Forschungsarbeit. Im Anschluss an die 1987 erstmals erfolgte Aufarbeitung der Rolle der Alsterdorfer Anstalten während des Nationalsozialismus (Auf dieser schiefen Ebene gibt es kein Halten mehr: die Alsterdorfer Anstalten im Nationalsozialismus)[7] sollte insbesondere die Frage nach der Gewaltförmigkeit der Anstalt und nach den Erfahrungen der BewohnerInnen im Mittelpunkt stehen. Um den Facettenreichtum eines Anstaltsalltags zwischen Heimat- und Gewalterfahrung ausleuchten zu können, haben wir eine ethnographische Herangehensweise gewählt, nämlich das Konzept einer „dichten Beschreibung" (Clifford Geertz).[8] Durch „eine Verdichtung der Informationen und Quellen, der räumlichen und zeitlichen Strukturen, der unterschiedlichen Aussagen und Perspektiven" wird das Leben und Arbeiten auch in den Alsterdorfer Anstalten beschreib- und deutbar.[9] Ein solcher multiperspektivischer Zugang berücksichtigt die klassische Institutionen- und Diakoniegeschichte im Kontext der bundesrepublikanischen Wohlfahrts- und Sozialpolitik ebenso wie die unterschiedlichen Stimmen der in der Anstalt arbeitenden und lebenden Menschen.[10] Unsere Rolle als Forscherinnen galt es dabei genauso zu reflektieren, wie die überlieferten Quellen und Aussagen. Schon die Sprache über die Menschen mit einer Behinderung, ihre Benennung als „Pflegebefohlene", „Pfleglinge" oder einfach als „Kinder" sagt viel über das Selbstverständnis der „Endstation" Anstalt aus.[11] Es sind „Bilder vom Anderen", die die Behindertenarbeit und -politik prägten und vielfach immer noch prägen. Nur indem

---

6   „[E]ine sehr große Anzahl psychisch Kranker und Behinderter [müssen] in den stationären Einrichtungen unter elenden zum Teil als menschenunwürdig zu bezeichnenden Umständen leben". Sachverständigen Kommission zur Erarbeitung der Enquete über die Lage der Psychiatrie in der BRD, Zwischenbericht (1973), Bonn (Bundestagsdrucksache 7/1124), S. 23.

7   Wunder, Genkel, Jenner 1987.

8   Geertz 1983.

9   Kaschuba 1999, S. 252.

10 Quellen dieser Untersuchung sind die Archivalien des Untersuchungszeitraums und Interviews mit BewohnerInnen und Beschäftigen der Alsterdorfer Anstalten.

11 Diese Benennungen wurden dann im Text übernommen, wenn es um die Ausbreitung historischen Aktenmaterials oder historischer Erinnerung ging. Ansonsten wurde versucht, diskriminierende Bezeichnungen zu vermeiden.

man diese hinterfragt und in ihrer historischen Bedingtheit sichtbar macht, kann Inklusion gelingen.[12]

Der Aufbau der Studie folgt einer Chronologie, die durch die Arbeitsperioden der Anstaltsleiter Volkmar Herntrich (1946–1954), Julius Jensen (1955–1967) und Hans-Georg Schmidt (1968–1982) strukturiert ist. Deren Amtszeiten decken sich mit konzeptionellen Veränderungen und Umbrüchen, die neben der gesamtgesellschaftlichen Entwicklung natürlich auch dem individuellen theologisch-diakonischen Profil der Leiterpersönlichkeiten geschuldet sind. Ihnen ist deshalb jeweils ein ausführliches biografisches Kapitel gewidmet.

Der mühsame räumliche und personelle Wiederaufbau der Alsterdorfer Anstalten im ersten Nachkriegsjahrzehnt und ihre Konsolidierung stehen im Mittelpunkt des ersten Kapitels. Neben dem Bombenkrieg hatte vor allem die menschenverachtende Gesundheitspolitik der Nationalsozialisten in der Hamburger Behinderteneinrichtung tiefe Spuren hinterlassen. Einzelne Gebäude waren beschädigt oder zerstört, andere auf Kosten der BewohnerInnen umgewidmet worden. Viele hundert Alsterdorfer „Pfleglinge" hatten die grundsätzliche Infragestellung ihres Lebensrechts zunächst mit der Verletzung ihres Körpers und ihrer Seele und schließlich auch mit ihrem Leben bezahlt. Hier wird der Frage nach personellen und ideellen Kontinuitäten und Brüchen nachgegangen, aber auch der Frage, ob es eine öffentlich oder intern geführte kritische Auseinandersetzung mit dem nationalsozialistischen Mord an kranken und behinderten Menschen oder gar ein Eingeständnis von Schuld gab. Von herausragender Bedeutung war die Rolle des Alsterdorfer Anstaltsleiters Julius Jensen, als die „Euthanasie"-Diskussion im Kontext des sogenannten Contergan Komplexes Anfang der 1960er Jahre neu auflebte. Nachdrücklich und mutig thematisierte und diskutierte Jensen das Recht auf Leben für jeden Menschen. Sein publizierter und viel gelesener Vortrag „Lebenssinn und Lebensrecht der Schwachen" (1964) und der von ihm initiierte Fernsehfilm „Die geringsten Brüder" (1965) sind beeindruckende und berührende Belege seines ungewöhnlichen Engagements.

Wie ein roter Faden ziehen sich die Problematik einer ungenügenden und desolaten Gebäudesubstanz und die damit verbundenen Herausforderungen durch den gesamten Untersuchungszeitraum; gleiches gilt für den Mangel an ausreichendem und gut ausgebildetem Personal. Obwohl es Julius Jensen in seiner Amtszeit, die mit einem enormen Wachstumsprozess der Diakonie hin zum professionellen sozialen Dienstleister einherging, gelang, partielle Modernisierungen vorzunehmen, blieben diese Probleme ungelöst. Allerdings waren die Alsterdorfer Anstalten damals die einzige Hamburger Institution, möglicherweise gar die einzige in der Bundesrepublik, die seit 1950 eine erweiterte Kinderpflegerinnen-Ausbildung „mit ergänzendem heilpädagogischen Unterricht für die Betreuung geistig Behinderter" anbot.[13]

---

12 Diese Zuschreibungs-, Deutungs- und Benennungsprozesse von Menschen mit einer Behinderung aufzudecken, und damit die kulturelle Konstruktion des Behindertseins zu dechiffrieren, fordert neuerdings auch die „disability history". Vgl. dazu Bösl, Klein, Waldschmidt 2010.

13 In Hamburg war dies bis in die 1960er Jahre die einzige Ausbildungsstätte zur „Pflege und Erziehung des schwachsinnigen Kindes". ArESA DV, 190, Brief Jensen, 3.8.1960 an Westf. Diakonissen-Anstalt Sarepta, Bethel, wegen Planungen zur Pflegehelferin bzw. Heilerziehungshelferin.

Zeitgleich setzte sich in Alsterdorf, das sich in dieser als „Sattelzeit der Modernisierung"[14] definierten Dekade zwischen Beharren und Aufbruch bewegte – wie in
vielen anderen Einrichtungen der Diakonie auch – ein Umbruch ein, der schließlich
zu einer Öffnung des christlichen Anstaltsmilieus führte. Beispielhaft wird das an
der Rolle der Alsterdorfer Schwesternschaft nachgezeichnet, die seit 1891, als freie,
nicht an ein Diakonissenmutterhaus gebundene Gemeinschaft die zentrale personelle Säule der Alsterdorfer Anstalten bildete. Die Schwestern und Pflegerinnen waren für die Pflege im „weiblichen Gebiet", für wichtige Bereiche der Wirtschafts- und
Verwaltungsbetriebe aber auch die hauseigenen Ausbildungsgänge zuständig. Der
gesellschaftliche Wandlungs-, Emanzipations- und Säkularisierungsprozess führte
zu einer grundsätzlichen Infragestellung des mit dem Schwesternberuf verbundenen
protestantischen Weiblichkeitsideals. Die Modernisierung der Profession „Schwester" weg von dem Ideal einer Berufung hin zu einem Erwerbsberuf war die unausweichliche Konsequenz. Neben der Auswertung schriftlicher Quellen ermöglichen
vor allem die Interviews mit Zeitzeuginnen den Blick in einen Schwesternalltag zwischen Identifikation und Überforderung, zwischen Gemeinschaft und Gehorsam, wie
er in dieser Form zu Beginn der 1980er Jahre endgültig besiegelt wurde.

Als bedeutendstes Ereignis, das die Grundfesten der medizinisch-pflegerisch und
konfessionell geprägten Behinderteneinrichtungen in der Bundesrepublik nachhaltig
erschütterte, kann die Gründung der Lebenshilfe für das geistig behinderte Kind e.V.,
seit 1969 Lebenshilfe für geistig Behinderte e.V., betrachtet werden. Der 1958 von betroffenen Eltern initiierte Verein konzipierte und realisierte sehr erfolgreich Gegen-
modelle zur stationären Versorgung von Menschen mit Behinderung „in segmentierten Sonderwelten"[15] und setzte die freien Wohlfahrtsverbände unter erheblichen
Legitimationsdruck. Dennoch war auch in Alsterdorf die wachsende Nachfrage nach
freien Anstaltsplätzen kaum zu befriedigen. Das Resultat war die abstruse Situation,
sowohl fragwürdig als auch gefragt zu sein.

Hans-Georg Schmidt übernahm die Leitung der Alsterdorfer Anstalten 1968. In
diesen als Epochenzäsur geltenden Jahren trat die Dissonanz zwischen den Lebensbedingungen der bundesrepublikanischen Wohlstandsgesellschaft und der Dürftigkeit
eines Lebens in den ghettoartigen Anstaltsstrukturen immer schärfer hervor. Wie
seine Vorgänger bemühte sich Schmidt gemeinsam mit seinen leitenden MitarbeiterInnen, die Alsterdorfer Anstalten aus der fatalen Umklammerung von Raumnot und
Personalmangel zu befreien, die eine Umsetzung verschiedener reformorientierter
Ansätze nur in kleinen und für alle Beteiligten unbefriedigenden Schritten möglich
machte. Als zentrale Impulsgeber erwiesen sich in diesen Jahren die neuen, häufig
jungen Mitarbeiterinnen und Mitarbeiter verschiedener Professionen, wie Sozialarbeiter, Sozialpädagogen, Psychologen, Zivildienstleistende, Heilerziehungspfleger,
die für ihre Forderungen nach Veränderung engagiert eintraten. Als institutionelle
Höhepunkte dieser Jahre treten die Gründung der Heilerzieherfachschule (1972), des

---

14 Jähnichen 2007, S. 12. Ursprünglich wurde der Begriff Sattelzeit von dem Historiker Reinhard
    Koselleck für die Übergangszeit von der Frühen Neuzeit zur Moderne eingeführt. Hier wird der
    Begriff zur Bezeichnung eines sich anbahnenden gesellschaftlichen und kulturellen Umbruchs
    verwendet.
15 Hollmann 2011, S. 20.

Werner-Otto-Instituts zur Früherkennung und -therapie (1974) sowie die Eröffnung der ersten Außenwohngruppe (1975) hervor.

Die produktive wie explosive Gemengelage gesellschaftlicher und interner Kritik (Kollegenkreis Alsterdorf) an den überkommenen und teilweise menschenunwürdigen Anstaltsstrukturen, führte über die öffentliche Skandalisierung zur Forderung nach vollständiger Auflösung der geschlossenen Anstalt. Die detaillierte Skizzierung dieses befreienden Reformprozesses, der für die einen aufregend, für die anderen schmerzlich war, lässt ein zentrales Stück bundesdeutscher Sozialgeschichte lebendig werden, das sich in vielen deutschen Anstalten, wenn auch nicht in dieser Radikalität, darstellen lässt.[16]

Das eigentliche Herzstück der Studie bildet ein multiperspektivisches Mosaik, in dem das Leben der „Pflegebefohlenen" im Spannungsfeld von Heimat- und Gewalterfahrung thematisiert wird. Die Grundlage hierfür bilden Interviews mit ehemaligen Bewohnerinnen und Bewohnern, die kontrastiert und ergänzt werden durch Überlieferungen aus schriftlichen und bildlichen Quellen, Erinnerungen ehemaliger MitarbeiterInnen sowie die stichprobenartige Auswertung von Personal- und BewohnerInnenakten. In der themenzentrierten Auswertung zum Wohnen, Leben, Lernen, Arbeiten und Feiern in Alsterdorf wird der reglementierte Alltag der 4.300 Kinder, Jugendlichen, Frauen und Männer, die zwischen 1945 und 1979 in den Alsterdorfer Anstalten lebten, mit seinen Schatten- und Sonnenseiten deutlich. Die Erinnerungen der ZeitzeugInnen und die Rekonstruktion von zwei exemplarischen Biografien ermöglichen einen zwar eingeschränkten aber dennoch authentischen Blick hinter die Kulissen der „totalen Institution" (Goffman).

Vor dem Hintergrund aktueller Forschungsergebnisse über Gewalt in deutschen Heimen und Anstalten sollte der Aspekt der Gewaltförmigkeit in dieser Studie besondere Beachtung finden. Tatsächlich treten sowohl in den Interviews als auch in den rekonstruierten Lebensgeschichten deutlich die Grauzonen der individuellen und strukturellen Gewalt hervor, denen vor allem Menschen ausgesetzt waren, die sich nicht wehrlos in das Anstaltssystem einpassen ließen. Ihre Äußerungen und Biografien sind aber auch beeindruckende Aufforderungen, die als behindert klassifizierten Menschen keinesfalls ausschließlich als „Opfer repressiver oder fürsorglicher Strategien" wahrzunehmen, sondern vielmehr als Persönlichkeiten zu erkennen, die ihre ganz individuellen Überlebensstrategien entwickelten.[17]

Dank

Unser Dank gilt der Evangelischen Stiftung Alsterdorf, die uns mit dieser wichtigen Forschungsarbeit zum 150. Jubiläum beauftragt hat, und insbesondere dem Leiter des Beratungszentrums Alsterdorf, Michael Wunder, der das Projekt federführend initiiert und unsere Forschungen hilfreich begleitet und unterstützt hat. Für inhaltliche Auseinandersetzung und weiterführende Diskussionen danken wir ganz herzlich

16 Dazu auch Rudloff 2010, S. 180.
17 Bösl, Klein, Waldschmidt 2010, S. 23. Dazu auch die rehistorisierende Betrachtung von Theunissen 1999.

dem wissenschaftlichen Projektbeirat, der den Entstehungsprozess länger als ein Jahr konstruktiv begleitete. Hilke Osterwald hat wesentlich dazu beigetragen, geeignete InterviewpartnerInnen zu finden, Harald Jenner hat das durch ihn vorbildlich geordnete Archiv der Evangelischen Stiftung Alsterdorf für uns erschlossen und uns jederzeit unterstützt. Birgit Schulz und Matthias Benad haben einmal aus interner, das andere Mal aus externer und wissenschaftlicher Sicht die Ergebnisse begutachtet. Danken möchten wir auch den Mitarbeitern und Mitarbeiterinnen des Beratungszentrums Alsterdorf, der von uns besuchten Archive und der Abteilung für Öffentlichkeit der Evangelischen Stiftung Alsterdorf.

Unser größter Dank gilt den Zeitzeuginnen und Zeitzeugen, den ehemaligen BewohnerInnen, den MitarbeiterInnen und den WeggefährtInnen. Sie alle haben über ihre Erinnerungen an die Alsterdorfer Anstalten berichtet und damit wichtige Mosaiksteine zu einem facettenreichen Gesamtbild geliefert. Ohne ihre vertrauensvolle Offenheit und ihre Bereitschaft, persönliche Dokumente und Fotografien zur Verfügung zu stellen, wäre das vorliegende Buch in dieser Form nicht möglich gewesen.

Wiederaufbau und Konsolidierung – Die Alsterdorfer Anstalten 1945–1954

Am Ende des Zweiten Weltkriegs entsprachen die Gebäude der Alsterdorfer Anstalten, die sich auf einer Anhöhe, eingebettet in Baumgruppen und Parkanlagen präsentierten, trotz der kriegsbedingten Zerstörungen und Beschädigungen dem Stand Anfang der 1930er Jahre. Mit der Eröffnung des Hauses Hoher Wimpel war 1937 das letzte größere Bauvorhaben fertig gestellt worden.

Ausgehend vom Haus Schönbrunn, das – 1863 eröffnet – als Keimzelle der Einrichtung gilt, hatte sich eine veritable Anstaltsgemeinschaft auf dem ca. 14 ha großen Gelände etabliert. Dieser Entwicklung hin zu einer großen Anstalt mit den Möglichkeiten der Bildung, der Arbeit und einem dauerhaftem Wohnen für eine große Anzahl von Menschen mit geistiger Behinderung aller Altersgruppen waren im ausgehenden 19. Jahrhundert „nahezu alle Anstalten für Geistesschwache" in Deutschland gefolgt.[18] Denn nur „eine große Anstalt werde einen Unterrichts-Apparat herzustellen, in sanitätischer Hinsicht das zu leisten und Personal zu schaffen vermögen, das dem Zustand des Einzelnen möglichst annähernd entspricht."[19] Auch für den „schwerer geschädigten geistig Behinderten" sollte dieses „Sozialgefüge eigener Art" groß genug sein, „um für ihn ‚große Welt' zu sein, und zugleich überschaubar, um ihn nicht zu ängsten und unfrei zu machen."[20]

Das 1863 eröffnete Haus Schönbrunn, die Keimzelle der Alsterdorfer Anstalten, nach 1945.

---

18 Klevinghaus 1972, S. 35.
19 Sengelmann 1885 (1975), S. 172.
20 Klevinghaus 1972, S. 35.

Der Eingang zum Anstaltsgelände mit hohem Zaun und bewachtem Tor, um 1950.

Seit Beginn der 1930er Jahre war das gesamte Terrain der Alsterdorfer Anstalten von einem großen „Gitter" umschlossen, so dass man seit dieser Zeit von einer „geschlossenen Anstalt" sprechen konnte.[21] Von nun an war das Zentralgelände nur noch durch die bewachte Eingangspforte zu betreten. In den etwa zwanzig Hauptgebäuden lebten die „Pflegebefohlenen" ebenso wie viele Schwestern, Pfleger, Ärzte, Handwerker, das Verwaltungs- und Wirtschaftspersonal und bildeten so den ganz eigenen Mikrokosmos einer Anstaltsgemeinde.[22]

Die äußere Grenzziehung wiederholte sich innerhalb des Geländes durch eine mehr oder weniger sichtbare Geschlechterachse. Noch in den 1960er Jahren standen die Reste einer Mauer, die das im Ostteil gelegene männliche von dem im Westteil gelegenen weibliche Gebiet getrennt hatte.[23] Die Belegung der einzelnen Häuser erfolgte nach Kriterien wie Geschlecht, Alter, Diagnose, sozialem Verhalten und Ausprägung der körperlichen und oder geistigen Behinderung. Es gab Abteilungen für besonders pflegebedürftige und für „leistungsfähige Pflegebefohlene", andere für Körperbehinderte, für Epileptiker, für Schuljungen, für erkrankte „Pfleglinge", oder für „ältere Frauen" und „alte Herren". Außerdem ein Altenheim (Haus Abendruh) für Schwestern. In einer Schneise zwischen dem weiblichen und männlichen Gebiet standen die meisten Verwaltungs-, Werkstatt- und Versorgungsgebäude sowie das Krankenhaus Bethabara. Einen detaillierten Überblick über die Gebäude der Alsterdorfer Anstalten, ihre Geschichte und Verwendung liefert die Liste S. 301ff.

---

21   ArESA Ö, Jensen 1980.

22   Gemeinde wird hier im Sinn von Gemeinschaft bzw. Ansiedlung verstanden, nicht im kirchengemeindlichen Sinn.

23   Noch heute erinnern sich viele an Reste der Mauer zwischen dem ehemaligen Haus Hohenzollern und der Küche.

Jenseits der Alsterdorfer Straße und damit außerhalb der Anstaltsgrenzen stand das Jugendheim Alstertal, dessen BewohnerInnen dem Jugendamt unterstanden. In den beiden Häusern des ehemaligen Gasthofes, die man 1932 zunächst in Pacht übernommen hatte, lebten seit 1938 „schwer erziehbare, bildungsfähige Kinder".[24] Die sogenannten Zöglinge besuchten die Schule der Alsterdorfer Anstalten und waren auch darüber hinausgehend Teil der Anstaltsgemeinde.

Landwirtschaftliche Betriebe, in mehr oder weniger großer Entfernung vom zentralen Anstaltsgelände, waren mit dem Ziel gepachtet bzw. gekauft worden, eine weitgehende Beschäftigung der „Pfleglinge" mit landwirtschaftlichen Arbeiten zu ermöglichen und gleichzeitig die Versorgung der Anstalt mit landwirtschaftlichen Erzeugnissen zu gewährleisten. Etwa 130 „Pfleglinge" lebten und arbeiteten auf den angeschlossenen Höfen, bauten Gemüse, Blumen und Getreide an und produzierten Fleisch und Milch. Der älteste, 1884 gepachtete Hof Ohlsdorf und der Brüderhof bei Harksheide, den man 1939 vom Rauhen Haus in Hamburg in Pacht übernommen hatte, wurden bereits 1946 aufgegeben. Dafür erwarb man im gleichen Jahr das Gut Hohenbuchen in Hamburg-Poppenbüttel. Zusammen mit dem Gut Stegen, dem Moorhof Kayhude (1938 gekauft) und dem Gut Neuendeich (1933 gepachtet) umfassten die landwirtschaftlichen Einrichtungen über 400 ha.[25] Während in der Landwirtschaft des weit entfernt liegenden Gutes Neuendeich bei Glückstadt ausschließlich Mädchen und Frauen arbeiteten, waren die Höfe Hohenbuchen, Kayhude und Stegen den Jungen und Männern vorbehalten. Das Gut Stegen, bei Bargfeld im Kreis Stormarn gelegen, gehörte bereits seit 1924 zu den Alsterdorfer Anstalten. Wegen der näher gerückten Großstadt hatte es damals Pläne gegeben, die Anstalten insgesamt hierher zu verlegen. 1947 lebten und arbeiteten in Hohenbuchen 19 „Pfleglinge" im Alter von 18 bis 70 Jahren, auf dem Moorhof Kayhude 14 junge Männer zwischen 20

Haus Alstertal, um 1950.

---

24   BuB 1951, S. 21.
25   BuB 1950, S. 66.

und 30 Jahren und auf dem Gut Stegen 23 „Pfleglinge" zwischen 17 und 50 Jahren. Die Schlafgelegenheiten waren bescheiden, drei über dem Kuhstall gelegene Räume gab es in Hohenbuchen und einen einzigen Schlafraum mit Doppelstockbetten in Stegen.[26]

Im weit entfernt liegenden Gut Neuendeich lebten und arbeiteten ausschließlich Mädchen und Frauen, 1950er Jahre.

Auf dem Gut Stegen, um 1955.

26   ArESA DV, 893, Besichtigungsprotokoll der Außenstellen, 29.7.1947.

Am Abend des 3. Mai 1945 wurde Hamburg kampflos an die britische Besatzungs-
macht übergeben. Damit war für die BewohnerInnen der Hansestadt das Ende des
Zweiten Weltkriegs bereits fünf Tage vor der bedingungslosen Kapitulation der Wehrmacht am 8. Mai besiegelt. Zu diesem Zeitpunkt lebten etwa 930 BewohnerInnen[27]
und 350 MitarbeiterInnen[28] auf dem Gelände der Alsterdorfer Anstalten, das vor
Kriegsbeginn Unterkunft für etwa 1.600 „Zöglinge" geboten hatte.[29]

Unübersehbar waren die Spuren, die das „Dritte Reich" hinterlassen hatte. Verschiedene Häuser waren infolge der Bombenangriffe, die auf Hamburg niederge-
gangen waren und im August 1943 auch die Alsterdorfer Anstalten erreicht hatten,
beschädigt. Darunter die „besten und für die Werbung in der Öffentlichkeit anspre-
chenden Häuser", die man nur notdürftig wieder hergerichtet und zum Teil für Kran-
kenhauszwecke umgewidmet hatte.[30] Dadurch war die „Unterbringung der Pfleglinge"
nicht nur „wesentlich beengter" sondern auch qualitativ minderwertiger geworden.

Das Waschhaus mit
zerstörtem Dach, nach 1945.

Doch in diesen ersten Nachkriegsjahren ging es für die Alsterdorfer BewohnerInnen
weniger um Qualität als schlicht ums Überleben: die Textilvorräte waren fast völlig
aufgebraucht, wegen des allgemein üblichen Kohlenklaus fehlte das Heizmaterial,[31]

27   Am 30.6.1945 lebten 932 „Zöglinge" auf dem Anstaltsgelände. LKAK 33.05, Nr. 40, Bericht für
     das Geschäftsjahr 1945/46, S. 4.

28   Ebd. S. 2, 354 Beschäftigte am 30.6.1945. Die Zahl der MitarbeiterInnen betrug zu diesem Zeit-
     punkt 432 (281 Frauen, 151 Männer). Von den letzteren waren 78 noch nicht aus dem Krieg
     zurückgekehrt.

29   Jeweils am 30.6. des Jahres lebten auf dem Anstaltsgelände 1.549 (1937), 1.611 (1938), 1.657
     (1939), 1.918 (1940), 1.665 (1941), 1.580 (1942), 1.501 (1943), 995 (1944). LKAK 33.05, Nr. 40,
     Bericht für das Geschäftsjahr 1945/46, S. 4.

30   LKAK 33.05, Nr. 40, Bericht für das Geschäftsjahr 1945/46, S. 4.

31   Beim Transport von Briketts aus dem Ruhrgebiet nach Hamburg wurden von „820 Tonnen
     Kohle 63 Tonnen gestohlen, die wir also doppelt bezahlen mussten." Ebd., S. 18.

dringend notwendige technische Einrichtungen konnten nicht besorgt werden, Gemüse, Getreide und Vieh wurde von den Feldern, aus den Gärten und Ställen der angegliederten landwirtschaftlichen Betriebe gestohlen.[32] Auch wenn im Sommer 1946 eine Verpflegungszulage für die „Anstaltspfleglinge im Werte von 800 Kalorien täglich" genehmigt worden war und man hoffte, dass der „Gesundheitszustand und [die] Sterblichkeit unter den Anstaltspfleglingen dadurch erheblich gebessert"[33] werde, blieb die Anzahl der Verstorbenen in den Alsterdorfer Anstalten im Vergleich mit den Vorkriegszahlen weiterhin überdurchschnittlich hoch: 1945 starben 98 Frauen, Männer und Kinder, 1946 noch 90 und erst im folgenden Jahr ging die Zahl der Toten auf 39 zurück. Als Todesursache machte der leitende Oberarzt, „wie in allen Heil- und Pflegeanstalten", die „Unterernährung mit ihren Folgen und die Tuberkulose" verantwortlich. 1947 seien „keine neuen Fälle von Ernährungsschäden" aufgetreten, jedoch „noch eine Reihe von Tuberkulösen [verstorben], bei denen die Verbesserung der Lebensverhältnisse zu spät kam."[34]

In diesen Jahren hungerten nicht nur die BewohnerInnen sondern auch das Personal. „Wir sind darauf angewiesen was es im Eßsaal gibt", kritisierte eine Schwester, „das muss genügen, ob es uns passt oder nicht. Es ist auch kein gutes Zeichen für die Anstalt, wenn die abgemagerten u[nd]. hungrigen Angestellten sich vom Arzt Zusätzliches aufschreiben lassen. Das kann auch nicht jeder, aber Hunger haben sie alle."[35]

Die Hypothek des Nationalsozialismus

Schwer wogen die Folgen der menschenverachtenden NS-Gesundheitspolitik, die viele hundert Alsterdorfer „Pfleglinge" zunächst mit der Verletzung ihres Körpers und ihrer Seele und schließlich auch mit ihrem Leben bezahlt hatten. Zwischen 1934 und 1944 wurde bei mehr als sechshundert[36] „AlsterdorferInnen" ein Verfahren vor dem Erbgesundheitsgericht eingeleitet. Mindestens einhundertfünfzig von ihnen[37] wurden daraufhin in einem der städtischen Hamburger Krankenhäuser zwangsweise unfruchtbar gemacht.[38] 629 Kinder, Frauen und Männer transportierte man im Zeit-

---

32   LKAK 98.07, Nr. 49, Lensch an den Kommandeur der Polizei, 14.9.1945.

33   ArESA DV, 5, Vorstandsprotokoll 12.7.1946.

34   BuB 1952, S. 18. Zum Hungersterben in den deutschen Heil- und Pflegeanstalten nach 1945, S. die grundlegende Arbeit von Faulstich 1998. Interessant wäre hier, den prozentualen Anteil zu ermitteln, aber die Todeszahlen und die Gesamtbewohnerzahlen sind nicht zu vergleichen, weil eine durchgehende Statistik fehlt und in den vorhandenen Aufstellungen unterschiedliche Zeiträume zu Grunde gelegt wurden.

35   ArESA DV, 269 Bd. 1, Brief Schwester Emma Allinger an Herntrich, 6.1.1946.

36   Nach Rothmaler 1991 waren es mindestens 624 Personen, davon 226 Frauen und 398 Männer.

37   Die genaue Zahl der zwangsweise sterilisierten Frauen und Männer aus den Alsterdorfer Anstalten ist bisher unbekannt. Bis zum Mai 1936 waren davon 155 Menschen (90 männliche und 65 weibliche Bewohner) betroffen. Wunder, Genkel, Jenner 1987, S. 111. Zur Tätigkeit des Erbgesundheitsgerichtes und zur Durchführung des Gesetzes „Zur Verhütung erbkranken Nachwuchses" in Hamburg vgl. Rothmahler 1991.

38   Wunder 1987a, S. 111.

raum von 1938 bis 1943 von Alsterdorf aus in auswärtige Anstalten, 508 von ihnen starben bis Ende 1945.[39] Die meisten durch systematischen Nahrungsentzug oder die Überdosierung von Medikamenten.[40]

Die Leitung und Hauptverantwortung für die Alsterdorfer Anstalten und die in ihr lebenden Menschen lag in diesen Jahren bei Pastor Friedrich Karl Lensch (1898–1976),[41] seit Oktober 1930 Anstaltsdirektor, sowie bei dem Psychiater und leitenden Oberarzt Dr. med. Gerhard Kreyenberg (1899–1996) – ab 1938 in der Funktion des stellvertretenden Direktors – sowie dem Stiftungsvorstand, in dem neben Lensch und Kreyenberg insgesamt etwa fünfzehn Persönlichkeiten des öffentlichen und kirchlichen Lebens aus Hamburg und Schleswig-Holstein versammelt waren.

„[E]s ist alles so unruhig voll Spannung bei uns."[42] – Personelle Brüche und Kontinuitäten

Als sich fast genau zwei Monate nach Kriegsende, am 10. Juli 1945, der Stiftungsvorstand der Alsterdorfer Anstalten zur ersten Besprechung in Friedenszeiten zusammenfand, waren die personellen Folgen der politischen Zäsur noch nicht abzusehen. Allein Dr. Matthies, der 1944 von der Kreisleitung der NSDAP eingesetzte Verbindungsmann, fehlte, da seine Anwesenheit „infolge der veränderten Lage gegenstandlos geworden"[43] war. Zwar war man sich klar, dass wegen der „Lageveränderung" personelle Veränderungen „auf die Dauer … unvermeidlich" wären, zurzeit seien diese aber „noch nicht dringlich".[44]

Das hatte sich schon bis zur nächsten Vorstandssitzung im September 1945 geändert. Kurz zuvor hatte sich Gerhard Kreyenberg[45] von seinem Arbeitsplatz und damit auch von seinem Posten im Stiftungsvorstand zurückgezogen. Kreyenberg, der bereits 1928 seinen Dienst in den Alsterdorfer Anstalten als Assistenzarzt begonnen hatte, war seit 1933 Mitglied der NSDAP und seit 1934 in der SA organisiert. Über die Anstaltsgrenzen hinaus erwarb er sich den Ruf eines überzeugten und „linientreuen" Nationalsozialisten und gilt heute als „Vorreiter [bei] der Durchführung des Zwangssterilisationsprogramms in Hamburg".[46] Er war Gutachter bzw. Obergutachter am Hamburger Erbgesundheitsgericht und aktiv an der Selektion und der Verlegung von Kindern, Frauen und Männern aus den Alsterdorfer Anstalten im Rahmen der NS-„Euthanasie" beteiligt. Nachdem ihm die Gesundheitsverwaltung die „Ausübung

39 Wunder 1987, S. 30 und 2000, S. auch Häupl 2008, S. 53–78.

40 Wunder, Genkel, Jenner 1987, S. 29.

41 Zu Lensch vgl. Genkel und Jenner 1987, sowie Linck 2006, S. 31–35.

42 ArESA DV, 269 Bd. 1, Brief Schwester Emma Allinger an Herntrich, 6.1.1946.

43 ArESA DV, 5, Vorstandssitzung 10.7.1945. Während der Vorstandssitzung am 17.10.1944 war Matthies erstmalig anwesend. Bei Matthies handelt es sich wahrscheinlich um den nationalsozialistisch gesinnten Arzt und Funktionär Dr. Theodor Matthies, der auch an der Vertreibung der jüdischen Ärzte in Hamburg beteiligt war. Dazu Villiez 2004, S. 110.

44 ArESA DV, 5, Vorstandssitzung, 10.7.1945.

45 Ausführlich zu Kreyenberg, vgl. Wunder 1987a, S. 97–125.

46 Wunder 1987a, S. 110.

seiner freien Praxis" untersagt und ihn von seinen Funktionen als Oberarzt suspendiert hatte,[47] stellte er zeitgleich mit seiner offiziellen Entlassung am 5. September seine Vorstandstätigkeit ein. Das Urteil seiner Vorstandskollegen war einhellig: „obgleich ein gewissenhafter und eifriger Arzt", sei Kreyenberg „für die Anstalt nicht mehr tragbar", da er sich „zu sehr von der christlichen Tradition" entfernt habe. In derselben Sitzung wurde zwei „freiwillig ausgeschiedenen Mitgliedern" der Dank für ihre „geleistete treue Mitarbeit" ausgesprochen.[48] Dies ist ein sicherer Beleg dafür, dass das Thema Entnazifizierung in der zur britischen Besatzungszone zählenden Hansestadt an Fahrt aufgenommen hatte. Obgleich die Briten bei der Umsetzung des „Gesetzes zur Befreiung von Nationalsozialismus und Militarismus"[49] im Gegensatz zu den Amerikanern eine weit gemäßigtere Gangart einschlugen, wurden auch hier kurz nach Kriegsende viele Repräsentanten aus den höheren und höchsten öffentlichen Ämtern entfernt.[50]

Zu diesen zählte auch Anstaltsleiter Friedrich Karl Lensch, der sein Amt am 19. Oktober 1945 gezwungenermaßen zur Verfügung stellte.[51] Er sei nach „mehrfacher Mitteilung" des stellvertretenden Präsidenten der Hamburger Gesundheitsbehörde, „weil er SA-Oberscharführer gewesen wäre und dies auch erst in einem Nachtrag zum Fragebogen erklärt hatte", als „Direktor weiterhin nicht mehr tragbar und zu halten" und müsse mit seiner „Entlassung durch die Militärregierung rechnen."[52] Auf die Frage seiner Vorstandskollegen, ob dieser Rücktritt denn tatsächlich notwendig sei, berichtete Senator Oskar Martini (1883–1980) über das Ergebnis einer Unterredung mit dem Stellvertreter des Präsidenten der Hamburger Gesundheitsbehörde, Otto Buurmann.[53] Dieser habe ihm unmissverständlich erklärt, wenn Lensch nicht freiwillig zurücktrete, müsse er damit rechnen, dass die „Militärregierung seine Entlassung oder Suspendierung wegen belastender Beziehungen zur NSDAP anordnen werde".[54] Sicher werden bei der konsequenten Forderung nach dem Rücktritt des Anstaltsleiters nicht nur die „belastenden Beziehungen" des begeisterten Nationalsozialisten handlungsleitend gewesen sein, sondern auch seine Mitverantwortung für den hundertfachen Tod der ehemaligen BewohnerInnen. Denn nach anfänglicher Gegenwehr gegen die „Euthanasie"-Maßnahmen hatte Lensch 1941 der Verlegung von siebzig BewohnerInnen und im Sommer 1943, nach der Bombardierung der Anstalt, einer weiteren Verlegung von 469 Kindern, Frauen und Männern in „sehr vorauseilendem Gehorsam" zugestimmt.[55] Zudem waren zwischen 1938 und 1940 insgesamt 26 jüdische PatientInnen abgeschoben worden, die meisten von ihnen

---

47   25. August 1945.

48   ArESA DV, 5, Vorstandssitzung 20.9.1945.

49   Gesetz Nr. 104 zur Befreiung von Nationalsozialismus und Militarismus vom 5. März 1946. www.verfassungen.de/de/bw/wuertt-b-befreiungsgesetz46.htm (18.7.2012).

50   Zur Entnazifizierung in den vier Besatzungsmächten Vollnhals 1991.

51   ArESA DV, 5, Brief Lensch an den Vorstand, 23.10.1945.

52   Ebd., Vorstandssitzung 23.10.1945.

53   Otto Taleus Eberhard Buurmann (1890–1967). Tielke 1993, S. 65–68.

54   ArESA DV 5, Vorstandssitzung 23.10.1945.

55   Linck 2006, S. 33. Dazu ausführlich Wunder, Genkel und Jenner 1987.

starben eines gewaltsamen Todes.[56] Zwischen den Forderungen des nationalsozialistischen Staates und dem „diakonisch-kirchlichen Auftrag hin und her gerissen"[57], hatte sich Lensch nach eigener Darstellung dazu entschlossen, „einen kleinen Teil der Behinderten [zu] opfern, um den größeren zu retten".[58] Zu keinem Zeitpunkt war er bereit, hierfür die Verantwortung zu übernehmen oder auch seine Schuld daran einzugestehen. Vielmehr sah er sich selbst in der Rolle des Opfers. So habe er sich „während des 12jährigen Kampfes um die Erhaltung und das Fortbestehen der Anstalten unter der vorigen Regierung so weit politisch belastet […], daß ich unter den heutigen Umständen der Anstalt nicht mehr das zu sein vermag, was sie von ihrem Leiter erwarten muss, […] sogar für sie eine Belastung darstelle", schrieb Lensch in einem Brief an den Stiftungsvorstand, in dem er sein „Amt zur Verfügung" stellte. „Um des gefährdeten Lebens unserer Pflegebefohlenen willen, habe ich nicht nur Kraft und Vermögen, sondern auch Ruf und Ehre einsetzen zu müssen geglaubt und bin dadurch in Doppeldeutigkeit und viel schmerzliche Konflikte hineingeraten. […] Das Bewusstsein, die Alsterdorfer Anstalten mit ihren Pflegebefohlenen durch diese schwere Zeit hindurchzuretten [sic], wird mir Trost und Kraft geben."[59]

Im März 1946 traten drei weitere Vorstandsmitglieder wegen ihrer politischen Vergangenheit den unfreiwilligen Rückzug an: Staatsanwalt Otto H. Blunk, Oberlandesgerichtsrat Dr. Walter Horstkotte (1893–1979) sowie Oskar Martini. Der Senator und ehemalige Präsident der Hamburger Gesundheitsbehörde hatte dem Stiftungsvorstand der Alsterdorfer Anstalten insgesamt 22 Jahre angehört. Horstkotte und Blunk war bereits im November 1945 nahegelegt worden, wegen ihres frühen Eintritts in die NSDAP (1.5.1933) die Ämter als erster (Horstkotte) und zweiter (Blunk) Vorsitzender niederzulegen.[60] Bis zum Frühjahr 1946 war es somit zu einem weitgehenden personellen Wechsel im einflussreichen Gremium des Alsterdorfer Stiftungsvorstands gekommen. Lediglich Dr. Simon Schöffel (1880–1959), seit 1946 Hamburger Landesbischof, Pastor Gotthold Donndorf (1887–1968), Vorsteher des Rauhen Hauses in Hamburg, Pastor Hermann Schauer (1895–1981), Rektor des Amalie-Sieveking-Diakonissenhauses in Volksdorf, Direktor Karl Stoll (1893–1968), der Ingenieur Dr. Karl Hohage und der Kaufmann Reinhold Otto Kerner gehörten sowohl 1938 als auch 1948 dem Vorstand an.[61]

Als Horstkotte und Lensch in den folgenden Jahren immer wieder mit „Ansprüchen auf Wiedereinsetzung" in frühere Rechte an den Stiftungsvorstand herantraten und auch Kreyenberg über den Rechtsweg versuchte, seine Entlassung

---

56 Dazu ausführlich Wunder, Jenner 1987, S. 155–167.

57 Wunder 1988, S. 88.

58 Genkel 1987, S. 79.

59 ArESA DV, 5, Brief Lensch an den Vorstand, 23.10.1945.

60 Ebd., Vorstandssitzung 9.11.1945.

61 Bei Karl Stoll handelt es sich wahrscheinlich um den 1959 in den Ruhestand getretenen Leiter des Amtes für Marktwesen in der Behörde für Wirtschaft und Verkehr der Freien und Hansestadt Hamburg Karl Christian Stoll. Der Städtetag 12, 1959. Er gehörte dem Vorstand von 1935–1968 an. BuB 1969, S. 22. Dr. Ing. Karl Hohage gehörte dem Vorstand von 1928–1957, Pastor Gotthold Donndorf von 1934–1957 an. BuB 1957/58, S. 12. Kaufmann Reinhold Otto Kerner gehörte dem Vorstand von 1928–1961 an. BuB 1957/58, S. 14 und 1961/62, S. 21.

rückgängig zu machen, kam es im Vorstandsgremium zu einer eindeutigen Beschlussfassung: „irgendein Wiedereintritt dieser Herren in den Vorstand oder Dienst der Anstalten [wird] abgelehnt, weil wir bewusst eine Wende in der Anstaltsführung 1945 herbeigeführt haben vom Evangelium und Bekenntnis her. Diese Herren sind aber die Exponenten der vorherigen Anstaltsführung".[62]

Gerhard Kreyenberg nahm 1952 seine Arbeit als praktischer Arzt im Stadtteil Alsterdorf wieder auf und kooperierte auch mit den Alsterdorfer Anstalten, indem er zeitweise über zwölf Belegbetten in der Abteilung für Innere Medizin des „Evangelischen Krankenhauses Alsterdorf" verfügte.[63] Lensch war u. a. durch die Vermittlung[64] seines Nachfolgers Volkmar Herntrich (1908–1958) als Gemeindepastor in der Christuskirchengemeinde Othmarschen tätig, wo er bis zu seiner Pensionierung 1963 blieb.

Für die Besetzung der Leitungspositionen waren bis Ende 1945 zwei neue, als politisch unbelastet angesehene Persönlichkeiten gefunden: Simon Schöffel, der bereits seit 1929 dem Stiftungsvorstand angehörte, übernahm den Vorsitz und Volkmar Herntrich die kommissarische Anstaltsleitung.

Schöffel, von 1933–1934 und 1946–1954 Hamburger Landesbischof, gilt als ein „ehrgeiziger Theologe und verdienstvoller Seelsorger".[65] Der politisch konservativ ausgerichtete Pastor mit streng lutherischen Positionen war zwar kein Mitglied der NSDAP, unterstützte aber die nationalsozialistische Bewegung vorbehaltlos[66] und vertrat zeitweise „antidemokratisch-völkisches Ideengut".[67] 1933 hatte er sich erfolgreich für die Einführung des Bischofsamtes in der Hansestadt stark gemacht und sich dann selbst zum ersten Hamburger Landesbischof der Neuzeit wählen lassen. Spannungen zwischen ihm und den Deutschen Christen führten schon ein Jahr später zu seinem erzwungenen Rücktritt. Als sein Nachfolger Franz Tügel im Sommer 1945 sein Amt niederlegen musste, wurde Schöffel erneut in das Amt berufen. Seine politische Einstellung spielte dabei keine Rolle.

Der politisch völlig unbescholtene Herntrich, auf dessen Biografie an anderer Stelle ausführlich eingegangen wird, hatte unter den Nationalsozialisten verschiedene Sanktionen erlitten und arbeitete seit 1943 als Hauptpastor an St. Katharinen in Hamburg.[68] Lensch selbst hatte ihm in „zwei Gesprächen seine vermeintlich schwierige Lage anvertraut und um einstweilige Übernahme der Direktorialgeschäfte gebeten."[69] Trotz zahlreicher anderer Verpflichtungen erklärte sich der „kirchliche Multifunktionär"[70] bereit, die Leitung interimistisch zu übernehmen, sich um einen geeigneten Nachfolger zu bemühen und alles zu tun, um eine „reibungslose Zusam-

---

62 ArESA DV, 5, Vorstandssitzung 6.12.1949.

63 LKAK 11.02, Nr. 579a. Am 1. Juli 1960 hatte Kreyenberg zwölf Belegbetten auf der Inneren Abteilung.

64 Linck 2006, S. 33.

65 Hering 2008, S. 263. Ausführlich zur Biografie Schöffels und dessen Position in der Hamburger Kirche vgl. Hering 1995 und 2008.

66 Hering 1995, S. 29.

67 Hering 2008, S. 463.

68 S. die Kurzbiografie Herntrichs in Hering 2008, S. 461–463.

69 ArESA DV, 5, Vorstandssitzung 23.10.1945.

70 Hering 2008, S. 192.

Simon Schöffel, um 1950.

menarbeit mit der Gesundheitsverwaltung" zu gewährleisten.[71] Das bedeutete zu diesem Zeitpunkt vor allem, die personellen Konsequenzen der Entnazifizierungsmaßnahmen abzuwenden.

Diesbezüglich hatte man mit Schöffel und Herntrich, die beide einflussreiche Positionen innehatten, eine gute Wahl getroffen. So sind Simon Schöffels Bemühungen, „möglichst alle nationalsozialistisch belasteten Geistlichen ohne Beeinträchtigungen durch die Entnazifizierung zu bringen"[72] genauso belegt wie Herntrichs zahlreich ausgestellte „Persilscheine", mit denen er Personen, die in rassenhygienische Maßnahmen verstrickt waren, in den Entnazifizierungsverfahren entlastete.[73] Als Vorsitzender des Entnazifizierungsausschusses der Hamburger Kirche setzte er sich für Kollegen ein, die den Ideen des Nationalsozialismus begeistert gefolgt waren.[74] Sein diesbezügliches Engagement in den Alsterdorfer Anstalten wurde Ende der 1950er Jahre als besonders verdienstvoll herausgestellt. Als eine „größere Zahl langjähriger, an leitenden Plätzen tätiger Mitarbeiter […] auf Anordnung der Militär-Regierung aus der Arbeit ausscheiden" musste, so sein Nachfolger Julius Jensen (1900–1984) rückblickend, habe sich Herntrich „zielbewusst und tatkräftig für alle Betroffenen eingesetzt und es erreicht, dass sie in die Alsterdorfer Arbeit zurückkehren durften."[75] Dass Herntrich seine Position auch als religiös legitimierend verstand, zeigt sich deutlich in seinen Predigttexten. So hatte er z.B. im Herbst 1940 während einer Andacht über den Psalm 130,4 („Bei Dir

---

71 ArESA DV, 5, Brief Herntrich an den Vorstand der Alsterdorfer Anstalten, 7.11.1945.

72 Hering 2008, S. 196.

73 Ebd., S. 192. Herntrich war auch Mitglied der Spruchkammer für Geistliche. Ebd., S. 467.

74 Etwa für den Theologen und Hochschullehrer Johannes Hempel (1891–1964) oder den ehemaligen „Reichsleiter" der Deutschen Christen Joachim Hossenfelder (1899–1976). „Von dieser spontan sich an den einstigen Gegner hingebenden Gesinnung" habe nicht nur Hossenfelder profitiert, schrieb Herntrichs Sohn rückblickend. Ihn nach 1945 zu reaktivieren sei „begreiflicherweise nicht leicht" gewesen. Sein Vater habe „diese Aufgabe gelöst und ihn in einer holsteinischen Pfarrstelle untergebracht." Herntrich 1968, S. 18.

75 ArESA DV, 794, Manuskript „D. Dr. Herntrichs Wirken in den Alsterdorfer Anstalten" von Julius Jensen. Abgedruckt in KIH, 7.12.1958.

ist die Vergebung, dass man Dich fürchte.") formuliert: „„Bei dir ist die Vergebung', das heißt: es gibt wirklich einen Raum in der Welt, der Gott gehört. Es gibt einen Herren, der den Schlussstrich zieht unter alles Vergangene",[76] und ähnlich 1957 in St. Katharinen: „Luther hat bekanntlich gesagt, ‚da wo Vergebung ist, da ist Leben und Seligkeit'. Laßt mich etwas moderner sagen: Vergebung der Sünden, das heißt: du hast hier die Chance, an jedem Tag neu anzufangen. Das ist nicht Abwehr von Gestern, sondern das ist die Tür zum Morgen".[77]

Im Alltag bedeutete diese Haltung, mit der Herntrich und Schöffel dem Mainstream der Hamburger Landeskirche entsprachen, dass die Auseinandersetzung mit dem Nationalsozialismus darauf abzielte, „die eigene Unterstützung des nationalsozialistischen Staates zu vertuschen, der Ergründung der Ursachen auszuweichen und belastete Geistliche zu schützen."[78] In ihrer grundlegenden Arbeit über Kontinuität und Wandel in der lutherischen Kirche in Hamburg zwischen 1945 und 1965 macht Lisa Strübel eine Mischung aus „prophetischen", politischen und pragmatischen Gründen dafür verantwortlich, dass eine gründliche personelle Säuberung ausblieb.[79]

Der Betriebsausschuss – Entnazifizierung „von unten"

Vor diesem Hintergrund ist Schöffels Empörung zu verstehen, die er in der ersten von ihm als Vorsitzenden geleiteten Sitzung des Stiftungsvorstands im Januar 1946 zum Ausdruck brachte. Der Vorstand „versammele sich in einer Stunde" so Schöffel, „die in der Geschichte der Anstalten wohl zu den schwierigsten gehöre. Innerhalb kurzer Zeit sei der Betriebsfriede in eine sehr ernst zu nehmende Gefahr geraten, und zwar durch die Arbeit und ‚Entnazifizierungs'forderungen von vier Gefolgschaftsangehörigen, die sich [...] nach dem Zusammenbruch in aller Stille [...] zu einem ‚Betriebsausschuß' [...] zusammengefunden und sich dann mehr und mehr zu Maßnahmen der Anstaltsleitung geäußert" hätten.[80] Was war geschehen? Während man im Stiftungsvorstand politisch motivierte Entlassungen bisher nur auf Druck der Gesundheitsbehörde umgesetzt hatte, kamen die Entlassungsforderungen plötzlich aus den Reihen der Anstaltsgemeinde. Ein Maschinist, ein Melker, ein Maurer und ein Pfleger hatten mit Unterstützung des kommunistischen Senators und Leiters der Gesundheitsverwaltung Friedrich (Fiete) Dettmann (1897–1970), eine Liste aller zu entlassenden Personen zusammengestellt. Im Vorstand zeigte man sich diplomatisch – man werde den „Betriebsausschuß" in der heutigen Zeit „nicht mehr übergehen können" – aber auch beeindruckt von dem hohen Anteil ehemaliger NSDAP-Mitglieder: Zwar halte man die Schätzung des Ausschusses, 95 % der Belegschaft hätten der

---

76 Herntrich 1968, S. 100.

77 Ebd., S. 143.

78 Hering 2008, S. 189. Zur Auseinandersetzung der evangelischen Kirche in Hamburg mit der nationalsozialistischen Vergangenheit vgl. auch Hering 2004.

79 Strübel 2005 und 2008. Hier 2008, S. 352: „On the part of the churches, a mixture of ‚prophetic', political and pragmatic reasons prevented a thorough purge of personalities compromised by views held and positions adopted in the period of the ‚Third Reich'".

80 ArESA DV, 5, Vorstandssitzung 11.1.1946.

NSDAP angehört, für „zahlenmäßig übertrieben, aber insofern doch richtig, als eine bedenklich hohe Zahl von Gefolgschaftsmitgliedern Parteigenossen gewesen seien."[81] Übrigens hatte Herntrich das Ansinnen des Kommunisten Dettmann, in den Stiftungsvorstand eintreten zu wollen, gerade noch abwenden können.[82]

Unter den sechzehn vom Betriebsausschuss als „besonders eifrige Verfechter des Nationalsozialismus"[83] benannten Personen, finden sich Mitarbeiter, die ihre Kollegen denunziert hatten, weil sie nicht der NSDAP beigetreten waren, sowie der Betriebsobmann, der Ortsobmann der Arbeitsfront und zwei SA-Rottenführer. Für die meisten von ihnen hatte die Meldung keinerlei berufliche Konsequenzen, nur vier langjährige Mitarbeiter wurden in den Ruhestand versetzt und ebenso viele mussten tatsächlich ihren Dienst quittieren. Allerdings nur für eine Übergangszeit, wie der ehemalige SA-Rottenführer, der im September 1948 in seine leitende Position zurückkehren konnte oder die Oberin Alma Förster („Pgn., verschiedene Parteiämter und N. S. Jugendschulung"[84]), die im August 1949 die Leitung der Krankenpflegeschule übernahm. Beim Lesen der Vorstandsprotokolle wird deutlich, dass man sich hier mehr Sorgen um die unkontrollierbaren Aktivitäten des Betriebsausschusses machte als um die ehemaligen NS-Aktivisten innerhalb der Mitarbeiterschaft. Hinter dieser nachsichtigen Haltung stand auch ein dramatischer Personalmangel. Noch im Sommer 1946 wartete man auf die Rückkehr von dreißig Mitarbeitern, die als vermisst galten oder sich in Gefangenschaft befanden.[85] „Wir befinden uns noch mitten in dem schweren Kampf der Denazifizierung und ringen darum, wenigstens einige der verantwortungsbewussten Mitarbeiter zu behalten," schrieb Herntrich im September 1946.[86] Kurz darauf verschickte Vorstandsmitglied Donndorf einen Hilferuf an den Zentralausschuss für Innere Mission, indem er seine „schwere[n] Sorgen um das Schicksal unserer Alsterdorfer Anstalten" schilderte und um Unterstützung bei der Suche nach geeignetem Personal bat. Infolge der Entnazifizierung sei eine „geradezu katastrophale Lage" entstanden, da die Oberin, der Wirtschaftsleiter und der Oberpfleger also die „Führungen der einzelnen Sektoren" ausgewechselt werden mussten.[87]

Welche Bedeutung der Umgang mit den ehemaligen „Parteigenossen" bis weit in die 1950er Jahre hatte, wie sehr die nationalsozialsozialistische Vergangenheit die Mitarbeiterschaft der Alsterdorfer Anstalten spaltete, aber auch in welchem Ausmaß der Geist des Nationalsozialismus in Alsterdorf weiterhin virulent war, wird an folgendem Beispiel ebenso deutlich, wie die damit verbundenen Probleme für den

---

81　Ebd.

82　Hintergrund war Dettmanns nicht realisierter Plan, die Anstalten in das Ressort der Gesundheitsverwaltung einzufügen.

83　ArESA DV, 269 Bd. 1, Betriebsausschuss an Herntrich, 29.12.1945.

84　Ebd.

85　LKAK 33.05, Nr. 40. Am 30. Juni 1946 galten neun Mitarbeiter als vermisst und 21 waren in Gefangenschaft.

86　ArESA DV, 269 Bd. 1, Herntrich an Konsistorialrat Büchsel, 14.9.1946. Konrad Büchsel (1882–1958). Schott 2008, S. 34.

87　LKAK 33.05, Nr. 40. Brief Donndorf an die Pastoren Otto Ohl, Karl Pawlowski und Möller und an den Zentralausschuss für die Innere Mission, 28.11.1946.

Anstaltsleiter, der sich mit dieser Problematik abwägend auseinandersetzte. Im Sommer 1951 hatte sich Hans Carstens (*1899)[88] um Rückkehr in seine alte Position als Pflegeinspektor der Alsterdorfer Anstalten bemüht, ein Wunsch, der „uns in Alsterdorf [...] vor eine schwere Entscheidung" stellt, so Herntrich in einem Brief an den Vorstandsvorsitzenden Schöffel. Denn obwohl man dringend einen Nachfolger für den amtierenden Pflegevorsteher suchte, war Herntrich mehr als skeptisch, denn Carstens sei „nicht irgendeiner, sondern ohne Zweifel derjenige, der zur Zeit von Pastor Lensch wesentlich stärkeren Einfluss gehabt hat als Pastor Lensch selber". Wenn er zurückkehre, werde in der Mitarbeiterschaft „eine schwierige Situation entstehen. Es sind Mitarbeiter in Alsterdorf vorhanden, die dringlich eine Rückkehr von Carstens wünschen. Einige sind ihm geradezu hörig. Darunter sind Männer, die nach ihrer ganzen Art für das dritte Reich prädestiniert waren und eigentlich bis heute sich nicht wesenhaft geändert haben, übrigens teilweise ausgezeichnete Pfleger. Die Mehrheit der älteren Pfleger steht Herrn Carstens zurückhaltend, wenn nicht direkt ablehnend gegenüber. Einige der Treuesten sind seine entschlossenen und entschiedensten Gegner. Ob alles, was sie ihm aus der Vergangenheit vorwerfen, berechtigt ist, vermag ich nicht zu prüfen. Zum Teil handelt es sich um sehr ernste und in die Tiefe gehende Vorwürfe." Gegen eine Wiederaufnahme von Carstens spreche, dass Alsterdorf „sein Lebensinhalt geblieben ist. Es gibt wenig Menschen, die eine solche Liebe für Alsterdorf haben wie Carstens. Auch darin ist er, wie in allem was er tut, total und radikal. Dass seine Liebe ihn immer richtige Wege führt, kann gerade ich nicht behaupten. Herr Ca. ist ohne Zweifel ein feiner Mensch, der sich bemüht, mit Ernst Christ zu sein. Sein Frömmigkeitstyp ist der des Schwärmers mit allen positiven und negativen Seiten, die diesem Frömmigkeitstyp anhaften. Aber das Positive überwiegt durchaus. Eine Rückkehr von Herrn Ca. würde für uns in Alsterdorf ein Gebirge von Schwierigkeiten mit sich bringen. Ich persönlich bin bereit, diese Last auf mich zu nehmen, ob die Mitarbeiterschaft zu einem Ja zu bringen ist, ist mir freilich sehr zweifelhaft."[89]

Zu diesem Zeitpunkt war der Betriebsausschuss schon lange nicht mehr aktiv. Im November 1945 hatten seine Vertreter zwar noch zur „Betriebsversammlung im Gefolgschaftshaus"[90] mit Karl Oesterle, dem Sekretär des Gesamtverbandes der Verkehrs- und Gemeindearbeiter[91] eingeladen, bei der „vollständigen Neuwahl" des Betriebsrates im Sommer 1946 wurde jedoch keiner der vier Betriebsausschussmitglieder gewählt. Die nicht weiter ausgeführte Bemerkung, dass diese Wahl unter „hässlichen und unerfreulichen Umständen"[92] stattgefunden habe, ist sicher ein Hinweis auf das angespannte Klima innerhalb der Mitarbeiterschaft, das geprägt war von Konkurrenz und der Angst vor dem Verlust des Arbeitsplatzes, als Folge von „Denunziationen

---

88   ArESA, Personalwesen, Carstens, Hans Fr. Wilhelm, geb.1899, Diensteintritt in die Alsterdorfer Anstalten 1.9.1932 als Pfleger, Beförderung zum Oberpfleger, zum Inspektor. Quittierte seinen Dienst am 31.5.1938, um zur Wehrmacht zu gehen. Zwischen Juli 1945 und September 1945 kehrte er noch einmal kurzfristig an seinen Arbeitsplatz zurück.

89   LKAK 11.02, Nr. 5, Herntrich an Schöffel, 9.7.1951. Tatsächlich kehrte Carstens nicht wieder in den Dienst der Alsterdorfer Anstalten zurück.

90   ArESA DV, 295, Einladung zur Betriebsversammlung am 23.11.1945.

91   Vorläuferorganisation der ÖTV.

92   ArESA DV, 5, Vorstandssitzung 12.7.1946.

und Untragbarkeitsdebatten".[93] Veränderung müsse von „innen kommen, nicht von außen, durch Ausschaltung der P.G.", schrieb im Januar 1946 eine Schwester an den neuen Anstaltsleiter. „Das allein genügt nicht, denn wie ich jetzt höre und wie vermutet wird, können einige bleiben, andere sollen gehen. Es wird so viel geredet, und man weiß nicht was wird, es ist alles so unruhig voll Spannung bei uns."[94] Vermutlich hatte Herntrich auch die Mitglieder des Betriebsausschusses und deren SympathisantInnen im Blick, als er 1948 formulierte: „In der Arbeit der Inneren Mission kann auf die Dauer niemand dienen, der nicht allein auf die Stimme des guten Hirten hören will. Die Kräfte, die sich nach 1945 vom Rande vorgedrängt hatten, mußten nach diesem innersten Lebensgesetz aller Arbeit der Inneren Mission bald wieder zurücktreten. Der eigentliche Aufbau konnte beginnen."[95]

Der „Fall Budde"

Während es also sowohl im Stiftungsvorstand als auch in der Leitung der Alsterdorfer Anstalten zu deutlichen personellen Brüchen kam, führte die Entnazifizierungspolitik der britischen Besatzer keine nachhaltigen Veränderungen innerhalb der Mitarbeiterschaft herbei. In deren Köpfen werden die Parolen der NS-Gesundheitspolitiker, die den Wert des Menschen nach seiner Produktivität berechneten und das Lebensrecht der „Ballastexistenzen" in Frage gestellt hatten, auch über das Kriegsende hinaus ihre Wirkung gezeigt haben.

Auch im Stiftungsvorstand gab es ideologische Kontinuitäten, die allerdings erst bei genauerem Hinsehen sichtbar werden. Als es nämlich darum ging, einen Ersatz für den Juristen Walter Horstkotte zu finden, war es der Vorstandsvorsitzende Schöffel selbst, der den Juristen und Landesgerichtsdirektor Dr. Enno Budde (1901–1979) als dessen Nachfolger vorschlug.[96] Obwohl der Sohn eines Barmbeker Pastors[97] wie Horstkotte im Mai 1933 in die NSDAP eingetreten war, hatte ihn die Militärregierung bereits im August 1945 „zur Ausübung des Richteramtes endgültig" zugelassen.[98] Mit Hilfe zahlreicher „Persilscheine" überstand der politisch weit rechts stehende Jurist, der in der NS-Zeit zudem antisemitische und rassistische Artikel veröffentlicht hatte, das Entnazifizierungsverfahren.[99]

---

93 Ebd., Vorstandssitzung 23.10.1945.

94 ArESA DV, 269 Bd. 1, Brief Schwester Emma Allinger an Herntrich, 6.1.1946.

95 BuB 1948, S. 7.

96 ArESA DV, 5, Vorstandssitzung 25.3.1947. Im August 1948 verfasste Budde eine Schrift, in der er Horstkotte u. a. vorwarf, den „Euthanasie-Bestrebungen [in den Alsterdorfer Anstalten, d. V.] vorschub geleistet" und die Anstalten „in immer grössere Abhängigkeit von politisch unchristlichen Stellen" gebracht zu haben. Enno Budde, Die Stützen des vergangenen Regimes, 5.8.1948. In: LKAK 98.11 Nachlass Theodor Knolle, Nr. 10.

97 Zur Biografie Buddes S. ausführlich Hering 1995a, S. 212ff.

98 StaHH, 241-2 Justizverwaltung-Personalakten, B 3268, Unterakte I B 832 LG-Dir. Bl. 70, Genehmigung vom 21.8.1945. Zit. nach Hering 1995a, S. 217.

99 Siebzehn, zum Teil bekannte Persönlichkeiten hatten eidesstattliche Versicherungen vorgelegt, die „seine politische und kirchliche ‚aktive Tätigkeit gegen den Nationalsozialismus' beweisen sollten". Gegen seine Einstufung in die Kategorie IV (Mitläufer) legte Budde, mit der

1949 spielte der juristische Sachverständige im Stiftungsvorstand der Alsterdorfer Anstalten in einem Verfahren gegen die Kindertötungen im Hamburger Kinderkrankenhaus Rothenburgsort eine zentrale Rolle.[100] Gemeinsam mit seinen beiden Richterkollegen[101] entschied er, die Hauptverhandlung gegen die Beschuldigten nicht zu eröffnen und die ÄrztInnen außer Verfolgung zu setzen.[102] Ihr Fazit: die rechtswidrige Tötung von „mindestens 56 Kindern im Kinderkrankenhaus Rothenburgsort" stehe zwar „objektiv" fest, die Angeschuldigten hätten jedoch im fehlenden Unrechtsbewusstsein gehandelt und zudem sei die Strafkammer selbst „nicht der Meinung, dass die Vernichtung geistig völlig Toter und ‚leerer Menschenhülsen' […] absolut und a priori unmoralisch ist."[103] Dem „klassischen Altertum", so die Begründung der Juristen, sei die „Beseitigung lebensunwerten Lebens eine völlige Selbstverständlichkeit [gewesen]. Man wird nicht behaupten können, dass die Ethik Platos oder Senecas, die unter anderem diese Ansicht vertreten haben, sittlich tiefer steht als diejenige des Christentums". Zwar sei die „Verkürzung lebensunwerten Lebens […] ein höchst umstrittenes Problem", die „Durchführung aber keinesfalls eine Maßnahme […], welche dem allgemeinen Sittengesetz widerstreitet."[104] Diese fatale Urteilsbegründung, mit der die Richter nicht nur die angeschuldigten ÄrztInnen entlasteten, sondern auch die nationalsozialistische „Euthanasie"-Aktion postum rechtfertigten,[105] hatte Auswirkungen über die Grenzen der Hamburger Justiz hinaus, indem sie in vergleichbaren Verfahren übernommen wurde.[106] Während das Urteil der Richter gegen die Verantwortlichen der Hamburger Kinder-„Euthanasie" weder in der Öffentlichkeit noch im Stiftungsvorstand der Alsterdorfer Anstalten sichtbare Kritik hervorrief, geriet Enno Budde zehn Jahre später in den Strudel eines bundesweit beachteten Justizskandals, der ihn seine Karriere und schließlich auch seinen Platz im Vorstand der Alsterdorfer

---

Begründung aktiven Widerstand gegen den Nationalsozialismus geleistet zu haben, erfolgreich Widerspruch ein. Noch im selben Jahr wurde er in die Kategorie V (Unbelastete) herabgestuft. Hering 1995a, S. 217f.

100 Zum Verfahren gegen Bayer u. a. ausführlich: Burlon 2009, S. 185ff. Auf diesen Zusammenhang hat schon Michael Wunder 1987a, S. 123 hingewiesen.

101 Dr. Karl Henningsen und Heinrich Hallbauer

102 Die Namen der beschuldigten Frauen und Männer in Burlon 2009, S. 218.

103 Urteilsbegründung Landgericht (LG) Hamburg 14 Js 265/48 vom 19.4.1949. LG Hamburg 14 Js 265/48, Handakten. Der genaue Wortlaut der Urteilsbegründung ist bei Burlon 2009, S. 272–278 nachzulesen.

104 Burlon 2009, S. 276.

105 Zu diesem Ergebnis kam schon ein Journalist, der diesen Prozess 1960 ausführlich im Spiegel kommentierte. S. dazu Eingeschläfert. In: Der Spiegel, 34/1960, S. 31–33.

106 Klee weist darauf hin, dass die Hamburger Urteilsbegründung in dem Prozeß (1952) gegen ÄrztInnen (Gerhard Wenzel, Hildegard Wessel) der Heil- und Pflegeanstalt Uchtspringe wegen ihrer Beteiligung an der Tötung von 130 Kindern übernommen wurde: „Nach einem langen Exkurs über die Anschauung der Antike und was das preußische Allgemeine Landrecht und das Braunschweigische Strafgesetzbuch von 1840 über die Tötung sogenannter Monstra (Ungeheuern) sagt, kommt das Gericht zu dem Schluß: ‚Nun können zwar als Idioten geborene Kinder und ‚Monstra' nicht schlechthin gleichgesetzt werden; aber der Übergang von einer Gruppe ‚minderwertiger' Existenzen zur anderen liegt nahe genug, um hier an die Lehre von der erlaubten Tötung von Mißgeburten zu erinnern…'". Klee 1986, S. 211f., auch Burlon 2009, S. 190f.

Anstalten kostete.[107] Wieder hatte Budde die Eröffnung eines Hauptverfahrens abgelehnt. Angeklagt war dieses Mal Friedrich Nieland (1896–1973), ein Hamburger
Holzhändler, der ein antisemitisches Pamphlet in Umlauf gebracht hatte, in dem er
u. a. behauptete, die „ungeheuerliche Lüge über die Vergasung und Abschlachtung
von sechs Millionen Juden durch Deutsche unter Hitlers Macht" sei so „widersinnig
wie nur möglich". Es stehe „unwiderlegbar fest, dass nicht Deutsche die Organisatoren
dieser Massenvernichtung von Juden" gewesen seien, sondern „Juden selbst". Gegen
den Vorwurf mit dieser Schrift antisemitische Bestrebungen gefördert zu haben, verteidigten sich Autor und Verleger mit der Begründung, „sie hätten sich nicht gegen
die Juden schlechthin wenden wollen, sondern nur gegen einen eng begrenzten Kreis
von Juden, der nach ihrer Überzeugung für das weltgeschichtliche Geschehen der
letzten Jahrzehnte verantwortlich sei. Auch Hitler sei nur ein Werkzeug dieses Kreises
gewesen." Dieses Argument, so Budde, sei „den Angeschuldigten in subjektiver Hinsicht nicht mit genügender Sicherheit zu widerlegen."[108]

Der „Fall Budde" steht exemplarisch für das Fortwirken der NS-Ideologie weit
über 1945 hinaus, beleuchtet aber auch die ambivalente Reaktion des Alsterdorfer
Leitungsgremiums. Während Julius Jensen, der damalige Direktor der Alsterdorfer
Anstalten, Budde in einem „offenen persönlichen Gespräch […] rückhaltlos" ver-
mittelte „welche Gewissenslast *für mich* [Herv. i. O.] in Vergangenheit und Gegenwart der Antisemitismus war und ist" und den Juristen nicht, wie von ihm offensichtlich erwartet, bat, weiterhin dem Stiftungsvorstand anzugehören, lenkte der Vorstand
kurze Zeit darauf ein.[109] Nur wenige Tage nach der öffentlichen Skandalisierung im
Spiegel[110] ließ man Budde wissen, dass man es begrüße, „wenn Sie zur Beruhigung
und zur Klärung der gegebenen Situation noch einmal besonders erklären würden,
dass Sie die Satzungen der Alsterdorfer Anstalten auch im Sinne eines *Nichtantisemi-
tismus* [Herv. i. O.] eindeutig bejahen. Unter dieser Voraussetzung werden Sie herzlich gebeten, dem Vorstand […] weiterhin anzugehören".[111] Dieser Aufforderung
kam Budde jedoch nicht nach, sondern hielt seine Austrittserklärung, die er noch
während des Gesprächs mit Jensen abgefasst hatte, aufrecht. Es ist zu vermuten, dass
die Mitglieder des Stiftungsvorstands mit dieser Entscheidung rechneten, denn zeitgleich hatten sie den Hamburger Rechtsanwalt Herbert W. Samuel (1901–1982) in
den Stiftungsvorstand gewählt, der fortab den juristischen Part und später auch den
Vorsitz übernahm.[112]

---

107 Zum „Fall Nieland" ausführlich Hering 1995, auch Bergmann 1997.

108 Hering 1995, S. 210.

109 LKAK 11.02, Nr. 279A, Jensen an Witte 27.1.1959.

110 Der Artikel „Nieland – Reich des Zwistbringers", erschien am 21. Januar in der Spiegel-Ausgabe
     4/1959, die Vorstandssitzung in den Alsterdorfer Anstalten fand nur wenige Tage später am
     26.1.1959 statt.

111 ArESA DV, 8, Vorstandssitzung 26.1.1959.

112 Herbert W. Samuel, Rechtsanwalt, Mitglied des Stiftungsvorstands der Alsterdorfer Anstalten
     seit 1959, Vorstandsvorsitzender 1963–1975. Samuel galt in der NS-Zeit als „Halbjude" und
     hatte verschiedene Repressionen zu erdulden. Seit 1953 war Samuel für die FDP Mitglied
     der Hamburger Bürgerschaft. Wegen seines sozialen und christlichen Engagements wurde er
     auch „Anwalt der Menschlichkeit" genannt. Hamburger Abendblatt 24.12.2001, Morisse 2003,
     S. 156.

"MINDERWERTIG WERDEN JETZT DIE ANDEREN GENANNT"

Der Brief einer Alsterdorfer Schwester
ist ein ebenso seltener wie wichtiger
Beleg für das detaillierte Wissen um die
NS-„Euthanasie" innerhalb der gesamten Alsterdorfer Anstaltsgemeinschaft.
Empört über die Aussage der amtierenden Oberin Alma Förster, die während
einer Zusammenkunft aller Schwestern
im Oktober 1945 behauptete, sie habe
als einzige der Schwestern bereits während des Krieges vom Krankenmord
gewusst, hatte sich Emma Allinger
(1897–1949) schriftlich an die Vorge-
setzte gewandt.[113]

„Liebe Schw. Alma!
    Sie haben am 19.10.45. uns zu ei-
ner Besprechung rufen lassen. Ich muss
seitdem immer daran denken, weil ich   Emma Allinger, um 1922.
mit Ihren Ausführungen nicht fertig
werden kann. Ich glaube, den anderen Schw. ergeht es ebenso. […] Daß die Anstalt
sehr schwere Jahre hinter sich hat ist uns allen bekannt. […] Wir wissen ja noch nicht,
was der kommende Winter […] bringt, aber der Gott, der uns 1943 nicht vernichtete,
sondern wunderbar hindurchhalf, tut es auch in der nahen Zukunft, dafür wollen wir
Ihm heute schon danken. Carla Lorenz[114] hätte gar nicht umkommen brauchen, wenn
sie in den Keller gegangen wäre, samt den Mädchen die bei ihr waren in dem kleinen unsicheren Raum. Und wir anderen durften alle unser Leben behalten, war das
nicht wunderbar. Da denke ich an die Jahre 1940–41 wo die Anstalten in Österreich,
Württbg.-Baden u. Bayern einfach ausgetilgt wurden. Schw. Alma, Sie waren damals
nicht allein die um diese staatlichen Maßnahmen wussten! Wir Schwaben erfuhren
es aus der Heimat, in jedem Brief stands drin, u. als wir dort waren, war man erstaunt,
dass wir noch lebten u. arbeiteten bei den Armen. Von Geschw. Lutz hat es doch ein
Bruder in Stetten erlebt wie die armen Menschen zusammengetrieben wurden u. einen Stempel bekamen, wie Schlachtvieh. Und 1941 warfen die Engländer das Flugblatt ab,[115] das Sie mir abverlangten, auf dem namentlich aufgeführt wurde, welche
Anstalten an der Reihe waren. Und nun sagten Sie zu uns, Sie allein hätten darum

---

113 Da Förster auf ihr Schreiben nicht reagierte sandte Allinger am 6. Januar 1946 eine Abschrift des
     Briefes mit einem Anschreiben an Volkmar Herntrich. ArESA DV, 269 Bd. 1, Brief Schwester
     Emma Allinger an Herntrich, 6.1.1946. Auch ArESA PA, 131, Allinger, Emma.
114 Die Schwester starb bei der Bombardierung der Anstalt im August 1943.
115 Ein Faksimile des Flugblatts vom 23. Juni 1941 in Jenner 1987a, S. 174

gewusst u. diese Not u. Last allein getragen. […] Und in den Jahren, da wir in Gefahr waren, taten sich einige Schw. zusammen u. hielten eine Gebetsstunde nach jedem Wochenschluß, viele Wochen lang, bis diese der Alarme wegen aufgegeben werden musste […].

Wir werden von keiner Partei mehr bedroht, niemand macht uns den Platz an der Sonne streitig. Minderwertig werden jetzt die anderen genannt, die dies von uns hier sagten. Als Dr. Kreyenberg seinen Posten verlassen musste sagte ein Junge: so jetzt weiß er auch wie das ist, wenn man einfach aus dem Haus muss u. alles dran geben, was einem lieb war. Mit uns hat man es auch so gemacht. Von den Mädchen sagten manche Ähnliches. […]

Bei uns drehte sich doch alles um Leistungsabzeichen, Gaudiplom u. ähnliche Ehrenzeichen.[116] […] Wie hat die bekennende Kirche gewarnt u. gemahnt, es war umsonst. Wie viele Bek. Pfarrer [kamen] ins K-Z u. kamen dort um, nur weil sie das wahre, echte bibl. Christentum wollten. Warum hielt Hitler P. Niem.[117] im Kz. fest, wo er doch vom Gericht frei gesprochen war! Das war furchtbares Unrecht, das sich bitter rächen musste! Und dann die gewaltsame Tötung der Kranken u. Schwachen zuerst im eigenen Volk, dann an fremden Völkern u. Rassen wie wir jetzt erfahren. Das Blut schrie ja zum Himmel, es konnte gar keinen Sieg geben, […] überall taten wir Unrecht und griffen an."[118]

Brief Allinger an Förster (Ausschnitt), Herbst 1945.

---

116 1935 wurden die Alsterdorfer Anstalten als „Nationalsozialistischer Musterbetrieb", 1941 mit dem „Gaudiplom" ausgezeichnet. ArESA DV, 5, Vorstandssitzung 17.5.1941.

117 Martin Niemöller (1892–1984), Theologe. Wegen seines Widerstandes gegen die NS-Diktatur war er ab 1937 zunächst im Konzentrationslager Sachsenhausen, ab 1941 im KZ Dachau inhaftiert. Zur Biografie Niemöllers S. Nicolaisen 1998, www.deutsche-biographie.de/pnd11 8587900.html (17.7.2012).

118 ArESA DV, 269 Bd. 1, Brief Schwester Emma Allinger an Herntrich, 6.1.1946.

Verdrängen und Tabuisieren –
der Umgang mit Zwangssterilisation und „Euthanasie"

Wie bereits beschrieben, wurden viele hundert Alsterdorfer BewohnerInnen während der NS-Zeit zwangsweise sterilisiert und in den Anstalten der NS-„Euthanasie" getötet. Da das „Gesetz zur Verhütung erbkranken Nachwuchses" von den alliierten Besatzungsmächten nicht als nationalsozialistisches Unrecht klassifiziert und außer Kraft gesetzt worden war, kam es in den einzelnen Ländern und Besatzungszonen zu unterschiedlichen Vorgehensweisen.[119] Während das Gesetz in Bayern und der sowjetischen Besatzungszone aufgehoben wurde, kam es in den westlichen Besatzungszonen lediglich zu einer Auflösung der Erbgesundheitsgerichte, das Gesetz selbst blieb im Wesentlichen unangetastet und auch die „Meldung der Erbkranken durch Ärzte, Heil- und Pflegeanstalten" wurde zunächst weiterhin verlangt.[120] Diese Regelung betraf auch den ehemaligen „Mustergau" Hamburg, wo man während des Nationalsozialismus überproportional viele Frauen und Männer zwangssterilisiert hatte.[121] Dass auch aus den Alsterdorfer Anstalten vermeintlich Erbkranke über 1945 hinaus gemeldet wurden, belegt ein Schreiben der Hamburger Gesundheitsbehörde vom Januar 1948, in dem man die Anstaltsleitung darauf hinwies, dass eine „Weitermeldung der erbbiologischen Merkmale nun nicht mehr erforderlich sei, da die Erbkartei nicht mehr geführt werde".[122]

Hinweise auf eine kritische Auseinandersetzung mit der Umsetzung der nationalsozialistischen Sterilisationspolitik in den Alsterdorfer Anstalten sucht man bis 1982 vergeblich.[123] In seiner Untersuchung über die Fortsetzung der eugenischen Debatte in Diakonie und Kirche nach 1945 kommt Uwe Kaminsky zu dem Ergebnis, dass es im „protestantischen Feld" ebenso wie im juristischen und politischen Bereich, tatsächlich keine „grundsätzliche Infragestellung des NS-Sterilisationsgesetzes" gegeben habe. Nur die hohen Sterilisationszahlen seien als „Ausdruck der Fehlorientierung an einer ‚rassischen Auslese'" interpretiert worden. Da man die Sterilisation „nicht als Unrecht eigener Art" begriff, habe auch weitgehend ein Schuldbewusstsein gefehlt.[124]

---

119 Vgl. dazu den Überblick bei Doetz 2011, S. 205ff.

120 Paul Evers, Umfang und Entwicklung der Erbgesundheitspflege während und nach dem Kriege, Hamburg 1949, StaHH, 363–12, Akademie für Staatsmedizin A197. Zit. nach Westermann 2010, S. 66.

121 Westermann 2010, S. 128 weist darauf hin, dass die genaue Zahl der Zwangssterilisierten in Hamburg bis heute nicht bekannt ist. Nach Pfäfflin wurden in Hamburg etwa 22.000 Menschen zwangssterilisiert. Pfäfflin 1989, S. 283.

122 Wunder 1987a, S. 114. Derartige Meldungen lassen sich auch in anderen Städten nachweisen. So zeigten die ÄrztInnen der Bremer Nervenklinik zwischen 1945 und 1949 mindesten 329 Frauen und Männer beim Gesundheitsamt als „erbkrank" an. Engelbracht 2004, S. 48f.

123 1982 veröffentlichte Stefan Romey seinen Aufsatz: Asylierung – Sterilisierung – Abtransport. Die Behandlung geistig behinderter Menschen im Nationalsozialismus am Beispiel der Alsterdorfer Anstalten. Gleichzeitig erschienen Auszüge aus dem Tagebuch von Albert Huth, der 1943 als „Anstaltspflegling" zwangsweise sterilisiert worden war. Beide Texte in Wunder, Sierck 1982. Die Texte stammten ursprünglich von Michael Wunder, mussten aber, um eine Kündigung Wunders zu verhindern, unter anderer Autorenschaft veröffentlicht werden.

124 Kaminsky 2005, S. 216f. Zur Rolle der EKD im Umgang mit Opfern der Zwangssterilisation vgl. auch Wunder 1988a.

Indirekt sprach Anstaltsleiter Herntrich 1955 die Sterilisationen seiner „Pflegebefohlenen" an, als er die „Pfleger des männlichen Gebietes" anwies, „darauf zu achten, dass unsere männlichen Pfleglinge nicht […] das weibliche Gebiet betreten." Man
müsse diese Dinge in den nächsten Jahren „immer sorgfältiger behandeln […], nachdem die Zahl der sterilisierten Pfleglinge in den Anstalten weiter abnehmen wird."[125]
Zwangssterilisierte, die in den 1950er und 1960er Jahren Anträge auf Wiedergutmachung stellten, trafen auf den ehemaligen Chefarzt Gerhard Kreyenberg, der
gelegentlich als Gutachter herangezogen wurde. Natürlich spielte der einst aktive
und überzeugte Vertreter der Zwangssterilisation die Folgen des „verstümmelnde[n]
Eingriffs" in die Persönlichkeit[126] herunter. Er stritt die Folgen als Einbildung der Betroffenen ab und demütigte die AntragstellerInnen so ein weiteres Mal.[127] Auch die
finanzielle Entschädigung, die von den Opfern der Zwangssterilisation seit 1980 (!)
beantragt werden konnte, war nicht adäquat, um die seelischen Wunden zu heilen,
die der Eingriff und die damit einhergehende dreifache Stigmatisierung „erbkrank
– minderwertig – sterilisiert"[128] hinterlassen hatte. Eine finanzielle „Wiedergutmachung" habe sie bekommen, berichtete die 1920 geborene Frau P. Jahrzehnte später.
„Aber was nützen mir die 5000 Mark? Mein Leib ist hin."[129] Ein ähnlich bedrückend-
es Resümee zog W.R., der 22 Jahre in den Alsterdorfer Anstalten lebte und gerade
sechzehn Jahre alt war, als man ihn zwangsweise sterilisierte und damit, so R., „das
Schönste" nahm. „Verdrängen kann man das nicht. Man kann noch so viel Therapie
haben. Das was ich mitgemacht hab und mein Körper, wirst nicht wieder los."[130]
Während sich in den Nachkriegsdiskussionen innerhalb der Inneren Mission eine
„Mischung von Kontinuität und Wandel der Sterilisationsdebatte"[131] widerspiegelte,
war die ablehnende Haltung zum Thema NS-„Euthanasie" eindeutig, ebenso eindeutig war das nach außen demonstrierte „Bewusstsein persönlicher Schuldlosigkeit".[132]
Diese Haltung wurde auch von den Repräsentanten der Alsterdorfer Anstalten eingenommen. Die Anstalten hätten sich in dem „vergangenen Jahrzwölft […] sehr viel
mehr, als das vielleicht hätte sein dürfen, nationalsozialistischen Einflüssen geöffnet",
schrieb Herntrich 1946 einem Kollegen. „Die Anstalt ist bis ins innerste säkularisiert
worden. Fast ist es müßig hier von Schuld zu reden."[133] Schon 1987 kam Ingrid Gen-

---

125 ArESA DV, 20, Herntrich an das Pflegepersonal, 25.7.1955.

126 Kaminsky 2005, S. 213.

127 Wunder 1987a, S. 122.

128 Klevenow 1986, S. 118.

129 WdE/FZH 281, Aliasname O. P., anonymisierte Fassung, Interviewerin Ulrike Jureit, 30.11.1994.
     Zit. nach Westermann 2010, S. 290f. In der Hamburger Werkstatt der Erinnerung liegen Inter-
     views mit fünf Frauen und einem Mann (zwischen 1907 und 1930 geboren) vor, die unter
     Berufung auf das im Juli 1933 erlassene „Gesetz zur Verhütung erbkranken Nachwuchses"
     zwangssterilisiert wurden. Zwei von ihnen – Frau O. P. und Herr W. R. – waren BewohnerInnen
     der Alsterdorfer Anstalten. Vgl. auch die Erinnerungen von Menschen die zwangssterilisiert
     wurden in Klevenow 1986.

130 WdE/FZH 276, Aliasname W. R., anonymisierte Fassung, Interviewer Jens Michelsen, 16.11.1994.
     Zit. nach Westermann 2010, S. 292–295.

131 Kaminsky 2005, S. 217.

132 Genkel 1987, S. 91.

133 ArESA DV, 269 Bd. 1, Herntrich an Konsistorialrat Büchsel 14.9.1946.

kel mit Blick auf den Neuanfang in der Alsterdorfer Anstalten zu dem Ergebnis, dass
die Erwähnung der Getöteten offensichtlich mit einem Tabu belegt war.[134] Tatsächlich
wurde die hundertfache Ermordung bis Mitte der 1970er Jahre niemals öffentlich
thematisiert. Vielmehr verkündete Herntrich in der ersten Nachkriegsausgabe der
„Bilder und Briefe aus Alsterdorf", dass „die Welle des Todes" durch den Widerstand
von Friedrich von Bodelschwingh (Bethel) und Pastor Paul Gerhard Braune (Lobetal) „auch an unseren Anstalten vorübergegangen" sei. „In dem Kampf, der in der
Zeit des Dritten Reiches gegen die Heilsgüter des Christentums geführt wurde, lagen
die Alsterdorfer Anstalten ebenso wie Bethel im vordersten Kampfgebiet", so Herntrich. „Das konnte nicht anders sein. Denn dieser Kampf wurde geführt im Namen
des ‚Uebermenschen' und der ‚Edelrasse'. Wie sollte er nicht zu einem unmittelbaren
Kampf gegen das ‚unwerte Leben' werden? […] Es wiederholte sich in einer modernen Form die Geschichte vom bethlehemitischen Kindermord. Der Staat trachtete
den Kindern des ‚unwerten Lebens' nach dem Leben."[135]

Zwar habe den Verantwortlichen in Alsterdorf, „der klare Blick, der die Geister
zu scheiden lehrte", gefehlt, dennoch seien die „Männer, denen damals das Schicksal
unserer Zöglinge anvertraut war […] für unsere Kinder eingetreten […]. Das Ziel war
dies eine: Die Kinder hindurchzubringen. Was in Bethel dank der klaren geistlichen
Führung Bodelschwinghs gelang, wurde Alsterdorf durch manch menschliches Irren
und viel Einsatz der Treue durch Gottes Güte geschenkt."[136]

Während die Alsterdorfer Opfer hinter den nebulösen Formulierungen Herntrichs verschwinden und die Schuld an den „Staat" und die „Mächtigen" weitergegeben
wird, lautet die fast beschwörende, zukunftsweisende Botschaft des Landesbischofs
und Vorstandsvorsitzenden Schöffel: „[W]erdet nicht irre, schiebt die Gedanken der
Zeit zurück, die hinter uns liegt" und auch Herntrichs Blick war „in der Stunde des
großen Zerbrechens" auf ein „Banner" am Horizont gerichtet, das verkündete: „‚Wir
gehen einer großen Zukunft entgegen!' Dein König kommt."[137]

In der Ablehnung jeglichen Urteils über Schuld und Schuldige bestand übrigens in
der gesamten Hamburger evangelischen Kirche Einigkeit; Andersdenkende gerieten
in die Position „einsame[r] Außenseiter".[138] Man habe „keine Neigung", sich „in die
Vergangenheit zu verkrallen und nach Schuld und Schuldigen zu fragen, am allerwe-
nigsten im politischen Sinne, sondern wir wollen, eingedenk unserer Berufung, unser
Ziel ins Auge fassen, und das ist das Reich Gottes", brachte der Landesbischof und
Vorstandsvorsitzende Schöffel bei der Eröffnung der Synode im Dezember 1945 diese
Haltung auf den Punkt.[139] Besonders problematisch war dieser Verzicht der kritischen
Auseinandersetzung mit der NS- Vergangenheit auch deshalb, „weil mit der Frage
nach der Schuld auch der Gedanke an die Opfer der Gewalt verdrängt wurde."[140] Zwar
wurde hin und wieder darauf hingewiesen, dass während der NS-Zeit „Pfleglinge in

---

134 Genkel 1987, S. 81.
135 BuB 1948, S. 5.
136 Ebd., S. 7.
137 Ebd., S. 2.
138 Büttner 2008, S. 286.
139 Ebd., S. 284.
140 Ebd., S. 290.

aufnahmefähige süddeutsche und Wiener Anstalten"[141] gebracht worden seien, man vergaß aber nie, sämtliche Verlegungen als Anweisung von „oben" und unausweichliche Notwendigkeit infolge des Bombenangriffs darzustellen. Die 1941 durchgeführte Deportation wurde ebenso wie die Verlegung der jüdischen BewohnerInnen im Jahr 1938 vollständig ausgeblendet.

Bis 1949 kehrten insgesamt 42 Überlebende[142] in die Alsterdorfer Anstalten zurück. Zum Zeitpunkt ihrer Rückkehr war offenbar niemand in der Lage wahrzunehmen, was sie in den Kriegsjahren erlebt hatten.[143] Erst Jahrzehnte später konnten die Überlebenden darüber erzählen; die Berichte der „vergessenen Opfer" wurden nun zu einem wichtigen Teil der Forschungs- und Erinnerungsarbeit.[144] Der hundertfache Tod der ehemaligen Alsterdorfer BewohnerInnen in den Anstalten der NS-„Euthanasie" wurde erstmals 1979 ausführlich in der Öffentlichkeit und auch über die Grenzen Hamburgs hinaus thematisiert.[145]

Volkmar Herntrich – Kirchlicher Multifunktionär und kommissarischer Anstaltsleiter

„Ich habe mich […] davon überzeugt, dass in der gegenwärtigen kritischen Situation eine Leitung da sein muss, die in voller innerer Freiheit nach außen und innen die nötigen Maßnahmen verantworten kann. Gott gebe zu solchem Werk die rechte Weisheit und Kraft." Mit diesen Worten erklärte sich Volkmar Herntrich am 7. November 1945 bereit, die Anstaltsleitung zu übernehmen.[146] Ausdrücklich wies er darauf hin, dass es sich dabei, „auf jeden Fall nur um eine kommissarische Leitung für eine Zwischenzeit" handeln könne.[147] Aus der Übergangslösung sollten fast zehn

---

141 1950 gab es einen – allerdings sehr verborgenen Hinweis – auf ihr Schicksal. BuB, 1950, S. 63: „430 ‚unserer Kinder', die heimatlos geworden waren in der Katastrophe dieser Nacht, traten eine lange Reise nach Idstein, Eichberg, Mainkofen und Wien an. […] wir standen vor einer Welt von Trümmern, auch vor Trümmern unseres WerkeS. Wir waren arm geworden. Wir konnten nur mit dem Psalmisten bekennen: ‚Das ist vom Herrn geschehen, dass wir nicht gar aus sind.' Vielleicht ist es Dir damals gar nicht bekannt geworden, dass sie im Lärm des Krieges ihr Vorhaben, das sie so sanft ‚Euthanasie' nannten, fast unbeachtet ausführten. Sie taten es in ihren eigenen Anstalten."

142 34 aus der bayerischen Heil- und Pflegeanstalt Mainkofen, 8 aus der Heil- und Pflegeanstalt Am Steinhof in Wien.

143 Vgl. dazu Wunder, Genkel, Jenner 1987, S. 210.

144 Wunder, Genkel, Jenner 1987, S. 211f., S. 235f. Aber auch die Auszüge aus den Tagebüchern von Albert Huth (Sierck 1982) und seine Erinnerungen im Zeit-Artikel von 1979 (Zimmer 1979).

145 Zimmer 1979.

146 ArESA DV, 295, 15.1.1946 Bekanntmachung: „Es wird bekannt gemacht, dass durch Vorstandsbeschluss die Leitung der Alsterdorfer Anstalten seit dem 7.12.45 in den Händen von Herrn Hauptpastor Lic. Herntrich liegt. Alsterdorf, den 15.1.46 gez. D. Dr. Schöffel, Landesbischof".

147 ArESA DV, 5, 7.11.1945 Herntrich an den Vorstand der Alsterdorfer Anstalten.

Jahre werden. Erst am 25. September 1955 löste ihn sein Nachfolger Pastor Julius Jensen ab.[148]

Volkmar Martinus Herntrich wurde am 8. Dezember 1908 in Flensburg als jüngstes Kind in eine Pastorenfamilie geboren.[149] Obwohl schon der 15-jährige von Hamburg, insbesondere vom „gewaltigen Rathaus" und den „Schiffsriesen im Hafen", tief beeindruckt war, führte ihn sein Weg ins Studium zunächst in den Süden. Nach drei Semestern an der Theologischen Fakultät der Universität Tübingen wechselte der 21-jährige an die Friedrich-Wilhelms-Universität Berlin (seit 1949 Humboldt-Universität), wo er 1931 eine in der „alttestamentlichen Welt" kontrovers diskutierte Doktorarbeit ablieferte.[150] Es folgte das Predigerseminar in Preetz, ein Lehrvikariat in Flensburg und 1932 schließlich seine Ordination in Kiel, wo er sich auch für das Alte Testament habilitierte und parallel als Hilfsprediger arbeitete. Im Frühjahr 1933 heirateten Herntrich und die Flensburger Kapitänstochter Hertha Fröhlich (*1910),[151] aus deren Ehe ein Sohn und drei Töchter hervorgingen.

Zur gleichen Zeit geriet Herntrich wegen seiner offen ausgetragenen Gegnerschaft zum Nationalsozialismus immer mehr in Bedrängnis. Im März hatte er „vor der Prop-steisynode in Husum, deren Vertreter überwiegend der nationalsozialistischen Par-tei angehörten" einen Vortrag über „Völkische Religiosität und Altes Testament. Zur Auseinandersetzung der nationalsozialistischen Weltanschauung mit dem Christen-tum" gehalten, in dem er die Berechtigung des Alten Testaments gegen den national-sozialistischen Antisemitismus verteidigte.[152] Zudem war er 1933 Mitbegründer des Pfarrernotbundes in Schleswig-Holstein, einem Vorläufer der Bekennenden Kirche, zu deren führenden Repräsentanten er zählte.[153] Grund genug ihn 1934 aufgrund des § 6 des „Gesetzes zur Wiederherstellung des Berufsbeamtentums" aus seiner Position als Privatdozent für Altes Testament der Universität Kiel zu entlassen. Zudem wurde er zeitweilig mit einem Redeverbot für Schleswig-Holstein belegt und, nachdem er dieses umgangen hatte, kurzzeitig verhaftet.[154] In dieser schwierigen Situation hatte

---

148 BuB 1955, S. 4.

149 Sein Vater war Carl Wilhelm Herntrich (1864–1928) und seine Mutter Antonie Marie Maak (1877–1949). Seine Schwester Gertrud (1901–1965) war als Lehrerin in Flensburg tätig, sein Bruder Friedrich (1903–1951) als Pastor in Mildstedt bei Husum und in Hamburg. Herntrich 1968, S. 13f.

150 Herntrich 1932. Zu der Auseinandersetzung vgl. Herntrich 1968, S. 17f.

151 Die Hochzeit mit Hertha Frölich (*1910 Apia auf Samoa) fand am 31.3.1933 statt.

152 Herntrich 1933. Die Schrift fand offenbar große Beachtung, 1934 kam die dritte Auflage (5.–6. Tsd.) auf den Markt. Zum Thema „Altes Testament und Völkische Frage" S. Weber 2000, S. 283–293, bes. S. 287–290, die hier explizit auf die Position Herntrichs eingeht.

153 Weber 2000, S. 287. Der sogenannte Pfarrernotbund wurde am 21. September 1933 aus Protest gegen die Einführung des Arierparagraphen in der Deutschen Evangelischen Kirche (DEK) gegründet. Hintergrund waren die Versuche der Deutschen Christen, die DEK in eine „Reichskirche" ohne Christen jüdischer Herkunft umzuformen. Aus dem Pfarrernotbund und anderen Gruppen ging 1934 die Bekennende Kirche als Oppositionsbewegung evangelischer Christen gegen Versuche einer Gleichschaltung von Lehre und Organisation der DEK hervor.

154 Konukiewitz 1988, S. 123. Während der ersten Evangelischen Woche in Flensburg, im Oktober 1936 sprachen „trotz aller Behinderungsversuche durch die Reichskirchenleitung und die Geheime Staatspolizei" die führenden Vertreter der Bekennenden Kirche „R. Wester, M.

„Anstaltsleiter Friedrich von Bodelschwingh den Mut",[155] ihn als Pastor und Dozent an die Kirchliche Hochschule in Bethel zu holen. Diese Jahre, so Herntrichs Sohn rückblickend, hätten seinen Vater vor der Gefahr bewahrt, die jedem akademischen Theologen drohte, nämlich „ein Theoretiker zu werden, als Wissenschaftler sich in die mönchische Einsamkeit der Gelehrtenstube zurückzuziehen. Der Kontakt mit den Epileptikern, […] die durch Bodelschwingh jedem Dozenten auferlegte Verpflichtung, nicht nur Lehrer, sondern auch Prediger zu sein", habe seinen „Blick für die Erfordernisse christlichen Handelns, die Tat der Barmherzigkeit", geschärft. Ohne das „Betheler Erlebnis und die Begegnung mit ‚Pastor Fritz' wäre sein späteres Engagement in den Alsterdorfer Anstalten und der Diakonie undenkbar gewesen".[156]

Im März 1939 wurde die Hochschule wegen ihrer starken Nähe zur Bekennenden Kirche durch die Gestapo geschlossen und Herntrich musste abermals seinen Arbeitsplatz wechseln. Während die Familie in Bethel wohnen blieb, übernahm er als Direktor des „Evangelischen Reichsverbandes der Weiblichen Jugend Deutschlands" die Leitung des Burckhardthauses in Berlin-Dahlem, wo in „einer Art Vorlesungs- und Seminarbetrieb" Gemeindehelferinnen ausgebildet wurden.[157] Gemeinsam mit seiner inzwischen nachgereisten Familie siedelte Herntrich mit dem Burckhardthaus im Sommer 1942 aus dem bombenbedrohten Berlin auf das Gelände der nordöstlich der Hauptstadt gelegenen Hoffnungstaler Anstalten Lobetal. Diese Position behielt er auch nach seiner Wahl zum Hauptpastor an der Hamburger St. Katharinen Kirche im Dezember 1942[158] bei, so dass in den nächsten vier Jahren „das Pendeln zwischen Hamburg und Berlin bzw. Lobetal seinen Alltag bestimmte."[159]

Schon bei der Wahl Herntrichs zum Hamburger Hauptpastor hatte Theodor Knolle als Vertreter des Bischofs dem Kirchenvorstand erklärt, dieser „möge sich darüber im klaren sein, dass er ‚den künftigen Bischof' zu wählen habe".[160] Und tatsächlich war Herntrich Wunschkandidat des Hamburger Bürgermeisters Rudolf Petersen und der britischen Besatzungsbehörde, als es um einen Nachfolger für den nationalsozialistisch belasteten Franz Tügel ging. Als dieser jedoch zu bedenken gab, Herntrich sei mit den „örtlichen Verhältnissen noch nicht genügend vertraut",[161] entschied man sich für Schöffel. Im Jahr darauf war der inzwischen zum kommissarischen Alsterdorfer Anstaltsleiter ernannte erneut im Gespräch für ein Bischofsamt. Doch seine Kandi-

---

Pörksen, H. Rendtorff und V. Herntrich". Friedrich von Bodelschwingh setzte sich für seine schnelle Entlassung ein. Herntrich 1968, S. 22.

155   Jensen 1958, Manuskript in ArESA DV, 794.

156   Herntrich 1968, S. 25f.

157   Ebd., S. 26f.

158   Am 1.12.1942, Göhres 2008, S. 60. Schon 1940 hatte sich Herntrich auf die freie Hauptpastorstelle an St. Nikolai beworben, war bei der Wahl aber Paul Schütz unterlegen. Hering 2008, S. 467. Nur wenige Monate nach seiner offiziellen Einführung am 4. April 1943 brannte die St. Katharinen Kirche im Juli 1943 fast völlig nieder.

159   Herntrich 1968, S. 32. Herntrich blieb bis ca. 1946 Leiter des Burckhardthauses. S. Göhres 2008, S. 60, auch Sierig 1960, S. 50.

160   Sierig 1960, S. 49.

161   Hering 2008, S. 467.

datur in Schleswig blieb erfolglos.[162] Es
sollte noch fast ein Jahrzehnt vergehen,
bis Herntrich am 12. Januar 1956 zum
Bischof der Hamburger Landeskirche
gewählt wurde. Mit diesem Amt hatte
der 48-jährige seine berufliche Erfüllung gefunden.[163] Kaum zwei Jahre später wurde der „Kirchenmann von seltener Universalität"[164] und jüngste der
deutschen evangelischen Bischöfe[165]
durch einen Verkehrsunfall aus dem
Leben gerissen; mitten aus einer Tätigkeit, die „in den ersten Konturen die
Gestalt eines großen, die Kirche wirklich leitenden Bischofs ahnen ließ".[166]

Volkmar Herntrich (li.), Herbst 1950.

Drei Themen stehen repräsentativ
für das berufliche Lebensbild Herntrichs: Zum einen seine Eigenschaft als
„Lehrer, Dozent, dann Professor, der
Begründung und Sinngabe des christlichen Glaubens bewusst machte."[167]
Zweitens sein unermüdliches Engagement für den diakonischen Auftrag der Kirche,
einer „Kirche der helfenden Hände" und der Barmherzigkeit, in der er nun ihren
zeitgemäßen „politischen Beitrag" sah.[168] Entscheidenden Einfluss auf die Geschichte
der evangelischen Diakonie nahm Herntrich, deshalb auch „diakonischer Bischof"
genannt, indem er als Architekt der Zusammenführung von Innerer Mission und
Hilfswerk der evangelischen Kirche in Erscheinung trat.[169] Seinem Engagement und
seiner Beharrlichkeit ist es zu verdanken, dass die beiden Institutionen ihre Kompetenzstreitigkeiten überwanden und 1957 in landeskirchlichen Werken fusionier-

---

162 Dazu ausführlich Reumann 1988, S. 436–440, hier S. 437. Eduard Völkel (1878–1957), von
     1925 bis 1933 Bischof von Schleswig in der Evangelisch-Lutherischen Landeskirche Schles-
     wig-Holstein, sabotierte indirekt die Kandidatur Herntrichs, „zu dem er in einem unüber-
     brückbaren Gegensatz stand, seitdem dieser ihm mangelnder Standhaftigkeit gegen seine
     Absetzung 1933 und rechtlicher Fehleinschätzung der Braunen Synode geziehen hatte."

163 Hering 2008, S. 467f. Am 8.4.1956 wurde Herntrich durch den Landesbischof der Evan-
     gelisch-lutherischen Landeskirche von Hannover und stellvertretender Ratsvorsitzender der
     Evangelischen Kirche in Deutschland Johannes (Hanns) Lilje eingeführt. Herntrich 1968, S. 52.

164 Wölber 1968, S. 9.

165 http://de.wikipedia.org/wiki/Volkmar_Herntrich (14.3.2012).

166 Sierig 1960, S. 56.

167 Stolt 2008, S. 3.

168 Herntrich in seinem Vortrag: Der Diakonische Auftrag der Kirche, den er auf der dritten
     Tagung der ersten Synode der EKD im April 1951 in Hamburg hielt. Herntrich 1968, S. 61–72,
     S. 71.

169 Christian Berg im Vorwort zur Publikation über Volkmar Herntrich. Herntrich 1968, S. 5.

ten.[170] Das dritte Stichwort in Herntrichs beruflichem Lebensmosaik heißt: „Wachstum der Kirche in der Großstadt".[171] Seine Vision: ein einzelner Pastor solle für höchstens 6.000 Gemeindeglieder zuständig sein und Hamburg deshalb mit einem Netz von Kirchen und Gemeindehäusern überzogen werden.[172]

In der Liste der Funktionen und Ämter, die Herntrich nach 1945 inne hatte, erscheint die Leitung der Alsterdorfer Anstalten als eine Aufgabe unter vielen.[173] Tatsächlich sei diese Arbeit „schon fast über das Maß menschlicher Kräfte" hinausgegangen, schrieb ein Hamburger Kollege, „denn er musste den Dienst neben seinen vielfachen anderen Verpflichtungen […] hinaus versehen; und es war ihm immer schmerzlich, dass er sich nicht so ganz der Anstalt widmen konnte, wie er es wohl gewollt hätte."[174] Es ist anzunehmen, dass der Vielbeschäftigte in diesen Jahren kaum Zeit für seine außerberuflichen Interessen als Fußballfan, Konzert- und Theatergänger oder Musikliebhaber gefunden hat.[175]

Für seine Alsterdorfer Arbeit hatte Herntrich ein Zeitfenster von „werktäglich außer Sonnabends jeweils zwei Stunden" vorgesehen, zudem wollte er „in den Anstalten Andachten und Predigten"[176] halten. Die Familie Herntrich lebte zwar in Anstaltsnähe, zunächst in Fuhlsbüttel, ab 1954 dann in Alsterdorf, aber zum ersten Mal wohnte der Direktor nicht auf dem Gelände.[177] Im Stiftungsvorstand rief diese Übergangssituation immer wieder kritische Stimmen hervor. So etwa Ende 1947, als mehrere Vorstandsmitglieder „ernstliche Bedenken" erhoben und Herntrich „drin-

---

170 1975 wurden sie im Diakonischen Werk der EKD vereint. Zur Geschichte der Zusammenführung von Innerer Mission und Hilfswerk und Herntrichs Engagement bei dieser Entwicklung ausführlich Hammerschmidt 2005.

171 Stolt 2008, S. 4.

172 „Gotteshäuser wurden überall in Reichweite gebaut. […] Leider, leider heute unsere Last", urteilte aus heutiger Sicht der ehemalige Hauptpastor von St. Katharinen Peter Stolt 2008. Ebd.

173 Nach 1945 bekleidete Herntrich folgende Funktionen und Ämter: 1945 Mitglied in der einstweiligen Kirchenleitung der Landeskirche Hamburg, Leiter der kirchlichen Jugendarbeit in Hamburg und Schleswig-Holstein; 1946 Leiter der christlichen Jugendarbeit in den westlichen Besatzungszonen, Direktor der Alsterdorfer Anstalten, Beauftragter für Innere Mission und Hilfswerk Hamburg; 8.1.1948 Oberkirchenrat in Hamburg; 10.3.1949 Rektor der Kirchlichen Hochschule in Hamburg; 1949–1958 Mitglied der Synode der EKD, Mitglied des Rats der EKD, Mitglied der VELKD-Generalsynode; 1948–1958 Mitglied der Kirchenleitung der VELKD; 6.7.1950 Professor an der Kirchlichen Hochschule Hamburg; 1.11.1950 Ehrendoktor der Theologischen Fakultät in Kiel; 1951–1957 Beauftragter des Rates der EKD für die Vereinigung von Innerer Mission und Hilfswerk; 1952 Mitglied der Weltdienst-Kommission des LWB; 1954 Mitglied im Centralausschuss des ÖRK, Kommission für zwischenkirchliche Hilfen, Ehrendoktor der Theologischen Fakultät der Universität Ohio; 29.10.1954 Honorarprofessor an der Universität Hamburg; 17.2.1955 Präsident der Landessynode der Landeskirche Hamburg; 6.6.1955 Mitglied des Rundfunkrates des NDR; 1956 Vorsitzender des Diakonischen Rates der EKD; 12.1.1956 Wahl zum Bischof der Hamburger Landeskirche. Die Zusammenstellung ist zum größten Teil entnommen aus Göhres 2008, S. 60.

174 Der „Diakonische" Bischof, von Pastor Wilhelm Schmidt, Hamburg erschien 1958 in Die Innere Mission, S. 290–292. Der Artikel ist wiedergegeben in Herntrich 1968, S. 272–275, hier S. 272.

175 Herntrich 1968, S. 47.

176 ArESA DV, 5, Vorstandssitzung 9.11.1945.

177 Herntrich 1968, S. 47.

gend" baten, sich dafür zu entscheiden, „vollamtlich die Leitung der Alsterdorfer Anstalten zu übernehmen."[178]

Eines der großen Themen, mit denen sich Herntrich während seiner Amtszeit
beschäftigen musste, war zunächst, wie bereits beschrieben, die Entnazifizierung des
Personals. Hier ging es an erster Stelle um Weiterbeschäftigung der „belasteten" leitenden MitarbeiterInnen (Verwaltungspersonal, Pfleger, Schwestern und ÄrztInnen),
und wo das nicht gelang, um die Suche nach geeigneten NachfolgerInnen. Einen besonders großen Raum nahmen darüber hinaus die fortwährenden persönlichen und
juristischen Auseinandersetzungen mit seinem Vorgänger Lensch ein. Interessant ist
in diesem Zusammenhang eine Aktion Herntrichs, die eine kontroverse Vorstands-
diskussion hervorrief und an deren Ende der endgültige Bruch mit Lensch stand.
Im Sommer 1948 hatte dieser seinen Nachfolger aufgesucht, um mit ihm die „Frage
seines Pensionsgeldes" zu besprechen. Herntrich, der Lenschs finanzielle Forderungen strikt ablehnte, u. a. weil dieser in seiner neuen Pfarrstelle über ein volles Dienst-
gehalt verfügte, forderte ihn überraschend auf, seine Wiedereinstellung in das Amt
des Anstaltsleiters zu beantragen. „Dieser Antrag würde jedenfalls ethisch vertretbar
sein und […] [er] wäre gern bereit, ihn dem Vorstand vorzutragen, während er sich
aus ethischen und diakonischen Gesichtspunkten für außerstande erklärte, für den
Antrag auf Auszahlung der Pension einzutreten."[179] Es ist nicht möglich, abschließend zu beurteilen, ob Herntrich die Rückkehr seines Vorgängers ernsthaft in Erwägung gezogen hat. Vor dem Hintergrund seines Einsatzes zur Rehabilitation politisch
entlassener Kollegen, seiner eigenen beruflichen Überlastung und der vergeblichen
Suche nach einem geeigneten und willigen Nachfolger, erscheint es jedoch durchaus
denkbar zu sein.

In der Person Herntrichs vereinigten sich Fortschrittsdenken und Beharrungs-
vermögen. Fasziniert von der Öffentlichkeitswirkung der Medien, war er Mitglied des
NDR-Rundfunkrates, Mitarbeiter beim Deutschen Allgemeinen Sonntagsblatt seines
Kollegen und Freundes Hanns Lilje[180] und Begründer der evangelischen Zeitung Die
Kirche in Hamburg (KIH).[181] Die letztere erschien erstmals 1953 zum Evangelischen
Kirchentag in Hamburg und war „als ein Gruß gedacht an die Glieder, die der Kir-
che fernstehen."[182] Zugleich vertrat er einen betont lutherisch-konservativen Stand-
punkt[183] und „galt als Gegner des vollen Pfarramtes für Theologinnen".[184] So verwun-

---

178 ArESA DV, 5, Vorstandssitzung 17.9.1947.

179 Ebd., Vorstandssitzung 6.5.1948.

180 Sierig 1960, S. 53.

181 „1953 wurde von Hauptpastor Volkmar Herntrich in Hamburg die evangelische Zeitung
    ‚Die Kirche' mit dem Untertitel ‚Hamburger Wochenzeitung' begründet. 1968 stellte sie ihr
    Erscheinen ein." www.nordelbisches-kirchenarchiv.de/sites/default/files/infohefte/infoheft_2_
    kommentierte_bestaendeuebersicht.pdf (16.3.2012).

182 ArESA DV, 793, Zusammenstellung von Herntrichs Lebenslauf und Publikationen, S. 6.

183 Mager 2005, S. 426. Hering 2008, S. 295: „Für mehr als zwei Jahrzehnte bestimmten noch
    überwiegend traditionelle Auffassungen und die grosse personelle Kontinuität in den leitenden
    Ämtern, in Hamburg repräsentiert durch Bischof Schöffel, seinen Vertreter, Vertrauten und
    Nachfolger Theodor Knolle und dessen ebenfalls durch den Kirchenkampf im ‚Dritten Reich'
    geprägten Nachfolger Volkmar Herntrich, das Erscheinungsbild der Kirche."

184 Hering 2008, S. 468.

dert es nicht, dass er auch der Mitarbeit von Frauen im Alsterdorfer Stiftungsvorstand kritisch gegenüber stand. Im Sommer 1946 setzte dieser auf Herntrichs Anregung hin grundsätzlich fest, dass eine Frau nur dann in den Vorstand gewählt werden könne, „wenn es sich um eine besonders geeignete Persönlichkeit für einen besonderen Zweck handelt."[185] Zehn Jahre später hatte man mit der Oberstudiendirektorin Anna Maria Happel (*1896) eine Person gefunden, die diese Voraussetzungen erfüllte.[186] Noch Ende der 1970er Jahre war die „Frauenfrage" im Stiftungsvorstand virulent. Die Mitglieder zeigten keine Bereitschaft, eine Frau als gleichberechtigte Vorstandskollegin zu akzeptieren, wie folgende Protokollnotiz belegt: Der „Vorstand greift die Anregung auf, künftig auch einmal auf eine Frau zuzugehen und Gesichtspunkte wie Naivität, unverbrauchte Spontaneität, Jugend und Unbelastetheit durch zahlreiche Ehrenämter stärker in den Vordergrund zu rücken."[187]

Herntrich blieb bis zu seinem Unfalltod am 14.9.1958 den Alsterdorfer Anstalten eng verbunden. Nach dem krankheitsbedingten Rücktritt von Bischof Simon Schöffel als Vorstandsvorsitzender war er Anfang 1954 als sein Nachfolger aus der Position des stellvertretenden Vorsitzenden an die Spitze des Stiftungsvorstands gerückt.

Die Entwicklung der Alsterdorfer Anstalten im ersten Nachkriegsjahrzehnt

Bei einer genauen Analyse der kriegsbedingten Schäden auf dem zentralen Gelände der Alsterdorfer Anstalten fällt auf, dass vor allem die Wohnhäuser des Personals (Schwesternhaus, verschiedene Wohngebäude für Angestellte, Direktorenwohnhaus), die Wirtschafts- und Versammlungsräume (Waschhaus, Turn- und Versammlungssaal und Haus Deutscher Kaiser), sowie die Gebäude des Evangelischen Krankenhauses (Bodelschwingh-Haus, Paul-Stritter-Haus, ehemalige Schule) getroffen worden waren.

Von den insgesamt sechzehn Pfleglingshäusern[188] waren dreizehn unversehrt geblieben, während drei Häuser für Mädchen und Frauen – darunter allerdings die mit den meisten Plätzen – unterschiedliche Schäden aufwiesen. Völlig zerstört war nur das Haus Zum Goldenen Boden. In dem 1885 als Werkstattgebäude eröffneten Haus hatten seit 1927 pflegebedürftige alte Frauen gelebt. Relativ glimpflich war das Haus Hoher Wimpel davongekommen. Mit einem halben Notdach versehen, konnten alle drei Stockwerke des 1937 neu errichteten Hauses genutzt werden. Namen gebend war bei seiner Ersteröffnung im Jahr 1884 übrigens die Höhe und die Lage auf der höch-

---

185 ArESA DV, 5, Vorstandssitzung 12.7.1946.
186 Mitglied des Vorstands seit dem 16.11.1956. Ihre Nachfolge trat am 16.4.1973 die Webermeisterin Dorothea Marcus an.
187 ArESA DV, 15, Vorstandssitzung 22.3.1979.
188 Häuser für Frauen: Im Fichtenhain, Fichtenhain-Baracke, Zum Guten Hirten, Baracke Zum Guten Hirten, Hoher Wimpel, Zum Goldenen Boden; Häuser für Männer: Zum goldenen Apfel, Im Gottesschutz, Knabenhort, Carlsruh, Bismarck, Hohenzollern, Heinrichshöh, Eichenhof, Wartburg, Wittenberg.

sten Erhebung des Geländes gewesen, zudem hatte ein Wimpel das Dach verziert.[189]
Als es im Mai 1936 durch ein herabstürzendes Flugzeug zerstört worden war, hatte
man es umgehend wieder aufgebaut.[190]

Dagegen waren die schweren Schäden am Haus Zum Guten Hirten auch drei
Jahre nach Kriegsende noch nicht beseitigt. Die erste und zweite Etage des 1904 eröffneten Hauses, das wegen seiner Größe lange Zeit als Hauptgebäude für Frauen und
Mädchen galt, waren ausgebrannt. Mit einem Holznotdach über dem ersten Geschoss
versehen, konnte zunächst nur ein Teil des Hauses wieder bewohnt werden.

Haus Zum Guten Hirten
mit Notdach, um 1955.
Rechts im Hintergrund
Haus Hoher Wimpel.

Volkmar Herntrich sorgte in seiner Amtszeit nicht nur für den Wiederaufbau zer-
störter Anstaltshäuser, sondern auch für die langfristige Umwidmung einiger Gebäude, die eigentlich Menschen mit Behinderungen hatten dienen sollen. 1955 fasste er
selbst die wichtigsten Resultate des Bauprogramms zusammen: „Der Wiederaufbau
des alten Versammlungssaales und die Gründung der Kirchlichen Hochschule, die
Wiederherstellung mehrerer Pfleglingsstationen, der Wiederaufbau des Wirtschafts-
gebäudes, die Errichtung des Schwesternesssaales und des Hauses ‚Deutscher Kaiser‘,
der Aufbau von zwei Lehrlings-Baracken und einer Arbeitsbaracke, die grundlegende
Erneuerung der beiden Häuser des Jugendheimes ‚Alstertal‘, der Aufbau einer provi-
sorischen Schulbaracke und die Erstellung von 132 Wohnungen in 6 großen Wohn-
blocks waren Etappen auf diesem Wege, der mit der Erbauung des großen Festsaa-
les [im Haus Deutscher Kaiser, d. V.] im vergangenen Jahr eine vorläufige Krönung
fand.“[191]

Nicht zufällig nannte Herntrich den Wiederaufbau des alten Versammlungssaales
und seine Umwidmung zur Kirchlichen Hochschule an vorderster Stelle, denn dieses
Projekt hatte für ihn oberste Priorität. Bis zu seiner Zerstörung während des Zwei-
ten Weltkriegs hatte das 1906 als Turn- und Versammlungssaals errichtete stattliche
Gebäude „mit Podium und Galerien“ ursprünglich Platz für 1.000 Personen geboten.
Hier fanden festliche Veranstaltungen statt, ebenso wie „Unterhaltungs- und Fami-

189 BuB 1953, S. 20.
190 BuB 1950, S. 57f. Bei der Zerstörung des Hauses kamen drei BewohnerInnen ums Leben.
191 BuB 1955, S. 3.

lienabende, Vorträge, Lichtbildervorführungen, Vereinsfeiern, Begrüßungen von Besuchern usw."[192] Seit 1948 saßen nun Studenten in den neu gestalteten Vorlesungs-räumen und der Bibliothek und lebten im angeschlossenen Konvikt.[193]

Mit der Gründung der Kirchlichen Hochschule auf dem Gelände der Alsterdorfer Anstalten habe Herntrich alle „bisher gekennzeichneten Linien" zusammenfassen und vollenden können, urteilte ein Kollege.[194] Als Hauptpastor von St. Katharinen der Ausbildung des theologischen Nachwuchses verpflichtet, hatte er noch 1945 ein Kolleg für Theologiestudenten mitbegründet, aus dem heraus sich dann wegen des

Kirchliche Hochschule im
Simon-Schöffel-Haus 1949.

norddeutschen „theologischen Ausbildungsnotstand[s]" die Kirchliche Hochschu-le entwickelte.[195] Hier wollte Herntrich die bei Bodelschwingh erfahrene praktische Diakonie verwirklichen. Indem er in der „kleine[n] Stadt der Nächstenliebe"[196] die theologische Schule direkt neben den Pflegehäusern ansiedelte, sollte jeder Student neben der theoretisch-wissenschaftlichen Arbeit den „Dienst am Mitmenschen", den „Dienst in den Schwächen [sic] der Gesellschaft" niemals aus den Augen verlieren.[197] Herntrichs Hoffnung: durch die Ansiedlung der Kirchlichen Hochschule auf dem Anstaltsgelände werde in „einigen Jahren kein Pastor mehr auf einer Hamburger Kanzel stehen, der nicht durch die Alsterdorfer Anstalten gegangen ist – nicht nur als einer, der die Gottesgelehrsamkeit aus Büchern lernte, sondern der selber mit Hand anlegte am Dienst der Barmherzigkeit."[198]

Mit der Ortswahl erhoffte man darüber hinaus die „Verbindung zwischen den An-stalten und der Landeskirche"[199] zu intensivieren. Denn da Theologie und Diakonie

---

192 Die Alsterdorfer Anstalten 1932, S. 42.
193 Schöffel in BuB 1949, S. 6.
194 Sierig 1960, S. 52.
195 Hering 2008, S. 452.
196 ArESA DV, 915, 18.9.1964.
197 Stolt 2008, S.4.
198 Herntrich in BuB 1950, S. 75.
199 ArESA DV, 5, Vorstandssitzung 22.10.1948.

„ganz schlicht […] zusammengehören", könne wissenschaftlich-theologische Arbeit niemals Selbstzweck sein, sondern als Zielpunkt stehe immer der „Bruder Mensch".[200]

Für die Umsetzung der Vision eines „Bethel des Nordens"[201] war der erheblich beschädigte Gemeindesaal „unter großen Mühen und Kosten" wieder hergestellt worden. Angesichts derartiger Großprojekte wurden Stimmen laut, die den Nutzen einer solchen Bautätigkeit für die „Pfleglinge" bezweifelten, zumal die geplante Einbeziehung der „jungen hamburgischen Pastoren" in den Anstaltsalltag niemals realisiert wurde.[202] Während der spätere Direktor der Alsterdorfer Anstalten Hans-Georg Schmidt (*1930) – er gehörte zu den ersten Studenten der Hochschule – rückblickend urteilte, die Idee Herntrichs, Theologiestudenten mit der „Not der ‚Ärmsten der Armen'" zu konfrontieren, sei ein „richtiger Gedanke" gewesen,[203] erinnerte sich ein Kommilitone, Hochschule und Anstalt seien „zwei verschiedene Welten" gewesen. Er selbst habe vom Leben der Behinderten nur wenig mitbekommen.[204]

Neben der Kirchlichen Hochschule wurde in der Amtszeit und auf die Initiative Herntrichs ein weiteres, lediglich räumlich angegliedertes Projekt realisiert. In Kooperation mit dem Hilfswerk der evangelischen Kirchen, dessen erster Bevollmächtigter in Hamburg er war,[205] entstanden zwei Lehrlingsheime mit 52 Plätzen,[206] um „jungen Menschen, denen für eine Berufsausbildung das Zuhause fehlt, ein Heim zu schaffen."[207] Während die Kirchliche Hochschule bereits nach dem Sommersemester 1954 ihre Arbeit einstellte und auch die Lehrlinge schon Mitte der 1950er Jahre das Anstaltsgelände verließen, waren andere Entscheidungen dieses ersten Nachkriegsjahrzehnts für die Zukunft der Alsterdorfer Anstalten von nachhaltigerer Bedeutung. So der Umbau und die Renovierung des Erziehungsheimes Alstertal, mit der ein drohender Abriss der abbruchreifen Häuser verhindert werden konnte.[208] Außerdem der Rückkauf der Anstaltskirche St. Nicolaus, die während des Krieges an die Landeskirche abgetreten worden war. Die ebenfalls während des Krieges erfolgte Umwidmung des Schulgebäudes und der „beiden modernsten Pfleglingshäuser" [Bodelschwingh-Haus und Paul-Stritter-Haus, d. V.] zum Evangelischen Krankenhaus wurde dagegen beibehalten und von Herntrich „bewusst und ausdrücklich bejaht." Während der Anstaltsleiter argumentierte, diese Entwicklung sei für die Gewinnung von fachlich ausgebildeten Schwestern und Pflegern genauso unentbehrlich wie für die „bestmög-

---

200 Volkmar Herntrich, Die Kirchliche Hochschule in Hamburg. In: Lüth, Erich (1950): Neues Hamburg, S. 68–70. Zit. nach Herntrich 1968, S. 157–162, hier S. 160.

201 BuB 1958/59, S. 6.

202 Julius Jensen in BuB 1958/59, S. 8. „Auch die Bautätigkeit galt immer den Pfleglingen, wenn es auch zeitweilig anders aussehen mochte."

203 Hans-Georg Schmidt, Mein Weg nach Alsterdorf. In: BuB 1967/68, S. 13–15, S. 14.

204 ArESA DV, 355, Karl L. Kohlwage: Erste Eindrücke aus Alsterdorf, 1982. Karl Ludwig Kohlwage (*1933), Theologe, 1982/83 Kommissarischer Vorstandsvorsitzender der Alsterdorfer Anstalten, 1991 Bischof für Holstein-Lübeck. http://nordelbien.de/nordelbien/bischofskollegium/altbischoefe/bischoefe.kohlwage/bischoefe.kohlwage.vita/index.html (1.8.2012).

205 Bischof D. Hans-Otto Wölber: Die Kraft der Mitte. In: Herntrich 1968, S. 9–11, hier S. 9.

206 BuB 1954, S. 20.

207 BuB 1950, S. 64; auch BuB 1949, S. 8–10.

208 BuB 1958/1959, S. 9.

liche ärztliche und klinische Versorgung unserer Pflegebefohlenen",[209] kritisierte eine Krankenschwester: Es „war damals [in den 1940er Jahren, d. V.] ein großes Unrecht, dass man den Kindern ihre Häuser u. somit ihre Heimat nahm!". „Krankenhäuser gibt es noch viele in Hbg. [Hamburg] aber keine Heimat für diese armen Menschen. Denn die hat man ihnen doch genommen! Bodelschwinghhaus, P. Stritter Haus, die Schule u. den halben Hohen Wimpel. Das war Unrecht, u. verlangt nach Gerechtigkeit, denn die Häuser waren mit dem für die Kinder eingegangenem Geld erbaut".[210]

Auch Julius Jensen, der 1955 Herntrichs Nachfolge angetreten hatte, wies Jahrzehnte später unmissverständlich darauf hin, wie wenig im ersten Nachkriegsjahrzehnt dafür getan worden war, die Lebensqualität der BewohnerInnen zu verbessern, indem er das Bauprogramm dieser Jahre scharf kritisierte. Während das Haus Wartburg als einziges „Pfleglingshaus" eine grundlegende Renovierung erfahren hatte, sei viel Geld in den Umbau des alten Versammlungssaals zur Kirchlichen Hochschule und in die Neueinrichtung des Festsaals Deutscher Kaiser geflossen; ein Bauprojekt das „finanziell eigentlich nicht zu verantworten" gewesen sei. Scharf kritisierte er Herntrichs Beharren auf einer Anstalt der „Armut und Niedrigkeit", indem er auf den „ideellen Hintergrund" verwies: „Wie man in der Nazizeit mit niedrigen Pflegegeldern seine Leistungsfähigkeit gegenüber den teureren staatlichen Anstalten dazustellen versuchte, so blieb man auch jetzt dabei; die evangelische Anstalt sollte billiger sein als die staatlichen Einrichtungen." Empört berichtete er, dass Herntrich ihm nahegelegt habe, einen geplanten Neubau zu stoppen. Auf seine Erwiderung: „Aber Herr Bischof Sie wissen doch, wie es in unseren Pfleglingsheimen aussieht", habe sich Herntrich mit „einem bitterbösen Gesicht" abgewandt.[211]

Von der Kirchlichen Hochschule zur Theologischen Fakultät

Die Gründung der Kirchlichen Hochschule war eine Reaktion der Hamburgischen Landeskirche auf den eklatanten Studienplatzmangel in Norddeutschland. Infolge der deutschen Teilung nach Ende des Zweiten Weltkriegs waren Rostock und Greifswald als Studienorte ausgefallen, einzig Kiel stand noch für das Theologiestudium zur Verfügung.

Im Wintersemester 1948/49 startete der Lehrbetrieb auf dem Gelände der Alsterdorfer Anstalten mit 150 Studenten. Unter dem Rektorat von Volkmar Herntrich, der gleichzeitig alttestamentliche Lehrveranstaltungen anbot, lehrten als hauptamtliche Dozenten: Hans Engelland (Systematische Theologie), Leonhard Goppelt (Neues Testament) und Kurt Dietrich Schmidt (Kirchengeschichte). Ergänzt wurde das Angebot durch Theodor Knolle (Praktische Theologie) und Paul Schütz (Philosophie und Systematische Theologie). Damit kam die Hamburgische Landeskirche ihrer „Verpflichtung zu einer qualifizierten wissenschaftlichen Theologie nach und übte durch das betont

---

209 Ebd., S. 8.

210 ArESA DV, 269 Bd. 1, Brief Schwester Emma Allinger an Herntrich, 6.1.1946.

211 ArESA Ö, Jensen 1980.

lutherische, konservative Dozentenkollegium einen nicht unerheblichen Einfluß auf den theologischen Nachwuchs aus."[212] Diese Situation führte letztlich zu der Einsicht der Hamburger Bildungspolitiker, dass die Ausbildung der Religionslehrer und Pfarrer nicht „nur im Binnenraum der Kirche" stattfinden sollte, sondern ein stärkerer Bezug zu den gesellschaftlichen Problemen der Zeit nötig sei. So konstituierte sich die Evangelisch-Theologische Fakultät an der Universität Hamburg, die zum Wintersemester 1954/55 ihre Lehrtätigkeit aufnahm, bewusst als eine von der Kirche unabhängige Einrichtung. Eine Berufung Herntrichs, der als Vertreter der Kirchlichen Hochschule Mitglied des „Ausschusses für die Erstberufungen" war, an die neugegründete Fakultät kam nicht zustande. Hier lehrte er seit 1954 lediglich als Honorarprofessor.[213]

Anstalt versus Krankenhaus – die hierarchische Ordnung der Krankenhauswelt

Während des Zweiten Weltkriegs entwickelte sich das Evangelische Krankenhaus Alsterdorf mit Innerer, Chirurgischer, Psychiatrischer Abteilung und Entbindungsstation als „völlig eigengeartetes Gebilde [...] innerhalb der Alsterdorfer Anstalten." Während seine Stationen „nur von Menschen" belegt wurden, die „von draußen" kamen, standen für die Alsterdorfer BewohnerInnen zwei separate Krankenstationen zur Verfügung.[214] Die Geschichte der Gründung und Erweiterung des Krankenhauses zeigt exemplarisch, welche Auswirkungen die Präferierung und Fortführung des medizinisch-psychiatrischen Paradigmas auf die räumliche Entwicklung der Anstalt und damit letztlich auch auf die Lebensqualität ihrer BewohnerInnen hatte. Indem die

Auch auf dem Hinweisschild wird die hierarchische Ordnung eingehalten, um 1945.

---

212 Zur Geschichte der Kirchlichen Hochschule und der Theologischen Fakultät in Hamburg, S. Mager 2005, S. 425–428, hier S. 426 sowie Volkmar Herntrich, Die Kirchliche Hochschule in Hamburg. In: Lüth, Erich (1950): Neues Hamburg, S. 68–70. Zit. nach Herntrich 1968, S. 157–162.

213 Mager 2005, S. 426f.

214 BuB 1970, S. 3.

Verantwortlichen die weitreichende Umstrukturierung von 1939 aufrecht erhielten, verfestigten sie den Platz der „Pflegebefohlenen" auf der untersten Stufe einer hierarchisch geprägten Krankenhauswelt. Tatsächlich scheinen die Auswirkungen dieser weitreichenden Umstrukturierung nachhaltig negativer gewesen zu sein, als die Kriegszerstörungen. Denn über Jahrzehnte mussten viele Alsterdorfer BewohnerInnen infolge der Umwidmung der großen, modernen und ehemals gut ausgestatteten Häuser auf viel zu engem Raum in häufig behelfsmäßigen Unterkünften und zum Teil unter menschenunwürdigen Bedingungen leben.

1897 war das Haus Bethabara, das „Haus des Durchgangs", als Krankenstation ausschließlich für die Versorgung der körperlich erkrankten „Pfleglinge" eröffnet worden. Neben einem Operations- und einem Arztzimmer gab es zwei Flügel mit „großen Sälen für männliche und weibliche Kranke zu je 18 Betten [sowie] eine Reihe von Einzelräumen".[215] Seit einer Erweiterung im Jahr 1928 wurden auch PrivatpatientInnen aufgenommen.[216] Wenige Jahre später hatte sich die Bettenzahl auf sechzig erhöht, ein zweiter Operationssaal war hinzugekommen.[217] Motor dieser Entwicklung war der leitende Oberarzt Dr. med. Gerhard Kreyenberg, der für Alsterdorf ein „umfassendes Modernisierungskonzept [...] im Sinne des damaligen medizinisch-wissenschaftlichen Fortschritts" entwickelte und damit dem „Trend der Aufbruchstimmung und des damit verbundenen therapeutischen Optimismus" folgte. Die zum Teil radikalen Methoden, mit denen er antrat, den „Schwachsinn" zu bessern oder sogar zu heilen, hat Michael Wunder ausführlich beschrieben.[218] Hintergrund dieser Entwicklung war die „Herausbildung der psychiatrischen Dominanz" in der „Idiotenfürsorge" während der zweiten Hälfte des 19. Jahrhunderts. Eine Entwicklung, die dazu führte, dass die Psychiatrie „anstelle der Allgemeinen Pädagogik zur Leitdisziplin der Heilpädagogik" avancierte.[219] Der Theorie Wilhelm Griesingers (1817–1868) folgend – er gilt als Begründer der naturwissenschaftlichen Psychiatrie – wurden alle psychischen Krankheiten einschließlich der „Idiotie" als Erkrankungen des Gehirns definiert. „Theoretisch beinhaltete diese psychiatrische Denkweise ein Verständnis von Idiotie als psychopathologischer Extremfall einer Gehirn- bzw. Nervenschädigung, die als unheilbar am untersten Ende der psychiatrischen Krankheitshierarchie angesiedelt ist. Daraus leitete sich die Konsequenz ab, Idiotenanstalten wie Irrenanstalten sozusagen als Krankenhäuser zu gestalten und unter irrenärztliche Leitung zu stellen."[220] Für den Alsterdorfer Oberarzt war dabei die Entwicklungsrichtung eindeutig: soviel Heilanstalt und sowenig Pflegeanstalt wie irgend möglich.[221]

So verwundert es nicht, dass der Stiftungsvorstand der Alsterdorfer Anstalten einer vom „Hamburger Staat" kurz nach dem Beginn des Zweiten Weltkriegs geforderten Erweiterung des Krankenhauses auf 238 Betten nachkam.[222] Das sei allerdings „ein

---

215 Rückblick 1913, S. 16.
216 BuB 1950, S. 51.
217 Wunder 1987a, S. 99.
218 Ebd., S. 97–125.
219 Schädler 2002, S. 53.
220 Ebd., S. 51.
221 Die Alsterdorfer Anstalten 1932, S. 26.
222 ArESA Ö, Jensen 1980, S. 6.

Zwang von außen" gewesen, und man könne jetzt „nur beten [...], dass daraus ein
Segen" werde, fasste ein Chronist zu Beginn der 1950er Jahre diesen folgenschweren
Umstrukturierungsprozess zusammen. „Möge es nicht ‚unsere Kinder' beiseite drängen, sondern der Pflege an ihnen dienlich sein."[223] Doch zu diesem Zeitpunkt konnten
auch Gebete nicht mehr helfen, denn es war bereits zu genau diesem Verdrängungs-
effekt gekommen. Da der Platz im Haus Bethabara bei weitem nicht ausreichte, hatte
man folgende drei Gebäude umfunktioniert und darin die Stationen des Evangelischen Krankenhauses Alsterdorf etabliert.[224]

Zunächst das 1914 eröffnete repräsentative, ganz am Rande des Anstaltsgeländes gelegene zweistöckige Schulgebäude, von den einen als „heilpädagogische Mu-
sterschule mit Lehr- und Beschäftigungsunterricht" gefeiert, von den anderen als
„Universität" für Schwachsinnige abgewertet. Selbst „Wagenkinder" konnten den
ersten Stock über eine Rampe erreichen und so am Unterricht teilnehmen.[225] Zwar
wurde das Gebäude bereits im Ersten Weltkrieg als Reservelazarett genutzt und die
Schule verlor danach einen Teil ihrer personellen und räumlichen Ausstattung, doch
fand hier bis kurz vor Ende des Zweiten Weltkriegs weiterhin der Unterricht für
die Alsterdorfer Schulkinder statt. 1943 wurden in den ehemaligen Klassenräumen
Krankenbetten aufgestellt. Was zunächst als vorübergehende Maßnahme geplant war,
blieb auch nach Kriegsende bestehen.[226] Die SchülerInnen mussten sich indessen mit
dem Unterricht zunächst in einer Baracke, später in zwei Baracken begnügen.[227] Erst
1981, nach vielen unrealisierten Plänen für Schulneubauten, konnten die Alsterdorfer Schulkinder endlich aus den abbruchreifen Baracken in die neue Sonderschule
umziehen.[228]

Das zweite von der Krankenhauserweiterung betroffene Gebäude war das direkt
neben der Schule gelegene Bodelschwingh-Haus. Hier lebten seit 1911 etwa 140 „sieche männliche Pfleglinge". Stolz hatten seine Erbauer auf den modernen Komfort und
die behindertengerechten Details des Hauses hingewiesen, u. a. die „bequemen Ram-
penbauten, die vom ersten Stock wie auch vom Erdgeschoß direkt in den Hof führen
und die Unbequemlichkeit der Treppenbenutzung für die gebrechlichen Pfleglinge
beseitigen."[229]

Auch das Paul-Stritter-Haus, ein erst 1931 eröffnetes „Lehrlingsheim für 80 in der
Berufsausbildung befindliche Jungen"[230] wurde für das Krankenhaus umfunktioniert.

---

223 BuB 1950, S. 62.

224 ArESA Ö, Jensen 1980, S. 6. „Trotzdem mußten gleichzeitig die Insassen zweier westdeutscher
     Anstalten, die im Westwallgebiet lagen, aufgenommen werden, so dass 1939 1.900 Pfleglinge in
     Alsterdorf waren."

225 BuB 1950, S. 42.

226 ArESA DV, 5, Vorstandssitzung 22.3.1946: „Das Krankenhaus soll mit seiner Bettenzahl wieder
     um die Betten verkleinert werden, die jetzt vorübergehend in dem Gebäude der Anstaltsschule
     aufgestellt sind. Es ist der dringende Wunsch des Vorstandes, dass die Schule so bald wie
     möglich ihren Betrieb wieder aufnimmt. Dementsprechend soll wieder ein Schulmann in den
     Vorstand gewählt werden."

227 BuB 1967, S. 8.

228 ArESA Ö, Chronik.

229 Stritter 1912.

230 BuB 1950, S. 56.

Das Schulgebäude, um 1913.

Entsprechend den Grundsätzen „moderner Arbeitstherapie" hatten hier Alsterdorfer Bewohner gelebt, die in den anstaltseigenen Werkstätten ausgebildet wurden.[231]
Diese drei nebeneinander liegenden Gebäude, das Bodelschwingh-Haus, das Johann-Hinrich-Wichern-Haus, so der neue Name der ehemaligen Schule,[232] und das Paul-Stritter-Haus, bildeten nach verschiedenen Umbau- und Instandsetzungsarbeiten während und nach dem Krieg zusammen mit dem Haus Bethabara das Evangelische Krankenhaus Alsterdorf. Ebenso wie die SchülerInnen hatte man auch die behandlungsbedürftigen „Pfleglinge" in Baracken, das Haus Samaria (Frauen) und den Eichenhof (Männer), verdrängt.

Während es bezüglich der Zweckentfremdung des Schulgebäudes und der „beiden modernsten Pfleglingshäuser" durchaus kritische Stimmen gab, wurde die Einrichtung des Evangelischen Krankenhauses Alsterdorf als „neue[r] lebenskräftige[r] Zweig"[233] sowohl von Herntrich als auch von seinen Nachfolgern öffentlich bejaht, indem man unisono argumentierte, diese Entwicklung sei ein Garant für „die bestmögliche klinische Versorgung auch der Anstaltspfleglinge" und die gute „Ent-

Das Bodelschwingh-Haus, 1912.

231 Die Alsterdorfer Anstalten 1932, S. 46.
232 BuB 1959/60, S. 18.
233 Jensen 1963, S. 8f.

Die Pforte, das Verwaltungsgebäude und das zum Krankenhaus umfunktionierte Schulgebäude (von li.), nach den Zerstörungen im Krieg mit einem Flachdach versehen, nach 1945.

wicklung der Krankenpflegeschule".[234] Im Kontrast dazu zieht sich die interne Problemdiskussion wie ein roter Faden durch die Protokolle der Vorstandssitzungen. Im Fokus standen dabei vor allem zwei Aspekte: die hohen Kosten des Krankenhauses, die man „eindeutig" für „die ungünstige Bilanzlage der Anstalten" verantwortlich machte,[235] und die Mahnungen „immer wieder zuerst an die Schaffung von Räumen für Zöglinge zu denken", da der Stiftungszweck bekanntlich darin bestehe, „den Blöden, Schwachsinnigen und Epileptischen zu dienen."[236] Tatsächlich waren viel Geld und Energie in den Wiederaufbau und die Umstrukturierung der Krankenhausgebäude geflossen, während die „Pfleglinge" in renovierungsbedürftigen Baracken und Häusern lebten, die man seit Jahren sowohl äußerlich als auch in ihrem Inneren vernachlässigt hatte.

Im Zusammenhang mit der Neubesetzung der leitenden Oberarztstelle geriet die Diskussion um die Erweiterung der Abteilung für klinische Psychiatrie 1953 zu einer Grundsatzfrage. Hier werden die Koordinaten des Spannungsfeldes sichtbar, in dem sich – nicht nur – die Verantwortlichen der Alsterdorfer Anstalten bewegten. Nur durch die Etablierung einer gut ausgestatteten klinisch-psychiatrischen Abteilung wäre es möglich gewesen, einen renommierten und qualifizierten Psychiater als ärztlichen Leiter zu gewinnen und damit den Ruf der gesamten Einrichtung aufzuwerten. Gleichzeitig hätte das aber die weitere Vernachlässigung der Anstaltshäuser und damit der „Pflegebefohlenen" bedeutet.

Schon gleich nach Kriegsende war auf Wunsch des neuen leitenden Oberarztes Prof. Dr. Hans Büssow (1903–1974)[237] – er hatte im Dezember 1946 die Nachfolge des

234 Ebd.

235 ArESA DV, 5, Vorstandssitzung 17.2.1949.

236 Ebd., Vorstandssitzung 10.3.1948. Ähnliche Kritik wurde u. a. in den Vorstandssitzungen vom 22.10.1948, 6.4.1959, 6.10.1960, 17.9.1964 und 21.11.1972 geäußert.

237 Hans Büssow studierte an den Universitäten Greifswald und Berlin Medizin. In Greifswald promovierte er 1929 mit der Dissertation „Wachsuggestion und Straftat" und habilitierte in Leipzig 1937 mit der Schrift „Zur Frage der Dosierung bei der unspezifischen Paralysetherapie". Büssow trat 1937 der NSDAP bei und war ab 1939 Oberarzt und Lehrbeauftragter an

entlassenen Kreyenberg angetreten – das Paul-Stritter-Haus in ein „Anstaltshaus für klinische Psychiatrie" umfunktioniert worden. Eine Entscheidung, die „in Alsterdorf manches Kopfzerbrechen" bereitete, da die erwartete „enge Zusammenarbeit mit der eigentlichen Anstalt" nicht eingetreten war und die psychiatrische Klinik vielmehr ein „in sich geschlossenes, vom übrigen Anstaltsbetrieb ziemlich abgegrenztes Arbeitsfeld" bildete, das rein wirtschaftlich gesehen die gesamte Einrichtung „ohne Zweifel fortgesetzt erheblich" belastete.[238] Trotz dieser negativen Erfahrungen überlegte man eine abermalige Ausweitung der „klinischen Arbeit", als es 1953 um den Nachfolger Büssows ging. Der Grund war die Bedingung des Wunschkandidaten Dr. Walter Schulte (1910–1972), damals leitender Oberarzt in Bethel. Er wollte nur nach Alsterdorf kommen, wenn diese Voraussetzung gegeben sei, da „eine Arbeit allein an den Schwachsinnigen medizinisch keinen Arzt auf die Dauer befriedigen, auch unter dem Gesichtspunkt der Weiterbildung der Pfleger nicht erwünscht sein könne, sondern unter den heutigen Gesichtspunkten die Koordinierung der klin. Arbeit mit der Anstaltsarbeit das gegebene sei."[239]

Auch hier tritt die Problematik der „Psychiatrisierung von Menschen mit geistiger Behinderung" deutlich hervor. Zwar wurden die Positionen der einflussreichen leitenden Anstaltsärzte in den Einrichtungen für Menschen mit geistigen Behinderungen nun in der Regel mit Psychiatern besetzt, da diese ihre PatientInnen aber als weitgehend untherapierbar betrachteten, sahen sie deren Betreuung „vorsichtig formuliert – nicht gerade als ihre Hauptaufgabe" an.[240] Der überlieferte Einwand eines Psychiaters, der angesichts von Fördermaßnahmen in einer Einrichtung für geistig

---

der Psychiatrischen und Neurologischen Klinik des Universitäts-Krankenhauses in Hamburg-Eppendorf bei Hans Bürger-Prinz. Diesen vertrat er während des Zweiten Weltkrieges bis 1941. Bei der Wehrmacht war Büssow als Stabsarzt eingesetzt und in dieser Funktion ab 1942 Beratender Militärpsychiater der 12. Armee. Büssow wurde 1944 Professor an der Universität Hamburg. Nach Kriegsende übernahm er vorübergehend in Vertretung des suspendierten Bürger-Prinz abermals die Leitung der Psychiatrischen und Neurologischen Klinik des Universitäts-Krankenhauses in Hamburg-Eppendorf. Am 1.12.1946 trat er die Nachfolge von Kreyenberg an und bekleidete das Amt des leitenden Oberarztes der Alsterdorfer Anstalten bis 1953. Er folgte dem Ruf als ärztlicher Direktor des Allgemeinen Krankenhauses Ochsenzoll in Hamburg-Langenhorn und ging im April 1968 in den Ruhestand. Büssow blieb den Alsterdorfer Anstalten weiterhin als Vorstandsmitglied (1953–1971) verbunden. BuB 1948, S. 21; Klee 2007, S. 82 und http://de.wikipedia.org/wiki/Hans_B %C3 %BCssow (11.4.2012).

238　LKAK 11.02, Nr. 5, Brief Herntrich an Schöffel 12.9.1953.

239　ArESA DV, 6, Vorstandssitzung 2.2.1954. Walter Schulte arbeitete von 1947 bis 1954 als leitender Oberarzt in Bethel im Haus Moria. Danach war er bis 1960 Direktor der Psychiatrischen Anstalt Gütersloh und wurde 1960 ordentlicher Professor in Tübingen. Von 1960 bis zu seinem Tode 1972 stand er als Direktor der Universitätsnervenklinik Tübingen vor. www.medizin.uni-tuebingen.de/Forschung/Kliniken/Psychiatrie+und+Psychotherapie/Allgemeine+Psychiatrie/Geschichte+der+Klinik.html (10.4.2012).

240　Henning Dassler in seinem Vortrag „Verschiedene Welten – gleiches Schicksal? – Konvergenzen zwischen Geistigbehindertenarbeit und Sozialpsychiatrie" auf dem 2. Salzwedeler Sozialpsychiatrie-Tag, 2007. www.zsp-salzwedel.de/fileadmin/nowack/inhalte/zsp/Vortrag_Dassler.pdf (10.4.2012).

Behinderte die Frage stellte: „Was wollen Sie denn von diesen Menschen! Die sind doch alle geistig behindert!", wird vermutlich keine Ausnahme gewesen sein.[241]

Obwohl man dem angesehenen Psychiater Zugeständnisse machte, schickte dieser eine Absage. Selbst nach baulichen Veränderungen im Paul-Stritter-Haus könne die erforderliche „Atmosphäre in dieser Enge" nicht verwirklicht werden. Ein dafür unbedingt notwendiger „grösserer Wurf" sei in Anbetracht der räumlichen Situation der Anstalt nicht realisierbar. „Beim Durchgang durch die Häuser für die Schwachsinnigen" habe er „sich davon überzeugen müssen, wie sehr gerade sie einer Auffrischung bedürfen." Ein Aufbau der „klinischen psychiatrisch-neurologischen Arbeit" sei demnach unverantwortlich, „wenn die Haupthäuser der Anstalt zu einem beträchtlichen Teil baulich und einrichtungsmässig noch so im Argen liegen".[242]

Die psychiatrische Abteilung im Evangelischen Krankenhaus Alsterdorf blieb auch nach der Einrichtung des Heinrich-Sengelmann-Krankenhauses, einer Alsterdorfer Zweiganstalt für chronisch kranke PsychiatriepatientInnen in Bargfeld-Stegen, bestehen. Die Position des leitenden Anstaltsarztes übernahm nach Absage von Schulte Dr. med. Hans Schlorf (*1912), der 1947 als Assistenzarzt in den Dienst der Alsterdorfer Anstalten getreten war. Er bekleidete das Amt bis 1970. Erst 1967 wurde der Plan aufgegeben, einen Krankenhausneubau auf dem Anstaltsgelände zu errichten und im Anschluss daran die „Pfleglinge" wieder zurück in die einst zweckentfremdeten Häuser ziehen zu lassen.[243]

---

241 Ebd.
242 ArESA DV, 21, Schulte an Herntrich, 14.2.1954.
243 BuB 1967/68.

Alsterdorf als „Gelebte Diakonie" 1955–1967

Bald nach seinem Dienstantritt sah sich der neue Direktor Julius Jensen bei einer Führung durch die Anstalt mit dem „z. T. schlimmen Zustand […] der Pfleglingsheime" konfrontiert. Auf die Begründung, „daß Alsterdorf eine arme Anstalt sei, und daß sehr sparsam gewirtschaftet werden müsse", hielt er folgende Antwort parat, die programmatisch für seine dreizehnjährige Dienstzeit (1955–1968) werden sollte: „Ich werde nicht sehen, die Ausgaben niedrig zu halten, sondern die Einnahmen zu erhöhen."[1] Dafür hatten sich in der bundesrepublikanischen Gesellschaft zu dieser Zeit die Spielräume erheblich vergrößert. Die Not- und Aufbauphase der Nachkriegszeit, die bis weit in die 1950er Jahre wirksame kriegsbedingte Verwaltung des Mangels, näherte sich ihrem Ende. Seit der Währungsreform 1948, der Gründung der Bundesrepublik Deutschland im Jahre 1949 und „dem wesentlich durch den Koreakrieg ausgelösten Boom der Montanindustrie" 1950/51 gab es einen steten wirtschaftlichen Aufschwung.[2] Das Bruttosozialprodukt hatte sich am Ende des Jahrzehnts verdoppelt und der Lebensstandard war deutlich angewachsen, u. a. durch die Einführung der 40-Stunden-Woche und das arbeitsfreie Wochenende. Der aus den USA importierte Lebensstil hatte Einfluss auf den Alltag.[3] Auch die zunehmende Technisierung, z. B. in Form von elektrischen Haushaltsgeräten, die wachsende Mobilität durch Motorrad und Auto sowie der Einzug von Radio und Fernsehen veränderten die Lebensvorstellungen und Werte hin zu mehr individueller Freiheit und Selbstbestimmung.[4]

Obwohl in Alsterdorf das „Wirtschaftswunder" zu dieser Zeit noch längst nicht angekommen war, eröffneten sich auch hier neue finanzielle Spielräume durch eine veränderte Sozialgesetzgebung. Als Konsequenz des Grundgesetzes wurde ein individueller Rechtsanspruch auf Hilfe verankert und „durch die Schaffung eines einheitlichen Sozialhilfegesetzes" das traditionelle Fürsorgeparadigma überwunden.[5] Dadurch verfestigte sich die starke Stellung der freien Wohlfahrtsverbände. Unterstützt durch die „1957 erfolgte Vereinigung der ‚Inneren Mission' mit dem zur Linderung der Kriegsnot gegründeten ‚Kirchlichen Hilfswerk'",[6] setzten enorme Wachstumsprozesse von Diakonie und Caritas ein, die sich zunehmend als professionelle soziale Dienstleister zu definieren begannen.[7]

Die damit verbundenen gesellschaftlichen und auch kirchlichen Modernisierungsschübe machen die 1950er und 1960er Jahre gerade auch im Hinblick auf die „Behindertenpolitik" und „Behindertenarbeit" zu einer bedeutungsvollen Sattelzeit, in der sich wesentliche Voraussetzungen einer „forcierten Modernisierung" seit dem

---

1 BuB 1967/68, S. 17.
2 Jähnichen 2007, S. 9f.
3 Kleßmann 1998, S. 407.
4 Zum veränderten Alltag in den 1950er und 1960er Jahren s. Hauser 2002, S. 35–84.
5 Jähnichen 2007, S. 10.
6 Ebd. S. dazu ausführlich Flügge 2007.
7 Jähnichen 2007, S. 12. Damit fand die kirchliche Zweitstruktur der Diakonie ein Ende. Ebd., S. 9.

Ende der 1960er Jahre entwickelten, wie z. B. die zunehmende Auflösung eines christlichen Anstaltsmilieus oder eine verstärkte Professionalisierung der Pflegeberufe.[8]

Sattelzeit der Modernisierung

Die „Reorganisation der ‚Behindertenpolitik' begann in der Bundesrepublik Deutschland in den 1950er Jahren und gewann in den 1960er Jahren enorm an Fahrt. Wichtige
Stationen waren das Bundesversorgungsgesetz (1950), das Schwerbeschädigtengesetz
(1953), das Körperbehindertengesetz (1957), das Bundessozialhilfegesetz (BSHG)
(1961) und seine Novellen (1969/1974) und schließlich das Arbeitsförderungsgesetz
(1969)."[9] Die Neuordnung aber „knüpfte über weite Strecken an die gewachsenen
traditionellen Strukturen an", so dass „eine radikale Umgestaltung" ausblieb.[10] Der
Behinderungsbegriff blieb nach wie vor defizitorientiert und diskriminierend. Die
„‚Behindertenpolitik' zielte auf eine Anpassung des behinderten Menschen an die
‚Normalitätserwartungen' der Gesellschaft."[11]

Der nun die Fürsorge ablösende Begriff der Rehabilitation meinte in erster Linie
die Wiederbefähigung und Wiederherstellung von Fähigkeiten und Funktionen für
die Erwerbsarbeit.[12] Erst in den 1960er Jahren wandelte sich der Begriff in Richtung
Wiedereingliederung bzw. Eingliederung. Unter dem Rehabilitationsparadigma griffen die neuen Gesetze insbesondere für Menschen mit einer geistigen Behinderung
zu kurz.[13] Weitgehend als homogene Gruppe betrachtet, galten sie „als naturgemäß
arbeits-, vernunft- und bildungsunfähig".[14] Die sozialpolitische Antwort auf geistige
Behinderung lautete in den 1950er Jahren und weit bis in die 1960er Jahre gemeinhin: Bewahrung und Anstaltspflege. Überlassen wurde beides den Trägern der Freien
Wohlfahrtspflege. Dies führte dazu, dass die Nachfrage nach Plätzen in der geschlossenen Fürsorge, die mehrheitlich in Händen konfessioneller Träger lag, für Menschen
mit einer geistigen Behinderung seit den 1950er Jahren stetig zunahm,[15] so dass dieser

---

8   Ebd., S. 9.

9   Schmuhl, Winkler 2011, S. 24. Zum Schwerbeschädigtengesetz (1953) und Körper-
     behindertengesetz (1957) s. Rudloff 2005, S. 535–545; zum Bundessozialhilfegesetz (1961)
     s. Rudloff 2007, S. 475–483. Die Vielfalt der gesetzlichen Grundlagen und Leistungsträger
     bildete jedoch auch ein erhebliches Problem in der Behindertenpolitik. Vgl. dazu Rudloff 2007,
     S. 478ff.

10   Schmuhl, Winkler 2010, S. 28.

11   Ebd., S. 25.

12   Zur Rehabilitation vgl. auch Rudloff 2005, S. 517 und S. 530–535.

13   S. dazu Rudloff 2005, S. 519.

14   Bösl 2009, S. 198f. „… sozialrechtlich waren Menschen mit geistigen Behinderungen mehr-
     heitlich an die begrenzten Leistungen der allgemeinen öffentlichen Fürsorge verwiesen, wenn
     nicht Angehörige für sie aufkamen." Ebd., S. 199. Erst 1961, mit dem BSHG, gab es Hilfen zur
     Eingliederung für diese Personengruppe.

15   Schmuhl, Winkler 2011, S. 28.

Teil des Anstaltssektors noch stärker überlastet war als die Heime für Menschen mit Körper- und Sinnesbehinderungen.[16]

Die Engführung des Begriffs Rehabilitation auf eine rein funktionelle Rehabilitation stieß deshalb besonders in kirchlichen Kreisen auf Widerstand. Sie beharrten auf einer Fürsorge, die den ganzen Menschen im Blick hat. Neben einer möglichen Arbeitsaufnahme müsse es immer auch um die Gewinnung von Selbstvertrauen, eine positive Einstellung zum Leben, um angemessene Pflege und Bildung[17] gehen. In dem spezifischen christlichen Anstaltsmilieu wurde der „Mehrwert der Person jenseits von Beruf, Erwerbsarbeit und Produktivität" dadurch verteidigt, dass man die „besondere Berufung" von Menschen mit Behinderungen darin sah, „Leid zu erdulden und einen alternativen Lebensentwurf vorzuleben."[18] Auch die Alsterdorfer Anstalten trugen laut Satzung den „Charakter freier evangelischer Liebesarbeit" (§2), die dem Wort Jesu folgte: „Was ihr getan habt einem diesen geringsten meiner Brüder, das habt ihr mir getan" (§4, 2).[19] Insofern nutzte die Diakonie die finanziellen Spielräume des Sozialstaates, versuchte jedoch zugleich, „die tendenziell immer stärkere Abhängigkeit von den Vorgaben staatlicher Sozialpolitik in Grenzen zu halten. Man erbrachte soziale Dienstleistungen, um die materielle Basis für die eigentliche, in der Sprache der Gründerväter und -mütter der Diakonie: ‚Reichgottesarbeit' zu schaffen."[20]

Doch die Erwartung, mit den eigenen christlichen Werten als entscheidender Grundlage auf einen breiten gesellschaftlichen Konsens zu stoßen, erwies sich immer mehr als brüchig.[21] Dabei stand nicht nur die Kirchenbindung der Mitarbeiterschaft zur Disposition. Auch die Widersprüche der „totalen Institution" Anstalt (Goffman)[22] machten sich bemerkbar: Ihre Schutzfunktion „vor nicht adäquat behandelnder Umwelt" einerseits, ihre Funktion, gesellschaftlich nicht Geschätztes zu separieren und zu verwahren andererseits – wurde durch Modernisierungsforderungen in Frage gestellt. Das Paradigma von der Institution als „Welt in der Welt",[23] basierend auf einem frommen Lebenswandel und christlich-familiären Formen, geriet ins Wanken.[24]

Während der Amtszeit von Jensen wurden partielle Modernisierungen in den Alsterdorfer Anstalten vorgenommen. Als „Theologe in sozialer Verantwortung",

---

16 Bösl 2009, S. 198f; Rudloff 2005, S. 551.

17 Bösl 2009, S. 54f.

18 Ebd., S. 50.

19 Satzung der Alsterdorfer Anstalten 1955. ArESA DV, 20, zitiert wird Matthäus 25,40b, nach Die Bibel 1999.

20 Schmuhl, Winkler 2011, S. 28.

21 Vgl. die Hinweise von Christoph Kleßmann auf das Ende eines spezifischen protestantischen Milieus in den 1960er Jahren. Kleßmann 1998, S. 404, und zum Wandel der religiösen Alltagskultur in diakonischen Einrichtungen Benad 2008. Noch Herntrich konnte die Kirche als „grundsätzliche Begrenzung des Staates" verstehen, diese Gegenüberstellung von Wohlfahrtsstaat und Kirche als gleichberechtigtem Partner war Jensen nicht mehr ohne Weiteres möglich. S. dazu Herntrich 1959, S. 170f.

22 Goffman 1972.

23 Der Terminus „Welt in der Welt" wurde von dem Leiter des Wittekindshofes, Johannes Klevinghaus, geprägt. S. dazu Schmuhl, Winkler 2011, S. 31.

24 Hollmann 2011, S. 14. S. auch Störmer 1998, S. 298.

als der er sein Amt antrat,[25] war er besonders gefordert durch die neu aufgeflammte „Euthanasie"-Diskussion im Kontext des sogenannten Contergan Komplexes Anfang der 1960er Jahre. Mit seinem Vortrag „Lebenssinn und Lebensrecht der Schwachen" auf der Jahrestagung des Verbandes Deutscher Evangelischer Heilerziehungs-, Heil- und Pflegeanstalten am 27. Mai 1964 in Alsterdorf und dem Fernsehfilm „Die geringsten Brüder" (1965) bezog er dazu klar Stellung. Die Contergan-Katastrophe war zugleich das entscheidende Ereignis, das die Aufmerksamkeit einer breiteren Öffentlichkeit auf das Thema Behinderung lenkte und seine Marginalisierung sichtbar machte.[26] Wesentlich war hier auch die Gründung der Elterninitiative Lebenshilfe für das geistig behinderte Kind e. V. 1958, die den „paradigmatisch bedeutendste[n] Bruch mit den bislang geltenden stationären Leitbildern von medizinisch-pflegerischer und konfessionell geprägter Versorgung behinderter Menschen in segmentierten Sonderwelten" darstellte.[27] Sie entwickelte sich „binnen kürzester Zeit zur wichtigsten Triebkraft des Aus- und Umbaus der Hilfen für geistig Behinderte" außerhalb der Anstalten, indem sie heilpädagogische Kindergärten, Tageseinrichtungen und Beschützende Werkstätten schuf. Damit lenkte sie auch den Blick „auf Defizite in der Behindertenarbeit der freien Wohlfahrtsverbände" und brachte diese unter Legitimationsdruck.[28]

Die Anstalten waren jedoch „fragwürdig und gefragt zugleich", wie ein Vertreter der Inneren Mission 1967 konstatierte.[29] Sie konnten die wachsenden Nachfrage kaum befriedigen, befanden sich aber aufgrund der Versäumnisse in einem „verbesserungswürdigen Zustand".[30]

Alsterdorf bewegte sich in dieser Sattelzeit der Modernisierung zwischen Aufbrüchen und Beharrungen. Bauliche, an neuen therapeutischen Erfordernissen ausgerichtete Erneuerungen und die aus einem Mangel an Fachkräften resultierenden Reformen der Arbeits- und Ausbildungsbedingungen bewirkten einen Umbruch des christlichen Anstaltsmilieus, insbesondere einen Wandel der seit 1891 die Arbeit hauptsächlich tragenden Alsterdorfer Schwesternschaft. Daneben kam es jedoch zu verstärkten Legitimationsversuchen der Anstalt als berechtigter Form der Betreuung von Menschen mit Behinderung.

Julius Jensen – Theologe in sozialer Verantwortung

Nach zehnjähriger Übergangslösung stand 1955 endgültig eine Neuausschreibung der Leitungsposition der Alsterdorfer Anstalten auf dem Plan. Für die Neubesetzung der Direktorenstelle wurde vom Vorstand ein äußerst anspruchsvolles Profil entwor-

---

25   Das Profil: Theologe in sozialer Verantwortung: Bericht über Julius Jensen. In: KIH 25.9.1955.

26   Rudloff 2007, S. 466.

27   Hollmann 2011, S. 20.

28   Rudloff 2007, S. 489f. Zu ihrer Geschichte s. Bundesvereinigung Lebenshilfe, S. 11–18. 1959/60 traten ihr 1.500 Menschen bei, zehn Jahre nach der Gründung hatte sie bereits 38.000 Mitglieder. Der Landesverband Hamburg wurde 1960 gegründet.

29   Schober, Theodor: Standpunkt. In: Innere Mission 57 (1967), S. 453f. Zit. nach Rudloff 2007, S. 490.

30   Rudloff 2007, S. 490.

fen, das zugleich ein Licht auf die innerkirchliche Bewertung der Anstaltsarbeit der Inneren Mission wirft. Denn der Direktor sollte „ein Mann sein, der die Pfleglinge liebhat." Das grenze „eigentlich an die Frage eines Charismas; denn niemand kann für sich beschliessen, diese Arbeit wirklich zu wählen."[31] Des Weiteren sollte er die Fähigkeit besitzen, „bei den über 400 Mitarbeitern und Mitarbeiterinnen wirkliche Autorität zu gewinnen. Was Alsterdorf braucht, ist vor allem in der Schwesternschaft persönliche Seelsorge. Es braucht aber auch eine klare, feste Führung in der Vielfalt der Aufgaben und Mannigfaltigkeit der Berufe der Mitarbeiter." Nicht zuletzt sollte er „eine ausgesprochene Gabe der Verwaltung" haben. „Die Anstalt ist so groß, dass es nicht tragbar wäre, einen Mann zu berufen, der zwar als Pastor vorzüglich, aber in den Fragen der Verwaltung unerfahren wäre."[32] In die Endauswahl kamen zwei Pastoren, der Hamburger Pastor Georg Daur (1900–1989)[33] und Pastor Julius Jensen, Pfarrer an St. Gertrud in Lübeck und Präses der Lübecker Kirche. Jensen hatte von Anfang an Priorität, da er als „einer der ersten Experten auf dem Gebiet der Inneren Missions-Arbeit" galt, und „zugleich […] in allen Fragen gemeindlichen Lebens" erfahren war.[34] Denn seit 1925 war er parallel zu seiner Gemeindetätigkeit Geschäftsführer und ab 1942 Vorsitzender des Verbandes der Inneren Mission in Lübeck, seit 1945 zudem Bevollmächtigter für das Evangelische Hilfswerk.[35]

„Profil: Theologe in sozialer Verantwortung", titelte die Zeitschrift Die Kirche in Hamburg zum Amtsantritt von Jensen und umschrieb damit treffend seinen Lebensweg.[36] Jensen stammte aus einer dänisch-schweizerischen Kaufmannsfamilie (Vater: Däne, Mutter: Schweizerin) und einem eher unchristlichen Elternhaus. Geboren 1900 in Messina auf Sizilien, wuchs er in Hamburg auf und hatte zunächst den Wunsch, Lehrer zu werden. Aber „beeinflußt von Gedanken der Freideutschen Jugend und angesichts der allgemeinen Notlage des deutschen Volkes nach dem ersten Weltkrieg begann er, Theologie zu studieren."[37] In seiner Biografie berichtet Jensen, dass er 1919 durch „den Geist der Jugendbewegung" nicht nur für die sozialen Fragen und Aufgaben wach wurde, sondern dort auch seine zukünftige Frau Anna, geb. Schulz, die Tochter eines Hamburger Reichsbahnbeamten kennenlernte[38] mit der er sich „auch in Glaubensfragen" von Anfang an verstand.[39] Während seines Studiums für Deutsch

---

31 ArESA DV, 6, Vorstandssitzung 12.2.1955. Vgl. auch BuB 1955, S. 4.

32 Ebd.

33 Ab 1955 theologischer Kirchenrat der NELK.

34 ArESA DV, 6, Vorstandssitzung 18.3.1955.

35 Präses Jensen nach Hamburg berufen. In: Lübecker Nachrichten, 27.4.1955. 1920 Gründung des Lübecker Verbandes für Evangelische Wohlfahrtpflege. 1938 Lübecker Verband für Innere Mission. 1945 Hilfswerk der Evangelischen Kirche in Deutschland - Hauptbüro Lübeck. 1950 Landeskirchliches Amt für Diakonische Arbeit (Innere Mission und Hilfswerk). 1965 Diakonisches Werk: Innere Mission und Hilfswerk. www.nordelbisches-kirchenarchiv.de/bestaende/luebeck (5.3.2012).

36 Theologe in sozialer Verantwortung, in: KIH 2/39, 25.9.1955.

37 Ebd. 1918 in Hamburg Philosophie, Geschichte, Germanistik, 1919 Theologie in der theologischen Arbeitsgemeinschaft, dann in Heidelberg und Tübingen. LKAK 12.03, Nr. 1572I, Jensen.

38 Geb. 1898 in Hamburg-Wilhelmsburg. Heirat 1924/25, zwei Kinder.

39 LKAK 98.86, Nr. 21, Julius Jensen: Wie ich Pastor wurde. Aus der Erinnerung niedergeschrieben 1980. Es schloss sich auf Rügen, angeregt durch das Buch von Rudolf Otto: Das

und Geschichte zunächst in Hamburg, dann der Theologie in Heidelberg und Tübingen kam er als Mitglied in der Deutschen Christlichen Studentenvereinigung
1920 in Kontakt zur sogenannten Neuwerk-Bewegung in Schlüchtern, wo in zwei
Gemeinschaftssiedlungen Arbeit, Alltag und Freizeit gemeinsam nach dem Leitbild
der Bergpredigt und der christlichen Urgemeinde gestaltet werden sollten. Jensen erlebte dort ein Treffen zu Pfingsten, an dem sich „einige hundert junge Menschen" zu-
sammenfanden, „in farbigen Kitteln die meisten ‚Jungens', mit bunten Kleidern und
Kränzen im Haar die Mädchen, dazu einige Männer, die leidenschaftlich, manchmal
schwarmgeistig, etwas Neues schaffen" wollten, und schloss sich an.[40] Die Bewegung
war sowohl in einem von Mystizismus nicht freien religiösen Sozialismus verwur-
zelt als auch stark von der Theologie Karl Barths beeinflusst, der zur Neubesinnung
des Protestantismus aufrief. Sie stand in gewisser Distanz zur als einseitig reaktionär
empfundenen Haltung der evangelischen Amtskirche.[41] Hier wurden Jensen die Linien seines theologischen Studiums deutlich: „Die Arbeit an und mit der Bibel sollte
im Mittelpunkt stehen, aber auch die gedankliche Klärung der Glaubensinhalte wie
die Auseinandersetzung mit den ethischen und sozialen Problemen wurde meine besondere Aufgabe."[42] Nach den Studienjahren kehrte er nach Hamburg zurück, machte
1923 seine 1. theologische Prüfung, war dann Vikar im Jugendgefängnis Hanöfersand
und als Hilfsprediger in der Gemeinde Eppendorf tätig.[43] Als Jugendpastor in Lübeck
legte Jensen ab 1925 „das Schwergewicht auf die jugendfürsorgerische Arbeit, richtete
den Evangelischen Jugend-Wohlfahrtsdienst ein und wurde 1932, nachdem er das
Pfarramt in Travemünde übernommen hatte, in den Vorstand der Inneren Mission
gewählt."[44]

Entscheidend für seine theologische Haltung nach 1945 wurde seine Auseinandersetzung mit dem Nationalsozialismus, in der Zeit des sogenannten Kirchenkampfes. Nachdem ihm die brachiale Machtpolitik, staatliche Bevormundung und
Politisierung der Landeskirche durch die Deutschen Christen bewusst geworden war,
profilierte er sich zu einem entschiedenen Vertreter der Bekennenden Kirche und
verweigerte sich gewissen Ansprüchen der nationalsozialistischen Machthaber.[45] So
lehnte er die Durchsetzung des sogenannten Arierparagraphen innerhalb der Kirche
mit der Begründung ab, dass allein die Taufe und der Glaube maßgebliche Kriterien

---

Heilige. Über das Irrationale in der Idee des Göttlichen und sein Verhältnis zum Rationalen.
Breslau 1917, ein Klassiker der Religionswissenschaft und Vorreiter des interreligiösen Dialogs,
quasi ein Erweckungserlebnis an. Jensen erlebte „auf einem einsamen Abendgang am Meer die
Gegenwart Gottes." Ebd., S. 4. Der liberale Theologe Otto sah das religiöse Gefühl a prori im
menschlichen Geist angelegt. Zu Otto s. RGG, Bd. 6, Tübingen 2003, M-Q, S. 754, dort auch
weitere einschlägige Literatur.

40   Ebd., S. 6.
41   Zur Neuwerk-Bewegung s. Vollmer 1973, Blum 1925 und RGG, M-Q, Bd. 6, Tübingen 2003,
     S. 253. Sie löste sich 1933 auf.
42   LKAK 98.86, Nr. 21, S. 6.
43   LKAK 12.03, Nr. 1572l, Jensen. Schriftliche Arbeit zur ersten theologischen Prüfung: „Recht-
     fertigung und Heiligung nach Schrift und Bekenntnis", zur zweiten theologischen Prüfung
     1924: „Aufgabe und Bedeutung der Religiösen Seelsorge im modernen Strafvollzug". Ebd.
44   Theologe in sozialer Verantwortung, in: KIH 2/39, 25.9.1955.
45   Buss 2011, S. 98.

Bischof Herntrich und sein Nachfolger in Alsterdorf, Pastor Julius Jensen, 1950er Jahre.

für die Zulassung zum kirchlichen Amt seien, und hielt ausdrücklich an „der schon in der Apostelzeit durchgekämpften Frage nach der ‚Gleichberechtigung' der jüdischen und nichtjüdischen Christen innerhalb der Gemeinde' als konstitutivem Merkmal der ‚übergeschichtlichen, ewigen Bestimmung und Gestalt' der Kirche fest".[46] In der Hochphase des Kirchenkampfes, 1936/37, musste Jensen Hausarrest und Redeverbot erdulden.[47]

Jensens Widerstand galt der „gewaltsame[n] Einflußnahme auf die Substanz der Kirche, auf Lehre und Verkündung, Kultus und Sakrament."[48] 1950 erklärte der Theologe seine Haltung gegenüber dem Nationalsozialismus: „Wer das Christentum als eine Sache der reinen Innerlichkeit ansah, konnte ja ohne weiteres nachgeben. Wer es aber in seiner biblischen Tiefe als unveränderliche Wahrheit und ewig gültige sittliche Verpflichtung anerkannt hatte, musste Widerstand leisten, umso mehr, als immer wieder der Vernichtungswille des totalen Staates gegen das Christentum überhaupt sichtbar wurde."[49]

---

46 Jensen zitiert nach ebd., S. 287. Buss vermutet, dass seine Haltung möglicherweise „in Zusammenhang mit seinen freundschaftlichen Kontakten zu dem Hamburger Pastor Johann Heinrich Zacharias-Langhans (1898–1969), der als ‚Vierteljude' klassifiziert war und mit einer sog. ‚Halbjüdin' verheiratet war", zusammenhing. Ebd., Anm. 1137. Sein Sohn Hans Christoffer war später Pastor in Alsterdorf.

47 Buss 2011, S. 255ff. Zu den Folgeereignissen s. ebd., S. 258ff.

48 Ebd., S. 212. Das hatte für ihn auch gesundheitliche Folgen. 1942 musste er wegen funktioneller Herzstörungen drei Wochen zur Kur. LKAK 12.03, Nr. 1572II, Jensen.

49 Jensen: Wege des deutschen Protestantismus. Ein Rückblick auf die Entwicklung seit der Jahrhundertwende, in: Lübecker Nachrichten, 8.1.1950 zitiert nach Buss 2011, S. 410.

Geburtstagsfeier von Pastor Jensen 1961. (Von li.) Schwester Minni, Julius Jensen, Frau Geßler,
Anna Jensen.

Diese biografischen Erfahrungen haben Jensen wachsam gemacht gegen jede Wiederkehr nationalsozialistischen Gedankenguts in der Nachkriegszeit. Nach Schändungen
von jüdischen Friedhöfen und dem Wiedererstarken des Antisemitismus zur Jahres-
wende 1949/1950 setzte er als Lübecker Vertreter in der Synode der Evangelischen
Kirche Deutschlands in einer Erklärung eine „klare Anerkennung der kirchlichen
Mitschuld an den Verbrechen gegenüber den Juden, die Warnung vor einem einsei-
tigen Aufrechnen von Leid und die Absage an jede Form von Antisemitismus" mit
durch.[50]

Im April 1955 wurde Julius Jensen vom Vorstand der Alsterdorfer Anstalten ein-
stimmig zum 1. August 1955 zum neuen Direktor gewählt.[51]

Zugleich wurde er durch den Hamburger Landeskirchenrat auf die Pfarrstelle
der Anstalten berufen. Im Mai nahm er den Ruf an, nachdem er sich gemeinsam
mit seiner Frau „mit der Bedeutung dieser Aufgabe vertraut gemacht" hatte.[52] Jensen selbst bezeichnete den beruflichen Neubeginn in einem Schreiben an Freunde
und Bekannte als Wink Gottes, da er sich „im letzten Abschnitt [s]eines kirchlichen
Dienstes – einmal *ganz* [Herv. i. O.] für ein Werk der Inneren Mission zur Verfügung
stellen" konnte. „Wie ich es sehe, wird das Schwergewicht in dem geistlichen Dienst,
in der inneren Zurüstung der Mitarbeiter und des Nachwuchses an Schwestern und
Pflegern liegen, wenngleich auch die Verantwortung für die Verwaltung und Organisation der Anstalten zu tragen sein wird, z. B. für die erheblichen Bau- und Wieder-
aufbau-Aufgaben der im Krieg z. T. schwer zerstörten Gebäude."[53] Sein Credo der
christlichen Nächstenliebe als „bedingungslose Achtung vor jedem Menschenleben"
führte ihn sowohl bei der internen Festigung des religiösen Lebens in Alsterdorf als

---

50 Ebd., S. 462. Jensen war 1949–1955 Mitglied der EKD-Synode.
51 ArESA DV, 6, Vorstandssitzung 18.4.1955. Unter dem Vorsitz von Oberkirchenrat Prof. D.
    Herntrich nachdem Landesbischof D. Dr. Schöffel als erster Vorsitzender aus dem Vorstand
    ausgeschieden war.
52 ArESA DV, 796, Brief Jensen an Ihr Lieben! vom 8. Mai 1955.
53 Ebd.

Anna Jensen betreute neben der von ihr eingerichteten Kleiderkammer auch textile Arbeiten der Bewohnerinnen, 1960er Jahre.

auch bei seiner fortdauernden Auseinandersetzung mit der wiederaufflammenden „Euthanasie"-Diskussion Anfang der 1960er Jahre.

Jensen sah seine Aufgabe einerseits in einer umfassenden Modernisierung der Alsterdorfer Anstalten – Renovierung der Wohngebäude für die Bewohner und Bewohnerinnen, Anpassung der Gehälter und Arbeitszeiten der MitarbeiterInnen an die tarifliche Besoldung, Professionalisierung der Krankenpflegeschule, Einführung neuer Therapieformen wie der Beschäftigungstherapie, die bereits Anfang der 1960er Jahre erfolgte. Hier nutzte er staatliche, landeskirchliche und private Zuwendungen genauso wie die durch das Sozialhilfegesetz von 1962 geschaffenen Fördermittel. So konnte er die „Pflegesätze den veränderten wirtschaftlichen Verhältnissen, dem ständigen wirtschaftlichen Aufschwung" anpassen, und von 4,66 DM 1955 auf 18,90 DM 1968 erhöhen.[54] Im Einwerben von Spenden wurde er von seiner Frau unterstützt, die eine Kleiderkammer in Alsterdorf einrichtete und den Verkaufserlös des Weihnachtsbasars steigerte.

Zugleich lag Jensen das christliche Anstaltsmilieu am Herzen: Er begründete St. Nicolaus als eine selbstständige Anstaltskirchengemeinde (1964) und festigte die Alsterdorfer Schwesternschaft. Dabei war seine diakonische Haltung geprägt durch einen gewissen Kulturpessimismus, mit dem er der „Gefahr der Vermassung und Uniformität" und den sozialen und moralischen Auflösungserscheinungen der Welt die Anstalt als „eigene Welt" entgegen setzte, in der die BewohnerInnen „vom Kleinkind bis zum Greis ihre Heimat haben können […], wo nicht Selbstsucht und Bindungslosigkeit regieren", sondern ihnen „neutestamentlich gesprochen ‚der Geist der Kraft und der Liebe und der Zucht'" entgegengebracht wurde.[55] Er betonte, dass es hier in „den verschiedenen Formen der Hilfen […] nicht so sehr um die Erreichung von Zwecken und Leistungen, sondern immer um den Menschen selbst" gehe, „damit

---

54 Jensen 1980, S. 11.

55 Ebd., S. 15. Jensen zitiert hier sein Referat auf der Tagung des Deutschen Vereins für öffentliche und private Fürsorge in Hamburg 1967 zu „Voraussetzungen und Aufgaben einer Hilfe in Heimen bei geistig und seelisch Behinderten".

seine größere oder geringere Behinderung an Geist und Seele gelöst, gelindert und, soweit möglich ist, überwunden wird."[56]

Als Mitglied der Hamburger Synode[57] intensivierte Jensen die Beziehungen der Alsterdorfer Anstalten zur Landeskirche.[58] Auch forcierte er die Öffentlichkeitsarbeit. Durch Werbekampagnen für Alsterdorfer Projekte, durch Hörfunk- und Fernseharbeit und die Erarbeitung von Handreichungen für den Religionsunterricht wollte er eine „Vorstellung von dem Alltag in einer solchen Anstalt" vermitteln und dadurch mehr Verständnis erzielen.[59] Für sein sozialdiakonisches und auch historisches Engagement (er setzte sich intensiv mit dem Gründer der Alsterdorfer Anstalten Heinrich Sengelmann auseinander)[60] erhielt Julius Jensen 1963 die höchste Auszeichnung des Diakonischen Werkes, die Wichernplakette.[61]

Nach innen war Jensen ein theologisch sich bekennender und fordernder, aber auch seelsorgerlicher und moderierender Anstaltsdirektor. Die „Arbeitswoche in der ‚Morgenandacht' mit Wort und Gebet [zu] beginnen", sah er als Zentrum des Dienstes in Alsterdorf, der dazu bestimmt sei, „Gottes Liebe in der Welt des Leides und der Lasten wirksam werden zu lassen".[62] Als eine der wichtigsten Aufgaben benannte er rückblickend, „Spannungen und Gegensätze", die sich aus der Verschiedenheit von „Gesinnung" und „innerer Ausrichtung" ergaben, „auf der Grundlage einer größtmöglichen Gerechtigkeit und gleichmäßigen Wertung […] durch Gespräch und Verhandlungen" auszugleichen.[63] Zu den „Pfleglingen" habe er ein enges Verhältnis gehabt, erinnert sich eine ehemalige Mitarbeiterin. Wenn es ihm nicht gut ging, sei er durch die Stationen gegangen, um „wieder gute Gedanken" zu bekommen.[64]

Angesichts der notwendig gewordenen Modernisierungen während seiner Amtszeit konstatierte Jensen jedoch realistisch 1968: „Wir sind keine Familie mehr".[65] Denn in seiner Amtszeit hatte sich die Mitarbeiterzahl verdoppelt, hatten sich die Arbeitsbedingungen zum Teil an die soziale Entwicklung angepasst, wurden die Gebäude modernisiert, und es entstanden zwei bedeutende Neubauten – das Michelfelder Kinderheim und das Haus Bethlehem. Darüber hinaus wurde der Grundstock für die Alsterdorfer Werkstätten und die Möglichkeiten einer – wenn auch geringen – Bezahlung für die arbeitenden BewohnerInnen gelegt sowie die Anstaltskirchengemeinde und ihre Aktivitäten ausgebaut.

Im Mai 1968 teilte Jensen Freunden und Bekannten mit: „Am Anfang dieses Monats bin ich in den Ruhestand getreten. Die schöne und schwere Arbeit für die Alsterdorfer Anstalten, in der meine Frau und ich fast 13 Jahre lang standen, und der pfarramtliche Dienst, der immer das Zentrum meines Lebens war, sind nun beendet.

---

56 Ebd., S. 14.
57 Jensen war seit 1957 Mitglied der Synode. 1960–1964 und im Jahre 1969 als Vizepräsident.
58 Allerdings könne man „nur von einer allmählichen Steigerung" reden. Jensen 1980, S. 11.
59 ArESA DV, 802, Werbepostkarte.
60 Vgl. Jensen 1963.
61 Am 18.10.1963. LKAK12.03, Nr. 1572I, Jensen.
62 BuB 1967/68, S. 18.
63 Ebd.
64 Interview Anke Langmaack.
65 BuB 1967/68, S. 18.

Ein neuer, letzter Lebensabschnitt beginnt, dem wir mit Zuversicht entgegengehen."[66] Er und seine Frau zogen zurück nach Lübeck, verfolgten aber weiterhin den Fortgang der Hamburger Behinderteneinrichtung mit Interesse. Zu seinem 70. Geburtstag im Jahre 1970 erhielt Jensen die für besondere Verdienste um die Hamburgische Kirche gestiftete Bugenhagen-Medaille.

Bis zu seinem Tod 1984 blieb er ein Verfechter des Anstaltsgedankens. Als die Alsterdorfer Anstalten 1979 wegen katastrophaler räumlicher und personeller Verhältnisse in die Schlagzeilen gerieten, schrieb er in einem Leserbrief, dass ihm die „Forderung der Auflösung der großen psychiatrischen Krankenhäuser und Anstalten […] weder sinnvoll noch realistisch" erscheine, da „die Plätze, besonders für Schwer- und Mehrfachbehinderte" dringend gebraucht würden und die „Pflege, Betreuung und Therapie […] von den Mitarbeitern der Alsterdorfer Anstalten aufs Ganze gesehen mit einem hohen Maß an Einsatzbereitschaft, Sorgfalt und menschlicher Zuwendung wahrgenommen" werde.[67]

Wiederkehr der „Euthanasie"-Diskussion

Die 1960er Jahre waren gekennzeichnet von einer leidenschaftlich geführten Auseinandersetzung mit dem Thema „Euthanasie". Einer der zentralen Auslöser hierfür war der sogenannte Contergan-Skandal, die Fehlbildung zahlreicher Kinder durch das Beruhigungsmedikament Contergan mit dem Wirkstoff Thalidomid der Firma Grünenthal GmbH.[68] Er brachte in der BRD eine „Unterströmung"[69] der breiten Befürwortung der Tötung sogenannten lebensunwerten Lebens zu Tage. Als 1962 eine belgische Mutter vom Schwurgericht in Lüttich für die Tötung ihres vermutlich contergangeschädigten Kindes freigesprochen wurde, erntete sie dafür in Leserbriefen vielfach Sympathie.[70] Zugleich bewirkte der „Contergan-Komplex" einen Paradigmenwechsel in der „Behindertenpolitik", denn nun wurde das Monopol der Anstalt als Ort der Betreuung der Menschen mit Behinderung massiv in Frage gestellt.[71]

Mit dem Vortrag „Lebensrecht und Lebenssinn der Schwachen" auf der Jahrestagung des Verbandes Deutscher Evangelischer Heilerziehungs-, Heil- und Pflegeanstalten[72] vom 25.-28. Mai 1964 in Alsterdorf reagierte Jensen auf diese gesell-

---

66   ArESA DV, 1856, Karte Mai 1968.

67   So Jensen in einem Leserbrief in Die Zeit als Reaktion auf den „Skandal" 1979. ArESA DV, 697, Kollegenkreis Alsterdorfer Anstalten 1979, S. 17.

68   S. dazu Rauschmann u. a. 2005.

69   Jensen 1964, S. 7.

70   S. dazu Bösl 2009, S. 87–91.

71   Ebd., S. 87–93 und S. 226–241. Zur Wirkung auf die Behindertenpolitik s. Rudloff 2005, S. 483–485.

72   Der heutige Bundesverband evangelische Behindertenhife e. V. (BeB), der aus einer Fusion von VEEMB (Verband evangelischer Einrichtungen für Menschen mit geistiger und seelischer Behinderung e. V.) und VEERB (Verband Evangelischer Einrichtungen für die Rehabilitation Behinderter e. V.) im Jahr 1998 entstanden ist. S. dazu www.beb-ev.de/content/seite2.html (31.1.2013). Zur Ge-

schaftliche Diskussion.[73] Denn auch
in Alsterdorf existierte zur damaligen
Zeit eine „Unterströmung" der „Euthanasie"-Befürworter, die in „brieflichen
Äußerungen sogar von Angehörigen
[…] [der] Pfleglinge, und in den meist
gefühlsmäßigen Reaktionen von Besuchern […] [der] Anstalten" zum Ausdruck kam[74] und eingebettet war in einen insgesamt tabuisierenden Umgang
mit den NS-Verbrechen. Bei den Anfang der 1960er Jahre endlich in Gang
gebrachten   „Euthanasie"-Prozessen,
etwa dem Prozess gegen die Hauptver-
antwortlichen   der   nationalsozialistischen   „Euthanasie"-Politik   in
Limburg   1964,   dem   sogenannten
Heyde-Prozess,[75] wurde deutlich, in
welchem Ausmaß amtierende Richter,
Professoren, Ärzte und Staatsanwälte
befürchteten, „daß mit dem Fall Heyde
nicht nur die unbewältigte Vergangen-

JULIUS JENSEN

LEBENSRECHT
UND
LEBENSSINN
DER
SCHWACHEN

Titelblatt des Sonderdrucks 1964.

heit, sondern auch ihre eigene unbewältigte Gegenwart aufs Trapez [sic] kommen
würde."[76] Der Prozess wurde so lange hinausgezögert, bis von den ursprünglich vier
Angeklagten[77] nur noch einer übrig war. Die anderen drei entzogen sich durch Frei-
tod – so auch Heyde – und Flucht. Der Ankläger, Hessens Generalstaatsanwalt Dr.
Fritz Bauer, konnte nicht umhin zu vermuten, dass „eine stillschweigende Überein-
kunft der Beteiligten bestehe, diesen Prozeß nicht stattfinden zu lassen."[78]
    In dieses Klima hinein veröffentlichte Prof. Werner Catel, einer der Gutachter der
Kinder-„Euthanasie" während des Nationalsozialismus „und bis 1960 Ordinarius für
Kinderheilkunde der Universitätsklinik Kiel", 1962 sein Buch „Grenzsituationen des

---

schichte des VEEMB s. Verband Evangelischer Einrichtungen für Geistig und Seelisch Behinderte
      1997.

73   Jensen 1964.

74   Ebd., S. 7.

75   Dr. Werner Heyde war der Leiter der Aktion T4. Er konnte sich bis 1959 einer Strafverfolgung
      entziehen und wirkte lange Zeit – von Kollegen bewusst geduldet – unter dem Namen Dr. Fritz
      Sawade als vielgefragter und anerkannter Gutachter in Schleswig-Holstein. S. dazu Euthanasie-
      Prozeß Heyde-Sawade. NS-Verbrechen Euthanasie. Handvoll Asche, in: Der Spiegel 8/1964,
      S. 28–38, hier S. 37f. Zu Werner Heyde s. Klee 1986 und Godau-Schüttke 2010.

76   Der merkwürdige Fall Heyde. In: Die Zeit 8/1964.

77   Dr. Werner Heyde, Dr. Gerhard Bohne, Dr. Hans Hefelmann und Friedrich Tillmann.

78   Euthanasie-Prozeß Heyde-Sawade. NS-Verbrechen Euthanasie. Handvoll Asche. In: Der
      Spiegel 8/1964, S. 28–38.

Lebens", in dem er erneut „die Einführung einer ‚begrenzten Euthanasie' für ‚vollidiotische Kinder' forderte."[79]

Kein Wunder also, dass Julius Jensen, der auf nationalsozialistisches Gedankengut von jeher sensibel reagierte, sich genötigt sah, der neu aufkeimenden „Euthanasie"-Diskussion entgegen zu wirken, die seiner Meinung nach „heute wie einst jeden denkenden Menschen zu einer klaren Stellungnahme" nötige.[80] Jensen sah in diesen unterschiedlichen Vorgängen und insbesondere im Freispruch der belgischen Mutter, die ihr Kind getötet hatte, weil sie glaubte, „dass das Kind niemals hätte glücklich werden können",[81] „das Tor aufgestoßen zu einem Weg, der unter dem Hohnwort ‚Euthanasie' – auf deutsch: ‚schönes Sterben' – im nationalsozialistischen Reich schreckensvolle Wirklichkeit gewesen ist."[82] Ihm schien überaus deutlich, auch angesichts der Gewalt der öffentlichen Meinung, dem „Begeisterungssturm im Gerichtssaal und auf den Straßen", der seiner Meinung nach an Massenwahn grenzte, dass, „wenn das ‚Recht zu töten' an irgendeiner Stelle wieder gelten soll – warum dann nur bei einem mißgestalteten Kind, warum nicht auch bei geistesverwirrten Alten, bei lebensuntüchtigen Jugendlichen, bei jahrelang Siechen oder unheilbar Kranken? Es gibt kein Halten mehr, wenn einmal die Schranke des Rechts zerbrochen ist, das jedes Leben, auch das elendeste und schwächste, in seinen Schutz nimmt."[83]

Für Jensen entschied sich an der Frage „Lebensrecht – ja oder nein?" die Frage nach Menschlichkeit oder Unmenschlichkeit einer Gesellschaft. Und er sah seine ureigenste Aufgabe als Leiter einer Heil- und Pflegeanstalt davon berührt. Mahnend schrieb er im Editorial der Jubiläumsausgabe der Briefe und Bilder aus Alsterdorf anlässlich des 100-jährigen Jubiläums 1963: „Die Hundertjahrfeier unseres Dienstes an Geistesschwachen trifft in eine Zeit, in welcher der Sinn und die Notwendigkeit dieses Dienstes, ja das Lebensrecht der uns anvertrauten Kranken überhaupt, von vielen nicht mehr gesehen, von manchen sogar nachdrücklich bestritten wird."[84]

Verantwortlich dafür war in seinen Augen ein Leitbild der Gesellschaft „abgestimmt auf den großen Kreis der Gesunden, Kräftigen",[85] in dem alles Störende, Belastende ausgesondert werde. Die moderne Gesellschaft habe „eine seltsam widerspruchsvolle Haltung" gegenüber den „Mitmenschen […], die den Anderen und der Allgemeinheit Lasten auferlegen und dauernd mehr oder weniger große Aufgaben stellen." Auf der einen Seite griffen „die Grundsätze und Zielsetzungen des neuen Sozialhilfe-Gesetzes der Bundesrepublik" weit, „um jeder nur denkbaren Not wirksam zu begegnen, sie zu beseitigen oder doch zu lindern." Auf der anderen Seite träfe Schwache und Hilfsbedürftige, „besonders in ihren auffälligen Erscheinungen, eine

---

79 Wunder 1987, S. 51f. Geb. 1894, von 1933–1946 Prof. für Neurologie und Psychiatrie in Leipzig und Direktor der Klinik. Geschätzte 500 Kinder fielen seiner Beurteilung zum Opfer. Strafrechtliche Konsequenzen gab es nicht.

80 BuB 1962/63, Editorial Jensen.

81 Julius Jensen: Euthanasie 1962. Zum Urteil von Lüttich, in BuB 1962/63, S. 23–25. Bereits 1962 veröffentlicht in der Zeitschrift Kirche und Mann, Gütersloh.

82 Ebd., S. 24.

83 Ebd.

84 BuB 1962/63.

85 Jensen 1964, S. 6.

spürbare Ablehnung, Verachtung und Feindseligkeit. Man will mit ihnen nichts zu tun haben; sie sollen ausgesondert werden aus dem Leben der Gesunden, weil sie eine unerwünschte Störung und Belastung darstellen.“[86] Angesichts der Ambivalenz des gesellschaftlichen und technischen Fortschritts – so helfe die Medizin einerseits Leben zu verlängern, gleichzeitig schädige sie die Menschen durch Medikamente wie Contergan – könne es nicht darum gehen, den „Wert des Menschen“ an Nützlichkeitserwägungen zu knüpfen. In der „Verantwortung für den in sich selbst beruhenden Wert und die von keiner Leistung abzuleitende Würde des Menschen“ stehe und falle „alles Bekenntnis zum Menschen, zu jedem Menschen als Geschöpf Gottes“.[87] Damit appellierte er allgemein an die „Kräfte der Humanität“, die „die Menschlichkeit und Unverletzlichkeit des Menschen bewahren *wollen* [Herv. i. O.].“[88] Vier Jahre später präzisierte er die theologische Begründung des „Lebenssinns der Schwachen“.[89] Die *„Kräfte wahrhafter, selbstloser, zweckfreier Liebe“* [Herv. i. O.] aufzurufen und wachzuhalten dürfe nicht „dahin mißverstanden werden, als würde der Schwache nur als Objekt der Liebestätigkeit oder gar als ‚Mittel zu einem höheren Zweck‘ gewertet.“[90] Indem er die Subjekthaftigkeit der „Schwachen“ betonte, wandte er sich zugleich gegen „ein weltförmiges und kulturseliges Christentum“ und „eine optimistische Fortschrittsgläubigkeit.“[91]

Jensens Vortrag auf der Jahrestagung des Verbandes Deutscher Evangelischer Heilerziehungs-, Heil- und Pflegeanstalten im Mai 1964 führte zu einer Resolution der dort versammelten Theologen, Ärzte, Pädagogen, Schwestern und Pfleger, die in großen Teilen Jensens Argumentation folgten und für ein unabdingbares Lebensrecht der „Schwachen“ eintraten. Zeitgleich aber beschloss der Verband, dass „es nicht angebracht wäre, in den ihm zugehörigen Einrichtungen für die Opfer der ‚Euthanasie-

---

86 Ebd., S. 5.

87 Ebd., S. 13.

88 Ebd., S. 15.

89 Vgl. Jensen 1969. Vortrag auf der Tagung der Evangelischen Akademie Hamburg am 19. und 20. Januar 1968 zum Thema „Die Euthanasie – ihre theologischen, medizinischen und juristischen Aspekte“ des Studienkreises für Fragen des Rechts. Zur Tagung s. Dixon 1969. Der Eröffnungsvortrag des damaligen Studentenpfarrers Stephen Dixon aus Bonn fand an der Akademie statt, die Tagung selbst in Alsterdorf. Prekärerweise nahm an ihr auch Werner Catel teil. Ebd., S. 6. Der Alsterdorfer Arzt, Georg Kaps, fasste die Stimmungslage dazu wie folgt zusammen: „In der Diskussion sprach auch Prof. Catel, mehr mit heißem Herzen als mit kühlem Kopf. Es mußte – rein sachlich – einiges berichtigt werden. Der suggestiven Kraft seiner Rede vermochten sich viele Zuhörer dennoch nicht zu entziehen. Unbehagen beschlich mich. (‚Wollt ihr den Gnadentod? – Wir wollen ihn!‘)“. BuB 1968, Über Euthanasie – ihre ethischen, theologischen und juristischen Aspekte von Georg Kaps, S. 22–24, hier S. 24.

90 Jensen 1969, S. 98.

91 Jensen 1964, S. 19f. Die 1968 durchgeführte Tagung problematisierte insgesamt den Begriff „Euthanasie“, da durch den medizinischen Fortschritt (z. B. Herztransplantation) das Thema sehr viel breiter geworden sei und nicht nur die Diskussion der Tötung von sogenanntem lebensunwerten Leben umfasse. Die Frage sei bipolar: Soll und darf man Leben verkürzen? Soll und darf man Leben verlängern? Das tangiere insgesamt die umfassende Frage nach dem Recht zu leben und zu sterben. S. Dixon 1969, S. 5f.

„Wir betonen und bezeugen das unabdingbare, uneingeschränkte Lebensrecht der Schwachen auch in der modernen Gesellschaft und für alle Zukunft. Die Schwachen gehören zu uns und wir zu ihnen; sie sind Glieder der menschlichen Gemeinschaft, in die hinein sie geboren wurden: Familie und Volk, Staat und Gesellschaft, Kirche und Gemeinde.

Weil der Mensch seinem Wesen nach ohne sein Leben bewahrende Hilfe nicht existieren kann, darum darf auch den Schwachen das Menschsein und das Lebensrecht nicht abgesprochen werden.

Die Schwachen haben wichtige und notwendige Aufgaben im Gefüge und Zusammenwirken des Ganzen zu erfüllen. Aber auch die zu keiner Leistung Fähigen schließen wir mit in unsere Lebensgemeinschaft ein; auch sie gehören zu uns und wir zu ihnen. Die damit gestellten Aufgaben der Pflege und Fürsorge nehmen wir bewußt auf uns.

Die Frage nach der Menschlichkeit unserer Gesellschaft entscheidet sich an ihrer Haltung gegenüber ihren schwächsten Gliedern.

Ausschnitt aus der „Erklärung zu Fragen nach dem Lebensrecht und Lebenssinn" auf der Jahrestagung des Verbandes Deutscher Evangelischer Heilerziehungs-, Heil- und Pflegeanstalten" im Mai 1964 in Alsterdorf.

Aktion' Gedenktafeln aufzustellen", da „diese eine unnötige Beunruhigung der Pflegebefohlenen bewirken könnten." [92]

Auch die Verantwortlichen der Alsterdorfer Anstalten waren zu diesem Zeitpunkt nicht in der Lage, ihre Geschichte während des Nationalsozialismus öffentlich aufzuarbeiten, geschweige denn ihrer zu gedenken. Während Jensen die neu auflebende „Euthanasie"-Diskussion nachdrücklich und mutig in der Öffentlichkeit thematisierte und diskutierte, blieben die Ergebnisse seiner „Denkschrift" „Vorgänge betr. Euthanasie und Juden-Entlassung in den Alsterdorfer Anstalten während der Zeit des Nationalsozialismus", die er „im Januar 1960 […] für den Vorstand der Alsterdorfer Anstalten […] auf Grund der vorliegenden, ohne weiteres greifbaren Unterlagen erarbeitet" hatte, im Verborgenen.[93] In dem Text, die der Anstaltsleiter für den Prozess gegen den ehemaligen Direktor der Alsterdorfer Anstalten, Pastor Lensch, erstellte, hat er die Umstände akribisch aufgearbeitet und auch die Verantwortung Lenschs besonders herausgehoben. Jensen weist nach, dass Lensch sich zwar grundsätzlich gegen die „Agitation zur Beseitigung des lebensunwerten Lebens" wandte, aber den „rassehygienischen Maßnahmen des nat. soz. Staates […] dagegen eine nachdrückliche Bejahung und Unterstützung zuteil werden" ließ.[94] Die Haltung von Lensch zu den „Euthanasie-Vorgängen", in deren Folge 71 Bewohner und Bewohnerinnen 1941 nach Langenhorn, und 430 nach der Bombardierung der Anstalt nach Mainkofen, Idstein, Eichberg und Wien verlegt wurden,[95] faßte er wie folgt zusammen: „Das heißt in dürren Worten, unterschrieben von P. Lensch, daß die Alsterdorfer Anstalten

---

92 Nämlich 1964, S. Verband Evangelischer Einrichtungen für Geistig und Seelisch Behinderte 1997, S. 119.

93 Jensen 1960.

94 Ebd., S. 4.

95 Ebd., S. 9 und 11. Nach dem aktuellen Forschungsstand beträgt die Zahl der Deportierten 629 Kinder, Frauen und Männer, davon wurden 508 ermordet.

einer Anordnung zur Herausgabe von Pflegebefohlenen zum Zweck der Vernichtung in Erfüllung der ausdrücklich anerkannten ‚Gehorsamspflicht' Folge leisten würden. Das ist dann auch geschehen.“[96] Für die Entlassung der sechzehn jüdischen Bewohner und Bewohnerinnen in Alsterdorf im Oktober 1938 trage „P. Lensch allein die Verantwortung.“[97]

Das von Jensen gegen Lensch eingeleitete Disziplinarverfahren bei der Kirchenleitung der Evangelisch-lutherischen Kirche Schleswig-Holsteins hinsichtlich der Fragenkreise „Euthanasie“ und „Judenentlassung“ wurde im Mai 1963 mit der Begründung niedergeschlagen, dass „von disziplinarrechtlich relevanten Amtspflichtverletzungen, die Pastor Lensch als Anstaltsdirektor hätte begangen haben können, keine Rede sein kann.“ Auch ein Verfahren wegen Beihilfe zum Mord, das durch den Brief des Alsterdorfer „Pfleglings“ Albert Huth an die Hamburger Staatsanwaltschaft in Gang gesetzt worden war, wurde schließlich trotz erheblichen Tatverdachts auf Grund fehlender Beweise eingestellt.[98]

Trotz dieser Kenntnisse wurde bei der Einweihung eines „Gedächtnismals“ für die in den beiden Weltkriegen gefallenen Mitarbeiter der Alsterdorfer Anstalten in der Eingangshalle von St. Nicolaus am 15. April 1962 mit keinem Wort auf die Opfer der „Euthanasie“ in Alsterdorf eingegangen.[99]

Zwei Jahre später wurde sogar dem Pädagogen Dr. Gerhard Mittelstädt, „der zur Frage der Euthanasie“ arbeitete, eine Einsichtnahme in die Unterlagen der Anstalt vom Vorstand verweigert. Vielmehr sollten „diese Unterlagen als ‚Unter Verschluß, nur mit Genehmigung des Vorstandes zu öffnen', dem Staatsarchiv und dem Archiv der Inneren Mission übergeben werden.“[100] Mittelstädt, emeritierter Professor der Pädagogik an der Universität Heidelberg, erinnert sich bis heute an die „zugeknöpfte“ Haltung, mit der man 1964 auf seine Anfrage reagierte, nachdem Pastor Jensen zunächst Bereitschaft signalisiert hatte, ihm den gewünschten Einblick zu gewähren. In anderen Einrichtungen, etwa in der „Anstalt Stetten“, sei man weitaus offener gewesen und habe ihm die entsprechenden Unterlagen zur Verfügung gestellt.[101] Hinter dieser abwehrenden Haltung stand auch die Angst vor einer erwarteten negativen öffentlichen Reaktion. So kommentierte die „Konferenz der leitenden Mitarbeiter“ die Presseberichte im Zusammenhang mit dem erneuten Prozess gegen Lensch und Kreyenberg im Sommer 1973 mit folgenden Worten: Die „Artikel in Sachen Euthanasie in Alsterdorf während des Krieges haben dem Image der Alsterdorfer Anstalten

---

96 Ebd., S. 8.

97 Ebd., S. 17.

98 Jenner 1987, S. 178. S. auch Linck 2006, S. 34f und Kuhlbrodt 1984.

99 BuB 1962/63, S. 20–21, dort auch Abbildung.

100 ArESA DV, 10, Vorstandssitzung 12.8.1964. Dies wurde nicht umgesetzt. Die erhaltenen Unterlagen sind im Archiv der Stiftung Alsterdorf.

101 Mittelstädt hatte eine Arbeit über die „Stellung der Kirchen zum Thema ‚Euthanasie' in der NS-Zeit“ verfasst, mit der er sich habilitieren wollte. Das Manuskript schickte er an Hans Christoph von Hase, den Leiter der theologischen Abteilung der Hauptgeschäftsstelle des Diakonischen Werks in Berlin. Im Archiv des Diakonischen Werks ist dieses wichtige Zeitdokument zwar verzeichnet, unter der angegebenen Signatur aber nicht zu finden (Information von Dr. Harald Jenner, 13.2.2012). Prof. Dr. Mittelstädt besitzt nach eigener Auskunft kein weiteres Exemplar der Arbeit. Telefonische Informationen von Prof. Dr. Gerhard Mittelstädt.

erheblichen Schaden zugefügt."[102] Öffentlich diskutiert wurde die in weiten Kreisen bekannte Tatsache der Ermordung von 508 Bewohner und Bewohnerinnen aus Alsterdorf nicht. Grund für die Verschwiegenheit war nicht zuletzt die Absicht der Anstaltsverantwortlichen „eine weiße Weste zu behalten".[103] Bis Mitte der 1970er Jahre habe es vom Vorsitzenden des Stiftungsvorstandes Samuel ihm gegenüber eine Art „Maulkorb" hinsichtlich der Aufarbeitung der NS-Zeit gegeben, berichtet auch Hans-Georg Schmidt. „Es war die Zeit, so die Meinung des Stiftungsvorstandes, noch nicht reif, sich dem Thema zu öffnen, weil es einmal noch Rücksicht zu nehmen galt gegenüber älteren Mitarbeitern, die sich zwar nicht schuldig gemacht hatten, bei denen aber doch noch immer eine gewisse Nähe zum Nationalsozialismus vermutet wurde." Auch gesellschaftspolitisch, so Schmidt, hätten damals andere Themen mehr im Mittelpunkt der Diskussionen gestanden. „Erst dann hat sich dies entscheidend geändert zu Gunsten einer intensiven Auseinandersetzung über die Würde des menschlichen Lebens und damit auch die Unantastbarkeit des Menschen mit Behinderungen. Ich gebe zu, dass diese Auseinandersetzung sehr spät, für manche mit der Materie Befassten fast zu spät kam."[104]

Von daher ist es umso erstaunlicher, dass in dem Fernsehfilm von 1965 „Die geringsten Brüder. Ein Gang durch die Alsterdorfer Anstalten" (Buch: Günther Mack, Regie: Ule Eith) der Zusammenhang zur NS-„Euthanasie" offen thematisiert wurde.[105] Dieser kurz vor Weihnachten ausgestrahlte Film wurde maßgeblich von Jensen als Antwort auf die auch anstaltsinterne „Unterströmung" der Befürworter der „Euthanasie" initiiert. Mit einer gezielten Öffentlichkeitsarbeit sollte diesem Gedankengut entgegengearbeitet und über das Anstaltsleben aufgeklärt werden.[106]

Der Film thematisierte anhand der Arbeit der Alsterdorfer Anstalten unumwunden die wiederaufkeimende Diskussion um „Ballastexistenzen" sowie die damit verbundene Forderung der Tötung sogenannten unwerten Lebens. Mit Hinweis auf Heyde und sein Wirken im „Dritten Reich" endete er mit der Aussage: „An diesen Betten wird das Leben der Menschen verteidigt, aller Menschen!"

In einem Gang durch die Anstalt wurden die unterschiedlichen Fördermöglichkeiten der BewohnerInnen durch schulische Förderklassen, Heilpädagogik, gezielte Beschäftigungs- und Werktherapie, Feste und Feiern genauso gezeigt, wie die katastrophalen Lebensbedingungen in den geschlossenen Abteilungen und den „Liegekinderstationen". In den zahlreichen Briefen, die Jensen nach der Ausstrahlung des Filmes erhielt, kam Betroffenheit und Solidarität genauso zur Sprache wie die

---

102 ArESA DV, 596, Konferenz der leitenden Mitarbeiter 29.8.1973. Die Artikel erschienen in der Bild-Zeitung und am 28.7.1973 in Die Welt.

103 So erinnert sich der Sohn von Jensen. Telefonische Informationen von Jens Christian Jensen.

104 Interview und schriftliche Mitteilung (14.1.2013), Hans-Georg Schmidt.

105 S. dazu die zahlreichen Briefe, die Jensen erhalten hat in ArESA DV, 802, Rundfunk und Fernseharbeit 1962–1974.

106 Wie z. B. das Mitwirken von Julius Jensen und des Diakons Alfred Powierski bei der Veranstaltung des Evangelischen Männerwerkes auf der Reeperbahn zum Thema „Pflegen oder Töten" am 6.9.1963. BuB 1964/65, S. 24. Oder die Erstellung von Film- und Unterrichtsmaterial 1966, der Broschüre „100 Jahre Dienst in Alsterdorf" zusammen mit dem Film „Des Anderen Last" als Unterrichtsmaterial für den Ev. Religionsunterricht. ArESA DV, 802, 29.6.1966.

Bilder aus dem Film „Die geringsten Brüder. Ein Gang durch die Alsterdorfer Anstalten", 1965:
Pastor Jensen erläutert die Aufgaben Alsterdorfs; Sich freuen gehört zum Alltag in Alsterdorf;
Säuglinge töten nach der Geburt – humane Lösung?

Kritik, dass das „geheime Thema" der „Euthanasie" darin zu dominant und „die fröhlichen Bilder aus dem Anstaltsleben zu kurz" gekommen seien.[107]

Jensen wurde in der Folgezeit zu einem begehrten Redner auf Kongressen und
Gemeindeabenden. Zugleich aber sah er sich immer stärker mit der Anstaltsrealität
konfrontiert, seit die wirtschaftliche Rezession 1966/67 die Mittel für den Anstaltsbetrieb mehr und mehr einschränkte.[108] Dadurch konnten die Einrichtungen, „die
für die Pflege und Therapie wie zu einer möglichen Rehabilitation" unerlässlich waren, nicht mehr „den wachsenden Bedürfnissen angepaßt" werden. Jensen sah in der
Verschlechterung der Anstaltsbedingungen einen Vorschub für „Euthanasie"-Gedan-
ken.[109] Am Ende seiner Amtszeit fasste er seine Bedenken hinsichtlich der mangelnden gesellschaftlichen Unterstützung der Anstalten noch einmal zusammen: „Damit
müssen wir uns abschließend der Frage stellen, ob die Gesellschaft, der Staat und
die Kirchen wirklich alles tun, um den geistig Behinderten den Lebensraum und die
Fördermöglichkeiten zu gewähren, in denen der Sinn ihres Lebens allgemein zur Anerkennung und zur Entfaltung gelangt. Es müssen für sie besondere Einrichtungen,
wie heilpädagogische Kindergärten und Tagesschulen und beschützende Werkstätten geschaffen werden. Es müssen gleichzeitig Heime und Anstalten mit genügender
Platzzahl und qualifizierten Baulichkeiten, vor allem jedoch mit sachkundigen und
einsatzbereiten Mitarbeitern vorhanden sein, um den Kindern der oft über die Maßen belasteten Eltern, aber auch den älter werdenden Behinderten den Raum zu bieten, wo der Schwache wohl aufgenommen ist und die Hilfen findet, die er nötig hat.
Wie sehr es daran noch fehlt, kommt hoffentlich den Verantwortlichen – auch in der
in dieser Hinsicht weit zurückgebliebenen Bundesrepublik – jetzt endlich zum Bewußtsein, und wird entsprechende Maßnahmen und Aufwendungen auslösen. Alle
Reden und Entschließungen gegen den neu aufflammenden Euthanasie-Gedanken

---

107 ArESA DV, 802, Brief Dr. Klevinghaus an Jensen 3.1.1966.
108 So musste zum Beispiel der zweite Bauabschnitt in Stegen ad acta gelegt werden.
109 100 Jahre Sonderschule 1967. Editorial.

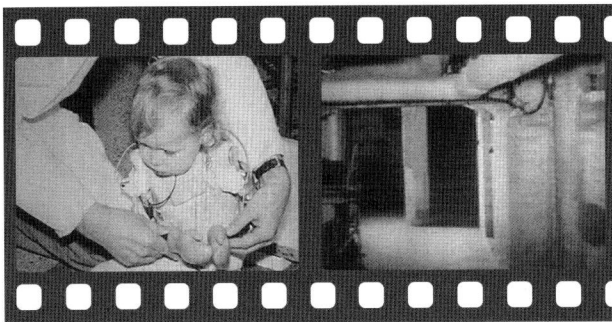

Contergangeschädigte Kinder
wie Abfall beseitigen?;
Das war vor 25 Jahren –
Hadamars Gaskammern.

bleiben unglaubwürdig und darum wirkungslos, wenn nicht der Lebensraum für die Behinderten wirklich vorhanden ist."[110] Damit war der Rehabilitationsgedanke in Alsterdorf angekommen.[111] Seine Umsetzung aber stand noch am Anfang.

Bauliche Modernisierungsprozesse

Mit dem Amtsantritt Jensens wurde ein immenses Umbau- und Modernisierungs-programm der Pflegeanstalt sowie ein Neubau der psychiatrischen Klinik im schles-wig-holsteinischen Stegen (dem Heinrich-Sengelmann-Krankenhaus)[112] mit 1.000 Betten in die Wege geleitet. Insbesondere „die alten Pfleglingshäuser" galt es, wie Jen-sen in seinem ersten Jahresbericht 1956 betonte, „wieder herzustellen und instand-zusetzen", so dass sie „den heutigen Anforderungen entsprechen und den meist für lange Dauer bei uns untergebrachten Kranken ein menschwürdiges und freundliches Dasein ermöglichen."[113] Nachdem die von den Alsterdorfer Hausarchitekten, Hin-rich und Jens Peter Hillmer aus Hamburg, entworfenen ersten Neubauten eröffnet worden waren – 1956 das Vorschülerinnenheim Haus in der Sonne und 1957 das Schwesternhaus –,[114] und damit Raum in den Wohnheimen frei wurde, reichte dieser Bettengewinn nicht aus, „um den steigenden Bedarf und die von Seiten der Familien wie der Behörde ständig und dringend […] herangebrachten Wünsche auf Aufnah-me geistesschwacher und epileptischer Kinder und Erwachsenen [sic] zu erfüllen."[115] Auch in den folgenden Jahrzehnten entspannte sich die Raumsituation nur wenig. Denn die Nachfrage nach Pflegeplätzen war immer höher als das Angebot, zum ei-nen bedingt durch die rückläufige Bereitschaft und Möglichkeit der Angehörigen, das

---

110 Jensen 1969, S. 104f.

111 Der Contergan-Komplex gilt hier allgemein als Auslöser, s. dazu Bösl 2009, S. 92. S. auch Rezension zu Bösl von Schmuhl http://hsozkult.geschichte.hu-berlin.de/rezensionen/2011-1-013 (19.4.2012) sowie Schmuhl, Winkler 2011, S. 26f.

112 Seit 1955 war das HSK durch Alsterdorf geplant. 1961 war Grundsteinlegung, 1962 Richtfest, Oktober 1964 Eröffnung. BuB 1964/65, S. 13: Baugeschichte. Vorstellung der Arbeit dort S. 14ff.

113 ArESA DV, 641, 27.4.1957.

114 Beide Gebäude waren noch unter Herntrich geplant worden. S. dazu BuB 1955, S. 4.

115 ArESA DV, 900, 8.6.1961.

Familienmitglied mit einer Behinderung zu betreuen bzw. zu pflegen, zum anderen, durch den medizinischen Fortschritt, infolge dessen sich die Lebenserwartung auch der Menschen mit schwereren Behinderungen erhöhte.

Die für das Umbauprogramm nötigen Gelder waren im Etat der Stiftung nicht vorhanden. Von daher nahm man nun verstärkt staatliche und kirchliche Beihilfen in Anspruch. Außerdem gründete Jensen einen Freundeskreis, mit dessen Hilfe der Spendenetat, der exklusiv für die bauliche Sanierung zur Verfügung stehen sollte, von 62.000 DM im Jahre 1955 auf 521.000 DM im Jahre 1966 stieg.[116]

Vorrangiges Ziel der Modernisierung war es, die Massenschlafsäle der Vorkriegszeit aufzulösen und ein freundlicheres Wohnambiente zu schaffen. Die Grundsubstanz aus Baracken und alten Gebäuden blieb zwar die gleiche, doch wurde versucht, wenigstens die sanitären Einrichtungen und die Gestaltung der Räume an den Standard der Zeit anzupassen.

Das Haus Zum guten Hirten, um 1960.

Angesichts der ständigen Überbelegung konnten jedoch die „kleinen Abteilungen" mit Schlafzimmern „mit 3 bis 6, höchsten 8 oder 10 Betten" nicht lange beibehalten werden. Die renovierungsbedürftigen Häuser Bismarck und Hoher Wimpel wurden überhaupt nicht modernisiert.[117]

Hatte sich Mitte der 1950er Jahre die weibliche Seite der Anstalt vernachlässigt gefühlt, so sah sich zehn Jahre später, nach der Renovierung des größten Heims für Frauen und Mädchen (Zum Guten Hirten, 1958/59), des Michelfelder Kinderheims (1959/60) und des ersten Heimneubaus (Haus Bethlehem, 1966), „das männliche Pflegegebiet [...] benachteiligt".[118]

Bereits 1959 war auf „Bitten der Sozialbehörde und der Krankenhäuser" der neue Arbeitszweig einer Säuglings- und Kleinstkinder-Abteilung behelfsmäßig im Simon-Schöffel-Haus eingerichtet worden. Bis dahin gab es in Hamburg keinen Ort, um Kleinstkinder mit geistiger Behinderung unterzubringen. Zur Hundertjahrfeier

---

116 Auch die sonstigen Spenden, Kollekten, Vermächtnisse, Zuwendungen und die Gewinne aus dem von Jensens Frau organisierten Weihnachtsbasar und der Kleiderkammer nahmen stetig zu. BuB 1967/68, S. 17.

117 BuB 1961/62, S. 12.

118 BuB 1965/66, S. 20.

Für den Dienst in unseren Alsterdorfer Anstalten ließen Sie uns Ihre
Spende von
                                            DM
zukommen. Dafür danken wir Ihnen herzlich.

Nun sind wir dabei, unser Jubiläumsprojekt, das Haus „Bethlehem", zu
verwirklichen und damit unseren sehr schwachen Kindern ein schönes,
sonniges Heim mitten in unseren Gärten einzurichten. Ihre Spende
hilft uns dabei; haben Sie Dank für alle Mithilfe!

                                            Mit freundlichen Grüßen
                                                    Ihr

Aus dem Festzug zur Hundertjahrfeier
    der Alsterdorfer Anstalten
      am 19. Oktober 1963
                                            (Direktor Pastor J. Jensen)

Vorder- und Rückseite
der Dankeskarten für Spenden
zum Jubiläumsprojekt
Haus Bethlehem.
Festzug zur 100-Jahr-Feier
der Alsterdorfer Anstalten
am 19.10.1963.

der Anstalt im Jahre 1963 erhielt Alsterdorf als besonderes Jubiläumsgeschenk die Grundfinanzierung des Kleinstkinderheimes Bethlehem durch den Freundeskreis.[119] Ein Jahr später war Baubeginn.[120] Doch aufgrund von Finanzierungsschwierigkeiten konnte Bethlehem mit seinen Sondereinrichtungen für Heilgymnastik und einer Laufschule erst im September 1966 in Betrieb genommen werden, nachdem die letzte Finanzierungslücke durch eine Zuwendung aus der Aktion Sorgenkind geschlossen worden war. Schon zur Eröffnung waren alle 36 Plätze belegt, so dass Jensen bei der Einweihung bedauern musste, „daß das Haus nicht noch wesentlich größer" geplant worden war.[121]

Im Rückblick betonte Jensen 1980, dass zwar die Heime der Bewohnerinnen und Bewohner ständig „umgebaut, renoviert und modernisiert" worden seien, aber nach wie vor vieles zurückgeblieben sei, eigentlich „ständig neue Verbesserungen an den Gebäuden" notwendig seien.[122]

---

119 BuB 1963/64, S. 18f.

120 Des „ersten Neubau[s] eines Pfleglingsheimes nach mehr als 30 Jahren ohne staatliche Unter-stützung und ohne Aufnahme von Fremdgeldern." BuB 1965/66, S. 5.

121 BuB 1965/66, S. 20.

122 ArESA Ö, Jensen 1980, S. 12. Auch die Besichtigungen der Gesundheitsbehörde im Zeitraum von 1959 bis 1965 konstatierten diese Fortschritte der Modernisierung. Vgl. ArESA DV, 893.

Auch die Raumnot, mit der eine andauernde Überbelegung einherging, blieb bestehen. 1968 fehlten 297 neue Plätze, weshalb ein großes Pfleglingshochhaus für etwa dreihundert Männer in sieben Geschossen mit einem Therapiezentrum und einem Lehrschwimmbecken in Planung genommen wurde, das spätere Karl-Witte-Haus.[123]

MICHELFELDER KINDERHEIM – „TO A REAL HOME, ZU EINEM WIRKLICHEN HEIM"

Am 5. Juli 1960 war es so weit, das umgebaute und zum Teil neu errichtete ehemalige Haus Fichtenhain wurde eingeweiht. Es erhielt in Erinnerung an den ehemaligen Pastor der St. Pauls Gemeinde in Toledo und späteren Exekutivsekretär des Lutherschen Weltbundes, Sylvester Clarence Michelfelder (1889–1951), den Namen Michelfelder Kinderheim.[124]

25 Jahre lang hatte das 1909 erbaute Haus Fichtenhain keine Renovierung erfahren. Mit einer Spende der St. Pauls-Gemeinde in Toledo in Höhe von 20.000 Dollar im Jahre 1957 war der Grundstock für die Umbauplanung „to a real home, zu einem wirklichen Heim" gelegt worden.[125]

Nachdem jedoch klar geworden war, dass ein den „heutigen Erkenntnissen entsprechendes Heim für geistig Behinderte" das Fünffache kosten würde,[126] starteten die Anstalten unter 20.000 Hamburger Bürger und Bürgerinnen eine breit gefächerte Spendenaktion. Drei Jahre später konnte das von der Anstaltsleitung, den Mitarbeitern und Architekten gemeinsam geplante Vorzeigeprojekt bezogen werden. Zur Eröffnung hieß es: „Anbauten an den beiden Flügeln des Hauses, Errichtung überdachter Veranden in beiden Geschossen, ganz neue sanitäre Einrichtungen, gleich-

Tafel „Michelfelder Kinderheim" wird angebracht, 1960.

---

123 BuB 1968, S. 5. Bereits 1955 hatte man die Errichtung zweier großer „Pfleglingshäuser" für das männliche und weibliche Gebiet geplant, dies aber dann aus Kostengründen und der Angst, dass damit das Anstaltsgelände zu eng bebaut würde wieder fallen gelassen. S. dazu BuB 1955. Karl Witte (1893–1966) war Hamburger Bischof und Mitglied des Vorstandes der Alsterdorfer Anstalten seit 7.12.1959, sowie Ehrenmitglied seit 6.12.1964. Ausführlicher Lebenslauf in Biographisch-Bibliographisches Kirchenlexikon: www.bbkl.de/w/witte_o_k.shtml (10.10.2012).

124 Clarence Michelfelder war der Enkel eines im 19. Jahrhundert aus einem schwäbischen Dorf am Neckar ausgewanderten Schuhmachers. Im Sommer 1945 wurde er vom amerikanischen Zweig des Lutherischen Weltkonventes nach Europa entsandt, um innerhalb des Weltrates der Kirchen, Wege der Hilfe für die von Kriegs- und Nachkriegsnot heimgesuchten Länder zu finden. Dabei lernte er auch Herntrich als Leiter des Evangelischen Hilfswerkes in Hamburg kennen. Vgl. www.enzyklo.de/Begriff/Sylvester %20Clarence %20Michelfelder (10.10.2012).

125 BuB 1960/61, S. 2. Vermittelt über den Hamburger Pastor und späteren evangelischen Rundfunkbeauftragten Albrecht Nelle aus dem Rauhen Haus.

126 BuB 1960/61, S. 2.

Einweihungsfeier Michelfelder Kinderheim, 5. Juli 1960.

mäßige Einteilung der Räume. Im Haus sind jetzt 8 Abteilungen für je 12 Kinder und 2 Abteilungen für je 8 Kinder. Jede Abteilung hat einen Tages- und einen Schlafraum und ein geschlossenes Stück Veranda […]. Für die Tagesräume wurden neue Möbel angeschafft, die Betten völlig erneuert. Neu sind Lampen und Bilder. Besonders gelungen erscheint der lichte und helle Anbau der ‚Spielschule', die einem Kindergarten für unsere Kleinsten entspricht."[127]

Inszenierte Geschichte:
100 Jahre Alsterdorfer Anstalten (1963) –
100 Jahre Anstaltsschule (1967)

Jubiläen sind ein zentraler Teil der Erinnerungs- und Festkultur.[128] Mit der Präsentation der Eigengeschichte und der Berufung auf eine Tradition wird zugleich ein Geltungsanspruch für die Zukunft proklamiert. Insofern stellen die Hundertjahrfeier von Alsterdorf 1963 und das Jubiläum 100 Jahre Sonderschule in den Alsterdorfer Anstalten 1967 auch den Versuch dar, die Alsterdorfer Anstalten in den Zeiten des Umbruchs mit Berufung auf die lang andauernde Tradition zu verorten und ihre Legitimation öffentlich zu unterstreichen. Eine Kranzniederlegung am Grabe des Anstaltsgründers Heinrich Sengelmann in Moorfleet im Beisein von zwei der ältesten „Pflegebefohlenen", die Pastor Sengelmann noch gekannt hatten, demonstrierte die lange Tradition zum Auftakt der 100-Jahr-Feier. In der Erörterung der „grundsätz-

---

127 Ebd., S. 3.
128 S. dazu Müller 2004; Münch 2005.

lichen Fragen" des „Dienstes an Geistesschwachen in mannigfacher Weise" während des mehrere Tage dauernden Anstaltsjubiläums (18.-20. Oktober 1963)[129] wurde die große Erschütterung angesichts des gesellschaftlichen und „behindertenpolitischen" Wandels sowie der Wiederkehr der „Euthanasie"-Diskussion deutlich. Der Präsident des Diakonischen Werkes der EKD, Theodor Schober (1918–2010), verteidigte trotz des geforderten Wandels der Diakonie ihre Leistung im „Bereich des Pflegens und Heilens an schwachen Menschen". Nur die Diakonie mit ihrem christlichen Bekenntnis könne in den neuen „Diskussionen über lebensunwertes Leben […] in aller Sachlichkeit die Ehrfurcht vor dem Leben, die wir bei Christus lernen", herausstellen.[130]

Der Festvortrag von Pastor Johannes Klevinghaus (1911–1970), Leiter des Wittekindshofes, Bad Oeynhausen (1945–1970), zum Thema „Der geistig behinderte Mensch in der heutigen Gesellschaft" war eine Verteidigungsrede des Konzeptes Anstalt. Zwar erkannte Klevinghaus an, dass sich in der Veränderung der Bezeichnung von Menschen mit Behinderung weg von den „Blöd- und Schwachsinnigen" hin zum geistig behinderten Menschen durchaus Positives zeige, die Suche nach neuen Worten sei jedoch zugleich Ausdruck „des fast verzweifelten Kampfes der Anstalten gegen die Vorurteile der Gesellschaft".[131] Dank der „Bundesvereinigung ‚Lebenshilfe' und ihrer Ortsvereinigungen" hätten „viele Eltern, die bis dahin ihre kranken Kinder verbargen, den Mut gewonnen, für sie öffentlich einzutreten und miteinander und mit Behörden und Fachleuten energisch nach neuen Wegen der Hilfe zu suchen",[132] doch die Vorstellung sei gänzlich falsch, dass „Anstalt […] in jedem Fall Einengung, Lebensminderung, Freiheitsberaubung" bedeute. Das Gegenteil sei der Fall. „Anstalt

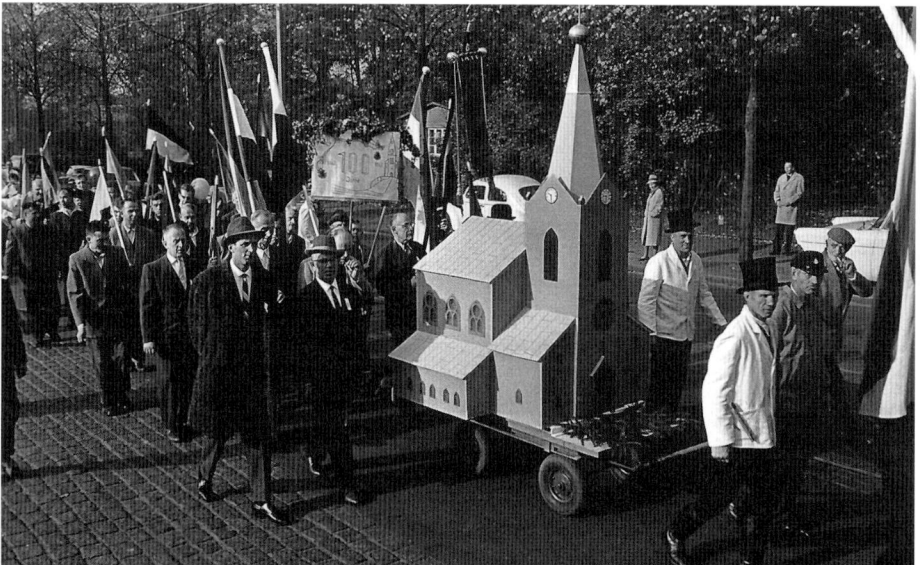

Festzug zur 100-Jahr-Feier 1963.

129 BuB 1963/64, Editoral zu 100 Jahre Dienst an Geistesschwachen in Alsterdorf 1963.
130 Ebd., S. 10f.
131 Ebd., S. 13f.
132 Ebd., S. 15.

Das Kollegium der Alsterdorfer Schule, 1967.

ist geschützter Raum und darum Freiheitsbereich, Möglichkeit zu freier Bewegung und Entfaltung. Die Anstalt ist eine Welt für sich, weil sie eine Welt für ihn, für den Geistesschwachen sein soll."[133] Mit einem bunten Festzug „der Alsterdorfer Pflegebefohlenen durch die Anstalt und die obere Alsterdorfer Straße" mit „23 fröhliche[n] Gruppen mit Fahnen und Luftballons, 15 Trachten- und Märchengruppen und 22 reichgeschmückte[n] Wagen" sowie Aufführungen präsentierte man den über vierhundert Besuchern ein heiles Bild des Anstaltslebens.[134] Die Realität sah anders aus: Steter Raum-, Personal- und Geldmangel und eine ständige Überbelegung wurden zunehmend zu einem Problem und verhinderten weiter reichende Reformimpulse.

Das hundertjährige Bestehen der Alsterdorfer Anstaltsschule als „eine der ältesten heilpädagogischen Sonderschulen Deutschlands"[135] drei Jahre später, im Jahre 1967, stellte Alsterdorf dagegen in eine lange Tradition der Heilpädagogik.[136] Als Kind des „pädagogischen Jahrhunderts" habe bereits Heinrich Sengelmann den Impuls gehabt, die Menschen mit Behinderung durch Erziehung und Unterricht zu fördern, indem er in der 1867 von ihm errichteten Schule einfachste tägliche Lebensaufgaben, z. B. Einkaufen mithilfe eines Modell-Kaufmannsladens, körperliche Übungen und Beschäftigungen neben intellektueller Heranbildung lehrte.[137] Mit dem Lehrer Johannes Paul Gerhardt (1867–1941) sei 1895 einer der führenden Heilpädagogen seiner Zeit als Schulleiter nach Alsterdorf gekommen und habe dort den Unterricht mit Vorschule, Klassen für geistig und lernbehinderte Kinder und Angeboten der Er-

---

133 Ebd., S. 17.
134 Ebd., S. 4.
135 BuB 1965/66, Editorial.
136 Zur Geschichte s. Gerhardt 1913, Mittelstädt 1965 und Jensen 1967, S. 3–10.
137 Jensen 1967, S. 4.

wachsenenbildung mustergültig ausgebaut.[138] Mit seiner Pädagogik der „Übung aller Sinne" sei er nicht müde geworden, „auf wissenschaftlichen Wegen in das Wesen des Schwachsinns einzudringen".[139]

Daran anzuknüpfen war nach dem Ende des Zweiten Weltkrieges zunächst schwierig. Zwar bezeichnete bereits Herntrich „die Schularbeit als das eigentliche Herzstück der Anstalten",[140] doch bis zum Jahre 1981 fand der Unterricht in behelfsmäßigen Baracken statt.[141] Man müsse angesichts der räumlichen Situation „Hochachtung vor den Lehrkräften bekommen", die „unter Hintanstellung jeglicher berechtigter eigener Wünsche dort ihre entsagungsvolle Arbeit tun", hieß es noch 1971.[142] Auch personell war die Schule bis in die 1960er Jahre unterbesetzt, die Lehrergehälter lagen unter denen an staatlichen Schulen. Andererseits war die Alsterdorfer „Anstaltshilfsschule" zu dieser Zeit eine der wenigen Schulen in der Bundesrepublik überhaupt, die speziell Kinder mit einer geistigen Behinderung unterrichtete. „Bis weit in die 1960er Jahre" blieben diese nämlich „von schulischen Bemühungen regelmäßig ausgenommen."[143]

In Alsterdorf war sie lange Zeit die einzige Fördermöglichkeit der jungen Menschen mit Behinderung und zugleich Ort ihrer Ausbildung als Hilfskräfte für die Alsterdorfer Anstalten. Ab 1948, als der Nachfolger Gerhardts, der Lehrer Max Tietge (1880–1967), in den Ruhestand trat, lag der „schwierige Wiederaufbau eines planmäßigen Unterrichts [...] zunächst in den Händen der zur Leitung der Schule berufenen Theologin Diakonisse Elisabeth Gräning aus dem Mutterhaus in Hamburg-

„Rechnen am
Kaufmannsladen", 1967.

138 Zu Gerhardt s. Heinrich Möhring, 1967: Johannes Paul Gerhardt. Ein Lebensbild., in: 100 Jahre Sonderschule, S. 12–20.

139 Ebd., S. 15.

140 Jensen 1967, S. 3.

141 Seit 1957 bestand der Plan durch den Bau des Krankenhauses in Stegen entweder das alte Schulgebäude, das in das Krankenhaus integriert worden war, zurück zu geben oder aber einen Neubau für 225 SchülerInnen zu erstellen.

142 ArESA DV, 1854, Bd. 2, 23. 9. 1971, Bericht vor der Synode durch Schmidt.

143 Rudloff 2007, S. 492.

„Gruppenarbeit: Kneten und Malen", 1967.

Volksdorf."[144] Nachdem sie vom Mutterhaus zurückgefordert worden war, folgte ihr 1955 der Diakon des Rauhen Hauses und Lehrer Rudolf Höllenriegel (1906–1982) als Leiter der Schule und des Erziehungsheims Alstertal[145] und prägte für fast siebzehn Jahre die Schule. Für ihn diente die Alsterdorfer Schule der „Behütung des schwachen Kindes vor den Überforderungen einer Umwelt, die trotz aller Liebe nicht in der Lage ist, ihm gerecht zu werden." Sie stärke die Schüler für eine eventuelle Rückkehr.[146] Nachdem 1959 die Schule vom Senat als staatliche Sonderschule anerkannt worden war, was sich allerdings nur auf die Zuschüsse, nicht auf die Schulabschlüsse bezog, bemühte sich Höllenriegel darum, neue pädagogische Konzepte einzuführen. Eine wichtige Erneuerung war 1963, nach einer Studienreise durch Schulen und Heime für geistig behinderte Kinder in der Schweiz,[147] die Einführung des Sprachheilunterrichts für „60 der 180 Schulkinder" mit „wöchentlich 16 Unterrichtsstunden durch vier Sprachheillehrer der staatlichen Schulen", was damals „im Hamburger Raum in diesem Umfang an debilen und imbezillen Kindern durchaus einmalig" war.[148]

---

144 BuB 1955, S. 4f.

145 Geb. 26.11.1906 in Dresden, Kaufmännische Lehre in Dresden, 1927 in die Brüderschaft des Rauhen Hauses in Hamburg eingetreten, dann zwei Jahrzehnte Gemeindediakon in St. Pauli, 1952–1954 Studium der Pädagogik und Religion an der Universität Hamburg, nach der ersten Lehrerprüfung 1954 in die Alsterdorfer Anstalten eingetreten, am 22.2.1968 wurde ihm der Titel „Rektor" verliehen (ArESA PA, 3469). Der Pädagoge Heinrich Möhring hatte zu ihm von Anfang an eine kritische Distanz, er verweigerte ihm zunächst die zweite Lehrerprüfung 1956 und trat 1968 aufgrund der Verleihung des Rektorentitels an Höllenriegel aus dem Vorstand der Alsterdorfer Anstalten aus. ArESA DV, 12, Vorstandssitzung, 2.5.1968.

146 ArESA DV, 258, Artikelmanuskript Rudolf Höllenriegel: „Hilfe für das geistig behinderte Kind" 1963.

147 ArESA DV, 176.

148 ArESA DV, 190, 11.6.1964.

Im Jubiläumsjahr, in dem sich die Schule erstmals auch für Kinder, die im Elternhaus lebten, öffnete,[149] wurden 170 schulpflichtige Kinder in 15 Klassen in einer Klas-
senstärke von höchstens 12 Kindern unterrichtet, die sich in drei verschiedene Schul-
züge (Lern-, Werk- und Beschäftigungsklassen) aufteilten.[150] Die Bewohnerin Margret
Brütt erinnert sich: „Erst war ich in der Webklasse, dann hat man gemerkt, dass ich
ein bisschen lesen und schreiben konnte, dann kam ich in die richtige Schule."[151] Und
der Bewohner Rolf Zismer: „Ich bin in der Werkklasse gewesen. Der Hauslehrer war
Herr Höllenriegel, der war sehr streng, aber er hat mir vieles beigebracht."[152]

Das Ziel der „Schule ohne rote
Tinte"[153] war vornehmlich auf das behinderte Kind ausgerichtet, dem man
Zutrauen „zu seinen geringen Möglichkeiten" schaffen wollte.[154] Die Schule wurde aber sowohl von „bildungs-
fähigen" „Pfleglingen" der Anstalt, wie
auch von „Zöglingen" aus Alstertal besucht, die vom Jugendamt zugewiesen
wurden; zwei Gruppen also mit völlig
differentem Hintergrund.[155] „Wir waren so zwölf in der Klasse, davon waren
etwa zwei Drittel Alstertaler, der Rest
vom Michelfelder Kinderheim", erzählt
Wolfgang Breitel, der von 1961 bis 1968
im Alstertal lebte. „Ab der 3./4. Klasse sortierte sich das in die sogenannte
Werkklasse oder in die Webklasse. In

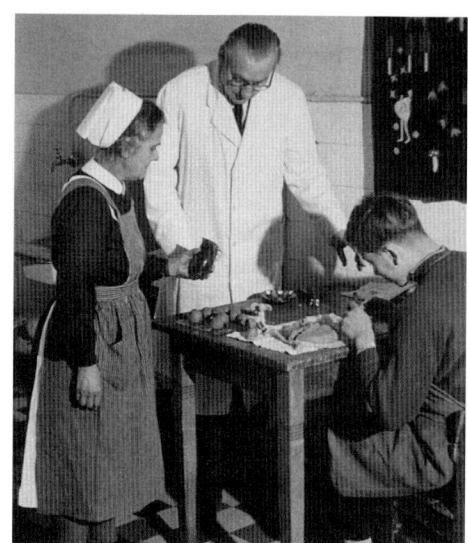

Töpferarbeit in der Schule, 1967.

---

149 Jensen 1967, S. 9.

150 85 Pfleglinge, 66 Zöglinge, 19 Externe, 14 hauptamtliche und 6 nebenamtliche Lehrkräfte.
     Höllenriegel 1967, S. 23.

151 Interview Margret Brütt.

152 Interview Rolf Zismer.

153 ArESA DV, 796, KIH 25.9.1955 „Eine Schule ohne rote Tinte".

154 Höllenriegel 1967, S. 23. Im August 1954 waren es 60 Jugendamtskinder, 5 externe Kinder, 130
     Anstaltspfleglinge und damit 195 insgesamt. ArESA DV, 20, 25.7.1955. Im Lernzug wurden „die
     Kinder in allen Umgangsformen des Alltags und in der Erfüllung seiner Forderungen sicher.
     Sie können selber einkaufen, bezahlen, Aufträge erfüllen […] [sie] können einen Brief, eine
     Mitteilung, ja eine kleine Nacherzählung schreiben." Ebd., S. 13. Im Werkzug waren die Kinder
     untergebracht, „die tatsächlich nicht rechnen, lesen und schreiben können." Sie arbeiteten in
     Ton, stickten, häkelten und webten. In den Beschäftigungsklassen waren „die Kinder, denen
     die Fähigkeit der Konzentration" fehlte. „Manche Kinder können nur zwei Stunden, manche
     sogar nur eine Stunde dabeibleiben." Ebd., S. 14. Neben diesem elementaren Unterricht gab es
     rhythmische Leibeserziehung.

155 Stand Ostern 1957: Zöglinge (67), Pfleglinge (115), Lehrkörper der Schule 1958, 13 Lehrkräfte
     seien nötig, aus finanziellen Gründen nur 10 eingesetzt. 1961: 184 schulpflichtige Kinder (112
     Jungen, 72 Mädchen), 86 Pfleglinge der Anstalt, 69 Zöglinge der Jugendbehörde, die in Alstertal
     wohnen, 29 Externe. 13 Lehrkräfte, eine Erzieherin, eine Kinderpflegerin als Schulhelferin. In:
     100 Jahre Sonderschule.

der Werkklasse hat man handwerklich was gelernt, und ich will auch nicht sagen, dass die Lehrer nicht engagiert waren. Aber ich fühlte mich fehl platziert. Im Grunde das ganze Heim. Wir haben uns maßlos gelangweilt, weil die Lehrerin mit ‚Tut, tut - ein Auto' stundenlang lehrte, und wir guckten aus dem Fenster. Ich habe dann auch zwei Klassen übersprungen, deswegen war ich mit vierzehn schon in der achten Klasse, obwohl ich mit acht Jahren erst anfing. Ich glaube, ich bin als Kind nur fünf Jahre zur Schule gegangen. Ich kann heute noch nicht gut lesen und schreiben. Für uns im Alstertal war dadurch die Zukunft verbaut."[156]

Die Tatsache, dass der Schulabschluss bis in die 1970er Jahre außerhalb Alsterdorfs nicht anerkannt wurde,[157] hatte zudem katastrophale biografische Folgen, an die sich Breitel nicht ohne Bitterkeit erinnert: „Wir mussten da ja zur Schule, weil wir im Alstertal wohnten, aber man bekam keinen Abschluss, noch nicht einmal einen Sonderschulabschluss. Das hatte ich sehr früh für mich erkannt, deswegen wollte ich da weg. Doch das klappte nicht. Ich hatte damals mit vierzehn einen privaten Vormund bekommen, der hat versucht eine andere Schule für mich zu finden, das ging jedoch nicht, weil ich im Heim wohnte. Letztlich war nur noch die Lösung, dass ich ausgeschult wurde. Mein Vormund besorgte mir dann einen anderen Schulplatz, den ich aber auch nicht annehmen konnte, weil ich ja ausgeschult war, und das Schulgesetz es nicht erlaubte. Deshalb musste ich erst einmal arbeiten und habe dann viel später eine Abendschule besucht."[158]

Es war durchaus nicht selbstverständlich, dass alle Bewohner und Bewohnerinnen Alsterdorfs im schulpflichtigen Alter in die Anstaltsschule kamen. Ihre „Bildungsfähigkeit" wurde durch einen Eingangstest geprüft, viele blieben infolgedessen ohne Schulbildung, auch wenn es seit den 1960er Jahren für diejenigen, die den Test nicht bestanden, zur Vorbereitung eine „angewandte Beschäftigungstherapie" gab, mit der die „vorhandenen Kräfte und Fähigkeiten geweckt und gebildet" werden sollten.[159] Andere wurden in der Spielschule im „Michelfelder" auf die Schule vorbereitet. „In der Spielschule bin ich auch gewesen, bei Schwester Mariechen F [...], das war wie ein Kindergarten", erinnert sich Margret Brütt. Von denen, die die Schule besuchten, lernten aufgrund der Dreigliedrigkeit viele nicht Lesen und Schreiben. Dafür schämt sich noch heute Renate Voss, die nur die Webklasse besuchen konnte.[160]

Jedes Jahr verließen ca. zwanzig Kinder im Alter von fünfzehn Jahren die Schule. Die eine Hälfte davon fand „in Hof und Garten, Wäscherei und Webstube, in den Werkstätten oder in den Gruppen der Beschäftigungstherapie Platz", die andere konnte ins freie Berufsleben vermittelt werden. Diejenigen, die in den anstaltseigenen Wirtschaftsbetrieben verblieben, wurden weiterhin einmal in der Woche in einer Fortbildungsklasse in Lesen, Rechnen, Schreiben und Naturkunde unterrichtet.[161] So

---

156 Interview Wolfgang Breitel.

157 Die Sonderschule war zwar seit 1959, als die Kosten durch die Schulbehörde übernommen wurden „staatlich geprüft", aber nicht anerkannt. So stellte Alsterdorf erst 1970 Antrag auf staatliche Anerkennung. ArESA DV, 252, 24. Juni 1970.

158 Interview Wolfgang Breitel.

159 Höllenriegel 1967, S. 16. Im Simon-Schöffel-Haus und im Haus Heinrichshöh.

160 Interview Renate Voss.

161 Höllenriegel 1967, S. 24.

sind von den offiziell „als nicht bildungsfähig in die Schule eingetretenen Kindern […]
in den letzten zehn Jahren etwa ¼ in eine Berufsausbildung entlassen worden. 10 %
konnten in die öffentliche Hilfs-, oder gar in eine normale Volksschule umgeschult
werden", konstatierte Peter Gastauer in seiner 1966 erschienenen Dissertation „Sozialhygienische Erhebungen über die Schule der Alsterdorfer Anstalten".[162] Ungeklärt
war zu dieser Zeit die Begleitung derjenigen, die außerhalb Alsterdorfs arbeiteten.
Gastauer war hier der Meinung, dass eine solche notwendig sei, damit das Selbstän-
digwerden von Erfolg gekrönt sei. Oberarzt Wilfried Borck (1922–1978) lenkte dagegen anlässlich des Jubiläums den Blick nach innen. Als zukünftige Aufgabe verwies er
auf die notwendige „Intensivierung krankengymnastischer, spielerischer und gezielt
beschäftigungstherapeutischer Bemühungen" auch für ältere Kinder und Jugendliche.
In den vergangenen Jahren habe man „erstaunliche Erfahrungen gemacht: Wir brauchen immer weniger Kinder hilflos in ihren Betten liegen zu lassen, haben ihnen in
der Heranführung an manuelle Erfahrungen das ‚Begreifen' der Dinge erleichtert und
viele zu ersten Sprechansätzen gebracht, von denen wir es nie für möglich gehalten
hätten."[163] 1974 wurde unter dem neuen Schulleiter Karl-Heinz Hahn[164] zusammen
mit Oberarzt Borck, Heinz Escher (Leiter der psychologischen Abteilung) und Walter
Helbing (Leiter der technischen Abteilung) eine neue Sonderschulkonzeption für einen Neubau erarbeitet, in der eine „Öffnung nach unten hinsichtlich Alter und Grad
der Behinderung" und dementsprechende bauliche Belange berücksichtigt werden
sollten.[165] Hahn setzte sich in der Folgezeit auch dafür ein, Alstertal von der Schule
abzutrennen, und die Sonderschule „lediglich für geistig behinderte Jugendliche" zu
nutzen.[166] Das Schulprovisorium endete erst 1981 mit der Eröffnung der neuerbauten
Bugenhagen-Schule an der Alsterdorfer Straße 506.

Das christliche Anstaltsmilieu im Umbruch

In der Neufassung der Satzung der Stiftung Alsterdorfer Anstalten aus dem Jahre
1955 heißt es: „Die 1863 von dem Pastor Heinrich Matthias Sengelmann gegründeten Alsterdorfer Anstalten […] tragen den Charakter freier evangelischer Liebesarbeit. Sie wollen auf dem Boden des lutherischen Bekenntnisses im Sinne der Inneren Mission arbeiten, wie solche deren Begründer D. Johann Wichern verstanden
hat."[167] Mit dieser Verortung in der Diakonie ging auch die Herausbildung einer spezifischen protestantischen Arbeits-, Lebens- und Glaubensgemeinschaft einher, die
bis weit in die 1960er Jahre Gültigkeit besaß. Kennzeichnend war hierbei die Einheit

---

162 Gastauer 1966, S. 82f.

163 Wilfried Borck: Die Bedeutung der Schule im Zusammenhang der heilerzieherischen Aufgaben
     der Anstalt, in: 100 Jahre Sonderschule, S. 30–32, hier S. 30.

164 Geb. 1923, Schulleiter seit 1972.

165 ArESA DV, 596, Konferenz leitender Mitarbeiter 23.1.1974.

166 Ebd., Konferenz leitender Mitarbeiter 2.2.1977.

167 ArESA DV, 20, Satzung 1955. Präambel. Zu Sengelmann siehe die Dissertation von Schümann
     2001.

Die St. Nicolaus-Kirche in den Alsterdorfer Anstalten, 1963.

von Wohnen, Arbeiten und Glauben, bedingt durch einen Kost- und Logiszwang des Personals,[168] und, damit verbunden, der Gedanke einer christlich motivierten Dienstgemeinschaft. Jedoch war die Alsterdorfer Schwesternschaft nicht in Form der Kaiserswerther Mutterhausdiakonie organisiert, in der Diakonissen ein Taschengeld erhielten und gegen eine Stationsgebühr von ihren Mutterhäusern entsandt wurden.[169] Alsterdorf hatte seit 1891 „eine eigene evangelische Schwesternschaft, die ohne die strenge Ordnung eines Diakonissen-Mutterhauses mit klarer christlicher Ausrichtung ein großes Maß an persönlicher Freiheit und Selbstverantwortung" verband. Die Schwestern erhielten ein Gehalt und mussten nur in ihrer Dienstzeit Tracht tragen.[170] Vereinzelt, hauptsächlich im „männlichen Bereich", gab es in Alsterdorf das „Hausväterprinzip", nach dem die Heime in Form eines „Ganzen Hauses" patriarchalisch von einem Hauselternpaar geführt wurden.[171] Im weiblichen Bereich war dagegen das Konzept der Pestalozzischen Wohnstubenerziehung vorherrschend, nach dem die Schwestern Tag für Tag für eine bestimmte BewohnerInnengruppe zuständig waren, nicht aber mit diesen zusammenlebten. „Der Mensch bildet sich nur von Angesicht zu Angesicht, von Herz zu Herz wesentlich menschlich", war Pestalozzis Grundaussage.[172] Zwar gründete diese Erziehung auch auf der Wichtigkeit der elterlichen Beziehung

---

168 Dieser bestand bis Anfang der 1970er Jahre.

169 S. zum Konzept der Anstalt als Gemeinde der Mutterhausdiakonie grundlegend Benad, Schmuhl 2006, insbesondere S. 19–35.

170 ArESA DV, 1864 Bd. 2, Brief Jensen an Frl. W., 3. Juni 1960.

171 Z. B. Haus Heinrichshöh. Vgl. zu dieser „virtuellen christlichen Großfamilie", in der Fürsorge der Eltern, Gehorsam der „Kinder" galten und Wohnen und Arbeiten bis zu den beschützenden Werkstätten bis in die 1970er Jahre nicht getrennt waren und eine rigide Geschlechtertrennung und -rolleneinhaltung galt, Benad 2008, S. 4ff.

172 Nach ihm ließ sich „Liebe *im* Kinde […] nur durch die Liebe *zum* Kinde wecken" [Herv. i. O.], Vertrauen entstand „nur dadurch, dass der Erzieher dem Kinde vertraut. Ehrfurcht vor dem Leben, religiöser Glaube, Zuneigung zu allen Geschöpfen – das alles lässt sich im Kinde nur erwecken, wenn es diese Haltungen im Erwachsenen spürt. Darum wird das Innenleben des Erziehers für die sittliche Entwicklung des Kindes zum Schicksal. Was in der Seele von Eltern

und Bildung, doch war ein Familienzusammenhang wie in der Inneren Mission nicht automatisch grundlegend.

Aufgrund des Selbstverständnisses der „freien evangelischen Liebesarbeit" war der Anstaltsalltag stark religiös geprägt. In „Gottesdiensten, Andachten und Bibelstunden in der Kirche, im Krankenhaus und in Pflegeabteilungen [wurde] oft und vielfältig das Wort Gottes verkündigt."[173] Daneben strukturierten gemeinschaftliche Abende und christliche Feste den Tages-, Wochen- und Jahreslauf. In der Vorstellung des Dienstes als „Lebensaufgabe und Berufung vor Gott" (Jensen)[174] waren paternalistische und hierarchische Strukturen grundlegend. Den Anordnungen des Anstaltsdirektors, der in Personalunion immer auch Anstaltspastor war, sowie der Oberin der Alsterdorfer Schwesternschaft im „weiblichen Bereich" und dem Pflegevorsteher im „männlichen Bereich", meist ein ausgebildeter Diakon, musste bedingungslos gefolgt werden. Dieser „Treue und Hingabe der Mitarbeiter" hatte laut der Dienstordnung aus dem Jahre 1956 „von seiten der Anstaltsleitung die Treue ihnen gegenüber und die Fürsorge für sie" zu entsprechen (§ 1,2).[175] Bis zum Wandel in den 1960er Jahren, wie der Zunahme der Mitarbeiterzahl und der Entwicklung neuer Lebenskonzepte von Frauen, definierte man sich also auch in Alsterdorf als große evangelische Familie, und der Anstaltsdirektor sprach von daher meist in Wir-Form. Die Familienmitglieder sollten einen „christlichen, sittlich einwandfreien Lebenswandel" führen (§ 1,1).[176]

Das religiöse Leben in den Alsterdorfer Anstalten

Zentraler Ort für die Gottesdienste, Andachten und kirchlichen Amtshandlungen war die 1889 von Sengelmann errichtete Anstaltskirche St. Nicolaus. Besonders wichtig, und für die Mitarbeiter und Mitarbeiterinnen verpflichtend, waren dabei die „Andachten zum Arbeitsbeginn", die montags um 8 Uhr stattfanden.[177] Hinzu kamen Angebote für bestimmte Gruppen: je ein Abend für Männer und Frauen getrennt, einer für die Alsterdorfer Schwestern und einer für die auf dem Gelände wohnenden Familien.[178] Daneben gab es Bibelwochen und Bibelabende mit Bibelauslegungen sowohl für die MitarbeiterInnen als auch die „Pflegebefohlenen"[179] und jährlich, neben der Feier der zentralen christlichen Feste, im Dezember ein Alsterdorfer Konvent für

und Lehrern lebt, bringt Entsprechendes in der Seele des Kindes zum Schwingen." S. dazu www.bruehlmeier.info/erziehung_2.htm (27.4.2011). S. dazu auch Zielinski 1993.

173 BuB 1961/62, S. 12.

174 Ebd.

175 ArESA DV, 697, Dienstordnung vom 15. Juni 1956.

176 Ebd. So bot die Anstaltsleitung feste Sprechstunden an: für die Mitarbeiter und Mitarbeiterinnen, für die „Angehörigen der Pflegebefohlenen und Kranken" und für die „Pflegebefohlenen selbst". ArESA DV, 296, Bekanntmachung der Sprechstunden 17.10.1955.

177 Sonntags um 10 und um 18 Uhr, Wochenschlussgottesdienst sonnabends 19.30 Uhr, „Andachten zum Arbeitsbeginn" montags 8 Uhr sowie tägliche Morgenandachten um 7.45 Uhr.

178 ArESA DV, 296, Monatsplan 1958.

179 Ebd.

das Personal und seine Angehörigen. Dies alles sollte, so Jensen, die religiöse Gemeinschaft festigen.[180] Seiner Meinung nach fehlte es vielfach „an Sammlung und Stille und darum so oft an innerer Kraft angesichts der hohen Anforderungen" des Dienstes. Deshalb sei es so wichtig, dass „wir in den Gottesdiensten, aber auch an den Abenden, in verschiedenen Kreisen und Gruppen immer wieder zusammenkommen, Gemeinschaft miteinander haben, mit den Fragen der Zeit uns auseinandersetzen und die Hilfe von oben suchen und empfangen."[181] Für Jensen waren die Alsterdorfer Anstalten eine „Gemeinde Jesu Christi, die unter den Verheißungen ihres Herrn lebt und Kranke und Gesunde in gleicher Weise umschließt."[182] Zumindest theoretisch wurde nicht zwischen einer Gesunden- und einer Klientengemeinde unterschieden.[183] Hier hatte man aus der Zeit des Nationalsozialismus gelernt, in der die Klientengemeinde strikt getrennt von derjenigen der MitarbeiterInnen war. Doch faktisch gab es durchaus Trennlinien. Entsprechend der Verkindlichung und der damit einhergehenden Entmündigung der Bewohner und Bewohnerinnen, indem man sie als „unsere Kinder" und „Pflegebefohlene" bezeichnete, wurde das Abendmahl von den konfirmierten Pfleglingen und den Mitarbeitern in getrennten Gottesdiensten eingenommen.[184] Konfirmiert wurde nur, wer die Zehn Gebote und das Glaubensbekenntnis auswendig aufsagen konnte. Außerdem trennte die Sitzordnung in St. Nicolaus in normalen Gottesdiensten „Kranke und Gesunde": Die „Pflegebefohlenen" saßen nach Männern und Frauen getrennt vorne, der Rest der Gemeinde hinten. Abgeschirmt durch Trennwände saßen in den sogenannten Krämpferlogen in den Seiten der Kirche Menschen mit schwereren Behinderungen, die den Gottesdienst durch Anfälle, Schreie etc. zu stören drohten.[185] Erst 1971 gab es Planungen „die hohen Trennwände zwischen den ‚Krämpferlogen' für Pfleglinge und den Kirchenbänken für die Gemeinde fallen zu lassen, da Krampfanfälle der Pflegebefohlenen während des Gottesdienstes praktisch nicht mehr" durch die veränderte Medikamentengabe vorkämen.[186]

Diese Trennlinien zwischen „Kranken und Gesunden" spielten auch bei der Gründung der ersten Anstaltskirchengemeinde innerhalb der Hamburger Landeskirche im Jahre 1964 eine große Rolle. Als 1963 durch den Bau einer eigenen Kirche der Kirchengemeinde Alsterdorf, der Martin-Luther-Kirche, die bisherige, seit dem Krieg übliche alternierende Gottesdienstpraxis in St. Nicolaus[187] nicht mehr notwendig war, und zudem die Anstaltsgemeinde sich beträchtlich vergrößert hatte, tat Alsterdorf

---

180 Ebd., Einladung zum „Alsterdorfer Konvent", 12.12.1957.

181 BuB 1965/66, S. 6.

182 BuB 1962/63, S.17.

183 S. für Bethel Benad, Schmuhl 2006, S. 28.

184 BuB 1961/62, S. 12f.

185 ArESA DV, 792, Besprechung am 1.9.1955 betreffend Jahresfest. Beim Jahresfest 1955 wurden „die beiden Logen ausschließlich für die Pflegebefohlenen freigehalten" und „daneben keine Bänke in der Kirche besetzt".

186 ArESA DV, 252, 31.3.1971.

187 1950 war eine „Vereinbarung zwischen den Alsterdorfer Anstalten und der Gemeinde Alsterdorf-Ohlsdorf" zur gemeinsamen Nutzung der St. Nicolauskirche, getroffen worden. ArESA DV, 916, 6.6.1950. Die darin aufgeführten elf darüber hinaus durchgeführten besonderen Gottesdienste der Anstaltsgemeinde (gegenüber drei der Gemeinde Alsterdorf) belegen die große Bedeutung der Kirche in den Alsterdorfer Anstalten.

den Schritt, sich in der Sonderform einer Anstaltskirchengemeinde in die Hamburger Landeskirche einzugliedern.[188] Die rund 3.000 Personen umfassende Evangelisch-lutherische Anstaltskirchengemeinde St. Nicolaus wurde dabei bewusst auf das nähere Gebiet der Anstalt selbst beschränkt, da „Menschen, die keinerlei Verbindung und kein inneres Verhältnis zur Arbeit der Alsterdorfer Anstalten haben, […] oft Anstoß an der Tatsache [nehmen würden], daß die Gottesdienste in St. Nicolaus regelmäßig auch von den Kranken der Anstalt besucht werden."[189] Mit dieser Gründung fand die bereits unter Herntrich eingeleitete „Festigung der Verbindung zur Landeskirche"[190] ein vorläufiges Ende. Die Landeskirche hatte damit „die Verantwortung für den kirchlichen Dienst und die geistliche Versorgung der Anstaltsgemeinde übernommen."[191]

Die Gründung der Anstaltskirchengemeinde St. Nicolaus zu Hamburg-Alsterdorf fiel in eine Zeit, in der „die ernste Frage nach dem inneren Fundament und der geistlichen Ausrichtung" des Gesamtwerkes durch die „unaufhaltsame Ausweitung" der Arbeit, dem Anwachsen der Mitarbeiterschaft und „die zunehmende Zahl der in unserer Ausbildung stehenden jungen Menschen" virulent wurde. Das christliche Anstaltsmilieu in seiner geschlossenen Form sah sich dadurch vor neue Veränderungsimpulse gestellt.

Zu einem Eklat im Vorstand der Alsterdorfer Stiftung kam es 1966, als dieser beschloss, einen Werklehrer an der Anstaltsschule anzustellen, der kein Kirchenmitglied war. Mit der Begründung, dass damit dem „Geist und Sinn unserer Satzung zuwidergehandelt" und „einer weiteren Säkularisation" der Alsterdorfer Anstalten „Tor und Tür geöffnet" worden sei,[192] trat Missionsdirektor Martin Pörksen aus dem Vorstand aus. Damit sei kein „Präzedenzfall" geschaffen, betonte der Vorstand daraufhin. Grundsätzlich müssten „die Mitarbeiter der Alsterdorfer Anstalten einer christlichen Kirche angehören". Nur aus wichtigen persönlichen oder sachlichen Gründen könne von diesem Grundsatz abgewichen werden, wenn mindestens zwei Drittel des anwesenden Vorstandes dem zustimmen.[193] Im Falle des Werklehrers hatte die besondere fachliche Kompetenz den Ausschlag für seine Anstellung gegeben. Denn die mangelnde Professionalität des zumeist in anstaltseigenen Ausbildungsstätten oder anderen diakonischen Einrichtungen ausgebildeten Personals wurde seit Beginn der 1960er Jahre zu einem zentralen Problem, das nicht unwesentlich zur Erosion des christlichen Anstaltsmilieus beitrug. Um „die fachlichen Anforderungen, die im Interesse der Klienten in den verschiedenen Arbeitsfeldern berücksichtigt werden mußten", zu erfüllen, war man gezwungen, Personal einzustellen, das andere weltanschauliche Hintergründe und auch andere Arbeitsweisen in die Anstalt trug.[194]

---

188 Dies hatte für Alsterdorf auch finanzielle Vorteile. Es bedeutete eine Herausnahme des ganzen Bereichs „der Seelsorge und der Verkündigung aus den eigentlichen Anstaltsaufgaben […] also auch aus den Anstaltsfinanzen". ArESA Ö, Jensen 1980, S. 11. S. dazu auch BuB 1964/65, S. 20f.

189 LKAK 11.02, Nr. 580, 25.3.1964 Jensen an Kirchenrat, Antrag eine selbständig Anstaltskirchengemeine St. Nicolaus zu gründen.

190 Ebd.

191 BuB 1964/65, S. 21.

192 LKAK 32.01, Nr. 3860, 20.8.1966.

193 ArESA DV, 11, 8.9.1966.

194 Benad, Schmuhl 2006, S. 63.

„TANTE KARIN" – ALS PFARRVIKARIN IN ALSTERDORF

Anke Langmaack (*1928 in Hamburg), studierte 1948 nach einem sozialpädagogischen Jahr evangelische Theologie in Hamburg, Heidelberg und Tübingen. Nach dem
ersten Examen 1954 machte sie zwei Jahre Vikariat im Evangelischen Frauenwerk in
Hamburg und in der Gemeinde St. Georg. Nach dem zweiten Examen und ihrer Einseg-
nung 1956 durch Bischof Herntrich[195] wurde sie als Pfarrvikarin, ein „Amt besonderer
Art" für Frauen (hauptsächlich in übergemeindlichen Diensten),[196] in die Alsterdorfer
Anstalten auf die zweite Pfarrstelle an St. Nicolaus versetzt. Erst seit 1978 sind männ-
liche und weibliche PastorInnen gleichgestellt. Die erste Pfarrstelle hatte zu ihrer Zeit
Pastor Hellmut Ahme (seit 1960) inne, später Pastor Christoffer Zacharias-Langhans.
Bis 1962 war Langmaack in Alsterdorf hauptberuflich für die Seelsorge an Frauen, Kin-
dern und Schwestern zuständig. Danach lebte und arbeitete sie in der evangelischen
Schwesternschaft Ordo Pacis, von 1968 bis 1983 als leitende Schwester. Einige Jahre
(bis 1968) war sie zudem seelsorgerlich in der psychiatrischen Abteilung des Evangelischen Krankenhauses in Alsterdorf, im Paul-Stritter-Haus, tätig.[197]

„Ich hatte mein zweites Theologisches Examen, und wir Frauen durften noch nicht in
Kirchengemeinden arbeiten, sondern nur in Anstalten und Krankenhäusern. So wurde
ich von der Landeskirche in Alsterdorf eingesetzt. Ich hatte keine Ahnung von dieser
Arbeit. Dort arbeitete ich als Pastorin und hatte auch Predigtdienst in der Anstaltskirche, hatte also ein volles Amt, nur ich hatte nicht den Titel Pastorin, sondern war nur
Vikarin, woraus die Alsterdorfer Bewohner dann ‚Tante Karin' machten. Ich war zustän-
dig für die Frauen und Kinder. Neben mir war Pastor Ahme für den männlichen Bereich
zuständig. Außerdem hielt der Direktor, Pastor Julius Jensen, Gottesdienste ab. Später
kam Diakon Powierski hinzu.
　　Die Gottesdienste waren offen, sowohl für die Behinderten wie die Mitarbeiter.
Wir haben an und für sich für diejenigen gepredigt, die das auffassen konnten, also die
Mitarbeiter, aber am besten zugehört haben die Behinderten.
　　Konfirmiert wurden von den Behinderten diejenigen, die den Katechismus auswendig konnten, mit Erklärung: die zehn Gebote und das Glaubensbekenntnis. Ich
hätte lieber die zur Konfirmation angenommen, die dies von sich aus wollten. Konfir-
mierte durften zum Abendmahl, aber sie waren dabei nicht mit der übrigen Gemeinde

---

195　11.11.1956. Von dieser Einsegnung hatte sie als einzige Bestätigung eine Bibel mit der Wid-
　　mung von Herntrich erhalten, daher bat sie 1968 Jensen ihr eine Urkunde auszustellen. ArESA
　　DV, 1856, Brief Anke Langmaack an Jensen, 13.3.1968. Von 1956 bis 1957 wurde sie zunächst
　　zur Ableistung des Hilfsdienstjahres den Alsterdorfer Anstalten zugewiesen. BuB 1956/57,
　　S. 10.
196　S. zur Geschichte der Theologinnen nach 1945 Hummerich-Diezun 1991. Aufgrund kriegs-
　　bedingten Mangels konnten seit 1942 in Hamburg Theologinnen als „Vikarin" ordiniert
　　werden. Nach dem Krieg wurden Frauen nur auf ein „geistliches Amt besonderer Art" in
　　übergemeindlichen Bereichen wie Heimen, Krankenhäusern, Gefängnissen, in der Gemeinde
　　im kirchlichen Unterricht, in der Seelsorge etc. als Pfarrvikarin zugelassen. Ebd. S. 468f.
197　Zu ihrer Theologie s. Anke Langmaack: Besucher in unserer Anstalt, in BuB 1961/62, S. 27f.

zusammen. Das fand ich völlig unmöglich. Doch das waren festgefahrene Traditionen, die waren schwer zu ändern. Für die Behinderten haben wir entsprechend übersetzt: ‚Da kommt Jesus zu dir‘. Ich habe die Abendmahlfeiern gerne gefeiert. Das war sehr berührend, wenn so eine Gruppe nach der anderen zum Altar kam.

Getauft wurden alle. Aber in der Nazizeit wurde das nicht mehr in die Akten eingetragen. Also haben Pastor Ahme und ich einmal alle Akten der Pflegebefohlenen durchgesehen, ob sie getauft sind oder nicht, und haben bei den Nichtgetauften versucht, die Angehörigen zu finden und zu fragen: ‚Sollen wir taufen? Dürfen wir taufen?‘ Da haben wir auf einmal einen ganzen Schwung getauft. Ich erinnere nicht mehr, wie viele das waren. Ich erinnere nur noch, dass ich ewig da saß, um die Akten durchzuschauen.

Die meisten Kinder – Kinder sagte man damals, obwohl es Erwachsene waren – waren wirklich religiös. Das ist heute wahrscheinlich anders, weil ja gar nicht mehr die Voraussetzungen vorhanden sind, dass sie so hineinwachsen. Also morgens wurden auf den Stationen Andachten gehalten. Die Schwestern konnten das, die waren darin geschult. Wir, eine Diakonisse, die war Lehrerin in der Schule, und ich hatten einmal den Plan, ein Andachtsbuch für die Anstalt entlang der Wochensprüche zu schreiben, das dann jeden Tag vorgelesen werden konnte. Doch daraus wurde nichts.

Ich musste jede Woche auf den ca. sechs ‚Liegekinderstationen‘, auf denen nur wenige aufstehen konnten, eine Andacht halten. Da habe ich natürlich allen ‚Guten Tag‘ gesagt. Das waren keine tiefen, seelsorgerlichen Gespräche. Mir war wichtig, dass ich ihnen die Hand gab, und dass wir uns anlachten. Und das ging auch bei den ganz schwer Behinderten. Wir haben zusammen gesungen, und ich habe für die, die das aufnehmen konnten, einen biblischen Text gelesen oder erzählt.

Einmal die Woche war Sprechstunde. Da kamen viele und standen Schlange. Die eine, die malte meine Predigten und brachte immer das Bild, das sie mir gemalt hatte. Oder es kamen zwei, die sich über irgendetwas gezankt hatten, und ich musste sie wieder versöhnen. Ich kannte sie dann natürlich auch alle und habe Kontakt zu ihnen bekommen.

Ich musste auch jede Woche eine Bibelstunde halten, wo an die zweihundert Mädchen und Frauen im Großen Saal saßen. Das hab ich furchtbar gern gemacht. Aber man musste natürlich gut vorbereitet sein, theologisch die Dinge durchdrungen haben, dass man dann ganz kindgemäß erzählen konnte, ohne zu verkitschen. Und das hat mir Freude gemacht. Und da hab ich auch sehr viele alte Bilder gezeigt. Sie waren sehr zugänglich für die alte christliche Kunst.

Eines Tages wurde ich zu Pastor Jensen gerufen und der sagte: ‚Der Bischof hat Beschwerden aus der Anstalt bekommen, dass Sie als Frau Gottesdienste halten. Das Weib schweige in der Gemeinde, nach dem heiligen Paulus, und der Bischof wünscht nicht, dass Sie weiter Gottesdienste halten.‘ Bischof Witte war das. Dann durfte ich keine Gottesdienste mehr halten. Ich war mit Leib und Seele Pastorin, aber ich fand nicht gut, darum zu kämpfen, und war selbst gespannt, wie das nun weiter gehen würde. Und dann bekam Pastor Jensen eine schwere Grippe, Pastor Ahme legte sich auch ins Bett, und niemand war da für den Sonntagsgottesdienst. Und der Chef griff zum Telefon, fragte den Bischof, ob ich denn wohl wieder Gottesdienst halten dürfe, und siehe da, seitdem durfte ich wieder. Erst 1967 bekam ich eine Urkunde zusammen

Vikarin Anke Langmaack (re.) im Amt, um 1960.

mit den anderen Vikarinnen, dass wir uns jetzt Pastorin nennen konnten und überall die Sakramente verwalten und predigen durften.
Wenn ich so zurückblicke, hätte ich im Nachhinein gerne eine gewisse Enge, auch die Haltung geändert, die alle in einem negativen Sinn zu Sündern erklärte. Doch die Behinderten waren nun wirklich keine. Es hätte so viel wachsen können, und das konnte es aufgrund der geistlichen Enge nicht so richtig."

Die Diakonie in der Krise – Nachwuchsmangel und Erosionen

Die Alsterdorfer Schwesternschaft war bis Ende der 1970er Jahre die zentrale Säule der diakonischen Heil- und Pflegeanstalt. Als freie, nicht an ein Diakonissenmutterhaus gebundene Schwesternschaft, bildete sie ein eigenes Lebensmodell aus. Obwohl die Schwestern wie die Diakonissen durch Kost- und Logiszwang zum Wohnen auf dem Anstaltsgelände verpflichtet waren, erhielten sie nicht wie diese nur ein Taschengeld für ihren Dienst, sondern ein festes Gehalt. Auch waren sie nicht grundsätzlich an einen zölibatären Lebenswandel gebunden. Doch bildeten sie, auch sichtbar an einer eigenen Tracht, eine spezifische protestantische Lebens-, Dienst- und Glaubensgemeinschaft in Alsterdorf.

Bis in die 1970er Jahre hinein stellten die Schwestern zudem die größte Gruppe des Personals und trugen die „Hauptlast der Arbeit im Krankenhaus und einen wesentlichen Teil der Arbeit im ‚Gelände', d. h. in der Anstalt".[198] 1965 waren von den

---

198 BuB 1961/62, S. 14. Eine zahlenmäßige Zuordnung zu den beiden Bereichen ist aufgrund der Unterlagen leider nicht möglich.

437[199] weiblichen Angestellten 127 Schwestern.[200] Demgegenüber war das männliche Personal nur etwa halb so zahlreich wie das weibliche Personal, zu dieser Zeit 208 Personen (s. Tabelle).[201]

Datum	Mitarbeiter	Mitarbeiterinnen	Gesamt
1944	143 (davon einberufen 82)	244	387/305[202]
1945	151 (davon einberufen 78)	281	432/354[203]
1950	149	310	459[204]
1951			457 [205]
1956	144	351	495[206]
1960	171	362	533[207]
1961	185	373	558[208]
1962			552[209]
1964	199	426	625[210]
1965	208	437	645[211]
1966	213	469	675[212]

Zahlenmäßige Entwicklung des Pflegepersonals 1944–1966

Die Schwestern und Pflegerinnen waren für die Frauen und Kinder zuständig und managten die zentralen Wirtschafts- und Verwaltungsbetriebe, wie die Küche, die Wäscherei und die Schreibstube. Außerdem unterstanden der Alsterdorfer Schwesternschaft die hauseigenen Ausbildungsgänge der Kinderpflege und Haushaltshilfe

---

199 LKAK 32.01, Nr. 3860.

200 Davon 69 eingesegnete Schwestern, 25 Verbandsschwestern, 20 Gastschwestern und 13 Jungschwestern sowie 89 Schülerinnen der Kranken- und der Kinderpflege. Maria Nommensen: Rückblick auf Alsterdorf 1965. ArESA PA, 6259. 1960 waren es 60 eingeführte Schwestern. Vgl. ArESA Fotoordner 6. Leider gibt es für frühere Jahre keine differenzierte Statistik.

201 LKAK 32.01, Nr. 3860.

202 LKAK 33.05, Nr. 40, 30.6.1944.

203 Ebd., 30.6.1945.

204 LKAK 11.02, Nr. 579a, 30.6.1950, ausschließlich landwirtschaftliche Arbeiter in Stegen und Hohenbuchen, einschließlich Schülerinnen. Auf S. 26 wird eine Überalterung der Belegschaft konstatiert.

205 BuB 1951, Ärzte, Schwestern, Jungschwestern, Vorschülerinnen, Pfleger, Hilfs- und Lernpfleger, Handwerks-, Küchen-, Haus- und Verwaltungspersonal, Lehrkräfte, Assistentinnen für Ärzte und Laboratorien.

206 LKAK 32.01, Nr. 3860, 30.6.1956.

207 30.6.1960, Ebd.

208 31.12.1961, Ebd.

209 BuB, 1961/62.

210 BuB, 31.12.1964.

211 Maria Nommensen: Rückblick auf Alsterdorf 1965. ArESA PA, 6259.

212 LKAK 32.01, Nr. 3860, 31.12.1966, davon in der Heil- und Pflegeanstalt 280.

sowie der Krankenpflege. Insbesondere die dann 1964 staatlich anerkannte „Heinrich-Sengelmann-Schule der Alsterdorfer Anstalten. Berufsfachschule für Kinderpflegerinnen" verfolgte im Hinblick auf die „Pflege und Erziehung des schwachsinnigen Kindes" für die damalige Zeit äußerst innovative Ausbildungskonzepte.[213]

Die bessere Ausbildung der Schwestern und ein besserer Personalschlüssel im Frauenbereich führten dazu, dass sich ein starkes Gefälle zwischen dem sogenannten weiblichen und männlichen Gebiet entwickelte. Trotz höherer Belegung hatte der Männerbereich insgesamt weniger und nur zu einem geringen Prozentsatz qualifiziertes Personal, was sich beträchtlich auf das Pflegeniveau auswirkte.[214] Da hier zudem ein Pendant zur genossenschaftlichen Schwesternschaft fehlte, war die Fluktuation der Mitarbeiter sehr viel höher.

Aufgewertet wurde die Schwesternschaft auch durch ihre alleinige Zuständigkeit für das allgemeine Krankenhaus (später dann auch für das HSK), da generell die Arbeit im Krankenhaus besser angesehen war als die in der Heil- und Pflegeanstalt, was auch innerhalb der Schwesternschaft selbst zu einer Hierarchie führte. So erinnert sich Ilse Stein schmerzhaft: „In einem Kreis von Schwestern habe ich erlebt, dass sie sagten, wer ins Gelände zum Arbeiten geht, der braucht nicht viel zu können. Das hat mir unendlich wehgetan, denn ich hatte ja auch die große Krankenpflege."[215]

Spätestens seit den 1960er Jahren geriet jedoch das Lebenskonzept Schwester in die Krise, was einen permanenten Nachwuchsmangel verursachte. 1961 fragte Dr. Hans Nachtrab von der Hamburger Gesundheitsbehörde in einem Spiegel-Artikel: „Wie sollen wir heute noch Schwesternnachwuchs finden, wenn wir den jungen Mädchen nicht viel mehr bieten können als die Aussicht auf einen Parkettplatz im Himmel." Das häusliche Leben vieler Schwestern sei verkrampft: Sie lebten kaserniert, sie dürften „nur bis 22 Uhr Besuch empfangen; und es darf nur weiblicher sein. In manchen Häusern ist eine Art Zapfenstreich üblich."[216] Dies alles widerspreche dem Wunsch der Frauen, berufstätig sein zu wollen und trotzdem Familie zu haben.[217] In Alsterdorf führte dies dazu, dass durch die „sehr frühe Verheiratung der jungen Schwestern"[218] der Nachwuchsmangel immer bedrohlicher wurde.

Die Diakonie stand damit zunehmend vor dem Widerspruch zwischen eigenem Auftrag bzw. Selbstverständnis, „dem von Eigenliebe und Selbstsucht befreiten Dienst am Nächsten",[219] und neuen gesellschaftlichen Herausforderungen wie der sich bahnbrechenden veränderten Frauenrolle im Zuge besserer Ausbildungsmöglichkeiten für

---

213 ArESA DV, 190, Brief Jensen, 3.8.1960 an Westf. Diakonissen-Anstalt Sarepta, Bethel wegen Planungen zur Pflegehelferin bzw. Heilerziehungshelferin.

214 Von 213 männlichen Angestellten waren 1966 82 ausgebildete Pfleger und 14 Erzieher. LKAK 32.01, Nr. 3860.

215 Interview Ilse Stein.

216 Die Bundesrepublik – ein unterentwickeltes Land, in: Der Spiegel 36/1961. www.spiegel.de/spiegel/print/d-43365881.html (3.5.2012).

217 50 % der Frauen gingen bereits in den 1950er Jahren trotz der auf die Hausfrauen- und Mutterrolle ausgerichteten Frauen- und Familienpolitik in der Ära Adenauer einer regelmäßigen beruflichen Tätigkeit nach. Benad, Schmuhl 2006, S. 59.

218 ArESA DV, 1856, 17.1.1967 Brief Jensen an Pfarrer Wilhelm Schwenold, Ansbach.

219 Kaiser, Schepers 2010, S. 16.

Frauen. War bis in die 1950er Jahre in der weiblichen Diakonie noch das protestantische Weiblichkeitsideal – Dienst und Aufopferung – gültig, ergab sich jetzt parallel
zu gesellschaftlichen Wandlungs-, Emanzipations- und Säkularisierungsprozessen
eine Reformnotwendigkeit.[220] Eine Modernisierung des Berufsbildes Schwester weg
von einer Berufung, hin zu einem Beruf war unausweichlich.[221]

Die Alsterdorfer Schwesternschaft – ein Rückblick

Die seit dem ausgehenden 19. Jahrhundert bestehende freie, so genannte Alsterdorfer
Schwesternschaft hatte schon zu Sengelmanns Zeiten eine Sonderstellung inne und
wurde damals als „Hamburger Form" auch überregional bekannt.[222] Die Schwestern
verstanden sich als selbständige Gemeinschaft, die sich vor allem im Dienst an den
Armen unter dem Losungswort: „Dienet dem Herrn mit Freuden!" (Ps. 100,2) her-
stellte.[223] Sie konnten von Anfang an, wenn auch nur in Ausnahmefällen, heiraten
oder als Witwe tätig sein.[224] 1884 war der Jungfrauenverein Euodia auf Initiative von

Oberin
Maria Nommensen
in einer Klasse der
Kinderpflegerinnen-
schule, 1950.

---

220 Gause 2010, S. 57–60. In den 1960er Jahren kam es auch zu einer Reform der Diakonissen-
Mutterhäuser. Die 1971 verabschiedete Ordnung des Kaiserwerther Verbandes war keine
Grund-, sondern nur noch eine Rahmenordnung. Einige Schwesternschaften nahmen in der
Folge auch verheiratete Frauen als Diakonissen auf. S. dazu Kaiser, Schepers 2010, S. 14f.

221 Kreutzer 2005, S. 29f.

222 Zu den freien Schwesternschaften siehe ebd., S. 37–41.

223 BuB 1956/57, S. 3.

224 „Verheiratete oder verwitwete Frauen, sowie nicht angestellte Jungfrauen können nur dann
aufgenommen werden, wenn sich beim Ballotieren [ein Wahlverfahren, d. V.] keine Stimme
gegen sie ausspricht." Statut des Jungfrauen-Vereins der Alsterdorfer Anstalten, § 2 in BuB
1884, S. 23. 1863 wurden in Alsterdorf erstmals Frauen angestellt, eine „Wärterin" und eine
Kaiserswerther Diakonisse als „Hausmutter". S. Daudert 1992, S. 15. In der Schwesternschaft
waren „alle Berufe vertreten, die nach dem Wort des Gründers ,an den Pflegebefohlenen,
mit ihnen und für sie arbeiten'. Im Laufe der Geschichte hießen sie [die Schwestern, d. V.]
zunächst ,Wärterinnen', in der Ära Pastor Stritters ,Tanten', dann ,Schwestern'." ArESA DV, 595,
Konferenz leitender Mitarbeiter 13.10.1976.

elf in Alsterdorf beschäftigten Frauen als Zusammenschluss der Alsterdorfer Mitarbeiterinnen gegründet worden.[225] Er hatte den Zweck, „durch Belehrung und Unterhaltung zur Förderung einer christlichen Geistes- und Herzensbildung und dadurch zur Erfüllung ihres hohen Berufes behülflich zu sein."[226] Den Vorstand bildeten Heinrich Sengelmann und zwei externe Förderinnen der Anstalt. Nach einer tiefgreifenden Umgestaltung der Leitungsstruktur der Anstalt 1891 wurde neben dem Amt des Direktors, das eines Konrektors und eines Registrators auch das Amt einer Oberin eingeführt, der „alle Gebiete, auf denen weibliche Kräfte wirken", unterstellt wurde.[227] Eine eigene Tracht für die Mitarbeiterinnen ist seit 1898 belegt.[228] Doch blieb die recht „lose Form der Schwesternschaft" auch im 20. Jahrhundert bestehen, so wurde z. B. „eine Oberin […] unter dem Direktorat von Pastor Stritter nicht bestellt."[229]

Bis in die Zeit des Nationalsozialismus hatten die Schwestern so einen recht autonomen Status inne und waren auch durch keine Ordnung gebunden. Durch die nun drohende Gleichschaltung mit der nationalsozialistischen Schwesternschaft in der Nationalsozialistischen Volkswohlfahrt (NSV) war diese Autonomie bedroht.[230] Friedrich Lensch, der sich gegen die Gründung einer eigenen Schwesternschaft der Alsterdorfer Anstalten stellte, erwog den Anschluss an ein Diakonissenmutterhaus.[231] Dies lehnten die Schwestern jedoch rigoros ab, weil sie ihre persönlichen Freiheiten nicht aufgeben wollten.[232] Auch Lenschs Versuch, diesen Widerstand zu unterlaufen, indem er vermehrt Diakonissen des Volksdorfer Diakonissenmutterhauses einstellte und damit Tatsachen schaffen wollte, scheiterte nach einem langen Machtkampf zwischen ihm, Pastor Hermann Schauer und Oberin Elisabeth Ischebeck (Amtszeit 1931–1936), die einen Beitritt zum Zehlendorfer Verband favorisierte. 1936 traten die Schwestern aus politischem Kalkül in die Schwesternschaft der Inneren Mission ein,[233] eine „lockere Verbindung einzelner evangelischer Kranken- und Pflegeschwestern", die nicht mit einem Mutterhaus verbunden war.[234]

---

225 Zuvor war ein Jünglings-Verein entstanden. BuB 1884, S. 1–2.

226 Statut des Jungfrauen-Vereins der Alsterdorfer Anstalten, § 1 in BuB 1884, S. 23.

227 BuB 1892, S. 3–5. „Euodia" bezieht sich auf Phil. 4,2.

228 BuB 1898, S. 8. Daudert 1992, S. 28. Von 1909 bis 1931 gab es keine Oberin in Alsterdorf. 1921 wurde vom Hamburger Senat die Alsterdorfer Tracht anerkannt.

229 ArESA DV, 9, 22.11.1962. Ordnung der Schwesternschaft in den Alsterdorfer Anstalten.

230 S. dazu Jenner 1987, S. 133–140. Von daher wurde u. a. der Anschluss an das Amalie-Sieveking-Diakonissenhaus in Hamburg-Volksdorf oder an den Zehlendorfer Verband erwogen, der schon zu Beginn des 20. Jahrhunderts eine Synthese zwischen den Anliegen der Frauenbewegung und der traditionellen weiblichen Diakonie darstellte. Jenner 1987, S. 133. Letzterer entsprach der Alsterdorfer Schwesternschaft mehr als die Anbindung an ein Mutterhaus, da die Schwestern der Zehlendorfer Konferenz ihren Arbeitsplatz selbst wählen konnten und auch Gehalt erhielten. Katscher 1998, S. 154.

231 Jenner 1987.

232 Vgl. dazu Daudert 1992, S. 39.

233 ArESA DV, 9, 22.11.1962, Ordnung der Schwesternschaft in den Alsterdorfer Anstalten.

234 Jenner 1987, S. 136. 1902 allgemein als Verband der Berufsarbeiterinnen in der Inneren Mission gegründet mit Verwaltungssitz im Johannesstift in Berlin-Spandau, s. dazu www.efaks.de/efaks-geschichte.pdf (31.1.2012).

Eine Klärung brachte dieser Schritt nicht, da die Schwesternschaft der Inneren Mission von der Deutschen Arbeitsfront (DAF) nicht als korporatives Mitglied anerkannt wurde, so dass sich jede Schwester entscheiden musste, ob sie Mitglied in der Diakonie oder in der DAF sein wollte. Nur sieben Schwestern traten 1939 in die Deutsche Arbeitsfront ein, alle anderen entschieden sich für die Diakonie. Faktisch gab es jedoch von da an in Alsterdorf eine nationalsozialistische und eine christliche Schwesternschaft.[235] Mit der Eröffnung einer eigenen Krankenpflegeschule 1944[236] wurde diese Spaltung vertieft: Es galt die „Bedingung, daß die Hälfte der Ausbildungsplätze der NSV zur Verfügung stehen" sollte.[237] Erst mit Kriegsende wurde die Spaltung wieder aufgehoben. Gretel Wiese, damals Krankenpflegeschülerin erinnert sich lebhaft daran: „Die Blauen, das waren wir, und die Braunen, die wurden […] politisch sehr gefördert, und es war immer so ein Kampf zwischen uns. Die Braunen saßen rechts und die Blauen saßen links in der Klasse."[238]

Die Frage der Ausrichtung und Zuordnung blieb auch in den Nachkriegsjahrzehnten aktuell. Durch Herntrich wurde 1946 die Verbindung zur Schwesternschaft der Inneren Mission gelöst.[239] Eine entscheidende Zäsur war die Entlassung[240] der seit 1937[241] amtierenden Oberin Alma Förster[242] durch die Militärregierung 1946. Nach dreijähriger Vakanz wurde 1949 Maria Nommensen (1902–1986),[243] zunächst

235 Jenner 1987, S. 140. Indem die DAF-Schwestern als „Lernschwestern der Schwesternschaft" angegliedert wurden, konnte ein Übertritt zum Reichsbund erst einmal abgewehrt werden. 1943 erfolgte der Anschluss an den gleichgeschalteten Evangelischen Frauenbund.

236 Zuvor fand die Ausbildung der Alsterdorfer Schwestern in anderen diakonischen Häusern statt.

237 Daudert 1992, S. 44. S. dazu auch Jenner 1987, S. 140.

238 Interview Gretel Wiese.

239 ArESA DV, 9, 22.11.1962. Ordnung der Schwesternschaft in den Alsterdorfer Anstalten.

240 ArESA DV, 5, 584. 12.7.1946.

241 Nach Anfrage von Lensch ist Alma Förster auf Vermittlung durch Auguste Mohrmann (Diakoniegemeinschaft, Berlin) 1937 in Alsterdorf eingetreten. Förster war zu dieser Zeit bereits Mitglied der Schwesternschaft der Inneren Mission. ArESA PA, 2111. Mit Eintritt in die Alsterdorfer Anstalten wurde sie Mitglied in der NSDAP, zwei Jahre zuvor – als Berliner Kranken- und Unterrichtsschwester – war sie bereits in die NS-Frauenschaft eingetreten.

242 Geboren als Tochter des Stadtobersekretärs Gustav Förster und Alma, geb. Fröhlich in Neuhaldensleben. Nach dem Besuch der Schule für Höhere Mädchen und Bürger in Neuhaldensleben machte sie bis 1931 verschiedene Ausbildungen als Buchhalterin, Sekretärin, Krankenpflegerin, Kindergärtnerin, Jugendleiterin und Säuglings- und Kleinkinderschwester, 1924 Heirat, 1926 Scheidung, 1928 Mitglied im Berufsverband der Krankenpflegerinnen Deutschlands, 1930 Schwester, Kindergärtnerin und Jugendleiterin im Kaiser und Kaiserin Friedrich Kinderkrankenhaus in Berlin. 1937 Berufung als Oberin in die Alsterdorfer Anstalten, 31. Juli 1946 aus den Alsterdorfer Anstalten ausgetreten, am 16. August 1949 wieder eingetreten, 30.9.1961 pensioniert, ein Jahr später Beendigung ihrer Tätigkeit an der Kinderpflegerinnenschule. ArESA PA, 2111.

243 Geboren als Tochter des Missionars Ludwig Nommensen in Sigoempar auf Sumatra, kehrte sie 1912 nach Deutschland zurück und lernte zunächst nach dem Besuch des Städtischen Lyceums in Altona 1920–22 Hauswirtschaft, dann Säuglingspflege im Kinderkrankenhaus Rothenburgsort, Fortbildung an der Universitätsklinik Göttingen, 1932 Eintritt in Alsterdorf. 1934 Irrenpflege-, dann 1936 das Krankenpflegeexamen, im selben Jahr eingesegnet. Nommensen hatte als Leitende Oberschwester des Krankenhauses Kriegshilfsmädchen unter sich. 1966 ging sie in den Ruhestand. ArESA PA, 6259.

Schulklasseneinweihung 1950er Jahre, links Oberin Maria Nommensen, rechts Altoberin Alma Förster.

kommissarisch, 1950 dann regulär als Oberin eingesetzt (Amtszeit 1950–1966). Die „innere Lage der Schwesternschaft" hatte „eine schnelle Entscheidung ganz dringend notwendig" gemacht. Es bestand nämlich „die Gefahr, dass die Schwesternschaft verweltliche und die Krankenpflegeschule mit den Ansprüchen des Krankenhauses an die Schwestern einseitig das Übergewicht über die des Pflegedienstes in den Anstalten bekomme".[244]

Ihre Hauptaufgabe sah Maria Nommensen, die bereits seit 1932 in der Anstalt arbeitete, neben einer „inneren Festigung der Schwesternschaft",[245] in „der Gewinnung des zahlreichen Nachwuchses, der in Alsterdorf Ausbildung auf den verschiedensten Gebieten der Diakonie suchte".[246]

Doch mit „der Ausbildung des Schwesternnachwuchses" hatte der Vorstand der Alsterdorfer Stiftung die von der Militärregierung mit sofortiger Wirkung suspendierte, 1949 allerdings in die Anstalt zurückgekehrte Alma Förster beauftragt.[247] Dies, obwohl sie in der Schwesternschaft äußerst umstritten war[248] und vielfach „völlig isoliert" dastand.[249] Bereits kurze Zeit nach der Übernahme der Kinderpflegerinnenausbildung durch Alma Förster gab es vehemente Klagen wegen des „unpäd-

---

244 ArESA DV, 19, 596. Vorstandssitzung 1.11.1949.

245 BuB 1955, S. 4.

246 ArESA DV, 796, Sammlung Jensen, Lübecker Nachrichten, 27.4.1955 Präses Jensen nach Hamburg berufen. Zum Direktor der Alsterdorfer Anstalten gewählt – Größtes Werk der Inneren Mission.

247 ArESA DV, 5, 590. Vorstandssitzung, 2.8.1948. Am 25.5.1948 war sie entnazifiziert worden. In Försters Worten wurde sie „ins Exil geschickt". Daudert 1992, S. 46.

248 Nach dem Beschluss über ihre Wiedereinstellung gab es darüber im November erneut eine lange Diskussion und es wurde geäußert, dass sie „nach allem nicht zurückkehren" könne. ArESA DV, 5, 596. Vorstandssitzung, 1.11.1949.

249 LKAK 11.02, Nr. 5, Korrespondenz Herntrich 1951–1954, 12.9.1953 Herntrich an Landesbischof Schöffel.

agogischen Verhaltens" der Schulleiterin.[250] Eine ehemalige Kinderpflegeschülerin erinnert sich, dass Förster „sehr autoritär" war: „Bücher gab es nicht, sie hat uns den Text diktiert und das haben wir mitgeschrieben und nachher nochmals in Reinschrift gebracht, und das hatten wir auswendig zu lernen."[251] Bis 1962 hatte „Altoberin"[252] Alma Förster die Leitung der Kinderpflegerinnenschule inne, die eine zentrale Rolle für die Personalakquise der Alsterdorfer Anstalten darstellte, außerdem wurde hier die fachliche Basis für die Pflege gelegt.[253]

Von der Konsolidierung bis zur Bedeutungslosigkeit der Alsterdorfer Schwesternschaft

Seit Mitte der 1950er Jahre hatte die Alsterdorfer Schwesternschaft ein eigenes Areal an der Alsterdorfer Straße, auf dem sich die ersten Neubauten Alsterdorfs in der Nachkriegszeit, das 1956 eröffnete Schwesternvorschülerinnenheim Haus in der Sonne mit der Berufs- und Kinderpflegeschule und das 1957 eröffnete Schwesternwohnheim Heinrich-Sengelmann-Haus befanden. Letzteres bot 85 Schwestern Unterkunft in modern möblierten Ein- und Zweibettzimmer samt Waschgelegenheit und hatte neben einem großen Speisesaal für gemeinsame Mahlzeiten und Veranstaltungen, eine Hauskapelle und ein Besuchszimmer. In dem Internat Haus in der Sonne standen für sechzig Schülerinnen und Lehrlinge „behagliche Dreibettzimmer und helle Tagesräume" zur Verfügung. Integriert waren Unterrichtsräume und eine moderne Lehrküche für die Berufs- und Kinderpflegeschule.[254] Beide Gebäude waren 1955 geplant worden, um das schon damals „brennende Problem des Schwesternnachwuchses" zu lösen.[255] Man erhoffte sich, dass der im Vergleich zu anderen Schwesterunterkünften in Hamburg gebotene Wohnkomfort zu einem Dienst in Alsterdorf animieren würde.[256]

---

250 ArESA DV, 197, 16.11.1953. Sie hatte wohl die Schülerinnen sehr stark unter Druck gesetzt, so dass es Proteste von den Eltern gab. Auch die Schulbehörde beurteilte sie kritisch. S. dazu ArESA DV, 9, 12.4.1962.

251 Interview Gretel Wiese.

252 Dieser Titel wurde ihr von Bischof Schöffel verliehen.

253 Ihre Rolle während des Nationalsozialismus hier darzustellen, würde zu weit führen. Bis zu ihrem Tode war Alma Förster nicht in der Lage, darüber zu sprechen. ArESA PA, 2111, Nachruf. Im Zuge ihrer Suspendierung 1946 berief sich Förster auf ihren christlichen Standpunkt, der sie in Konflikt mit den Nationalsozialisten gebracht habe. ArESA PA, 2111, Politische Erklärung Alma Försters. „Sollten wirklich Kinder der Euthanasie unterlegen sein, so habe ich hiervon niemals Kenntnis erhalten noch davon gewußt. Es war unseren Herren bekannt, daß ich nach meiner inneren Einstellung und Überzeugung dagegen Stellung bezogen hätte ohne Rücksicht auf meine Person und mein Leben." ArESA PA, 2111, 16. Juni 1947. In einem Brief von Schwester Emma Allinger an Förster, im Dezember 1945, wird allerdings klar, dass sie davon sehr wohl wusste. ArESA PA, 131.

254 BuB 1956/57, S. 6.

255 Ebd.

256 ArESA, Fotoordner „Schwesternhaus", epd-Pressemitteilung 6.5.1957. Zuvor waren die Schwestern in Alsterdorf provisorisch in den Heimen untergebracht.

Im Ess-Saal des Schwesternwohnheims Heinrich-Sengelmann-Haus, 1960er Jahre.

Erst Anfang der 1960er Jahre wurde nach „jahrelangen Besprechungen" mit der Schwesternschaft eine Kommission des Vorstandes gebildet,[257] um eine Schwestern-schaftsordnung zu erarbeiten.[258] Der zentrale Punkt in der 1964 verabschiedeten er-sten offiziellen „Ordnung der Schwesternschaft in den Alsterdorfer Anstalten"[259] war die Unterteilung in einen zölibatären inneren „Kreis der eingesegneten Alsterdorfer Schwestern", der die Alsterdorfer Schwesternschaft im eigentlichen Sinn bildete, und einen weiteren Kreis, der die Verbandsschwestern umfasste, die lediglich eingeführt, nicht aber eingesegnet werden sollten und sozusagen als „Schwestern minor" angese-hen werden könnten.[260] Die größere Freiheit der Verbandsschwestern, z. B. heiraten

257 Der seit 1961 arbeitenden Kommission gehörten neben der Oberin und zwei Oberschwestern als Vertreterinnen der Schwesternschaft, die Vorstandsmitglieder Pastor Möhring, Missions-direktor Pörksen vom Rauhen Haus und Oberstudiendirektorin Happel an.

258 Bis zu dieser Zeit gab es keine „eigene Ordnung oder Regel". ArESA DV, 9, 22.11.1962, Ordnung der Schwesternschaft in den Alsterdorfer Anstalten.

259 Ebd.

260 In Anlehnung an Kaiser, Scheepers, die die Verbandsschwestern als „Diakonisse minor" be-zeichnen. Kaiser, Scheepers 2010, S. 19.

und außerhalb des Geländes wohnen zu dürfen (gesetzlich wurde
der Kost- und Logiszwang 1961 im
Bundesangestellten-Tarifvertrag abgeschafft),[261] bezahlten sie mit geringeren
Rechten.[262] Damit antwortete die Ordnung in zweifacher Weise auf die Krise
der weiblichen Diakonie: Sie ermöglichte theoretisch neue Lebensmodelle
wie privates Wohnen und die Ehe für
Schwestern, wenngleich diese sich erst
langsam durchzusetzen begannen. So
erinnert sich eine Schwester, dass das

Direktor Hans-Georg Schmidt verabschiedet
Oberin Herta Ernst, 14.2.1971.

„Revolutionen waren", als „die ersten auszogen in Hochhäuser oder sonst irgendwie
privat".[263] Gleichzeitig wurde durch die Ordnung versucht, die eigentliche Alsterdorfer Schwesternschaft, die eingesegneten Schwestern, als eine uneingeschränkt einsetz-
bare Schwesterngruppe mit dem Gegenwert einer lebenslangen Versorgung[264] an die
Heil- und Pflegeanstalt zu binden und dadurch für den Kern des Pflegepersonals die
sonst übliche Fluktuation auszuschalten. Denn in der Tradition Sengelmanns wurde
die eigentliche Alsterdorfer Schwesternschaft nun als „eine Gemeinschaft des Dienstes und der Gesinnung" definiert, die ihren Auftrag darin habe, „die Liebe Christi
wirksam werden zu lassen" und sich „zu aktiver Teilnahme am Leben der Gemeinschaft, zur Mitverantwortung für die Erziehung des Nachwuchses und zu besonderem
Einsatz, wenn es erforderlich ist", zu verpflichten.[265] Zwar wurde mit dem in der Ordnung erstmals etablierten Schwesternrat unter Vorsitz des Direktors die Mitwirkung
und Mitbestimmung der Schwestern vergrößert, doch war seine Praxis mehr auf die
geistliche Betreuung der Schwesternschaft gerichtet,[266] zumal er nur Vorschlagsrecht
an den Stiftungsvorstand und die Anstaltsleitung hatte und selbst nicht im Vorstand
vertreten war.[267]

In der Folgezeit kam es zu einer gewissen Professionalisierung der Schwesternschaft. Während der Amtszeit von Herta Ernst (Amtszeit 1966–1971),[268] die 1966
Nommensens Nachfolge angetreten hatte, schloss sich die Alsterdorfer Schwesternschaft dem Berufsverband freier evangelischer Krankenschwestern (und Kranken-

---

261 Kreutzer 2005, S. 182.

262 ArESA DV, 9, Vorstandssitzung 22.11.1962, S. 2. Zuvor gab es nur eingeführte Schwestern.

263 Interview Gudrun Vesper.

264 Daudert 1992, S. 41–46, hier S. 44.

265 Und damit an den „Charakter freier evangelischer Liebesarbeit" von Alsterdorf unter der
     Losung Sengelmanns – „Die Liebe Christi Dringet uns" – gebunden.

266 Nach mündlicher Auskunft.

267 Kreutzer 2005, S. 13.

268 Geboren 1911 in Goldbeck/Pommern, Krankenpflegeausbildung beim DRK in Berlin 1936 bis
     1939, in Lazaretten während des Krieges eingesetzt und in Gefangenschaft, nach dem Krieg
     Weiterbildung zur Leitenden Schwester in Göttingen, Dienst in Krankenhäusern im In- und
     Ausland. KIH 41, 1966.

pfleger) e. V. an, der sich später mit der Schwesternschaft der Inneren Mission zum Evangelischen Berufsverband für Kranken- und Sozialpflege e. V. zusammen-schloss.[269] Zu dieser Zeit erhielt die Schwesternschaft auch erstmals ein eigenes Ver-waltungsgebäude für den weiblichen Pflegebereich: eine Schreibstube, je ein Zimmer für die Oberin und die leitenden zwei Oberschwestern (für die Anstalt und das Kran-kenhaus), sowie weitere Arbeitsräume.[270]

Vor dem Hintergrund gravierender gesellschaftlicher Veränderungen durch die 1968er Bewegung kam es in der weiblichen Diakonie in den 1970er Jahren zu einer stärkeren diakonischen Profilierung einerseits, zu einer Professionalisierung ande-rerseits. Ein wesentlicher Auslöser dafür war die damals bundesweit praktizierte Einstellung ausländischer Krankenschwestern, um den Schwesternmangel zu besei-tigen. Sie verfügten vielfach über eine bessere Ausbildung als ihre deutschen Kolle-ginnen und waren von daher nicht ohne weiteres gewillt, „Dienstmädchen"-Tätig-keiten auszuüben, auch wiesen sie häufig keinen christlichen Hintergrund auf.[271] Zur Entspannung der Personalnot waren in Alsterdorf im Evangelischen Krankenhaus 1970 erstmals vierzehn koreanische Schwestern eingestellt worden.[272] Später folgten Philippininnen, Brasilianerinnen und Inderinnen.[273]

Unter Oberin Dorothea Hartwig (1920–1999, Amtszeit: 1971–1984),[274] einer Diakonisse des Volksdorfer Diakonissen-Mutterhauses, wurde die Ordnung der Schwesternschaft revidiert. Auch schloss sich die Alsterdorfer Schwesternschaft

Koreanische Schwestern im Dienst der Alsterdorfer Anstalten, 1970.

---

269 Später Evangelischer Fachverband für Kranken- und Sozialpflege e. V., ab 2008 Evangelischer Fachverband für Pflege und Gesundheit e. V..

270 BuB 1965/66, S. 20. Unter Oberin Hartwig kamen eine halbe Sekretärinnen- und eine halbe Gemeindehelferinnenstelle hinzu.

271 S. dazu Kreutzer 2005, S. 30f.

272 ArESA DV, 252, 1.4.1970.

273 Inwiefern diese auch im Anstaltsbereich tätig waren, lässt sich nicht belegen.

274 Geb. 9.4.1920, aus gutbürgerlichen Verhältnissen in Hamburg stammend, studierte sie Kirchen-musik, 1939–1947 Kirchenmusikerin der Landeskirche Hamburg, seit 1947–1971 Diakonis-sen-Mutterhaus Bethlehem bzw. Volksdorf, Eintritt in Alsterdorf 1.10.1964. ArESA PA 3052.

dem Kaiserswerther Verband an, nachdem dieser sich auch für Schwesternschaften mit verheirateten Frauen geöffnet hatte.[275] Dieser bewusste Schritt in die Mutterhausdiakonie wurde damit begründet, der zunehmenden „Spannung von geistlichen Schwesternschaften und dem Berufsbild der Krankenschwester" entgegenwirken zu wollen. Die auf Grundlage einer Fragebogenaktion unter den Schwestern 1976 erstellte neue „Ordnung der Alsterdorfer Schwesternschaft" wurde eine umfangreiche christlich-theologische Fundierung aufgenommen, in der man sich auf die urchristliche Diakonie und die der Inneren Mission Wichernscher Prägung berief,[276] sowie die Weiterbildung der eingesegneten Alsterdorfer Schwester zur Diakonin verankerte.[277] Die hohe Zahl sogenannter freier Schwestern, die „aus eigenem Entschluß sich nicht in die Schwesternschaft einführen", also einsegnen lassen wollten, oder die nicht aufgenommen werden konnten, weil sie nicht getauft waren, keiner christlichen Kirche der Ökumene angehörten oder in einer außerchristlichen Religionsgemeinschaft lebten",[278] sollte durch Heranführung an die Alsterdorfer Schwesternschaft abgebaut werden.[279] Eine Schwester erinnert sich gut daran: „Oberin Hartwig hat unheimlich geworben, dass Zuwachs kam. Sie hat auch die Einsegnungen forciert. Das war früher, also die ersten Jahre, als ich in Alsterdorf war, nicht so. […] Sie hat diakonische Kurse gemacht für Mitarbeiterinnen. Anschließend konnte man sich dann einsegnen lassen, entweder zum Diakon oder in die Schwesternschaft."[280]

Oberin Dorothea Hartwig (li.)
und Altoberin Förster,
1970er Jahre.

275 Nach der Rahmenordnung für die Verbandsschwesternschaften im Kaiserswerther Verband deutscher Diakonissen-Mutterhäuser e. V. von 1971. S. dazu Kaiser, Scheepers, S. 15. Darüber vermittelt gehörte man zum Allgemeinen Deutschen Schwesternverband.

276 Explizit wird der diakonische Auftrag in der Verkündigung (2. Kor. 5, 18) und in der Praxis (Apg 6, 2f.) in einer Präambel theologisch begründet und Schwester Phöbe (Röm 16, 1f.) als Vorbild benannt. S. Ordnung der Alsterdorfer Schwesternschaft 1976 in Daudert 1992, S. 53–65, hier S. 56.

277 Ebd.

278 Daudert 1992, Ordnung von 1976, S. 59.

279 Ebd.

280 Interview Gudrun Vesper.

Schwestern- und Krankenpflegerexamen 1969.

Neben diesem Versuch einer diakonischen Profilierung wurden endlich verheiratete und unverheiratete Schwestern gleichgestellt,[281] und der Kost- und Logiszwang gänzlich aufgehoben.[282] Für den Eintritt in die Schwesternschaft wurde eine abgeschlossene Berufsausbildung, vorwiegend im sozialen, pflegerischen oder pädagogischen Bereich vorausgesetzt.[283]

Interessanterweise entstand in dieser Zeit eine männliche Diakonenschaft in Alsterdorf, initiiert von Jensens Nachfolger Hans-Georg Schmidt mit der Begründung, auf diese Weise „eine wesentliche innere Profilierung unserer Pflegerschaft" erreichen zu wollen.[284] Zwar waren immer wieder einzelne Diakone, die im Rauhen Haus in Hamburg oder in anderen diakonischen Ausbildungsstätten ausgebildet worden waren, als Hausväter oder Oberpfleger in Alsterdorf beschäftigt worden, doch hatte es bis dahin eine Brüderschaft als männliches Pendant zur Alsterdorfer Schwesternschaft nicht gegeben. Nun sollte in der Diakonie „der Aspekt des Glaubens vor dem Aspekt der Liebe in den Vordergrund" treten und die Arbeit „auf dem neutestamentlich-paulinischen diakonischen Verständnis" fußen.[285] Drei Jahre nach der Gründung

---

281 „Die Alsterdorfer Schwestern können sowohl unverheiratet als auch verheiratet sein; das ist aus der Geschichte der Entstehung der Alsterdorfer Schwesternschaft wie durch heutige Gegebenheiten begründet." Ordnung der Alsterdorfer Schwesternschaft 1976 in Daudert 1992, S. 57.

282 Ebd.

283 Ebd., S. 58.

284 Bereits Jensen hatte „eine entsprechende Zusammenfassung und Ordnung der Pflegerschaft" zur Alsterdorfer Schwesternordnung gefordert. S. BuB 1967/68, S. 18.

285 BuB 1973/74, S. 2. Bis dahin sei dies nicht umgesetzt worden, um nicht der Hamburger Diakonenschaft, die an das Rauhe Haus gebunden sei, eine zweite entgegenzusetzen. Nun wurde eine Zusammenarbeit anvisiert, auch weil eine zunehmende Politisierung im Rauhen Haus die christliche Einstellung der Diakone zu erschüttern drohte.

des sogenannten Alsterdorfer Kreises (1971)[286] wurden im Herbst 1974 die ersten vier Diakone eingesegnet.[287] 1978 gab es dann zwölf eingesegnete Diakone; etwa ebenso viele befanden sich in der Ausbildung. Sie sollten „im Alltag Alsterdorfs und in ihrer diakonischen Gemeinschaft [versuchen] neue Formen geistlichen Lebens zu entwickeln und durchzusetzen."[288]

Zur gleichen Zeit (1978) bestand die Schwesternschaft aus 67 eingeführten, 37 eingesegneten, 38 im Ruhestand lebenden, zwei Beurlaubten und ca. zehn bis fünfzehn Anwärterinnen.[289] Damit hatte sich die Zahl der eingesegneten Schwestern im Vergleich zu 1965 mit 69 eingesegneten Schwestern fast um die Hälfte verringert.[290] Nachdem Dorothea Hartwig nach fünfzehnjähriger Amtszeit 1984 in den Ruhestand ging, endete die Ära der Oberinnen. Die Stelle wurde aus finanziellen Gründen gestrichen, die Leitung der Schwesternschaft zunächst von der Leiterin der Beratungsstelle für MitarbeiterInnen[291], später dann von den Krankenhausseelsorgern übernommen. Nachwuchs kam zu dieser Zeit nicht mehr. So wurde im letzten Drittel des 20. Jahrhunderts die spezifische protestantische Lebens-, Dienst- und Glaubensgemeinschaft der evangelischen Schwesternschaft trotz gegenteiliger Bemühungen der letzten Oberin zu einem Auslaufmodell.[292]

Schwesternalltag zwischen Gemeinschaft und Gehorsam

Wie wirkte sich die christliche Lebens-, Dienst- und Glaubensgemeinschaft der Alsterdorfer Schwesternschaft auf den Alltag der Schwestern aus? War die Schwesternschaft Heimat und Rückhalt? Streng hierarchisch gegliedert – Oberin, Oberschwester, Abteilungsschwester, Schwester, Schwesternschülerin – durchliefen die Schwestern bis zu ihrer Aufnahme als Verbands- oder als eingesegnete Schwester eine klar vorgezeichnete Laufbahn innerhalb Alsterdorfs, wenn sie nicht aus anderen Schwesternschaften kamen. Voraussetzung für die Aufnahme in die Schwesternschaft, seit 1964 durch den Schwesternrat unter Vorsitz des Direktors, war der Besuch der Kinderpflegerinnenschule. Nach Vollendung der Kinderpflegerinnenausbildung wurden die Lern- zu Jungschwestern und konnten nach einem Jahr Dienst in Alsterdorf als Verbandsschwester aufgenommen werden. Nach weiteren zwei Jahren konnte die Aufnahme in den „Rüstkreis" für die Mitgliedschaft in die Alsterdorfer Schwesternschaft beantragt werden, die durch Einsegnung in einem Gottesdienst in St. Nicolaus besiegelt

---

286 Ebd.

287 ArESA DV, 595, Konferenz leitender Mitarbeiter 13.10.1976.

288 BuB 1978, S. 7.

289 ArESA DV, 595, Konferenz leitender Mitarbeiter 13.10.1976.

290 1965 waren es 69 eingesegnete Schwestern, 25 Verbandsschwestern, 20 Gastschwestern, 13 Jungschwestern und 89 Schülerinnen der Kranken- und der Kinderpflege. Maria Nommensen: Rückblick auf Alsterdorf 1965. ArESA PA, 6259.

291 Daudert 1992, S. 61f. Als geschiedene Frau mit zwei Töchtern und außerhalb der Anstalt wohnend war sie bei den älteren Schwestern nur schwer gelitten. Ebd.

292 S. dazu auch Benad 2008, S. 8ff. Zwar treffen sich die Schwestern heute noch, doch neue Mitglieder gibt es nicht mehr.

„Arbeitsfreizeit in
Neuendeich 1952".

wurde. Kennzeichen dieser Stufen waren unterschiedliche Ausprägungen der Tracht,
die bis zur Einführung einer allgemeinen Dienstkleidung 1972[293] als Ehrenkleid galt
und insbesondere durch die Alsterdorfer Brosche Zeichen der gemeinsamen Dienst-
auffassung war. Eine Schwester erinnert sich: „Unser Leitwort war ja der hundertste
Psalm: ‚Dienet dem Herrn mit Freuden'. Unsere Diensttracht war blau-grau mit einem Kragen, dazu eine wundervolle Brosche mit Kreuz samt Krone und dem Ein-
segnungsspruch. Wir trugen immer eine weiße Schürze. Das Festkleid war schwarz.
Als das blaue Kleid abgeschafft wurde, trugen wir alle die gleiche Dienstkleidung. Das
waren weiße Kleider, halbärmelig. Doch wir trugen immer unsere Haube und auch
die Brosche, die wundervoll zu tragen war. Ich habe oft meine Hand darauf gelegt, um
Kraft zu bekommen."[294]

Die ab 1964 als besonderer Akt praktizierten Einsegnungen fanden in St. Nicolaus nach einer Rüstwoche statt.[295] „Da durften wir dann die große Haube und das
schwarze Kleid tragen. Die anderen Schwestern [die Verbandsschwestern, d. V.] waren da sehr eifersüchtig auf uns, weil die nur an der Wochenschlussfeier der Gemeinde vorgestellt wurden", erinnert sich eine Schwester.[296]

Vorrangig war das Leben der Alsterdorfer Schwesternschaft durch ihren Dienst
bestimmt. Daneben gab es Schwesternabende und andere Veranstaltungen wie Vorträge, Gartenfeste und gemeinsame Rüstzeiten außerhalb Alsterdorfs, um die Gemeinschaft zu pflegen. Daran nahmen nicht alle gleichermaßen teil. Manchen war
nach dem langen Diensttag eine solche Verpflichtung zu viel, und sie hatten keine

---

293 Trachtordnung für die Schwestern, Schülerinnen, Mitarbeiterinnen in der Pflege 1972. Daudert
     1992, S. 47.
294 Interview Ilse Stein.
295 Ordnung der Schwesternschaft in den Alsterdorfer Anstalten 1964 in Daudert 1992, S. 44.
296 Interview Ilse Stein.

Broschen der eingesegneten Alsterdorfer Schwestern (li.), der eingeführten Schwestern (re.).

Lust „noch abends ins Schwesternhaus zu laufen“.[297] Über die doch recht lockere Gemeinschaft der Schwestern berichtet auch die ehemalige Pfarrvikarin Anke Langmaack. „Jede Schwester lebte doch sehr für sich. Sie waren ja selbstständige Personen mit Gehalt. Und der strenge Gehorsam war auch nicht da. Nur soweit es eben dienstlich notwendig war.“[298]

Das war für einige nicht ausreichend: „Die Schwesternschaft, das war eigentlich meine Enttäuschung“, so Schwester Ilse Stein. „Wir hatten da immer eine Andacht, aber ich habe die gemeinsamen christlichen Werte vermisst. […] Ich habe nicht viele kennengelernt, die meiner Wesensart entsprachen.“[299]

Die Entscheidung, Alsterdorfer Schwester zu werden, bedeutete einerseits eine lebenslange Versorgung. Andererseits aber wurde es vielfach zum ausschließlichen erfüllenden Lebensinhalt. Viele arbeiteten auch nach ihrer Pensionierung weiter. Wurde dies nicht gestattet, konnte es bis zu einer Lebenskrise führen. So beschwerte sich eine Schwester bei der Oberin: „Ich weiß, dass meine Kräfte mit zunehmendem Alter geringer wurden im Vergleich zu früher. Aber für halbe Tage werden sie doch noch *gut* ausreichen. [Herv. i. O.] […] Wenn man 43 Jahre immer nur mit den Kindern lebte, ist eine plötzliche Trennung von ihnen – seelischer Mord.“[300]

297 Interview Gudrun Vesper.
298 Interview Anke Langmaack.
299 Interview Ilse Stein.
300 Ausführlicher Briefwechsel mit der Oberin in ArESA PA, 1969.

„DAS WAR EIN SCHLAG" – DIE VERWEIGERUNG DER HAUBE FÜR EINE SCHWESTER

Die 18-jährige Gudrun Vesper war 1959 als Pflegevorschülerin in die Alsterdorfer Anstalten eingetreten. Ihre Kinderpflegeausbildung hatte sie sowohl theoretisch als auch
praktisch drei Jahre später mit Erfolg abgeschlossen. Im Anschluss daran arbeitete sie
zunächst in der Spielschule im Michelfelder Kinderheim. 1966 übernahm sie dort die
Leitung der Abteilung 22.[301]

Ganz „aus Versehen" habe in ihrem Vertrag für das Anerkennungsjahr dann das
Wort „Schwester" gefehlt, erinnert sich Gudrun Vesper: „Ich bin dann gleich mit meinem Vertrag zu Pastor Jensen gegangen und habe mich beschwert. Und habe auch
einen neuen Vertrag bekommen. Dann folgte der feierliche Akt der Einkleidung. Das
Kleid und die Schürze erhielt ich, alles was dazu gehört, nur eben nicht die Haube. Das
war ein Schlag! Zur Begründung hieß es, ich sei ja nun klein, nur einen Meter dreißig
groß, und die Behinderten könnten mir die Haube vom Kopf reißen. Davor wollten sie
mich schützen – oder wohl eher die Haube. Andere ohne Ausbildung hatten die Haube sogar gleich mit dem Einstieg in die Praxis bekommen. Da lautete die Begründung,
die Behinderten hätten dann mehr Respekt."[302]

Die Gemeinschaft der Alsterdorfer Schwesternschaft war also keineswegs ohne
Brüche und Ausgrenzungen. Dieser Vorfall der Verweigerung der Haube beleuchtet
die Grauzonen des diakonischen Selbstverständnisses. Der Schwesternrat, an dem
Direktor Jensen, Oberin Nommensen, Altoberin Förster, fünf Schwestern und die
Pfarrvikarin Langmaack teilnahmen, hatte sich nach „eingehender Aussprache" dar-
auf geeinigt, dass die kleinwüchsige Schülerin Gudrun Vesper „mit Rücksicht auf ihre
Körpergröße eine Haube nicht bekommen soll." Die Begründung der Beteiligten: „Es

Gudrun Vesper (vorne li.)
auf einem Ausflug mit der
Alsterdorfer Schwesternschaft,
1960er Jahre.

---

301 1979 übernahm Gudrun Vesper die Wohngruppe vierzehn im neuen Wilfried-Borck-Haus, das
     sie maßgeblich mitplante.
302 Interview Gudrun Vesper.

soll damit sowohl die Entwertung der Schwesterntracht wie auch ein ungünstiges Auffallen ihrer Person in der Öffentlichkeit und gegenüber unseren Pflegebefohlenen verhindert werden. Die Dienstkleidung soll sie wie andere bekommen; wenn sie es wünscht, soll später auch die Schwesternschaft für sie offen sein. Frau Oberin und der Unterzeichnete werden ihr diesen Beschluß morgen mitteilen und ihn ggfl. auch gegenüber den Eltern vertreten."[303] Kurz zuvor hatte Jensen nach Rücksprache mit der Oberin ebenfalls die Bewerbung einer „zwergwüchsigen Schülerin", die von Schwester Marie F. empfohlen wurde, (ebenfalls eine „Kleine", die in der Spielschule tätig war,[304]) mit der Begründung abgelehnt, dass er es für richtig halte, da „im vergangenen Jahr eine junge zwergwüchsige Schülerin[305] in unsere Ausbildung aufgenommen" wurde, keine „andere Schülerin dieser Art bei uns aufzunehmen".[306]

Es dauerte zehn Jahre bis auch Gudrun Vesper, inzwischen Abteilungsschwester im Michelfelder Kinderheim, die Haube erhielt. „Anfang der 70er Jahre war das. Aber ganz ohne feierlichen Anlass. Oberin Ernst hat sie mir einfach überreicht. Einen Spruch bekam ich auch dazu. Ich dachte, ich bekomme sie um meiner selbst willen. Ich dachte, ich hätte mich bewährt und sollte sie nun doch endlich haben. Später musste ich dann feststellen, dass meine Mutter sich dafür vehement eingesetzt hatte."

Erst zu ihrem 40-jährigen Dienstjubiläum 1999 entschuldigte sich der Vorsitzende des Vorstands für diese diskriminierende Entscheidung.

Neue Fachlichkeit – die Ausbildung des Pflegepersonals

Der fehlende Nachwuchs christlich geprägter Schwestern und die für viele diakonische Anstalten typische Anstellung von nicht oder wenig qualifiziertem Personal waren immer wieder vorgetragene Klagen in Alsterdorf.[307] Ein Instrument, dieser sich in den 1960er Jahren zuspitzenden Mitarbeiterkrise entgegen zu wirken, war der Ausbau und die Anhebung des Ausbildungsniveaus der anstaltseigenen Ausbildungsgänge. Denn „Ausbildung von Mitarbeitenden hieß in Einrichtungen der Inneren Mission vor wie kurz nach dem Krieg geistliche Zurüstung und erst in ei-

---

303 ArESA DV, 190, 9.3.1961 Besprechung über Fragen der bevorstehenden Einkleidung der Schülerinnen der E II. Streng vertraulich!

304 Geb. 1900, eingestellt als Hilfs-, dann als Pflegerin, Ruhestand 1963. ArESA PA, 1969.

305 Damit ist Gudrun Vesper gemeint, die laut Brief Jensens die Nachfolge von Marie F. antreten sollte.

306 ArESA PA, 1969. Brief an M. F. 22.4.1960.

307 Z. B. ArESA DV, 271, Jensen an Pastor i. R. Brodmeier, Hamburg, 8.10.1965, in dem er die Anstellung von „abartigen Menschen, die vielfach im Leben versagt haben und die deswegen keiner haben will" ablehnt. Der Versuch mit ehemaligen Strafgefangenen sei fehlgeschlagen. „Nach einigen krassen Ereignissen bin ich von der Mitarbeitervertretung in einer durchaus verantwortungsbewussten Weise gebeten worden, um des Ansehens der gesamten Mitarbeiterschaft willen von der Einstellung derartiger Personen Abstand zu nehmen."

Prospekt „Wir rufen junge Mädchen zum Lernen und Dienen in den Alsterdorfer Anstalten zu Hamburg", 1960er Jahre.

nem zweiten Schritt Fachausbildung."[308] Erst in den 1960er Jahren kam es zu einer gewissen Professionalisierung, allerdings unter dem Diktat einer Anpassung an die medizinisch-naturwissenschaftlichen Standards. 1966 erließ der Verband Deutscher Evangelischer Heilerziehungs-, Heil- und Pflegeanstalten eine „Ausbildungsrichtlinie für die erzieherische und pflegerische Arbeit in den Heilerziehungs-, Heil- und Pflegeanstalten und in entsprechenden Einrichtungen", in denen auf der Grundlage der Einsicht, dass „Betreuung, Förderung und Behandlung geistig Behinderter, psychisch Kranker und Anfallskranker […] über die allgemeine erzieherische und pflegerische Verantwortung hinaus heilpädagogische, krankenpflegerische und psychiatrische Aufgaben" einschließe, die Ausbildungen des/der Heilerziehungspflegers/in und des/der Heilerziehungshelfer/in umschrieben wurde.[309]

Im Zentrum der Ausbildung in Alsterdorf stand neben der an das Krankenhaus angeschlossenen Krankenpflegeausbildung die seit 1941 bestehende Haushaltungs- und Werkberufsschule der Alsterdorfer Anstalten „als Schwesternvorschule bzw. Werkschule des Betriebes".[310] Sie, wie auch eine Haushaltungsschule für junge Mädchen und die wichtige hauseigene Krankenpflegeausbildung für Frauen und Männer dienten zentral der Rekrutierung des Pflege- und Wirtschaftspersonals. Indem die Ausbildung stark praxisorientiert war, schlug man zwei Fliegen mit einer Klappe: Man konnte inhaltlich die Ausbildung auf die Erfordernisse der Heil- und Pflegeanstalt ausrichten, und man gewann darüber hinaus bereits während der Ausbildungsphase unentbehrliche Arbeitskräfte.

308 Kiss 2011, S. 83.
309 ArESA DV, 191.
310 ArESA, Sammlung 15, Brief Herntrich an Schulbehörde in Hamburg 30.6.1950.

Berufsfachschule für Kinderpflegerinnen –
„Unterricht für die Betreuung geistig Behinderter"

Die staatliche Anerkennung der „privaten Kinderpflegerinnenschule der Alsterdorfer Anstalten durch den Senat der Freien und Hansestadt Hamburg" und die Verleihung des Namens Heinrich-Sengelmann-Schule im Jahre 1964 waren ein wichtiger Schritt in der Modernisierung der Ausbildung.[311] Die Alsterdorfer Anstalten hatten „schon früh begonnen, junge Mädchen gleich nach der Schulentlassung in ihre Arbeit hereinzunehmen."[312] Neben einer hauswirtschaftlichen Vorschule gab es in Alsterdorf nach dem Zweiten Weltkrieg eine der Schwesternschaft unterstellte Berufsschule, die zugleich als Schwesternvorschule diente. 1950 erhielt diese eine Ergänzungsklasse mit staatlich anerkanntem Kinderpflegerinnenabschluss,[313] mit dem die jungen Frauen entweder in der Familie oder im Kinderheim Säuglinge und Kleinkinder bis zum dritten Lebensjahr erziehen, fördern und pflegen konnten.[314] In Alsterdorf hatte sich die Ausbildung zur Kinderpflegerin „entwickelt aus den Kenntnissen des Dienstes" an Menschen mit Behinderungen, nicht nur der Kleinstkinder, sondern aller Altersklas-

Schwesternschülerinnen vor
dem Haus in der Sonne, 1966.

---

311 ArESA DV, 190, An die Schulbehörde Hamburg, 2.2.1965. Voraussetzung hierfür war die Anpassung des Lehrplans an die staatlichen Fachschulen für Kinderpflegerinnen, u. a. auch die Schaffung von Praktikaplätzen im Kindergarten, der 1962 durch eine Krippe für Kleinstkinder ergänzt wurde.

312 ArESA DV, 191, Die Ausbildung zur Kinderpflegerin. Vorläuferin der Kinderpflegeschule in Alsterdorf war die 1933 eröffnete Haushaltungsschule, die mit einem staatlichen Examen abschloss und nach dem Krieg auf Anordnung der Schulbehörde in eine zweijährige hauswirtschaftliche Lehre umgewandelt wurde.

313 ArESA DV, 190, 2.2.1965. Laut Korrespondenz von Alma Förster orientiert an Sarepta, Bielefeld und dem Lehrplan der Staatlichen Kinderpflegeschule von 1937. ArESA, Sammlung 15.

314 Zum Beruf der Kinderpflegerin s. Amthor 2003, S. 66–77. Für die Nachkriegszeit S. 441.

sen.[315] Durch „die in den Alsterdorfer Anstalten geübte ‚Pestalozzi'sche Wohnstubenerziehung'" beinhaltete sie intensive pädagogische und kinderpflegerische Elemente.[316] Sie erstreckte sich „auf Fachgebiete der Psychologie, Pädagogik, Geschichte der
Pädagogik und Schwachsinnigenfürsorge, der Kinder-, Jugend- und Volksliteratur,
des Beschäftigungsunterrichtes mit Lehrproben, kindertümlichen Zeichnens, auf
Bastelarbeit und Bewegungsspiele".[317]

Die Wahl des Berufsfeldes Kinderpflegerin als Schwesternausbildung in Alsterdorf muss sicherlich auch im Zusammenhang mit der lange Zeit theologisch be-
gründeten und sich auch sprachlich niederschlagenden Sicht auf die BewohnerInnen
gesehen werden, die diese als „unsere Kinder", „Pflegebefohlene" und „Pfleglinge"
und nicht als erwachsene, der Selbstbestimmung fähige Menschen wahrnahm.[318]
Darüber hinaus war die „erweiterte Kinderpflegerinnen-Ausbildung mit ergänzendem heilpädagogischen Unterricht für die Betreuung geistig Behinderter" zu dieser
Zeit jedoch einzigartig in Hamburg,[319] wenn nicht gar in der ganzen Bundesrepublik.
Man hörte in der Kinderpflegerinnenausbildung „recht viel über Behinderungen,
also Blinde und Schwachsinnige, wie es damals noch hieß, und Körperbehinderte",
berichtet Schwester Gudrun Vesper rückblickend. „Das hieß damals Kinderpflege-

Kochunterricht in der
Kinderpflegerinnenschule,
1967.

315 ArESA DV, 730, Darstellung der Heinrich-Sengelmann-Schule der Alsterdorfer Anstalten (um
       1961) von Julius Jensen.
316 Heinrich Sengelmann berief sich bei der Entwicklung seiner Heilpädagogik auf Pestalozzi. Vgl.
       dazu Gröschke 2008, bes. S. 121.
317 ArESA, Sammlung 197, 30.6.1950.
318 So heißt es in einer Prüfungsaufgabe 1955: „Führe mit ‚Dummerchen' eine Besprechung von
       Bildern oder Naturgegenständen durch." ArESA DV, 190, 19.9.1955. S. zur Problematik der
       Etikettierung auch Benad, Schmuhl 2006, S. 31.
319 In Hamburg war dies bis in die 1960er Jahre die einzige Ausbildungsstätte zur „Pflege und
       Erziehung des schwachsinnigen Kindes". ArESA DV, 190, Brief Jensen, 3.8.1960 an Westf.
       Diakonissen-Anstalt Sarepta, Bethel wegen Planungen zur Pflegehelferin bzw. Heilerziehungs-
       helferin.

rin mit heilpädagogischer Zusatzausbildung". [320] Schwester Renate Clement erinnert sich: „Wir hatten normalen Unterricht, Politik usw., das hat mich eigentlich nicht so interessiert. Die pflegerischen Sachen dagegen schon, die Betreuung von Kindern, Aufgaben für sie. Wir mussten sehr viel auswendig lernen, Kinderreime und -lieder und Ähnliches. Wir haben auch Bastelarbeiten erlernt, und Hauswirtschaft wurde uns beigebracht."[321]

Jedoch fußten Pflegeausbildungen in den Alsterdorfer Anstalten wie in den Krankenanstalten insgesamt weniger auf einer theoretischen Bildung als vielmehr auf einem Lernen in der Praxis. Die Auszubildenden waren in den Worten Jensens bereits „im Beruf lebende junge Menschen",[322] die täglich zumindest von früh morgens bis zur Mittagspause im Krankenhaus oder in den Pflegeheimen arbeiteten. In den 1960er Jahren umfasste die dreijährige Ausbildung im ersten Jahr hauswirtschaftlichen Unterricht am Nachmittag (von 15–18 Uhr) und praktische Arbeit am Vormittag (sowie teils auch in den Abendstunden) „überwiegend als Hilfskräfte im Krankenhaus",[323] nach einer Zwischenprüfung zwei Jahre theoretische und praktisch-pädagogische Unterweisung, sowie praktischen Dienst mit abschließender Prüfung, wobei im dritten Unterrichtsjahr dann „in den Kinderabteilungen der Anstalt, auch in der Sonderschule und im Erziehungsheim" gearbeitet wurde.[324] Im Anschluss daran wurde nach erfolgreichem einjährigem Praktikum mit berufsbegleitendem Unterricht die Anerkennung als Kinderpflegerin erteilt. Es ist anzunehmen, dass, wie in anderen diakonischen Heimen auch, „mit dem Praktikum die Arbeitskraft der Person für die ausbildenden Institutionen gesichert werden sollte."[325]

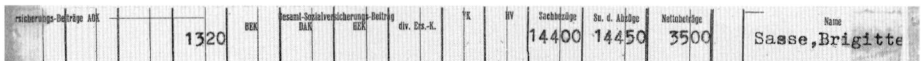

Erster Lohnstreifen der Schwesternschülerin Brigitte McManama, geb. Sasse, 1960er Jahre.

Schwester Gudrun Vesper kam 1959 als Schülerin der Kinderpflegeschule in die Alsterdorfer Anstalten. „Als Vorschülerinnen bekamen wir je nach Klasse ein Entgelt

320 Interview Gudrun Vesper.

321 Interview Renate Clement.

322 ArESA DV, 730, Darstellung der Heinrich-Sengelmann-Schule der Alsterdorfer Anstalten (um 1961) von Julius Jensen.

323 ArESA DV, 190, 19.9.1955. Sie waren „schon während der Ausbildung im Beruf lebende junge Menschen." ArESA DV, 730, Darstellung der Heinrich-Sengelmann-Schule der Alsterdorfer Anstalten (um 1961) von Julius Jensen. Im April 1960 wurde auf den Nachmittagsunterricht mit 20 Wochenstunden in jeder der drei Klassen umgestellt und die Stundentafeln an die der staatlichen Kinderpflegerinnenschule angepasst. Der dortige zweijährige Vollunterricht wurde in Alsterdorf auf drei Jahre verlängert, um praktische Tätigkeiten zu ermöglichen. Erst 1968 wurde der Unterricht auf den Vormittag verlegt. ArESA DV, 191, Julius Jensen: Die Ausbildung zur Kinderpflegerin in den Alsterdorfer Anstalten, 6.1.1969.

324 Ebd.

325 Sieger 2010, S. 169. 1956 befanden sich 20 Schülerinnen in der Krankenpflege- und 12 Schülerinnen in der Kinderpflegeausbildung sowie 49 Schülerinnen in der Berufs- und Haushaltungsschule. Daneben wurden fünf Kochlehrlinge ausgebildet. Bis 1965 wurden 104 Kinderpflegerinnen ausgebildet.

zwischen 30 bis 35 Mark sowie Wohnen und Verpflegung frei. Das war praktisch ein Taschengeld für die Arbeit, die wir leisteten. Wir waren sechzig Mädchen und haben zunächst auf den Krankenhausstationen gearbeitet. Die, die schon weiter waren mit der Ausbildung, die sind dann auf das Gelände gekommen zu den Bewohnern und haben in den Wohngruppen gearbeitet."[326] Entsprechend der Ausbildung lag der Schwerpunkt der Arbeit während und nach der Ausbildung im hauswirtschaftlichen Bereich.[327] Schwester Renate Clement, die 1961 als Kinderpflegerin begann und anschließend eine einjährige Zusatzausbildung als Krankenpflegehelferin machte, berichtet: „Während der Ausbildung haben wir immer von sieben bis zwölf Uhr im Krankenhaus sauber gemacht, die Betten machen, und was da eben so anfällt. Und dann sind wir zum Mittagessen gegangen. Danach mussten wir wieder dorthin zum Abwaschen. Da gab es noch keine Geschirrspülmaschinen in den Krankenhäusern. Dann sind wir um fünfzehn Uhr zum Unterricht gegangen und danach ging es um achtzehn Uhr wieder auf die Station, den Abendabwasch machen. Da sind wir eigentlich gar nicht mit Behinderten zusammengekommen. Auf den Krankenstationen waren wir mehr oder weniger als Küchenhilfe mit Saubermachen beschäftigt."[328] Das fanden einige Schwestern durchaus unbefriedigend: „Jeden Donnerstag musste ich die Fensterbänke saubermachen", so Schwester Gudrun Vesper. „Da standen dicht an dicht Blumentöpfe. Das fand ich nun ‚ganz toll', nachdem ich gerade fertig war mit dem Anerkennungsjahr. Als dann die Oberin vorbei kam, habe ich meinen ganzen Frust abgelassen und ihr gesagt, dass ich nicht die Ausbildung gemacht hätte, um hier zu putzen. Darauf gab sie eine ganz hilflose Antwort."[329]

Von 1955 bis 1968 bestanden 138 Schülerinnen die Abschlussprüfung. Davon verblieben 52 dauerhaft oder doch über viele Jahre im Dienst der Alsterdorfer Anstalten.[330] Die Schülerinnen hatten Kost und Logis frei, sie erhielten freie Dienstkleidung und Krankenversicherung sowie ein Taschengeld,[331] im Anerkennungsjahr dann das Anfangsgehalt einer Kinderpflegerin. Die ausgebildete Kinderpflegerin konnte bei Interesse und Eignung mit Gehalt in die Krankenpflege-Ausbildung eintreten.[332]

Mit der staatlichen Anerkennung der einstigen Werkschule als Berufsfachschule für Kinderpflegerinnen 1964 profilierte sich Alsterdorf somit als heilpädagogische Ausbildungsstätte. Als Aufgabe der Schule wurde formuliert, „jungen Mädchen eine gründliche theoretische und praktische Berufsausbildung für die Aufgaben der Kinderpflegerin zu geben und sie zu befähigen, in Kindergarten oder Familie, Heim

---

326 Interview Gudrun Vesper.

327 Jensen schreibt, dass die Schülerinnen „mit hauswirtschaftlichen Arbeiten auf den Stationen des Krankenhauses, im letzten Jahr auch auf dem Pflegegebiet der Anstalt beschäftigt" werden. ArESA DV, 191, Die Ausbildung zur Kinderpflegerin. Jensen 1961.

328 Interview Renate Clement.

329 Interview Gudrun Vesper. 1974 äußerten 41 % der Befragten, dass die „Arbeit auf unseren Abteilungen [...] reine Versorgung und Aufbewahrung" sei und 30 %, dass bei „der Arbeit [...] zu viel Zeit mit Dingen verbracht" werde, „die den Pfleglingen nicht zugute kommen". Horstmann 1974, S. 30.

330 ArESA DV, 191, Julius Jensen: Die Ausbildung zur Kinderpflegerin in den Alsterdorfer Anstalten, 6.1.1969.

331 1. Jahr 35,- DM, 2. Jahr 40,- DM, 3. Jahr 50,- DM. Mündliche Auskunft von Brigitte McManama.

332 100 Jahre Dienst 1963, S. 44. 1944. S. Nommensen, Rückblick, 1965.

oder Anstalt Helferin in der Pflege und Erziehung von Kindern zu sein." Darüber
hinaus sollten durch „die Einbeziehung der Heilpädagogik in den Unterricht […]
insbesondere junge Menschen fähig gemacht werden, geistesschwache Kinder zu erziehen, zu pflegen und zu fördern."[333]

Ruth Starcke mit
Schwesternschülerinnen,
1960er Jahre.

Treibende Kraft für die staatliche Anerkennung war Schwester Ruth Starcke (*1921),[334]
die 1950 als Schwesternschülerin in die Alsterdorfer Anstalten eingetreten war. Als
Ziehtochter von Alma Förster begann sie 1952, finanziell unterstützt durch den Stiftungsvorstand, berufsbegleitend ein Studium zur Gewerbelehrerin an der Universität Hamburg, das sie 1956 abschloss.[335] Danach arbeitete sie bis zur Pensionierung
Alma Försters 1962 mit ihr zusammen leitend an der Werkberufsschule.[336] Nach der
zweiten Prüfung für das Lehramt an Berufsschulen wurde die 40-jährige 1961 zunächst kommissarische, dann hauptamtliche Direktorin der Kinderpflegeschule. Ein
Jahr später übernahm sie auch die Leitung des angeschlossenen Internats Haus in
der Sonne, so dass sie zunächst „für die ganze Lebensentwicklung der Schülerinnen

333 Mit der fachlichen Ausbildung war zugleich „die ethische Ausrichtung der jungen Mädchen
	für den Dienst am Nächsten auf der Grundlage des Christentums verbunden." Ferner „eine
	allgemeine geistige Bildung", um „die jungen Mädchen auf ihre spätere Lebensaufgabe in jeder
	Weise vorzubereiten." Ebd.

334 Geb. in Sorau/Niederlausitz, bis 1942 Schule des Paulsenstifts, Abschluss Abitur der
	hauswirtschaftlichen Form, 1945 Flucht. 1950 Schwesternschülerin in der Probezeit in den
	Alsterdorfer Anstalten, 1951 Prüfung zur Kinderpflegerin, 1956 eingesegnet als Alsterdorfer
	Schwester, 1971 ausgetreten aus der Schwesternschaft.

335 ArESA PA, 8689.

336 BuB 1956/57. 1960 unterrichtet Ruth Starke 18 Stunden und Förster 22 Unterrichtsstunden.
	ArESA DV 190.

verantwortlich" war.[337] Diese Personalunion wurde jedoch schon kurze Zeit später aufgehoben und eine eigene Internatsleiterin eingestellt. Ruth Starcke, die im Haus in der Sonne wohnte, musste nach Kompetenzstreitigkeiten mit der Internatsleiterin und Beschwerden von Schwesternschülerinnen im „Jugendkreis" von Pastor Christoffer Zacharias-Langhans wegen Übergriffen kurze Zeit später ausziehen.[338]

Zuständig für den theoretischen und praktischen Unterricht der Schwesternschülerinnen, wurde von ihr eine „auf den Behindertenbereich bezogene[n] Ausbildung entwickelt" und wesentlich professionalisiert. Dadurch änderte sich z. B. in den Prüfungsaufgaben der Sprachduktus: die Behinderten wurden nicht mehr „Dummerchen" und „Mongölchen" genannt, sondern „geistig behinderte Mädchen".[339] U. a. baute Ruth Starcke den anstaltseigenen Kindergarten zum Ausbildungskindergarten aus. Auch begann sie den Unterricht behutsam zu reformieren. Im Gegensatz zu Alma Förster, die die Schülerinnen in erster Linie in ihre fraulichen Lebensaufgaben einführen und zum Dienen anleiten wollte,[340] stellte sie die Ausbildung nun auf eine mehr wissenschaftliche Grundlage und wollte den Fortschritt der Pädagogik und insbesondere der Heilpädagogik in „ihrer Anwendung bei der Erziehung und Führung der Behinderten" nutzbar machen. Auch sorgte sie für eine Umorganisation des laufenden Schulbetriebs. Dazu gehörten die täglichen Besprechungen mit den Lehrkräften, um anfallende Fragen zu klären und bei Problemen zu beraten, wie der Weiterbildung der LehrerInnen und der Anschaffung von neuen Lehr- und Lernmitteln. Überaus wichtig waren ihr der Kontakt zum Elternhaus der Auszubildenden und eine pädagogische und fachliche Führung der Schülerinnen. Als Vorsitzende des Verbandes Evangelischer Kinderpflegerinnen, als Teilnehmerin an den Tagungen des Pestalozzi-Fröbel-Verbandes und als Mitarbeiterin und ab 1978 Leiterin der Bundesarbeitsgemeinschaft der Lehrkräfte an Ausbildungsstätten für Kinderpflege war es ihr Anliegen, neue Erkenntnisse in den Unterricht und in die pädagogische Qualifizierung der Mitarbeitenden einzuführen.[341]

Um dem akuten Mangel an Pflegepersonal entgegen zu wirken, war bereits 1960 in Alsterdorf zusätzlich die Ausbildung zur Pflegehelferin bzw. Heilerziehungshelferin[342] mit hauseigenem Abschluss eingeführt worden, und zwar für Mädchen, „deren schul-

---

337 ArESA, Sammlung 32

338 ArESA DV, 191 sowie mündliche Auskunft von Brigitte McManama.

339 ArESA DV, 191.

340 So sprach sich Förster gegen eine Professionalisierung der Krankenpflege aus, weil die jungen Schwestern dann „kaum noch in der Lage" seien „in unsere Geländearbeit hineinzuwachsen, da ihnen die Kindhaftigkeit und Primitivität ursprünglichen Erfassens und Wiedergebens genommen bzw. verloren" gehen würde. Gemäß ihrem Bild von den Behinderten als „Dummerchen" und „Mongölchen" wollte Förster die „Pflegebefohlenen möglichst dem tierhaften Zustande [...] entreißen und um mit Sengelmann zu sprechen, dem Ebenbilde Gottes zuzugestalten [...] helfen." ArESA, Sammlung 197, 14.11.1953 Was ist die Alsterdorfer Werkberufsschule? von Alma Förster.

341 ArESA PA, 8689, Wirkungsbereich der Direktorin der Heinrich-Sengelmann-Schule der Alsterdorfer Anstalten. Ruth Starcke, 2.1.1971.

342 Diese Bezeichnung wird in Alsterdorf bereits 1960 verwendet. Die Ausbildung und das Berufsbild wurden dann 1966 vom Verband evangelischer Einrichtungen für Geistig und Seelisch Behinderte festgelegt. Vgl. Ausbildungsrichtlinien ArESA DV, 191.

mäßige Voraussetzungen" für eine Kinderpflegerinnenausbildung nicht ausreichten. Damit hoffte man „angelernte Kräfte besonders für die Schwachsinnigen-Pflege und die Pflege Geisteskranker" zu gewinnen. In Frage kamen hierfür auch ältere Frauen.[343] Die Einführung solcher Kurse im Vorfeld der Kinder- und Krankenpflegerin entsprach jedoch auch der allgemeinen Entwicklung des Pflege- und Gesundheitssektors, in dem sich aufgrund der zunehmenden Professionalisierung die bis dahin übliche Ganzheitspflege, bei der eine Schwester für eine bestimmte Zahl von Betreuten rundum zuständig war, aufzulösen begann. Die Pflegehilfskräfte übernahmen nun eher das hausarbeitsnahe Feld, die Kinder- und Krankenpflegerinnen das nun immer mehr theoretisch fundierte arztnahe und pflegerische Gebiet.[344]

1969 konstatierte Jensen hinsichtlich der Ausbildung zur Kinderpflegerin einerseits Erfolg, andererseits weiteren Reformbedarf: Da es außerordentlich schwierig sei, „geeignete Frauen für die Pflege der den Anstalten anvertrauten Behinderten zu gewinnen, hat der durch die Heinrich-Sengelmann-Schule bewirkte Zustrom junger, für unsere Arbeit speziell vorgebildeter Kräfte eine schlechthin ausschlaggebende Bedeutung für die *Durchführung und Qualität unseres Dienstes* [Herv. i. O.], der zugleich pflegerische und heilpädagogische Anforderungen stellt. Denn während des ganzjährigen Berufspraktikums sind *alle* Schülerinnen, die die Prüfung bestanden haben, in der Heilerziehungs- und Pflegeanstalt tätig; viele bleiben danach […] dieser schweren und zugleich beglückenden Arbeit treu." Damit entspräche das „Ausbildungsziel der Alsterdorfer Kinderpflegerinnen-Ausbildung […] schon weitgehend dem von der Vereinigung Deutscher evangelischer Heilerziehungs-, Heil- und Pflegeanstalten entwickelten Berufsbild des Heilerziehungspflegers und der Heilerziehungspflegerin, das in Zukunft für den Dienst am geistig Behinderten maßgebend sein dürfte." Andererseits könnten die Zahlen beträchtlich höher sein, „wenn nicht hier wie überall viele wegen ihrer oft frühen Heirat aus der Arbeit ausschieden. Nur wenigen ist es bis jetzt möglich, diesen die ganze Person fordernden Dienst als verheiratete Frauen zu erfüllen. Das könnte anders werden, wenn im Anstaltsbereich eine leistungsfähige Kindertagesstätte vorhanden ist und Dienstwohnungen in Anstaltsnähe auch verheirateten Schwestern zugewiesen werden."[345]

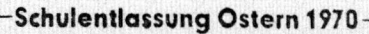

Suche von Kinderpflegerinnen (li.) und Krankenschwestern/-pflegern 1970.

---

343 Ebd.

344 Kreutzer 2005, S. 28.

345 ArESA DV, 191, Die Ausbildung zur Kinderpflegerin. Jensen 1969.

Das typische Dilemma eines reinen Frauenberufes benannte auch Jensens Nachfolger Schmidt 1969 überdeutlich: „Unsere Kinderpflegerinnen, die als einzige in der gesamten Bundesrepublik von vornherein eine heilpädagogische Zusatzausbildung in unserer staatlich anerkannten Schule erhalten, kommen, nachdem sie in ihrem Praktikumsjahr zusätzlich in den für die Arbeit bei uns notwendigen medizinischen Fächern unterrichtet worden sind, den Vorstellungen, die ich im Blick auf die optimale Tätigkeit der Pflegekräfte bei uns habe, eigentlich am nächsten. […] Wir müssen aber klar über bestimmte Mängel sprechen, die dem Berufsbild unserer Kinderpflegrinnen anhaftet." Es ist „ein typisch weiblicher Beruf […] Wir werden nur sehr schwer junge Männer dazu bringen können, sich später als ‚Kinderpfleger' zu betätigen, […] denn das Pflegen […] steht nicht sehr hoch im Kurs. Wenig attraktiv ist aber außerdem die Verdienstmöglichkeit, denn für einen jungen Mann, der später eine Familie ernähren will, ist das Bewegen an der unteren Existenzminimumsgrenze eine wenig erfreuliche Tatsache."[346]

Im selben Jahr beantragte Schmidt bei der Schulbehörde die Genehmigung, die „bisher auf Mädchen begrenzte Kinderpflegerinnenausbildung in Zukunft auch auf männliche Teilnehmer" auszudehnen.[347] 1971 wurde das Haus in der Sonne entsprechend umgebaut und beherbergte nun zu drei Vierteln weibliche und zu einem Viertel männliche Schüler.[348] 1972 wurde die Ausbildung für die Kinderpflege nach dem neuen Rahmengesetz für die Berufsschulen vom 3.11.1972 grundlegend geändert, u. a. dauerte sie nun nur noch zwei, nicht mehr drei Jahre.[349]

Am Ende dieses Prozesses stand dann die neu eingerichtete Fachschule für Heilerziehungspflege.[350]

Von der Berufung zum Beruf – die Krankenpflegeausbildung in Alsterdorf

Mit dem Bau des Krankenhauses in Alsterdorf war dort 1944 auch eine Krankenpflegeausbildung angesiedelt. Die dreijährige Ausbildung zur Krankenschwester (zwei Jahre theoretischer und praktischer Unterricht, ein Jahr Praktikum mit weiterführendem Unterricht) konnte entweder nach Vollendung des 18. Lebensjahres oder im Anschluss an die Kinderpflegerinnenausbildung angetreten werden. Die Krankenpflegeausbildung wurde auch für Männer ab dem 18. Lebensjahr und als Weiterbildung der in Alsterdorf beschäftigten Hilfspfleger angeboten. Arbeiteten die Frauen während der Ausbildung im evangelischen Krankenhaus, waren die Männer „unter Anleitung erfahrener Hausväter und Oberpfleger praktisch in den verschiedenen Gebieten der Pflege- und Erziehungsarbeit" tätig und erhielten daneben diakonischen Unterricht. Im zweiten Dienstjahr wurde der „Unterricht des

---

346 ArESA DV, 191, 30.6.1969.
347 ArESA DV, 191, 17.2.1969.
348 ArESA, Sammlung 40.
349 ArESA DV, 595, 8.11.1972.
350 Schmidt [1973], S. 49.

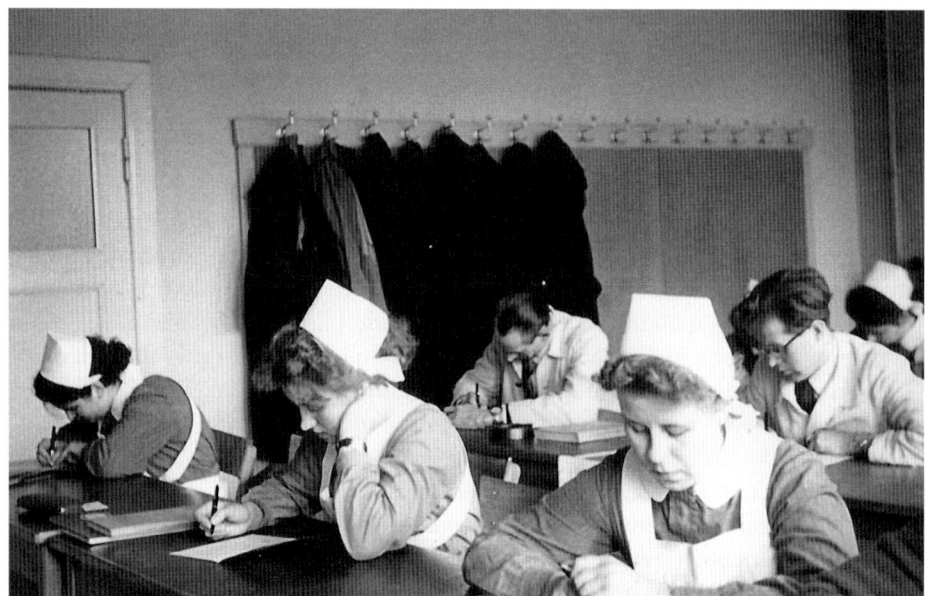

Staatlich anerkanntes Krankenpflegeexamen 1952.

Krankenpflegekurses" der Schwesternschaft besucht.[351] Das staatlich anerkannte Krankenpflege-Examen schlossen Frauen und Männer dann gemeinsam ab. Nach einem Jahr Praxis, an dem parallel dazu psychiatrischer Unterricht möglich war, waren sie staatlich geprüfte Krankenschwestern und Krankenpfleger. Doch noch 1967 war im „männlichen Bereich" der Anstalt „die Zahl der wirklich voll Qualifizierten nur sehr gering".[352] So lag das Qualifikationsniveau des männlichen Pflegepersonals eindeutig unter dem Niveau der Schwestern im weiblichen Gebiet.

Herrschte bei der Neufassung des Krankenpflegegesetzes im Jahre 1957 noch das ungeklärte Spannungsfeld zwischen Krankenpflege als diakonischem Amt (Liebesdienst) und als Beruf vor,[353] brachte die Novellierung 1965[354] eine theoretische Fundierung. Allerdings steckte die Professionalisierung des Pflegeberufes in den 1960er Jahren noch in den Anfängen. „Der hohe Stellenwert der praktischen Erfahrungen galt nicht nur für die Grundausbildung in der Pflege. Auch leitende Schwestern, einschließlich der Unterrichtsschwestern und Oberinnen, zeichneten sich vor allem durch langjährige Erfahrungen aus und nicht durch Zusatzqualifikationen in Gestalt von spezifischen Fortbildungen."[355] Schwester Renate Clement bestätigt dies: „Fortbildungen hat man keine bekommen. Manches Mal gab es Ratschläge. Im Allgemeinen hat man das so gemacht, wie man es für gut empfand."[356] Bis 1985 blieb die Grundstruktur des Unterrichts ähnlich, sie war dominiert von der Medizin:

---

351 BuB 1951, S. 13.
352 ArESA DV, 1856, Brief Jensen 17.1.1967.
353 Sieger 2010, S. 169.
354 S. dazu Kreutzer 2005, S. 28.
355 Ebd., S. 230.
356 Interview Renate Clement.

Berufskunde, Anatomie und Physiologie, Gesundheitslehre, Krankheitslehre, Krankenpflege, gesetzliche Vorschriften zu Infektionskrankheiten und Unfallverhütung, Sozialwissenschaften sowie Arznei- und Ernährungslehre.[357]

Darin zeigte sich das grundlegende Dilemma der Krankenpflegeausbildung: Zwar hatte sich das Berufsbild der Krankenpflege seit den 1950er Jahren zunehmend modernisiert. Es wandelte sich von der Berufung zum Beruf, vom „Liebesdienst" zu einer bezahlten Arbeit mit geregelter Arbeitszeit und Anspruch auf Urlaub und Freizeit.[358] Doch verhinderte das in der Krankenpflegeausbildung vorherrschende medizinische Paradigma eine adäquate Betreuung der Menschen mit Behinderung. „Von manchem Pfleger und von mancher Schwester kann man hören, daß sie zwar jeder Zeit in der Lage sind, ein organisches Leiden üblicher Art festzustellen und wohl auch nach Anordnung der Ärzte zu behandeln [...]; keineswegs gilt das für den Pflegedienst in den Abteilungen der geistesschwachen Pflegebefohlenen", stellte Schmidt fest.[359] Es fehlte in der Ausbildung die Vermittlung der für eine Anstalt für Menschen mit geistigen Behinderungen zentralen heilpädagogischen Kenntnisse. Diese wurden zwar immer wieder als Zusatzausbildung angeboten. Bereits 1958 war nach der Teilnahme an einer Tagung des Verbandes der Deutschen Evangelischen Heilerziehungs-, Heil- und Pflegeanstalten zum Thema „Therapeutische Möglichkeiten im Rahmen der Heilpädagogik" ein interessierter Kreis gebildet worden,[360] der unter Pastor Zacharias-Langhans eine heilpädagogische Ergänzungsausbildung für Männer mit Hausprüfung einführte. „Theoretische und praktische Kurse" setzten „den bisher nur medizinisch ausgebildeten Pfleger instand", die „pädagogischen Aufgaben besser zu verstehen und zu erfüllen."[361] Auch fand 1966 bis 1968 eine vom Landesverband der Inneren Mission in Hamburg berufsbegleitend angebotene Zusatzausbildung für Heilpädagogik in der Krankenpflegeausbildung statt.[362] Doch diese Zusatzausbildungen waren staatlicherseits nicht wie die Ausbildung zur Kinderpflegerin anerkannt.

Pfleger BC erzählt: „1965 habe ich hier in Alsterdorf ein diakonisches Jahr gemacht. Das habe ich nach acht Monaten abgebrochen und bin dann in die Ausbildung der Krankenpflege gegangen. Das war damals die einzige Ausbildung für männliche Mitarbeiter in diesem Bereich mit staatlicher Anerkennung. Immer wieder habe ich bei der Leitung nach heilpädagogischer Zusatzausbildung nachgefragt. Erst Mitte der 1980er Jahre wurde sie dann angeboten. Zur damaligen Zeit war es ja so, dass sämtliche Bereiche, die sich um Behinderte gedreht haben, unter ärztlicher Leitung standen. Da war noch nichts mit Pädagogik und erst recht nichts mit Heilpädagogik."[363]

357 Sieger 2010, S. 172.

358 S. zu diesem Wandel, der Verberuflichung und der Professionalisierung der Krankenpflege, grundlegend Kreutzer 2005.

359 ArESA DV, 191, 30.6.1969.

360 ArESA, Sammlung 32, 6.11.1958.

361 In zwei Winterhalbjahren konnte diese freiwillige Zusatzausbildung seit 1961 mit einer Hausprüfung abgeschlossen werden. ArESA DV, 9, Vorstandssitzung 12.4.1962.

362 Wir helfen, April 1969: Jensen: Die Ausbildung zur Kinderpflegerin, Teil 2.

363 Interview BC.

Arbeitsbedingungen und Arbeitsalltag des Pflegepersonals: Zwischen Identifikation und Überforderung

In der Diakonie herrschten bis in die 1970er Jahren äußerst unattraktive Arbeitsbedingungen mit ungeregelten Dienstzeiten und schlechter Bezahlung. War unter Herntrich noch unumstritten, dass man „für die Anstalt schafft" und zurückstecken musste,[364] konnte Jensen nicht umhin, eine Angleichung der Gehälter, die Anfang der 1950er Jahre in den Alsterdorfer Anstalten 25 % unter dem Tarif lagen,[365] an die öffentliche Tarifordnung vorzunehmen. Ansonsten hätte er weder das alte Personal halten, noch neues gewinnen können. 1957 wurden die volle tarifliche Besoldung der gesamten Mitarbeiterschaft und eine Beseitigung des Besoldungsunterschiedes zwischen Schwestern und Pflegern eingeführt.[366] Drei Jahre später vereinbarte man mit der Mitarbeitervertretung „die allgemeine Verkürzung der Arbeitszeit – in der Pflege auf 48 Wochenstunden, in der Verwaltung und den Wirtschaftsbetrieben auf 45 Stunden", und führte damit die 5-Tage-Woche ein.[367] 1964 erfolgte eine Verkürzung der Arbeitszeit für die Pflegekräfte auf 47 Stunden.[368] Allerdings war die Mitbestimmung zu dieser Zeit sehr begrenzt. Die „Ordnung für die Mitarbeiter-Vertretung in den Alsterdorfer Anstalten" wurde nach Auskunft eines ehemaligen Mitarbeiters „nicht gelebt".[369] Über die Höhe der Gehälter und eventuelle Zulagen entschieden Direktor und Stiftungsvorstand „nach Gutsherrenart". Die Mitarbeitervertretung bekam Entscheidungen des Stiftungsvorstands nur zur Kenntnis und war nicht an der Entscheidungsfindung beteiligt.[370] Erst 1968 wurde eine das Selbstbestimmungsrecht der Arbeitgeberseite berücksichtigende Mitarbeitervertretungsordnung erlassen.[371]

---

364 ArESA DV, 6, 606. Vorstandssitzung 3.7.1953 „Die Gehälter liegen zur Zeit ca. 5–10 % unter TDA [vermutlich Tarif der Diakonischen Anstalten, d. V.] von 1952. Da die inzwischen eingetretene allgemeine Erhöhung um 20 % nicht eingeführt werden konnte, liegen sie zur Zeit ca. 25 % unter dem TDA. Die niedrigen Löhne und Gehälter haben bislang nicht zu Schwierigkeiten im Betrieb geführt. Es ist hoch anzurechnen, daß der Betriebsrat seit Monaten keine Forderungen gestellt hat."

365 ArESA DV, 6, Vorstandssitzung 24.9.1954.

366 ArESA DV, 8, beschlossen Vorstandssitzung 7.2.1956.

367 Ebd., S. 14. Die Besoldung stieg von 1955 bis 1967 um das Viereinhalbfache, sie betrug 1955 35 % des Gesamtaufkommens, 1967 58 %. Diese Steigerung war nur durch die Steigerung der staatlichen Kostgelder möglich. BuB 1967, Die Mitarbeiterschaft der Alsterdorfer Anstalten. Ein Rückblick auf 12 Jahre von J. Jensen, S. 16–18, hier S. 16.

368 ArESA DV, 296.

369 Erstellt aufgrund der Richtlinien für Mitarbeiterausschüsse in den Einrichtungen, Anstalten und Dienststellen, die dem Werk der Inneren Mission und des Hilfswerks der EKD angeschlossen sind vom 23.11.1962 und aufgrund des Mitarbeitervertretungs-Gesetzes der Ev. luth. Kirche im Hamburgischen Staate vom 4.7.63. Wir danken Dieter Fenker für die telefonische Auskunft.

370 Ebd.

371 Einer Tarifbindung trat Alsterdorf 1991 bei, allerdings als eine der ersten diakonischen Einrichtungen in Deutschland. Ebd.

Auch wenn man sich offiziell der gesetzlich geregelten Arbeitszeit anglich,[372] galt weiterhin das Leitbild des aufopferungsvollen Liebesdienstes. Einem „diakonischen Werk der christlichen Liebestätigkeit" angemessen, regelte die Dienstordnung Überstunden, Vertretungen und die Einteilung des Dienstes und unterlief damit die tariflichen Regelungen.[373] Die Mitarbeiter waren grundsätzlich zum Abend- und Sonntagsdienst verpflichtet,[374] und es wurde „erwartet, daß sie im Bedarfsfalle auch über die normale Arbeitszeit hinaus unaufschiebbare dienstliche Aufgaben" erfüllten.[375] Dies führte nicht selten zu einer Wochenarbeitszeit von 70–80 Stunden. Auch in Alsterdorf war das Zwei-Schichtensystem mit einer Tag- und einer Nachtschicht üblich, wobei die Nachtschichten nicht nur vom Pflegepersonal, sondern auch von den MitarbeiterInnen der Wirtschaftsbetriebe und Werkstätten übernommen werden mussten. Durch den geteilten Dienst der Tagschicht, von früh morgens bis spät abends, einzig unterbrochen von einer zwei- bis dreistündigen Mittagspause, waren die Arbeitstage unverhältnismäßig lang. „Diese Arbeitsorganisation setzte voraus, dass die Schwestern [und das übrige Pflegepersonal, d. V.] in Unterkünften der Krankenanstalten lebten und auf ein eigenständiges Leben jenseits der Anstalt verzichteten."[376]

Die unverhältnismäßig langen und nicht planbaren Arbeitszeiten durch Sonderdienste, eine im Vergleich zu anderen Arbeitsplätzen schlechte Bezahlung und auch die Abgeschlossenheit der Anstalt trugen somit nicht gerade zur Attraktivität der Arbeitsplätze in Alsterdorf bei. Zwar erfolgte in den 1950er und 1960er Jahren eine kontinuierliche Zunahme der Mitarbeiterschaft im Pflege- und Ausbildungsbereich um fast 50 %[377] – von 472 im Jahre 1955 auf 675 im Jahre 1967, und dies bei gleichbleibender Anzahl der „Pfleglinge"[378] –, doch blieb der Personalmangel und damit die Arbeitsüberlastung nach wie vor aktuell. Eine 1974 entstandene Studie zum Thema „Zufriedenheit und die Wahrnehmung von Arbeitsbedingungen und Einstellungen zu Aspekten der Arbeit beim Pflegepersonal einer Anstalt für geistig Behinderte" beleuchtete die Gründe für die hohe Fluktuation sowie die Motivation der Mitarbeiterschaft unter Einschluss der Bedeutung des christlichen Glaubens und die Arbeitsbedingungen des Pflegepersonals.[379] Die Studie zeigt anschaulich sowohl

---

372 Kreutzer 2005, S. 26. 1956 54-Stunden-Woche, 1958 51 Stunden, 1960 48 Stunden, 1974 dann 40 Stunden.

373 BuB 1967, Die Mitarbeiterschaft der Alsterdorfer Anstalten. Ein Rückblick auf 12 Jahre von J. Jensen, S. 16–18, hier S. 16.

374 ArESA DV, 697, Dienstordnung vom 15. Juni 1956 (§ 3, 4).

375 Ebd.

376 Kreutzer 2005, S. 18. Vgl. Ähnliches für die Rotenburger Anstalten, Kiss 2011, bes. S. 81.

377 1961/62 Gesamtpersonal 552, 164 Schwestern und Pflegerinnen, 69 Pfleger, 54 Krankenpflege- und Kinderpflege-Schülerinnen, 8 Lernpfleger und 4 Kochlehrlinge. BuB 1961/62. 1965/66 bereits 661 MitarbeiterInnen, darunter 262 im Pflegedienst. BuB 1965/66. Im Vergleich dazu fiel die Zahl der BewohnerInnen leicht ab (1956/57: 1.238; 1961/62 1.208; 1965/66: 1.211).

378 BuB 1967, Die Mitarbeiterschaft der Alsterdorfer Anstalten. Ein Rückblick auf 12 Jahre von J. Jensen, S. 16–18, hier S. 16.

379 Vgl. Horstmann 1974. Zielperspektive dieser Untersuchung sollte die Veränderung der Organisationsstruktur hin zu einer größeren Zufriedenheit sein. Grundlagen der Datenerhebung war eine dreiwöchige teilnehmende Beobachtung Horstmanns als Pflegehelfer auf verschiedenen Stationen sowie zehn explorative Interviews und ein darauf aufbauender

den Umbruch in der Arbeitsmotivation um 1970, insbesondere bei den jüngeren Beschäftigten, und die Grundlagen für Zufriedenheit besonders bei längerer Zeit in Alsterdorf beschäftigten älteren Mitarbeitern und Mitarbeiterinnen.[380]

„Hier bleibst du nicht" – hohe Fluktuation

Georg Mitterhuber ist einer von sechs ehemaligen Schwestern und Pflegern, die über ihre Erinnerungen an den Arbeitsalltag in der Anstalt berichteten.[381] Nachdem er den Friseurberuf erlernt hatte, kam er über verwandtschaftliche Beziehungen nach Alsterdorf und fing 1958 im Alter von 24 Jahren im Haus Heinrichshöh, wo dreißig Männer mit zum Teil schweren Behinderungen lebten, als Hilfspfleger ohne jede Vorbereitung auf seine Arbeit an. Die Zustände in Haus Heinrichshöh empfand er als katastrophal, dreißig bis vierzig Bewohner in einem Schlafraum und aufgrund der Raumnot und mangelnder sanitärer Vorrichtungen ein unausstehlicher Geruch. Seine erste Reaktion war: „Hier bleibst du nicht! Wenn Sie da morgens reingegangen sind, das war katastrophal." Von einem Verwandten wurde er darauf hingewiesen, dass das „eine richtige Prüfung" sei. „Wer da besteht, der kann weitermachen, darf dableiben."[382] Hier wird der Dienst als Prüfung geschildert. Die Überwindung des anfänglichen Schocks über die Zustände in Alsterdorf – Massenschlafsäle, Überfüllung, mangelhafte sanitäre Einrichtungen –, der bei vielen InterviewpartnerInnen noch lebendig ist, wurde zu einem Prüfstein dafür, ob man dieser Arbeit gewachsen war. Tatsächlich war es so, das zeigt ein stichprobenartiger Blick in die Personalbücher,[383] dass in Alsterdorf eine hohe Fluktuation des Personals vorherrschte. Im „männlichen Bereich" kündigten viele als Hilfspfleger Eingestellte bereits nach kurzer Zeit, vielfach schon zum nächsten Monat ihre Arbeit wieder auf.[384] Andere wurden durch die Anstaltsleitung entlassen, wohl häufig, weil sie nicht geeignet waren (z. B. heißt es zur Begründung „da der Dienst zu schwer") oder weil sie sich etwas zuschulden kommen ließen („Kündigung durch die Anstaltsleitung", „Fristlos d. d. Anstaltsleitung").[385] Für die hohe Fluktuation spielte die Anwerbung des Personals keine unbedeutende Rolle.

Fragebogen mit 139 Fragen. Dieser hatte einen Rücklauf von 47 %. Den Fragebogen erhielten insgesamt 304 im Pflegebereich Tätige.

380 Horstmann 1974, S. 36ff.

381 Es handelt sich um zwei Schwestern, die in dem Zeitraum 1940er/1950er Jahre, zwei Schwestern, die in dem Zeitraum 1960/70er, und zwei Pfleger, die in dem Zeitraum 1950er bis 1970er Jahre ihre primären Erfahrungen gemacht haben.

382 Interview Georg Mitterhuber.

383 ArESA, Personalwesen, Mitarbeiter, weiblich und Mitarbeiter, männlich 1945–1979. Eine statistische Gesamtauswertung wäre wünschenswert, war hier jedoch nicht zu leisten.

384 Die Vorbildung lässt sich anhand dieser Bücher nicht feststellen. Es kann jedoch davon ausgegangen werden, dass nur wenige eine pflegerische Ausbildung mitbrachten.

385 ArESA, Personalwesen, Mitarbeiter, weiblich und Mitarbeiter, männlich 1945–1979, z. B. 1960, S. 36. „Kündigung in gegenseitiger Übereinkunft § 175". Der § 175 des deutschen Strafgesetzbuches (§ 175 StGB-Deutschland) existierte vom 1. Januar 1872 (Inkrafttreten des Reichsstrafgesetzbuches) bis zum 11. Juni 1994. Er stellte sexuelle Handlungen zwischen Personen männlichen Geschlechts unter Strafe.

Personalsuche 1957.

Es wurde über das Arbeitsamt und über Inserate in Zeitungen akquiriert. Andere Vermittlungsquellen waren „das Amt für Gemeindedienst, Pastoren oder die Bahnhofsmission. Von den beiden letzteren w[u]rden oft ehemalige Straffällige oder im Leben Gescheiterte vermittelt". Diese Gruppe verließ am ehesten wieder die Anstalt.[386] 1974 bestätigten immerhin 77 % der Befragten, dass sie vorhaben, „in nächster Zeit aus Alsterdorf wegzugehen."[387] D. h., die Arbeit blieb auch bei denen, die den Schock des Anfangs überwunden hatten und länger in Alsterdorf blieben, prekär. Allerdings hatten diese gute Aufstiegschancen. So fällt in den Personalbüchern auf, dass die meisten bereits nach kurzer Zeit begannen, eine hausinterne Weiter- oder Ausbildung zu machen. Innerhalb weniger Jahre konnten sie dadurch vom Hilfspfleger zum Pflegehelfer und dann zum Oberpfleger in leitender Position aufsteigen.[388]

Auch nachdem die Alsterdorfer Anstalten seit Anfang der 1960er Jahre für nicht entsprechend vorgebildete Neueinsteiger eine arbeitsbegleitende einjährige Ausbildung zum Pflegehelfer oder zur Pflegehelferin anboten, änderte sich die hohe Fluktuation nicht. Dies mag belegen, dass es für den Dienst in Alsterdorf entweder der besonderen persönlichen Motivation oder eines ökonomischen Zwangs bedurfte, um den bis weit in die 1970er Jahre hinein in manchen Häusern vorherrschenden katastrophalen Anstaltsalltag bewältigen zu können.

Der permanente Pflegenotstand führte Ende der 1960er Jahre dann dazu, auch nicht evangelisch-lutherisches Personal und vermehrt Zivildienstleistende im männlichen Bereich einzusetzen.[389] Zu dieser Zeit betrug die Pflegeschlüsselzahl 7:1, d. h. ein/e MitarbeiterIn sollte für sieben BewohnerInnen zuständig sein.[390] Doch Personalnot und fehlende Qualifikation blieben bestehen: „Sie müssen sich vorstellen, dass ist ja ein ganz großer Gegensatz zu heute", erzählt der Pfleger BC, „es gab ja kaum Arbeitslosigkeit, und wenige wollten in der Behindertenbetreuung mithelfen. Wiederholt kamen Leute, die schlecht vermittelbar waren. Bei ihnen fehlte der ganz große Enthusiasmus. Die große Begeisterung war dann merkwürdigerweise häufig

---

386 Horstmann 1974, S. 5.

387 Ebd., S. 29.

388 ArESA, Personalwesen, Mitarbeiter, weiblich und Mitarbeiter, männlich 1945–1979, Nr. 775, 1959.

389 Zivildienstleistende konnten sich zum Pflegehelfer ausbilden lassen. Horstmann, S. 5.

390 Horstmann 1974, S. 5. 1974 strebte man 5/1 an.

bei Zivildienstleistenden vorhanden, die die Erfahrung in Alsterdorf dann auch in ihre Berufsentscheidung miteinbezogen."[391] Auch der Heilerziehungspfleger Horst Wallrath erinnert sich in diese Richtung: „Ich habe mit 18 Jahren zunächst als Pflegehelfer im geschlossenen Bereich in Heinrichshöh angefangen. Aber ohne große Einarbeitung, ohne große Vorkenntnisse. Es wurde gesagt, ,Da ist jemand, der fängt heute an'. Es wurde auch nicht nach Zeugnissen und Qualifikationen gefragt. Das war die Zeit, wo eigentlich jeder, der wollte, genommen wurde."[392] 74 % der männlichen Pflegekräfte hatten 1974 keine adäquate Ausbildung, sondern arbeiteten vor ihrer Arbeit in Alsterdorf in einem nicht-pflegerischen Beruf.[393] Horstmann konnte in seiner Studie außerdem feststellen, dass „proportional sehr viel weniger Männer als Frauen" länger als zwei Jahre in Alsterdorf beschäftigt waren. Als Grund führte er an, dass die Arbeit den „männlichen" Bedürfnissen weniger entgegenkäme als den „weiblichen" Bedürfnissen, und dass Männer mehr berufliche Alternativen im Arbeitsleben hatten als Frauen.[394]

Doch auch im „weiblichen Bereich" gab es eine hohe Fluktuation. Allerdings trat diese zumeist bereits während der Ausbildungszeit ein, da die Anstaltsleitung gezielt auswählte. Zahlreichen Schwesternvorschülerinnen wurde nach einer Begutachtung ihrer Leistungen und Einstellungen durch speziell tagende Ausbildungskonferenzen nahegelegt, von sich aus oder im gegenseitigen Einvernehmen zu kündigen. Auch wurde über ihre Weiterbildung beraten und vielfach negativ beschieden, wenn die Persönlichkeit nicht genügend reif erschien.[395] Dabei wurden zum Teil auch Kriterien wie Gehorsam und Anpassung angelegt. Z. B. heißt es zu einer Schülerin: „Ihr zwiespältiges Wesen (,flink und fleißig', ,schnippisch und laut') verursacht immer wieder große Schwierigkeiten im Heim und auf der Station. Sie soll von Frau Oberin ernstlich vermahnt werden; falls keine Besserung eintritt, soll ihr zum 30.9. gekündigt werden."[396] Wurden die Vorschülerinnen in die Schwesternausbildung übernommen, kündigten sie nicht selten nach kürzerer Zeit „wegen Heirat". Dagegen garantierte die Entscheidung, Alsterdorfer Schwester zu werden und damit zölibatär zu leben Aufstiegsmöglichkeiten und lebenslange Versorgung durch die Anstalt.

---

391 Interview BC.

392 Interview Horst Wallrath.

393 Horstmann 1974, S. 41.

394 Ebd., S. 40.

395 ArESA, Sammlung 32. In den Protokollen der sogenannten Ausbildungskonferenzen heißt es z. B. in einem Fall: „Wir wären froh, wenn sie von sich aus abgehen würde" und in einem anderen: „soll in der Kinderpflege bleiben, sich nicht auf Krankenpflege einstellen, weil sie es theoretisch nicht schaffen würde." (23.11.1958).

396 ArESA, Sammlung 32, 11. Juli 1958.

„EINE SCHULE FÜR'S LEBEN" –
EIN GESPRÄCH MIT DEN ERSTEN ZIVILDIENSTLEISTENDEN IN ALSTERDORF

Mittlerweile ist der Zivildienst Geschichte. Zum 1. Juli 2011 wurde die Wehrpflicht
in Deutschland ausgesetzt und damit auch der seit 1961 mögliche Zivil- oder Wehr-
ersatzdienst.[397] Am Anfang der Geschichte stehen der Kfz-Mechaniker Harro Jensen
(*1941)[398], der Schauspieler und Literat Theo Froehlich (*1937)[399] und der Lehrer Holger Müller (*1938). Sie gehörten zu den ersten anerkannten Zivildienstleistenden in
Deutschland und kamen 1962 in die Alsterdorfer Anstalten.[400] Fünfzig Jahre später, im
April 2012 trafen sie sich erneut, um ihre Erinnerungen auszutauschen und darüber zu
berichten.

Interviewerin (I): „Wie sind Sie denn nach Alsterdorf gekommen?"

Theo Froehlich (F): „Ich gehöre zu den ersten Kriegsdienstverweigerern. Nachdem ich
anerkannt worden war, habe ich mich in Alsterdorf als Zivildienstleistender beworben
und wurde sofort genommen. Am ersten Tag bekam ich einen weißen Kittel und eine
graue Hose, und Bruder H. zeigte mir die Anstalt. So was hatte ich in meinem Leben
noch nicht gesehen. Wir gingen in ein flaches Haus, wo es keine Türklinken gab, also
musste er immer auf- und wieder abschließen. Dann kamen wir in einen langen Saal
mit lauter Betten hintereinander mit Stroh, in denen zwei, drei Personen schliefen. Da
gab es ein offenes Klo, da saß einer und sagte: ‚Herr Pfleger!' und spuckte mich an. Ich
dachte: ‚Na gut, ich bin sozial engagiert, ist in Ordnung.' Von da aus ging es in den
Wachsaal. Die Pfleger wurden mir vorgestellt, drückten mir den Schlüssel in die Hand,
und ich war drin, und Bruder H. ging raus. Ich dachte, er zeigt mir die Anstalt, aber das
war's, ich musste im Wachsaal bleiben. Das ging innerhalb von fünf Minuten."

Harro Jensen (J): „Bei mir war das so, dass ich von vornherein nicht zur Bundeswehr
wollte. Ich gehörte zur Internationale der Kriegsdienstverweigerer.[401] Mein Großvater
hatte eine Zeit lang in den Alsterdorfer Anstalten gearbeitet, und ich hatte gehofft,
dass ich in Stegen arbeiten könnte. Doch dann bin ich in die Anstalt gekommen, in
den Eichenhof. Das war eine Krankenstation mit Behinderten, zum Teil waren das auch
Schwerstbehinderte. Später habe ich das Essen mit einem Elektrocar zu den Häusern

---

397 Der Kriegsdienst kann allerdings immer noch aus Gewissensgründen verweigert werden. In
     Deutschland wurden die gesetzlichen Bedingungen durch das Zivildienstgesetz geregelt, das
     am 1. April 1961 in Kraft trat.
398 Vom 2.4.1962–14.9.1963 in Alsterdorf.
399 Vom 3.4.1962–31.3.1963 in Alsterdorf.
400 Neben dem Zivildienst war in den 1950er Jahren der Internationale Zivildienst, dann auch das
     freiwillige Diakonische Jahr bedeutsam zur Rekrutierung von Personal.
401 Eine Organisation von Antimilitaristen, Pazifisten und Kriegsverweigerern, die sich 1947 in
     Hamburg in der Nachfolge vom Bund der Kriegsdienstgegner konstituierte. http://de.wiki
     pedia.org/wiki/Internationale_der_Kriegsdienstgegner/innen (5.6.2012). Im Grundgesetz für
     die Bundesrepublik Deutschland erhielt die Kriegsdienstverweigerung aus Gewissensgründen
     1949 erstmals den Rang eines Grundrechts, das sich aus der Glaubens- und Gewissensfreiheit
     ergibt.

gefahren. Zum Herbst hin habe ich mit einer Gruppe das Gelände geharkt, habe Au-ßenarbeiten verrichtet."

Holger Müller (M): "Ich war ein junger Lehrer und wollte ursprünglich ins Krankenhaus, zu normalen Menschen. Und dann musste ich nach Alsterdorf, weil es keine andere Möglichkeit gab, weil alle anderen Stellen besetzt waren. Als ich mich in Alsterdorf vorstellte, wurde ich nach meiner Konfession gefragt, und ich hatte keine, ich gehörte keiner Kirche an, auch jetzt noch nicht. Da hat der Inspektor zu mir gesagt: ,Dann können Sie hier keinen Dienst machen.' Daraufhin bin ich zu Pastor Jensen gegangen, der es dann erlaubte, weil beim Fensterputzen ja die Konfession keine Rolle spiele. Nachdem mich der Oberpfleger R. durch die Anstalt geführt hatte, bin ich nach Hause gekommen und habe zu meiner Frau gesagt: ,Du, das halte ich nicht aus.' Ich wollte eigentlich nicht zu Blöden und Idioten. Doch schon im Laufe der ersten vierzehn Tage in Alsterdorf veränderte sich das Gesicht der mir anvertrauten Pfleglinge total. Ich lernte sie kennen, bekam einen inneren Bezug zu ihnen, das war wunderbar für mich, und auch für die Pfleglinge. Wir waren dann ein Herz und eine Seele und haben viele schöne Dinge gemacht im Haus Wartburg."

I: "Haben Sie eine Einführung bekommen?"

M: "Wirklich überhaupt keine. Auf meiner Nachbarabteilung war ein netter Pfleger, und den habe ich dann einiges gefragt. Der hat mir auch wirklich hilfreiche Tipps gegeben, aber sonst niemand. Der eine Arzt, den ich mal gefragt hatte in meiner Not, der hat gesagt: ,Verdreschen Sie ihn mal ordentlich!' Also so abstrus war das."

F: "Sie müssen bedenken, wir waren damals 23, 24 Jahre alt. Also ganz junge Kerle. Wir hatten Phantasie, wir haben viel mit Phantasie gemacht und mit Engagement, wir waren halt die erste Garde. Zu der Zeit wurde auch zuweilen geschlagen. Das habe ich auch erlebt, und ich muss gestehen, ich habe auch mal geschlagen. Im Nachhinein tut mir das sehr leid!"

I: "Was waren Ihre Arbeitsaufgaben?"

J: "Im Eichenhof da gab es als Unterlage keine Matratzen, sondern so Streusäcke, die man umfüllen musste und auf die dann wieder neue Bezüge gezogen wurden. Zum Teil bin ich in der Apotheke der Anstalt gewesen und habe da Pillen abgezählt für die verschiedenen Häuser und Eucerin Creme oder Kräuterschnaps hergestellt."

F: "Im Wachsaal war immer ein berufsmäßiger Pfleger mit dabei. Die Pfleger, die waren halt vom alten Schlag, das waren keine Studierten, die verstanden nur enorm was von Menschen, und das war das Entscheidende für uns. Wir haben viele Späße gehabt miteinander. Ich kann mich nicht entsinnen, dass wir irgendwelche Angebote gehabt hätten, kultureller oder handwerklicher Art im Wachsaal. Ab und zu ging bei uns das rote Telefon, dann hieß es ,Kommt mal!' Da gingen wir dann dorthin und haben einen Bewohner, der aggressiv war, eingesammelt, und dann kam der erst mal zur Beruhigung zu uns."

M: "Wir haben alles gemacht, auch Toiletten sauber gemacht."

F: "Oder man hat halt einen Pflegling beauftragt, das konnte man auch machen. So: ,Kalli mach mal!' Wenn es zu schlimm war."

Vor dem Eichenhof.
Li. der Zivildienstleistende
T. Froehlich, 1963.

M: „Das ging bei mir nicht, Teddy ließ sich zu so was nicht anstellen, der wusch ab, holte auch die Essenskübel rauf, das machte er, aber Toiletten putzen, das machte er nicht. Das habe ich auch lieber selber gemacht, damit das auch wirklich richtig sauber war."

I: „Wie war ihr Verhältnis zu den Bewohnern?"

M: „Ich hatte einen Hilfsjungen, der war Anfang dreißig, der machte nichts. Der guckte immer nur aus dem Fenster, und wenn ich ihm gesagt habe: ‚Teddy, komm wir waschen jetzt ab', guckte er kurz abschätzig und machte es nicht. Aber Sonnabend kriegte er seinen Ausgangsschein, und dann hörte ich von anderen, die ihn schon länger kannten, der läuft durch ganz Hamburg, von Alsterdorf nach Blankenese, verläuft sich nie und ist immer pünktlich da. Ich dachte mir: Irgendwie muss ich den doch mal zu was Vernünftigem anstiften können. War nicht möglich, was ich auch versucht habe. Dann habe ich geheiratet und meine Frau hatte mir zur Hochzeit diese Uhr geschenkt. Und dann kam ich morgens in die Abteilung und sagte: ‚Hier Teddy, hat meine Frau mir geschenkt.' Das war der Durchbruch. Da ging er mit mir zu seinem Schrank, schloss ihn auf, holte eine Uhr raus und zeigte mir glückstrahlend seine Uhr. Da sagte ich: ‚Komm Teddy, jetzt waschen wir ab.' Und von da an ging das.

Ein anderes Beispiel: Ich musste einmal einen Epileptiker nach Hause holen. Ich brachte ihn in seinen Schlafsaal, zu seinem Bett, und dann wurde er ungeheuer aggressiv,
wollte mich verprügeln, und ich konnte nur schnell zur Tür und habe beruhigend auf
ihn eingeredet, dann legte er sich schlafen. Was dann so berührend für mich war, zwei
Tage später kommt dieser Mann zu mir und sagt: ‚Es tut mir so leid, wie ich zu Ihnen
war, aber Sie wissen ja, ich bin krank.' Der konnte eben auch, wenn wir Freizeit hatten,
seine Logarithmen Tafeln einsetzen, er spielte auch Schach mit mir."

I: „Hat Ihnen etwas missfallen?"

M: „In den Alsterdorfer Anstalten kam es einmal im Jahr zu einem großen Ausflug, da
charterten sie Busse und Dampfer und fuhren auf die Elbe raus. Nun hielt jede Woche
ein Diakon, Herr P., seine Andacht auf den Stationen. Und ein Bewohner, das war der
Apotheker, der immer saubermachte, der ging zu dieser Andacht nicht hin, weswe-
gen er vom Anstaltsausflug ausgeschlossen wurde. Als ich unchristlicher Zivi davon
erfuhr, habe ich gesagt: ‚Das kommt nicht in Frage', denn Herr S. freute sich wie alle
anderen darauf. Ich ging zum Inspektor und sagte, ‚Wenn Herr S. nicht mitgenommen
wird, dann kommt meine ganze Abteilung nicht mit. Und nicht nur meine Abteilung,
ich habe mit dem Oberpfleger gesprochen, das ganze Haus Wartburg kommt nicht
mit zum Ausflug.' Dann durfte der mit. Soweit zu den christlichen Gepflogenheiten
damals."

I: „Was nehmen Sie aus Ihrer Zeit in Alsterdorf mit?"

J: „Für mich ist es eine gute Zeit gewesen, ich habe viel gelernt für später."

M: „Diese Erfahrung in dieser Anstalt mit diesen mir anvertrauten Pfleglingen war auch
eine ganz elementar wichtige Grunderfahrung für mich. Bis dahin wollte ich mit Behinderten eigentlich nichts zu tun haben. Und jetzt lernte ich sie kennen und schätzen,
ja hatte sie geradezu gern. Nicht umsonst war ich später in Hamburg als Oberschulrat
Projektleiter für die Integration behinderter Kinder in die allgemeinen Grundschulen."

F: „Wir haben das, was in uns drin war, entwickeln können. Es ist natürlich am Ende
eines Lebens schon aufregend zu wissen, dass man Pionier gewesen ist, dass wir etwas
in die Wege geleitet haben, was dann in den 70er Jahren explodierte. Und heute gibt
es den Zivildienst nun nicht mehr! Das ist ja nun ganz verrückt, dass wir unsere eigene
Geschichte überleben, die ganze Gesellschaft hat das überlebt."[402]

Reglementierte Freizeit – der Kost- und Logiszwang in der Anstalt

Streng nach Geschlechtern getrennt lebten, wohnten und arbeiteten die Pfleger und
Schwestern auf dem Anstaltsgelände. Die Vorschülerinnen im Haus in der Sonne,
die Schwestern im Schwesternhaus oder in anstaltseigenen Zimmern und Wohnungen, die ledigen Pfleger im Simon-Schöffel-Heim, die Oberpfleger zusammen mit

---

402 In einem Bericht des Diakonischen Werkes 1969 heißt es, dass die Zahl der Zivildienstleistenden von 3.500–4.500 1966 auf 11.526 1968 angestiegen sei und auch die Politisierung.
ArESA DV, 1855, 26.3.1969: Das diakonische Werk der EKD.

Schwesternheim Heinrich-Sengelmann-Haus, 1950er Jahre.

ihrer Familie vielfach in den von ihnen geleiteten Häusern. Die Arbeitszeiten, z. B. im geteilten Dienst, konnten dadurch ganz auf die Bedürfnisse des Betriebes abgestimmt werden. Denn nur so konnten die MitarbeiterInnen die zwei- bis dreistündige Mittagspause im geteilten Dienst aufgrund des Wegfalls des Arbeitsweges ansatzweise als Freizeit und zur Entspannung nutzten. Außerdem waren die Unterkünfte vergleichsweise billig „und damit dem geringen Einkommen" angepasst.[403] Die Folge dieser Regelung war, dass Arbeit und Freizeit nicht oder kaum getrennt waren, und es wenig Privatleben gab. Das Personal war aufgrund der Bedingungen einer „totalen Institution", der Abgeschlossenheit von der Umwelt, im Prinzip genauso auf dem Gelände gefangen wie die Betreuten. Der Ausgang war zeitlich beschränkt. „Wir hatten um elf zu Hause zu sein", erzählt Schwester Gretel Wiese. „Das waren strenge Sitten hier. Mich brachte ein befreundeter Pastor zurück, wenn es einmal zu spät war. Dann wurde ich nicht eingetragen, wenn es schon nach elf war."[404] Andererseits war man aber auch in der Gruppe aufgehoben. So erinnert sich Horst Wallrath durchaus positiv: „Ich habe im Pflegerwohnheim Simon-Schöffel-Haus gewohnt. Im ersten Stock, mit ungefähr achtzehn oder zwanzig anderen Pflegehelfern und Zivildienstleistenden. Ich glaube für achtzig Mark. Das war sehr praktisch, ein Zimmer zu haben direkt vor Ort auf dem Anstaltsgelände. Die Wege waren kurz zur Arbeit und zurück, und es war gut, mit Leuten zusammen zu sein, weil das nicht dazu geführt hat, irgendetwas anzugrübeln oder irgendetwas mit sich alleine auszumachen."[405]

In den Wohnheimen unterstanden Schwesternvorschülerinnen und Schwestern der Kontrolle der Heimleiterin bzw. Oberin, die ledigen Pfleger dem Heimvater. Die entsprechenden Hausordnungen zeichnen ein Bild der Ziele und Auflagen des Zu-

---

403 Kreutzer 2005, S. 164.
404 Interview Gretel Wiese.
405 Interview Horst Wallrath.

sammenlebens. Im Sinne der Gemeinschaftsbildung sollten die Schwestern „zu einer frohen schwesterlichen Gemeinschaft" zusammenwachsen und die Pfleger „immer daran denken, daß wir alle Brüder sind und eine Gemeinschaft bilden".[406] Bei den Schwesternvorschülerinnen zählten dazu gegenseitige Rücksichtnahme, Hilfsbereitschaft, Verantwortung und Pünktlichkeit sowie die Teilnahme an den gemeinsamen Mahlzeiten und den wöchentlichen Heimabenden. Außenkontakte unterlagen der Kontrolle: bei „Verlassen des Hauses – außer zum Dienst" musste man sich bei der Heimschwester ab- und wieder anmelden, „hausfremde Besucher" mussten ihr vorgestellt werden. Der Ausgang war zeitlich auf 22 Uhr begrenzt, die zweistündige Mittagsruhe musste „zum Ausruhen" genutzt werden, ab „22 Uhr" hatte „unbedingte Ruhe im Heim" zu herrschen.[407] Diese strengen Regeln dienten auch „der Erziehung zur ‚Schwesternpersönlichkeit'".[408]

Gudrun Vesper erinnert sich an die geschickte Einpassung in das „christliche Haus"[409] und die schwesterliche Gemeinschaft im Jahre 1959: „Im Haus in der Sonne, im Schülerinnenheim, wohnten wir zu dritt in einem Zimmer. Wenn die Heimschwester sonntags Dienst hatte und die Mädchen frei hatten, dann ging sie vor dem Kirchgang durch die Zimmer. Wir mussten nicht zum Gottesdienst, aber wir sollten wenigstens nicht während des Gottesdienstes im Bett liegen. Das hat sie dann geschickt gemacht, da gab es immer ein gemütliches gemeinsames Frühstück mit Ei usw. Und dann war es eigentlich Usus, dass alle, die beim Frühstück waren, auch mit zum Gottesdienst kamen."[410]

In einigen Häusern im „männlichen Bereich" wohnten die Hauseltern im selben Haus wie die Betreuten. Hier war die Trennung zwischen Wohnen und Arbeiten noch geringer. Wirksam war hier ein am Familienmodell orientiertes Zusammenleben. „Herr und Frau S. haben als Elternpaar das Haus geleitet", berichtet Georg Mitter-

```
       Heim-Ordnung für das "Haus in der Sonne".
       -------------------------------------------------

Dieses Heim ist ein christliches Haus.
Wir bekennen uns zu Geist und Ordnung dieses Hauses, welche be-
stimmt werden durch das Werk Heinrich Sengelmanns, der die Alster-
dorfer Anstalten als ein Werk freier evangelischer Liebesarbeit
begründete.

Wir wollen zusammenwachsen zu einer frohen schwesterlichen Gemein-
schaft. Wir begegnen einander mit gegenseitiger Rücksichtnahme,
Hilfsbereitschaft und allen guten Eigenschaften, die ein solches
gemeinsames Leben ermöglichen, und wollen in allem mitverantwort-
lich handeln.

Wir bemühen uns, pünktlich an unseren Arbeitsplätzen zu sein, und
halten uns nach Dienstschluß nicht auf den Stationen auf.
```

Ordnung für das Haus in der Sonne, dem Vorschülerinnenheim, 1950er Jahre.

---

406 ArESA, Sammlung 4. „Heim-Ordnung für das ‚Haus in der Sonne'" 1956, „Hausordnung für das Pfleger-Heim im Simon-Schöffel-Haus", 1950er Jahre.

407 Ebd.

408 Kreutzer 2005, S. 164.

409 „Heim-Ordnung für das ‚Haus in der Sonne'" 1956. ArESA, Sammlung 4.

410 Interview Gudrun Vesper.

Schülerinnenzimmer im Internat Haus in der Sonne, 1956.

huber rückblickend. „Herr S. war für ganz Heinrichshöh zuständig. Frau S. hatte
mehr das Wirtschaftliche unter sich, machte die Wäsche, nähte usw. Er und seine Frau
haben oben gewohnt." Unterordnung und Gehorsam standen hier im Mittelpunkt. In
den 1960er Jahren lockerte sich der Kost- und Logiszwang etwas. So arbeitete Renate
Clement im Haus Bethlehem, in dem es auch drei Schwesternzimmer gab. „Da sollten eigentlich die Schwestern wohnen, die da arbeiteten, aber das haben wir nicht
gemacht. Dann wäre man ja nur im Dienst gewesen."[411] Auch wurde die strikte Geschlechtertrennung durch heimliche „Herrenbesuche" immer schwerer durchsetzbar.
„Jeder zweite Busch längs des Geländers zum Kellereingang" am Haus in der Sonne,
„müßte entfernt und die übrigen Büsche stark beschnitten werden, um die häufigen,
nächtlichen Besuche männlicher Personen zu erschweren", heißt es in dem Protokoll
einer Dienstbesprechung. Es wurde tatsächlich überlegt, das Vordringen männlicher
Personen durch „evtl. Errichtung schwerer, hoher Quer- bzw. Stacheldrahtzäune" zu
verhindern.[412]

---

411 Interview Renate Clement.
412 ArESA DV, 191, 15.6.1969 Ordnung Haus in der Sonne und Notiz 2.7.1969.

„Ich war also die ganze Zeit alleine tätig" – Arbeitsalltag

Lange Arbeitszeiten waren in Alsterdorf trotz der Angleichung an die Tarifordnung üblich, siebzig bis achtzig Stunden in der Woche keine Seltenheit. „Ich habe nie auf die Uhr geschaut. Wir haben ja früher geteilten Dienst gemacht, der ging den ganzen Tag, außer zwei Stunden Mittagspause. Da habe ich ja zum Glück hier eine Wohnung gehabt und konnte dorthin gehen. Und dann war man bis zum Abend da. Später bekamen wir einen Abenddienst und dann kam auch noch ein Nachtdienst. Das waren die Anfänge",[413] erinnert sich Schwester Ilse Stein.

In der in Alsterdorf praktizierten Ganzheitspflege waren die Schwestern und Pfleger pflegerisch und hauswirtschaftlich für eine bestimmte Anzahl von Betreuten zuständig. Nach Kriegsende waren die Gruppen sehr groß. „Im Hohen Wimpel gab es einen großen Schlafsaal mit dreißig Betten, in dem ich selbst auch schlief. Es gab ja noch kein Schwesternhaus", erzählt Ilse Stein. Später nach dem Umbau der Häuser verkleinerten sich die Gruppen in manchen Abteilungen, doch die hauswirtschaftlichen Tätigkeiten dominierten nach wie vor: So lebten in der Wohngruppe von Gudrun Vesper „zwölf Mädchen. Ein Teil war schon ein bisschen älter, um die zwanzig. […] Wir mussten alles machen. Ich sage lieber mal, was wir nicht machen mussten: Wir brauchten nicht kochen, das Mittagessen kam in großen Kübeln. Wir brauchten nicht die Mangelwäsche waschen, also Bettwäsche, Handtücher und Lätzchen gab es aus dem großen Waschhaus. Aber die Oberbekleidung, das mussten wir alles instand halten. Vom Waschen übers Nähen und Bügeln, früher wurde noch sehr viel gebügelt. Wir mussten eben all das machen, was eine Hausfrau mit zwölf Kindern zu tun hat. Also für das Frühstück und das Abendbrot sorgen, die Mädchen alle duschen oder baden morgens, mindestens einmal am Tag. Sie waren eben immer da, die Behinderten."[414]

Die Unterbesetzung der Abteilungen war Chance und Fluch. Einerseits resultierte daraus eine gewisse Selbständigkeit, andererseits eine permanente Überforderung und Stress. „Ich war also die ganze Zeit alleine tätig", erinnert sich Schwester Ilse Stein.[415] Und Schwester Gudrun Vesper: „1966 habe ich als Abteilungsleiterin eine Wohngruppe bekommen. Da hatte ich außer einer zugeteilten Kinderpflegerin im Anerkennungsjahr und den ‚Hilfsmädchen' niemanden, der mir was abnehmen konnte. Nicht überall gab es eine zweite Schwester. Gerade im Erwachsenenbereich waren die Abteilungsschwestern viel alleine."[416] Auch Schwester Renate Clement erinnert sich: „Man hatte Hilfsmädchen gehabt, die geholfen haben. Normalerweise war auch eine zweite Schwester da, so dass man nicht total alleine war. Wenn es denn gar nicht ging, mussten auch welche von der Nebengruppe helfen. Vor allem, wenn jemand krank war, dann hatte man ja noch mehr zu tun. Die Hilfsmädchen sind den ganzen Tag gekommen, bis auf die Freistunde. Sie mussten ja mit saubermachen. Wir hatten damals niemanden, der kam und sauber machte."[417]

---

413 Interview Ilse Stein.
414 Interview Gudrun Vesper.
415 Interview Ilse Stein.
416 Interview Gudrun Vesper.
417 Interview Renate Clement.

Kinderpflegerinschülerinnen
beim Putzen, 1967.

Später gab es etwas mehr Personal in jeder Gruppe, doch vorrangig blieben hauswirtschaftliche Tätigkeiten zu erledigen, auch im männlichen Bereich, wie Pfleger BC
berichtet: „Nach der Ausbildung arbeitete ich mit geistig behinderten Jugendlichen
im Alter von vierzehn bis achtzehn Jahren. Dienstbeginn war um 6.30 Uhr, und dann
wurde also vom Aufstehen, Waschen, über Frühstücken alles gemacht. Dann ist ein
gewisser Teil in die Sonderschule gegangen auf dem Alsterdorfer Gelände, und andere sind, als die Beschäftigungstherapie anfing, dorthin gegangen. Zeitgleich arbeiteten
so drei oder vier Personen auf der Abteilung. Es gab dann auch Schulpraktikanten,
die da mitarbeiteten. Hilfsjungen arbeiteten im Küchendienst, auch bei der Betreuung
oder in der Beschaffung. Die Dienstzeit sah ja noch anders aus als heute. Es gab den so
genannten geteilten Dienst. Sie begannen um halb sieben und das absolute Tagesende
war 21 Uhr und dazwischen gab es drei bis vier Stunden Pause. Und insofern war das
dann günstig, dass ich da in der Nähe wohnte, sonst hätte ich mit der Fahrzeit das
schon ziemlich aufgebraucht."[418]

Wenige Jahre später wurde der geteilte Dienst als massive Einschränkung bewertet. 1974 meinten 58 % der Befragten, dass die Freizeit zu gering sei.[419]

---

418 Interview BC.
419 Horstmann 1974, S. 35.

„Man hat versucht zu machen, was man konnte" – Förderung?

Neben der Grundversorgung war eine darüber hinausgehende Beschäftigung mit den BewohnerInnen kaum möglich. Insbesondere Menschen mit einer schweren Behinderung erhielten keinerlei Förderung: „Ich hatte zwölf Kinder im Haus Bethlehem. Das waren sogenannte Liegekinder. Tagsüber wurden sie im Aufenthaltsraum in einen Spezialstuhl, ein sogenanntes Schaukelpferd gesetzt. Im Sommer kamen sie in den Garten. Mit diesen Kindern konnte man nichts machen. Das war hauptsächlich Pflege. Man hat versucht zu machen, was man konnte. Die mussten ja alle gefüttert werden, alle gebadet werden, alle angezogen werden morgens, es war schon ganz schön hart. Aber bei den anderen beiden Gruppen im Haus, da konnte man schon fördern."[420]

Diese reine Pflege und die Reduktion auf die bloße Aufsicht führten durchaus auch zu Frustrationen beim Pflegepersonal: „Das war nur ein Saubermachen, dass sie sauber sind, dass sie satt werden. Das war nur ein Pflegen. Der Oberpfleger sagte immer: ,Wenn Sie fertig sind dann gehen Sie zum Tagesraum, da passen Sie auf. Sie haben die Aufsicht.' Wir hatten auch Epileptiker dazwischen, die konnten sich früher verletzen, da gab es noch keine Sturzhelme. Das war ein riesiger Tagesraum, und da hatte jeder seinen Platz, und dann saß ich da wie ein Wärter und habe geguckt, dass nichts passiert."[421]

Ein großes Hindernis war nicht nur das mangelnde Angebot an Beschäftigung, sondern auch der Personalmangel: „Bei den Schwierigen, ich sage immer Tiefstehenden, gab es keine Beschäftigung. Die haben so in den Tag hinein gelebt. Das war ja mehr Aufsicht. Mehr eine Verwahrung. Und es war immer das Personal knapp. Ich war alleine mit denen morgens, beim Anziehen und Waschen und so. Ohne Hilfsjungen wäre es gar nicht zu machen gewesen. Die haben praktisch einen Pfleger ersetzt, so gut haben die mitgearbeitet. Gefüttert, angezogen und so weiter."[422]

Das Alltagsgeschäft absorbierte die meiste Kraft: „Da konnte man pädagogisch nicht viel machen, wenn man alleine ist mit zwölf sehr unterschiedlichen Mädchen. [...] Sie konnten laufen, und der größte Teil konnte auch alleine essen, aber die meisten mussten zur Toilette gebracht oder gar gewindelt werden. Sprechen konnten die Wenigsten. Es gab nur ein paar, die auch ein bisschen Wortverständnis hatten. Aber sprechen konnten sie auch nicht. 1972 kam ein Mädchen zu mir, sie war elf. Da habe ich gesagt: ,Also die muss zumindest mal lernen, aufs Klo zu gehen, das kann sie lernen.' Und da haben wir sie innerhalb von einer Woche soweit gebracht, dass sie gezeigt hat, dass sie hin muss. Sie hat es nachher total allein gelernt. [...] Aber sonst haben wir da nicht viel gemacht, wir waren hauptsächlich mit Haushalt beschäftigt. Wir haben nicht viel Zeit gehabt. Die Hilfsmädchen, die sehr fleißig und stolz auf ihre Arbeit waren, sind mit den Kindern draußen spazieren gegangen und haben sie dann auch zusammen gehalten."[423]

---

420 Interview Renate Clement.
421 Interview Georg Mitterhuber.
422 Ebd.
423 Interview Gudrun Vesper.

Förderung basierte von daher vielfach auf Eigeninitiative: „Ja, was habe ich mit
den Frauen gemacht?", fragt Schwester Ilse Stein. „Ich wusste ja, sie sollten umwelt-
tüchtig werden. Ich habe in keiner Weise eine Anleitung dafür bekommen, aber was
in mir war, versuchte ich in die Tat umzusetzen. Mit den Frauen, mit denen es möglich war, habe ich alles Mögliche in Hamburg besucht. Ob es der Flughafen war, ob es
der Fernsehturm war, das Hamburger Theater, alles. Mit denen, die gehen konnten,
habe ich Wanderungen und Freizeiten gemacht."[424]

Nicht selten erfuhren die Pflegekräfte bei ihrem Gang aus der Anstalt die gesellschaftliche Diskriminierung von Menschen mit Behinderung. „Als wir einmal im
Weserbergland, in Höxter, die Porzellanmanufaktur Fürstenberg besuchen wollten,
da wurde uns der Eintritt zunächst verwehrt. Erst als ein anderer Besucher die Ein-
trittskarten für uns erwarb, kamen wir rein."[425] Der Pfleger BC pointiert: „Was man
grundsätzlich sagen muss, in der Bevölkerung fanden wir wenig bis keine Akzeptanz.
Man wurde in der Bahn angepöbelt, warum man mit solchen Leuten in die Öffentlichkeit tritt. ‚So was gehöre hinter Mauern,' hörte man immer wieder."[426]

Die Anstalt stellte auch nach der Studie von Helmut Horstmann „hohe Ansprüche an die Vereinbarkeit des Selbstkonzepts mit der Arbeitsrolle, denn trotz Respekts
vor dem karitativen Einsatz in diesem Beruf" galt „großen Teilen der Bevölkerung die
Nähe geistig beschädigter Menschen als unangenehm." So mussten sich „Menschen,
die den Pflegeberuf ergreifen, […] mit diesen verbreiteten Vorstellungen auseinandersetzen, sie bewußt kritisch ablehnen, um diesen Beruf und in dieser Organisation
involviert zu sein."[427]

Im Rückblick benennt eine Schwester ein weiteres grundsätzliche Problem: „Als
1973 eine Studentin aus Bethel zu mir kam, wo sie ein Jahr gearbeitet hatte, da hatten
wir am Anfang unsere Schwierigkeiten, weil sie schlecht mit diesen Strukturen in Alsterdorf umgehen konnte, in denen die Behinderten eben ganz ‚da unten' waren. Sie
waren zwar da, und sie mussten versorgt werden, aber man sprach ihnen kein Eigen-
leben zu. Obwohl wir unser Bestes taten, waren diese Strukturen nicht zu ändern."[428]

„Es war unendlich viel Liebe da" – Selbstverständnisse

„Dienet dem Herrn mit Freuden" (Ps. 100,2), „in Liebe" – hat diese Forderung angesichts von Überforderung und (Mit-)Leid vor Aggression bewahrt? Klar ist, dass
die Arbeit in der Pflege keine leichte war und häufig zu Depressionen, Überforderung oder gar Arbeitsaufgabe führte. In einem in den „Briefen und Bildern" veröffentlichen Werbe-Brief für den Schwesternberuf schrieb eine Schwester 1951: „Nicht
jeder Mensch eignet sich gerade für die Alsterdorfer Arbeit. Du hast überall mit
unseren Pflegebefohlenen zu tun. Du mußt viel Liebe für sie haben können – für
unsere Kinder –, Du mußt Verständnis haben und sie ernst nehmen. Wenn Du das

---

424 Interview Ilse Stein.

425 Ebd.

426 Interview BC.

427 Horstmann 1974, S. 14.

428 Interview Gudrun Vesper.

kannst – das ist sehr wichtig –, dann erst kannst Du Dich als Alsterdorfer Schwester einmal wohlfühlen in der großen Familie. […] Es ist nämlich oft nicht einfach, mit allem fertig zu werden. Wenn Du z. B. Patienten hast, die unheilbar krank sind, und du kannst ihnen nicht helfen. Dann kommt unwillkürlich das große ‚Warum‘.“[429] Und im Zusammenhang mit „Freizeiten für unsere Mitarbeiter" heißt es ein Jahr später: „der Dienst an den Schwachen, Elenden und Kranken ist nicht leicht. […] Unsere Mitarbeiter sehen dieses Leid natürlich auch. Wir dürfen durch die Gewohnheit des täglichen Anblicks auch nicht abstumpfen, denn die Stumpfheit des Herzens ist der Anfang der Lieblosigkeit.“[430]

Eine große Familie? Nicht abstumpfen? Sahen die Schwestern und Pfleger dies so? „Es war unendlich viel Liebe da. Das war das Wichtigste für mich, das Miteinander, das Füreinander, das war ja in den Alsterdorfer Anstalten vorhanden",[431] erinnert sich Ilse Stein. Für sie bedeutete füreinander da sein „wie eine große Familie" sein. „Man kannte sie alle, man mochte sie eigentlich alle", beteuert sie. Ihre Strategie, den Arbeitsalltag zu bewältigen, war es, ihn zum Besseren und Schöneren hin zu gestalten, auch indem sie auf eigene Kosten z. B. eine Nähmaschine, Geschirr oder Kochgerät anschaffte: „Ich habe gestalten können, und ich habe es ihnen schön machen können. […] Da sagten sie immer: ‚Schwester Ilse, wo Sie auch sind, Sie schaffen es immer wieder, dass es schön ist.‘ Das war für mich immer wundervoll, dass ich immer eine Bestätigung bekam, für das, was ich getan habe.“[432] Mit ihrem „Auge für's Schöne" sorgte sie dafür, dass die Betreuten „immer entzückend gekleidet" waren, besorgte an Stelle „von Plastik- oder Blechtellern" für jeden „einen eigenen flachen Teller und einen tiefen Teller mit einem anderen Muster", damit sie lernten „‚Das ist meiner‘. Dann hatten sie alle ein eigenes Besteck, Teelöffel, Kuchengabel auch, bis zum Messer, sie haben alle allmählich mit Messer und Gabel essen gelernt.“[433] So entstanden aufgrund von Eigeninitiative und aus dem Bedürfnis heraus, das eigene Selbstwertgefühl zu steigern, im Ansatz Individualisierungsstrategien und auch eine gewisse ästhetische Bildung der Bewohnerinnen, wenn auch ohne die Beteiligten mit einzubeziehen.[434] Offensichtlich führe eine solche positive Besetzung der Arbeit beim Pflegepersonal zu einem besseren Verhältnis zu den BewohnerInnen.[435] Doch Schön- und Saubersein, das war auch eine Richtlinie in der alltäglichen Routinearbeit. „Da wurde unheimlich viel Wert drauf gelegt, dass sie sauber waren, dass sie gut angezogen waren, und vor allen Dingen, dass sie immer trocken waren", erinnert sich der Pfleger Georg Mitterhuber. Bediente das nur den äußeren Schein, dem eigenen Schutz vor Gerüchen und Schmutz oder ging es tatsächlich um das einzelne Individuum, wie Jensen immer wieder betonte? „Es geht uns um die *einzelnen* [Herv. i. O.] Kranken, um ihr persönliches Wohlbefinden. Darum ist unser gemeinsames, ständiges Bemühen, sie als

---

429 BuB 1951, S. 14.

430 BuB 1952, S. 19.

431 Interview Ilse Stein.

432 Interview Ilse Stein.

433 Interview Ilse Stein.

434 Denn Schönmachen bedeutete nicht automatisch Wertschätzung des Klienten. S. dazu auch Wunder 2009, S. 3.

435 S. dazu auch Horstmann 1974, S. 50f.

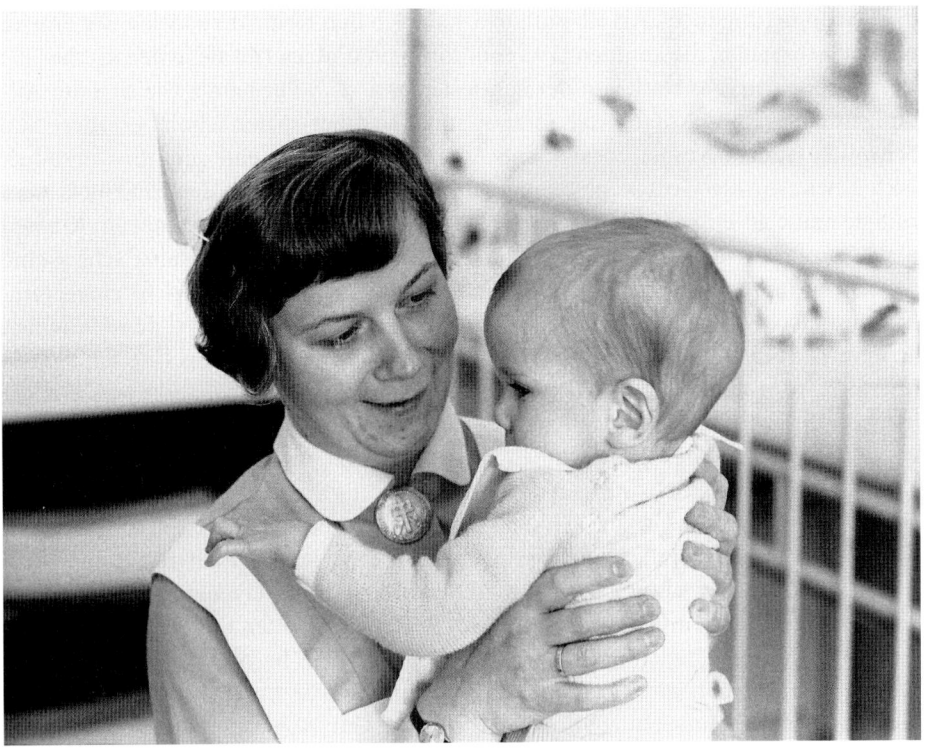

Schwester Renate Clement im Haus Bethlehem, 1972.

Persönlichkeiten ernst zu nehmen. Darum gibt es bei uns z. B. keine Anstaltskleidung. Von einigen männlichen Pfleglingen abgesehen, die sich nicht sauber halten können und darum Pilotanzüge[436] tragen, versuchen wir jeden in Kleidung und Wäsche nicht nur ordentlich und zweckmäßig, sondern auch schön und individuell auszustatten. Das ist natürlich besonders wichtig bei unseren Mädchen und Frauen, die dafür ebenso wie die Gesunden ein mehr oder weniger ausgeprägtes Empfinden haben."[437]

Auf jeden Fall diente die persönliche Zuwendung und die daraus resultierende Anerkennung der eigenen Arbeitsmotivation: „Ich habe Suppen gekocht für die Kinder, weil die schlecht aßen, oft mochten sie die Milchsuppe nicht, die aus der Großküche kam. Man hat versucht, den Kindern zusätzlich was Gutes zu tun. Der eine aß dann gerne Nudeln, dann hat man Nudeln gekocht. Diese Kinder waren teilweise richtig krank, wenn man nicht da war."[438] Dadurch entstanden enge Bindungen an die Betreuten, die durch Verlegung in andere Stationen abrupt unterbrochen werden konnten, wie Ilse Stein erzählt: „Ich habe ja acht Mädchen betreut, und es war immer wieder ein Kummer, wenn mir jemand weggenommen wurde, jemand verlegt wurde. [...] Manchmal war das schlimm gewesen."[439] Diese Bindungen dauerten über

---

436 Eine Art Anzug, der im Genitalbereich zum Windeln leicht zu öffnen war.
437 BuB 1962/63, S. 16f.
438 Interview Renate Clement.
439 Interview Ilse Stein.

die Pensionierung fort: „Als ich aufhörte, habe ich den Kontakt zu vielen der Frauen nicht abgebrochen, die konnten ja zu mir kommen und ich traf sie in der Kirche."[440]

Es hing also sehr stark von der Schwester bzw. dem Pfleger ab, wie sich der Alltag gestaltete. „Am Anfang war es zwar nicht so, aber später schon", erinnert sich Schwester Gudrun Vesper, „dass wir als Abteilungsschwester eine ganz große Freiheit hatten, wie wir die Gruppe gestalten. Im Nachhinein habe ich den Eindruck, man musste manches einfach nur sagen und tun. […] Wir konnten ja viel nur im Kleinen machen, und das habe ich dann versucht. Z. B. Anfang der 1970er Jahre schlug eine Mitarbeiterin vor, dass die Bewohner abends alle nochmal das Gesicht eingecremt haben sollten. Nicht unbedingt wegen der Pflege, sondern um einmal den Menschen an dem Tag bewusst anzugucken oder sich mit ihm zu befassen. Das fand ich damals irgendwie ganz toll vom Gedanken her, und entschied mich, das machen wir jetzt."[441]

Einige der Befragten nennen auch den christlichen Glauben als Hilfe bei der Bewältigung der Arbeit. „Also was mir sehr geholfen hat, war meine eigene christliche Einstellung. Die hat mich getragen durch diese Zeit. Es war ja früher Sitte und wichtig, dass dieser christliche Gedanke in der Anstalt lebte und der Geist aufrecht erhalten wurde. Das finde ich einfach ein bisschen schade, dass das heute vernachlässigt wird, dass es nicht mehr wichtig ist. Weil mich persönlich die Überzeugung getragen hat, dass Gott mich liebt, und dass er mich auch durch diese Zeiten bringt."[442]

1974 wurde die Bedeutung des christlichen Glaubens besonders von den älteren Beschäftigten betont. 47 % bejahten, dass „Nächstenliebe im christlichen Sinn […] die wichtigste Voraussetzung" für die Arbeit sei. Gar 70 % bestätigten, dass „ohne den christlichen Glauben […] diese Arbeit sehr schwer fallen" würde. Dabei identifizierte sich der ältere Stamm der Mitarbeiter gegenüber dem jüngeren mehr mit den christlichen Organisationszielen. 74 % bestätigten die Frage: „Der Ausgangspunkt für die Arbeit mit geistig Behinderten muß der christliche Glaube sein."[443] Horstmann vermutete dahinter eine „Gewöhnung oder Akzeptierung herrschender Normen", auch eine Identifikation „mit den traditionell-christlichen Interpretationen der Ziele der Pflegewelt".[444]

---

440 Ebd.
441 Interview Gudrun Vesper.
442 Interview Gudrun Vesper.
443 Horstmann 1974, S. 34.
444 Ebd. S. 56.

Leben im Spannungsfeld von Geborgenheit und Zwang

Insgesamt lebten zwischen 1945 und 1979 etwa 4.300 Kinder, Jugendliche, Frauen und Männer auf dem Gelände der Alsterdorfer Anstalten. Im Gegensatz zu anderen vergleichbaren Institutionen blieb die Zahl der BewohnerInnen, die zeitgleich hier untergebracht waren, über fast drei Jahrzehnte (1949–1976) mit durchschnittlich 1.200 bis 1.280 Personen relativ konstant.[1] Nur in den ersten Nachkriegsjahren hatte sie darunter (1947: 1.080) und seit 1976 darüber (1.348) gelegen.[2] Das lag zum einen an den Folgen des Zweiten Weltkriegs – dem Rückgang der BewohnerInnenzahlen durch die Deportationen, dem beschädigten und eingeschränkt nutzbaren Wohnraum und der hohen Sterblichkeit infolge von Unterernährung; zum anderen an der Erhöhung der Bettenzahl durch die Eröffnung des Karl-Witte-Hauses (1973).

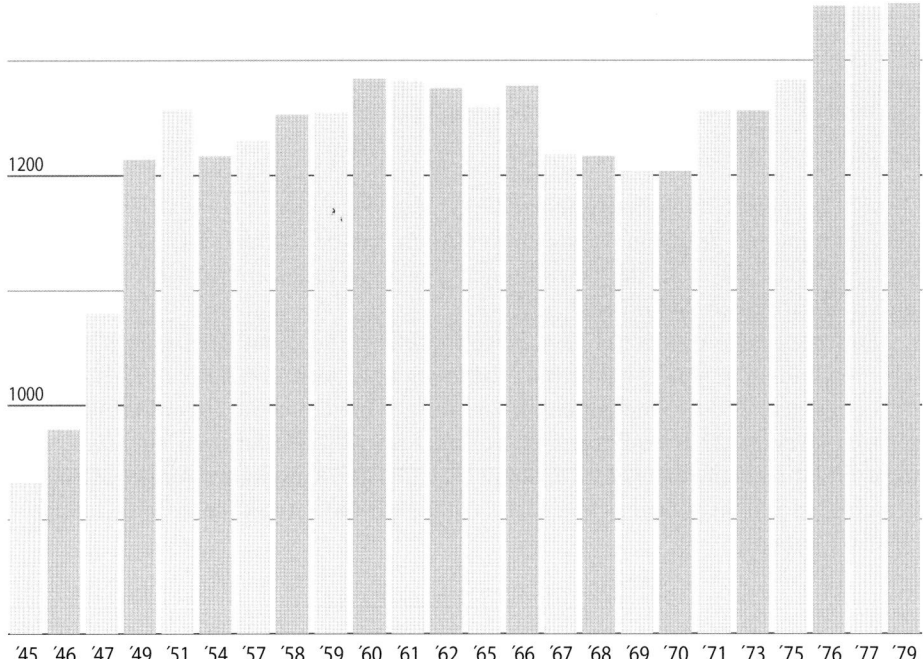

Zahl der Bewohnerinnen und Bewohner zwischen 1945 und 1979.

---

1   Im Wittekindshof etwa stieg die Zahl der BewohnerInnen von 670 (31.12.1948) auf 1.635 (31.12.1957). Schmuhl, Winkler 2012, S. 430f.

2   Die Zahlen sind verschiedenen Quellen entnommen: LKAK 11.02, Nr. 579A und 579B; 33.05, Nr. 40; 32.01, Nr. 3860, ArESA Bewohnerbetreuung, 58.

Die Bewohnerstruktur in Alsterdorf

Während des gesamten Untersuchungszeitraums lag die Zahl der männlichen Bewohner um ca. 10 % höher als die der Mädchen und Frauen. Während sich dieses Ergebnis auch in der räumlichen Situation der Alsterdorfer Anstalten widerspiegelt – es gab mehr Häuser für Männer –, sind die Gründe für die eklatant höhere Zahl der männlichen Bewohner unter 21 Jahren, die besonders in der direkten Nachkriegszeit auffällt, bisher unbekannt. 1946 lebten im Vergleich zu den Mädchen und weiblichen Jugendlichen mehr als doppelt so viele Jungen und männliche Jugendliche in der Anstalt. Eine Tendenz, die bis Ende der 1970er Jahre wenn auch in rückläufiger Form anhielt.[3]

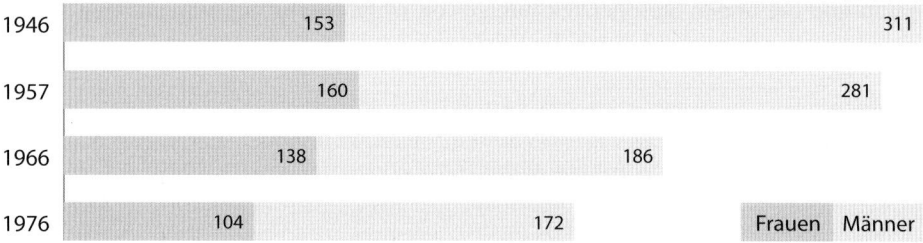

	Frauen	Männer
1946	153	311
1957	160	281
1966	138	186
1976	104	172

Neuaufnahmen von BewohnerInnen unter 21 Jahren 1946–1976.

Obwohl bei den Neuaufgenommenen die Gruppe der Kinder bis etwa vierzehn Jahre stets dominierte,[4] zeigt ein Vergleich der Altersgruppen in den Jahren 1946, 1957 und 1966, dass die Zahl der erwachsenen BewohnerInnen immer größer war und auch in Relation zur Gesamtzahl zunahm.

So hatten 1966 dreiviertel aller BewohnerInnen (944) das 21. Lebensjahr überschritten und mehr als die Hälfte (661) lebte seit über sechzehn Jahren in Alsterdorf.[5] 1971 begingen 43 BewohnerInnen ihr 25-jähriges Jubiläum. Sie alle waren 1946 eingezogen. Weitere 22 BewohnerInnen konnten im gleichen Jahr auf 40, 50, 60 und sogar 65 Jahre zurückblicken.[6] Da somit viele der im Kindesalter Aufgenommenen den größten Teil ihres Lebens hier verbrachten, war die Anstalt für sie tatsächlich zur Heimat geworden.

---

3   Der Anteil der Mädchen und weiblichen Jugendlichen betrug demnach 1946: 33 %, 1957: 36 %, 1966: 43 % und 1976: 38 %.

4   Jenner 2011.

5   1966 lebten 1.027 Menschen (81 %) mehr als fünf Jahre, 825 (65 %) Menschen mehr als zehn Jahre und 661 (52 %) Menschen mehr als sechzehn Jahre in der Anstalt. LKAK 32.01, Nr. 3860, Bericht 1966.

6   BuB 1972. Zwei BewohnerInnen auf 65, drei auf 60, neun auf 50 und acht auf 40 Jahre.

Alter	1946		1957		1966		1976[7]	
< 21	464	47,6 %	441	35,9 %	324	25,6 %	276	20,3 %
21–30	163	16,5 %	291	23,7 %	285	22,5 %	223	16,3 %
31–40	191	19,4 %	150	12,1 %	254	20 %	328	24,2 %
41–50	87	8,9 %	183	14,8 %	136	10,7 %	228	16,8 %
51–60	42	4,3 %	92	7,5 %	170	13,4 %	129	9,5 %
61–70	21	2,2 %	45	3,7 %	65	5,1 %	127	9,4 %
> 70	11	1,1 %	28	2,3 %	34	2,7 %	47	3,5 %
Gesamt	979	100 %	1230	100 %	1268	100 %	1358	100 %

Altersstruktur der Alsterdorfer BewohnerInnen 1946–1976.

Infolgedessen gingen die Zahl der freien Plätze und damit die Aufnahmezahlen immer weiter zurück, wie die nachfolgende Grafik eindrücklich belegt.[8] Dadurch entstand eine Situation, die zu immer drängenderen Problemen führte, da fast täglich Anträge auf Aufnahme in die Alsterdorfer Anstalten abgelehnt werden mussten.

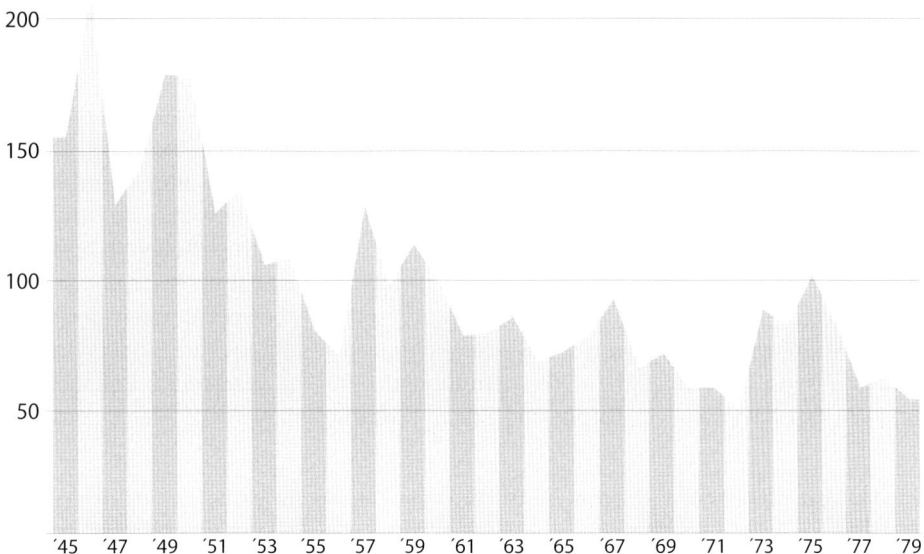

Zahl der Neuaufnahmen 1945–1979.

---

7   ArESA Bewohnerbetreuung, 58, 15.6.1976.

8   Die Zahlen wurden berechnet nach den Angaben in den Aufnahmebüchern ArESA Bewohnerbetreuung, 40 (Aufnahmebuch 1945–1976) und 44 (Aufnahmebuch 1976–1990).

WIE TOTAL IST DIE „TOTALE INSTITUTION"? – ZUM KONZEPT ERVING GOFFMANS

Untrennbar ist der Begriff der „totalen Institution" mit dem Namen des amerikanischen
Soziologen Erving Goffman verbunden, dessen grundlegende 1961 in New-York er-
schienene Arbeit 1972 in deutscher Übersetzung auf den Markt kam. In seiner Studie
„Asyle. Über die soziale Situation psychiatrischer Patienten und anderer Insassen" formulierte Goffman erstmals ein Kriterienbündel, mit der er die Funktionalität derartiger Institutionen beschrieb.[9] Nach Goffmans Definition ist eine „totale Institution" wie
folgt charakterisiert: „1. Alle Angelegenheiten des Lebens finden an ein und derselben
Stelle statt. 2. Die Mitglieder der Institution führen alle Phasen ihrer täglichen Arbeit in
unmittelbarer Gesellschaft einer großen Gruppe von Schicksalsgenossen aus, wobei
allen die gleiche Behandlung zuteil wird und alle die gleiche Tätigkeit gemeinsam verrichten müssen. 3. Alle Phasen des Arbeitstages sind exakt geplant, eine geht zu einem
vorher bestimmten Zeitpunkt in die nächste über, und die ganze Folge der Tätigkeiten
wird von oben durch ein System expliziter formaler Regeln und durch einen Stab von
Funktionären vorgeschrieben. 4. Die verschiedenen erzwungenen Tätigkeiten werden
in einem einzigen rationalen Plan vereinigt, der angeblich dazu dient, die offiziellen
Ziele der Institution zu erreichen."[10] „Totale Institutionen" verfolgen „in aller Regel
gesellschaftlich gebilligte Ziele, z. B. Heilung, Erziehung, Ausbildung, Bewahrung,
Vergeltung, Abschreckung, Heiligung usw.",[11] in ihnen werden „sämtliche Lebensäu-
ßerungen" der systematisch von der Außenwelt abgeschirmten Insassen „allumfas-
send" geregelt und kontrolliert „um einen möglichst störungsfreien Betriebsablauf zu
gewähren".[12]

Sowohl die Bewohner und Bewohnerinnen als auch das Personal erfahren in ihr
entscheidende Schädigungen des Selbst und damit der Selbstbestimmung. Durch
eine strikte Hierarchie und eine zentrale und bürokratische Verwaltung finden für
Betreuer und Betreute individuelle Belange und Bedürfnisse keine oder nur unzurei-
chende Berücksichtigung. Die Folge ist ein großes Maß an struktureller, d. h. durch
die Institution produzierter Gewalt. Nach Johan Galtung[13] ist dabei die Gewalt „in das
System von repressiven Strukturen eingebaut".[14] Für die BewohnerInnen bedeutet
dies eine umfassende Regelung und Reglementierung des Alltags. Ihre Ein- und Unterordnung kann letztlich „durch Drill, demütigende und herabsetzende Behandlung
und physische Gewalt – in Körper und Psyche" erzwungen werden.[15] Die Beziehung

---

9   Goffman definiert fünf Gruppen: Anstalten, die zur Fürsorge für Menschen eingerichtet wur-
    den; solche, in denen Personen zur Fürsorge leben, die angeblich eine Bedrohung für die Ge-
    meinschaft darstellen wie psychiatrische Anstalten, Institutionen zum Schutz der Gemeinschaft
    vor Gefahren wie Gefängnisse, solche, die sich durch instrumentelle Gründe rechtfertigen wie
    Arbeitslager, Zufluchtsorte vor der Welt wie Klöster. Goffman 1972, S. 16.
10 Goffman 1972, S. 17.
11 Schmuhl, Winkler 2011, S. 32.
12 Vgl. dazu grundlegend ebd., S. 32–44, hier S. 32.
13 Galtung 1975.
14 Kulzer 2008, S. 9.
15 Schmuhl, Winkler 2010, S. 34.

des Personals zu den BewohnerInnen ist im Wesentlichen dadurch bestimmt, die Ziele und Anforderungen der Institution zu realisieren und damit zugleich immer wieder aufs Neue zu reproduzieren, womit es zentral zur Aufrechterhaltung des repressiven Gefüges beiträgt. Zugleich aber sind die Mitarbeiterinnen und Mitarbeiter ebenfalls massiv in der Entfaltung der eigenen Persönlichkeit behindert.[16]

Früh setzte aber auch die Kritik an Goffmans Modell ein, unter anderem an der scheinbar strikten Trennung der Akteure in Insassen und Personal, dem nachfolgende und insbesondere jüngere Forschungen ein Modell der stärkeren Verflechtung, Differenzierung und Durchlässigkeit zwischen diesen Gruppen entgegensetzen.[17] Sie plädieren dafür, „Personal und Insassen als Pole einer geteilten sozialen Praxis" wahrzunehmen. Das bedeutet, nicht von einem linearen Disziplinierungsprozess auszugehen, sondern eher von „einer Vorstellung eines Kommunikationsprozesses unter Ungleichen", in dem in der Aushandlung von Herrschaft permanent die individuellen und kollektiven Handlungschancen refiguriert werden. Damit treten stärker „der ‚Eigen-Sinn' der sozialen Akteure und die situative Dynamik ihrer konkreten Interaktionsbeziehungen" in den Vordergrund. Es werden so die „Mechanismen einer sozialen Welt" deutlich, „die Akteure konstruiert, gleichzeitig aber auch von eben diesen Akteuren konstruiert wird".[18] Allerdings hat Goffman selbst in seinen späteren mehr empirisch fundierten Arbeiten durchaus Mechanismen dargestellt, die die von ihm idealtypisch unterschiedenen Welten – die „Welt der Insassen" und die „Welt des Stabes" –, miteinander verschränkten. Im Zentrum seines Interesses stand dabei, wie sich das Leben in einer „totalen Institution" auf die Identität und das Rollenverhalten ihrer „Insassen" auswirkt. Diese Untersuchungen zeigten ebenfalls, dass die „Normalität des Alltags [...] ebenso wie die kollektiven, institutionalisierten Abweichungen von der Normalität sozial ausgehandelt, aktualisiert, moduliert, verändert und gelegentlich auch zerstört [werden]: Es handelt sich bei ihnen also [...] um gesellschaftliche Konstruktionen von Wirklichkeit", die keinesfalls rein funktionalistisch gelesen werden können.[19] Wichtig werden in diesem Zusammenhang nicht nur die bereits von Goffman benannten kollektiven Überlebensstrategien, wie die von ihm genannten „Anstaltszeremonien" „im Dazwischen der beiden Welten" (nach Goffman können dies Hauszeitungen, Jahres- und Weihnachtsfeiern, Anstaltslaientheater, Tag der offenen Türe bzw. Wohltätigkeitsveranstaltungen, Anstaltssport und sonntägliche Gottesdienste sein).[20] Weitaus aufschlussreicher sind hier auch individuelle Strategien der Einpassung und des Eigensinns in die Strukturen der Anstalt. Schon Goffman benannte als individuelle Handlungsmöglichkeiten, mit „diesen Bedingungen fertig zu werden",[21] „die Strategie des ‚Rückzugs aus der Situation', die Verweigerung der Zusammenarbeit mit dem Personal, ein relativ zufriedenes Sich-Einrichten in der Anstaltssituation oder die

---

16 Ebd. S. 65–69. S. auch Schmuhl, Winkler 2011, S. 33f.

17 S. dazu neuerdings Bretschneider, Scheutz, Weiß 2011.

18 S. dazu Bretschneider, Scheutz, Weiß 2011a, hier besonders S. 9–10. Vgl. dazu auch Brakensiek, Wunder 2005.

19 Raab 2008, S. 83.

20 Goffman 1972, S. 95–112, zitiert nach Raab 2008, S. 82.

21 Goffman 1972, S. 65f.

Form der Konversion, d. h. der Versuch, die Rolle des perfekten Insassen zu spielen."[22]
Neuere Untersuchungen belegen eindrücklich, dass die Folgen der hospitalisierenden
Bedingungen der Anstalt für die BewohnerInnen – Aggression gegen sich selbst und
gegen andere, Fluchtversuche und nonkonformes Verhalten – nicht nur als Schädi-
gungen des Selbst, sondern auch als Ausdruck von Rebellion gelesen werden können.
Paradoxerweise galt jedoch gerade solches Verhalten „als der beste Beweis", dass der
Bewohner oder die Bewohnerin „korrekterweise dorthin gehört, wo er [oder sie, d. V.]
sich nunmehr befindet".[23]

Die Betroffenen kommen selbst zu Wort

Wenn man sich der Lebenswelt einer Anstalt wie den Alsterdorfer Anstalten nähern
möchte, ist die Theorie der „totalen Institution" von Erving Goffman nach wie vor
grundlegend. Auch Alsterdorf war als Großanstalt für die Unterbringung von Menschen mit einer geistigen Behinderung im norddeutschen Bereich bestimmt durch die
Regeln einer „totalen Institution". Sie lebten hier isoliert von der Stadtbevölkerung. In
der von einem unüberwindbaren Zaun umgebenen geschlossenen Anstalt wohnten,
arbeiteten und lebten der größere Teil des Personals und alle BewohnerInnen weitgehend abgeschlossen von der Außenwelt zusammen. Die Lebenswelt der BewohnerInnen unterlag dabei einem engen Reglementierungs-Korsett und war geprägt von der
Notwendigkeit, den „Laden am Laufen zu halten".[24]

Lässt man jedoch die Betroffenen – sowohl die Bewohner und Bewohnerinnen als
auch die Mitarbeitenden – selbst zu Wort kommen, dann zeigen sich zwar einerseits
mannigfaltige individuelle und kollektive Strategien der Bewältigung des Anstaltsalltags, die diese Organisationslogik unterstützten, andererseits aber auch solche, die ihr
zuwider liefen und sie in Frage stellten. In ihnen wird somit das Spannungsfeld von
Heimat- und Gewalterfahrung überaus deutlich. Erst die subjektive Perspektive auf
die Geschichte der Alsterdorfer Anstalten, die Erinnerung der Betroffenen, gibt von
daher Aufschluss darüber, wie die Anstalt erlebt und erfahren wurde.[25]

Mit Hilfe von Interviews mit fünf sprachfähigen[26] BewohnerInnen der ehemaligen Alsterdorfer Anstalten[27] und einem ehemaligen Bewohner des Jugendheimes
Alstertal, die im Zeitraum 1945 bis 1980 in der Anstalt lebten, sowie mit sechzehn

---

22   Schädler 2002, S. 115.

23   Goffman 1972, S. 292.

24   McManama 2010, S. 114.

25   In den durchgeführten leitfadengestützten narrativen Interviews artikulieren sich in erster
     Linie Erfahrungen und Orientierungen und damit subjektive Interpretationen des Erlebten.

26   Nicht berücksichtigt werden konnten BewohnerInnen, die sich nicht verbal äußern können.

27   Sie dauerten zwischen dreißig Minuten und zwei Stunden und basierten auf einem problem-
     zentrierten Leitfaden. Das Interview mit Margret Brütt wurde auf ihren Wunsch hin zusam-
     men mit Pastorin Osterwald, das Interview mit Alfred Junski zusammen mit seiner ehemaligen
     Betreuerin, Birgit Schulz, geführt. Auch bei dem Interview mit Rolf Zismer war seine persönli-
     che Assistentin anwesend.

ehemaligen MitarbeiterInnen (u. a. Schwestern und Pfleger, einem Psychologen, einer Sozialpädagogin, einer Beschäftigungstherapeutin, einem Anstaltsleiter, einer Theologin, einem künstlerischen Mitarbeiter, vier Zivildienstleistenden) und weiteren ZeitzeugInnen[28] (s. Tabelle auf S. 306), kommt die kollektive Erinnerung an das Leben in der Anstalt unter dem besonderen Aspekt der Gewaltförmigkeit zum Vorschein. Ergänzend wurden die Interviewaussagen weiterer Bewohner und Bewohnerinnen aus dem von Pastorin Hilke Osterwald initiierten SeniorInnenprojekt „So war das hier" herangezogen.[29] Die Einbeziehung der subjektiven Perspektive ist bei der Erforschung der Lebenswelt von Menschen mit einer geistigen Behinderung keineswegs üblich. Lange Zeit galten diese Frauen und Männer in der Wissenschaft als „der Prototyp des Nicht-Befragbaren".[30] Entsprechend ihrer gesellschaftlichen Diskriminierung, durch die sie bis heute am öffentlichen Leben nur in sehr eingeschränkter Art und Weise teilnehmen können,[31] wurde auch in der Forschung in der Regel *über* sie gesprochen, nicht *mit* ihnen.[32] Dies hatte nach Uta George, die mit ihrer Arbeit „Kollektive Erinnerung bei Menschen mit geistiger Behinderung: das kulturelle Gedächtnis des nationalsozialistischen Behinderten- und Krankenmordes in Hadamar" einen wissenschaftlichen Meilenstein in der Einbeziehung und Befragung von Menschen mit Behinderung gesetzt hat, zwei Gründe: „Zum einen wurde davon ausgegangen, dass sie nichts Essentielles zu sagen hätten, jedenfalls nichts Hilfreiches für die Wissenschaften. Zum anderen schien es weit verbreiteter Konsens zu sein, dass sie nicht in der Lage seien, konkrete und gezielte Antworten auf Fragen zu geben".[33] Erst in den letzten Jahren sieht man, „dass Menschen mit Lernschwierigkeiten nicht per se als unbefragbar gelten, sondern geeignete Forschungssettings gefunden werden müssen, um sie nach ihren Meinungen und Vorstellungen zu befragen."[34]

Die teilstrukturierten Interviews[35] orientierten sich an der alltäglichen Lebenswelt in den Alsterdorfer Anstalten, dem Wohnen, Lernen, Arbeiten und Feiern. Dem zentralen Untersuchungsfokus der strukturellen und personalen Gewalt dienten entsprechend eines zugrunde gelegten weiten Begriffes von Gewalt sowohl die Fragen zum Alltag, aber auch solche direkt nach Strafen und Gewalterfahrungen durch das Personal oder die MitbewohnerInnen. Um die kollektive Erinnerung der BewohnerInnen an das Anstaltsleben herauszuarbeiten, bot sich eine themenzentrierte Interpretation der transkribierten Interviews mit Hilfe des Verfahrens der rekonstruktiven Auswer-

---

28 Telefonische Informationen zu speziellen Einzelthemen.

29 S. dazu So war das hier [o. J.].

30 George 2008, S. 104. Gerd Laga schreibt z. B. „daß geistig Behinderte grundsätzlich befragbar sind, aber wohl kaum in der Rolle des ‚detachierten Datenlieferanten'". Laga 1982, S. 229, zitiert nach Pixa-Kettner u. a. 1996, S. 24. Wir danken Uta George für ihre methodischen Hinweise.

31 George 2008, S. 10.

32 Ebd., S. 104.

33 Ebd.

34 Ebd., S. 13. S. auch Pixa-Kettner u. a. 1996.

35 Pixa-Kettner stellte nach Probeinterviews fest, dass „keiner dieser InterviewpartnerInnen Schwierigkeiten hatte, themenbezogen auf die einleitende Fragestellung zu reagieren", dass aber vielfach wenig „narrative Bereitschaft und Kompetenz" vorhanden war, vielfach ein „Frage-Antwort-Schema" dominierte, weshalb eine starke Strukturierung hilfreich erschien. Pixa-Kettner u. a. 1996, S. 25.

tung nach Ralf Bohnsack an.[36] Basis eines solchen Verfahrens ist die Annahme, dass die Interviewten eine vergleichbare Lebens- und Erfahrungswelt haben, in diesem Fall durch die Zuschreibung „geistig behindert" und den ehemaligen Lebensraum Anstalt im Allgemeinen, den der Alsterdorfer Anstalten im Besonderen. Die Aussagen des Personals dienen hier der Ergänzung oder Unterstreichung. Eine themenzentrierte Auswertung dieser Interviews zur Wahrnehmung der Gewaltförmigkeit durch das Personal folgt im Anschluss an die Darstellung der Bewohnerperspektive.

Die Rekonstruktion zweier exemplarischer Biografien, der von Lisa Hiller und Olaf Wohlert,[37] beleuchtet dagegen das Spannungsfeld zwischen Heimat- und Gewalterfahrung auf individueller Ebene. Als zentrale Quelle dienten hier ihre „Krankenakten", d. h. der Anamnesebogen, der mit Eintritt in Alsterdorf angelegt und über Jahre fortgeführt wurde. „Krankenakten" sind zur Rekonstruktion der Lebenswirklichkeit hospitalisierter Menschen eine Quelle von außerordentlicher Bedeutung.[38] Allen voran hat die Historikerin und Erziehungswissenschaftlerin Petra Fuchs dazu aufgefordert, derartige Dokumente im „Sinne einer Medizingeschichte ,von unten'" auch für die Geschichtsschreibung von „Behinderung" nutzbar zu machen.[39] Dabei ist zu berücksichtigen, dass die „dokumentarische Wirklichkeit" jeder Akte „eine soziale Konstruktion" darstellt,[40] da sie fast ausnahmslos die Perspektive der ÄrztInnen, des Pflege-, Erziehungs- und Verwaltungspersonals, der Fürsorgerinnen, der Richter am Vormundschaftsgericht und manchmal auch der Eltern oder anderer Angehöriger widerspiegelt. Wenngleich die so beschriebenen Personen dadurch oftmals als „mehr oder weniger formbare Gegenstände des psychiatrisch-pädagogischen Handelns"[41] erscheinen und sich authentische Spuren oder gar Ego-Dokumente[42] nur in Ausnahmefällen finden, bietet die Auswertung dieser Quellengattung die einzige Möglichkeit, nicht mehr lebende oder „sprachlose" Menschen als Subjekte sichtbar werden zu lassen.

Zudem finden sich in den Dokumentensammlungen der Institutionen ergänzende Hinweise auf die ambivalenten Erfahrungen des Anstaltsalltags, wie die Details

---

36   Bohnsack 2008. Vgl. dazu auch die lesenswerte Arbeit von George 2008 und Pixa-Kettner u. a.
      1996, S. 47ff.

37   Der Name Lisa Hiller ist aus Gründen des Datenschutzes anonymisiert. Im Fall von Olaf
      Wohlert liegt die Einverständniserklärung der gesetzlichen Betreuerin vor.

38   Als Geburtsstunde einer patientenorientierten Geschichtsschreibung gilt der programmatische Aufsatz des englischen Sozial- und Medizinhistorikers Roy Porter (1946–2002) aus dem
      Jahr 1985: The Patient's View. Doing Medical History from Below. In: Theory and Society 14,
      S. 175–198. Zit. nach Fuchs 2010, S. 106. Dazu auch Eckart, Jütte 2007, S. 181ff. und den Tagungsbericht von Michaela Ralser über „Psychiatrische Krankenakten als Material der Wissenschaftsgeschichte". Ralser 2007. www.h-net.org/reviews/showrev.php?id=29099 (31.10.2012).

39   Fuchs 2010, S. 106.

40   Müller 2007, S. 82.

41   Fuchs 2010, S. 109.

42   Nach Schulze ist das gemeinsame Kriterium aller als Ego-Dokumente bezeichneten Texte, „daß
      Aussagen oder Aussagepartikel vorliegen, die – wenn auch in rudimentärer und verdeckter
      Form – über die freiwillige oder erzwungene Selbstwahrnehmung eines Menschen in seiner
      Familie, seiner Gemeinde, seinem Land oder seiner sozialen Schicht Auskunft geben oder sein
      Verhältnis zu diesen Systemen und deren Veränderungen reflektieren." Schulze 1996, S. 28.

einer stichprobenartigen und unsystematischen Auswertung von BewohnerInnenakten eindrücklich belegen. Etwa wenn der „Pflegling" Willi K. 1959 aus dem Krankenhaus Wintermoor, wo er eine Tuberkulose auskurieren sollte, den Anstaltsleiter in
einer Karte „freundlich" bittet, „dafür [zu] Sorgen das ich zu Weihnachten ein kleines
Päckchen von der Anstalt bekommen könnte und wenn es nicht geht das ist denn
auch nicht so schlimm denn ich bin hier ganz allein ich denke immer an die Anstalt
zurück".[43]

Andere Akten erzählen bedrückende Geschichten von Sozialwaisen, wie die der
vierjährigen Karla Gabriele G., die 1949 in der Anstalt „abgegeben" wurde und deren
Eltern eine Rücknahme strikt verweigerten und anschließend jeglichen Kontakt ab-
brachen.[44] Ähnlich erging es Norma S., die der Vater nach dem frühen Tod der Mutter in Anstaltspflege übergab, weil er eine „Erziehung zu Hause [für] ausgeschlossen
hielt". Nach einer Odyssee durch verschiedene Einrichtungen wurde die inzwischen
19-jährige schließlich in den Alsterdorfer Anstalten aufgenommen, wo sie bis zu ihrem Tod im Sommer 1978 lebte. Für die als „fleißig und freundlich" beschriebene
Frau, die lange Jahre unter „der Obhut" einer Stationsschwester stand, mag es „ein Segen" gewesen zu sein, dass sie „1924 hier für immer und endgültig eine Heimat finden
konnte."[45] Während einer Anhörung vor dem Vormundschaftsrichter hatte sie „selbst
erklärt, dass sie in den Alsterdorfer Anstalten verbleiben wolle" und „eine erhebliche
Besorgnis [gezeigt], dass man sie anderweitig unterbringen" könnte.[46]

Die archivierten Krankengeschichten geben aber auch Zeugnis von den Grauzonen der individuellen und strukturellen Gewalt, deren Ziel vor allem darin bestand,
die BewohnerInnen an die Erfordernisse des Anstaltsalltags anzupassen. Ungewöhn-
lich drastisch erfolgte diese Anpassung im Fall von Siegfried P. (1936–2012). Als dem
33-jährigen im Sommer 1969 „Tierquälerei in triebhafter Form zur Last" gelegt wurde, beantragte die zuständige Oberärztin Charlotte Preußner-Uhde den Bewohner
„wegen seiner sexuellen Triebhaftigkeit" kastrieren zu lassen.[47] Während die erhalten gebliebenen Unterlagen keine Informationen über die seelischen Folgen dieses
Eingriffs enthalten, vermittelt der Kommentar eines Vormundschaftsrichters einen
Eindruck von den körperlichen Auswirkungen. Etwa ein Jahr nach der Operation
protokollierte dieser: das „Mündel erscheint in einem aufgeschwemmten Zustand,
offenbar infolge der Kastration."[48]

---

43 ArESA BA, 1531, Willi K. (1913–1979) lebte seit 1929 bis zu seinem Tod in den Alsterdorfer
    Anstalten. Aus der Kopie des Antwortschreibens von Julius Jensen geht hervor, dass dieser das
    gewünschte Päckchen umgehend an Willi K. sandte.

44 ArESA BA, 905, Karla Gabriele G. (1945–1970), aufgenommen 1949.

45 ArESA BA, 2690, Norma S. (1905–1978), aufgenommen 1924. Brief Oberin Hartwig an
    Direktor Pastor Schmidt, 4.7.1978.

46 Ebd., 18.12.1960.

47 ArESA BA, Siegfried P. (1936–2012), 23.7.1969.

48 Ebd., 15.9.1970.

So war das hier – von der Notwendigkeit der Erinnerungsarbeit

Durch die Ergebnisse des seit Februar 2009 arbeitendenden „Runden Tisches Heimerziehung"[49] sind Misstände in deutschen Fürsorgeheimen der 1950er und 1960er Jahre allgemein in den Fokus der Öffentlichkeit gerückt. Die Situation in den Heimen für Menschen mit geistiger Behinderung gehörte nicht zum Untersuchungsgebiet des Gremiums. Doch hat die Erkenntnis der traumatisierenden Lebens- und Erziehungsverhältnisse mit seinen vielfachen Formen körperlicher, seelischer und sexueller Gewalt, von denen die ehemaligen Heimkinder berichteten und bis heute berichten, auch in den „Behindertenanstalten" für Wirbel gesorgt und eine Aufarbeitung initiiert.[50] Dies hat auch diese Studie zur Geschichte der Alsterdorfer Anstalten 1945 bis 1979 wesentlich angeregt. Durch die Bearbeitung des „Euthanasie"geschehens durch die Evangelische Stiftung Alsterdorf und einer darauf gründenden vorbildlichen, auf Versöhnung setzenden offenen Erinnerungsarbeit sensibilisiert, rückte nun zwangsläufig der Anstaltsalltag der Nachkriegszeit unter der Frage nach Kontinuitäten und Brüchen zum Nationalsozialismus in den Blickpunkt. Hinzu kam ein Verlust an Erinnerungsorten, nachdem sich mit der programmatischen Umbenennung der Alsterdorfer Anstalten in Evangelische Stiftung Alsterdorf 1988 unter Rudi Mondry eine zukunftsweisende Neustrukturierung und Öffnung der Anstalt umzusetzen begann. Gebäude wurden abgerissen, und an ihrer Stelle u. a. ein neues urbanes Geschäftszentrum, der Alsterdorfer Markt errichtet. Die BewohnerInnnen zogen in eigens neu erbaute Wohnungen auf dem ehemaligen Anstaltsgelände oder in Wohngruppen in die Stadt. Obwohl viele noch zur Arbeit nach Alsterdorf kamen, stellten sie fest, dass sich vieles verändert hatte. Hier setzte die seelsorgerliche Biografiearbeit von Hilke Osterwald an. Sie initiierte eine Biografiearbeitsgruppe für SeniorInnen, in der „die guten und schlechten Erinnerungen" gesammelt wurden, damit diese nicht verloren gingen, und auch um die Möglichkeit zu schaffen, die „Geschichte von Unrecht, Schuld und Trauer über nicht gelebtes Leben" zu erzählen.[51] Als Ergebnis entstand die Broschüre „So war das hier. Geschichten aus dem Leben in den ,Alsterdorfer Anstalten'", die „Lebensgeschichten und Lebensstationen" in der ehemaligen Anstalt der 1940er bis 1980er Jahre darstellt. Sie markiert den Anfang der Erinnerungsarbeit zur Nachkriegszeit in Alsterdorf und war auch stets vorhandener Hintergrund bei den für diese Studie durchgeführten Interviews. Die gesellschaftlich angestoßene Diskussion um Gewalt in den Heimen der 1950er und 1960er Jahre und die Broschüre „So war das hier" machen die Notwendigkeit einer Erinnerungsarbeit mit den Betroffenen offensichtlich.

---

49   S. www.rundertisch-heimerziehung.de/index.htm (15.10.2012). S. dazu auch als Initialzündung Wensierski 2006.

50   S. www.rundertisch-heimerziehung.de/index.htm (15.10.2012), S. 4.

51   Ebd.

„Die Tür war zu, die wurde nur aufgemacht, wenn das Essen gekommen ist" – Versorgung statt Fürsorge

Monotonie im Tagesraum, 1979.

„Die Pflege der überwiegend sehr schwachen Kinder ist unsere Hauptaufgabe. Sie wäre nicht ohne die Hilfe der Jungen zu lösen, die bereits eine gewisse Selbständigkeit erreicht haben. Wenn die Arbeit um 7 Uhr für uns beginnt, wird natürlich erst vom vergangenen Tag berichtet, und neue Pläne werden besprochen. Aber lange dürfen wir uns dabei nicht aufhalten. 24 Pflegebefohlene werden gewaschen oder gebadet und angezogen. Für 41 Jungen ist um 8 Uhr das Frühstück aufgedeckt. Anschließend beginnt die Gruppenarbeit. Einige gehen zur Beschäftigungstherapie in das Simon-Schöffel-Haus, wo sie für eine spätere handwerkliche Arbeit vorbereitet werden. Die zweite Gruppe der schwächeren Kinder malt, knetet oder singt und spielt im kleinen Tagesraum, um erst einmal ihre Kräfte zu wecken und zu fördern. […] Inzwischen haben die Großen ihre Hausarbeit beendet. Unter diesen Jungen sind unsere ‚Kunsthandwerker', die an ihren 8 Webrahmen richtige Meisterstücke vollbringen. Eine etwa gleich große Zahl beschäftigt sich mit Vorbereitungen [dafür]. Der Nachmittag bis 14:30 Uhr steht zur freien Verfügung. Wir spielen Fußball, ‚arbeiten' in der Sandkiste und hören Schallplatten und knüpfen weiter an den Teppichen. Die Teepause um 14.30, zu der es auch immer etwas Besonderes zu essen gibt, ist unser ‚gesellschaftliches Ereignis' […]. So geht der Tag in den Abend über. Die Versorgung der schwachen Kinder, Abendbrot und Hausarbeit nehmen uns bis 18:30 Uhr in Anspruch. Wer könnte nicht verstehen, dass wir nach diesem langen Tag vor dem Fernseher sitzen und uns die Welt ins Haus holen."[52]

Ein solch idealtypisches und sicherlich für große Bereiche der Alsterdorfer Anstalten idealistisches und unrealistisches Bild zeichnete der Beschäftigungstherapeut Gottfried Wunderlich vom Leben im Haus Heinrichshöh im Jahre 1965, in dem seit Anfang der 1960er Jahre erstmals Beschäftigung angeboten wurde. Dies war jedoch, wenn es überhaupt in dieser Form in der Praxis funktionierte, die Alltagsrealität einer sehr kleinen Gruppe von BewohnerInnen.

Für die vielen Menschen in Alsterdorf, die keiner Beschäftigung nachgingen, wachte das Personal vor allem über die Einhaltung des reglementierten Tagesablaufs, der „im Wesentlichen durch kollektive Aufsteh-, Wasch- und Essenszeiten strukturiert war",[53] und sorgte dafür, dass sich die Bewohner nicht selbst oder andere verletzten, ihre Medikamente ein- und ihre Mahlzeiten zu sich nahmen, zur Toilette gingen und sich in einem möglichst hygienisch einwandfreien Zustand befanden. In den Worten Gottfried Wunderlichs war dies die „Pflege der überwiegend sehr schwachen Kinder".

Eine Zeitzeugin beschreibt dieses Gefälle: „Die Versorgung der Schwer- und Mehrfachbehinderten war ganz und gar durch die körperliche Pflege und medizinische Versorgung bestimmt. Sie lagen in ihren Betten, wurden gewaschen, gewindelt und gefüttert." Nur selten gab es „abhängig von der Zuwendung der MitarbeiterInnen [...] ein freundliches Wort oder ein zärtliches Streicheln."[54] Eine Schwester erinnert

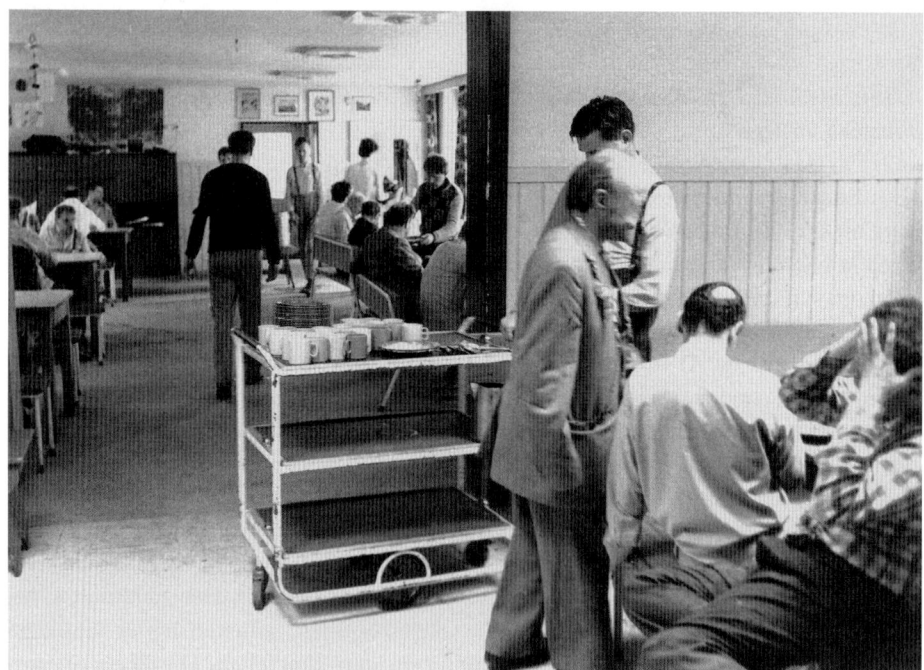

Tagesraum im Haus Carlsruh, 1970er Jahre.

---

52   BuB 1965/66, S. 16f.
53   McManama 2010, S. 114.
54   Ebd., S. 115.

sich: „Sie konnten nichts. Sie konnten laufen, und ein Teil konnte auch alleine essen, aber der größte Teil musste zur Toilette gebracht oder gar gewindelt werden. Das musste man ja auch alles machen, und sprechen konnten die Wenigsten.“[55] Die BewohnerInnen einer Station galten dann als gut betreut, wenn es zu keinen Zwischenfällen kam, wenn der Tageslauf mit „uhrwerkhafter Gleichförmigkeit“ abgewickelt wurde und wenn die Station in verwaltungstechnischem Sinne keine Probleme machte.[56] So war die meiste Zeit „durch Unterbeschäftigung der BewohnerInnen gekennzeichnet“, nur „aufgehellt durch das Essen, den sonntäglichen Kirchgang und durch Feiern von Festen“.[57] Davon besonders betroffen waren die in den geschlossenen Abteilungen untergebrachten BewohnerInnen. Renate Voss, die über zwanzig Jahre im Wachsaal, zum Teil isoliert, leben musste, bringt diese Erfahrung auf den Punkt: „Die Tür war zu, die wurde nur aufgemacht, wenn das Essen gekommen ist.“ Besonders schwer traf die rein physische Versorgung auch die Menschen mit schwereren Behinderungen, die – nicht selten verstärkt oder sogar verursacht durch die jahre- bzw. jahrzehntelange Hospitalisierung – wenig bis gar nicht mobil und dadurch besonders auf Zuwendung angewiesen waren.

Derartige Bedürfnisse konnten schon auf Grund des knappen Zeitbudgets der MitarbeiterInnen nicht erfüllt werden, wie ein Psychologe der Alsterdorfer Anstalten in seiner 1974 durchgeführten Untersuchung für den „männlichen Bereich“ detailliert belegte: „Pro Patient stehen durchschnittlich rund 45 Minuten täglicher Pfleger-Arbeitszeit zur Verfügung, von denen etwa 27 Minuten mit Tätigkeiten zugebracht werden, die keinen Kontakt mit dem Patienten beinhalten. Nur etwa 18 Minuten hat ein Patient durchschnittlich Gelegenheit, mit einem Pfleger zu kommunizieren; in diesen 18 Minuten ist jedoch der Zeitaufwand beim morgendlichen Waschen, beim An- und Ausziehen und bei den Toilettengängen enthalten. Emotionale und soziale Bedürfnisse bleiben folglich unbefriedigt und werden behandelt, als seien sie nicht existent bei Behinderten, wo sie jedoch gerade besonders groß sein dürften.“[58] Neben dem Zeitaspekt waren persönliche Zu- und Abneigungen von großer Bedeutung. „Es ist natürlich auch so, dass man dann unter den Bewohnern auch Lieblinge hat“, bringt es ein ehemaliger Pfleger auf den Punkt. „Es gibt ja auch Hilfsbereitere und einige sagen: ‚Ach, mach doch selber!‘“.[59] Margret Brütt führt das Fehlen jeglicher emotionaler Zuwendung darauf zurück, dass die Stationsschwester sie nicht mochte. Und Erika Jentzsch antwortete auf die Frage, ob mit ihr geredet oder sie von den Schwestern mal in den Arm genommen wurde: „Mit mir doch nicht.“

55 Interview Gudrun Vesper.
56 Brand 1976, S. 289.
57 McManama 2010, S. 115.
58 Brand 1976, S. 151.
59 Interview BC.

„Das war schlimm, die großen Räume mit den vielen Betten" – Wohnen in Alsterdorf

Die meisten Wohnhäuser der Alsterdorfer Anstalten waren in mehrere Stationen unterteilt und nach ihrer Modernisierung seit Mitte der 1950er Jahre nach einem sehr ähnlichen Prinzip aufgebaut: Es gab einen oder mehrere nur nachts genutzte Schlafräume, dazu einen oder mehrere Räume für den Aufenthalt am Tag, in denen auch das Essen eingenommen wurde. Darüber hinaus gab es eine Teeküche, ein Dienstzimmer, ein Besucherzimmer, Abstell- und Schrankräume für die Kleidung und die Schuhe, sowie Badezimmer und Toiletten. Neben dieser Grundausstattung, verfügten einige Häuser auch über Sonderräume wie den sogenannten Wachsaal, in dem Menschen mit unangepassten und auffälligen Verhaltensweisen zum Teil dauerhaft untergebracht wurden, und Isolierzimmer, in die störende BewohnerInnen kurzfristig verlegt werden konnten. Einige Stationen hatten „Zugang zu einem eingezäunten, kahlen Stück Boden" mit ein oder zwei Bänken, wenige zu einem Balkon.[60] Erst als Fahrstühle in die Häuser eingebaut wurden (der erste 1964 im Hohen Wimpel), konnten auch Menschen mit schweren Behinderungen „mit ihren Betten an die frische Luft geschoben werden."[61]

Eine zentrale Erfahrung, von der alle Interviewten berichten, war das Wohnen in den Massenunterkünften. „Mit 84 Mann in einem Haus habe ich gewohnt", erinnert sich Rolf Zismer an seine Zeit im Haus Heinrichshöh, wo er in den 1950er und 1960er Jahren lebte. Vier Tagesräume und vier Schlafsäle standen den Abteilungen mit je „21 Mann" zur Verfügung. Der Schlafsaal mit 21 Betten wurde nur nachts genutzt. „Früher, da waren sechs oder acht Waschbecken in den großen Schlafsälen. Das war schlimm, die großen Räume mit den vielen Betten", erinnert sich auch Margret Brütt an den Hohen Wimpel.

Man musste sich einordnen, das „ging nicht anders", so Rolf Zismer. Einen eigenen Speisesaal gab es nicht. In dem mit langen Tischen und Stühlen karg möblierten Tagesraum wurde „zusammen gesessen und gegessen". Da „die Bewegungsbehinderten" auf den Stationen verbleiben mussten, waren die Tagesräume in der Regel zu klein. So gab es 1962 Beschwerden, dass die Tagesräume im Guten Hirten kaum ausreichten, um „33 Pfleglinge auf einmal unterzubringen".[62] Ob angesichts dieser Enge die Bewohnerinnen den Guten Hirten tatsächlich als „Villa" empfanden, wie es in den „Briefen und Bildern" nach seiner Modernisierung 1960 stolz kolportiert wurde, erscheint fraglich.[63] Noch 1978 existierte im Michelfelder Kinderheim für zehn Kinder einer Abteilung nur „der ca. 20 qm große Tagesraum, wo gegessen und der ganze Tag verbracht" wurde. „Außer Tischen und Stühlen stehen dort noch Spielzeug, Geschirr, Medizin und Angestelltenkleiderschränke, wodurch es noch enger wird."[64]

In positiver Erinnerung ist Erika Jentzsch die Verkleinerung der Schlafräume im Guten Hirten Ende der 1950er Jahre. Zwar war das Bett im „Fünfer-Zimmer" „nicht

---

60   Brand 1976, S. 6.
61   McManama 2010, S. 115.
62   ArESA DV, 618, 23.8.1962.
63   BuB 1959/60, S. 13.
64   Kollegenkreis Alsterdorfer Anstalten 1978, S. 9.

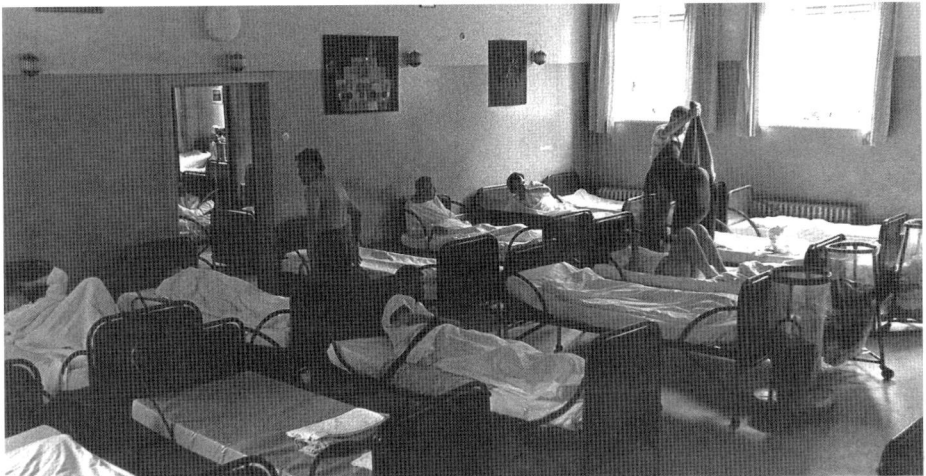

Schlafsaal im Haus Carlsruh, 1970er Jahre.

so breit" wie ein normales Bett und die Gänge zwischen den Betten sehr schmal, doch musste man sich nun nicht mehr mit den Geräuschen und Ausdünstungen von ehedem dreißig Mitschläferinnen plagen. Auch im umgebauten Hohen Wimpel schliefen die 191 Frauen und Mädchen seit 1964 in Schlafzimmern mit zwei bis sechs Betten. „Da habe ich noch mit drei Leuten gelebt, also in einem 4-Bettenzimmer", erinnert sich Margret Brütt.

Besonders beengt war es nach wie vor im Michelfelder Kinderheim, wo sich zwölf Mädchen ein Zimmer teilen mussten. „Auf der einen Seite standen vier und auf der anderen Seite vier und in der Mitte vier, je zwei Betten hintereinander", erläutert Gudrun Vesper.[65] Die Enge in dem rund 30 m² großen Raum kann man sich bildlich vorstellen. Natürlich war das Schlafen in den Gemeinschaftszimmern keinesfalls konfliktfrei. „Meistens ist da Streit", erklärte die 70-järige Elisabeth S., die in einem Zimmer mit sechs Betten schlief dem Vormundschaftsrichter auf Nachfrage.[66] 1973 hatte jeder Bewohner und jede Bewohnerin nur zwischen 5,5 m² (Haus Samaria) und 7 m² (Haus Bethesda) zur Verfügung. Zieht man davon den Platz für das Bett ab, bleiben noch 3 und 5 m² Raum für Privatsphäre gab es in solchen Unterkünften nicht. „Es gab keinen Rückzugsort", schreibt eine ehemalige Mitarbeiterin. „Das Leben fand immer in einer großen Gruppe vorwiegend erethischer [leicht erregbarer, reizbarer, d. V.] ‚Pfleglinge' statt, viele von ihnen in Zwangsjacken geschnürt oder mit sonstigen ‚Schutzmaßnahmen' versehen, die nach und nach teilweise durch Psychopharmaka ersetzt oder ergänzt wurden – in einem kargen Raum oder auch im angrenzenden vergitterten Garten."[67] Fast zynisch mutet eine Erfolgsmeldung aus dem Jahr 1968 an: „Durch weitere Reduzierungen in der Belegung der Pflegehäuser ist eine Auflockerung in den Schlafräumen erreicht worden. Es sind jetzt keine doppelstöckigen Betten mehr vorhanden, und zwischen den Betten ist jetzt ein schmaler Gang."[68] Aufgrund

---

65   Interview Gudrun Vesper.

66   ArESA BA, 2669.

67   McManama 2010, S. 115f.

68   ArESA DV, 892, 24.7.1968.

der zunehmenden eklatanten Raumnot[69] war es in einigen Häusern wieder zu einer Verdichtung der Schlafräume gekommen. In diesen schliefen die „Insassen […] in mehr oder weniger sterilen Sälen, teilweise in Betten mit Sondermaßen (170x70cm), damit mehr in einem Raum untergebracht werden konnten".[70] „Unter Pastor Schmidt, da wurde das etwas besser", erinnert sich Rolf Zismer. „Der hat gesagt: ‚Die Schlafräume wollen wir mal abschaffen.' Nun schlief man nicht mehr mit so vielen Mann, nur noch mit vier. Das wurde alles reduziert, es wurden Wohngruppen aufgebaut, damit jetzt weniger Leute da wohnen sollen." Nach einem so langen Leben unter vielen Menschen, war der Umzug in eine Wohngruppe zunächst auf dem Gelände, ab Mitte der 1970er dann auch außerhalb, oft schwer. „Weil ich ja über vierzig Jahre in Alsterdorf lebte, und nun waren alle Freunde weg."

Als besonders unangenehm und auch demütigend empfanden die befragten Bewohner das Schlafen auf Spreusäcken. „Da habe ich zuerst immer nass gemacht als Kind, da habe ich Spreusäcke gekriegt, da war ich sechs Jahre alt. Das ist für die Nässer. Die Trockenen hatten ein normal bezogenes Bett", erinnert sich Rolf Zismer und meint: „Das musste ich ja leider aushalten, blieb mir ja nichts anderes übrig. Als Kind ist man ja nicht so selbstständig." Konrad Schwark erzählt: „Die Spreusäcke waren ja immer nass. Furchtbar war das."[71] Auch im Alstertal gab es separate Schlafräume für „Nässer", so dass es als Schmach empfunden wurde, in ein „Pisserzimmer" zu kommen. „Dort hatte jedes Bett einen Spreusack mit Papieren darunter und einen Topf. Wir mussten selbst den Spreusack leer machen. Das feuchte Spreu kam in einen neuen Sack und nur der Stoffsack ging in die Wäsche. […] Ich fand das demütigend, weil ich das vorher nicht kannte", erinnert sich Wolfgang Breitel.

Eindrücklich beschreibt ein ehemaliger Psychologe die Situation im Schlafsaal von Haus Carlsruh, wo noch 1976 ausschließlich „Einnässer und Einkoter" in einem einmal unterteilten „34-Betten-Schlafsaal", zumeist festgeschnallt, schlafen mussten.[72] „Da stand Bett an Bett; Eisengestelle mit einer Federeisenmatratzeneinlage, darauf befand sich ein Strohsack. Diese Menschen schliefen auf den Strohsäcken, der Urin lief durch das Stroh, unterwärts war eine Blechrinne, die fing dann den Urin auf, der lief wiederum auf eine Sammelrinne und da standen große Eimer, in denen der Urin aufgefangen war. Im Dach oben war ein Aufsatz mit Dauerbelüftung."[73]

„Um fünf Uhr schon ins Bett" – reglementierte Grundversorgung

Neben der Enge führte der zwanghafte Tagesablauf zu einer Qual ganz anderer Art. Sowohl für die Kinder als auch für die Erwachsenen war die Schlafenszeit extrem früh. Eine Schwester erinnert sich: „Es war eigentlich überall so, dass sie immer sehr früh ins Bett mussten. Teilweise um 17 Uhr, denn da war ja Feierabend." Schlafen konnten die BewohnerInnen zu dieser Zeit natürlich noch nicht. „Als Kind hatte ich

---

69   McManama 2010, S. 114.

70   Ebd.

71   So war das hier, S. 45.

72   Kollegenkreis Alsterdorfer Anstalten 1978, S.8.

73   Interview Heinz Escher.

viel Langweile gehabt. Da haben wir natürlich auch manches Mal Blödsinn gemacht", erzählt Margret Brütt, die sich mit Unbehagen an einige „Hilfsmädchen" erinnert, die rigide über die Einhaltung der Ruhe wachten. „Also sonnabends wurden wir gebadet, und dann sind wir ins Bett gekommen, und wehe es war einer laut, dann hat die Olga das der Schwester gemeldet." Und Rolf Zismer bemerkt: „Das war nicht schön. Ganz früher mussten wir um fünf Uhr schon ins Bett. Um fünf Uhr! Im Michelfelder war das. Um halb fünf war Abendbrotzeit." Auch für die Erwachsenen war „[a]bends viertel vor neun […] Bettzeit. Da war ich schon in den Zwanzigern. Um viertel vor neun, wenn du noch richtig lebendig bist. Gerade im Sommer, wenn es so lange hell ist", erzählt auch Konrad Schwark.[74] Der Tages- und Lebensrhythmus ordnete sich dem Takt der „totalen Institution" unter, in der Betriebsabläufe und Dienstpläne den Orientierungsrahmen lieferten. Sie bestimmten auch räumliche Veränderungen innerhalb der Anstalt: „Ich bin viel gewandert da", sagt Rolf Zismer, der 41 Jahre seines Lebens in der Anstalt lebte, und meint damit seine vielen Umzüge auf dem Gelände. Dementsprechend gab es Verlegungen von der Kinder- auf die Jugend-, später auf die Erwachsenen- und schließlich auf die Altenabteilung: lebenslange Fremdbestimmung.

„Man durfte nicht allein. Das war das schlimmste." – Hygiene im Kollektiv

„Ich sehe noch die Waschräume vor mir, die waren sehr primitiv. Da waren früh morgens dann die Schwestern am Werk, die aufpassten, dass alles seine Ordnung hatte, die Kinder sich wuschen und so weiter", erinnert sich die damalige Pfarrvikarin Anke Langmaack. Bis in die 1950er Jahre gab es im Guten Hirten nur einen zentralen Badekeller mit acht Badewannen für das weibliche Gebiet. Einmal in der Woche hieß es dann für alle Frauen und Mädchen: Antreten zum Baden und Nägel schneiden. „Wir haben nicht einzeln geduscht", erzählt Konrad Schwark. „Ne ganze Menge Leute immer zusammen. Nass machen, dann hat der Pfleger das Wasser abgestellt und dann hieß es Abseifen und dann wurde das Wasser wieder angestellt. Man durfte nicht allein. Das war das schlimmste."[75] Auch Wolfgang Breitel hat das tägliche Waschritual im Heim Alstertal in unguter Erinnerung: „Da war der Erzieher mit der Zahnpasta, und dann hat man sich kalt gewaschen, und er hat darauf geachtet, dass man das ordentlich machte. Wenn wir uns nicht waschen wollten – kalt wäscht man sich ja nicht gern – dann hat er einen mit dem Schlauch abgespritzt."[76]

Nicht nur in Alsterdorf war das „Badbündel" ein typisches Symbol des Anstaltsalltags. Die mit der „grüne[n] Nummer des Pfleglings" ausgezeichnete Wäscherolle[77] bestand aus der „sog. Leibwäsche – Unterwäsche, Strümpfe und das Handtuch drum herum".[78] „Und nur einmal in der Woche gab es neue Wäsche", klagt Konrad Schwark

---

74   So war das hier, S. 47.

75   Ebd.

76   Interview Wolfgang Breitel.

77   Jeder „Pflegling" besaß vier nummerierte. Durch den Umlauf dann jedoch nur eines. ArESA DV, 597, 18.9.1974.

78   Interview Wolfgang Breitel.

Waschraum im Heim Alstertal.

in Erinnerung an seine verschmutzte Arbeitskleidung. „Und dann nur einmal in der Woche duschen und einmal Unterwäsche neu. Man schwitzt doch, man kann doch nicht so ins Bett gehen, wenn man so schwitzt!"[79] Als in den 1970er Jahren eine „vermehrte Ausstattung der Pfleglinge mit Handtüchern" gefordert wurde, weil sie sich mit nur einem „Handtuch pro Kopf pro Woche […] teilweise schon mit Bettwäsche abtrocknen" würden, räumten die MitarbeiterInnen der Wäscheabteilung ein, dass jederzeit „unnummerierte Handtücher" angefordert werden könnten.[80]

In einigen Häusern war das Bad mit Toiletten, wenigen Waschbecken und meist nur einer Badewanne direkt vom Schlafsaal abgeteilt und viel zu eng.[81] Eine Situation,

---

79 So war das hier, S. 46.

80 ArESA DV, 597, 18.9.1974. Als sich Pfleger erstmals weigerten, die Exkremente der sogenannten Schmutzer auf der Station auszuspülen, bevor die Bettwäsche ins Waschhaus ging, beschloss man Einmal-Bettwäsche anzuschaffen, „vorerst 100 Garnituren pro Tag für das männliche und weibliche Gebiet". Ebd.

81 „Auch im Haus Samaria leben ca. 17 schwerstbehinderte Frauen in einem Raum. Die einzige Badewanne ist im Schlafsaal." Das sei auch im Michelfelder so. Kollegenkreis Alsterdorfer Anstalten 1978, S. 8.

die 1972 auch von offizieller Seite bemängelt wurde: „Die räumliche Enge tritt auch unangenehm in den Waschräumen in Erscheinung, wo die Handtücher der Pfleglinge so eng nebeneinander hängen, daß ein intensiver Kontakt zwischen Körper- und Gesichtshandtüchern auch der Nachbarn unvermeidlich ist."[82] Zur gleichen Zeit wurde über Toiletten berichtet, die aus „uralte[n] Holzverschläge[n]" bestanden und „nur unter großen Mühen sauber gehalten werden" konnten.[83] Dass in einem solchen Milieu die Intimsphäre der BewohnerInnen kaum respektiert wurde, verwundert nicht. Wenn er auf der Toilette gesessen habe, sei zwischendurch immer ein Pfleger hereingekommen und habe „nach dem Rechten", geschaut, erinnert sich Rolf Zismer. In anderen Häusern, wie dem Haus Carlsruh gab es überhaupt keine Türen vor den Toiletten. Auch die dreißig Jungen der geschlossenen Abteilung im Michelfelder Kinderheim mussten sich noch Mitte der 1970er Jahre ein „gemeinsames Klo" teilen. Hier saßen „sich jeweils 6 Behinderte auf einer Art Donnerbalken ohne Trennwände gegenüber".[84]

Kübel, Emailleteller, Löffel – die Mahlzeiten

„Die Bewohner haben gerne gegessen und sich auf das Essen gefreut und konnten sich damit beschäftigen", meint eine Schwester.[85] Doch genauso wie „das Waschen oder Rasieren […] wie am Fließband vor sich" ging, funktionierten auch die Mahlzeiten wie eine Essensabfertigung. Rücksicht darauf, ob der Bewohner „die Verrichtung bei etwas Anleitung vielleicht auch einigermaßen selbständig verrichten könnte", wurde selten genommen.[86] Eine Schwester erzählt diesbezüglich von einem kleinen Wandel: „Ich habe das Frühstück lange Zeit selbst gemacht. Dann bekamen sie die Brote zurecht gemacht, man wusste, was der einzelne mochte. Später hat man das dann abgeschafft, dann hat man die Brote oder Brötchen auf den Tisch gestellt, und die Großen machten sich die Brötchen selbst. Die habe ich alle durchgeschnitten, damit sie gleichmäßig geschnitten waren."[87] Das Mittagessen kam in großen Kübeln aus der Großküche.[88] „Hilfsmädchen" und „Hilfsjungen" mussten die schweren Behälter oft über mehrere Stockwerke auf die Stationen tragen. Hier wurden sie auf eine Bank gestellt und das Essen nach einem kurzen Tischgebet[89] daraus verteilt. Klaus Matzke beschreibt das strenge Reglement: „Da mussten wir immer, bevor wir zum Essen gingen, einzeln in einer langen Reihe auf dem Flur antreten – in Hausschuhen. Der Flur war ja noch mit Kacheln – und wehe man hatte über den Strich getreten. Jeder Fuß hatte eine Kachel."[90] Porzellan, Messer und Gabel gab es nur in Ausnahmefällen. „Das

82 ArESA DV, 893, 1972.

83 ArESA DV, 1854, Bd.1. 20.3.1972 Artikel Bild-Zeitung „Hier können Sie helfen!"

84 Kollegenkreis Alsterdorfer Anstalten 1978, S. 8.

85 Interview Renate Clement.

86 Brand 1976, S. 111.

87 Interview Ilse Stein.

88 Noch 1977 wurde der „Essenstransport … teilweise immer noch mit alten Kinderwagen durchgeführt". ArESA DV, 597, 16.6.1977.

89 Interview Erika Jentzsch.

90 So war das hier, S. 59.

Beim Abwasch, 1950er Jahre.

wurde immer auf einen Emailleteller aufgefüllt aus dem Kessel. Gegessen wurde nur mit einem Löffel", so Margret Brütt. Auch war das Essen genau rationiert: „Jeder hat nur so viel gekriegt, mehr durfte man nicht nehmen." Wollte ein Kind partout nicht essen, herrschte zumindest noch unmittelbar nach dem Krieg die Devise „ohne falsches Mitleid mit eiserner Energie" vorzugehen, „und sich auch nicht einmal scheuen, solch ein Kind hungern zu lassen."[91] BewohnerInnen, die nicht selbständig essen konnten, wurden von den „Hilfsmädchen" und -jungen „gefüttert". Eine zeitaufwändige Prozedur, bei der es gelegentlich auch zu Zwangsmaßnahmen kam.

An der Qualität des Essens habe es nichts auszusetzen gegeben, sagt nicht nur Klaus Matzke. „Das Essen war früher immer gut, das muss man sagen. […] Wir hatten ja auch eine eigene Gemüsegärtnerei."[92] Es habe je nach Saison Kartoffeln, Gemüse, Soße und Fleisch gegeben. Doch in den 1970er Jahren geriet die Essensqualität in die Kritik: es sei zu fett und zu eintönig, zum Teil zu dürftig, auch fehle es an Zwischenmahlzeiten.[93]

„Ich bin nur in der Bude rumgehockt" – Beschäftigung und Freizeitaktivitäten

„Mit mir hat man gar nichts gemacht, gar nichts", empört sich Rolf Zismer. Als Kind und Jugendlicher habe er „nur in der Bude rumgehockt, im Haus." Und eine Schwester bestätigt: „Da spielte sich eigentlich alles im Tagesraum ab. Das ganze Leben".[94]

---

91   BuB 1948, S. 20.

92   So war das hier, S. 59, Klaus Matzke.

93   ArESA DV, 594, 28.5.1973 und 597, 28.2.1979. 1972 beschloss man auf Antrag von Preußner-Uhde allen Pflegebefohlenen ab sofort das III. Klasse-Krankenhausessen zu geben. ArESA DV, 595.

94   Interview Renate Clement.

Kinder mit Spielzeug im Michelfelder Kinderheim, 1960er Jahre.

Dennoch gibt es auch Erinnerungen an Kinderspiele auf dem eingezäunten Hof, an Reifen, die mit „einer Stange" geschlagen wurden, an „Holzeisenbahnen, Holzspielzeug und Holzpferde. Oder so einen Ball, mit dem spielten wir Fußball."[95] Im Fichtenhain, dem späteren Michelfelder Kinderheim, spielte Margret Brütt „manchmal ,Mensch ärgere dich nicht' oder was anderes. Wir haben Puppen gehabt, mit denen wir sonntags spielen durften. Da gab es eine Puppenstube. Und früher haben wir immer Kissenschlacht gemacht, wenn keiner da war, dummes Zeug haben wir gemacht." Versteckenspielen, Rodeln, Fußballspielen und Spazierengehen werden noch genannt.

Fußballspielen im „Alstertal", 1960er Jahre.

95   Interview Rolf Zismer.

„Wohnzimmer im
‚goldenen Apfel' mit Radio",
Anfang 1960er Jahre.

Als Erwachsener, erzählt Rolf Zismer, „haben wir uns unterhalten oder Fernsehen
geguckt, aber nicht so viel. Ich hatte so ein kleines Radio, da kriegte man einen Sen-
der rein, da habe ich immer ‚Herrn Sander seinen Schallplattenschrank' gehört.[96]
Wir konnten auch draußen auf dem Hof spazieren gehen, mehr konnte man nicht
machen, das war alles." Nachmittags habe man manches Mal „gemütlich Kaffee getrunken und […] Fernsehen geguckt", so Margret Brütt. „Das war immer schön gemütlich. Oder wir haben geklönt mit Schwester Ilse. Das war schön". „Wir durften
nicht so oft fernsehen. Nur sonnabends mal, wenn da mal so ein Theaterstück war.
Und Musiksendungen. Weiter nichts", erinnert sich Erika Jentzsch. „Wir haben auch
manchmal gesungen, wenn wir Lieder aus dem Radio kannten. Auch eine Schwester konnte gut singen. Die hat immer mit uns gesungen." Dies sei jedoch nur dann
geschehen, wenn „eine Mitarbeiterin Zeit zum Vorlesen, Singen oder zur Anleitung
beim Malen, Basteln oder Handarbeiten" hatte.[97]

Rolf Zismer entwickelte eine eigene Form des Zeitvertreibs, er malte Hefte aus
oder rechnete mit seiner Rechenmaschine: „Das habe ich selber gemacht. Damit ich
ein bisschen was zu tun hatte." Um der „enormen Langeweile" im Haus Alstertal zu
entfliehen, fuhr Wolfgang Breitel „manchmal stundenlang" mit dem Fahrrad das ein-
gezäunte Gelände rauf und runter. „Ich habe das Gelände in Erdteile eingeteilt und
dann war ich in der Phantasie in Afrika."[98]

Die Besuchskiste – Privates im Schuhkartonformat

Das private Hab und Gut der BewohnerInnen „beschränkte sich auf kleine Kisten
von 45x30x30 cm oder entsprechend kleine Schrankflächen", zu denen es allerdings

---

96 „Herr Sanders öffnet seinen Schallplattenschrank" wurde zwischen 1949 und 1971 zuerst vom
    NWDR-Köln, dann vom WDR gesendet. Der Dirigent Franz Marszalek stellte hier vor allem
    klassische Musik und Opern in historischen Aufnahmen vor. http://de.wikipedia.org/wiki/
    Franz_Marszalek (1.10.2012).
97 McManama 2010, S. 115.
98 Interview Wolfgang Breitel.

keinen freien Zugang gab.[99] Die sogenannte Besuchskiste habe man sich zu Weihnachten wünschen können, erinnert sich Klaus Matzke: „Da stand auf der Besuchskiste mein Name, da konnte man die Besuchssachen dann rein tun".[100] Eine solche
Kiste begleitet Rolf Zismer seit über fünfzig Jahren. Am 22. Dezember 1958 habe er
sie von den Pflegern geschenkt bekommen. „Da habe ich so Süßigkeiten rein getan,
jetzt habe ich normale Sachen drinnen. Ich hatte sie im Schrank, aber die Schränke
konntest du nicht abschließen." Als 1965 zwei Besuchskisten aus einem Schrank des
Hauses Carlsruh gestohlen wurden, lautete das dementsprechende Protokoll: „Dieser
Schrank kann nur mit einem sogenannten ‚70er-Schlüssel' geöffnet werden, der sich
jedoch ausschliesslich im Besitz des Pflegepersonals befindet."[101] Auch Wolfgang Breitel, der im Alstertal lebte, erinnert sich nur an „eine Besuchskiste und einen Hocker
neben dem Bett, mehr gab es nicht. Ich weiß gar nicht, ob ich die Kiste lange hatte,
weil es kaum persönliche Dinge gab. […] Ich hatte noch nicht einmal Verfügungsge-
walt über meine Klamotten. Die waren auf dem Flur in den großen Schränken." Eine
Mitarbeiterin, die Ende der 1970er im Guten Hirten gearbeitet hat, bestätigt dies:
„Jede hatte nur einen Spind, in dem die Kleidung war, und zu dem die Bewohnerinnen keinen Schlüssel hatten. Die Spinde standen auf dem Flur und die Schwestern
hatten die Schlüssel."[102] Einen von den BewohnerInnen abzuschließenden Nachttisch
oder Kleiderschrank gab es offensichtlich nicht, wenngleich Anfang der 1960er Jahre
in den „Briefen und Bildern aus Alsterdorf" stolz berichtet wurde, dass in „den neu
eingerichteten Abteilungen […] jeder für seine persönlichen Dinge auch sein eigenes
Fach" habe, „das er verschließen" könne, „seinen eigenen Nachttisch und seine Bilder über dem Bett."[103] Dass Anspruch und Wirklichkeit hier erheblich auseinander-
klafften bestätigt auch Erika Jentzsch: „Nein, Schränke haben wir nicht gehabt. Das
haben wir alles in solchen Kleider- und Schuhkammern gehabt".

Besuchskiste von Rolf Zismer.

99   McManama 2010, S. 114.
100 So war das hier, S. 61.
101 ArESA BA, 3427.
102 Telefonische Informationen Maren Sass, 18.9.2012.
103 BuB 1962/63, S. 17.

„Man erkannte [...], wo wir herkamen." –
Lederhosen, Schürzen und abgelegte Kleidung

„Da trugen die Mädchen alle noch Schürzen. Die wurden hinten zugeknöpft und waren so hellblau kariert, sie sahen eigentlich recht nett aus, waren hell und hatten so Rüschen an den Schultern, dazu gab es grau-braune Strümpfe, die hat die Anstalt gekauft. Ich sage jetzt mal bewusst Anstalt, weil sie es ja auch noch war, und die kriegten wir von der Garderobe", erinnert sich eine Schwester.[104] Das Pendant zur Mädchenschürze war lange Zeit die Lederhose. „Im Grunde haben alle Jungen diese Lederhosen angehabt, bis auf die Größeren. Und dann halt Sporthemden, die kriegten wir vom Jugendamt. Die waren kariert", erzählt Wolfgang Breitel.

Wenngleich es in Alsterdorf keine einheitliche „Anstaltskleidung" gab, waren die BewohnerInnen über ihre Garderobe identifizierbar. Viele erwachsene Bewohner trugen den sogenannten Blaupatsch. „Das waren so Blaumänneranzüge, die die Als-

Bekleidung der Pfleglinge

a) Frauen		DM	b) Männer		DM
1 Mantel		75,—	1 Mantel		80,—
1 Strickjacke		25,—	1 Joppe		38,—
1 Winterkleid f. Sonntag		29,50	1 Anzug f. Sonntag		70,—
1 Sommerkleid f. Sonntag		26,—	3 Pilotanzüge	à 59,—	177,—
3 Kleider f. Werktag	à 17,—	51,—	1 Mütze		4,—
2 Unterkleider (Sommer)	à 8,—	16,—	1 Paar Hosenträger		3,—
2 Unterkleider (Winter)	à 8,—	16,—	1 Extrahose		26,—
3 Nachthemden	à 7,50	22,50	3 Paar Schuhe	à 18,—	54,—
3 Taghemden	à 7,—	21,—	1 Paar Pantoffel		3,—
6 Schlüpfer	à 6,—	36,—	3 Taghemden	à 10,—	30,—
3 Leibchen	à 4,—	12,—	2 Nachthemden	à 12,—	24,—
6 Taschentücher	à -,40	2,40	3 Unterhosen	à 3,—	9,—
4 Paar Strümpfe	à 4,—	16,—	3 Unterhemden	à 2,50	7,50
2 Paar Schuhe	à 18,—	36,—	2 Strickjacken	à 16,—	32,—
1 Paar Pantoffel	à 3,—	3,—	6 Paar Baumwollsocken	à 2,50	15,—
4 Schürzen	à 6,75	27,—	6 Taschentücher	à -,40	2,40
		414,40			574,90

Die Aufstellung ist nach den Angaben unserer Garderoben angefertigt.

Alsterdorf, den 31. Okt. 1956

Aufstellung der „Bekleidung der Pfleglinge" 1956.

---

104 Interview Gudrun Vesper.

Kinder aus der Abteilung 16 mit den typischen Schürzen, 1956.

terdorfer hatten, und wir [im Alstertal, d. V.] hatten auch so was Ähnliches, nur nicht in blau. Man erkannte daran, wo wir herkamen", erinnert sich Breitel.

Grundsätzlich unterschieden wurde Werkstags- und Sonntagskleidung. „In der Woche Alltagszeug und dann Sonntagszeug. Sonntagsmantel, Sonntagskleid, Sonntagsschuhe, das gab es früher", erzählt Margret Brütt. Und eine Schwester erinnert sich: „Ja, die kleinen Jungs. Die hatten dann sonntags immer Lederhosen an, weiße Kniestrümpfe, ein weißes Hemd. Das sieht man noch so vor sich."[105] Tatsächlich sei der Anblick der sonntäglich gekleideten Jugendlichen, die sich in geschlossenen Zweierreihen bewegten, besonders skurril gewesen, erzählt Horst Wallrath. „Alle haben im Sommer eine kurze schwarze Lederhose an gehabt und ein weißes Hemd, und dann sind wir geschlossen in die Kirche gegangen und sind geschlossen in den Stadtpark gegangen und wieder geschlossen zurück in die Anstalt."

Über eine ganz spezielle Hosenform berichtet der Schneidergehilfe Otto Witt: „Mitte der 50er Jahre haben wir so Hosen zum Aufklappen genäht. Damit man die Hose nicht runterziehen muss, wenn man auf Toilette geht."[106] Dabei könnte es sich um sogenannte Pilotanzüge gehandelt haben, die männliche „Pfleglinge trugen, die sich nicht sauber halten" konnten.[107] Auch die sogenannten Liegekinder, die sich nur im Bett aufhielten, trugen eine Spezialkleidung. Ein Pfleger erinnert sich an „einen Bettsack. Das ist ein überlanges Nachthemd, was unten zugenäht ist, um gewisse Ausscheidungen im Rahmen zu halten."[108]

---

105 Interview Renate Clement.

106 So war das hier, S. 65.

107 Eine Art Anzug, der im Genitalbereich zum Windeln leichter zu öffnen war. „Der Name Pilot stammt von Pilotstoff (auch Moleskin oder Englischleder), der wegen seiner besonders robusten Art geschätzt ist und heute noch für Berufsbekleidung speziell im Zunfthandwerk verwendet wird." http://www.google.de/imgres?q=Pilotanzug (25.9.2012).

108 Interview BC.

Mitarbeiter in der Garderobe für Männerkleidung, 1960er Jahre.

Nachdem „Anna Jensen, die Frau von Pastor Jensen, die Kleiderspende aufgebaut" hatte,[109] erhielten die BewohnerInnen Anfang der 1960er Jahre aus diesem Fundus ihre persönliche Oberbekleidung. Stolz wurde 1963 in der anstaltseigenen Zeitung berichtet, dass im Haus Tabea nun „Kleider und Mäntel, Blusen und Pullover in einem großen sortierten Lager wie in einem Kaufhaus zur regelmäßigen Ausgabe an unsere Kinder und die weiblichen Pflegebefohlenen zur Verfügung" stehen würden. „Jeder hat *seine* [Herv. i. O.] Kleidung, Wäsche und Schuhe. Ein durchdachtes Nummern-system sorgt dafür, daß das persönliche ‚Eigentum' erhalten bleibt. Nach den gleichen Grundsätzen wird in der Männer-Garderobe, in den beiden Wäschegarderoben und in der Schuhmacherei verfahren".[110] Weniger prosaisch ist die Erinnerung von Rolf Zismer an die abgelegte Kleidung der spendenwilligen Hamburger Bevölkerung: „Da war so eine Garderobe, da mussten wir so Zeug tragen, was nicht in Ordnung ist. Das brauchten wir nicht bezahlen, wir hatten ja nicht so viel Geld gehabt, das ging ja nicht. Auswählen konnte man, aber die Kleidung war meistens zu weit gewesen. Dann mus-ste alles verkleinert werden und dann ging das." Margret Brütt erinnert sich, dass sie „da mal ein schönes Kleid oder irgendwas Hübsches, einen Pullover, oder was es da so gab, einen Rock" auswählte. Zu recht wurde die Kleidung aus der Kleiderkam-mer nicht als Eigenes angesehen: „War nicht meine eigene Kleidung", meint Erika Jentzsch. Daher wurde die Nummer, mit der man die Kleidung jeder/jedes einzelnen kennzeichnete, oft zum einzigen Unterscheidungsmerkmal. Nicht nur Margret Brütt ist ihre Kleidernummer bis heute präsent: „984, das war meine Kleidernummer, es gab ja früher eine Kleidernummer. Die wurde nachher abgeschafft, und es wurden Namen eingenäht".

---

109 BuB 1962/63, S. 17.
110 Ebd.

Wurde die Oberkleidung durch eingenähte Nummern den BewohnerInnen zugeordnet, war dies bei der Unterwäsche nicht der Fall. „Da gab es so einen Stapel Laufwäsche, ungezeichnete Wäschestücke, also Unterhosen hauptsächlich, die gingen ins Waschhaus und man kriegte denn auch einen Stapel ungezeichnete zurück", erinnert sich eine Schwester. Da schaute man, „was so in etwa passte".

Als es in den 1970er Jahren dann Kleidergeld von der Sozialbehörde gab, sei man mit den einzelnen BewohnerInnen schon einmal in die Stadt gegangen, erzählt eine ehemalige Mitarbeiterin: „Dann konnten sie sich was aussuchen,"[111] Und eine Kollegin kommentiert: „Das hat ja auch mit Würde zu tun, dieses Eigentumsdenken."[112]

„[D]as war das Einzige, was mir Spaß gemacht hat." – Arbeiten zwischen Sinnerfüllung und Zwang

Neben der Arbeit auf den Stationen standen für die männlichen Bewohner Arbeitsplätze in der Korbmacherei, Schneiderei, Schuhmacherei, Buchbinderei, Sattlerei, Tischlerei, Klempnerei, Malerei oder Maurerei zur Verfügung, für die Frauen in der Großküche, im Waschhaus und der Schreibstube. Die arbeitsfähigen BewohnerInnen stellten Waren her, hielten die Infrastruktur der Anstalt aufrecht, betätigten sich als Essenfahrer, Lagerverwalter, Küchen- oder Verwaltungshilfe und bauten Gemüse oder Blumen an. Damit hielten sie nicht unwesentlich den Anstaltsbetrieb und die Versorgung der BewohnerInnen aufrecht und sorgten auch für Einnahmen, z. B. durch Blumen- und Gemüseverkauf. Auf ihrem Arbeitsgebiet erlernten sie die nötigen

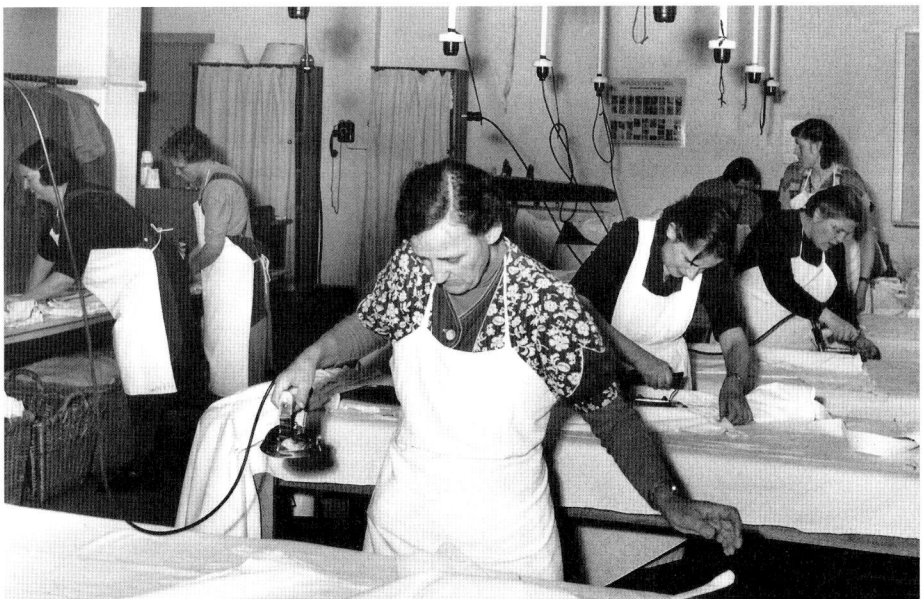

Frauen beim Bügeln, 1960er Jahre.

111 Interview Renate Clement.
112 Interview Gudrun Vesper.

Anfänge der
Alsterdorfer Werkstätten.
Bürstenmacherei, 1950er Jahre.

Grundkenntnisse. „In der Gärtnerei habe ich Umgraben gelernt, das mußte schön eben sein und nicht so wie bei einem Maulwurf", erinnert sich Konrad Schwark.[113] „Wir haben auch immer die Graskanten geschnibbelt – auf dem ganzen Gelände."[114] Auch Klaus Matzke, der in der Blumengärtnerei tätig war, berichtet: „Ich habe ganz klein angefangen. Zuerst mußte ich Blumentöpfe sortieren und Unkraut jäten, dann ging's schnell hoch. Von meinem Chef, Herrn Holzapfel, habe ich viel gelernt: pikieren, aussäen, eintopfen, umtopfen und all das, immer mehr, bis zum Verkauf. So daß ich die Leute bedienen konnte, die Blumen einpacken, Blumensträuße binden. […] Die Blumen – das war meine Begabung."[115] In der Schneiderei produzierte und reparierte man Kleidung für die BewohnerInnen, aber vor allem für das Personal: „In der Maßschneiderei habe ich alles gemacht, von Hosen über Jacken, Reißverschlüsse einnähen, alles was ich so konnte", erinnert sich der Schneidergehilfe Otto Witt. „Ich habe für die ganzen Leute immer Hosen gemacht. […]. Für die Gärtner haben wir richtige Kordhosen genäht."[116]

„Die Arbeit hat mir Spaß gemacht, das war das Einzige, was mir Spaß gemacht hat. Ich habe immer länger gearbeitet als nötig, damit ich mehr um die Ohren hatte. Ich wollte nicht so früh frei haben", beteuert Rolf Zismer, der 46 Jahre lang als Maler in den Alsterdorfer Anstalten tätig war. „1956 habe ich angefangen. Ich habe einen guten Meister gehabt, einen wunderbaren Meister. Der hat mir viel beigebracht." Mit Stolz erzählt er, dass er Räume und Keller in Alsterdorf fachkundig gestrichen, und auch „alte Farbe angekratzt und abgeschmirgelt" hat, was sonst keiner machte. Wie für Rolf Zismer war auch für Emmy Else S. (1930–1995) die Arbeit offensichtlich die einzige Möglichkeit, den tristen und monotonen Anstaltsalltag zu ertragen. Die 48-jährige

---

113 So war das hier, S. 46.
114 Ebd.
115 Ebd., S. 61f.
116 Ebd., S. 65.

sei ein „extrem fleißiges […] Mädchen […] Sie arbeitet praktisch den ganzen Tag, sie weiß mit ihrer Freizeit gar nichts rechtes anzufangen", heißt es in ihrer „Kranken-akte". Emmy Else S. werde „das fleißigste Mädchen von Alsterdorf" genannt, sie sei „immer ruhig und freundlich und – [gerate] nur aus ihrer Ruhe, wenn man sie vom Arbeiten abhält."[117]

Die „Elite Alsterdorfs"? – die „Hilfsmädchen" und „Hilfsjungen"

Emmy Else S. gehörte zur großen Gruppe der sogenannten „Hilfsmädchen" und „Hilfsjungen", die hauptsächlich auf den Abteilungen, aber auch im Waschhaus, der Küche, der Nähstube und der Garderobe unter der Aufsicht der Schwestern und Pfle-ger arbeiteten. Sie putzten, gaben den MitbewohnerInnen ihr Essen und halfen, sie zu waschen und anzuziehen, zur Toilette zu begleiten und verrichteten so hauptsächlich „niedrige" und „schwere" Arbeit. So beobachtete ein Mitarbeiter, dass die inkonti-nenten Bewohner in der Regel von den „Hilfsjungen" gesäubert wurden.[118]

1966 waren unter den 560 „arbeitsfähigen Pfleglingen" rund dreihundert „Hilfskinder".[119] Sie wurden von den Schwestern und Pflegern, die auf ihr Mitwirken unbedingt angewiesen waren, als „die Fitten", als die „Elite Alsterdorfs" oder die „Stär-keren" bezeichnet. Erika Jentzsch arbeitete auf der Abteilung für alte Bewohnerinnen. „Da mussten wir um halb sieben da sein. Ich musste mit Anziehen, den Schlafsaal feudeln. […] Dann mussten wir alles abwaschen. […] Da konnten wir nicht einfach weglaufen. Da mussten wir die Arbeit machen. […] Und nachmittags hatten wir nur ein paar Stunden frei. Um vier musste ich da wieder hin, bis abends. Wir mussten dann wieder die Betten vorbereiten, aufschlagen, und sie ins Bett bringen." Vielfach wurden sie neben der Hausarbeit auch zu ungeliebten Arbeiten herangezogen, wie die BewohnerInnen auf die Töpfe zu setzen und diese auszuleeren sowie verschmutzte

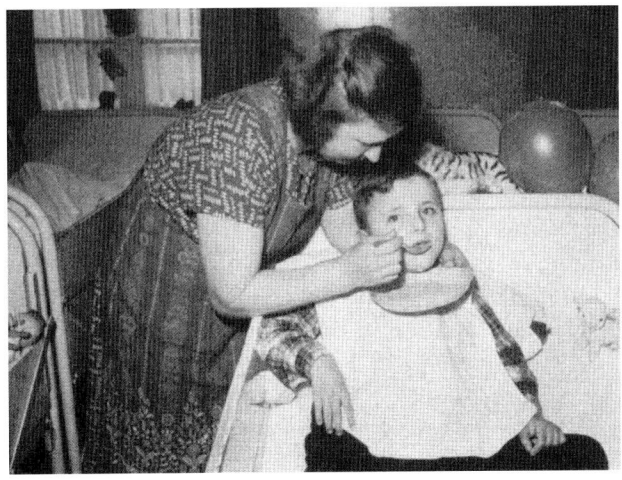

Helferin in einer Kinderabteilung, Anfang 1960er Jahre.

---

117 ArESA BA, 3420, 24.8.1978.
118 Brand 1976, S. 25.
119 ArESA DV, 52.

Kleidung und Bettzeug zu wechseln. „Da habe ich in der Küche geholfen, abgewaschen und die Kinder mit ins Bett gebracht abends, sie gefüttert und so. […] Wenn die Nachtwache kam, habe ich mitgeholfen beim Töpfen, wenn die Kinder getöpft wurden, und musste das dann ausgießen. Das mochte ich nicht, ne, iiih.“[120] „Ich habe Betten gemacht und bezogen und habe die Wäsche gemacht. Ich habe viel gearbeitet“, erzählt Renate Voss. Sie arbeitete bis zu ihrer Pensionierung. „Dann bin ich sechzig geworden, dann habe ich aufgehört.“ Auch Erika Jentzsch arbeitete 41 Jahre lang: „Dann konnte ich aber nicht mehr.“ Alfred Junski, über viele Jahre als „Hilfsjunge“ im Haus Carlsruh tätig, erinnert sich, dass man gehorchen musste: „Wenn die Angestellten es sagten, musste man das auch machen.“ Die Pfleger waren sehr streng, sie achteten darauf, dass alle regelmäßig zur Arbeit gingen. „Oh, da herrschte Strenge“, erzählt auch Rolf Zismer. Dass es selbst im engen Anstaltsgefüge Möglichkeiten gab, dem Arbeitsdruck zu entgehen, und sich einen begrenzten Freiraum zu schaffen, belegt ein Eintrag in der „Krankengeschichte“ des 48-jährigen „Hilfsjungen“ Wilhelm T: „Immer wieder versucht er die Arbeit anderer Jungen zuzuschanzen, damit er Zeit gewinnt für Arbeiten, die Geld einbringen. Jedem Angestellten bietet er sich an, um Treppen zu reinigen oder Teppiche zu klopfen, damit er sich etwas verdient. Aus dem gleichen Grunde führt er Angehörige zu den Pfleglingen mit dem Bemerken: ‚Alles ich gemacht, alles ich gemacht.‘ Für das ersparte Geld kauft T. sich Puppen und Jahrmarktsfiguren. Am liebsten beschäftigt er sich mit seinem Detektor, an diesem hängt er unsinniges Zeug ran und bildet sich ein, somit besseren Empfang zu haben.“[121]

Neben dem immensen Arbeitsdruck waren auch die Lebensbedingungen der „sehr leicht behinderten Menschen, die oft vollständig in den Anstaltsarbeitsprozeß eingegliedert sind und die Arbeit einer normalen Putzfrau oder mehr verrichten“ zum Teil katastrophal. So heißt es Ende der 1970er Jahre, dass diese „oft unter den schlechtesten Bedingungen“ lebten. „So sind z. B. oft ca. 7 dieser erwachsenen Frauen in einem engen Raum Bett an Bett untergebracht, ohne jegliche Möglichkeit, sich einen persönlichen Bereich einzurichten. Sie sind schon durch die räumlichen Verhältnisse entmündigt.“[122]

Durch ihre Sonderstellung waren viele „Hilfsmädchen“ und „Hilfsjungen“ gegenüber ihren MitbewohnerInnen privilegiert. Sie konnten das Gelände leichter verlassen und wurden im „weiblichen Bereich“ von der Oberin bei ihrem morgendlichen Rundgang namentlich begrüßt. 1958 lud Pastor Jensen eine Gruppe von „Hilfsjungen und -mädchen“ zu einer kleinen Feier anlässlich seines Geburtstags „– bei Kakao und Kuchen – im Festsaal“ ein, und bat die Abteilungen, sie dafür frei zu stellen.[123] Und Alfred Junski etwa schlief im Haus Carlsruh nicht im großen Saal, sondern in einem kleineren Vierbettzimmer. Dort hatte er die Möglichkeit im Gegensatz zu seinen Mitbewohnern, die mit den „penibel aneinander gereihte[n] Eisenbetten“ im großen

---

120 Interview Margret Brütt.

121 ArESA BA, 3427 Bd. 1.

122 Kollegenkreis Alsterdorfer Anstalten 1978, S. 9.

123 ArESA DV, 271, 18.2.1958. Friedenshort (Abt. 29) 4 „Hilfsjungen“; Hohenzollern (Abt. 55) 1 „Hilfsjunge“, Heinrichshöh (Abt. 41/43 5, Eichenhof (Abt. 49/51/53) 7, Carlsruh (Abt. 33) 10 „Hilfsjungen“. 27 „Hilfsjungen“ standen zu dieser Zeit 99 „Hilfsmädchen“ gegenüber, 38 allein im Hohen Wimpel, 26 im Fichtenhain, 4 im Wachsaal. Ebd.

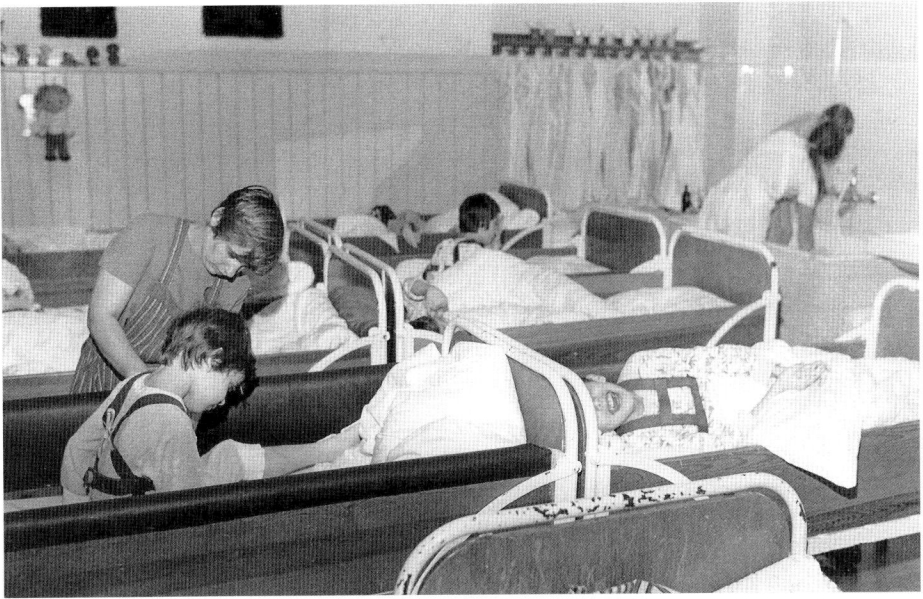

Helferin beim Anziehen eines Kindes im Heinrich-Sengelmann-Krankenhaus, 1960er Jahre.

Schlafsaal vorlieb nehmen mussten, „um sein Bett aufzubauen, was ihm „lieb und teuer" war und die Wand mit Bildern zu schmücken.[124] Von daher wundert es nicht, dass einige von ihnen auch selbst von den MitbewohnerInnen als „ganz schwache Kinder" sprechen, zu denen sie andererseits auch enge Beziehungen aufbauen konnten. „Dann war ich auch mal mit Schwester Gudrun auf einer Freizeit gewesen, mit der kleinen blonden Inge. Inge, das war meine Beste, das war meine Pflegetochter. Nun ist sie ja groß und erwachsen."[125]

Zugleich wurden sie vom Pflegepersonal instrumentalisiert. „Olga war auch ganz schön gemein", erinnert sich Margret Brütt, „die hat immer gepetzt, wenn wir dummes Zeug gemacht haben. Die sollte ja aufpassen, dass keiner dummes Zeug macht oder laut ist. […] Dann hat man immer Strafen gekriegt". Eine ehemalige Mitarbeiterin bestätigt, dass die „Hilfsmädchen" andere Frauen zum Teil bevormundeten. „Der alte Stil der Anstalt hat sich natürlich auch auf die Bewohner übertragen. Da hatten es die schwerer behinderten Frauen teilweise nicht leicht."[126] Als Symbol ihrer Machtposition waren einzelne „Hilfsmädchen" und „Hilfsjungen", ebenso wie die Schwestern und Pfleger, mit sogenannten Gurt- oder Steckschlüsseln ausgestattet, mit denen sie ihre MitbewohnerInnen am Bett fixierten. Das habe sie nicht gern gemacht, kommentiert Margret Brütt, und berichtet von einem Akt der Solidarität: Als sie zur Strafe von morgens bis abends in der Ecke stehen musste, habe eines der „Hilfsmädchen" einen Stuhl hingestellt, „weil ich nicht mehr stehen konnte, weil ich müde wurde."

Von einer besonderen Variante des Machtmissbrauchs berichtet ein ehemaliger Pfleger. Es habe Oberpfleger gegeben, die „Hilfsjungen" hatten, die für sie als „Spione"

---

124 Just 1979.
125 Interview Margret Brütt.
126 Telefonische Informationen Angelika Mantey.

arbeiteten und außer den Mitbewohnern auch die Arbeit der untergeordneten Pfleger kontrollierten. Auch eine Schwester erinnert sich: „Der Eine hatte dies Geschirr, der Andere hatte das Geschirr, und wenn man das mal nicht richtig ausgeteilt hatte, da wurde das am nächsten Tag von den Hilfsmädchen der anderen Schwester erzählt. Die haben gepetzt. Wenn man anders gearbeitet hatte, als die leitende Schwester das eigentlich wollte."[127]

„Für eine Mark musste ich arbeiten. Eine Mark!" – Bezahlung als Erziehungsmittel

Entlohnt wurden die umfangreichen Tätigkeiten nur mit einem äußerst geringen Taschengeld. „Es gab nicht viel Geld, da hat jeder nur eine Mark im Monat gekriegt. Für eine Mark musste ich arbeiten. Eine Mark! Das wird mir keiner glauben, die werden sagen, du hast einen Vogel", bestätigt Rolf Zismer. „Ganz am Anfang habe ich so wenig verdient, mal ´ne Mark, mal 50 Pfennig. Wenn man sich mal was Süßes kaufen wollte, das konnte man gar nicht. Das wurde ja auch eingeteilt das Geld, wir haben es nicht in die Hand gekriegt", erinnert auch Gärtner Konrad Schwark.[128] „Wenn wir unser Geld abholten" erzählt Rolf Zismer, „mussten wir alle in einer Reihe stehen und am Dienstzimmer anklopfen, nicht einfach reingehen." Viele der BewohnerInnen erhielten jedoch das Taschengeld nicht ausbezahlt. Es wurde von den Schwestern und Pflegern für sie verwaltet und zum Teil allgemein für die Wohngruppe eingesetzt.[129]

Diese Bezahlung lief noch unter dem Begriff „Taschengeld". 1956 erhielten 643 der 1.263 BewohnerInnen ein Taschengeld zwischen einer bis 8 DM im Monat, je nach Arbeitsfähigkeit.[130] Nur 63 von ihnen verdienten über 5 DM. Begründet wurde dies damit, dass die BewohnerInnen nur „einen geringen Bedarf an persönlichen Dingen" hätten, wie Fahrgeld bei Beurlaubungen. Doch wurde auch gesehen, dass das Taschengeld, das „immer noch auf etwa dem Vorkriegsstand" sei, dringend erhöht werden musste. „Es ist unsere Absicht", schrieb Anstaltsleiter Jensen, „den gesamten Taschengeldbetrag, der uns von der Sozialbehörde Hamburg zur Verfügung gestellt wird, gesondert zu verwalten und in voller Höhe an die Pflegebefohlenen wieder zur Auszahlung zu bringen." Die Arbeitsfähigen sollten dabei höhere, die Arbeitsunfähigen geringere Beträge erhalten.[131] Da die „Arbeitswilligkeit des Pfleglings" als eine weitere Bemessungsgrundlage galt,[132] wurde das Taschengeld zu einem wesentlichen Erziehungs- und Repressionsmittel. Ausdrücklich wies Jensen darauf hin, dass die Taschengeldzahlung gleichsam als „Belohnung für gute Arbeitsleistungen [...] und als

---

127 Interview Renate Clement.

128 So war das hier, S. 46.

129 Interview Ilse Stein.

130 106 „Pfleglinge" 1 DM; 183 „Pfleglinge" 2 DM; 130 „Pfleglinge" 3 DM ;114 „Pfleglinge" 4 DM; 47 „Pfleglinge" 5 DM, 23 „Pfleglinge" 6 DM, 8 „Pfleglinge" 7 DM, 25 „Pfleglinge" 8 DM, 7 „Pfleglinge" über 8 DM. Im letzten Geschäftsjahr wurden 28.997,75 DM an Taschengeld ausgezahlt. ArESA 52, Jensen an Hamburger Sozialbehörde 10.11.1956.

131 Ebd.

132 Ebd., 21.2.1957 Schreiben Jensen wg. Neuregelung der Taschengelder.

Bewohner arbeiten in der Gärtnerei, 1960er Jahre.

Erziehungsmittel" einzusetzen und die Höhe bei „nachlassenden Arbeitsleistungen" dementsprechend zu kürzen sei.[133] An solche Strafen erinnert sich Erika Jentzsch, die sich für das verdiente Geld gern Nescafé gönnte. „Aber wenn da einer irgendwas angestellt hat, haben wir eine Strafe bekommen. Da mussten wir dann Alsterdorfer Kaffee trinken. Diesen komischen Malzkaffee in großen Kübeln." 1962 geriet die Staffelung des Taschengeldes bei einer Besichtigung der Anstalt durch die Kommission für das Irrenwesen in die Kritik. Mit der Jugend- und Sozialbehörde wurde vereinbart, dass für Kinder „und für die tief-stehenden Pflegebefohlenen" grundsätzlich monatlich 2 DM, für die arbeitsfähigen Pfleglinge 4–6 DM bezahlt werden sollten. „Zu diesen Sätzen zahlen die Alsterdorfer Anstalten einen weiteren monatlichen Betrag je nach Arbeitseifer und -leistung an den Pflegling aus." Diese Belohnung bewegte sich zwischen 2 und 30 DM.[134] 1970 wurde beschlossen, das nun Arbeitsprämie genannte Taschengeld „entsprechend den tatsächlichen Leistungen der Pfleglinge neu" festzusetzen, „und daß es für eine möglichst gerechte Bewertung der Arbeitsleistungen erforderlich ist, neue Leistungsgruppen zu schaffen, in die die Pfleglinge einzustufen sind." Kriterien waren hierbei die Schwere der Arbeit, und ob sie sich mit oder ohne Aufsicht durchführen ließ. Die fünf Leistungsgruppen bewegten sich zwischen 5 DM bis 25 DM „ggfs. mehr" pro Monat. Von nun an war auch ein „ordnungsgemäßer Nachweis" der Verwendung notwendig.[135]

---

133 Ebd.
134 ArESA DV, 893, 27.2.1962 Besichtigung der Alsterdorfer Anstalten.
135 ArESA DV, 252, Verwaltungsbesprechung 7.1.1970.

„Das hat Spaß gemacht" – Feste und Feiern

Im Alltag der routinemäßigen Wiederkehr des immer Gleichen wurden Sonntage, Feste und Feiertage zu wichtigen Unterbrechungen. Der Sonntag hob sich vom Rest der Woche insbesondere auch durch den Gottesdienstbesuch ab, zu dem die BewohnerInnen aus den einzelnen Häusern in Zweierreihen aufbrachen. Erika Jentzsch ging alle vierzehn Tage in die Kirche. „Da musste man sich dann aufstellen vor dem Haus, und dann sind ein oder zwei mitgegangen. Eine ganze Menge sind da hingegangen zur Kirche." Margret Brütt bestätigt: „Wie im Gänsemarsch sind wir mit dem, der Kirchendienst hatte, zur Kirche gegangen." Das habe ihr gut gefallen, und Erika Jentzsch ist das Singen aus dem Liederbuch bis heute in guter Erinnerung. Wolfgang Breitel, der „nachher das Gesangsbuch auswendig" kannte, erwähnt, dass die Kirche auch Begegnungsraum der verschiedenen Gruppen von Kindern in den Alsterdorfer Anstalten war.

Ähnlich wichtig waren die persönlichen Feiertage wie Geburtstage, Konfirmation und Jubiläumstage. Zum Geburtstag habe es gewisse „Rituale" gegeben, erzählt ein

Die Konfirmanden und Konfirmandinnen erhielten einen gerahmten Konfirmationsspruch, hier aus den 1950er Jahren.

Konfirmation mit Pastor Jensen
1956.

Pfleger. „Wenn einer von den fitteren Bewohnern Geburtstag hatte, dann fuhr jemand mit ihm in die Stadt, und dann durfte er sich was kaufen." Im Alstertal werde an diesem Tag der Platz am Tisch „mit einem brennenden Licht, Blumen und einigen Süßigkeiten" geschmückt und dem Geburtstagskind ein Lied gesungen, wusste die anstaltseigene Zeitung Briefe und Bilder zu berichten. Dazu gebe es von der Hausleitung und auch den Mitbewohnern ein kleines Geschenk: „Ein Bleistift, Bleistiftspitzer, ein Radiergummi, eine gute, noch saubere Postkarte oder gar ein gut erhaltenes kleines Büchlein sind solche kostbaren Heiligtümer."[136] Wolfgang Breitel kommentiert: „Man muss sich das so vorstellen, man hat zum Geburtstag drei Mark gekriegt, und drei Bonschen lagen da [...]. Das war nicht so viel. Geburtstag wurde kaum gefeiert."

Tristesse, aber auch Fürsorge vermittelt ein Antrag des Oberpflegers Otto Schomann aus dem Jahr 1949. Darin bemühte er sich um die Genehmigung, die Geburtstagsfeier der Bewohner des Hauses Heinrichshöh mit einem Geburtstagskuchen festlicher zu gestalten: „Denn mit einem Pfannkuchen, den sich der Junge an seinem Geburtstage von der Küche abholt, und ihn stille schweigend für sich verzehrt, ersetzen wir ihm nichts aus seinem Elternhaus."[137]

Dagegen war die Konfirmation verbunden mit besonderen kulinarischen Leckereien, die es sonst nicht gab, und auch mit dem Privileg, zwei Gäste einzuladen.[138] Gerda Friebel erinnert sich anlässlich ihrer Konfirmation an „Kartoffeln, Rotkohl und

136 BuB 1955, S. 17.
137 ArESA PA, 8316. Das wurde jedoch aufgrund des Nahrungsmangels nicht gestattet.
138 BuB 1951.

Hackbraten. Zum Nachttisch gab es schönen Pudding."[139] „Wir haben im Alstertal meine Konfirmation gefeiert", erzählt Margret Brütt. „Da sind wir erst zur Kirche und dann zum Mittagessen gegangen. Dann gab es Kaffee und Kuchen dort für alle. Meine Großmutter und Mutter waren dabei." Leider habe sie nicht das gewünschte dunkelblaue Kleid bekommen, sondern ein schwarzes mit weißem Kragen. Auch Rolf Zismer hat den Tag seiner Konfirmation nicht vergessen: „Ich bin sehr spät konfirmiert worden. Ich sollte eigentlich mit sechzehn konfirmiert werden, bin aber erst mit siebzehn konfirmiert. Vor genau 55 Jahren. Und das Bild habe ich noch von der Konfirmation." Ebenso ist Alfred Junski das Bild mit einem Konfirmationsspruch, das er zur Konfirmation geschenkt bekam, noch gegenwärtig.

Ob Menschen mit Behinderung, die die „Gabe und [den] Segen des heiligen Mahles nicht versteh[en]", überhaupt konfirmiert werden dürfen, dies war in Alsterdorf des Öfteren umstritten. Man bejahte dies 1952 prinzipiell, doch da, wo „dem Namen Jesu Christi widersprochen wird, und ebenso, wo wir feste Ablehnung gegen ihn spüren", dürfe man nicht konfirmieren. Von daher sollten die „Kinder" zuvor beobachtet werden, ob sie im „Gehorsam des Glaubens stehen."[140]

Der sogenannte Jubiläumstag, die Feier des Eintritts der BewohnerInnen in die Alsterdorfer Anstalten ab 25 Jahren Aufenthalt, hob sich ebenfalls seit den 1950er Jahren aus dem Alltagseinerlei ab. Die Jubilare wurden in einer Ansprache des Pastors, später auch der Pastorin gewürdigt, zu der auch die Angehörigen eingeladen wurden. Manche erhielten Blumen oder eine kleine Aufmerksamkeit. „Fünfmal habe ich Jubiläum gehabt, 25, 40, 50, 60, 65", zählt Rolf Zismer nicht ohne Stolz auf. Er nennt diesen Tag seinen Gedenktag. Ob dabei „die große Mehrzahl" der „Pfleglinge" tatsächlich empfand, „dass sie im Raum unserer Anstalt eine Heimat haben",[141] ist nicht zu belegen.

„Freizeit der ‚Kinder' in Hörnum", 1967.

139 So war das hier, S. 41.
140 BuB 1952.
141 BuB 1951, S. 22.

Verkauf der in Alsterdorf hergestellten Produkte auf dem Weihnachtsbasar 1962.

Als Unterbrechung der Alltagsroutine sind den BewohnerInnen auch Ausflüge und Freizeiten positiv in Erinnerung. „Es gab auch gute Zeiten. Wir haben auch mal einen Ausflug gemacht", bewertet dies Rolf Zismer, für den die Ausflüge das Schönste in Alsterdorf waren. So der jährlich wiederkehrende Ausflug ins „Blaue" im Sommer, an der mit ungewissem Ziel immer „um die fünfhundert Ausflügler teilnahmen".[142] Unterwegs kehrte man ein, besuchte einen Betrieb oder ging spazieren. Seit Ende der 1950er Jahren fuhren kleinere Gruppen aus Alsterdorf für ein bis zwei Wochen zur Freizeit an die Ostsee,[143] damit, so die Begründung der Anstaltsleitung, „der Blick sich weitet und man sich nicht ganz eingeschlossen fühlt."[144] „Das ist wirklich genossen worden, das war natürlich eine große Besonderheit", erinnert sich ein Pfleger.[145] Darüber hinaus gab es für die, die in der Lage dazu waren, „Sonntagsurlaub, im Sommer gab „es in gewissen Grenzen auch *Ferien* [Herv. i. O.]", um Verwandte oder Bekannte längere Zeit zu besuchen.[146] Später war dann der persönliche Urlaub ein unvergesslicher Höhepunkt: „Meine erste Reise war in den 80er Jahren nach Zwiesel in den Bayerischen Wald. Endlich mal raus. Im Winter, da konnte man sich Skier leihen zum Ski Langlauf", erzählt Konrad Schwark über seine erste individuelle Reise.[147]

Das größte Fest in Alsterdorf sei Weihnachten gewesen, sagt Wolfgang Breitel. „Da kam die ganze Leitung durch die Anstalt, auch bei uns im Heim. Man wurde rausgeputzt. Die Tische wurden festlich gestaltet. Je näher Weihnachten kam, umso

---

142　BuB 1956/57.

143　1960 waren es drei Gruppen: 50 Jungen und 5 Erzieher aus dem Heim Alstertal, 20 Mädchen und 2 Schwestern aus der Anstalt, 28 Jungen und 3 Erzieher aus dem Hause Heinrichshöh, jeweils 14 Tage hintereinander. ArESA DV, 52.

144　BuB 1962/63, S. 17

145　Interview BC.

146　BuB 1962/63, S. 17.

147　So war das hier, S. 49.

```
                              Weihnachtsbescherung für unsere Kinder.

                Am Dienstag, den 23.12.1947 findet die Weihnachtsbescherung für unsere
                Kinder statt. Wir beginnen mit dem Rundgang durch alle Abteilungen um
                14 Uhr auf dem weiblichen Gebiet, Haus Fichtenhain.

                Auf dem männlichen Gebiet wird sich der Rundgang nach folgendem Plan abwicke

                                                                Ungefährer Zeitpunkt:
                Karlsruh                                             15.45  Uhr
                Heinrichshön (Abt.43/V u.H.H.)                       16.00   "
                Hohenzollern                                         16.20   "
                Eichenhof                                            16.35   "
                Bismarck                                             17.15   "
                Stadtheim    Nebengebäude Abt. 13                    17.35   "
                    "            "         Abt. 15                    17.50   "
                    "            "         Abt. 37/39                 18.05   "
                    "            "         Abt. III/IV                18.20   "
                    "         Mittelgebäude Abt. 31                   18.35   "
                    "            "         Abt. 29/30                 18.50   "
                    "            "         Abt. 27                    19.05   "
                Alstertal (.Mädchen)                                 19.35   "
                    "     (Jungen)                                   19.50   "

                Nach einer kurzen Pause werden dann die restlichen Abteilungen auf dem
                weiblichen Gebiet besucht.

                Die einzelnen Abteilungen erhalten jeweils Nachricht, wenn die Beschern
                in der vor ihnen liegenden Abteilung stattfindet.

                Alsterdorf, den 21.12.1947
```

Zeittabelle des
Weihnachtsrundgangs für das
männliche Gebiet 1947.

schöner war es. Ich durfte dann dreimal den Joseph spielen. Der Posaunenchor spielte, wir waren schön angezogen, die Kirche war geschmückt mit zwei riesigen Tannenbäumen, und dann wurde O du Fröhliche gesungen." Bereits im Vorfeld öffnete alljährlich der Weihnachtsbasar seine Türen. Durch den Verkauf von Produkten, die in der Anstalt hergestellt worden waren, sorgte er für nicht unerhebliche Einnahmen und füllte so die chronisch knappe Kasse.

Die Aufführung der beliebten Krippenspiele fanden entsprechend der rigiden Geschlechtertrennung für weibliche Pfleglinge und ihre Angehörigen" und die „männliche[n] Pfleglinge" an unterschiedlichen Tagen statt.[148]

Der Weihnachtsrundgang mit Bescherung durch alle Stationen, der aufgrund der Größe der Anstalt „von Mittag an bis tief in die Nacht hinein dauerte",[149] fand in Alsterdorf jedoch nicht am 24., sondern bereits am 22. oder 23. Dezember statt. Erika Jentzsch erinnert: „Weihnachten wurde etwas eher gefeiert, weil die meisten ja in den Urlaub gingen. Deswegen haben wir das eher gemacht." Gegen eine Verlegung auf den 24.12. sprach sich noch 1975 eine Mehrheit aus, da die „Pfleglinge" nach Hause geholt würden.[150] Natürlich auch, wie sich ein Mitarbeiter erinnert, damit „das Personal in Ruhe Weihnachten feiern" konnte.[151] „Man hat nicht immer das gekriegt, was man wollte", erzählt Wolfgang Breitel, „aber es war schön. Wir waren alle zusammen."

Zum Teil begleiteten die „Freunde und Spender der Weihnachtsgaben"[152] den Rundgang, und es war wohl auch lange Zeit üblich, dass sie bei den Beschenkten blieben und mit ihnen gemeinsam die Geschenke auspackten. In den 1970er Jahren gab es Kritik an diesem Ritual: Da viele Spender „mit den ‚Alsterdorfern' [nicht] so

---

148 ArESA, Sammlung 47.

149 Ebd.

150 ArESA DV, 597, 7.1.1975.

151 Interview Horst Wallrath.

152 BuB 1956/57, Unsere Alsterdorfer Feste, S. 15–18, S. 16.

vertraut" seien, gingen sie „schneller weiter, als es notwendig war" und verursachten damit so manche Enttäuschung.[153]

Im Gegensatz zum Wittekindshof, in dem es zu Weihnachten bewusst keinen Urlaub gab, um Unruhe und Neid zu vermeiden,[154] beschlich die in Alsterdorf Zurückgebliebenen ein ungutes Gefühl. „Gerade um die Weihnachtszeit haben die wenigen Bewohner, die nach außen Elternkontakt hatten, das enorm ausgespielt", berichtet ein ehemaliger Pfleger. „„Ich geh' jetzt nach Hause zu Mama und Papa und du bleibst hier. Bäh!'. Und das hat die, die zurückbleiben mussten enorm getroffen."[155] Doch wusste man dieses an Heiligabend durchaus zu kompensieren: „Was noch schöner war, war der Heiligabend, wenn die anderen alle zu Hause waren, es blieb ja immer ein Rest, zu dem gehörte ich auch, dann muss ich sagen, dann wurde es noch mal richtig gemütlich, wir haben dann Lieder gesungen."[156]

Möglicherweise war für viele BewohnerInnen neben den Festessen an Weihnachten und Ostern auch der „Kartoffelschmaus" im Herbst ein besonderer kulinarischer Höhepunkt. Nach dem Einbringen der Kartoffeln zog an diesem Tag nach Einbruch der Dunkelheit ein langer Fackel- und Laternenzug über das Gelände bis zum „Friedensstein". Angeführt vom Posaunenchor wurden Lieder gesungen, der Anstaltsleiter hielt eine Festrede und man ließ die Erntehelfer hochleben. Danach gab es den „Schmaus" in den Abteilungen, bestehend aus „Kartoffelsalat mit Knackwurst". Laut Berichterstattung in der anstaltseigenen Zeitschrift schloss der Abend nach „fröhlichen" Gesellschaftsspielen, Vorlesen und Singen zum Abendlied und Abendgebet.[157]

Weihnachten im Männerwohnheim, 1960er Jahre.

---

153 ArESA DV, 594, 22.2.1973
154 Schmuhl, Winkler 2012, S. 449f.
155 Interview BC.
156 Interview Wolfgang Breitel.
157 BuB 1956/57, S. 16.

Koppelfest mit Anstaltsleiter Schmidt, 1968.

Ein typisches Alsterdorf-Fest war das Koppelfest, das möglichst am 25. Mai, dem Geburtstag Heinrich Sengelmanns, alljährlich stattfand. Man traf sich auf der „von alten Bäumen bestandenen Koppel" zum Spielen und Singen, der Posaunenchor blies seine Melodien und auf der Freilichtbühne präsentierten Theater- und Turngruppen ihre Künste. „Das hat Spaß gemacht", erinnert sich Erika Jentzsch, und Wolfgang Breitel bestätigt: „Man kann zu den Alten sagen, was man will, aber Feste konnten sie ausrichten." Ob die gemeinsamen Feste tatsächlich „das Bewußtsein der Zusammengehörigkeit" stärkten, wie es in den „Briefen und Bildern" dargestellt wird, sei dahingestellt.[158] Auf jeden Fall waren es mit Spannung erwartete, wiederkehrende Höhepunkte im sonst recht tristen Alltagsleben. Als Jensen 1968 aufgrund des Vietnamkrieges die Veranstaltung von Karnevalsfeiern untersagte, gab es Protest von einer Schwester. Sie sei der Meinung, dass die „Behinderten" die Absage nur schlecht ertragen würden und es auch „nicht ratsam [sei], den uns anvertrauten Menschen eine Freude zu nehmen, die sich im Rahmen des vorher Abgesprochenen befindet und nicht über das Maß der Vorjahre hinaus geht."[159] Die vielen positiven Erinnerungen an diese Vergemeinschaftsrituale relativieren eine allzu funktionalistische Lesart der Theorie der „totalen Institution", die diese ausschließlich als Potemkinsche Dörfer definiert, mit denen „eine Gemeinschaft von Leitung, Stab und Insassen inszeniert [wurde], die im Alltag so gar nicht exisitiert[e]."[160]

---

158 BuB 1962/63, S. 17.
159 ArESA DV, 1856, 24.2.1968.
160 Schmuhl, Winkler 2011, S. 37.

„Ich war da mehr für mich" – zwischenmenschliche Beziehungen

Unter den BewohnerInnen gab es Hierarchien, die den Alltag weitgehend bestimmten. Begründet wurden sie durch die individuellen Fähigkeiten, die Position auf der Station und den Wohnort in der Anstalt. Die sogenannten höherstehenden Pfleglinge, von den MitarbeiterInnen auch als „Abiturienten" tituliert, wurden vom Pflegepersonal bevorzugt wahrgenommen und behandelt gegenüber den sogenannten Schwächsten und den „Wagenkindern".[161] Erstere wurden für Arbeiten eingesetzt und hatten insgesamt eine stärkere Position innerhalb der Gruppe im Vergleich zu den unbeschäftigten, manchmal bettlägerigen MitbewohnerInnen. In jeder Gruppe habe es so etwas wie eine „Gouverneurin" gegeben, erzählt eine ehemalige Schwester: „Es gab überall eine, die diesen Platz einnahm und auch die Herrschaft über die schwächeren Bewohner ausübte."[162] „Natürlich gab es ein gewisses hierarchisches Gefüge", bestätigt der Pfleger BC. „Da gab es dann so was Ähnliches wie Klassensprecher oder Wortführer und einige, die sich still in Sicherheit gebracht haben, um ja nichts abzubekommen." Denn auch unter den BewohnerInnen kam es zu gewalttätigen Auseinandersetzungen, aus denen Sieger und Opfer hervorgingen. Entschied sich die jeweilige Rolle bei den Menschen mit Behinderung an ihren Kompetenzen, orientierte sich die Hierarchie im Alstertal, dem Heim für Fürsorgezöglinge, am Alter. Hier gab es „die Großen, die waren so 14, 15, 16, das waren die Bosse, dann gab es die 12-jährigen und wir waren die Kleinen zwischen 7 und 10."[163] Das Kriterium „Wohnort" bildete dagegen die hierarchisch organisierte Anstalt ab. Entsprechend stand das Alstertal über den Wohnheimen der Behinderten, das Krankenhaus über der Anstalt, die Mitarbeiterwohnungen über denen der BewohnerInnen. „Es gab ja früher drei Kategorien", erzählt Wolfgang Breitel. „Die Anstalter, die Alstertaler und die Außerhalber. […] Das waren die Kinder von den sogenannten Erziehern oder Pflegern, das waren die Außerhalber. Wir waren dann die Heimkinder, also die Alstertaler und oben waren die Anstalter. Das war ernst. Wenn z. B. ein Ball von uns auf die Straße kam, dann kamen die Außerhalber, nahmen sich ihn, und dann mussten wir lange betteln, dass wir ihn wieder kriegten." Am untersten Ende standen die „Anstalter".

Zwischenmenschliche Beziehungen unter den BewohnerInnen waren durch die Realität der Anstalt stark eingeschränkt. Über allen Kontakten hing unausgesprochen immer das Damoklesschwert der verbotenen Sexualität. MitarbeiterInnen unterbanden engere Beziehungen zwischen den BewohnerInnen, „um homosexuelle oder gar heterosexuelle Kontakte auszuschließen".[164] Ein Pfleger erinnert, dass er im Rahmen seiner Ausbildung auch Nachtwache gemacht hatte. „Da hat man dann immer geguckt, ist jedes Bett belegt, oder …."[165] Auf die Frage nach Freunden erklärt Alfred Junski: „Das mit dem Anfreunden war nicht so leicht, das wurde gleich als Anheuern, Anschmusen angesehen, dann wurde man als warmer Bruder bezeichnet und wurde

---

161 ArESA DV, 595 und 597.
162 Interview Gudrun Vesper.
163 Interview Wolfgang Breitel.
164 Schmuhl, Winkler 2010, S. 141.
165 Interview BC.

bestraft." Freunde habe er deshalb „erst viel später kennengelernt, sehr spät." Zudem beförderten die internen Hierarchien und gegenseitigen Kontrollen ein grund-
sätzliches Misstrauen zwischen den BewohnerInnen. „Ich hatte keine Freundinnen",
erzählt Margret Brütt. Und Erika Jentzsch erklärt: „Da lebten wir nur so, also nicht
so richtig als Freunde. Weil die alle so frech waren. Dann haben wir immer Strafen
gekriegt und alles." Auch Renate Voss beschreibt als Lebensgefühl: „Ich war da mehr
für mich."

Sich im Falle von Misshandlungen durch die Mitbewohner den Mitarbeitern
anzuvertrauen, konnte Rache nach sich ziehen. Daher habe das Pflegepersonal der-
artige Vorfälle nur „sehr schwer mitbekommen. Weil die Sorge war, wenn wir den
verpfeifen, bekommen wir nächste Nacht wieder die Hucke voll. Und das ist auch die
Not gewesen, sich dem anderen anzuvertrauen."[166] Eindrücklich erinnert sich Rolf
Zismer: „Wir durften keinen Jungen verquatschen, sagen, wer etwas gemacht hatte.
Wir mussten still bleiben, ich auch. Einmal, als ich es getan habe, musste ich die ganze
Nacht in einer kalten Schüssel schlafen, die unter der Decke stand. Weil ich geklatscht
habe, das heißt jemanden verraten, und das war die Strafe, da musste ich die ganze
Nacht drin liegen. Da war ich so acht Jahre. […] Ich musste das, sonst hätte ich Grup-
penkeile gekriegt, von den Älteren."

Zudem verhinderte die strikte Geschlechtertrennung bis weit in die 1970er Jahre
Freundschaften oder gar Liebesbeziehungen zwischen Jungen und Mädchen, Frau-
en und Männern. Schon von Kindesbeinen an waren sie getrennt. „Ich habe oben
gewohnt, unten waren die Jungs, die war geteilt, die Gruppe vom Michelfelder Kinderheim", erinnert sich Margret Brütt. Auch im Alstertal wurde die Trennung streng
eingehalten: „Wir hatten eine Jungs Sandkiste gehabt und eine Mädels Sandkiste, und
da war ein unsichtbarer Zaun, da durften wir nicht rüber und die Mädels durften auch
nicht rüber. […] Der war zwar unsichtbar, aber der wurde eingehalten, weil wenn wir
erwischt wurden, gab es Kloppe."[167]

Spätestens ab der Pubertät wurde die Sexualität der BewohnerInnen bewusst unterdrückt. Man traute den Menschen mit Behinderung keinen verantwortlichen Umgang mit ihrer Sexualität zu. Die nächtlichen Kontrollgänge dienten dazu, Masturbation zu unterbinden, wobei Onanie bei Jungen und Männern offenbar eher geduldet
wurde als bei Mädchen, die generell entsexualisiert wurden. Hier konnte schon die
verbale Äußerung sexueller Bedürfnisse, die Strafverlegung in den Wachsaal nach
sich ziehen.[168] So wurde Sexualität, wenn überhaupt, nur im Geheimen ausgelebt,
ständig begleitet von der Angst vor Sanktionen.[169] Margret Brütt, die später einen
Freund hatte, bringt das Tabu auf den Punkt: „Wir durften nicht mal sprechen mit
den Jungs."

Chancen einer gewissen emotionalen Beheimatung hatten diejenigen, bei denen
die Beziehungen zum Elternhaus nach ihrer Einweisung nach Alsterdorf nicht abgebrochen waren. Während eine ehemalige Schwester berichtet, dass nur wenige An-

---

166 Interview BC.
167 Interview Wolfgang Breitel.
168 Z. B. ArESA BA, 2750 Luise S., „Dauernd im Wachsaal, u. a. weil sexuelle Bedürfnisse geäußert."
169 S. auch Schmuhl, Winkler 2010, S. 146.

Seit Mitte der 1970er Jahre wurden Kontakte zwischen den Geschlechtern toleriert, Fotografie 1979.

gehörige zu Besuch kamen,[170] erinnert sich eine Kollegin an Mütter, die die Besuche ihrer Kinder „als Lebensaufgabe" verstanden: „Eine Mutter, deren Tochter lange hier war, kam jeden Mittwoch und jeden Sonntag, und das länger als zehn Jahre."[171]

„Sonntags und mittwochs um halb drei war Besuchszeit", erinnert sich Klaus Matzke. „Die Besucher, die mussten immer draußen stehen und warten, bis die Pforte aufgemacht wurde. Die durften nicht vorher rein. […] So streng war das. Mein Bruder und ich waren in Heinrichshöh, wir haben immer gewartet und geguckt, und ich sagte zu meinem Bruder, nun muss ja Mutti bald kommen. Wie sie kam, da haben wir uns immer gefreut." Enttäuscht ergänzt er: „Um 16 Uhr war die Besuchszeit zu Ende."[172] Auch Margret Brütt hat von ihrer Mutter und ihrer Großmutter Besuch bekommen, „wie ich klein war. Ich hab' mich gefreut und sie um den Arm gefasst." Heute, mit 75 Jahren, ist sie es, die ihre über 90-jährige Mutter regelmäßig besucht. „Ich gehe jeden Sonntag zu meiner Mutter", sagt sie und fügt hinzu: „Ich liebe meine Mutter, sie ist wie sie ist". Darin schwingt auch die Enttäuschung darüber mit, dass ihre Mutter sie „leider abgegeben hat mit zwei Jahren".

Wie Margret Brütt erlebten viele BewohnerInnen die ungewollte Trennung von den Eltern als Trauma: „Während des Krieges haben mich meine Eltern abgeschoben, warum weiß ich auch nicht", sagt Rolf Zismer. „Mein Vater war der, der sich dann noch um mich gekümmert hat, der hat mich immer besucht. Meine Mutter überhaupt gar nicht. Da ist Hopfen und Malz verloren."[173] Auch zu seiner zehn Jahre jüngeren

170 Interview Ilse Stein.
171 Interview Gudrun Vesper.
172 So war das hier, S. 61.
173 Interview Rolf Zismer.

Schwester hatte er keinen Kontakt. Erst in den 1980er Jahren wollte sie ihn kennen lernen, doch nach weit über vierzig Jahren habe „sich das schon bald gar nicht mehr gelohnt." Schwer war es auch, wenn die Einweisung in die Anstalt mit schlechten Erfahrungen in der Familie verbunden war. „Ich hatte eine Stiefmutter und einen Stiefvater. Die Mutter hat mich eingesperrt, weil die nicht mit mir zufrieden gewesen ist", erinnert sich Renate Voss. In Alsterdorf habe sie dann niemals Besuch gehabt. So ging es auch Erika Jentzsch, die als Kind bei Pflegeltern wohnte. „Ich hab doch keine richtigen Eltern gehabt." Später habe sich dann eine Mitarbeiterin um sie gekümmert: „Die machte Nachtwache. Die hat mich dann nachher angenommen. Und ich durfte da mal hin. Zwanzig Jahre lang hat sie mich immer irgendwohin abgeholt, wenn sie Zeit hatte."[174]

„Da durfte man nicht weg" – die inneren und äußeren Grenzen der geschlossenen Anstalt

Für die Einhaltung der „meist unsichtbaren Grenze" zwischen Frauen- und Männerseite sorgten Schwestern und Pfleger beim sogenannten Gelände- oder Terraingehen. „Wenn es sonnabends war, dann durften wir nochmal auf's Gelände, aber da war immer einer, der ‚Geländegehen' hatte", erinnert sich Erika Jentzsch. „Das machte eine Schwester von der Abteilung." „Ich durfte nicht zu den Frauen hin, und die Frauen nicht zu den Herren", sagt Rolf Zismer. „Das war ja alles getrennt, da war eine Trennmauer, zwischen Küche und Hohenzollern. Da wurde Terraindienst gemacht, da wurde Wache geschoben. Und wehe, einer wagte sich darüber zu gehen, da war was los, da haben wir Strafe gekriegt." Wolfgang Breitel erzählt: „Man wusste, es gab das männliche Gebiet, Sportplatz und alles, und das weibliche Gebiet. Als Kinder durften wir nur auf das weibliche Gebiet. Nur auf der Koppel, da war keine Mauer, die zwei Meter hoch war. Ich glaube, wer wollte, der hat sich da heimlich getroffen."[175] Ebenso wie die ehemaligen BewohnerInnen erinnern sich auch die MitarbeiterInnen an diesen regelmäßigen Kontrolldienst, bei dem man das Gelände ablief und schaute, „ob sich da vielleicht ein Mädchen mit einem Jungen traf."[176] „Da musste ich aufpassen, dass die Jungs und Mädchen nicht irgendwo in den Büschen verschwanden. Aus Erzählungen erfuhr ich, dass nachher behinderte Frauen schwanger wurden."[177]

Während MitarbeiterInnen[178] und Anstaltsleitung den zwei Meter hohen Zaun, der das gesamte Gelände umschloss und zum Teil mit Stacheldraht versehen war, als Schutz eines Freiheitsraums für die BewohnerInnen interpretierten, empfanden ihn die BewohnerInnen als Grenze zur Außenwelt. „Das mit dem Zaun, das war ja auch schrecklich. […] Da durfte keiner raus", meint Erika Jentzsch. Sie konnte immerhin,

---

174 Ein eigenes Kapitel wäre eine Untersuchung der Beziehungen zu den gesetzlich eingesetzten Vormündern. Hier reicht die Erfahrung von „der Vormund hat sich gar nicht viel um mich gekümmert" (Interview Rolf Zismer) bis „der hat sich eingesetzt" (Interview Wolfgang Breitel).

175 Interview Wolfgang Breitel.

176 Interview Gudrun Vesper.

177 Interview Renate Clement.

178 Interview Ilse Stein.

Ein derartiger Zaun umschloss
das gesamte Anstaltsgelände.

wie auch andere, die als die „Fitteren" galten, auf dem Gelände spazieren gehen. Für
BewohnerInnen, die in ihrer Orientierung oder Bewegung eingeschränkt oder gar auf
einen Rollstuhl angewiesen waren, gab es solche kleinen „Freiheiten" nicht. Nur wenigen von ihnen sei „es vergönnt [gewesen], in einem Rollstuhl (keineswegs individuell
angepasst) – meistens von einem Angehörigen – über das Anstaltsgelände geschoben
zu werden", erinnert sich eine ehemalige Mitarbeiterin.[179]

Die geschlossene Anstalt konnte von den BewohnerInnen nur zu bestimmten
Anlässen verlassen werden: wenn sie Urlaub bekamen, wenn sie vom Personal dazu
beauftragt wurden oder zusammen mit Besuch. In jedem Fall musste an der Pforte
ein Ausgangsschein vorgelegt werden. Rolf Zismer erzählt: „Da haben wir so Aus-
gangsscheine gehabt, die mussten wir an der Pforte vorzeigen. Und wer keinen hatte, musste wieder zurück aufs Gelände." Auch Otto Witt gehörte zu denjenigen, die
regelmäßig Ausgang hatten. Alle 14 Tage habe er seine Mutter besucht: „Das war ja
immer raus nach Groß Flottbek. Das war immer schwierig, da hab ich mich auch einmal verfahren. […] Nachher habe ich das immer gefunden, da durfte ich dann immer
alleine hin."[180] Erika Jentzsch durfte das Gelände verlassen, um für die Schwestern,
für die sie arbeitete, Frühstück einzukaufen. Ganz ähnlich sind die Erinnerungen von
Konrad Schwark: „Da konnte man ja auch mit dem Ausgangsschein mal raus. Den
musste man an der Pforte vorzeigen. Bis 20 Uhr. Wenn man bis 20 Uhr nicht wieder
hier war, gab es Sperre. Ich hab mal eine Fälschung gemacht – da hab ich bei jemand
anders eine Unterschrift gesetzt, das ist aufgeflogen, da mußte ich anderntags zur
Schreibstube kommen. Da wurde gesagt: ‚Wenn du das noch mal machst, dann wirst
du eingesperrt'. Das habe ich nicht wieder gemacht."[181] „Ich fand es schlimm, dass die
Pforte immer eine Schranke war, dass man das Gelände nicht verlassen durfte, was
den Kindern der Angestellten möglich war", meint Wolfgang Breitel.

Positiv bewertet Konrad Schwark die Zeit, als die Zäune mit Stacheldraht weg-
fielen. „Ein Stück Zaun steht ja noch, […] zur Erinnerung. Früher sind wir ja nur

179 McManama 2010, S. 115.

180 So war das hier, S. 66.

181 Ebd., S. 47.

mit Ausgangsschein rausgekommen, den wir in der Schreibstube holen mussten. […] Seitdem das Gelände offen ist, fühlt man sich nicht mehr so eingesperrt."[182]

Die BewohnerInnen der „geschlossenen Abteilungen" hatten diese Freiheiten nicht. „Es war so", erzählt Alfred Junski, der im Haus Carlsruh wohnte, „da durfte man nicht weg, das war nicht geduldet. Man konnte nur bis zum Holzgitter raus. Da hieß es: ,Nur bis zum Gitter.'" Er habe das Haus nur dann verlassen dürfen, wenn seine Eltern zu Besuch kamen. Eine makaber anmutende Szene schildert Rolf Laute, der als Mitarbeiterkind auf dem Anstaltsgelände aufwuchs: „Ich war sieben, acht Jahre alt, und die standen da am Zaun, wie man das von Hagenbeck kannte, wie die Tiere dort. Die hatten alle blaue Drillich-Anzüge an, und wir fanden das lustig, die zu füttern. Wir wussten es nicht besser".[183]

Nicht wenige Bewohner und Bewohnerinnen versuchten sich gegen das Eingesperrtsein zu wehren und liefen regelmäßig fort. Diesen im Jargon des Personals „ewigen Wegläufern", die in der Regel schnell durch die Polizei zurück gebracht wurden, drohten der Wachsaal, Schläge, Putzaktionen oder auch wochenlange Bettruhe.[184] Ob es die Männer und Frauen, angesichts derartiger Strafaktionen tatsächlich „enorm" begeisterte, wenn sie „mit dem Peterwagen" abgeliefert wurden, wie ein ehemaliger Mitarbeiter berichtet, erscheint zweifelhaft.[185]

„Wir haben alle viel Strafe gekriegt da" – Strafen und Gewalt

Bis in die 1970er Jahre herrschte in der BRD sowohl in den Familien, als auch in den Schulen und Heimen, ein repressives Erziehungsklima.[186] Körperliche Züchtigungen in der Familie wurden erst im Jahre 2000 ausdrücklich verboten,[187] in der Schule waren sie bis 1972 zugelassen.[188] Die damals vorherrschenden Sichtweisen über Erziehung, Gehorsam, Belohnung und Strafe gingen in den kirchlichen und diakonischen Einrichtungen mit ihrem Ziel einer christlichen Erziehung unter dem Motto „Strenge Zucht und Liebe" eine besondere Verbindung ein.[189] „Auch wenn die Erziehung nach kirchlichem Leitbild eigentlich ,strafarm' sein sollte, gehörten Strafen zum Alltag in den Heimen. Zur Strafpraxis gehörten Demütigungen, Entzug von Vergünstigungen, Essensentzug, Isolierung/Arrest und körperliche Züchtigungen."[190] Auch in christ-

---

182 Ebd., S. 63.

183 Interview Rolf Laute.

184 Interview Wolfgang Breitel.

185 Interview BC.

186 S. zum rechtlichen Rahmen und kulturellen Kontext Schmuhl, Winkler 2010, S. 118ff. S. auch Heinemann 2011, S. 103.

187 „Kinder haben ein Recht auf gewaltfreie Erziehung. Körperliche Bestrafungen, seelische Verletzungen und andere entwürdigende Maßnahmen sind unzulässig." § 1631 Abs. 2 BGB, zitiert nach Lutz 2010, S. 23.

188 Da beschloss das Bundesverfassungsgericht, dass das Schlagen von Schülern die Würde des Menschen verletze. Ebd.

189 S. dazu die instruktive Arbeit von Tilmann Lutz zum Rauhen Haus in Hamburg, Lutz 2010. Wir danken Wolfgang Voelker für den Hinweis auf diese Arbeit.

190 Ebd., S. 23.

Grundsätzliche Anordnung

Von nachstehender Anordnung ist um ihrer besonderen Bedeutung willen von allen in den Alsterdorfer Anstalten Beschäftigten Kenntnis zu nehmen und diese Kenntnisnahme unterschriftlich zu bestätigen:

Es ist verboten, die uns anvertrauten Pflegebefohlenen zu schlagen oder tätlich anzugreifen. Übertretungen dieses Verbotes können einen Grund zur Entlassung, in schwerwiegenden Fällen zur fristlosen Entlassung bilden.

Fälle ernster Disziplinwidrigkeiten der Pflegebefohlenen sind der Oberschwester oder dem Pflegevorsteher zu melden, die ermächtigt sind, durch Versetzung oder Entzug von Vergünstigungen, durch Urlaubssperre oder Taschengeldentzug solche Disziplinwidrigkeiten zu ahnden.

Es ist auch darauf zu achten, daß die Pflegebefohlenen sich nicht gegenseitig schlagen und mißhandeln. Geschieht dies trotz entsprechender Ermahnungen, so sind die Betreffenden gleichfalls zu melden.

Alsterdorf, den 4. August 1956

„Grundsätzliche Anordnung" vom 4.8.1956 zur Unterbindung körperlicher Strafen.[191]

lichen Anstalten wurde ein dem allgemeinen Zeitgeist entsprechendes Erziehungsverständnis „von (viel) Strafe und (wenig) Belohnung" praktiziert, „in dem es weniger um Verstehen des Verhaltens, sondern vor allem um dessen Korrektur ging."[192] Allerdings hing die konkrete Praxis in dem hier gegenwärtigen Spannungsfeld von „diakonischem Ethos" auf der einen, und den Strukturen der „totalen Institution" Anstalt auf der anderen Seite stark von den einzelnen Betreuern und Betreuerinnen ab und beinhaltete „von verständnisvoller Liebe bis zu autoritärer Disziplinierung" eine große Bandbreite an Möglichkeiten.[193] Gerade in diakonischen Einrichtungen war der Zwiespalt zwischen Schutz, Fürsorge und Herstellung des kleinen Glücks auf der einen, der praktizierten Gewalt auf der anderen Seite besonders gravierend.

Exemplarisch für eine solch widersprüchliche Erziehungspraxis stehen die Erzählungen über die Alsterdorfer Schwester Anni Stange (1898–1962).[194] Sie sind zugleich Beleg für die Kontinuität autoritärer Erziehungsstile nach Nationalsozialismus und Krieg. Anni Stange ließ die Mädchen „in der Ecke stehen [...] von morgens bis abends, bis die Nachtwache kam". Dies „ohne Essen", erinnert sich Margret Brütt. „Sie hat auch gehauen, in den Magen gebufft, mir immer eine Ohrfeige gegeben." Dies bestätigt auch Karin Schmüser, die Schwester Anni schon während des Nationalsozialismus im Goldenen Apfel als Abteilungsschwester kennen lernte. „Im ‚Goldenen Apfel' haben wir zu acht in einem Saal geschlafen. Ein paar wurden angebunden. Bei Tante

---

191 ArESA PA, 8689.

192 Lutz 2010, S. 36.

193 Ebd., S. 35.

194 ArESA PA, 8676, geb. 1898, Eintritt in Alsterdorf 1922, gest. 16.1.1962. Zunächst Hilfspflegerin, dann Schwester der Inneren Mission.

Die seit 1922 in Alsterdorf
beschäftigte Schwester Anni
Stange, 1930er Jahre.

Anni mussten wir beim Frühstück Kämme und Taschentücher vorzeigen. Wenn wir
keine Kämme und Taschentücher dabei hatten, kriegten wir den ganzen Tag nichts zu
essen und mussten in der Ecke stehen. Von morgens bis abends. Auf dem Flur. Wenn
wir zu spät zu Tisch kamen, kriegten wir auch nichts zum Essen. Tante Anni konnte
hauen. Für jeden Fehler wurde gehauen. Wenn wir nicht zugehört hatten oder so.
Auch mal mit dem Ausklopfer – auf die Finger dann mit dem Stiel. Das tat weh. Und
wenn wir geschrien haben, kriegten wir immer mehr."[195] Gerda Friebel, die Ähnliches
erlebt hat, weist aber auch auf Tante Annis guten Seiten hin. An ihrem Geburtstag
habe man mit ihr Kaffee getrunken, „Ostern hat sie auch sehr schön gemacht. Auch
Weihnachten war sehr schön. Das war richtig festlich. Tante Anni hat uns aber auch
getröstet, wenn wir hingefallen sind."[196] Auch Margret Brütt schränkt ein: „Aber sie
hatte auch ihre guten Seiten gehabt, es war nicht alles schlecht, alles auch nicht." Liebe
und Zucht lagen eng beieinander.

Obwohl gerade über den Menschen in den geschlossenen „Behindertenanstalten"
ein Leben lang der Schatten direkter und struktureller Gewalt lag,[197] ist deren Gewalt-

---

195 So war das hier, S. 22.

196 Ebd., S. 36.

197 S. dazu Jantzen, Wolfgang (2002): Gewalt ist der verborgene Kern von geistiger Behinderung.
     www.basaglia.de/Artikel/Olten %202002.htm (8.11.2012).

erfahrung ein noch wenig erforschtes Thema.[198] Aktuelle Untersuchungen belegen, dass gerade sie besonders der Gewalt ausgesetzt waren und immer noch sind. So sind Frauen mit Behinderung viermal häufiger Opfer sexueller Gewalt als nicht behinderte Frauen.[199] Gewalt ist somit der zentrale Kern des sozialen Konstrukts „geistige Behinderung", denn Entwertungs- und Gewalterfahrungen sind nicht nur ausschlaggebend für die geistige Entwicklung, sondern auch für alle Formen des Hospitalismus, der dann wiederum mit Strafen sanktioniert wurde.[200] Gerade hier zeigt sich, dass das, was gemeinhin als Ausdruck elementarer geistiger Behinderung angesehen wird, wie z. B. Hospitalismus, sich erst im Kontext der „totalen Institution" Anstalt herstellt und reproduziert.[201] Dies demonstriert die „Einheit von ‚behindert sein' und ‚behindert werden'" besonders deutlich. Die Strafen konfrontierten die BewohnerInnen „in herabwürdigender Weise mit ihrem Anderssein", definierten sie „als ‚Mängelwesen' und verhinderten die Entfaltung eines […] Selbstwertgefühls und eines Selbstbewusstseins."[202]

In den Alsterdorfer Anstalten wurde alltäglich ein vielfältiges Instrumentarium von Strafen angewendet, das mit unterschiedlichen Formen psychischer und physischer Gewalt einherging und zur Folge hatte, dass BewohnerInnen in ihrer Menschenwürde erheblich verletzt wurden. „Wir haben alle viel Strafe gekriegt da. Wehe, wir haben was nicht richtig gemacht, da haben wir Strafe gekriegt. Noch und noch, das war sehr schlimm. Das habe ich jetzt noch im Kopf, das kriege ich nicht mehr weg", beklagt Rolf Zismer. Formen der indirekten Gewalt wie „Demütigungen, liebloses Handeln, soziale Kälte, Essenszwang, kollektiv einengende Maßnahmen"[203] sind oben bereits eindrücklich in ihrer Vielfalt beschrieben worden. Formen der direkten Gewalt reichten von Schlägen, Strafstehen und Strafliegen über Fixierungen und Zwangskleidung bis hin zu Isolierungen und Einsperren. Welche Bandbreite das Als-

Steckschlüssel des Personals zur Fixierung der Bewohner und Bewohnerinnen.

---

198 Zuletzt s. Schmuhl, Winkler 2011.

199 S. dazu die Ergebnisse der aktuellen Studie des BMFSFJ „Lebenssituation und Belastungen von Frauen mit Beeinträchtigungen und Behinderungen in Deutschland" 2012.

200 S. dazu umfassend Seidel, Hennike 1999.

201 S. dazu auch Jantzen 1999, S. 61.

202 Schmuhl, Winkler 2011, S. 122f.

203 Heinemann 2011, S. 103.

terdorfer Strafsystem daneben noch hatte, wird in einem Schreiben von Mitarbeitern und ehemaligen Mitarbeitern der Abteilung 36 im Guten Hirten aus dem Jahre 1979 deutlich: „Wenn Britta kein angepasstes Verhalten zeigt, wird ihr mit Frühstücksentzug, Urlaubsentzug und Verweigerung ihres freien Tages gedroht. Diese Strafen werden dann auch teilweise vollzogen. [Sie wird] […] ständig in diskriminierender Weise mit Vor- und Nachnamen angesprochen. […] Die Reihe der Verbote und Strafen reicht vom Redeverbot über Mittagsschlafentzug, Zwangsaufenthalt im Bett, Vorenthalten des Nachtisches oder Brotbelags, Verweis vom Mittagstisch, Fixierung und Freizeitentzug bis hin zur Verweigerung von Kleidungswünschen und der Wegnahme persönlicher Spielsachen. […] Schikane [ist es], wenn unseren ‚Hilfsmädchen' schon fertig geordnete Betten wiederauseinander gerissen werden, und sie aufgefordert werden, ein Zimmer zwei- oder dreimal hintereinander auszufegen und zu feudeln. […]. Gelegentlich wurde sogar zum Essen abgelehnter Gerichte in massiver, auch physischer, Art und Weise gezwungen."[204]

Zwar hatte Anstaltsleiter Julius Jensen am 4.8.1956 eine „Grundsätzliche Anordnung" erlassen, in der dem Pflegepersonal untersagt wurde, die „Pflegebefohlenen zu schlagen oder tätlich anzugreifen", und bei Übertretung des Verbots mit Entlassung gedroht.[205] Dennoch gehörten Schläge zum normalen Alltag. „Da sind wir richtig gehauen worden", berichtet Erika Jentzsch über ihre Jahre im Guten Hirten. Schläge gab es für Fußballspiele auf dem Flur genauso wie für das Bettnässen. „Wenn da mal einer ins Bett gemacht hatte, dann haben die auch was zu hören bekommen", bestätigt Erika Jentzsch. Rolf Zismer erinnert sich an den Hausvater Otto Schomann:[206] „Ich durfte nicht auf den Hof gehen. Wenn ich hinausging, dann habe ich eine Ohrfeige gekriegt, die hat gesessen. Das hat mir gereicht, da hatte ich Kopfschmerzen wie verrückt." Klaus Matzke bestätigt diese Erinnerung an Heinrichshöh: „Herr Schomann war der Pflegeleiter. Der war auch sehr streng. Vor dem hatten wir Angst."[207] Konrad Schwark bringt dagegen erneut den Zwiespalt von Zucht und Liebe auf den Punkt: „Da wurden wir von Schomanns betreut, das waren unsere Ersatzeltern. Die haben auch da im Haus gewohnt, aber oben. Die haben für uns gesorgt. Die waren nett, die haben Ostern immer schön aufgedeckt. Nur wenn Herr Schomann am Schreibtisch saß und man so neugierig war, das störte ihn, da hast du aber eine gewienert gekriegt! Der hatte einen Handschlag!"[208] Und Klaus Matzke: „Schomann war zwar streng, er hatte aber auch gute Seiten. Er hatte uns zu Weihnachten immer so eine Krippe gebaut."[209]

Im Alstertal sei neben dem Schlagen „die Bettruhe an der Tagesordnung gewesen, auch die Urlaubssperre, für die, die nachhause fuhren", erläutert Wolfgang Breitel. „Die Bettruhe war gestaffelt von einer Woche bis manchmal sechs Wochen. Das be-

---

204 ArESA PA, 6112, Brief vom 25.4.1979.

205 ArESA PA, 5365, was auch teilweise durchaus in die Tat umgesetzt wurde.

206 Otto Schomann (1907–1981) war 1945 von der Militärregierung suspendiert worden, trat am 1.8.1947 wieder in Alsterdorf ein und verblieb dort bis zu seiner Pensionierung im Rang eines Oberpflegers. ArESA PA, 6220.

207 So war das hier, S. 59.

208 Ebd., S. 44.

209 Ebd.

Fixierung am Tage im Haus Carlsruh, 1970er Jahre.

deutete Schule und dann Bett. Wenn man eine Tracht Prügel kriegte, dann war das eigentlich gegessen in dem Moment, schlimm war es, wenn es noch zu Höllenriegel [dem Rektor der Schule, d. V.] ging, dann wusste man, dass der auch noch mal einen Kinnschieber verpasste." Die Anlässe zur Gewalt sind von den Interviewten vielfach gar nicht zu benennen. Dies spricht dafür, dass sie, wie im Wittekindshof, „aus typischen Alltagskonflikten im Heim" entstanden. Die BewohnerInnen gehorchten oder wuschen sich nicht, eine/r „beschmutzt sich, seine Kleidung und seine Umgebung mit Kot, onaniert unter der Bettdecke, verweigert die Arbeit, spielt sich als Kapo auf. Solche Situationen entstehen dann, wenn die Pfleger ohnehin unter Stress stehen: beim gemeinschaftlichen Waschen am Morgen, während des ‚Abtopfens', bei der Arbeitstherapie."[210] Entsprechend notierte Oberin Nommensen 1960 auf der von einer Schwester unterschriebenen „Grundsätzlichen Anordnung": „Die dummen Mädchen in Neuendeich können manchmal nur durch einen Schlag auf die Hand oder auf das Gesäß regiert werden. Irgend einen Beistand haben die Schwestern dort nicht."[211] Noch Ende der 1970er Jahre wird von der Einstellung des Pflegepersonals berichtet, das erwachsene Menschen mit der Begründung schlug: „Der braucht das morgens, sonst ist er den ganzen Tag nicht zu gebrauchen."[212] Ein hartes Durchgreifen des Pflegepersonals war an der Tagesordnung: „Ich schrie Leute an, wenn sie Scheiße gebaut hatten (z. B. irgendetwas durch die Gegend warfen oder kaputtschlugen), bestimmte wann gegessen wird und vor allem wann nicht gegessen wird, haute jemandem auf

210 Schmuhl, Winkler 2011, S. 112

211 ArESA PA, 3965.

212 Kollegenkreis Alsterdorfer Anstalten 1978, S. 23.

die Finger, weil er beim Essen von anderen geklaut hatte", erinnert sich ein Pfleger an seinen Arbeitsbeginn in den Alsterdorfer Anstalten.[213]

Erst Mitte der 1970er Jahre, mit der Durchsetzung von pädagogischen und psychologischen Ansätzen, gingen die Dauerfixierungen mit Schutzjacken und Gurten der BewohnerInnen langsam zurück.[214] Fast alle Mitarbeitenden erinnern sich, dass das Fixieren besonders der unruhigen BewohnerInnen zur Normalität gehörte. In den offenen Abteilungen sei dies allerdings nur dann geschehen „wenn was gewesen war", so Rolf Zismer. Er habe zum Beispiel ein „Schutzjacke" gekriegt, „damit ich nicht um mich hau", als er sich von Mitbewohnern schlecht behandelt fühlte. Und „mit so einem Gurt, mit dem war man am Bett angebunden, wenn einer was Schlimmes gemacht hat." Auch in der offenen Abteilung des Hauses Heinrichshöh, sei es so gewesen, erzählt ein Pfleger, dass bis Anfang der 1970er Jahre nachts alle fixiert wurden. „Mit einem Lederriemen. So einem langen Lederriemen am Fuß. An einem Fuß. Die waren ja fähig, selbst aufs Klo zu gehen und so was, und das war ja nicht das Kriterium, weshalb wir fixiert haben, sondern, dass die untereinander nicht sexuell tätig wurden."[215] Auch „tagsüber waren es vergleichsweise viele. Denn nach dem Frühstück, und wenn das Wetter gut war, sind sie draußen an der Bank festgebunden worden, zumindest am Fuß, dass sie da nicht auf den Spielplatz laufen konnten. […] Das war mit eine der Hauptaufgaben von uns. Es haben alle am Schlüsselbund so einen kleinen Steckschlüssel gehabt, so einen grauen. Fixieren, Festmachen, Aufschließen, Wegbringen, gerade in der Morgensituation und entsprechend auch in der Nachtsituation."[216] So war es auch im Haus Carlsruh, wo tagsüber „vergleichsweise viele festgebunden [wurden]. Das war in der Zeit etwas, was nicht hinterfragt wurde", kommentiert ein Mitarbeiter, „es wurde gemacht. Es war soweit in Ordnung."[217]

Im weiblichen Bereich wurden „Schutzjacken" und Gurte in erster Linie zur Stillstellung und Kontrolle der Unruhigen, auch, so die Begründung einer ehemaligen Mitarbeiterin, zu ihrem eigenen Schutz, wenn sie drohten, sich selbst zu verletzen, eingesetzt.[218]

Starke Formen des selbstverletzenden Verhaltens als Folgen der Hospitalisierung bedingten hier also gewalttätige Eingriffe in die Persönlichkeitsrechte der BewohnerInnen. Hinter diesen Maßnahmen des Personals stand sowohl der Wunsch, „etwas mehr Kontrolle" zu haben,[219] wie auch der Versuch, die Menschen mit Behinderung ruhig zu stellen, um die Alltagsroutine besser meistern zu können. So wird Ende der 1970er Jahre aus dem Michelfelder Kinderheim berichtet: „Aufgrund der wahnsinnigen Enge herrscht nachts im Schlafsaal eine permanente Unruhe. Die Kinder stehen oft auf und machen Lärm. Die Folge ist, dass sie angebunden werden, worauf sie unruhig werden. Letztendlich führt das dann dazu, dass Beruhigungsmedikamente verteilt werden. […] Durch die Unmöglichkeit, sich vernünftig mit den Kindern zu

---

213 Ebd.
214 S. dazu auch Uffen-Klose, Klose 2012, S. 122.
215 Interview BC.
216 Interview Horst Wallrath.
217 Ebd.
218 Interview Gudrun Vesper.
219 Ebd.

beschäftigen und dem totalen Mangel an Therapie außerhalb des Hauses, verblöden die Kinder zusehends und werden aggressiv gegen sich selbst oder gegen andere."[220]

Ruhe und Ordnung zu bewahren, dem diente auch der Einsatz von Psychopharmaka. „Wenn man Jugendliche um halb fünf ins Bett steckt, wie wollen Sie dann den Laden ruhig halten? Die Tagschicht rückt ab, und es ist ja nur noch eine Nachtwache oder zwei über drei, vier Stockwerke da, und wenn Sie den Betrieb so fahren wollen, dann hilft doch nur die pharmakologische Zwangsjacke", beschreibt dies der Psychologe Heinz Escher. Und der ehemalige Bewohner Alstertals und spätere Pfleger Wolfgang Breitel: Medikamente „waren gang und gäbe. […]. Es ist ja so gewesen, man musste die Dosis immer höher setzen, weil da ein Gewöhnungsprozess einsetzte. Das wurde von den Ärzten festgelegt. Und dann gab es die sogenannte Bedarfsmedikation […]. Dann konnte man eine Dosis mehr geben, das war dann sozusagen erlaubt." Diese unkontrollierte Verabreichung von Medikamenten, „die unter Umständen mehr Schaden als Nutzen" anrichteten, wurde Ende der 1970er Jahre vom Kollegenkreis Alsterdorf als „psychische Folter" bezeichnet: „Die Nebenwirkungen sind bei Beruhigungsmitteln ähnlich wie bei Antikonvulsiva. Nicht umsonst kann man in Alsterdorf schon aus großen Entfernungen heraus häufig Behinderte und Nichtbehinderte unterscheiden. Die Behinderten gehen häufig weit vornüber geneigt, der Gang wird kleinschrittig, die Sprache monoton und stotternd."[221] Schützen konnten sich viele BewohnerInnen gegen diese zwangsweise Verabreichung von Medikamenten nicht, denn „Möglichkeiten, die Psychiatrie-Patienten" hätten, wie z. B. das Ausspucken der Medikamente, ständen „den Behinderten häufig aufgrund ihrer geistigen Möglichkeiten nicht zur Verfügung."[222]

Gewalt konnte im Einzelfall auch sein, wenn es unterlassen wurde, im Notfall den Arzt zu rufen. 1963 beschwerte sich ein Hilfspfleger in einem Brief an Julius Jensen darüber, dass der Oberpfleger im Haus Friedenshort es unterlassen habe, für den Epileptiker Achim F. einen Arzt zu rufen, „mit der Bemerkung nämlich, dass sonst der Arzt vielleicht wieder wer weiß was alles in Gange bringt. Daraufhin unterblieb jede Hilfeleistung", was zu einem lebensbedrohlichen Zustand geführt habe.[223]

Nur in wenigen Fällen sind die gewaltsamen Übergriffe des Pflegepersonals dokumentiert. So beobachtete die Schwester eines „taubstummen" Gastkindes, dass eine Pflegerin ihm „zwei Eimer Wasser in das Bett […] goß" und das Kind zudem schlug, als dieses daraufhin aggressiv reagierte. Während diese Schwester daraufhin entlassen wurde,[224] blieb es bei einer Kollegin, als deren demütigendes und vernachlässigendes Verhalten öffentlich wurde, bei der Versetzung in eine andere Abteilung. Im Einzelnen hatte man ihr vorgeworfen, die Bewohnerinnen als „Hampelmänner" zu bezeichnen und „vielerlei Dinge" zu sammeln und zu horten: „z. B. Kleidung (die die Mädchen nur selten anziehen durften), sie gingen stets in Schürzen, auch sonntags! Süßigkeiten (von Festtagen!) wurden noch nach vielen Monaten dort gefunden."[225] Die Do-

---

220 Kollegenkreis Alsterdorfer Anstalten 1978, S. 9.

221 Ebd., S. 16.

222 Ebd.

223 ArESA DV, 1858, 7.4.1963.

224 ArESA DV, 756, Bd. II., Aktennotiz Oberin Hartwig 15. Juni 1976.

225 ArESA DV, 753, 7.1.1976.

kumentation über die Meldung und Verfolgung beider Übergriffe stammt aus dem Jahr 1976 und ist ein Hinweis darauf, dass es zu diesem Zeitpunkt zu einer erhöhten Sensibilisierung in Bezug auf Gewalt gegenüber den BewohnerInnen der Alsterdorfer Anstalten gekommen war. Im Gegensatz dazu verliefen die mündlichen und schriftlichen Beschwerden eines Mitarbeiters der „Intensivpflege-Abteilung", so die neue Bezeichnung des Wachsaals, der „mehrfach Zeuge körperlicher Züchtigungen und [eines] brutalen Vorgehens gegenüber Pflegebefohlenen geworden" war, zunächst im Sande. Während die Abteilungsschwester R. N., der er vorwarf, verschiedene Bewohnerinnen „mehrfach geschlagen" oder gewaltsam mit Senf gefüttert zu haben, weiterhin die Station leitete, wurde er umgehend auf eine andere Abteilung versetzt.[226] Erst die Veröffentlichung eines Tagebuchauszugs einer Alsterdorfer Pflegehelferin im Zeit-Magazin (April 1979), in der diese ebenfalls die tätlichen Übergriffe der Schwester schilderte,[227] zog Konsequenzen nach sich. Umgehend erfolgte ihre Entlassung und schließlich eine Anklage, in der sie das Amtsgericht Hamburg „zu zwölf Monaten Haft (ausgesetzt zu zwei Jahren Bewährung)" wegen Körperverletzung in neun Fällen verurteilte.[228]

Tatsächlich war die Verlegung in den Wachsaal für alle BewohnerInnen ein Schreckensszenario. Dort „kamen alle die rein, die aus Sicht des Personals renitent waren. Das war so etwas wie ein Knast in der Anstalt." Von daher habe die Drohung „‚Wenn du nicht aufhörst, dann kommst du in den Wachsaal!' Wunder gewirkt", erinnert sich ein Pfleger.[229] Die Verlegung in den Wachsaal als die höchste aller Strafen war den BewohnerInnen stets gegenwärtig. Eine Schwester bestätigt dies: „Wenn sie etwas ausgefressen hatten, wurde immer gesagt: ‚Du kommst in den Wachsaal.' Das war schon so eine Drohung."[230] 1979 beschreibt die Journalistin der Wochenzeitschrift Die Zeit, Renate Just, die Wirkung dieser Drohgebärde recht anschaulich: „Wer im Lift des Karl-Witte-Hauses auf den ‚1. Stock' drückt, löst jedenfalls bei Mitfahrern Unruhe aus: ‚Ich muß nicht in den Wachsaal […] nein, da will ich nicht hin."[231] Dort hinzukommen, „gefesselt" zu werden „wie im Gefängnis", diese Angst sei groß gewesen, erinnert sich auch Wolfgang Breitel. Denn wenn einer in den Wachsaal kam, dann sei „das schon eine Schande gewesen. Wenn man es geschafft hatte, nicht hinzukommen, dann konnte man die Brust nach vorne nehmen." Und Margret Brütt: „Gott sei Dank war ich nie im Wachsaal gewesen. Das war noch schlimmer als in der Ecke stehen."

Der weibliche Wachsaal befand sich bis 1958 im Haus Gottesschutz, danach dann im Guten Hirten in zwei Abteilungen, einer geschlossenen mit 25 Plätzen und einer halbgeschlossenen mit 32 Plätzen. Der männliche Wachsaal war im Haus Hohenzollern untergebracht, später kam ein weiterer, nun „Intensivstation" genannt, im Karl-

---

226 ArESA PA, 6112, Brief AH an Pastor Schmidt, 24.2.1977. Schwester R. N., geb. 1920, arbeitete vom 1.7.1974 bis 30.6.1979 als Abteilungsschwester der „Intensivpflege-Abteilung" in Alsterdorf.

227 Ich habe sie alle sehr liebgewonnen. Wachsaal-Tagebuch einer Pflegehelferin. In: Just 1979.

228 ArESA DV, 697. Wir helfen … nach, Januar 1981.

229 Interview Horst Wallrath.

230 Interview Renate Clement.

231 Just 1979.

Die geschlossene Abteilung des Hauses Carlsruh, 1970er Jahre.

Witte-Haus hinzu. Andere Bezeichnungen lauteten „Zelle" oder „Gummizelle", das Personal sprach euphemistisch von der „Villa besinn dich". Ein Aufenthalt im Wachsaal konnte von wenigen Tagen bis zu mehreren Jahren, manches Mal ein ganzes Leben dauern. „Für manche war der Wachsaal ein Zuhause. […] Für Menschen, die in anderen Wohnhäusern nicht tragbar waren, weil von ihnen starke körperliche Gewalt ausging",[232] erinnert ein Mitarbeiter. Kürzere Aufenthalte waren die praktizierten Strafrituale für ungehorsame BewohnerInnen. „Ja, da bin ich in der Zelle gewesen. Und das zwei Wochen", erinnert sich Rolf Zismer. „Ich sollte eigentlich sechs Wochen da bleiben. Doch als mein Meister aus dem Urlaub zurückkam, hat er mich vermisst und gefragt, wo ich wäre. Dann haben die gesagt: ‚Der ist im Wachsaal.' ‚Wieso das denn?' Da hat er sich bei dem Arzt erkundigt: ‚Wieso ist der Rolf im Wachsaal?' ‚Der hat die Scheiben eingehauen'. Und das hat gar nicht gestimmt. Das war das Gelüge. Da hat der Meister gesagt, dass ich so etwas noch nie gemacht hätte. […] Ich war im Wachsaal, weil man mir die Schuld gegeben hat, ich hätte die Scheibe eingeworfen, dabei war es jemand anderes gewesen, der hat sich gar nicht gemeldet. Der ist türmen gegangen." Dieses Unrecht sitzt bei Rolf Zismer tief: „Das war 1964. Das werde ich nie vergessen. Am 23. Juli bis 8. August, wo ich gerade mein Gedenktag hatte, am 8. August 1945 bin ich nach Alsterdorf gekommen."

Die Funktionen des Wachsaals fasste 1978 der Kollegenkreis Alsterdorf zusammen: „1. Starke Konzentration von Schwerstbehinderten, die auf Normalabteilungen nicht tragbar sind. 2. Strafstation für Behinderte, die zeitweilig nicht genügend Anpassung zeigen (Unhöflichkeit gegenüber Personal, Weglaufen, sexuelle Auffälligkei-

---

232 Interview Horst Wallrath.

ten, aggressives Verhalten). Ärzte ohne jede pädagogische Vorbildung bestimmen letztendlich, wer in den Wachsaal kommt."[233] Obwohl die Wachsaaleinweisung eigentlich in der Hoheit der Ärzte lag, wurde 1972 auf eine Nachfrage „festgehalten, dass auch die Leitende Oberschwester berechtigt ist, erregte Pflegebefohlene in den Wachsaal einzuweisen."[234] So wurden in den Wachsälen „gleichzeitig Verstöße gegen die Anstaltsgesetze sanktioniert, die Selbstmordgefährdeten vom Suizid abgehalten, stark ‚wesensveränderte Epileptiker' mit Alkoholikern, Gewalttätigen und kranken Schwachsinnigen zusammengepfercht."[235] Diese Zusammenballung von Menschen, „die sich wehren oder aus anderen Gründen aggressiv gegen sich oder andere sind, in geschlossenen und übrigens viel zu engen Abteilungen", verursachte eine große Gewaltförmigkeit. Es war „an der Tagesordnung, geschlagen, getreten, beschimpft und festgeschnallt" und mit Medikamenten vollgepumpt zu werden.[236] Während seines zweiwöchigen Aufenthalts bekam Rolf Zismer „was mit dem Riemen, mit dem Schlüsselriemen. Ich habe auch gar nichts mehr gegessen, ich war fertig, du kriegst nicht mal richtig frische Luft in der Zelle. […] Wir durften nicht raus, die war abgeschlossen. Essen und Toilette gehen, alles in der Zelle."[237] Ein Pfleger erinnert sich: „Das sind Schläge gewesen. Ziemlich massive. Die wurden ja verlegt in diese Wachsäle, weil sie was angestellt haben oder dauerhaft unter Strom standen und […] machten da dann möglicherweise bei der Einlieferung weiter. Und dann kam da dieses Personal und hat das auf seine Weise zu dämpfen versucht."[238] In den Wachsälen habe das Personal „hauptsächlich die Funktion der Bewachung" gehabt, so eine ehemalige Mitarbeiterin rückblickend. Die „Hauptinstrumente bestanden hier aus Schlüsseln, Steckschlössern, und später aus Spritzen"[239], denn es wurden „Medikamente in hohen Dosen verteilt".[240] „Hier wurde wirklich nur aufbewahrt", ergänzt ein Pfleger. Hinzu kam eine drastische Unterbesetzung, „oft sind nur 2 oder 3 Kollegen, viele ohne Ausbildung, für die 45 Behinderten" zuständig, heißt es in der Broschüre des Kollegenkreises Alsterdorf 1978.[241]

Ein besonderes Schicksal erlitt Renate Voss, die über sechzehn Jahre im Wachsaal leben musste. Sie wurde im Alter von elf Jahren 1954 in das Heim Alstertal aufgenommen. Nachdem sie in der Sonderschule angeblich wenig Fortschritte machte, „obwohl sie Buchstaben erlernt und von der Tafel abgeschrieben" hatte, wurde sie 1956 mit dreizehn Jahren als „Bewahrfall" in den Anstaltsbereich verlegt, wo sie im Haushalt

---

233 Kollegenkreis Alsterdorfer Anstalten 1978, S. 15.

234 ArESA DV, 594, 14.6.1972.

235 Just 1979.

236 Ebd.

237 1971 fragte ein Hamburger Ehepaar an, „ob die Wachsaal-Patienten denn unbedingt hinter Kathedralglas", d. h. blickdichtem Glas sein müssten. „Sonne mache doch alle Menschen gesund." Ihm wurde geantwortet: dass die „Wachsaalpatienten auch in den umfriedeten Garten" konnten und man berief sich „im übrigen auf die Erfahrungen […], die wir im Umgang mit Pflegebefohlenen gewonnen haben." ArESA DV, 1864, Bd. 1, 6.8.1971.

238 Interview BC.

239 McManama 2010., S. 115.

240 Kollegenkreis Alsterdorfer Anstalten 1978, S. 15.

241 Ebd.

half und hilfsbedürftige oder jüngere Mitbewohnerinnen „fütterte". Im selben Jahr erlitt sie ihren ersten epileptischen Anfall und wurde mit entsprechenden Medikamenten behandelt. Drei Jahre später wurde sie zum ersten Mal für zwei Wochen in den Wachsaal verlegt, „angeblich weil sie einen Becher Milch an die Wand geworfen hatte". Ab 1964, also seit ihrem 21. Lebensjahr, wurde Renate Voss dann „zunehmend häufiger wegen Erregungszuständen im Wachsaal aufgenommen und dort regelmäßig im Isolierraum mit Medikamenten, Zwangsjacke sowie Handgurten ‚ruhiggestellt'. Nach einer kurzen Zeit in einer offenen Wohngruppe mußte sie ab 1965 [bis 1981] stets im Wachsaal leben."[242] Renate Voss erinnert sich noch sehr genau an den Anlass, der zur ersten Einweisung in den Wachsaal führte: „Ich habe was gemacht, was man nicht machen darf. Ich bin nach Männern gegangen und dafür bin ich eingesperrt worden." Die Gewalt, die sie dort in den nächsten Jahrzehnten erlebte, ist kaum vorstellbar. Voller Empörung berichtet sie über das, „was die so mit mir gemacht haben." Man habe sie „festgeschnallt an der Heizung, am Bett festgemacht, […] festgeschnallt in Schutzjacken, dann auch festgebunden, auch an den Füßen. […] Herumlaufen durfte ich auch nicht, nur im Bett, nur im Bett." Sie sei „mit Tabletten vollgepumpt" und so „gespritzt" worden, dass sie „kaum wach" wurde, die Schwestern hätten sie „auf dem Fußboden herumgezogen", sie habe morgens und abends Elektroschocks bekommen, sei „unter Wasser getunkt" worden. Mit Ekel erinnert sie sich an das Essen aus Haferschleim. „Da habe ich immer das Brechen beinahe gekriegt. […] Ich war nur da drin, festgeschnallt. Ich konnte mich gar nicht wehren. […] Ich kann das nicht vergessen", fasst sie ihre Leidensgeschichte zusammen. „Die haben mich nicht raus gelassen. Ich hab ja immer gefragt. Mehr als fragen kann man ja nicht. ‚Darf ich raus?' Sagen die: ‚Ne, das geht nicht, du kommst nicht raus.'" Einmal habe sie der Heimaufsicht ihre Verletzungen zeigen können: „Und dann habe ich es gezeigt, da war alles von oben bis unten blau." Renate Voss erlebte im Wachsaal, wie es ein Gutachten später konstatierte, „physische und psychische Grenzverletzungen […]. Die dortige Situation kann nur als eine schwere traumatische Situation beschrieben werden. […] sie [befand] sich in einer hilflosen, existentiell bedrohten Situation […], aus der sie mit den ihr zustehenden Mitteln keinen Ausweg finden konnte. Die beschriebenen Erregungszustände und ihr auffälliges, manchmal tätliches Verhalten, sowie ihre hohe Anfallsbereitschaft waren verzweifelte Versuche, diese Situation überstehen zu können". Die Anstaltsbedingungen produzierten hier, was sie bekämpften. Als Renate Voss 1981 aus dem Wachsaal entlassen wurde, lernte sie eigenständig zu leben. Ihre „Medikation [wurde] drastisch reduziert", sie hatte nun „ein eigenes Zimmer", arbeitete fortan „in der Werkstatt und erhielt Reittherapie, besuchte Tanzkurse und eine Handarbeitsgruppe. Zeitweise hatte sie Gesangsunterricht. […] sie lernte […] sich sicher im Straßenverkehr zu bewegen." So lernte Frau V. „sämtliche Bereiche ihres Lebens selbstbestimmt" zu gestalten, was ihr den größten Teil ihres Lebens verwehrt worden war.[243]

---

242 Beratungszentrum Alsterdorf, Rehabilitationsdiagnostisches Gutachten 18.7.2002.
243 Ebd.

„Ein großes Bild mit Geschichten aus meinem schweren Leben" – die „Alsterdorfer Passion" von Werner Voigt

Ein zwei auf vier Meter großes farbenfrohes Bild. Im Zentrum die Kreuzigung Jesu Christi, umgeben von Szenen, die Werner Voigt, geboren 1935, in den Alsterdorfer Anstalten erlebt hat.[244] Er war mit vier Jahren nach Alsterdorf gekommen. Nach der Schulentlassung arbeitete er u. a. in der Schneiderei und als Kirchendiener in der Anstaltskirche St. Nicolaus. 1983 verließ er die Anstalt und zog in das Stadthaus Schlump. Hier lernte er die von Rolf Laute[245] initiierte Künstlergemeinschaft Die Schlumper kennen und begann erstmalig in seinem Leben zu malen. Denn nachdem er bei den Schlumpern häufig seine Leidensgeschichte in den Alsterdorfer Anstalten erzählt hatte, gab ihm Rolf Laute „Pinsel und Papier und schlug ihm vor, das immer wieder Erzählte doch einmal zu malen. Werner Voigt malte als erstes ein Kreuz, danach Christus, und dann kamen schon die Typen mit den Ohren, die noch heute ein stilbildendes Element seiner Bilder sind. Seinen Erlebnissen aus der Alsterdorfer Zeit gab er danach auf einem großen Format einen bildhaften Ausdruck. Er nannte es ein vergebendes Bild und bezog sich damit auf die dargestellten Taten seiner Pfleger."[246]

Werner Voigt im Atelier
„Die Schlumper", 1990er Jahre.

244 S. dazu auch den Umschlag dieses Buches.

245 Rolf Laute (1940–2013), Sohn eines Verwaltungsleiters der Alsterdorfer Anstalten, lebte als Kind auf dem Gelände der Anstalt. 1978, als erfolgreicher Maler nach Hamburg zurückgekehrt, begann er Kunst-am-Bau Projekte zusammen mit den Endnutzern zu verwirklichen, darunter das Wandbild für das Foyer des Wilfried-Borck-Hauses der Ev. Stiftung Alsterdorf „Der Weg durch die Furt", das er 1978 bis 1980 zusammen mit zehn Bewohnern erstellte. Es gilt als die „Keimzelle der heutigen Künstlergemeinschaft" (Eissing-Christophersen 2001, S. 8). Wir danken Herrn Laute für das Interview und die vielen Materialien.

246 Eissing-Christophersen 2001, S. 3.

Die Alsterdorfer Passion I, 1984. Dispersionsfarbe auf Nessel. Freunde der Schlumper e.V.[248]

Auf dem Bild gibt es viele Szenen, die Werner Voigt „als misshandeltes Objekt seiner Betreuer zeigen, die namentlich genannt sind. Beim Malen, das ihm nicht nur zu gefallen, sondern ihn auch zu erleichtern schien, sagte Werner Voigt häufig: ‚Jesus vergibt allen.‘"[248] Rolf Laute erläutert das Abgebildete näher: „Hier ist eine Szene, wo er in der Badewanne ist. Es gab in den Alsterdorfer Anstalten den sogenannten Wachsaal, da wurden die Leute bestraft und auch, wie man das aus Psychiatrien kennt, heiß oder kalt gebadet, und nach Werners Angaben auch geschlagen. Werner sitzt in der Wanne und der Pfleger zieht ihm gerade einen über. Daneben liegt Werner im Bett und der Nikolaus kommt, hier mit dem Sack, und haut ihn mit der Rute. Er sagt immer: ‚Der Nikolaus war nur ein Pfleger. Der Pfleger hat sich als Weihnachtsmann verkleidet.‘ Das Besondere an dem Bild ist: Alles wird der Golgatha-Geschichte zugeordnet und Christus vergibt allen Sündern und diesen ganzen Leuten, die mit ihren Untaten ihm gegenüber dargestellt sind, denen verzeiht Jesus auch. Und Werner sagt: ‚Ich bin auch ein Sünder‘. Da steht ‚Karstadt‘, da hat er Odol Mundwasser gestohlen. Er schließt sich da nicht aus, er ist auch ein Sünder, und Jesus vergibt ihm da auch. Daneben ist eine Darstellung der Anstaltskirche St. Nikolaus."[249]

Das Bild realisiert, was in einer diakonischen Anstalt wie Alsterdorf angelegt ist: die christliche Botschaft wird ernst genommen und mit ihr Missstände angeklagt. Offensichtlich hat Werner Voigt in seinem Gottesglauben, den er in Alsterdorf kennenlernte, eine Versöhnung mit „seinem schweren Leben", wie er immer wieder betonte, gefunden. Zugleich aber benennt er auf seinem Bild die Missetaten und seine Peiniger. Die 1986 entstandene zweite Version des Bildes nennt zwar nicht mehr die Pfleger beim Namen[250] und malt die bösen Figuren auch nicht mehr in grüner Farbe

---

247 Die Alsterdorfer Passion I und II hängen im Geschäftshaus des Vorstandes der ESA.

248 Eissing-Christophersen 2001, S. 3.

249 Interview Rolf Laute.

250 Die Namen sind nur zum Teil zuordenbar.

wie in der ersten Version, schildert aber eindrücklich – wie für einen Bänkelsang, „damit er es nicht immer noch mal erklären musste"[251] – die ihm widerfahrene Gewalt
durch Mitarbeiter und Mitbewohner in beschrifteten Szenen:[252] „Erst haben sie mich
geschlagen und gepettet [getreten, d. V.] dann haben die Pfleger mich in den Wachsaal getragen" (oben rechts).[253] „Im Wachsaal in der Badewanne hat mich ein Junge[254]
mit dem Besenstiel auf den Kopf geschlagen" (Mitte, rechts unten am Kreuz).[255] „In
der Schneiderei hat mich der Meister mit dem Bügelbrett auf den Kopf geschlagen"
(unten rechts).[256]

Als Maria, Jesu Mutter, erscheint auf dem Bild Margarete Liebscher, die Werner
Voigt 1961 in die Pfingstgemeinde Elim[257] eingeführt hatte. Auf der ersten Version ist
das Gemeindehaus neben der Anstaltskirche St. Nicolaus dargestellt. Dort fand Werner Voigt seine neue Heimat. Auf der späteren Version erläutert er links neben dem
Kreuz: „Der Heiland hat zu mir gesagt, ‚ist es nicht herrlich, dass ich euch zusammengeführt habe als Mutter und Sohn', ‚Ja' sagte ich, ‚das hat mich sehr gefreut'".[258] Ganz
offensichtlich identifiziert sich hier Voigt – dargestellt auf der ersten Version neben
Margarete Liebscher im blauen Anzug – mit dem Jünger Johannes (Johannesevange-
lium 19, 25–27).[259] Das Trauma der nicht begriffenen Trennung von der Mutter wird
hier bearbeitet (Erläuterung zur Figur links oben: „Meine Mutter mit Alkohol. Mit 4
Jahren hat sie mich in die Anstalt geschickt. Ich weiß gar nicht warum").[260] Entsprechend der Identifikation des sterbenden Christus mit dem leidenden Gottesknecht
beim Propheten Jesaja (Kapitel 52 und 53) beschreibt er hier auch das Motiv seines
Bildes, indem er Jesaja 53,5 zitiert: „Aber er ist um unsrer Missetat willen verwundet
und um unsrer So[ü]nden willen zerschlagen die Strafe liegt auf ihm, daß wir Frieden
hätten und durch seine Wunden sind wir geheilt" (unten links, auf der Tafel).[261] Die

---

251 Interview Rolf Laute.

252 Die Orthographie von Werner Voigt wurde der besseren Lesbarkeit willen bereinigt. Die origi-
nale Schreibweise wird in die Fußnote übernommen, da seine großgeschriebenen Worte
durchaus auch eine Interpretation darstellen.

253 „Erst haben Sie mich geschlAgen und gepettetT dAnn hAben die Pfleger mich in WACHSAAL
geTragen".

254 Gemeint ist hier ein Hilfsjunge.

255 „Im WACHSAAL in der BAdeWANNE hAT mich ein JUNGE mit dem BESENSTIEL Auf den
KOPF geschlAgen".

256 „In der Schneiderei hAT mich der MeisTer mit dem BügelbreTT Auf den KOPF geschLAgeN".

257 Eine evangelisch-pfingstliche Freikirche, s. dazu http://de.wikipedia.org/wiki/Bund_Freikirchli
cher_Pfingstgemeinden (22.9.2012). In ihnen gibt es keine Kindestaufe, sondern die Mitgliedschaft muss beantragt werden. Sie verstehen sich als Volksmission.

258 „Der HeiLANd HAT ZU mir gesAgt, ‚ist es NICHT Herrlich, daß ich Euch zusammengeführt
HAbe Als MUTTEr und SOhN.' ‚jA' sAgte ich, ‚dAs HAT mich sehr geFrEUT.'"

259 „Als nun Jesus seine Mutter sah und bei ihr den Jünger, den er lieb hatte, spricht zu seiner
Mutter: Frau, siehe, das ist dein Sohn! Danach spricht er zu dem Jünger: Siehe das ist deine Mutter!
Und von der Stunde an nahm sie der Jünger zu sich." (Joh. 19, 25–27). Zitiert nach Die Bibel 1999.

260 „MeiNe MUTTer mit ALkohol. Mit 4 Jahren hAt sie mich in die ANSTALT geschickt. Ich weiß
gAr nichT wArum".

261 „ABEr Er ist um unsrer MiSSeTAT wiLLen vErwundeT und um unsrer so[ü]nden wiLLen
zErschlAgen die StrAfe liEgt Auf ihm, Auf dAß wir FriEden häTTen und durch seine Wunden

Die Alsterdorfer Passion II, 1986. Dispersionsfarbe und Farbstift auf Papier.
Freunde der Schlumper e.V.

zentrale Botschaft des Bildes, das ganze Leiden in der Anstalt ist in Christus Kreuz aufgehoben, findet jedoch innerhalb des Bildes und damit in der Anstaltsrealität Widerspruch. Einem Pfleger wird zugeschrieben: „Dann nahm er die Bibel und zerriß sie mir" (an der Figur darüber).[262] Seinem Vater: „Mein Vater sagte: ‚Du weißt ganz genau, es giebt keinen Gott!'" (oben links, zweite Figur).[263]

Damit hat Werner Voigt künstlerisch die Diskrepanz von biblischer Botschaft und menschlicher Wirklichkeit – nicht nur in der Anstalt selbst – dauerhaft in die Welt gesetzt. Er selbst weist auch auf den „richtigen" Weg hin. Zu dem eingehakten Paar in der rechten Mitte schreibt er: „Ich mit meiner Freundin Lotte Thiele. Ich kümmer mich immer um sie, weil sich keiner um sie kümmert."[264] Rolf Laute ergänzt: „Es gibt die Geschichte von dem Blinden und dem Lahmen, der Lahme führt den Blinden und der Blinde stützt den Lahmen, so eine Wechselbeziehung ist bei denen auch zu finden."[265] In der zweiten Version der „Alsterdorfer Passion" hat zudem eine zentrale

---

sind wir geheilt". Vgl. Jesaja 53, 5: „Aber er ist um unsrer Missetat willen verwundet und um unsrer Sünde willen zerschlagen. Die Strafe liegt auf ihm, auf dass wir Frieden hätten, und durch seine Wunden sind wir geheilt", zitiert nach Die Bibel 1999.

262 „DANN nahm er diE BibeL und zerriß sie mir".

263 „MeiN VATer sAgTE: ‚DU weißT gAnz geNAU, es giebT keineN GOTT!'".

264 „Ich miT meiNer FreuNdiN LoTTe ThieLe. Ich kümmer mich immer um sie wEil sich keiner um sie kümmert".

265 Eventuell bezieht sich Laute hier auf das Gedicht von Christian Fürchtegott Gellert „Der Blinde und der Lahme".

Veränderung stattgefunden. Schauen in der ersten Version alle Figuren ernst, zum Teil mit heruntergezogenen Mundwinkeln die Betrachter an, lächeln nun die durchweg weißen Figuren; sowohl diejenigen, die Werner Voigt selbst darstellen, aber auch alle anderen Figuren, ob gut oder böse. „Dieses Lächeln ist ein wissendes Lächeln, es verharmlost nichts, es überführt, es entlarvt, stürzt vom ‚Thron‘, aber es zertritt nicht, es bleibt sanft", interpretiert dies der Religionspädagoge Andreas Schultheiß.[266] Man könnte ergänzen, dass Werner Voigt durch den Schaffensprozess, durch die Umformung der ersten in die zweite Version, erkannt hat, dass das Kreuz tatsächlich Trost spendet. So steht das Bild auf der einen Seite für das „Wirken der Kunst", auf der anderen für die durch „den Geist der Verwahrung und Beschäftigung geprägte Atmosphäre der Alsterdorfer Anstalten in Hamburg".[267] In diesem Bild hat die Kunst über die Realität gesiegt.

Aufgrund dieser kritischen Botschaft ist es nicht verwunderlich, dass das 1984 fertig gestellte Gemälde eine ungeheure Odyssee erlebte. „Lange war das Bild an seinem Entstehungsort unerwünscht"[268], erinnert sich Rolf Laute: „Das Bild durfte nicht öffentlich ausgestellt werden, weil das ja angeblich alles gelogen sei, die Namen, die da genannt sind, das stimme alles nicht. Werner hat dazu nur gesagt: ‚Die Wahrheit wollen die nicht wissen, das ist aber so gewesen. '" Nachdem es 1985 in einem Artikel über Die Schlumper im Stern doppelseitig abgebildet worden war, wurde Alsterdorf gefragt, ob es nicht die kulturelle Arbeit der Schlumper auf ihrem Messestand auf der Hamburger Einkaufsmesse ‚Du und deine Welt' ausstellen wolle. „Damit war Alsterdorf im Zugzwang", erzählt Rolf Laute. Nachdem es auf der Messe ausgestellt und vom Fernsehen mit Bürgermeister Klaus von Dohnanyi, der dem Direktor der Alsterdorfer Anstalten vor dem Bild die Hand schüttelt, gefilmt worden war, kam es dann zum ersten Mal in die Alsterdorfer Anstalten. „Das wollten sie jedoch eigentlich nicht", erinnert sich Rolf Laute weiter, „deshalb haben sie es dort hingehängt, wo man es möglichst nicht sieht, in einen Gang, durch den die Wäschekarren durchfuhren. Da wurde es total beschädigt." So holten es Die Schlumper wieder zu sich, zu Werner Voigt nach Neuengamme, wo dieser mittlerweile lebte.

Man kann es schon fast als Wiedergutmachung an dem Bild und an den schlimmen Erfahrungen Werner Voigts betrachten, dass die endgültige Rückkehr des Bildes nach Alsterdorf mit seiner Ausstellung in der Anstaltskirche St. Nicolaus begann. „Pastor Rolf Baumbach hat es im Jahre 2000 zur Passionszeit dort vor dem verhüllten Altarbild, das 1938 von dem Anstaltsleiter Friedrich Lensch in Auftrag gegeben worden war, ausgestellt", erinnert sich Rolf Laute. Noch einmal bewies die „Alsterdorfer Passion" ihre provokative Kraft. Zwar stellt das Altarbild von 1938 auch dar, „dass unter dem Kreuz Christi die Menschen kraft der Liebe Gottes geheiligt werden und zu ihm gehörig sind",[269] allerdings mit dem entscheidenden Unterschied, dass nicht alle vor Gott gleich sind. Denn drei Figuren tragen dort keinen Heiligenschein:

---

266 Schultheiß 2005, S. 149.

267 Eissing-Christophersen 2001, S. 3.

268 In der Heimat der Schlumper, dem Stadthaus Schlump, „durfte es nicht ausgestellt werden, weil der damalige Heimleiter des Hauses verlangte, die Namen auf dem Bild zu tilgen, was Werner Voigt verweigerte." (Eissing-Christophersen 2001, S. 6).

269 Wunder 2010, S. 3.

Altarbild aus St. Nikolaus.

„Es sind dies ein erwachsener behinderter Mann unten rechts, ein von Pastor Sengelmann gehaltener Knabe […] und ein behindertes Baby, das die Krankenschwester hält. […] [Die] Doppelbotschaft des Bildes lautet: ‚Wir Gemeindemitglieder halten Euch Behinderte in der Gemeinde, aber ihr seid anders und nur durch unsere Barmherzigkeit seid ihr dazugehörig‘.“[270] Und hier hielt nun die „Alsterdorfer Passion“ von Werner Voigt eine ganz andere Botschaft von Jesus am Kreuz dagegen, der alle meint und allen verzeiht. „Da gab es Aufruhr in der Gemeinde“, erinnert sich Rolf Laute. Nach einer Zwischenstation im Sitzungssaal des Sozialgerichts der Freien und Hansestadt Hamburg[271] zog es endlich 2004, nach Fertigstellung des neuen Geschäftshauses am Alsterdorfer Markt, in die Chefetage der Evangelischen Stiftung Alsterdorf.[272] Nun hatte das Bild seinen angemessenen Platz „als Mahnmal und Teil der Vergangenheitsbewältigung“ gefunden.[273]

Äußerst pragmatisch reagierte Werner Voigt auf diese Odyssee. Als Legende zur zweiten Version schrieb er: „Ein großes Bild mit Geschichten – Aus meinem Schweren Leben – habe ich im Keller am Schlump gemalt – Das haben die Alsterdorfer etwas kaputt gemacht – Darum habe ich in – Horn[274] dieses Bild neu gemalt mit – weniger Geschichten – weil das Bild kleiner ist. Werner Voigt 1986.“ Er hat von seiner Verkündigung nicht gelassen. Kunst sei für ihn Berufung, sagte Werner Vogt 2001 einem Kunstkenner: „Ich habe drei Berufe: Herrenschneider, Damenschneiderin und Kunstmaler. Mal sehen, was Gott noch mit mir vorhat.“[275]

---

270 Ebd.

271 Eissing-Christophersen 2001, S. 6.

272 Interview Rolf Laute.

273 Eissing-Christophersen 2001, S. 6. Auch das 1980 entstandene Kunstwerkstattprojekt „Die Schlumper“ ist mittlerweile Bestandteil der Ev. Stiftung Alsterdorf. 1985 war eine solche Eingliederung in den Förder- oder Werkstattbereich der Alsterdorfer Anstalten noch gescheitert (Ebd., S. 9). Daraufhin wurde der Förderverein Freunde der Schlumper e. V. gegründet, der bis 2002 die Trägerschaft übernahm und dann an den Bereich alsterarbeit der Evangelischen Stiftung Alsterdorf übertrug, um die Zukunft der Künstlergruppe mit z. Zt. 24 Arbeitsplätzen dauerhaft zu sichern. Der Verein fördert aber weiterhin das Projekt ideell und materiell. 1993 war der offizielle Name „Schlumper von Beruf“. 1997 verließ das Projekt das Stadthaus Schlump und zog als Galerie „Die Schlumper“ in die ehemalige Rinderschlachthalle in Altona.

274 Altenpflegeheim, in dem Menschen mit Behinderung die BewohnerInnen betreuten und umgekehrt.

275 Eissing-Christophersen 2001, S.186.

Zwei Versuche, der Totalität der Anstalt zu entkommen

Die 1929 geborene Elisabet Hiller[276] und der 1944 geborene Olaf Wohlert sind zwei von über viertausend Menschen, die zwischen 1945 und 1979 in den Alsterdorfer Anstalten lebten. Elisabet Hiller starb 2003, Olaf Wohlert ist seit längerer Zeit sehr schwer erkrankt. Wenngleich die Rekonstruktion ihrer Lebensgeschichten durch die Art der Quelle, ihre „Krankenakten", nur einen sehr eingeschränkten Blick in den authentischen Anstaltsalltag zulässt, wird das erschreckende Gewaltpotential deutlich, dem vor allem Menschen ausgesetzt waren, die sich nicht wehrlos in das System der „restriktiv wirkenden, institutionellen Strukturen" einpassen ließen. Darüber hinaus sind ihre Biografien eine Aufforderung, die als behindert klassifizierten Menschen keinesfalls ausschließlich als „Opfer repressiver oder fürsorglicher Strategien" wahrzunehmen, sondern vielmehr als Persönlichkeiten zu erkennen, die unter den Bedingungen der „totalen Institution" ihre ganz individuellen Überlebensstrategien entwickelten.[277]

Lisa Hiller (1929–2003) –
„Elisabet will ihren Lebenskreis […] außerhalb der Anstalt finden."

Am 7. Februar 1941, einen Tag nach ihrem zwölften Geburtstag, wurde die „zarte", 128 cm große Elisabet Hiller in den Alsterdorfer Anstalten aufgenommen.[278] Lisa, so der Rufname des Mädchens, kam 1929 in Sande bei Bergedorf nicht ehelich zur Welt. Über ihren Vater, der offensichtlich niemals Kontakt zu seiner Tochter hatte, ist lediglich bekannt, dass er gesund, zum Zeitpunkt ihrer Geburt verheiratet und Vater von zwei weiteren Kindern war. Ihre Mutter Margarete war bereits im März 1932 mit der Diagnose „Imbezillität, familärer Schwachsinn" in die Alsterdorfer Anstalten eingewiesen worden.[279]

Währenddessen lebte Lisa weiterhin im „sauber und ordentlich gehaltenen" Haushalt der Großmutter und besuchte seit Frühjahr 1936 die Schule Lohbrügge-Bergedorf.[280] Von hier wechselte sie bereits im Herbst 1936 in die benachbarte Hilfs-schule. Als die meisten ihrer MitschülerInnen nach Verschärfung des Bombenkriegs ab November 1940 „in die Kinderlandverschickung" gingen, blieb Lisa außen vor.[281] Eine Verschickung durch die NSV könne bei der „schlechten Anlage" nicht verant-

---

276 Der Name wurde aus Gründen des Daten- und Personenschutzes anonymisiert

277 Bösl, Klein, Waldschmidt 2010, S. 23. Dazu auch die rehistorisierende Betrachtung von Theunissen 1999.

278 Untersuchung 12.2.1941. Soweit nicht anders angegeben sind alle Zitate im Text der Akte ArESA BA, 765 entnommen.

279 ArESA BA, 766, Margarete Hiller (1908–1985).

280 Lohbrügge ist ein Stadtteil im Südosten Hamburgs, der westlich an Bergedorf grenzt und zum Bezirk Bergedorf gehört.

281 Knaack 2001, Kapitel 6: Die Hilfsschule Bergedorf im deutschen Faschismus. www.hilfsschule-im-nationalsozialismus.de/ (9.7.2012).

wortet werden, so das Urteil der Fürsorgerin. Mit ihrer Einschätzung folgte diese den Richtlinien der Nationalsozialistischen Volkswohlfahrt, die zwischen „erbgesunden" und damit förderungswürdigen und „minderwertigen" und damit förderungsunwürdigen Menschen differenzierte. Viele Gründe sprachen dafür, Lisa in die letztgenannte Kategorie einzuordnen: ihr Großvater hatte an einer Geschlechtskrankheit gelitten, der Vater war „erheblich vorbestraft",[282] die Mutter lebte mit der Diagnose „familiärer Schwachsinn" in den Alsterdorfer Anstalten, und sie selbst wurde in einer Hilfsschule unterrichtet. Möglicherweise hätte das Mädchen mit den zurückbleibenden SchülerInnen weiterhin in Lohbrügge-Bergedorf unterrichtet werden können, wenn die Großmutter nicht schwer erkrankt und in eine Klinik eingewiesen worden wäre.[283] Diese Situation nutzte die Fürsorgerin, die „jetzt die beste Gelegenheit" gekommen sah, das Kind, das „seit einiger Zeit Erziehungsschwierigkeiten" bereite und zudem einen „ausgesprochenen schwachsinnigen und labilen Eindruck" mache, „ohne große Schwierigkeiten" in einer Anstalt unterzubringen. Umgehend wurde Lisa nun von Hamburg-Bergedorf nach Hamburg-Volksdorf ins Johannes-Petersen-Kinderheim (28.10.1940) gebracht, wo sie nur eine Woche später an „Rachen-Diphtherie" erkrankte. Nach vier Wochen im Krankenhaus St. Georg musste Elisabeth bereits Ende Januar 1941 ein weiteres Mal umziehen, nun in das Heim Alstertal der Alsterdorfer Anstalten. Laut Schulbericht hatte sie im Johannes-Petersen-Kinderheim „nur geringe Fortschritte" gemacht, Lesen und Rechnen seien mangelhaft, auffällig sei dagegen die „verhältnismäßig saubere Schriftform". Ihr „Wesen" entspreche nicht einem 11-jährigen, sondern einem „6–7jährigen Kinde".

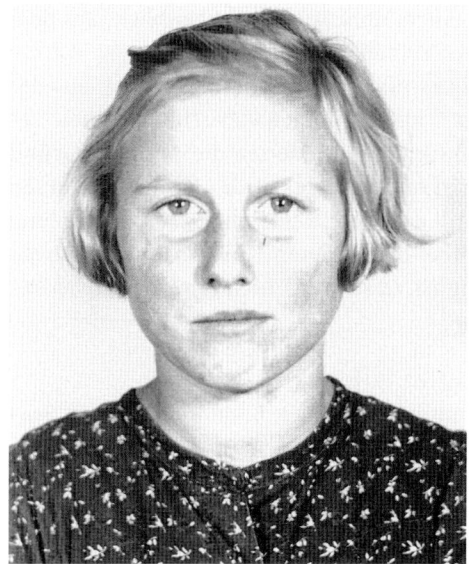

Elisabet Hiller im August 1941.

Da sie aber in der „Führung" keine besonderen Schwierigkeiten mache, müsse „der Versuch einer weiteren Beschulung in der Hilfsschule gemacht werden." Schon zu diesem Zeitpunkt waren sich Fürsorgerin, Lehrerin und Arzt einig: Bei Elisabet „handelt es sich […] vermutlich um angeborenen Schwachsinn. […] Sie ist als schwer belasteter Hilfsschultyp und Psychopathin mit moralischen Minderwertigkeiten festgestellt"[284] und werde sich „wahrscheinlich zu einem Bewahrfall entwickeln."[285] Diesem Urteil folgte das psychiatrische Aufnahmegutachten in den Alsterdorfer Anstalten mit einer weiteren pathologisierenden und abwertenden Beschreibung der 12-jährigen Elisabet: „Imbezill. Das

282 Auszug aus der Jugendamtsakte.
283 Unterleibskarzinom.
284 Schulbericht 17.1.1941.
285 Schulbericht Alsterdorfer Anstalten, 18.8.1941.

Kind zeigt sich bei der Untersuchung läppisch, geziert albern. Es ist zutraulich, anschmiegsam und freundlich, lächelt stereotyp. Ihre Sprache ist zweitweise schwerfällig, häsitierend,[286] ihre Ausdrucksweise primitiv. Familiär schwer belastetes, primitives, imbezilles Mädchen von gutmütiger läppischer Wesensart. Für Pflegestelle nicht geeignet."[287] Mit der Diagnose „familiärer Schwachsinn" und der Einordnung „Imbezilität" als mittlerer Grad der geistigen Behinderung[288] hatten die Ärzte Elisabet mit dem Stigma der Erbkrankheit belegt. Während man ihre Mutter mit derselben Diagnose im Sommer 1935 zwangsweise sterilisiert hatte,[289] entging Elisabet diesem Eingriff auf Grund ihres Alters aber vor allem wegen des eingeschränkten Sterilisationsstopps.[290]

In der Schule der Alsterdorfer Anstalten gingen die Leistungen der 12-jährigen, die durch den Tod ihrer Großmutter im Juni 1941 eine zentrale Bezugsperson verloren hatte, immer weiter zurück. Im März 1942 wurde die Schülerin schließlich als „nicht weiter bildungsfähig" eingestuft.

Offensichtlich hatte das „körperlich sehr empfindlich[e] und anfällig[e]" Mädchen im Heim Alstertal kein leichtes Leben. Obwohl „verträglich und bescheiden [...] im Umgang freundlich, aufmerksam und ziemlich ruhig", werde sie von den Anderen wegen ihrer „undeutlichen Aussprache, [der] Satzverdrehung[en] und [der] Gewohnheit beim Sprechen den Kopf nach hinten zu werfen, mit den Augen zu blinken und dabei ständig zu lächeln [...] nicht für voll angesehen."[291] Als sie kurz darauf zum wiederholten Male wegen einer fieberhaften Erkrankung auf die Krankenstation verlegt werden musste, und man ihr nach Besserung der Symptome ankündigte, dass sie das in das Alstertal zurückkehren sollte, versuchte sich Elisabet mit der Einnahme eines starken Antiepileptikums, das sie in „einem unbewachten Augenblick" aus dem Medizinschrank genommen hatte, das Leben zu nehmen.

Erst nach vier Tagen ging die tiefe Bewusstlosigkeit mit hohem Fieber, aus der man das Kind u. a. durch Cardiazolschocks[292] herauszuholen versuchte, in einen „jederzeit weckbar[en]" Schlafzustand über. Zwar diagnostizierten die Ärzte als Grund für den Selbsttötungsversuch die „typische [...] Abwegigkeit des Kindes", räumten aber ein, dass dieser dadurch ausgelöst worden sei, „dass sie sich auf ihrer Abteilung nicht wohl fühlte, da sie durch ihr Wesen bei den anderen Kindern unbeliebt war. Durch Verlegung auf eine andere Abteilung ist versucht worden, ihr subjektives Be-

---

286 zögernd, zaudernd

287 Psychiatrisches Aufnahmegutachten Dr. Gräfe, 23.1.1941.

288 Imbezillität, veraltete Bezeichnung für eine mittelgradige geistige Behinderung. Häcker, Stapf 2009, S. 458.

289 Magarete Hiller wurde am 4.6.1935 in Eppendorf sterilisiert.

290 Seit Ausbruch des Zweiten Weltkriegs sollte das „Gesetz zur Verhütung erbkranken Nachwuchses" vom 14. Juli 1933 nur noch in Fällen großer „Fortpflanzungsgefahr" zur Anwendung kommen. Bock 1986, S. 237.

291 15.4.1942.

292 Die Cardiazolschockbehandlung, 1934 von dem ungarischen Arzt Ladislaus von Meduna entwickelt, löste einen epileptischen Krampf aus und wurde bis in die 1950er Jahre als Therapie in psychiatrischen Anstalten eingesetzt. Die von den PatientInnen als qualvoll erlebte Behandlung beruhte auf der falschen theoretischen Annahme, dass zwischen Schizophrenie und Epilepsie ein biologischer Antagonismus, eine gegeneinander gerichtete Wirkungsweise, bestehe.

finden zu bessern." Tatsächlich wurde Lisa nach ihrem vierwöchigen Krankenlager[293] nicht wieder zurück in das Heim Alstertal, sondern auf die Abteilung zwanzig ins Haus Fichtenhain gebracht. Ein Ortswechsel mit Folgen, denn nun wurde aus dem „Fürsorgezögling" Elisabet Hiller der „Anstaltspflegling" Elisabet Hiller.

Im Sommer 1944 hatte die mittlerweile 15-jährige zwei weitere Abteilungswechsel hinter sich, ging seit ihrer Verlegung in den Anstaltsbereich nicht mehr zur Schule, sondern arbeitete mal in der Gemüsestube, mal als „Hilfsmädchen" in den Abteilungen. Einerseits sei sie „willig" und fleißig, sauber, ordentlich und mit „ihren Kameradinnen […]" verträglich, andererseits „im Charakter ganz unzuverlässig"; sie lüge und stehle, so der Eintrag in ihrer Krankenakte.

Doch anders als Ärzte, Lehrerinnen und Fürsorgerinnen sah Elisabet Hiller ihre Zukunft keineswegs als „Bewahrfall" in der Anstalt, wie ihre zahlreichen, erfolglosen Fluchtversuche belegen. Zum ersten Mal machte sie sich am Abend des 23. Mai 1947 auf den Weg, der nur einen Tag später im Wachsaal endete. Dieses Strafritual sollte sich in den kommenden Jahren noch häufig wiederholen. Zur Liste der als negativ bewerteten Verhaltensauffälligkeiten (Lügen, Stehlen), war nun ihr Interesse an „Jungen, zu denen sie einen unwiderstehlichen Drang zeigt", getreten. Diese für eine 18-jährige durchaus altersgemäße Entwicklung wurde in der Anstalt rigide sanktioniert und als besonderer Ausdruck des weiblichen Schwachsinns pathologisiert. Hier gab es eine Übereinstimmung mit der weitgehend akzeptierten Betrachtungsweise, die besagte, dass die „sexuelle Ausschweifung [bei Frauen, d. V.] als unbezweifelbare Folge erblicher Krankheitsformen" zu werten sei.[294]

Elisabet Hiller im Februar 1953.

Auf den Abteilungen der Anstalt entwickelte sich Lisa, die man mit 21 Jahren routinemäßig entmündigte,[295] zu einer außerordentlich guten Hilfskraft. Sie sei fleißig und gebe „sich Mühe, alle Arbeiten gut und schnell zu machen", notierte die Abteilungsschwester im Mai 1953. „Besonders geschickt ist sie im Handarbeiten. Lisa freut sich über alles, was sie noch hinzulernen kann […], ist stets hilfsbereit und willig. Ohne Beschäftigung sieht man sie selten." Gleichzeitig machte die junge Frau immer wieder auf ihr Bedürfnis nach emotionaler Zuwendung aufmerksam. Sie wolle durch ihre „verdrehten Touren" „eben erzwingen, beachtet zu werden. Wird auf nichts

---

293 Das Kind erkrankte abermals an einer Halsentzündung und danach an einer bakteriellen Hautinfektion.
294 Hahn 2000, S. 41.
295 20.6.1950.

reagiert, verschwindet sie nach längerer Zeit, geht zu Bett oder kommt abbittend zur Schwester."

Irgendwann im Frühjahr 1955 wurde Lisa, die kurze Urlaubszeiten außerhalb der Anstalt verbringen durfte, schwanger. Als die Abteilungsschwester ihren „Zustand" Mitte Juli realisierte, war die Schwangerschaft bereits weit fortgeschritten. Umgehend erstellte der Alsterdorfer Nervenarzt Dr. Hans Schlorf ein Gutachten, in dem er attestierte, dass aus ärztlichen Gründen „eine Schwangerschaftsunterbrechung dringend angezeigt" sei, da es sich bei dem „Zögling" um einen „hochgradigen familiären Schwachsinn" handele, zu dem seit 1947 „endogene […] Verstimmungszustände" gekommen seien, die „häufig auch Wachsaalbehandlung erforderlich" gemacht hätten. Wie die allermeisten seiner ärztlichen KollegInnen folgte Schlorf hier dem Konzept der Endogenität, das Verhaltensauffälligkeiten ohne Berücksichtigung der Lebensgeschichte und der Lebensumstände, aus sich heraus erklärte und so zum unabwendbaren Schicksal machte.[296] Dass Elisabets Widerstandsstrategien eine „gesunde" Reaktion auf die ungewollte Anstaltsunterbringung und den hochgradigen emotionalen und sozialen Mangel in den autoritären Strukturen der „totalen Institution" sein könnten, passte nicht in das biologistisch-nihilistische Bild von Menschen mit Behinderung in dieser Zeit.

Unabhängig davon entsprachen die Gründe für die Schwangerschaftsunterbrechung, die Schlorf in seinem Gutachten anführte, keineswegs der bestehenden Rechtslage, die eine „medizinische Indikation" als einzigen legalen Grund für eine Interruptio vorsah. Der entsprechende Gesetzestext regelte eindeutig, dass eine Schwangerschaft nur dann beendet werden könne, wenn eine ernste Gefahr für das Leben oder die Gesundheit der Mutter bestehe oder aber lebensgefährliche Schwierigkeiten bei der Entbindung voraussehbar seien.[297] Auf die Grauzonen bei der Auslegung des Gesetzes wies ein zeitgenössischer Autor hin, als er anmahnte, es müsse „gefordert werden, dass die Alternative ‚Mutter oder Kind' auch wirklich besteht, dass die schwere Gefahr für Leben und Gesundheit der Mutter tatsächlich vorhanden ist, und dass die mütterliche Erkrankung nicht nur einen willkommenen Vorwand darstellt, eine unerwünschte Schwangerschaft straffrei, scheinbar legal zu beseitigen."[298]

Ein Attest, in dem sich der Arzt um die Konstruktion einer „medizinischen Indikation" bemühte, lieferte die geburtshilflich-gynäkologische Abteilung des Alsterdorfer Krankenhauses. Darin bescheinigte er der jungen Frau „infantile Beckenverhältnisse", die bei „ausgetragener Schwangerschaft" eine „Schnittentbindung" erforderlich machen würden.[299] Auch wenn keines dieser Gutachten einen Hinweis enthält, dass sich die werdende Mutter in einer lebensgefährlichen Situation befand, die es zwingend machte, das Leben der „Frucht im Interesse der Mutter zu opfern",[300] gab die Gutach-

---

296 Feuser 1987, S. 87.

297 Schmidt 1951, S. 296. Eine Schwangerschaftsunterbrechung aus „eugenischen, sozialen und ethischen" war rechtlich unzulässig. Ebd. S. 295. Zum Themenkomplex Sterilisation und Schwangerschaftsabbruch in Deutschland nach 1945 s. auch die grundlegende Publikation von Hahn 2000.

298 Naujoks 1951, S. 307.

299 Geburtshilflich gynäkologische Stellungnahme Dr. Rohde, 14.7.1955.

300 Naujoks 1951, S. 307.

terstelle für Schwangerschaftsunterbrechung bei der Hamburger Ärztekammer[301] nur einen Tag nach Antragstellung grünes Licht: wegen der Verstimmungszustände und dem verengten Becken halte sie die „Unterbrechung der Schwangerschaft […] aus gesundheitlichen Gründen" für erforderlich.

Genehmigung des Schwangerschaftsunterbrechung, 15.7.1955.

Nach telefonischer Einwilligung des Vormundes wurde die im sechsten Monat (!) schwangere Elisabet Hiller[302] ins Evangelische Krankenhaus der Alsterdorfer Anstalten gebracht und dort am 19.7.1955 eine „abdominelle Schnittentbindung" durchgeführt.

Ein zeitgleich gestellter Antrag, der ebenfalls die Kontinuitäten eugenischen Denkens offenbart, wurde indes abgelehnt. Darin hatte Dr. Schlorf die Unfruchtbarmachung der Patientin wegen „Triebhaftigkeit […] empfohlen".[303] Wie beim Schwangerschaftsabbruch wäre auch hier eine medizinische Indikation die einzige legale Möglichkeit zur Sterilisation gewesen. Keinesfalls aber eine eugenisch bzw. soziale, die der Arzt nahelegte, indem er unterstellte, dass die Gefahr der wiederholten ungewünschten Schwangerschaft bestehe.[304]

---

301 Roxin 1981, S. 227.

302 Im ärztlichen Gutachten wurde die Schwangerschaft auf den 4. Monat, im Operationsbericht auf den 6. Monat datiert.

303 Schlorf an die Gutachterstelle für Schwangerschaftsunterbrechung, 14.7.1955.

304 Ohne Frage wurden trotz der anderslautenden Gesetzeslage derartige „irreversible Operationen … insbesondere in psychiatrischen Krankenhäusern häufig unternommen". Horn 1983, S. 265. Seit dem 1.1.1992 regelt der § 1905 BGB des Betreuungsgesetzes die Voraussetzungen für die Sterilisation Einwilligungsunfähiger: „Besteht der ärztliche Eingriff in einer Sterilisation des Betreuten, in die dieser nicht einwilligen kann, so kann der Betreuer nur einwilligen, wenn 1. die Sterilisation dem Willen des Betreuten nicht widerspricht, 2. der Betreute auf Dauer einwilligungsunfähig bleiben wird, 3. anzunehmen ist, dass es ohne die Sterilisation zu einer Schwangerschaft kommen würde, 4. infolge dieser Schwangerschaft eine Gefahr für das Leben oder die Gefahr einer schwerwiegenden Beeinträchtigung des körperlichen oder seelischen Gesundheitszustands der Schwangeren zu erwarten wäre, die nicht auf zumutbare Weise abgewendet werden könnte, und 5. die Schwangerschaft nicht durch andere zumutbare Mittel

Im Anstaltsalltag sorgte der Fall für Unruhe: Wegen der „betrüblichen Angelegenheit mit dem Pflegling Elisabet" forderte Anstaltsleiter Herntrich die Oberin auf, alle „Stationsschwestern und verantwortlichen Mitarbeiterinnen auf das ernsteste [zu] vermahnen, dass eine solche [sic] Versäumnis, wie sie in dieser Frage offenkundig vorliegt, unter gar keinen Umständen sich wiederholen darf. […] Aus der von der betreffenden Schwester vernachlässigten Kontrolle der [Menstruations-, d. V.] Tabelle sind so schwere Gewissentscheidungen für die Leitung der Anstalt und der Ärzte, die den operativen Eingriff jetzt viel zu spät durchführen müssen, entstanden".[305]

Authentische Informationen über Irritationen, Hoffnungen, Freuden und Ängste, die die Schwangerschaft und deren zwangsweise durchgeführter operativer Abbruch bei der jungen Frau auslösten, sind den erhalten gebliebenen Unterlagen nicht zu entnehmen. Laut Anstaltsarzt sei diese „über den bei ihr festgestellten Zustand sehr unglücklich" gewesen, habe nach der Operation „weich und anlehnungsbedürftig" gewirkt und immer wieder versichert, „sich in Zukunft anständig zu verhalten."[306]

Nur kurze Zeit später habe „die Handlungsweise von Lisa Hiller immer hässlichere Formen" angenommen, notierte die zuständige Schwester.[307] Als sie schließlich einem Kanarienvogel mehrere Flügelfedern ausriss, wurde sie umgehend für fast einen Monat auf die vom Personal als „Villa besinn dich" bezeichnete „Wachstation" verlegt.[308] Hier musste sie die meiste Zeit im „Isolierraum" verbringen. Wie angstbesetzt und demütigend die disziplinierende Einweisung in den Wachsaal erlebt wurde, belegt die Reaktion der jungen Frau, die bei ihrer abermaligen Isolierung im August 1960 „laut [schluchzte] und […] Besserung" gelobte.[309]

Zu diesem Zeitpunkt hatte die inzwischen 31-jährige noch längst nicht die Hoffnung auf ein Leben jenseits der Anstaltsgrenzen aufgegeben. Sie wolle „einmal als Stationsmädchen in einem Altersheim arbeiten" erzählte sie einem Amtsrichter, als er die Legitimität ihrer zwangsweisen Anstaltsunterbringung überprüfte.[310] Auch im Jahr darauf (1961) wiederholte sie ihr Anliegen, „aus der Anstalt" herauszukommen, „um draußen in einem Haushalt arbeiten und weiter lernen zu können. […] Sie ar-

---

verhindert werden kann." http://lexetius.com/BGB/1905#2 (7.8.2012). Zum Themenkomplex Sterilisation von Menschen mit Behinderung s. auch Wunder 1988a.

305 ArESA DV, 22, 18.7.1955. Die Frage, ob es in den Alsterdorfer Anstalten auch zu Schwangerschaftsabbrüchen kam, die „rechtzeitig" durchgeführt wurden, könnte nur durch weitere Forschung beantwortet werden. In ihrer Dissertation hat Stella Hungar die Unterlagen der Gutachterstelle (Sterilisation und Schwangerschaftsabbruch) bei der Ärztekammer Hamburg aus den Jahren 1964/65 systematisch ausgewertet. Darin weißt sie nach, dass 1965 172 Anträge auf Sterilisation und Schwangerschaftsabbruch aus „Privat-gemeinnützige[n] Krankenanstalten in Hamburg" genehmigt wurden. Auf Grund der Diagnosen Debilität, Imbezillität wurde in diesem Jahr dreizehn Genehmigungen erteilt (1 Interruptio, 7 Interruptio und Sterilisation, 5 Sterilisationen). Hungar 1968, S. 56 und 72. Um die Zahl der Anträge zu verifizieren, die aus den Alsterdorfer Anstalten kamen, müssten die Unterlagen der Gutachterstelle in Bezug auf diese Frage systematisch ausgewertet werden.

306 Borck an den Vormund, 8.8.1955.

307 7.12.1955.

308 8.12.1955 bis 6.1.1956.

309 16.8.1960.

310 3.11.1960.

beite fast den ganzen Tag. Dabei sei sie mit Reinigungsarbeiten beschäftigt. Ab und zu gehe sie auf Urlaub, einmal zu einer Schwester ihrer Mutter, […] manchmal besuche sie auch eine Tochter dieser Tante in Hamburg-Lohbrügge. Sie fahre allein hin und komme auch allein wieder zurück."

Im Sommer 1962 packte Lisa Hiller Koffer und Tasche und verließ das Gelände der Alsterdorfer Anstalten, um nur zweieinhalb Stunden später zurückzukommen. Schon lange habe sie „den Mädchen" erzählt, dass sie „aus der Anstalt käme", notierte die Abteilungsschwester darauf hin in der Krankenakte. Nachdem „die Hoffnung, es zu erreichen, immer kleiner" geworden sei, habe sie sich auf den Weg zu einer Bekannten gemacht und dort berichtet, dass sie es in der Anstalt nicht mehr aushalte und arbeiten wolle.

In der nachfolgenden Zeit zog Lisa Hiller durch ihr vermeintlich „niederträchtiges" Verhalten immer wieder den Unmut der Schwestern auf sich. Trotz wiederholter Isolierungen im Wachsaal zerriss sie die „Kleider ihrer Kameradinnen" und schnitt an dutzenden Mänteln und Jacken die Knöpfe ab. Anderen Mädchen erzählte sie, sie wolle „solange weitermachen, bis sie von Alsterdorf nach Farmsen verlegt würde. Hier würde sie nie entlassen, dagegen käme man in Farmsen nach einer gewissen Zeit frei."[311]

Wenige Jahre später meldete sich ein „Rechtsanwalt" beim ärztlichen Leiter der Alsterdorfer Anstalten mit der Drohung, die „Anstalten wegen Freiheitsberaubung" von Frau Hiller verklagen zu wollen.[312] Wenngleich Nachforschungen ergaben, dass ein Rechtsanwalt und Notar mit dem Namen „Muth, Wallgraben 40" in Hamburg nicht existierte, ist diese Aktion ein weiteres Zeichen für die ebenso ausdauernde, wie mutige und fantasievolle Suche Elisabets nach einer Veränderung ihrer Lebenssituation. Auch bei den regelmäßigen Anhörungen vor wechselnden Vormundschaftsrichtern, sprach Lisa Hiller „ohne Hemmung […] eine mögliche Entlassung" an. Zwar bescheinigten ihr diese einen „frischen[en] und gesund[en] […] etwa altersgemäßen und sehr lebendigen Eindruck" sowie eine „zweckmässig[e] und für seine Verhältnisse [des Mündels, d. V.] ganz geschmackvoll[e]" Kleidung, die Möglichkeit einer Entlassung wurde aber weder vom Richter noch vom Abteilungsarzt jemals in Erwägung gezogen

Ein Abteilungsbericht vom Dezember 1964 zeigt, dass man inzwischen auf die gute und ausdauernde Arbeitskraft der jungen Frau nur schwer verzichten konnte, und sie sich dadurch auch in eine gewisse Machtposition gebracht hatte: „Lisa Hiller lässt uns immer wieder in gewissen Abständen ihren Geltungs- und Zerstörungstrieb merken und besonders dann, wenn die Arbeitskräfte sehr knapp sind. Im Augenblick sind Erna L[…] u. sie für alle Büroräume zuständig und dadurch für sie die passende Zeit, recht viel Schaden anzurichten."[313]

Zu dem Ergebnis, dass man ohne Lisa und die vielen anderen „Hilfsmädchen" und „Hilfsjungen" „nicht einmal die Grundversorgung der Gruppenmitglieder geschafft" hätte, kommt auch Brigitte McManama, die Ende der 1960er Jahre eine Ausbildung zur

---

311 8.1.1965. Das Hamburger Pflege- und Versorgungsheim Farmsen war eine der größten Einrichtungen der geschlossenen Fürsorge Deutschlands.

312 2.8.1968.

313 28.12.1964.

Kinderkrankenschwester machte und
sich bis heute an die gemeinsame Zeit
mit Lisa im Michelfelder Kinderheim
erinnert. Ihre Beschreibung vermittelt
jedoch ein ganz anderes Bild, als die
Akteneinträge der Alsterdorfer MitarbeiterInnen. Lisa sei eine „freundliche,
liebevolle langsamere Frau [gewesen],
die in den Schwächeren Kinderersatz
sah und offensichtlichen Genuss darin
fand, wenn sie ihnen durch Zuwendung und Mitgebrachtes etwas Gutes
tun konnte. […] sie war – berechtigter-
weise – davon überzeugt, ganz wichtig
zu sein und dass wir ohne sie nicht
zurecht gekommen wären.“[314] Zu ihren
Hauptaufgaben habe „das Zubereiten
des aus der Großküche in großen Kübeln gebrachten Essens und das Füttern
[gezählt]. Sie half beim Anziehen, wenn
es raus ging und schob manchmal den
Rollstuhl“ einer Bewohnerin.[315]

Elisabet Hiller 1972.

Angelika Mantey erinnert sich bis heute sehr genau daran, wie es war, als sie 1980
die kommissarische Leitung der Abteilung übernahm, in der auch Frau Hiller lebte:
„Es waren ungefähr dreißig Frauen, die damals in der Abteilung vierzig im Guten
Hirten lebten, ganz unterschiedliche Frauen mit unterschiedlicher Behinderung.
Schwerer behinderte Frauen und Frauen, wie Lisa Hiller, die sehr selbständig waren
und sich gut ausdrücken konnten. Als ich mich im Guten Hirten als neue Abteilungsleiterin vorstellte, da fingen die selbständigeren Frauen an, untereinander darüber
zu reden und sich zu beschweren. Sie waren damit gar nicht einverstanden, weil ich
in ihren Augen so ein junges Küken war und verließen aus Protest den Raum. Frau
Hiller war eine dieser Frauen, bei der man sich gefragt hat, was macht die eigentlich
hier? Welche Umstände haben dazu geführt, dass sie unter diesen Bedingungen lebt
und arbeitet?“[316] Auch Rita Führing, die Ende der 1970er Jahre im Guten Hirten und
im Schlump arbeitete, erinnert sich an die Frauen, die wussten, „wie man sich zur
Wehr setzte,“ und genau aus diesem Grund in der Anstalt auch schwere Zeiten erlebt
hatten, Zeiten, in denen Eigensinn regelmäßig mit der zwangsweisen Einlieferung in
den Wachsaal bestraft wurde. Ihnen sei es sehr wichtig gewesen, in eine eigene Wohnung zu ziehen. „Aber dazu mussten viele von ihnen erst mühsam lernen, wie der
Alltag außerhalb der Anstalt funktioniert. Zuerst haben sie die Lebensmittel neben
sich auf dem Tisch gestapelt und erst nach und nach die Erfahrung gemacht, dass sie
nachnehmen können und nicht gleich einen ganzen Berg mitnehmen müssen.“ Kein

---

314 McManama 2010, S. 104.
315 Schriftliche Mitteilung von Brigitte McManama, 30.7.2012.
316 Telefonische Informationen Angelika Mantey, geb. Führing, 18.9.2012.

Wunder, wenn man bedenkt, dass es im Guten Hirten das Essen aus großen Kübeln gegeben hatte, die auf einer kniehohen Bank standen. „Da hieß es dann Schlange stehen und jede bekam aus jedem Kübel eine Kelle."[317]

Im Herbst 1980 gehörte Elisabet Hiller zur Gruppe derjenigen, die vom Anstaltsgelände in das Stadthaus Schlump zogen. In dieser Zeit sei sie mit Albert R. liiert gewesen erinnert sich die ehemalige Abteilungsleiterin. Einer anderen ehemaligen Mitarbeiterin berichtete Elisabet Hiller später, dass sie schlechte Erinnerungen an ihre Zeit in den Alsterdorfer Anstalten habe und dass sie weiter weg ziehen wollte und darüber ganz zufrieden sei.[318]

Tatsächlich zog die 53-jährige im Sommer 1982 gemeinsam mit ihrem Freund aus dem Schlump in eine Wohngruppe nach Quarnstedt bei Kellinghusen. „Elisabet will ihren Lebenskreis (Wohnung und Arbeit) außerhalb der Anstalt finden und nicht mehr in der WfB arbeiten", lautete die knappe Mitteilung an das Landesamt für Rehabilitation. Offenbar zog Elisabeth danach noch einige Male um. Die Fragen, ob sie später ganz ohne Assistenz, allein oder gemeinsam mit ihrem Freund lebte und wie es ihr in der „Freiheit" ergangen ist, müssen unbeantwortet bleiben. Trotz intensiver Recherche ist es nicht gelungen, Menschen zu finden, die nach 1982 Kontakt zu ihr hatten. Den letzten Monat vor ihrem Tod lebte Elisabet Hiller in einem Altenheim in Wedel, wo sie am 12. August 2003 im Alter von 74 Jahren verstarb.

Die Biografie von Elisabet Hiller dokumentiert in beeindruckender und berührender Weise das Leben einer Frau, die zeitlebens in ihrem Streben nach Autonomie und persönlicher Freiheit nicht nachgelassen hat. In prekäre soziale Verhältnisse geboren, als Fürsorgezögling in die Alsterdorfer Anstalten eingewiesen, später entmündigt, hospitalisiert und der Deutungshoheit von Schwestern, Ärzten und Richtern ausgeliefert, hat sie auf die subtilen und offenen Formen der institutionellen Gewalt mit einer Bandbreite von Weigerungs-, Protest- und Widerstandsformen geantwortet und durch ihre kleinen „Fluchten" (Suizidversuch, Entweichungen, versteckte und offene „Sabotageakte") immer wieder versucht, der Totalität der Anstalt zu entkommen.

Olaf Wohlert (*1944) –
„Den ganzen Tag spielt er auf einer Mundharmonika."

Im Mai 1953 betrat der neunjährige Olaf, ein „stämmige[r], kleine[r] Junge" sehr selbstbewusst das Untersuchungszimmer eines Alsterdorfer Arztes. Hier klärte er „die Situation […] von vornherein mit einem klaren ‚Nee'", lehnte sich „lässig rückwärts an den Schreibtisch […], den re. Ellenbogen aufgestützt, die li. Hand in die Hosentasche gesteckt und [betrachtete] mit rollenden Augen, aber unbewegter Mimik seine Umgebung".[319]

---

317 Telefonische Informationen Rita Führing, 7.9.2012.

318 Telefonische Informationen Maren Sass, 18.9.2012.

319 Untersuchung Mai 1953. Soweit nicht anders angegeben, sind alle Zitate im Text den erhalten gebliebenen Kopien der alten „Krankenakte" entnommen. Beratungszentrum Alsterdorf, Entwicklungspsychologisches Gutachten Olaf Wohlert, 3.11.2005.

Schon wenige Wochen nach dieser ersten Einweisung – wegen „unruhigen ge-
reizten Verstimmungen" – holten die Eltern ihren Sohn mit der Begründung, die
Mutter habe „das Kind nicht entbehren" können, wieder nach Hause zurück. Endgültig wurde er im März 1955 aufgenommen.

Olaf wurde im Dezember 1944 mit der Behinderung Trisomie 21, in der damaligen Fachsprache „Mongoloide Idiotie" oder „Mongolismus" genannt, geboren. Zwei
Jahre zuvor war sein 18-jähriger Bruder im Krieg „gefallen", und sein 1927 geborener
Bruder galt als vermisst. Noch in den 1990er Jahren bezeichnete die inzwischen weit
über 90-jährige Mutter die älteren Brüder als „ihre Kinder", während sie Olaf den
„kranken Jungen" nannte.[320]

Die als „liebevoll und fürsorglich"[321] beschriebenen Eltern waren offensichtlich mit
ihrem anspruchsvollen Sohn überfordert. Fachliche Unterstützung oder Beratung für das
Leben mit einem behinderten Kind gab es Mitte der 1950er Jahre nicht. Erst 1959 ent-
deckte ein französischer Wissenschaftler die genetische Ursache des „Down-Syndroms".[322]

Das Pflegepersonal im Haus Heinrichshöh, wo Olaf in den ersten fünf Jahren
lebte, beschrieb den Jungen fast durchgängig als „sehr aggressiv": er schlage seine
Mitbewohner, sei „sehr ungezogen", „boshaft", quäle „schwächere Kameraden", sei
„unruhig, frech, laut und nur sehr schwer zu leiten".[323] Schon kurze Zeit nach seinem
Einzug in die Alsterdorfer Anstalten begann Olaf zudem seine Kleidungsstücke, insbesondere seine Hosen zu zerreißen, weshalb das Pflegepersonal im Mai 1955 einen
Antrag auf die ärztliche Anordnung von „derbe[m] Schutzzeug" stellte. An keiner
Stelle ist den Berichten ein „einfühlendes Verstehen"[324] zu entnehmen, vielmehr wird
Olafs Verhalten als „ganz impulsiv", grundlos und als Handlung „aus reinem Über-
mut" interpretiert und keineswegs als „Wut und Verzweiflung angesichts der [...]
nicht gewollten Trennung von den Eltern".[325]

Auf das als „unerträglich" wahrgenommene Verhalten des Kindes, reagierten
Pfleger und Ärzte mit einer breiten Palette sanktionierender Maßnahmen, angefangen von Ermahnungen, über das Anlegen von Zwangsjacke und -handschuhen, das
Verabreichen sedierender Medikamente bis hin zu Schlägen und einer zusätzlichen
Fixierung im Bett. Angesichts der vielfältigen repressiven Strategien auf den Stationen
der Alsterdorfer Anstalten kritisierte der Psychologe Michael Brand noch 1976, dass
„eher der Patient an die Station angepasst wird als umgekehrt, d. h. Fehlverhalten
wird nicht als Appell verstanden, sondern als Ungezogenheit oder als Krankheits-
symptom, das zum eigenen Besten [...] unterdrückt werden müsse [...]. Die Frage,

---

320 Kien 1996. Renate Kien hat mit ihrer wissenschaftlichen Hausarbeit zur ersten Staatsprüfung
     für das Lehramt an Sonderschulen, Fachrichtung Gehörlosenpädagogik eine fundierte Rehis-
     torisierung der Lebensgeschichte und Persönlichkeit von Olaf Wohlert vorgelegt.

321 Kien 1996, S. 46.

322 Der Genetiker Jérôme Lejeune. 1866 hatte der englische Neurologe John Langdon-Down erst-
     mals das nach ihm benannte Down-Syndrom beschrieben und dessen charakteristische Merk-
     male zusammengefasst. www.heilpaedagogik-info.de/fachwissen/medizin-klinische-psycholo
     gie/217-trisomie-21-down-syndrom.html (10.9.2012).

323 Am 16.8.1959 heißt es davon abweichend: „nur an wenigen Tagen ist er verträglich, leitbar und
     folgsam".

324 Kien 1996, S. 47.

325 Beratungszentrum Alsterdorf, Entwicklungspsychologisches Gutachten Olaf Wohlert, 3.11.2005, S. 7.

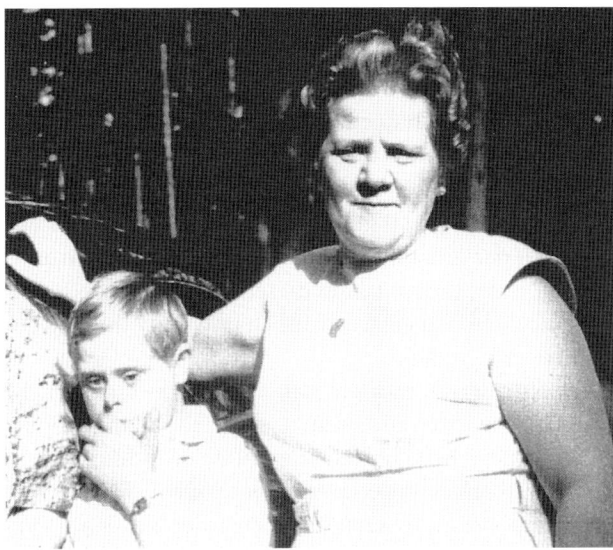

Olaf mit Mutter, 1950er Jahre.

weshalb Patienten sich selbst [oder Sachen, d. V.] beschädigen, wird entweder nicht diskutiert oder auf den somatischen Schaden verschoben".[326]

Positive Persönlichkeitsaspekte beschrieb lediglich die Lehrerin der anstaltseigenen Hilfsschule, die Olaf zwischen September 1957 und März 1960 sporadisch besuchte. Olaf, „ein typischer Mongole, sehr eigenwillig" könne aber „auch sehr zärtlich und schelmisch sein. Er liebt Musik. Es ist schwer zu sagen, ob er bildungsfähig ist, weil er sich so gar nicht einfügen kann."[327]

Die Beziehung der Eltern und der Großmutter zu Olaf blieben auch nach der Einweisung in die Anstalt sehr eng. Es gab regelmäßige Besuche, und Olafs Vater trat engagiert für die Rechte des Sohnes ein.[328] Als Herr Wohlert im Frühsommer 1956 „Kratzverletzungen" an der Hüfte des Sohnes bemerkte und daraufhin sowohl den Hausarzt, einen Polizeiarzt als auch die Bild-Zeitung informierte, wurde er umgehend vom leitenden Anstaltsarzt „vorgeladen" und energisch auf sein „Fehlverhalten" hingewiesen: Er habe gezeigt, „dass er kein Vertrauen mehr zu der Leitung der Anstalten hätte". Wenngleich Herr Wohlert daraufhin einlenkte, falsch gehandelt zu haben, und versprach, sich in Zukunft bei vermuteten Missständen zunächst an die „ärztliche Leitung oder an die Direktion" zu wenden, gab es vonseiten der Anstaltsleitung eine weitere Untersuchung des Vorfalls. Dabei stellte sich heraus, dass der Hilfspfleger Willi G. „das Kind" tatsächlich geschlagen hatte, während „es über einen Gartenzaun zu klettern versuchte".[329] Umgehend erfolgte daraufhin die fristlose Entlassung des 21-jährigen „und zwar sowohl wegen seines unbeherrschten Schlagens unter Verwendung eines Ausklopfers, wie wegen seiner Unaufrichtigkeit, mit der er dem

---

326 Brand 1976, S. 78.

327 Schulbericht 15.3.1958.

328 Leider ist die Original „Krankenakte" verschollen, so dass die dort gesammelten Briefe des Vaters ebenso wie die Antworten des Anstaltsleiters nicht ausgewertet werden konnten. Sie hätten einen interessanten Blick auf den Umgang mit intervenierenden Angehörigen ermöglicht.

329 13.7.1956.

Leitenden Arzt, wie auch […] [dem Anstaltsleiter, d. V.] gegenüber, es wochenlang verneint hatte, sich in dieser Weise vergangen zu haben.“[330] In einem persönlichen Gespräch informierte Julius Jensen Olafs Vater über die fristlose Entlassung des Pflegers und protokollierte, Herr Wohlert habe sich damit zufrieden gegeben, „da es ihm nur darauf angekommen war, zu verhindern, dass solche Dinge sich in Alsterdorf abspielten“, auch wolle er nun auf einen Strafantrag verzichten. Wie ernst Jensen diesen Akt der Gewalt und die Beschwerden des Vaters nahm, wird deutlich, wenn er am 4.8.1956, also nur zwei Wochen nach der Entlassung des Hilfspflegers, eine „Grundsätzliche Anordnung“ in gedruckter Form herausgab. In dieser wurde erstmals in der Geschichte der Alsterdorfer Anstalten dem Personal schriftlich untersagt, die „Pflegebefohlenen zu schlagen oder tätlich anzugreifen.“[331]

Sowohl vor als auch nach diesem Vorfall meldete sich Olafs Vater zu Wort. Er habe in „Gegenwart anderer Besucher wieder einmal u. a. seine alte Meinung hervorgebracht, daß hier ein paar Schwestern hergehörten, die mit den Kindern Singen, Ringelreihen und dergl. machen müßten“, kritisierte ein Pfleger im Februar 1952. Auch die Versuche andere Angehörige zu motivieren, ihn bei seiner Kritik am Personal der Abteilung zu unterstützen, blieben erfolglos und änderten nichts an der Situation des Sohnes. Das Pflegepersonal hielt die Vorschläge des Angehörigen offensichtlich für unangemessen, und Olafs Situation im Anstaltsalltag spitzte sich immer weiter zu. Im Oktober 1960 wurde der Junge mit der Begründung, seine „körperlich schwächeren Mitpat[ienten]“ anzugreifen und zu misshandeln auf die „Wachstation“ verlegt. Folgt man den Aufzeichnungen des Pflegepersonals und der Ärzte, zerriss er dort fast fortwährend Textilien und wurde deshalb ständig mit Zwangsjacke, Zwangshandschuhen und Gurten fixiert und medikamentös sediert (Contergan, Haloperidol, Dominal). Zu der Gruppe derjenigen, für die „Riemen und Schutzjacken schon Bestandteile normaler Kleidung geworden zu sein“ schien oder die „den Großteil des Tages festgebunden im Bett oder auf einem Stuhl“ verbrachten, gehörte sicher auch der rebellische und Wäsche zerreißende Olaf.[332] In dieser Situation baten die verzweifelten Eltern einen Pfleger, ihrem Sohn „fortgesetzt Schlafmittel“ zu geben, da es besser sei, „wenn Olaf für immer einschlafen würde“.[333] Gleichzeitig wandten sie sich mit wiederholten Briefen an die Sozialbehörde und versuchten so, eine Rückverlegung des Sohnes aus dem Wachsaal auf eine offene Abteilung zu erreichen.

Es ist zu vermuten, dass der gezielte Besuch der Kommission für das Irrenwesen im Dezember 1961 eine direkte Reaktion auf die elterlichen Beschwerde- bzw. Bittbriefe war. „Ferner wurde […] der Zögling Olaf Wohlers [sic] besucht“, protokollierten die Kommissionsmitglieder. „Er lag unbekleidet in ein Bettlaken eingehüllt im Bett. Nach den Berichten des Pflegepersonals hat er weiter fortlaufend Kleidung, die ihm von den Alsterdorfer Anstalten wie auch den Eltern gegeben worden ist – u. a. auch aus besonders festem Zeug mit doppelten Nähten und aufgesetzten Stofflaschen – zerrissen.“[334]

---

330 ArESA PA, 2777, Willi G. (*1935), Protokoll von Julius Jensen, 21.7.1956.

331 ArESA PA, 5365.

332 Brand 1976, S. 77.

333 Schreiben des Pflegers Egon K. an Dr. med. Karstens, Krankenhaus Alsterdorf, 1.10.1961.

334 ArESA DV, 893, 7.12.1961 Besichtigung der Alsterdorfer Anstalten durch die Kommission für das Irrenwesen.

Nur wenige Monate später, im April 1962 – nach insgesamt zwanzig Monaten im Wachsaal[335] – wurde Olaf Wohlert dann tatsächlich entlassen, allerdings nicht in den offenen, wie von den Eltern gewünscht, sondern in den geschlossenen Teil des Hauses Heinrichshöh. Während sich auch hier in der ersten Zeit Aggressionsausbrüche und restriktive Maßnahmen abwechselten, gab es im Dezember 1964 einen ersten, fast ausschließlich positiven Akteneintrag. Danach war der inzwischen 20-jährige Olaf, „sehr groß und kräftig" geworden und „noch immer sehr lebhaft. Obwohl er sehr schwer hört und nur wenige Worte versteht, kann man sich gut mit ihm verständigen. Er wird hier im Hause als Hilfsjunge beschäftigt, kann auch kleine Besorgungen zur Zufriedenheit erledigen. Immer wieder neckt er seine Kameraden gern und ist dadurch häufig in Streitigkeiten verwickelt. Mit seiner Kleidung ist er sehr eigen, was ihm nicht passt, zerreißt er. Wir gehen aber weitgehend auf ihn ein und es kommt nur noch selten zu Erregungszuständen.

Olaf bekommt regelmäßig Besuch von seiner Mutter und wird bei besonderen Anlässen auch in Urlaub geholt. Zwischen dem Heim und den Eltern besteht ein gutes Verhältnis."

Offensichtlich hatte sich zu diesem Zeitpunkt der Umgang mit Olaf und die Bewertung seiner Handlungen genauso grundlegend geändert wie der Kontakt zu den Eltern. Aus dem Schlagen und Misshandeln der Mitbewohner war ein freundliches Necken geworden und selbst das Zerreißen der Kleidung wurde nicht länger als grundloser Akt des Übermuts, sondern als Ausdruck seiner Individualität gewertet. Ein wichtiger Grund für die Verhaltensänderungen des jungen Mannes war sicher die Tatsache, dass man seine Bedürfnisse wahrnahm, „weitgehend auf ihn ein[ging]" und ihm eine Beschäftigung als „Hilfsjunge" übertragen hatte. Endlich wurde er in seiner „Komplexität und Persönlichkeit angenommen".[336]

In dem 1965 gedrehten Film „Die geringsten Brüder" sieht man Olaf Wohlert in verschiedenen Szenen: Mit wachen Augen spielt er auf seiner Mundharmonika und beobachtet das Filmteam durch die Maschen des hohen Drahtzaunes, der den Garten von Haus Heinrichshöh umschloss.

Olaf mit Mundharmonika
in dem Film
„Die geringsten Brüder", 1965.

---

335 11.10.1960 bis 27.4.1962.
336 Kien 1996, S. 98.

Genau zwanzig Jahre lebte Olaf Wohlert im Haus Heinrichshöh. Die Protokolle in seiner Krankenakte vermitteln den Eindruck, dass es dem jungen Mann trotz der hospitalisierenden Bedingungen des Anstaltsmilieus gelang, sich positiv weiter zu entwickeln; gefördert durch die räumliche und personelle Stabilität der Bezugspersonen, bei gleichzeitigem Beginn neuer behindertenpädagogischer Sichtweisen, die Lob und Anerkennung ebenso wie das Bemühen um Empathie mit einschlossen. So heißt es 1975 in dem Bericht eines Pflegers: „Olafs Aktivität beim Saubermachen hat noch zugenommen. Die Toilette, das Bad und Schlafräume wischt er trocken und wehe, ihn versucht jemand, dabei zu stören. Außerdem bezieht er Betten, meistens holt er sich dazu aber Rolf B[…]. Besorgungen wie Abfalleimer wegbringen, erledigt er gern. Beim An- und Auskleiden anderer Jungen zeigt er manchmal Ungeduld. Trotz seiner Schwerhörigkeit beteiligt er sich gut in der Beschäftigungstherapie. Am liebsten schaut er sich Bilder an. Den ganzen Tag spielt er auf einer Mundharmonika. An Spaziergängen, Ausflügen und Veranstaltungen nimmt er mit Begeisterung teil. Eine Besonderheit ist das Sammeln von allen möglichen Gegenständen, die er unter seinem Bett und in seinem Schrank ordentlich verstaut. Zu den Mitarbeitern ist der Junge sehr anhänglich, oft aufdringlich. Er streichelt uns viel.

Olaf ist manchmal sehr eigensinnig und trotzig. Bei Unlust und Unwohlsein (Schnupfen) schreit er, weint, lässt sich völlig hängen, beschädigt Gegenstände, stößt und schlägt seine Mitbewohner. […] Olaf spricht ca. 8 Wörter deutlich aus, sonst Lautäußerungen in Verbindung mit Gesten. Ständig führt er Selbstgespräche."[337]

Obwohl der Arzt schon bei der Aufnahme im März 1955 Olafs Schwerhörigkeit festgestellt hatte und in den nachfolgenden Jahrzehnten immer wieder darauf hingewiesen wurde, bekam er erst 1982, im Alter von 37 Jahren, ein erstes Hörgerät. Renate Kien, die eine beeindruckende Arbeit über die Lebensgeschichte von Olaf Wohlert vor dem Hintergrund seiner Hörschädigung verfasst hat, kommt zu dem Ergebnis, dass die verminderte Hörfähigkeit, aber vor allem der „Mangel an Verständnis für den [persönlichen] Ausdruck seiner Bedürfnisse" immer wieder zu Missverständnissen führte.[338] Und dass die „hochgradige[n] Verhaltensschwierigkeiten im Sinne von Folgebehinderungen" eine Reaktion auf die massiv und zunächst ausschließlich restriktiven Antworten seiner unverstandenen Versuche waren, mit der Umwelt in Beziehung zu treten und sicher auch, die traumatische und für das Kind unverständliche Trennung von seinen Eltern zu verarbeiten.[339]

Trotz seiner Handicaps – Trisomie 21 und „hochgradige an Taubheit grenzende Schwerhörigkeit"[340] –, die seine Kommunikations- und Interaktionsmöglichkeiten einschränkten, gelang es Olaf Wohlert durch seine „rasche Auffassungsgabe" auch aus „geringsten Hörresten" bekannte Wörter zu unterscheiden,[341] vieles vom Mund abzulesen und zu verstehen und sich über eine eigene Laut- und Gebärdensprache verständlich zu machen. Seit 1980 arbeitete er zudem in der Anlerngruppe des Trai-

---

337 Abteilungsbericht 1975.
338 Kien 1996,, S. 100.
339 Ebd., S. 98ff.
340 Ebd., S. 100.
341 Ebd., S. 53 und 100.

ningsbereichs der Werkstatt für Behinderte (WfB), wo er auf Grund einer Sonderge-
nehmigung bis 1993 bleiben konnte.[342]

Dennoch reagierte Olaf Wohlert immer wieder mit Verunsicherung und Aggressivität, vor allem auf räumliche und personelle Veränderungen, die unvermittelt und
für ihn unverständlich hereinbrachen. So etwa nach seiner Verlegung vom Haus Heinrichshöh ins Haus Wartburg Ende 1982, wo man auf sein Verhalten, wie Jahrzehnte
zuvor, fast ausschließlich mit restriktiven Gegenmaßnahmen (Fixierung, Medikamente, Spritzen) reagierte oder bei seinem abermaligen Umzug ins Carl-Koops-Haus,
im August 1984. Dieser traf ihn genauso unvorbereitet, wie die zuständigen MitarbeiterInnen, die in keiner Weise auf den neuen Bewohner und seine Aggressionen
auslösenden Ängste vorbereitet worden waren.[343] „Wir haben ihn zuerst überhaupt
nicht verstanden. Er hatte ja eine ganz eigene Gebärdensprache und einen eigenen für

Olaf gebärdet „Doktor", um 1995.

uns weitgehend unverständlichen Wortschatz", erinnert sich Veronika Koch, die 1984
direkt von der Heilerzieherschule kam und gemeinsam mit zwei ehemaligen MitschülerInnen und einer älteren Mitarbeiterin nun für die Abteilung zuständig war. „Das
war für uns ein Sprung ins kalte Wasser aber auch eine Chance." Die erste Zeit sei sehr
schwierig, zum Teil dramatisch gewesen. Später habe Olaf Wohlert dann große Fortschritte gemacht. Durch ein Sprechtraining erweiterte sich sein Wortschatz, durch
die intensive Beziehungsarbeit wurde es ihm möglich, mit in den Urlaub zu fahren,

---

342 Ebd., S. 40. Eigentlich konnten Anlerngruppen, die sich durch mehr Betreuungspersonal und
     intensivere Anleitungsmöglichkeiten auszeichnen, nur für maximal zwei Jahre besucht werden.
343 Ebd., S. 67ff.

zum Kegeln und zum Einkaufen zu gehen. „Das ging erst in dem Moment, in dem er verstand, dass Urlaub nichts Endgültiges ist, dass er danach wieder zurückkommt."

Die ehemalige Mitarbeiterin der Wohngruppe schildert Olaf Wohlert als einen begeisterungsfähigen, lustigen, sozialen und kontaktfreudigen Menschen, der sehr aktiv war und sich zu einer tragenden Person innerhalb der „Wohngemeinschaft" entwickelte. Besonders ist ihr die Sorgfalt und Liebe in Erinnerung, mit der Olaf Wohlert sein Zimmer gestaltete: „Jede Woche hat er einen Blumenstrauß auf dem Markt gekauft und das ganze Zimmer regelmäßig der Jahreszeit entsprechend dekoriert."[344] Eine andere damalige Kollegin schildert Olaf Wohlert als jemanden, der genau wusste, was er wollte und seine Ziele trotz seiner Handicaps konsequent verfolgte: Bei einem Ausflug in die Stadt stand Olaf „sehr aufgeregt vor einer Vitrine mit teuren Mundharmonikas. Er deutete auf seinen Brustbeutel mit seinem Geld und wollte alle kaufen. Ich wollte ihn überzeugen, sich eine billigere zu kaufen und dann zu gehen. Mein Kollege und ich konnten ihn nur mit viel Mühe davon abhalten, den gesamten Kasten ‚zu zerlegen', in dem er die extrem teuren Mundharmonikas gesehen hatte. Wir kauften ihm schließlich eine nicht ganz so teure […]. In der Wohngruppe angekommen, zog mich Olaf Wohlert zu seinem Bett und zeigte mir, dass er darunter viele genau dieser billigen Exemplare gehortet hatte, die ich ihm ‚andrehen' wollte. […] Auf diese Weise kommunizierte er ohne Lautsprache sehr deutlich und konnte seine Bedürfnisse seinen Bezugspersonen gegenüber gut ausdrücken."[345] 2008 zog Olaf Wohlert zum letzten Mal um. Seitdem lebt er, seit einigen Jahren sehr schwer erkrankt, in einer betreuten Hausgemeinschaft in Hamburg-Harburg.

Wie bei Elisabet Hiller, beeindruckt auch bei der Lebensgeschichte von Olaf Wohlert die außerordentliche Energie, mit der er sich den gewalttätigen und unterdrückenden Strukturen der Anstalt widersetzte. Auch er gab niemals auf, der Totalität der Anstalt zu entkommen und seine individuellen Fähigkeiten weiterzuentwickeln. Dabei halfen ihm die funktionierende Elternbeziehung, die langsame Veränderung im Umgang mit den BewohnerInnen der Alsterdorfer Anstalten, einzelne Personen, die seine Stärken erkannten und ihn unterstützten, aber vor allem seine nie nachlassende Eigeninitiative. Trotz Hörschädigung und langer Zeiten ohne Förderung entwickelte er eine eigene Gebärdensprache, über die es ihm gelang, mit vertrauten Personen in Kontakt zu treten und zu kommunizieren und sich seinen Platz in der ihm zugewiesenen Gemeinschaft zu behaupten. Welche Möglichkeiten der Lebensgestaltung Olaf Wohlert in einem verständnisvollen, empathischen und fördernden Umfeld gehabt hätte, lässt sich nur erahnen.

---

344 Telefonische Informationen Veronika Koch, 19.9.2012.
345 Schriftliche Mitteilung Renate Kien, 2.11.2012.

Das Pflegepersonal zwischen Identifikation und Aggression

Den institutionell bedingten, zahlreichen Konfliktfeldern und Konfrontationen zwischen den Pflegekräften und den Betreuten standen zahlreiche Verflechtungen und Abhängigkeiten gegenüber.[346] Aktuelle Studien zur Arbeit in Behinderteneinrichtungen zeigen zwar, „dass Mitarbeiter, die zu sehr bevormundet werden, ihre Machtlosigkeit und Fremdbestimmung in vielschichtiger Weise an die Menschen mit Behinderung weitergeben."[347] Konkret hing die Gestaltung des Pflegealltags jedoch nicht nur von den institutionellen Bedingungen, sondern auch von der Persönlichkeit und den individuellen Ressourcen der Person, wie Frustrationstoleranz, Geduld, Einfühlungsvermögen, Rollendistanz, Rollenreflexion u. ä. ab, sowie grundsätzlich, von der Einstellung zu sich selbst, dem Selbstwertgefühl, der psychischen Stabilität und der Belastbarkeit.[348] Diese individuellen Kompetenzen entschieden maßgeblich darüber, ob die Betreuten nur als Objekte betrachtet und in den Betrieb, zur Not auch mit Gewalt, eingepasst wurden, wie es das Konzept der „totalen Institution" nahelegt,[349] oder ob die Mitarbeiterinnen und Mitarbeiter durch ihr Handeln trotz widriger Umstände Spielräume eröffneten, in denen die Würde der Betreuten gewahrt blieb. Bis heute liegen „[a]lle Diskussionen um die Frage des ‚Warums' der Aggression und Gewalt in der Pflege und auch der Strategien dagegen", so Michael Wunder, zwischen den zwei Polen, den „äußeren, ökonomisch und politisch bedingten Misstände[n]" und den „inneren Realitäten" der Pflegenden.[350] Die Frage ist von daher, wie die Pflegenden ihre Arbeit reflektieren. Wie wurde Gewalt praktiziert und reflektiert?

Alltägliche Gewalt – „Da mussten wir eben sehen, wie wir klar kamen"

Die von Jensen erlassene „Grundsätzliche Anordnung", mit der körperliche Züchtigungen sanktioniert wurden, war einerseits eine direkte Reaktion auf die Gewalttat eines Pflegers, zum anderen sicher auch eine Folge der sich in den 1950er Jahren durchsetzenden allgemeinen Rechtsauffassung, „dass jede über einen ‚Klaps' hinausgehende körperliche Züchtigung an sich schon den Tatbestand der Körperverletzung erfüllte und daher nur dann als zulässig betrachtet wurde, wenn rechtfertigende Gründe (‚pädagogische Notlage', ‚Notwehr') vorlagen."[351] Dass solche rechtfertigenden Gründe in Alsterdorf nicht völlig ausgeschlossen wurden, zeigt sich im Fortgang des Textes dieser „Grundsätzlichen Anordnung", in dem es heißt: „Fälle ernster Dis-

---

346 S. dazu die Diskussion in Bretschneider 2011.

347 Kulzer 2008, S. 44.

348 Ebd., S. 52.

349 So auch die These von Schmuhl, Winkler 2011, S. 36f.

350 Wunder 2009, S. 2.

351 Schmuhl, Winkler 2011, S. 104.

ziplinwidrigkeiten der Pflegebefohlenen" seien „der Oberschwester oder dem Pflegevorsteher zu melden", die ermächtigt seien, „durch Versetzung oder Entzug von
Vergünstigungen, durch Urlaubssperre oder Taschengeldentzug solche Diszplin-
widrigkeiten zu ahnden." Auch wurden Gewalttätigkeiten unter den BewohnerInnen
thematisiert. Es gelte „darauf zu achten, daß die Pflegebefohlenen sich nicht gegenseitig schlagen und mißhandeln". Geschähe „dies trotz entsprechender Ermahnungen,
so sind die Betreffenden gleichfalls zu melden."[352]

Diese formale Richtlinie gegen inhumane Praktiken, welche die MitarbeiterInnen
persönlich unterschreiben mussten, zeigt, dass das Recht des Zwangs und der Bestrafung zum System gehörten. Körperliche Züchtigungen waren zwar ausdrücklich
verboten, doch Taschengeldentzug und sonstige Strafen waren als Teil der Erziehung
erlaubt. Jensen betonte selbst immer wieder, dass die differenzierten Taschengeldzah-
lungen „im Grunde das einzige Erziehungsmittel sind, mit dem wir auf das Verhalten
der Pfleglinge einwirken können".[353]

Kaum überbrückbar war außerdem das hierarchische Gefälle zwischen BewohnerInnen und MitarbeiterInnen. Die meisten der in Alsterdorf wohnenden Frauen
und Männer lebten in völliger Rechtlosigkeit. Noch 1979 standen 784 erwachsene
BewohnerInnen unter einer Amtsvormundschaft.[354] Zwar waren mit dem Urteil des
Bundesverfassungsgerichtes von 1972 allen BewohnerInnen von Behinderteneinrichtungen „sämtliche vom Grundgesetz ‚Jedermann' eingeräumte Rechte eines individuellen ‚Menschen' zuerkannt" und 1975 durch das Sozialgesetzbuch ihre Selbstbestimmung und „gleichberechtigte" Teilhabe an der Gesellschaft gefordert worden, beides
wurde aber noch lange nicht in der Praxis umgesetzt.[355]

Hinzu kam, dass im Rahmen einer „totalen Institution" und vor dem Hinter-
grund struktureller Gewalt es für das Personal angesichts fehlender kommunikativer
Lösungen im Team und in der Einrichtung äußerst schwer war, Bedingungen einer
Gewaltprävention herzustellen und zu praktizieren.[356]

Sicherlich muss auch die Gewalt der äußeren Umstände, die die Pflegekräfte tagtäglich erfuhren, mitbedacht werden. So erinnert sich Pfleger Georg Mitterhuber:
„Den Gestank in diesem Schlafraum […] kann man nicht beschreiben, wenn man
da morgens rein ging. Ich bin ein paar Mal rein und wieder raus und musste mich
übergeben, so ein Gestank war das."[357] 1951 bat eine Wachsaalschwester um Versetzung, da sie „die Wachsaalarbeit auf längere Zeit hin wahrscheinlich nicht leisten"
könne, „ohne nervlich Schaden zu nehmen. Ich arbeite jetzt fast zwei Jahre auf dieser Station und merke an mir, wie stark diese Arbeit am Menschen zehrt. Soviel mir
bekannt, ist in staatlichen Anstalten eine häufigere Ablösung der Kräfte auf dieser

---

352 ArESA PA, 8689.

353 ArESA DV, 893, 27.2.1962 Besichtigung der Alsterdorfer Anstalten.

354 Plenarprotokoll der Bürgerschaft der Freien und Hansestadt Hamburg, 9. Wahlperiode, 22.
Sitzung am 30.5.1979, S. 1169.

355 Heinemann 2011, S.103.

356 Wunder 2009, S. 4f. S. dazu auch Horstmann 1974, S. 66ff., der dies als Resümee seiner Studie
fordert.

357 Interview Georg Mitterhuber.

Station die Regel."358 Zu den Gewaltverhältnissen der Institution Anstalt zählte neben Lärm, Enge, und mangelnden hygienischen Bedingungen auch der permanente Personalmangel. Dies alles bedingte für Betreuer und Betreute ein „großes Spektrum von beiderseitig leidvoll geduldeten Handlungen."359

Heute weiß man um den „Zusammenhang zwischen der Gewalt und Aggression auf Seiten der Patienten und auf Seiten der Pflegenden", innerhalb dessen sich die Pflegekräfte ebenfalls als Opfer erfahren können, früher blieb solches unbegriffen. So berichtet Schwester Renate Clement von tätlichen Übergriffen auf sie: „Ich habe auch mal eine gehabt, die ist auf mich mit einem Ausklopfer losgegangen. Das habe ich versucht abzuwehren." Die Lösung solcher Opfererfahrung wurde in das System von Zwang und Strafe integriert und nicht kommunikativ bearbeitet. „Wenn gar nichts half, hatten wir auf dem Flur einen separaten Raum, in den sich normalerweise eine Schwester zurückziehen konnte. Da hatten wir dann die Möglichkeit, sie da rein zu tun und dann auch da schlafen zu lassen, damit sie nicht noch mehr Unheil anrichteten, etwa auf die anderen Bewohner losgingen."360 Dass auch die Lebensverhältnisse in der Anstalt selbst ursächlich für die Aggressivität sein konnten, wurde nicht in Erwägung gezogen.

Im Rückblick zeigen sich viele erschrocken über die damals üblichen Praktiken und sehen, dass hierbei Macht und Hilflosigkeit eine Rolle spielte. So berichtet Schwester Gudrun Vesper: „Einige, die aggressiv waren, wurden ruhig gestellt. [...] Eine andere, die Anfälle kriegte, die haben wir manchmal auch festgemacht, weil die sehr unruhig war, mit so einem Halfter. Das finde ich heute erschreckend, wie wir uns helfen mussten, um die Arbeit überhaupt zu bewältigen. [...] Nachts waren auch ein paar festgebunden. [...] Da waren viele mit so einem Kindergurt fest oder nur am Fuß, weil sie eben rumgegeistert sind." Andere rechtfertigende Argumente lauten:

- „Aber wenn wir ein bisschen schlauer gewesen wären oder mehr Leute gehabt hätten, hätten wir das nicht so machen müssen."361
- „Die Hilfsmädchen hatten ja auch das Recht auf eine Freistunde. [...] Da mussten wir eben sehen, wie wir klar kamen und haben das nach bestem Wissen und Gewissen und ein bisschen Überforderung gepackt."362
- „Bei 120 Bewohnerinnen gab es eine Nachtwache, im ganzen Haus. Die zog dann immer rum, schaute und machte sie dann entweder sauber oder trocken. [...] Und es war im Grunde genommen zur damaligen Zeit ein Personalmangel".363

Fehlendes fachliches Wissen, Überforderung und Personalmangel, alle drei hier aufgeführten Aspekte hatten im Rahmen von Strafe und Zwang einer Anstalt ihre Realität und führten vielfach zu einer unreflektierten Praxis. So erinnert sich Horst Wallrath: „In der ersten Zeit war es für mich überhaupt nicht befremdlich, Menschen zu fixieren. Das war eine der wesentlichen Beschäftigungen auf den geschlossenen

---

358 ArESA DV, 269, Bd. 1, 22.1.1951.
359 Heinemann 2011, S. 109.
360 Interview Renate Clement.
361 Interview Gudrun Vesper.
362 Ebd.
363 Ebd.

Abteilungen [...]. Ich habe ohne viel darüber nachzudenken, Gurte von den Füßen gelöst, von den Händen gelöst, ich hab Bauchgurte abgemacht, ich habe Menschen geholfen aus der Zwangsjacke herauszukommen, aus dem Bettsack rauszukommen, habe sie saubergemacht, die Räumlichkeiten auch mit saubergemacht. [...] Das gehörte alles zur Arbeit dazu und für mich war dies in den ersten Monaten eine Tätigkeit, die ich so in Ordnung fand, wo es für mich keinen Grund gab, auf irgendwelche anderen Gedanken zu kommen und in Frage zu stellen, ob das nun richtig sei."[364]

Als weiteres Argument der Rechtfertigung tauchen „Mitleid" und „Gewöhnung" auf. Pfleger Mitterhuber, dem der Gestank schwer zu schaffen machte, fährt fort: „Ich sage ja: Der Mensch ist ein Gewohnheitstier. Auch die Schwerstbehinderten hat man irgendwie ins Herz geschlossen, liebgewonnen. Das waren ja auch arme Menschen. Ich bin ja so ein Mensch, der so ein bisschen weich ist [...] da taten die mir leid. Das Elend."[365]

Viele bewerteten jedoch ihr Verhalten und das der anderen KollegInnen nicht als Form der Gewalt. So etwa Schwester Renate Clement, die sich zunächst nicht daran erinnern konnte, Gewalt erlebt zu haben und dann fortfuhr: „Man hat es [das Kind, d. V.] vielleicht mal so ein bisschen gepackt und gesagt: ‚Jetzt gehst du raus!'" Das oben geschilderte Einsperren im Schwesternzimmer als Reaktion auf die erfahrene Aggression einer Betreuten war für sie keine Gewalt, die Absonderung von den „Braven" war für sie Schutz der anderen, so auch die Isolierung der „Unruhigen": „Innerhalb des Schlafsaales standen zwölf Betten. Darin war auch so eine abgetrennte Ecke, in die dann die Unruhigen, so sagten wir, reinkamen, damit sie die Anderen nicht schlagen konnten, weil die Betten dicht an dicht standen. Die wurden dort fixiert, damit sie nicht raus konnten, und dann haben sie natürlich mit der Hand auch immer gegen die Holzwand geschlagen. Das war natürlich Lärm."[366]

Andere sahen zwar Zwang und Strafe als ungerechtfertigt an, äußerten aber ihre Bedenken nicht, wie Schwester Ilse Stein: „Das mag ich schon fast gar nicht sagen, dass ich das erlebt habe. Die kleinen Jungs, die sich eingenässt haben, die haben einen Klaps auf den Popo bekommen. [...] Das habe ich schlimm gefunden. Von einer Schwester, die an sich so liebevoll war. [...] Aber ich konnte mich ja nicht gerade machen, sonst hätte ich ja sagen können, das muss ich melden, einer Oberschwester, damit die sich drum kümmert. Die Schwester war sehr streng. Die mussten alles vorzeigen, das war nicht das Schlimmste, aber sie wurden auch in die Ecke zur Strafe gestellt. Und da habe ich gedacht: ‚Es ist ja wohl nicht zu fassen. Warum sagt keiner was?'"[367]

Obwohl seit den 1970er Jahren Schläge, Fixierung und Strafen kritischer gesehen wurden, gab es nach wie vor eine Diskrepanz zwischen Schein und Sein: „Eine obskure Situation: Da ging es zu einem der besagten Kirchgänge und vorher gab es eine kriselige Situation, ein Disput zwischen einem Bewohner und dem Pfleger. Da hat dieser dem Bewohner zweimal kräftig ins Gesicht geschlagen. Der Pfleger war

---

364 Interview Horst Wallrath. Auch hier wird Personalmangel als Grund genannt: „Wir waren zum Teil nur zu zweit im Dienst."

365 Interview Georg Mitterhuber.

366 Interview Renate Clement.

367 Interview Ilse Stein.

ein sehr gläubiger Mensch, und er hat uns dann gemeinsam in die Kirche begleitet. So diese Diskrepanz, vorher noch einmal ordentlich eine Schelle verteilen und
ganz klar machen, wer hier was zu sagen hat, und wer mit wem wie redet, um dann
anschließend in die Kirche zu gehen und eitel Sonnenschein nach außen zeigen."[368]
Auch haben zu dieser Zeit die Bewohner und Bewohnerinnen gelernt, ihre Rechte
zu verteidigen. „Nachher wussten sie ganz gut ihre Rechte", erinnert sich Schwester
Renate Clement an die 1980er Jahre. „Das hat man ihnen beigebracht, dass sie nicht
alles tun müssen, was man ihnen sagt. ‚Du hast mir gar nichts zu sagen', hieß es dann."

Allerdings sollte es noch lange dauern, bis das Recht auf Selbstbestimmung tatsächlich von einem Großteil des Pflegepersonals anerkannt wurde. Unterstützend
war dabei der Generationenkonflikt, der sich seit Anfang der 1970er Jahre anbahnte.
Die Diskrepanz zwischen Anspruch und Wirklichkeit wurde von den besser ausgebildeten und zum Teil idealistisch eingestellten jungen Pflegekräften und Zivildienstleistenden als so stark empfunden, dass sie mit ihrer „allgemein kritischeren Haltung"
den „traditionell christlich geprägten Ziele[n] der Anstalt" immer ablehnender ge-
genüberstanden und einen Veränderungsimpuls auslösten.[369]

---

368 Interview Horst Wallrath.
369 Horstmann 1974, S. 58f.

Das Ende der Verwahranstalt 1968–1979

Als Hans-Georg Schmidt am 12. Mai 1968 in sein Amt als neuer Direktor der Alsterdorfer Anstalten eingeführt wurde, war die Gesellschaft in Aufruhr. Die Studentenbewegung als Teil eines internationalen reformerischen Aufbruchs hatte ausgehend von Berkeley über Paris auch die westdeutschen Universitätsstädte erreicht. Überall protestierten junge Männer und Frauen gegen den Vietnamkrieg, die atomare Aufrüstung und autoritäre Strukturen. Wenige Monate zuvor hatten Studenten der Hamburger Universität bei einer feierlichen Rektoratsübergabe ein Transparent mit der Aufschrift „Unter den Talaren – Muff von Tausend Jahren" entrollt.[1] Diese bewusst auf die verdrängte Nazivergangenheit anspielende Parole sollte zum Sinnbild der Studentenbewegung werden. Gleichzeitig gab es in Deutschland einzelne, wenn auch zaghafte Anzeichen für die Emanzipationsbestrebungen von Menschen mit Behinderungen. Die Gründung des Hamburger Club 68 wird heute als Beginn dieser Entwicklung in der Bundesrepublik gesehen. 1968 hatte die Jugendgruppe des Hamburger Spastiker Vereins den Club gegründet, um sich damit von der „Gängelung" durch den Elternverein zu befreien.[2]

Obwohl in den Diskursen der Studentenbewegung Menschen mit geistigen Behinderungen keine unmittelbare Rolle spielten, war Ende der 1960er Jahre auf dem sozialstaatlichen Randgebiet der Behindertenpolitik eindeutig etwas in Bewegung geraten.[3] Von zentraler Bedeutung war dabei der Regierungswechsel von 1969, der mit seinem Übergang von der Großen zur sozialliberalen Koalition eine „tiefe politische Zäsur" brachte.[4] Wie nie zuvor wurde in der Ära Brandt Gesellschaftspolitik als geplanter sozialer Wandel verstanden und mit „gesellschaftspolitischen Schlüsselbegriffen wie ‚Demokratisierung', ‚Lebensqualität' oder ‚Chancengleichheit'" verknüpft.[5]

In ihren öffentlichen Ansprachen räumten die wichtigsten Repräsentanten des Staates, ob Bundespräsident, -kanzler oder -minister, den Behinderten einen bislang ungewohnten Platz ein.[6] So erklärte der neugewählte Bundeskanzler Willy Brandt in seiner ersten Regierungserklärung vom 28. Oktober 1969: „Wir sehen die gemeinsamen Aufgaben, besonders, wo Alte, Kranke, körperlich oder geistig Behinderte in ihrer Not nicht nur materielle Unterstützung, sondern auch menschliche Solidarität brauchen. […] Die Bundesregierung wird um verstärkte Maßnahmen bemüht sein, die den Benachteiligten und Behinderten in Beruf und Gesellschaft, wo immer dies

---

1 Am 9.11.1967.

2 Poore 2007, S. 274. Zur Entstehung und Entwicklung des Club 68 s. Breeger 1979, S. 240–242. Im Vorfeld der Gründung war es zu fortwährenden Reibereien mit dem Vorstand des Elternvereins, vor allem mit dem ersten Vorsitzenden gekommen. S. auch die Homepage: www.lagh-hamburg.de/club68.html (30.4.2012).

3 Rudloff 2003, S. 182.

4 Rudloff 2006, S. 560.

5 Rudloff 2003, S. 187.

6 Rudloff 2006, S. 559.

möglich ist, Chancen eröffnen."[7] Konkret umgesetzt wurde diese Absichtserklärung 1970 im Aktionsprogramm der Bundesregierung zur Förderung der Rehabilitation der Behinderten, dem Startsignal zur „Dekade der Rehabilitation".[8] Entscheidende gesetzliche Veränderungen brachte das Rehabilitations-Angleichungsgesetz von 1974, das die verwirrende Rechtslage für die Betroffenen erleichterte, die Novellierung des Schwerbehindertengesetzes und vor allem der Ausbau der Eingliederungshilfen nach dem BSHG.[9] Hier wurden „unabhängig von Art und Ursache der Behinderung alle Behinderte einbezogen", so dass vom Grundsatz her allen Menschen mit Behinderung dieselben Ansprüche zustanden, egal ob die Behinderung durch Krieg oder Unfall verursacht worden war oder von Geburt an bestand.[10]

Sozialwissenschaftliche Forschungsergebnisse stellten das „individuelle, medizinische Defizitmodell" in Frage, das Behinderung „gänzlich unabhängig von Kultur und Gesellschaft" definierte und „‚Andersheiten' [...] als Defekt oder Störung" deutete.[11] Dadurch konnte der Sozialisationsprozess behinderter Menschen endlich als ein komplexes System von individuellen und sozialen Faktoren verstanden[12] und heilpädagogische Betreuung und Förderung nicht länger als „unzweckmäßig oder nicht lohnenswert" abgelehnt werden, weil man die Betroffenen als unveränderlich und schicksalhaft bildungs-, kommunikations- und lernunfähig einstufte.[13] Allerdings hatte das statische, negative und nihilistische Bild von Menschen mit geistigen Behinderungen, das sich bis heute in Lehrbüchern der Psychiatrie finden lässt, weiterhin Bestand.[14]

Wichtige Impulse zur Reform der Hilfen für Menschen mit geistiger Behinderung kamen aus den skandinavischen Ländern, die bereits seit den 1950er Jahren als „Schrittmacher in der Behindertenarbeit"[15] galten. Die VertreterInnen des „Normalisierungsprinzips", deren Ideen Ende der 1960er Jahre langsam auch Deutschland erreichten, forderten die größtmögliche Gleichstellung behinderter Menschen mit anderen BürgerInnen, hier vor allem die Angleichung der Lebensweise im Wohn-,

---

7   Regierungserklärung des Bundeskanzlers Willy Brandt vom 28. Oktober 1969. www.hdg.de/le mo/html/dokumente/KontinuitaetUndWandel_erklaerungBrandtRegierungserklaerung1969/ index.html (30.4.2012).

8   Ehrenberg 1979. Die wesentlichen Eckpunkte des Aktionsprogramms lauteten: „stärkere Koordinierung der Maßnahmen, Organisationen und Institutionen; planmäßiger Ausbau eines Systems moderner Reha-Einrichtungen nach Bedarfsgesichtspunkten; intensivere Aus- und Fortbildung der Fachkräfte; Angleichung der gesetzlichen Grundlagen; finale statt kausale Ausrichtung des Behindertenrechts; Beseitigung der Umweltbarrieren; breitere Aufklärung der Öffentlichkeit; Optimierung des Rehabilitationsverfahrens und Erschließung neuer Berufsfelder für Behinderte." Rudloff 2006, S. 572f.

9   Hierzu ausführlich Bösl 2009, 130ff. und Rudloff 2006 und 2008.

10   Rudloff, Schliehe 2008, S. 587f. Damit wurden ihnen nun dieselben Ansprüche zugestanden, wie sie für Kriegsopfer schon seit 1953 galten.

11   Bösl 2010, S. 6.

12   Preuss-Lausitz 1981, S. 32. Zit. nach Schädler 2002, S. 74.

13   Theunissen 2000, S. 40.

14   Ebd. S. 49.

15   Rudloff 2003, S. 202.

Arbeits- und Freizeitbereich und das Recht auf eine dem Behinderungsgrad angemessene Behandlung, Unterrichtung und Ausbildung.

Ein weiterer Reformimpuls ging von der „Psychiatrie-Enquete" des Deutschen
Bundestages im Jahr 1975 aus.[16] Seit Anfang der 1970er Jahre hatte eine hochkarätige
Expertenkommission im Auftrag des Bundestages an einer „Art Drehbuch" für die
lange schon überfällige Reform der psychiatrischen Versorgungsstrukturen gearbeitet.[17] Darin stellte sie die alten Formen radikal in Frage und prangerte an, dass eine
„sehr große Anzahl psychisch Kranker und Behinderter in den stationären Einrichtungen unter elenden, zum Teil als menschenunwürdig zu bezeichnenden Umständen leben" müssten.[18] Ausdrücklich wies sie auf die „Fehlplazierung" der dort lebenden Menschen mit geistigen Behinderungen hin. Davon waren 1973 auf Grund des
Platzmangels in Behinderteneinrichtungen 17.500 Kinder, Jugendliche, Frauen und
Männer betroffen.[19]

Während die Enquete der Expertenkommission die Basis zur Veränderung der
psychiatrischen Anstalten bildete, beruhte das Reformmodell der Hilfen für geistig
Behinderte „auf dezentral, also jeweils vor Ort geschmiedeten Koalitionen von Experten, betroffenen Eltern und lokalen (bzw. regionalen) Entscheidungsträgern".[20]
Von zentraler Bedeutung waren dabei die Aktivitäten der Lebenshilfe für das geistig
behinderte Kind, 1969 umbenannt in Lebenshilfe für geistig Behinderte e. V. Dem
Zusammenschluss aus betroffenen Eltern und Fachvertretern ging es vor allem darum, „mit der traditionellen Auffassung" zu brechen, „dass der geistig Behinderte
am besten unter Isolierung von der Allgemeinheit seine Förderung im Schutz eines
Heimes erhält".[21] Diesbezüglich war man Mitte der 1970er Jahre ein ganzes Stück wei-
tergekommen. Während 1964 noch kaum ein geistig behindertes Kind in öffentlichen
Schulen gefördert wurde, besuchten 1974 bundesweit immerhin 71 % eine (Sonder-)
Schule. Im Bereich der Beschützenden Werkstätten war ebenfalls der Anfang gemacht: 1971 gab es in 240 Werkstätten 11.000 Arbeitsplätze.[22] Die Lebenshilfe[23] in

---

16 Der gesamte Text des Berichts über die Lage der Psychiatrie in der Bundesrepublik Deutschland
    (Psychiatrie-Enquete) ist zu lesen unter: www.dgppn.de/schwerpunkte/versorgung/enquete.
    html (30.4.2012).

17 Rudloff 2006, S. 568.

18 Sachverständigen-Kommission zur Erarbeitung der Enquete über die Lage der Psychiatrie in der
    BRD, Zwischenbericht, Bonn 1973 (Bundestagsdrucksache 7/1123), S. 23. www.dgppn.de/schwer
    punkte/versorgung/enquete.html (30.4.2012). Der Psychiatriereform als Gesellschaftsreform
    widmet sich der Tagungsband von Kersting 2003, in dem Heinz Häfner, einer der wichtigsten
    Protagonisten der Enquete, die „Geschichte der Psychiatrie-Enquete und Psychiatriereform in
    Deutschland" zusammengefasst hat. Häfner 2003, S. 113–140.

19 Haaser 1975. Zit. nach Schädler 2002, S. 59.

20 Rudloff 2003, S. 218.

21 Ebd., S. 198f.

22 Ebd., S. 199.

23 Die „Lebenshilfe" in Hamburg wurde 1960 unter dem Namen Lebenshilfe für das geistig
    behinderte Kind Landesverband Hamburg gegründet. Sechs Jahre später gründete der damalige
    Vorsitzende des Landesverbandes, Dr. Karl Schütze, den Hamburger Lebenshilfe-Werk e. V.
    www.lebenshilfe-werk-ggmbh.de/fileadmin/redakteur/PDF/firmenportraet_lebenshilfe.pdf
    (30.4.2012).

Hamburg zählte 1969 bereits achthundert Mitglieder, darunter siebenhundert Eltern. Auf Grund ihrer Initiative gab es sieben heilpädagogische Tagesschulen und seit 1958 die erste Beschützende Werkstatt in der Richardstraße, zwei weitere Werkstätten waren in Planung.[24] Sehr genau wurden die Aktivitäten der Hamburger Lebenshilfe in Bezug auf die weitere „Lebensgestaltung der Behinderten und ihrer Eingliederung in die Gesellschaft" von den Verantwortlichen der Alsterdorfer Anstalten beobachtet. Durch die Eröffnung von Sonderkindergärten, Tagesstätten aber vor allem durch die ersten (offenen) Heime war deren „Modernisierungsvorsprung" gegenüber der als „rückständig empfundenen ‚Anstaltsunterbringung'" unübersehbar.[25]

Seit den 1970er Jahren traten verstärkt Expertinnen und Experten in eigener Sache in die Öffentlichkeit. Es waren Jugendliche und junge Erwachsene, die Verantwortung für die eigenen Anliegen übernehmen und ihre eigene Sicht von Behinderung und Gesellschaft präsentieren wollten.[26] Beispielhaft sind der bereits erwähnte Hamburger Club 68 und die provozierenden Aktivitäten des Frankfurter Sozialarbeiters Gusti Steiner (1938–2004),[27] der wegen einer Muskelerkrankung im Rollstuhl saß, und des Journalisten und Buchautors Ernst Klee (1942–2013) zu nennen, die bewusst den Finger in die „Wunden der Behindertenpolitik" legten und auch in den Alsterdorfer Anstalten für Furore sorgten.[28]

Auch in der Behindertenpolitik spielte seit den 1960er Jahren, nicht zuletzt als Folge der Contergan-Katastrophe, die Öffentlichkeitsarbeit eine wichtige Rolle. Zwischen 1961 und 1969 hatte sich die Zahl der Presseartikel über behinderte Kinder und Jugendliche nahezu verdreifacht.[29] Im ZDF spielte die Fernsehlotterie Aktion Sorgenkind in Verbindung mit verschiedenen Rateshows („Vergissmeinnicht", ab 1964; „Drei mal Neun", ab 1970; „Der große Preis" von 1974 bis 1993) viele Millionen ein.[30] Für die Verbände der Freien Wohlfahrtspflege war die positive öffentliche Außenwirkung vor allem deshalb wichtig, weil sie auf die Unterstützung privater Geldgeber angewiesen waren. Daher kam es in den 1970er Jahren zu einer erheblichen Ausweitung bei den Methoden ihrer Spendenakquise. Auf Grundlage gezielter Medienarbeit wurden Spendenbriefe verschickt, Wohltätigkeitsveranstaltungen organisiert und Waren verkauft, deren Erlöse ganz oder zum Teil gespendet wurden.[31] Wie noch zu sehen sein wird, hatte auch der neue Anstaltsleiter Hans-Georg Schmidt sehr wohl erkannt, dass Öffentlichkeitsarbeit etwas war, „das zu vernachlässigen nur bei Strafe politischer Nichtbeachtung erlaubt sein konnte".[32]

---

24   ArESA DV, 22, Wilfried Borck, Die Situation der geistig Behinderten in Hamburg 1968 und die Aufgabe der Alsterdorfer Anstalten.

25   Ebd., S. 2. Die ersten Heime wurden in Merkendorf/Ostsee und Ahrensburg eröffnet.

26   Bösl 2009, S. 74f.

27   Gusti Steiner, Wie alles anfing – Konsequenzen politischer Behindertenselbsthilfe, o. J. www.for sea.de/projekte/20_jahre_assistenz/steiner.shtml (2.5.2012).

28   Bösl 2009, S. 76.

29   Rudloff 2003, S. 200.

30   Bis 1970 insgesamt fast 35 Millionen, bis 1989 mehr als 1,5 Milliarden DM. Bösl 2009, S. 93f.

31   Bösl 2009, S. 92.

32   Rudloff 2009, S. 200.

Während der „Wind des Aufbruchs und der Erneuerung […] den das gesell-schaftspolitische Reformklima der späten sechziger und frühen siebziger"[33] erzeugt hatte, deutlich zu spüren war und Diskriminierung und Ausschluss zunehmend den behindertenpolitischen Zielsetzungen widersprachen, war die Kluft zwischen Theorie und Praxis unübersehbar. So ergaben sozialwissenschaftliche Studien, dass dem über-wiegenden Teil der „nichtbehinderten" Öffentlichkeit das Leben mit einer schweren Behinderung als so leidvoll und nutzlos erschien, dass sie seinen „Lebenswert" in Abrede stellte.[34] Im Oktober 1969 sorgten die Einwohner des niederbayerischen Dor-fes Aumühle durch ihr aggressives behindertenfeindliches Auftreten für Schlagzeilen. Angeführt vom Dorfpfarrer, hatten sie sich gegen den Einzug einer Gruppe geistig behinderter Kinder in eine leerstehende Pension gewehrt und das Gebäude schließ-lich in Flammen gesetzt.[35]

Die Bevölkerung hielt nach wie vor die aussondernde Heimunterbringung für Menschen mit Behinderungen für den angemessenen Umgang: 78 Prozent der Be-fragten waren der Ansicht, dass ein geistig behindertes Kind besser in einem Heim als bei den Eltern untergebracht wäre.[36]

1979 gab es zwar mittlerweile ca. 4.500 Wohnplätze für Menschen mit geistiger Behinderung im offenen Bereich, die meisten davon in Einrichtungen der Lebens-hilfe, aber es gab keinen Zweifel daran, dass der weitaus größte Teil der behinderten Menschen in medizinisch-pflegerisch orientierten Großanstalten lebte. „Wir sind noch absolut in den Anfängen und dies zu Lasten der Behinderten", lautete dem-entsprechend das ernüchternde Fazit eines Experten.[37] „Geistig Behinderte wohnen nicht. Sie sind Objekte. Sie werden ,untergebracht' oder gar ,eingewiesen'; das ist im-mer noch der Regelfall."[38]

Während sich im Bereich der Frühdiagnostik und Frühförderung auch in den Anstalten einiges getan hatte, waren Ältere und Menschen mit stärker ausgeprägten geistigen Behinderungen weiterhin besonders benachteiligt. Auch in Alsterdorf leb-ten sie in menschenunwürdigen Verhältnissen; in Häusern und Räumen, in denen die Zeit stehen geblieben zu sein schien. Die Situation der vierhundert freien und gemeinnützigen Heime und Anstalten in der Bundesrepublik ließ sich auch in den 1970er Jahren noch mit der im englischen Sprachraum geläufigen Formel „under-staffing, overcrowding, underfunding" (personelle Unterbesetzung, Überbelegung,

---

33 Rudloff 2003, S. 218.

34 Nahezu drei Viertel der Befragten antworteten auf die Frage, ob es für ein Kind mit geistiger Behinderung besser sei, früh zu sterben mit „Ja" oder „Ja, wenn …". Bracken 1976, S. 77–79. Zit. nach Bösl 2009, S. 87.

35 Kai Hermann, Was nützt uns ein soziales Gewissen?. In: Der Spiegel 27.101969. www.spiegel.de/spiegel/print/d-45520485.html (2.5.2012). Dazu auch Rudloff 2003, S. 181ff.

36 Laut einer Emnid-Untersuchung von 1970. S. Das Image von behinderten Kindern bei der Bevölkerung der Bundesrepublik. Interview zu einer Meinungsumfrage. In: Lebenshilfe 10 (1971), S. 1–7, hier S. 5. Zit. nach Rudloff 2003, S. 199.

37 Georg Ennen (Mitbegründer der Lebenshilfe Bremerhaven) in seinem Referat über Struktur und Bedeutung sonstiger Wohnformen für geistig Behinderte außerhalb der Familie 1979. Ennen 1980, S. 90.

38 Ebd., S. 79.

finanzielle Unterdeckung) umschreiben.[39] Dessen ungeachtet wurde, wenn auch mit Einschränkungen, weiterhin hartnäckig an einer Unterbringung von Menschen mit Behinderungen in einer separierenden Sonderwelt festgehalten. Denn der Behinderte brauche, so Hans-Georg Schmidt noch 1979, „einen Freiheitsraum, den nur eine geschlossene Siedlung für Behinderte garantieren kann."[40] Damit vertrat der Direktor der Alsterdorfer Anstalten die Legitimationsstrategie vieler Repräsentanten großer karitativer Institutionen. Auch aus Sorge um „Omnipotenz-, Kontroll- und Autoritätsverlust in der Behindertenhilfe"[41] verteidigten sie weiterhin die Existenzberechtigung geschlossener Einrichtungen „als ‚Schutzraum' für die Behinderten oder als Refugium für die schweren und verlassenen Fälle".[42]

Tatsächlich waren die 1970er Jahre geprägt vom Nebeneinander aus Altem und Neuem, aus Beharren und Fortschritt. Da es unmöglich war, eine Lösung aller Problemstellungen im Rahmen der alten Strukturen zu erreichen, erzeugte die Gleichzeitigkeit des Ungleichen eine enorme Spannung, die letztlich entscheidende Veränderungen in Gang setzte.

„Arbeit auf dem Felde der Diakonie" – Hans-Georg Schmidt

Am 19. Dezember 1930 wurde Hans-Georg Schmidt in Teltow bei Berlin als Sohn eines Pfarrers geboren.[43] Nur zwei Jahre nach seiner Geburt zog die Familie in die Lausitz, wo der Vater eine Pfarrstelle übernahm. Wegen der „extrem nationalsozialistisch ausgerichtete[n] Lehrerschaft", die den Gymnasiasten deutlich merken ließ, „wie sehr sie die Kirche verachtete und wie sehr damit auch der Pastorensohn von vornherein nur eben gerade noch geduldeter Mensch in der ‚Herrenrassengesellschaft' war", schickten ihn die Eltern 1943 ins Zinzendorf-Pädagogium der Herrnhuter Brüdergemeinde nach Niesky in der Oberlausitz, wo er „eine wunderbare Zeit verlebt" habe, obwohl die „innenpolitische Lage und der Stand der Kriegsereignisse damals immer ungünstiger" geworden sei. Im Februar 1945 floh die Familie vor den „heranrücken-

---

39   Haaser 1975, S. 42. Zit. nach Schädler 2002, S. 59.

40   ArESA Ordner: Dokumentation Alsterdorfer Anstalten 1979–1983, Konzeption der Alsterdorfer Anstalten als Teil der Materialien zur Pressekonferenz am 18.5.1979.

41   Theunissen 2000, S. 300.

42   Rudloff 2007, S. 469. 1977 schrieb der Deutsche Caritasverband in einer Denkschrift zur Behindertenhilfe, Heime und Vollzeiteinrichtungen „böten besonders Schwerbehinderten ‚eine überschaubare Welt, eine erträgliche Lebensgemeinschaft, ein angemessenes soziales Trainingsfeld und differenzierte Therapie- und Förderungsangebote'". Deutscher Caritasverband: Behinderte Menschen – Auftrag, Aufgaben und Dienste der Caritas, 28.4.1977. Zit. nach Rudloff 2010, S. 19.

43   Alle Angaben zur Biografie stammen, wenn nicht anders angegeben, aus dem Text von Hans-Georg Schmidt, Mein Weg nach Alsterdorf. BuB 1967/68, S. 13–15. Sein Vater war Viktor Schmidt, seine Mutter Bertha Schmidt geb. Rhine.

den Russen" nach Hamburg, wo sie Zuwendung, aber auch Hunger und Ablehnung durch die „Einheimischen" erlebte. Nach dem Abitur an der Oberrealschule in St. Georg begann Schmidt im Mai 1949 ein Theologiestudium an der gerade eröffneten Kirchlichen Hochschule auf dem Gelände der Alsterdorfer Anstalten. Während die „unmittelbare Nähe der Pflegebefohlenen", einen „fast unauslöschlichen Eindruck" hinterlassen habe, und die „innere Hinwendung zur Alsterdorfer Arbeit nicht wieder verloren" gegangen sei, zog es den Studenten schon bald darauf nach Heidelberg. Hier ging es dann weniger um „Fragen des diakonischen Wirkens", als um „Fragen der historisch-kritischen Auslegung des Alten und Neuen Testamentes".[44] Wieder nach Hamburg zurückgekehrt, legte der 24-jährige sein erstes Examen ab, absolvierte seine Vikarszeit in St. Petri und der Stadtmission und trat mit seiner Ordination im März 1956 in den Dienst der Winterhuder Paul-Gerhardt-Gemeinde ein, wo er zwölf Jahre zunächst als Hilfsprediger und danach als Pfarrer tätig war. Seit Mitte der 1960er Jahre war Schmidt auch kirchenpolitisch in zwei Entscheidungsgremien aktiv, 1964 wurde er in die Synode der Hamburgischen Landeskirche, 1965 in den Kirchenrat gewählt.

Mitte der 1960er Jahre erreichte den Winterhuder Pfarrer die Anfrage von Julius Jensen, ob er eventuell bereit sei, sich auf dessen Nachfolge als Direktor der Alsterdor-

Hans-Georg Schmidt, um 1970.

44 Ebd., S. 14.

fer Anstalten zu bewerben. Natürlich habe er diesen Posten sehr gern übernehmen wollen, erinnert sich Hans-Georg Schmidt. „Aber es gab ein Problem, denn nach einem ungeschriebenen Gesetz unter uns Hanseaten bewirbt man sich nicht von einer Pfarrstelle der hamburgischen Kirche auf eine andere. Und der Direktor der Alsterdorfer Anstalten war ja zugleich Kirchenvorstandsvorsitzender in der St. Nicolaus Kirche. Jensen machte in dieser Situation den Vorschlag, ‚unterm Strich‘ mitzugehen. Das heißt, sie gingen auf die Suche und fragten mich von Zeit zu Zeit ob ich noch weiter mitmachen, noch weiter ‚unterm Strich‘ geführt werden wollte.“ Am Ende der Bewerbungsprozedur fiel die Entscheidung des Stiftungsvorstands dann tatsächlich auf Hans-Georg Schmidt, inzwischen ebenfalls Mitglied des Vorstands.[45] „Es ging damals um die Frage, welche Art von Theologen möchte man für die Zukunft. Will man einen Historiker und theologisch dogmatischen Mann, so wie mich. Oder will man einen pädagogischen Theologen, wie Klaus Kaempf, der im Johannesstift in Berlin ja die Aufgabe hatte, heilpädagogische Dinge für Behinderte in Gang zu bringen. In dieser Situation haben sich die Theologen im Vorstand gegen die pädagogisch orientierten Mitglieder, dazu gehörten Jensen und auch der Vorsitzende Samuel, durchgesetzt. Und so wurde ich ganz knapp, nur mit einer Stimme Mehrheit, als theologischer Direktor und nicht als pädagogischer Leiter gewählt. Vielleicht hätte ich, wenn ich ein paar Jahre später so eine Wahl hätte mitbestimmen können, auch einen Pädagogen genommen und keinen Theologen, weil wir gerade im Umbruch waren.“[46]

Noch bevor Hans-Georg Schmidt sein Amt am 1. April 1968 antrat, seine offizielle Einführung erfolgte am 12. Mai 1968, führte ihn Julius Jensen durch alle Anstaltsgebäude. „Als ich dann in diese Baracken, in das Haus Gottesschutz zum Beispiel, reinkam, das werde ich nie vergessen, war ich restlos erschüttert. Da hockten die Schwerstmehrfachbehinderten, die überhaupt nicht ansprechbar waren, in einer Ecke, eingekotet, und machten den ganzen Tag nichts anderes, als sich selbst einigermaßen stille zu halten. Der Oberpfleger sprach sie dann an und Lachen war die Antwort, nichts weiter. Das war ein solch schrecklicher Anblick, auch was ich da hörte, ich wäre am Liebsten gleich wieder zurück getreten. Aber es nutzte nun nichts, ich musste ja ran und ich fand es auch von Jensen gut, dass er mich begleitete und sagte: ‚So, nun müssen Sie mal sehen, was es in Alsterdorf auch gibt.‘“ Zum Glück sei das nicht alles gewesen, sondern es habe auch „wunderbare Abteilungen“ gegeben. „Abteilungen in denen das Leben fröhlich vor sich ging, in denen man sich unterhalten konnte, wo gesungen wurde. Da war zum Beispiel der Hohe Wimpel, wo natürlich auch geistig beweglichere Gemüter wohnten.“[47]

---

45   Seit 19.1.1967.
46   Interview Hans-Georg Schmidt. ArESA DV, 11, Vorstandssitzung 2.3.1967, 28.9.1967, 19.10.1967. Laut Protokoll entschied sich die Wahl des neuen Direktors zwischen Hans-Georg Schmidt und Klaus Kaempf, Berlin. Der Theologe und Pädagoge Klaus Kaempf übernahm ein Jahr später, am 17.9.1968 die Leitung der diakonischen Anstalt Hephata in Mönchengladbach. Zuvor war er als Brüderpfarrer und Ausbildungsleiter der Diakonenschaft des Johannesstiftes in Berlin tätig gewesen. www.hephata-mg.de/files/pdf/magazine/HephataMagazin20.pdf (10.5.2010). Ein weiterer Kandidat um den Direktorenposten in Alsterdorf war Joachim Hennig-Cardinal von Widdern (*1927).
47   Interview Hans-Georg Schmidt.

Eine lange Liste von Aufnahmeanträgen, unerträgliche Platznot, die Umsetzung neuer Bauprojekte, dazu Personalmangel, immer lauter werdende Forderungen nach einer demokratischeren Führungsstruktur und nach neuen Wegen in der Behindertenarbeit, das waren die Hauptthemen, mit denen sich der 37-jährige bei seinem Dienstantritt konfrontiert sah. Nicht nur im Kino war die Jahrtausendwende zu diesem Zeitpunkt durch den Kubrick-Film „2001 Odyssee im Weltraum"[48] in greifbare Nähe gerückt. Auch Schmidt wählte die „‚symbolische' Jahreszahl 2000", als er die vier Hauptpunkte seines „Generalkonzepts" vorstellte:

1.) Fertigstellung des geplanten Neubaus (Karl-Witte-Haus) und Planungen für einen weiteren Neubau, Abriss einiger alter Häuser bzw. Baracken, Bau eines zentralen therapeutischen Instituts, Weiterbau des psychiatrischen Groß-Krankenhauses in Stegen und Neubau der Sonderschule.

2.) Ausweitung der Werbeaktivitäten zur Anwerbung von Pflegepersonal, Einrichtung einer Heilerziehungspflegerausbildung zur Gewinnung von männlichem Personal.

3.) Erweiterung des Freundeskreises, Anwerbung von Firmen und finanzkräftiger Mäzene zur Erhöhung des Spendenaufkommens.

4.) Betonung des diakonischen Gedankens, denn „Arbeit auf dem Felde der Diakonie ist entweder echte Effektivität des Evangeliums, oder sie taugt nichts!"

Die Erwartungshaltung, die man dem neuen Anstaltsleiter entgegenbrachte, war ambivalent. Während die einen „unter allen Umständen die bisherige Arbeit kontinuierlich fortgesetzt wissen" wollten, erwarteten die anderen „eine Art Revolutionsprogramm" mit einer weitreichenden „Änderung der Strukturen unserer Anstalt nach außen wie nach innen."[49]

Neues Management – strukturelle Veränderungen

Auf den „Notschrei" aus der Mitarbeiterschaft, dass „eine weitere Leitung der Anstalt im althergebrachtem patriarchalischem Führungsstil unmöglich so weitergehen dürfe, da man sich zuweilen darin derart eingeengt fühle, dass man zu ersticken drohe", reagierte der neue Direktor mit einer neuen, „demokratischen" Führungsstruktur.[50] Mit der Einführung einer neuen Leitungsstruktur nach dem „Harzburger Modell" war Schmidt auf der Höhe seiner Zeit. Über das Delegationsprinzip sollte dabei das Mitarbeiterpotenzial nutzbar gemacht werden, indem es den leitenden Mitarbeitern die Handlungsverantwortung und dem Vorgesetzten die Führungsverantwortung einräumte.[51] Diese im Anstaltsalltag nicht immer konfliktfrei verlaufende „Kombination

---

48 In den deutsche Kinos startete der Film am 11.9.1968. http://www.epilog.de/film/2001-odyssee-im-weltraum-gb-1968.htm (3.5.2012).

49 BuB 1969, S. 7.

50 ArESA DV, 596, Konferenz leitender Mitarbeiter 3.10.1973.

51 Zum Harzburger Modell s. Saldern 2009. Mitte der 1970er Jahre geriet das Modell wegen zu großer Statik und Bürokratie und durch das Bekanntwerden der Verstrickungen seines Erfinders Reinhard Höhn im NS-System (Abteilungsleiter im Reichssicherheitshauptamt und SS-Oberführer) in die Kritik, war aber bis in die 1980er Jahre wirksam.

von hierarchischer Organisationsstruktur und selbst verantworteten Tätigkeitsberei-
chen der Führungskräfte *und* Mitarbeiter" trug dazu bei, die autoritären Rangord-
nungen ein Stück weit abzubauen.[52] Seit Anfang 1970 trafen sich die leitenden Mitarbeiterinnen und Mitarbeiter mit dem Direktor in verschiedenen Beratungsgremien.
Neben der Hauskonferenz gab es alle vierzehn Tage eine Verwaltungsbesprechung
und eine Konferenz leitender Mitarbeiter. Ein Beratungsgremium für „Fallbesprechungen" traf sich bei Bedarf.[53] Das wichtigste Forum innerhalb dieser neuen Führungsstruktur war sicher die Leitungskonferenz, bei der führende Vertreter aus allen
Arbeitsbereichen zusammenkamen: Heinrich-Sengelmann-Krankenhaus, Sprecher
der Ärzteschaft, Psychiatrie, Therapie, Psychologie, Pädagogik, Pfarramt, Pflegedienst
(männliches und weibliches Gebiet, Krankenhaus), Technik, Wirtschaft, Verwaltung,
Personalabteilung, Landwirtschaft, PR-Arbeit. Im Bedarfsfall wurden aus den Konferenzen heraus Arbeitsgruppen gebildet, wie etwa ein „Strukturausschuss" zur räumlichen Weiterentwicklung Alsterdorfs, ein „Ausschuss über Sexualitätsfragen" oder ein
„Küchenausschuss", der die Qualität des Anstaltsessens unter die Lupe nehmen sollte.

Die Kurzlebigkeit moderner Führungskonzepte zeigt ein Blick in die 1980er Jahre: als der 51-jährige Hans-Georg Schmidt 1982 den Rücktritt von seiner Leitungsfunktion als Direktor der Alsterdorfer Anstalten ankündigte, wurde als ein Grund
die „zunehmende Schärfe" genannt, mit der eine Reihe von MitarbeiterInnen sein
„hierarchisches Konzept" kritisierte.[54]

Die strukturellen Veränderungen wirkten auch in den Stiftungsvorstand hinein.
Als wesentliche Neuerung brachte eine 1972 vorgenommene Satzungsänderung die
„klare Profilierung der Stellung des Direktors in einem direkten Gegenüber zum
Vorstand".[55] Der Direktor war nun nicht länger Teil des 16-köpfigen Vorstandsteams,
sondern gleichberechtigter Partner. Ihm oblag die Leitung der Anstalt, sowie ihre
Vertretung nach außen, während die Funktion des Stiftungsvorstands einem Auf-
sichtsratsgremium entsprach.[56]

Nachdem der leitende Chefarzt Dr. Hans Schlorf Ende 1970 in den vorzeitigen
Ruhestand getreten war, wurden auch beim ärztlichen Dienst die hierarchischen
Strukturen gelockert und eine „Art Kollegialsystem" eingeführt.[57] Seit Anfang 1971
gab es nun zwei gleichberechtigte Chefarztpositionen: Dr. Wilfried Borck für die

---

52 Saldern 2009, S. 311 und 128. ArESA DV, 596, Konferenz leitender Mitarbeiter 3.10.1973,
    Grundsatzreferat von Schmidt zum Führungsstil.
53 ArESA DV, 595, Diagramm. Hauskonferenz (Technik, Wirtschaft, Verwaltung); Verwaltungs-
    besprechung (Sprecher der Ärzte, Psychiater, Sprecher der Pädagogen, Sprecher des Pfarramts,
    Pflegeleitung [männliches und weibliches Gebiet], Technik, Wirtschaft, Verwaltung); Ad hoc:
    Beratungsgremium „Fallbesprechungen".
54 ArESA, Sammlung 39, Vertrauen verloren – Pastor Schmidt verlässt Alsterdorf. Hamburger
    Abendblatt 9.3.1982.
55 ArESA DV, 595, Konferenz leitender Mitarbeiter 13.6.1972.
56 Eine fast identische Entwicklung gab es in Bethel, wo die Anstalt seit einer Satzungsänderung
    im Oktober 1972 hier allerdings von einem dreigliedrigen Gremium (Verwaltungsrat, Vorstand,
    Direktion) geleitet wurde. Hentschel 2006, S. 75.
57 ArESA DV, 13, 25.6.1970.

„Frauenseite" und Dr. Charlotte Preußner-Uhde (*1914)[58] für die „Männerseite". Die Devise „The doctor is the captain!"[59] hatte allerdings weiterhin Bestand, auch wenn rückblickend die „interne Gleichstellung" des psychologischen Dienstes auf das Jahr 1970 datiert wird.[60] Dr. Heinz Escher, der im Sommer 1971 die Leitung der neu etablierten psychologischen Abteilung übernahm, erinnert sich noch gut an die Kompetenzstreitigkeiten: „Wenn ich zum Beispiel versuchte, das aggressive Verhalten eines Bewohners mit lernpsychologischen Maßnahmen zu beeinflussen und eine Ärztin meinte, der Grund für sein Verhalten wäre eine Psychose, ohne dies ausreichend belegen zu können, dann gab es für mich keine Chance, obwohl ich Abteilungsleiter war. Dann hieß es: ‚Das Sagen haben wir, und nicht ihr!' Im Prinzip konnte jeder Assistenzarzt mit seiner ‚Allkompetenz' solche therapeutischen Bemühungen zunichte machen, weil die Psychologie ja noch lange Zeit auf der Stufe des Heilhilfsberufs gehalten wurde."[61]

Kontinuität der räumlichen Notsituation – die bauliche Entwicklung

Hans-Georg Schmidt stand wie seine Vorgänger Herntrich und Jensen vor gewaltigen Herausforderungen angesichts der notwendigen Sanierung und Erneuerung der desolaten Gebäudesubstanz. Immer schärfer trat der Kontrast zwischen den Lebensbedingungen der bundesrepublikanischen Wohlstandsgesellschaft und der erschreckenden Dürftigkeit in der ghettoartigen Anstaltsstruktur hervor. Ein bereits 1967/68 entwickelter „Generalbebauungsplan" sollte hier Abhilfe schaffen. Er sah die Errichtung von drei Hochhäusern für jeweils 300 „Pfleglinge"[62] vor und sollte so die Belegung der bestehenden Gebäude lockern und endlich den „‚Anstaltscharakter' im negativen Sinne" mit Baracken und „Massenquartieren im Jugendherbergsstil" überwinden.[63]

---

58 Dr. Charlotte Preußner-Uhde (*1914 in Wulfenau/Oldenburg) arbeitete in den Alsterdorfer Anstalten von 1957 bis 1979. Seit 1971 war sie Chefärztin des männlichen Pflegebereichs und der zweiten Psychiatrischen Abteilung des Krankenhauses. BuB 1980, S. 21.

59 Wolff 2011, S. 160.

60 ArESA Ordner Dokumentation Alsterdorfer Anstalten 1979–1983, Konzeption der Alsterdorfer Anstalten, 18.5.1979.

61 Interview Heinz Escher. Ähnliches berichtet auch Wolff für die Rotenburger Anstalten: Bis in die 1980er Jahre sind Psychologen, Sozialarbeiter, Pädagogen dort Hilfskräfte im medizinisch ausgerichteten System. „Sie sollen ergänzende Dienste leisten, aber keine eigenen, von der Medizin unabhängigen Konzepte entwickeln. Deshalb scheitern zunächst alle Versuche, den Primat der Medizin zu brechen, an dem heftigen Widerstand der Mediziner, der vom Vorstand mitgetragen wird." Wolff 2011, S. 160.

62 BuB 1977, S. 2.

63 ArESA DV, 1854, Bd. 2, Schmidt, Die Alsterdorfer Anstalten – allgemein und theologische Aspekte. Bericht vor der Synode, 23.9.1971.

Als erstes Hochhausprojekt wurde das noch unter Jensen geplante Karl-Witte-Haus realisiert, das nach vierjähriger Bauzeit am 30. September 1973 eröffnet werden konnte.[64] In sieben Stockwerken standen hier über dreihundert Betten für „männliche Behinderte", ein Therapietrakt mit Bewegungsbad und Gymnastikraum, die Ambulanz, Räume für die Arbeitstherapie, die Korbmacherei und die Weberei zur Verfügung.[65] Schon bei der Eröffnung sei der „weiße Riese" „als zu hoch und durchaus als nicht optimal im Sinne der Verkleinerung von Abteilungen" empfunden worden, so Schmidt rückblickend. Dennoch bezog man den Neubau natürlich auch mit einem „lachenden […] Auge", half er doch dabei, die Zahl der „völlig veralteten Schlafsäle mit teilweise bis zu 40 Betten" zu verringern.[66] Auch die alte Krankenstation für männliche „Pflegebefohlene", die Eichenhofbaracke, konnte nun endlich abgerissen werden und ihre Bewohner in zeitgemäßere Räumlichkeiten umziehen. „Wir sind mit der Krankenstation in die Parterre Etage gezogen", erinnert sich der damalige Stationspfleger. „Das war alles ganz modern mit Einzel-, Zwei- und Dreibettzimmern. Von der Baracke ins Karl-Witte-Haus, das war ein Unterschied wie Tag und Nacht. Vorher hatten wir ja nur zwei Säle für die Kranken."[67]

Der „weiße Riese" –
das 1973 eröffnete
Karl-Witte-Haus (Modell).

Dieses „Hochhaus mit Einheiten von ca. 45 Betten", sei im Grund nichts anderes „als ein gesichtloses Großstadtkrankenhaus, in dem ebenso gut – oder besser – innere Medizin betrieben werden könnte", kritisierte ein ehemaliger Mitarbeiter der psychologischen Abteilung. Mit diesem als „Beweis eigener Fortschrittlichkeit" gefeierten Neubau, werde letztendlich eine Tradition des 19. Jahrhundert fortgesetzt, „nämlich eine Behinderteneinrichtung als eine Versorgungsfabrik zu denken, irgendwo angesiedelt zwischen Gefängnis, Krankenhaus und Landschulheim, die ihrer Aufgabe der ‚Pflege' (im Sinne von ‚Verpflegung' und ‚Aufbewahrung') umso eher effizient, d. h. kostensparend, gerecht werden kann, je größer sie dimensioniert, je stärker sie zentralisiert ist."[68]

---

64 Baubeginn 5.10.1969, BuB 1970, S. 28; Eröffnung 30. September 1973, BuB 1973/74, S. 22.

65 BuB 1973/74, S. 3.

66 ArESA DV, 355, Schmidt, Die Arbeitssituation der Alsterdorfer Anstalten. Bericht vor der Synode, 30.8.1979.

67 Interview Georg Mitterhuber. Im Januar 1999 beschloss der Vorstand der Evangelischen Stiftung Alsterdorf, das Karl-Witte-Haus zu schließen. Bis Mai 2003 waren die letzten BewohnerInnen ausgezogen. Dazu Schulz 2003.

68 Brand 1976, S. 290f.

Trotz großer Bedenken und Widerstände aus den Reihen der Mitarbeiterschaft kam es bis 1984 zu einer Realisierung aller geplanten Hochhäuser. Am Jahrestag der Alsterdorfer Anstalten, am 23. September 1979 wurde das neue Jugendhaus mit 128 Betten[69] als Wilfried-Borck-Haus und 1984 das 216-Betten-Haus als Carl-Koops-Haus offiziell eröffnet. Alternativszenarien im Vorfeld, wie etwa die Verlegung des gesamten Anstaltsbereichs auf das Gut Stegen bei Bargfeld, waren über die Planungsebene nicht hinausgekommen.[70]

Gegner aus dem Kollegenkreis Alsterdorf, den Häusern Heinrichshöh und Carlsruh sowie dem Psychologischen Dienst, plädierten schriftlich gegen den Bau des „behindertenfeindlichen Monstrums" und für die „Anmietung, Ankauf und Neubau von dezentralen, möglichst normalen Wohnmöglichkeiten und Kleinheimen".[71] Die Anstaltsleitung reagierte mit Verständnis: natürlich sei das Ganze unter den Gesichtspunkten heutiger Behindertenbetreuung immer noch viel zu groß, jedoch „in diese Richtung nur noch eine Sekunde weiter zu denken" bedeute, die bereits bewilligten „23,2 Millionen Mark vom Staat für nichts, aber auch gar nichts schlicht aufzugeben!"[72] Wegen der behördlichen Vorgaben habe man damals nicht anders gekonnt, als die bereits genehmigten Baupläne umzusetzen, erklärt Hans-Georg Schmidt rückblickend. „Ansonsten hätten wir mehrere Jahre auf eine Neubewilligung warten müssen, und so haben wir in den sauren Apfel gebissen. Aber kaum jemand hat das mit Begeisterung gemacht."[73] 2009, also nur 25 Jahre später, zog der letzte Bewohner aus dem Millionenobjekt Carl-Koops-Haus aus, im September 2011 wurde es abgerissen.

Neben dem 1979 eröffneten Wilfried-Borck-Haus standen auch der 1973 als Keck-Ludewig-Flügel eröffnete Anbau an das Haus Bethlehem und vor allem das Werner Otto Institut zur Früherkennung und -therapie (1974 eröffnet) im direkten Zusammenhang mit der „fundamentalen Neuorientierung im Kleinkinder-, Kinder- und Jugendbereich".[74] Schmidt selbst führte diese Fokussierung rückblickend als Grund dafür an, dass es „im Erwachsenenbereich der Anstalten" nicht schneller zu Verbesserungen gekommen war.[75] Hier hatte man nach und nach die großen Schlafsäle in den Häusern Friedenshort, Hohenzollern und Wartburg durch Ein- bis Vierbettzimmer ersetzt[76] und die ehemaligen Wohnräume der MitarbeiterInnen in

---

69   BuB 1977, S. 4–5.

70   ArESA DV, 22, 11.2.1971 Vertraulich: Prüfung einer Verlegung der Alsterdorfer Anstalten auf das Gut Stegen bei Bargfeld. Vorausgegangen war die Einrichtung eines Strukturausschusses, der prüfen sollte, „ob eventuell eine Verlegung der gesamten Anstalt infrage kommt. Man könnte u. U. von dem Erlös des Verkaufes unseres Landes moderne Unterkünfte und Förderungsstätten schaffen." ArESA DV, 13, 2.9.1970.

71   ArESA DV, 355, Kollegenkreis Alsterdorf: „Dieses Monstrum darf nicht gebaut werden!" 19.9.1979; „Stellungnahme der Abteilung Heinrichshöh 41/43 zum 216-Bettenhaus", 21.8.1979

72   ArESA DV, 355, Schmidt, Die Arbeitssituation der Alsterdorfer Anstalten. Bericht vor der Synode, 30.8.1979, S. 11.

73   Interview Hans-Georg Schmidt.

74   ArESA DV, 355, Schmidt, Die Arbeitssituation der Alsterdorfer Anstalten. Bericht vor der Synode, 30.8.1979, S. 10.

75   Ebd., S. 9.

76   1970: Umbau des Hauses Friedenshort (früher Säle mit über 20 Betten) zu Vier-, Zwei- und Einbettzimmern; 1973: Völliger Umbau des Hauses Hohenzollern (früher Säle bis zu 14 Betten)

Einzelzimmer, Zwei- und Dreibettzimmer für „Pfleglinge" umgestaltet.[77] Während 1971 „für 600 männliche Pflegebefohlene" nur ein Einbettzimmer und vier Zweibettzimmer zur Verfügung standen, lebten vier Jahre später 55 Männer in Einzelzimmern und 54 Männer in Zweibettzimmern.[78]

Wie zäh der Prozess der Umgestaltung im Verwaltungsalltag verlief, zeigt die Diskussion über Möglichkeiten, die „unerträgliche Überbelegung" auf den Pflegeabteilungen zu verändern. Der Vorschlag, auf zwei Abteilungen „2–3 oder 5 Betten" zu entfernen, um u. a. zu verhindern, dass BewohnerInnen „aus Platzmangel in den Betten liegen bleiben müssen", verwies der Verwaltungsleiter unverzüglich mit einem Hinweis auf die „finanziellen Folgen", die der damit verbundene Rückgang der Bewohnerzahlen nach sich ziehen würde, in den „Bereich der Utopie".[79] Sicher hatte der Alsterdorfer Psychologe Michael Brand eine derartige Situation in Erinnerung, als er zugespitzt formulierte: „Planungsüberlegungen scheinen an Behinderteneinrichtungen fast ununterbrochen diskutiert zu werden. Dergleichen Gespräche neigen […] dazu in der Wiederholung längst bekannter Standpunkte der betroffenen Gruppen von Mitarbeitern (Ärzte, Verwaltungsangestellte, Psychologen, Pflegepersonal etc.) zu bestehen und in Rechtfertigungen, ethisch-abstrakten Verpflichtungsbeteuerungen und dem Ergebnis zu enden, das Wünschenswerte sei zwar klar definiert, müsse aber auf unbestimmte Zeit verschoben werden, weil es eben jetzt aus diesen oder jenen Gründen nicht ginge."[80] Das sei natürlich frustrierend gewesen, so Hans-Georg Schmidt rückblickend, und „das hat auch menschlich viel Kraft gekostet. Ich war immer wieder schockiert über die Zustände auf einigen Stationen und erst recht nach Besuchen in anderen Einrichtungen. In Bayern waren sie vorgeprescht und in Stetten, da gab es die sogenannte Hangweide, mit kleineren Einheiten für Behinderte. Und wenn ich von solchen Besuchen zurück kam, dann dachte ich: ‚Wann kommen wir mal dahin? Wie können wir das nachholen?' Ich habe nie gemeint, wir wären gut, im Gegenteil, aber dann, wenn wir was zu bieten hatten, war ich ganz stolz. Zum Beispiel haben wir als erste Einrichtung überhaupt eine Außenwohngruppe gegründet. Da sagte Peter Schlaich aus Stetten, der sonst ein führender Mann im Südwesten war: ‚Du bist ja meschugge, so etwas zu machen!'"[81]

Ob die Alsterdorfer Anstalten hier tatsächlich, so wie von dem ehemaligen Anstaltsdirektor berichtet, eine Vorreiterrolle spielten, ist nicht zu belegen. Tatsächlich aber war die Eröffnung der ersten Wohngruppe außerhalb des Anstaltsgeländes ein wichtiger Schritt auf dem Weg vom verwahrenden und absondernden hin zum

mit 2x6 Bettenzimmern, 12 Einzelzimmer für schwerstbehinderte und 12 Einzelzimmer für leichtbehinderte Männer; 1976/77: Umbau des Hauses Wartburg mit Vier- bis Einbettzimmern (früher Säle mit 13 Betten). LKAK 11.02, Nr. 581, „Bisherige Tätigkeiten im baulichen Bereich und Planungen".

77 Im März 1976 bezogen Frauen Einzelzimmer im Dachgeschoss des Hohen Wimpel und im Juni 1976 Männer Zwei- bis Dreibettzimmer im Dachgeschoss des Hauses Hohenzollern. (BuB 1977, S. 17).

78 Wir helfen, August 1975: Schade, Umzug vom Schlafsaal ins „Appartement", S.3–4.

79 ArESA DV, 252, Verwaltungsbesprechung 16.12.1970.

80 Brand 1976, S. 48.

81 Das erste „Außenwohnheim" der Evangelischen Stiftung Hephata wurde am 5.1.1976 eröffnet. www.hephata-mg.de/files/pdf/magazine/HephataMagazin20.pdf (10.5.2010).

möglichst selbständigen und individuellen Wohnen. Im Juni 1975 zogen zehn „selbständige männliche Pflegebefohlene, die vorher teilweise in großen Schlafsälen untergebracht waren", in zwei Wohnungen in die Alsterdorfer Straße 384.[82] Während die
einen den Umzug als „enorme Verbesserung" erlebten,[83] löste die räumliche Veränderung nach Jahrzehnten des streng reglementierten Anstaltsalltags auch ambivalente
Gefühle aus. So etwa bei Konrad Schwark, der als Sechsjähriger in den Alsterdorfer
Anstalten aufgenommen worden war. Für ihn bedeutete die erste Wohngruppe eine
enorme Umstellung. „Da war ich 36. Da bist du dann allein und hast nicht mehr so
viele um dich."[84]

„Vom Schlafsaal
ins Appartement" –
Die ersten Wohngruppen
in der Alsterdorfer Straße 384,
1975.

Fünf Jahre später hatte sich die Zahl der Plätze in Wohnheimen und Wohngruppen
außerhalb des Anstaltsgeländes auf etwa 170 erhöht.[85] „Das lag vor allem daran", sagt
Birgit Schulz, „dass die Sozialbehörde nach interner und externer Kritik das ehemalige DRK-Krankenhaus am Schlump zur Verfügung stellte, um den öffentlichen Druck
zu verringern."[86] Während zu diesem Zeitpunkt also tatsächlich positive räumliche
Veränderungen zu verzeichnen waren, mussten immer noch viele Kinder, Jugendliche, Frauen und Männer in alten, zum Teil barackenartigen Gemäuern unter katastrophalen Bedingungen leben. Eine Situation, auf die nicht nur Kritiker, wie der
Kollegenkreis Alsterdorf, sondern auch die Verantwortlichen der Alsterdorfer Anstalten, intern aber auch öffentlich, immer wieder hinwiesen. So hatte schon Hans-Georg

---

82 BuB 1975/76, S. 21. Bis 1977 war dort auch eine Frau eingezogen. S. dazu BuB 1977, S. 6.
    S. dazu auch die Erinnerungen von vier Bewohnern (Willi Schleemann, Konrad Schwark,
    Klaus Matzke, Otto Witt) aus dieser ersten Wohngruppe in der Broschüre: So war das hier –
    Geschichten aus dem Leben in den „Alsterdorfer Anstalten".
83 Klaus Matzke, So war das hier, S. 63.
84 Konrad Schwark, So war das hier, S. 48.
85 Bis Januar 1981 waren dazugekommen, der Schlump mit ca. 100 Wohnplätzen, Wohldorf mit
    Wohngruppen für sechzehn Personen und Wohngruppen in Bargfeld-Stegen, Wahrendorf,
    Steilshoop, Schnelsen, Hudtwalckerstraße und Hermannsburg für insgesamt 53 Personen.
    LKAK 11.02, Nr. 581, Durchgeführte Bau-/Umbaumaßnahmen.
86 Interview Birgit Schulz.

Schmidt die Hamburger Synodalen Ende 1971 zu einer Besichtigungsfahrt zum Gut Stegen aufgefordert. „Was Sie dort an Unterkünften vorfinden, spottet jeder Beschreibung! Wenn man diese stallartigen Behausungen ‚menschenunwürdig' nennt, ist das noch eine artige Bezeichnung! Aber Sie können sich nachher bei der Führung durch unsere Anstalt auch ein wenig davon überzeugen, dass hier in unserer Zentrale noch viele Baracken stehen, die schon im Ersten Weltkrieg dort gestanden und ihren Dienst getan haben, die aber heutigen Erfordernissen in keiner Weise mehr Rechnung tragen."[87]

Eine trostlose Holzbaracke. Immer noch leben viele Behinderte unwürdig.

Bild-Zeitung 24. März 1972 (Ausschnitt).

Ein Journalist der Bild-Zeitung, dem der Anstaltsdirektor die „mittelalterlich" anmutenden Zustände in der Holzbaracke des Hauses Bethesda präsentierte, schrieb: „Über 1000 Pfleglinge, vom Säugling bis zum Greis, sind in den Pavillons untergebracht. Sie leben unter Bedingungen, die alle Bürger unserer Stadt beschämen müssen". Seinen Text untermauerte er durch Fotos von Toiletten aus „uralten Holzverschlägen" und eng stehenden Betten in einem Raum, in deren Mitte zudem die von allen zu benutzende Badewanne stand.[88]

Allen voran wies Oberarzt Wilfried Borck[89] seit Ende 1969 in zahlreichen Artikeln der neuen Anstaltszeitung Wir helfen,[90] in Vorträgen und Briefen immer wieder auf die unzumutbaren und unzeitgemäßen Verhältnisse und die daraus resultierende „erschreckende Kluft" zwischen „dem heute Notwendigen und der Wirklichkeit" hin.

---

87   ArESA DV, 1854, Bd. 2, 23. 9. 1971, Hans-Georg Schmidt, Bericht vor der Synode.

88   ArESA DV, 1854, Bd. 1. Bernhard Rudolph, Hier können Sie helfen! Bild-Zeitung, Hamburg 24.3.1972.

89   Wilfried (Wilhelm Friedrich) Borck, am 25.2.1922 in Hamburg geboren, hatte gleich nach seiner Rückkehr aus russischer Kriegsgefangenschaft ein Medizinstudium an der Hamburger Universität begonnen. Nach seiner Promotion (Geschlechtsverteilung bei Hirngeschwülsten, 1950) ging er von 1952 bis 1954 an die Universitätsklinik für Neurologie und Neurochirurgie in Köln, bevor er 1955 in den Dienst der Alsterdorfer Anstalten eintrat.

90   Wir helfen, März 1969: Borck, Die Situation der geistig Behinderten in Hamburg 1968, Teil 1; April 1969: Borck, Die Situation der geistig Behinderten in Hamburg 1968, Teil 2. In der Ausgabe vom Februar 1970 berichtete Borck von einer Informationsreise ins dänische Løgumgård: Fortschrittliche Betreuung von geistig Behinderten, S. 9–10. Schon Ende 1968 hatte Borck im Auftrag des neuen Direktors und auf Grundlage einer gemeinsamen Diskussion, an der auch der Hausarchitekt (J. P. Hillmer) und der Abteilungsleiter für Technik (Walter Helbing) beteiligt waren, „ein zeitgemäßes Konzept" für ein Therapiezentrum entwickelt, dass die Behörden zu „wirksamerer Unterstützung [...] veranlassen" sollte. ArESA DV, 22, Wilfried Borck, Die Situation der geistig Behinderten in Hamburg 1968 und die Aufgabe der Alsterdorfer Anstalten. S. auch den Artikel von Borck: Warum ein Therapiezentrum. In: Schmidt 1973, S. 33.

Würde diese nicht geschlossen, so die Warnung des Alsterdorfer Mediziners, drohe letztlich der „Verfall und Verruf einer 100jährigen Tradition Innerer Mission".[91] In Anerkennung und Würdigung seiner wegweisenden Arbeit und seiner kontinuierlichen Forderungen „Behinderten […] das Recht auf einen menschenwürdigen Lebensraum zuzugestehen und den behinderten Menschen in unsere Mitte zu nehmen",[92] wurde nach seinem plötzlichen Tod am 28.4.1978 das gerade fertig gestellte Jugendhaus, an dessen Planungen der Mediziner maßgeblich beteiligt war, Wilfried-Borck-Haus genannt.

Wie ein Hilferuf erscheint Borcks Vortrag während der Jahrestagung des Fachverbandes Evangelischer Einrichtungen für geistig und seelisch Behinderte im Jahr 1975, der in ähnlicher Form im Hamburger Ärzteblatt abgedruckt wurde. Hier konnte die gesamte Hamburger Ärzteschaft nachlesen, dass die Alsterdorfer Anstalten, die sich wie viele andere traditionelle Einrichtungen in einer „finanziellen, räumlichen und personellen Notsituation" befanden, in einem Stadium des Notbehelfs agierten, der „nach heutigen Erkenntnissen überhaupt nicht zu verantworten" sei.[93] In Hamburg herrsche ein katastrophaler Platzmangel, „für etwa 4000 geistig oder mehrfach Behinderte […] stehen im wesentlichen nur die Bettenplätze der Alsterdorfer Anstalten zur Verfügung". Daher sei man immer wieder „gezwungen, Gebäude ausschließlich nach dem Gesichtspunkt ihrer maximalen Bettenkapazität zu belegen (die sich durch schmale Lagerstätten gar noch steigern lässt);

- da nimmt man mit veralteten Barackenunterkünften und Massenschlafsälen vorlieb;
- da sieht man sich den Problemen trostloser Frustrationseffekte, sinnloser Selbststimulation, Aggressionsneigung und Autoaggression gegenüber,
- da kann man seine Arbeit nicht verrichten, wie es sinnvoll wäre, sondern nur, wie die Abwendung akuter Notstände es verlangt. […]

Wilfried Borck bei seinem ersten „Weihnachtsrundgang" (2. v. re. Borck, 3. v. re. Julius Jensen), 1955.

---

91 ArESA DV, 22, Wilfried Borck, Die Alsterdorfer Anstalten vor der Alternative, 18.10.1970.

92 Wir helfen, Juni 1978: Charlotte Preußner-Uhde, Dr. Wilhelm Friedrich Borck zum Gedenken, S. 5.

93 Borck 1975, S. 304.

Nur schweigen wollen wir dazu nicht mehr. Wir wollen es auch jedermann zeigen, was wir allein nicht mehr verantworten können. Wir meinen, dass wir das unserer Tradition schuldig sind."[94]

Auch die Mitarbeiter des Gesundheitsamtes Hamburg-Nord hatten die Zustände im Anschluss an ihre jährlich durchgeführten Anstaltsbesichtigungen gewissenhaft protokolliert. Dabei stellten sie durchaus positive Veränderungen etwa im Haus Friedenshort und im Haus Wartburg fest, wiesen aber auch Jahr für Jahr auf die „räumliche Beengtheit in der Unterbringung der Pfleglinge im Anstaltsbereich" hin. Besonders ungünstig seien die Verhältnisse im „Haus zum guten Hirten, Haus Hoher Wimpel, Altersheim Haus Bethesda, und […] [im] 22-Betten-Schlafsaal des Hauses Karlsruh, der Stallcharakter hat. Die Betten stehen oft in 2er oder gar 4er-Gruppen direkt nebeneinander in unmittelbarer Berührung. Dieser Zustand bedarf dringend der Änderung, zumal inzwischen beispielhafte menschenwürdige Unterbringungen in anderen vergleichbaren Kulturstaaten […] zum internationalen Standard erhoben worden sind." Auf der Kinderstation im Michelfelder Kinderheim stellten sie fest, „dass wegen des Personalmangels die Kinder, deren Unterbringung in den Schlafräumen als Pferchung zu bezeichnen ist, bereits zwischen 16 und 16:30 Uhr ins Bett gebracht werden. Dies ist eine unhaltbare Situation!"[95]

Während 1972 all diese Mängellisten, Warnungen und Mahnungen verpufften, ohne eine wirkliche Veränderung nach sich zu ziehen, führte die öffentliche Skandalisierung Ende 1979 – sieben Jahre später! – zu ersten Erfolgen. Nach Inaugenscheinnahme beschloss die Heimaufsicht verschiedene Häuser unverzüglich zu räumen und in anderen, die Zahl der BewohnerInnen in einer Frist von zwölf Monaten bis fünf Jahren zu reduzieren.[96]

PR-Maßnahmen zur Behebung finanzieller Engpässe

Da die Alsterdorfer Anstalten wie alle Einrichtungen der Freien Wohlfahrtspflege nicht ohne private Geldgeber existieren konnten, war die Gewinnung finanzkräftiger Mäzene seit jeher eine zentrale Aufgabe von Stiftungsvorstand und Anstaltsdirektor. Wie sein Vorgänger bediente sich Hans-Georg Schmidt seiner Zeit angemessener medialer Möglichkeiten zur Akquisition finanzieller Unterstützung für die gewaltigen Bauvorhaben. So kooperierte er mit Zeitungsverlagen und Fernsehsendern[97] oder initiierte Pressekampagnen wie z. B. die „Aktion Friedenshort" im Sommer 1970. Durch den Kontakt zu der Journalistin Wibke Bruhns, die einen Beitrag für die ZDF-Senderreihe Der Länderspiegel produzierte und ihr eigenes Honorar spendete, gelang

---

94   Wilfried Borck, Aktuelle Gedanken zur deutschen Behindertenbetreuung. In: Wir helfen, September 1975, S. 3–5, S. 4. Auch Borck 1975, S. 303–306.

95   ArESA DV, 355, Überlegungen zur Entwicklung von „Dörfern" für geistig Behinderte, 9.8.1979. Anlage 3: Seite 7 des Protokolls der Besichtigung der Alsterdorfer Anstalten vom 29.9.1972.

96   ArESA Ö, Auflagen der Heimaufsicht an die Alsterdorfer Anstalten.

97   ArESA DV, 12, Vorstandssitzung 18.9.1969. Der Springer Verlag erklärte sich bereit, einen Spendenaufruf zu unterstützen und über die therapeutischen Bemühungen der Alsterdorfer Anstalten zu berichten

Hans-Georg Schmidt im Pressegespräch, um 1970.

es, den Umbau des desolaten Barackengebäudes Friedenshort zu finanzieren.[98] Interviews, Rundfunkgottesdienste, Live-Sendungen und ein Film über die Krankenpflegeausbildung sind nur einige Beispiele der breiten Palette öffentlichkeitswirksamer Aktivitäten,[99] zu deren Bewältigung man im Herbst 1976 schließlich die Einstellung des PR-Referenten Lothar Schulz beschloss.[100]

Bereits seit dem 1. März 1969 erschien neben den traditionsreichen Briefen und Bildern aus Alsterdorf, in monatlicher Folge die Zeitschrift Wir helfen – in den Alsterdorfer Anstalten. Die Informationsschrift war zunächst für die MitarbeiterInnen gedacht und sollte auch als „Instrument zur Förderung der Gemeinschaft in der Anstalt, der Anstaltsverbundenheit und des sozialen Friedens" wirken. Zehn Jahre später ging die Zeitschrift „in vielen 100 Exemplaren" an alle Ministerien der Bundesrepublik, alle Hamburger Senatsbereiche, Universitätsbibliotheken und verschiedene Institute im In- und Ausland.[101] Mit zeitgemäßem Erscheinungsbild wollte sie über pädagogische und medizinische Themen, über Arbeits- und Ausbildungsmöglichkeiten aber auch über „Anstaltsprobleme" informieren, zum Abbau von Vorurteilen und zur finanziellen Unterstützung beitragen.[102]

---

98   ArESA DV, 252, Verwaltungsbesprechung 24.6.1970, BuB 1971, S. 20f., 25. Die Sendung wurde am 8. August 1970 im ZDF gezeigt. Auch Schmidt 1973, S. 47.

99   3.6.1970 Interview mit Hans-Georg Schmidt in der Umschau am Abend, 15.2.1970 Rundfunkgottesdienst, Sommer 1973 Film über einjährige Krankenpflegeausbildung im ZDF, 25.12.1975 Live-Sendung der ARD: 11.01 Uhr in Hamburg Alsterdorf, eine Reportage.

100 ArESA DV, 15, Protokoll der Vorstandssitzung am 8.9.1976. Seit dem 1.6.1977 war Lothar Schulz Leiter der Öffentlichkeitsarbeit.

101 Wir helfen, März 1979: Warum eine Anstaltszeitung, 10 Jahre „Wir helfen", S. 4.

102 Wir helfen, März 1969.

Titelbild der ersten Ausgabe
der Anstaltszeitschrift
Wir helfen vom 1. März 1969.

Tatsächlich gelang es Schmidt unter Federführung von Lothar Schulz und seinem Team, Spenden in erheblicher Größenordnung einzuwerben. So lag der Anteil der Spendenmittel beim Bau des 15 Millionen DM teuren Karl-Witte-Hauses bei 2,7 Millionen Mark.[103] Eine zentrale Rolle bei der Spendenakquise spielte ab 1975 der Förderkreis Alsterdorfer Anstalten (heute: Förderkreis der Evangelischen Stiftung Alsterdorf e. V.),[104] in dem sich prominente Vertreter aus Politik, Industrie, Banken und Versicherungen unter dem Vorsitz von Johannes C. Welbergen (Vorstands-Vorsitzender der Deutschen Shell AG, Hamburg) zusammengefunden hatten. Bis 1979 war die Mitgliederzahl des Vereins auf 250 angestiegen.[105] Für Furore habe der jährliche Diakonieball im CCH (Congress Center Hamburg) gesorgt, erinnert sich Hans-Georg

---

103 Schmidt 1973, S. 26. Entwicklung des Spendenaufkommens in DM: 1.143.320 (1970), 3.300.338 (1975), 2.232.080 (1976), 3.397.480 (1977), 2.949.125,66 (1978), 3.581.770 (1979). StaHH B 746 BA 2, Alsterdorfer Anstalten Jahresabrechnungen 1970–1979.

104 Der Verein wurde am 22.10.1975 gegründet und am 17.12.1975 unter der Nr. 69 VR 8385 in das Vereinsregister des Amtsgerichts Hamburg eingetragen. Satzung Förderkreis der Evangelischen Stiftung Alsterdorf e. V. www.alsterdorf.de/cont/Satzung_Foerderkreis_der_Evangelischen_Stif tung_Alsterdorf_eV.pdf (22.5.2012).

105 BuB 1979, S. 14. S. auch BuB 1975/76, S. 22, BuB 1978, S. 5.

Der Gründer des Förderkreises
Johannes C. Welbergen (re.)
und Anstaltsdirektor Schmidt
(li.) bei der Grundsteinlegung
für das neue Jugendhaus,
21.10.1977.

Schmidt. „Die hatten uns für verrückt erklärt, einen solchen Ball zu veranstalten. Aber die Hauptsache war ja, dass wir Geld für unsere Bauprojekte reinkriegten und der Ball brachte einen jährlichen Reingewinn von etwa 20.000 DM. Es war damals eine goldene Zeit was Geld anging."[106]

Trotz allem war die finanzielle Situation Ende 1979 mehr als angespannt. „Was uns fehlt", so Schmidt bei einem Vortrag vor der Synode des Kirchenkreises Alt-Hamburg Ende August 1979, „sind Investitionsmittel in einer Größenordnung von 150–200 Millionen Mark". Der Vorstand der Stiftung sei bei dem Sanierungsprogramm bis an die äußerste Grenze des Vertretbaren gegangen, man rechne mit einer Millionen Mark von der Nordelbischen Kirche und zwei Millionen aus Spendeneinnahmen, die sich „trotz außerordentlicher Bemühungen auf dem Sektor der Öffentlichkeitsarbeit" nicht weiter erhöhen ließen. Endlich sei allerdings die Bereitschaft „vom Staat" signalisiert worden, „Alsterdorf als *das* [Herv. i. O.] Behindertenzentrum Hamburgs Vorrang bei allen finanziellen Plänen für den Behindertenbereich" zu gewähren.[107]

106 Interview Hans-Georg Schmidt.

107 ArESA DV, 355, Schmidt, Die Arbeitssituation der Alsterdorfer Anstalten. Bericht vor der Synode, 30.8.1979, S. 16.

DER „KOSMOS ALSTERDORF" WAR UNENDLICH VIEL MEHR ALS
EINE ANSAMMLUNG VON GEBÄUDEN – EIN RÜCKBLICK VON HANS-GEORG SCHMIDT

Dreißig Jahre nach dem Rücktritt von seiner Leitungsfunktion erinnert sich Hans-Georg Schmidt an seine Zeit als Direktor der Alsterdorfer Anstalten.

„Wenn man nur, wie die bisherige Berichterstattung es nach meiner Meinung tut, von den Verbesserungen der Wohnverhältnisse seine Beurteilung abhängig macht, dann vergisst man total, dass der ‚Kosmos Alsterdorf' unendlich viel mehr war als eine Ansammlung von Gebäuden! Wer nur in der Kategorie ‚Ein- oder Zwei-Bettzimmer' denkt, muss wohl im Blick auf die 1970er Jahre in Alsterdorf von einem klaren Minusergebnis ausgehen; aber er vergisst dabei, dass in der Gesamtschau des ‚Kosmos Alsterdorf', ich formuliere das einmal etwas salopp, der ‚Bettensektor' nur einen Teilaspekt, und nicht einmal den wichtigsten, ausmachte! Wer in den 1970er Jahren trotz beengter Wohnverhältnisse ‚singen und fröhlich sein' konnte, der musste noch etwas anderes erleben können, das zur Würde des Menschen gehört, nämlich einen ‚christlichen Gemeinschaftsgeist', wie ihn der Urvater Sengelmann für seine Bewohner mit geistigen Behinderungen wollte.

Was war denn z. B. der selbstverständliche sonntägliche Gottesdienst anderes als solche ‚christliche Gemeinschaft' in Wort und Sakrament, wo alle Unterschiedlichkeit zwischen Behinderung und Nichtbehinderung aufgehoben war zugunsten des gemeinsamen Gotteslobes! […] Aber auch außerhalb des Gottesdienstes hörten ‚Singen und Fröhlichkeit' nicht etwa auf!

Wenn man den Tenor mancher Berichterstattung liest, dann gab es solch fröhliches Leben zwar auch, aber das Ganze wird doch immer und immer wieder unter einem gewissen Vorbehalt gesehen, dass nach der berühmten Palmström-Logik alles das, was bei aller Einschränkung war, eigentlich gar nicht sein dürfte! Das Positive war aber eben auch da, und nicht nur am Rande!

Was gab es nicht Alles an Angeboten für unsere Bewohner z. B. im Sport: Unser alter Sportplatz, der 1973 dem Bau des Werner-Otto-Instituts weichen musste, hat viele schöne und fröhliche Veranstaltungen erlebt, vor allem Fußballspiele unserer männlichen Bewohner. […]

Neben den wunderbaren Sporterlebnissen gab es im Jahresverlauf das von allen jedes Jahr durchgeführte Jahresfest und zur Adventszeit, den weit über Alsterdorf hinaus bekannten Weihnachtsbasar. Und es wäre durchaus wert, noch von weiteren Festlichkeiten zu sprechen, die z. T. monatelang vorbereitet waren und von Bewohnern und Mitarbeitern gemeinsam und stets fröhlich durchgeführt wurden. Ich denke hier vor allem an die Theateraufführungen in der Adventszeit, die unter der künstlerischen Leitung unserer Oberin zur Freude aller Besucher stattfanden!

Eine einzige Festlichkeit möchte ich hier noch vermelden, nämlich das Begehen von Jubiläen unserer Bewohnerinnen und Bewohner! Als ich kurz nach Beginn meiner Alsterdorfer Zeit, etwa im August 1968, zu einem 25-jährigen Jubiläum eingeladen wurde, stutzte ich zunächst: Wie kann man in einer Barackenumgebung Jubiläum feiern!?

Aber ich habe sehr schnell gelernt, dass für die Allermeisten unserer Bewohner die Alsterdorf Gemeinschaft eine Heimat war, und dass man sich mit dieser Heimat voll identifizierte! Wie oft habe ich selbst, der ich ja die meisten Jubiläen damals durchführte, noch wochenlang von den Jubilaren, manchmal mit Tränen in den Augen, Dankesbekundungen gehört, vor allem dann, wenn in den Ansprachen des Direktors herauszuhören war, welch unverzichtbaren Dienst unsere Bewohner im Laufe ihres Lebens für unsere Einrichtung manchmal über Jahrzehnte geleistet hatten! Dankbar waren sie, merkten sie doch, dass sie nicht als Objekte in irgendeiner Weise gesehen oder behandelt wurden, sondern dass es mit den handelnden Schwestern und Pflegern eine echte christliche Dienstgemeinschaft gab, in der Geben und Nehmen gleich waren, ja eher hatten wir – als doch die eigentlichen Verantwortlichen – oft das Gefühl, letztlich von unseren Bewohnern die Beschenkten zu sein!

Alles in allem, so möchte ich noch einmal betonen, gehört in eine objektive, an den Fakten orientierte Geschichtsschreibung dieser positive Teil des ‚Kosmos Alsterdorf‘ hinein, bevor man wieder, selbstverständlich zurecht, sich der bis 1980 völlig unzulänglichen Wohnverhältnisse annimmt. Bis 1980, denn bis dahin hatte sich dann auch hier eine entscheidende Änderung zum Besseren ergeben, so dass ich bei der Jahrestagung des Verbandes evangelischer Einrichtungen für geistig und seelisch Behinderte in Alsterdorf mit einem gewissen Stolz verkünden konnte, dass Alsterdorf nicht nur innerlich, sondern auch äußerlich mit anderen Einrichtungen zumindest gleichgezogen hatte.“[108]

Neue Wege der Rehabilitation

„Rehabilitationswege in unseren Anstalten“, lautete der Titel der 1972 erschienenen Ausgabe der hauseigenen Zeitschrift Briefe und Bilder aus Alsterdorf und signalisierte unmissverständlich, dass die Alsterdorfer Anstalten ihrer Rolle als „Avantgardist[in] in der Spezies der Betreuung von geistig Schwerbehinderten“[109] auch in der „Dekade der Rehabilitation“ gerecht werden wollten.

Als Zielvorstellung einer medizinischen Rehabilitation nannte Anstaltsarzt Dr. Borck neben einer „Prophylaxe der Behinderung“ durch „fachliche Beratung der Angehörigen aus humangenetischer Sicht“ die Früherkennung und -behandlung von geistig und körperlich behinderten Säuglingen und Kleinkindern sowie die „Therapie der Behinderungen und zusätzlicher Störungen“. Hier solle auf Grundlage medizinischer, pädagogischer und psychologischer Untersuchungen ein „Profil […] der geistigen Behinderung“ entwickelt und daran anschließend ein gemeinsames Rehabilitations-Programm zur Förderung der „verborgenen Leistungsmöglichkeiten“ aufgestellt werden. Nur so könne es dem behinderten Menschen ermöglicht werden, sich „neue Lebensbereiche und neue Kontakte zu seiner Umwelt“ zu erschließen. Zu diesem Therapieprogramm gehörten u. a. die Heilgymnastik, die Musik- und Spieltherapie bei Menschen mit körperlichen Beeinträchtigungen, die Behandlung „hirnorganischer Anfallserscheinungen“ nach genauer Diagnostik, die „Anwendung der

---

108 Schriftliche Mitteilung von Hans-Georg Schmidt, 14.1.2013.
109 ArESA DV, 252, Verwaltungsbesprechung 25.11.1970.

modernen Psychopharmaka" und die Behandlung von Verhaltensstörungen durch
die „psychologische Abteilung". Für die „intramurale Rehabilitation, die Eingliederung in unsere eigenen Einrichtungen", ständen zudem die Beschäftigungstherapie
und die neu geschaffenen Werkstätten zur Verfügung.

Da die Unterbringung in eine Anstalt immer auch eine „Ausgliederung" aus der
Gesellschaft bedeute, solle sie, so Borcks Plädoyer, nur „eine vorübergehende Episode"
zum Zweck der „Untersuchung, Behandlung und Förderung" darstellen. Im Anschluss
daran müssten die Betroffenen in die „überall zu schaffenden kleinen Wohnheime,
Werkstätten und Betreuungseinrichtungen der Gemeinden oder in ihr Elternhaus
zurückkehren."[110] Dass auch Borck sich eine vollständige Auflösung der Anstalt zu
diesem Zeitpunkt keineswegs vorstellen konnte, wird deutlich, wenn er abschließend
konstatierte, dass „für manchen Behinderten die Lebensgemeinschaft einer Anstalt zur
Heimat" werde, und gleichzeitig die Rehabilitation der dort Lebenden anmahnte.[111]

In der Tat dürfen die fortschrittlichen Forderungen dieser Jahre – die zudem
ganz überwiegend auf der theoretischen Ebene verharrten – nicht darüber hinweg-
täuschen, dass das medizinisch-psychiatrische Modell im Anstaltsalltag weiterhin
Bestand hatte. Ein Modell, das geistige Behinderung als Schädigung des Gehirns
definierte und viele Verhaltensäußerungen, auch die durch die Hospitalisierung ent-
standenen Verhaltensformen, als Bestandteil dieser Behinderung definierte. Nach wie
vor hatte damit das medizinische Personal das Sagen, und so waren es die Ärzte und
Ärztinnen, die die Widerstandsressourcen der „Pfleglinge" gegen die gewaltsamen
Strukturen der „totalen Institution" pathologisierten, bei „Unruhe" Psychopharmaka
verabreichten, die Verlegung in den Wachsaal anordneten oder mit ihren Gutachten
beim Vormundschaftsgericht den zwangsweisen Anstaltsaufenthalt der Entmün-
digten Jahr für Jahr fortschrieben. Besonders Dr. Preußner-Uhde sei als zuständige
Chefärztin für die „Männerseite" wegen ihrer „großzügigen" Medikamentierungen
bei widerständigen Bewohnern gefürchtet gewesen", erinnert sich Birgit Schulz.[112]
Aber auch der reformorientierte Chefarzt der „Frauenseite", Dr. Borck, tritt in seinen gutachterlichen Stellungnahmen als Vertreter eines konservativen medizinisch-
psychiatrisch orientierten Menschenbildes hervor. Etwa wenn er einer Bewohnerin,
die gegen ihre ungewollte Anstaltsunterbringung rebellierte, häufige Verstimmungszustände „von psychotischem Rang" attestierte, die eine „Behandlung im Rahmen
einer geschlossenen psychiatrischen Abteilung" – damit ist der Wachsaal gemeint –
erforderlich gemacht hätten.[113]

In seinem pointierten Artikel „Wider die Therapiesucht!" beklagte Michael Wunder 1982 zudem, dass die Ausweitung des therapeutischen Angebots das „Prinzip der
institutionellen Verwahrung" sogar festige, indem sie Behinderung mit „Krankheit
und therapiewürdig" gleichsetze. „Diese medizinische Denkweise, von der auch
längst Psychologie und Pädagogik angesteckt sind, würdigt die Betroffenen herab,
erniedrigt sie zu Objekten, zerstört ihre Identität und entmündigt sie letztlich."[114]

---

110 Wilfried Borck, Medizinische Rehabilitation der Behinderten in Alsterdorf. BuB 1972, S. 5–11, S. 11.
111 Ebd.
112 Interview Birgit Schulz.
113 ArESA BA, 765, 18.4.1969.
114 Wunder 1982, S. 73f.

Ein Traum wird wahr – Das Werner Otto Institut der Alsterdorfer Anstalten

Am 13. September 1974 öffnete die erste Spezialeinrichtung Norddeutschlands,[115] „die sich ausschließlich der Früherkennung und Behandlung entwicklungsgestörter oder behinderter Kinder und Jugendlicher" widmete,[116] das Werner Otto Institut in Alsterdorf.[117] Bereits 1968 war klar, wie Direktor Hans-Georg Schmidt betonte, dass „die Schaffung eines zentralen Beratungs- und Therapie-Institutes das Gebot der Stunde" sei, wollten die „Alsterdorfer Anstalten ihren Aufgaben für Hamburg gerecht werden".[118] Ein glücklicher Umstand ermöglichte schließlich die Realisierung. Der Kinderarzt der Familie des Hamburger Kaufmanns und Versandhauschefs Werner Otto (1909–2011),[119] Dr. Joachim Siebert, der lange als Rehabilitationsarzt in Amerika gearbeitet hatte und „aus seiner Praxis wusste […], wie unglaublich wichtig eine frühzeitige Förderung entwicklungsgestörter Kinder ist – und wie schlecht es damit Anfang der 70er Jahre in der Millionenstadt Hamburg bestellt war",[120] konnte Werner Otto, „der schon jahrelang den Verein zur Förderung und Betreuung spastisch gelähmter Kinder e. V. mit erheblichen Geldbeträgen unterstützt hatte", überzeugen, den Großteil der Baukosten[121] für ein solches Institut zu übernehmen. Als Hans-Georg Schmidt 1972 auf Mitarbeiter der Werner Otto Stiftung traf,[122] die seit 1969 vorrangig medizinische Forschung an den Hamburger Kliniken förderte, war man sich schnell einig, das innovative Konzept eines „Diagnose- und Therapiezentrums zur Früherkennung, das verschiedene medizinische, psychologische und pädagogische Bereiche einschloss",[123] unter Leitung von Dr. Joachim Siebert gemeinsam zu realisieren und den Traum wahr zu machen, dass „für eine größere Anzahl von Kindern und Jugendlichen eine Dauereinweisung in die Alsterdorfer Anstalten in Zukunft nicht mehr notwendig sein" würde.[124] „Ich hoffe", betonte der Stifter Werner Otto anlässlich der Grundsteinlegung 1973, „daß wir mit diesem Institut vielen Kindern ein glücklicheres Leben ermöglichen und vielen Familien Sorge und Last um ein krankes Kind nehmen können."[125]

---

115 Seit 1972 existierte das Hegau Jugendwerk in Gailingen, das als bundesweite Modelleinrichtung speziell für Kinder und Jugendliche konzipiert und mit finanziellen Mitteln von Bund, Land und Sozialversicherungsträgern gefördert wurde. www.hegau-jugendwerk.de/de/klinikleitung/Klinikleitung-Startseite.php (18.6.2012).

116 Schmoock 2009, S. 172.

117 BuB 1975/6, Arbeitsbericht des Werner Otto Instituts der Alsterdorfer Anstalten 1974/75 von Dr. Joachim Siebert, S. 9–16.

118 Wir helfen, September 1974, S. 8.

119 S. zur Biografie Schmoock 2009.

120 Siebert wies nach, dass in der Region Hamburg bei einer damaligen Einwohnerzahl von 2,5 Millionen Menschen jährlich etwa 110 Kinder mit zentralen Bewegungsstörungen geboren werden. Ebd., S. 172.

121 Werner Otto stiftete 3,5 Millionen DM.

122 S. dazu www.werner-otto-stiftung.de/de/institut/ (13.6.2012). S. auch Schmoock 2009, S. 174.

123 BuB 1973/74, Jahresbericht Hans-Georg Schmidt.

124 Wir helfen, September 1974, S. 10.

125 Ebd., S. 9.

Grundsteinlegung des WOI 1973, am Mikrofon der Hamburger Versandhauschef und Stifter
Werner Otto.

Mit einem äußerst komfortablen Personalschlüssel – siebzig Planstellen standen für
ein multidisziplinäres Team aus ÄrztInnen, PsychologInnen, KrankengymnastInnen,
BeschäftigungstherapeutInnen, LogopädInnen und HeilpädagogInnen zur Verfügung
– war das Institut mit einer Ambulanz und einer Station mit 24 Betten gut ausgestattet.
Neu war eine „geschlossene Diagnose- und Therapiekette"[126] auf dem neuesten wissenschaftlichen Stand. Den von Berta (1907–1991) und Karel Bobath (1906–1991)[127]
entwickelten multidisziplinären rehabilitativen Ansatz in Therapie und Pflege von PatientInnen mit Erkrankungen des zentralen Nervensystems (das sogenannte Bobath-
Konzept),[128] führte Dr. Inge Flehmig, eine der führenden Bobath-Therapeutinnen Hamburgs, am Werner Otto Institut fort und baute ihn aus.[129] Bereits im November 1974
öffnete die erste norddeutsche Logopädenlehranstalt am Institut, wie überhaupt die
Fort- und Weiterbildung der mit Menschen mit Behinderung Tätigen ein zentrales Anliegen war. Die Arbeit der eigenen medizinisch-technischen Abteilung mit den neuesten Messverfahren von Gehirnströmen wurde ergänzt durch eine enge Zusammenarbeit mit den Hamburger Universitätskliniken und der Orthopädischen Abteilung im
Krankenhaus Barmbeck. Eine Musik- und Gruppentherapie mit je drei bis sechs Kindern pro Gruppe wurde bei Kindern mit leichteren Körperbehinderungen und Verhaltensauffälligkeiten eingesetzt. Bei notwendiger stationärer Aufnahme gab es die neuartige Möglichkeit, die Eltern auf „Mutter-Kind-Stationen" mit aufzunehmen und sie
so zu „Co-Therapeuten" heranzubilden. Mit zwei Sozialpädagoginnen, drei Erzieher-

---

126 BuB 1973/74, Jahresbericht Hans-Georg Schmidt.

127 http://de.wikipedia.org/wiki/Bobath-Konzept (18.6.2012). Dort auch Biografie der in London
     lebenden emigrierten deutschen Juden.

128 Das davon ausgeht, dass gesunde Hirnregionen, die zuvor von den erkrankten Regionen
     ausgeführten Aufgaben neu lernen und übernehmen können.

129 Spätere Leiterin des Hamburger Instituts für Kindesentwicklung.

innen und einer Diplompsychologin war die Abteilung für die zentrale begleitende Elternarbeit gut besetzt. Dazu gehörte auch eine Sozialberatung durch eine erfahrene Sozialfürsorgerin, um „die betroffenen Familien über die rechtlichen, steuerlichen und andere allgemeinwichtige Sozialfragen zu beraten", auch gab es eine seelsorgerliche Betreuung durch einen Pastor.[130] Bereits 1975 wurde am Institut der erste integrative Kindergarten in Hamburg mit zwei Gruppen, in denen je vier behinderte mit sechs nicht-behinderten Kindern zusammen waren, eröffnet. Dieser Modell-Kindergarten hatte das Ziel, „Vorurteile und Isolation der Behinderten in unserer Gesellschaft" abzubauen und für die behinderten Kinder „neue Lernprozesse im täglichen Leben", für die nicht behinderten Kinder „Verständnis und Mitverantwortung" zu entwickeln.[131]

Das Institut stelle „eine notwendige Ergänzung für die Tradition und Erfahrung unserer Anstalten dar", betonte Oberarzt Borck zur Grundsteinlegung. Mit ihm „erweitert sich unsere Arbeit nach außen, wie es die gegenwärtigen wissenschaftlichen Erkenntnisse erfordern."[132] Nach innen allerdings gab es immer wieder Schwierigkeiten zwischen den beiden Institutionen, war doch das personelle und finanzielle Gefälle zwischen Institut und Anstalt erheblich. Zwar wurde unter Leitung von Dr. Siebert und Vertretern der Konferenz leitender Mitarbeiter mit „den anderen Abteilungen der Alsterdorfer Anstalten […] ein kollegialer Kontakt mit Konsultationen und regelmäßigen Gesprächen zwischen Ärzten und Psychologen aufgebaut."[133] Doch schon früh gab es Klagen, dass das Werner Otto Institut in der Öffentlichkeit nicht als den Alsterdorfer Anstalten zugehörig gesehen werde und auch die Mitarbeiterinnen sich ihnen nicht zugehörig fühlten.[134] Dazu gehörten auch Konflikte über die Zugehörigkeit des Pflegepersonals des Werner Otto Instituts zur Alsterdorfer Schwesternschaft.

Vier Jahre nach der Eröffnung konstatierte Dr. Inge Flehmig, dass „durch die Früherkennung und Behandlung ein Erfolg sichtbar wurde, wie wir ihn in unseren kühnsten Träumen nicht erwartet hatten."[135] 1979 trat der Kinderarzt und Neurologe Dr. Herbert Scheying die Nachfolge von Dr. Joachim Siebert als Leiter des Instituts an. Er forderte zu seinem Amtsantritt die Kostendeckung durch den Staat, der davon profitiere, wenn Kinder vor einer „dauernden Heimunterbringung" bewahrt werden können.[136] Bis heute ist das Werner Otto Institut eine wichtige Größe in der frühkindlichen Behandlung von Behinderungen. 2001 erfolgte eine Modernisierung und Erweiterung, wiederum ermöglicht durch eine Spende von Werner Otto.[137]

---

130 BuB 1975/76, Arbeitsbericht des Werner Otto Instituts der Alsterdorfer Anstalten 1974/75 von Dr. Joachim Siebert, S. 9–16.

131 Wir helfen, März 1975, S. 7.

132 Wir helfen, Dezember 1973, S. 14.

133 BuB 1975/6, Arbeitsbericht des Werner Otto Instituts der Alsterdorfer Anstalten 1974/75 von Dr. Joachim Siebert, S. 9–16.

134 ArESA DV, 597, 6.11.1974. Auch: Wir helfen, August 1976, S. 10: „Es müßte mehr Informationsarbeit geschehen, auch im Bereich der Alsterdorfer Anstalten, daß jeder weiß, was der andere tut."

135 BuB 1978, S. 14f.

136 Wir helfen, September 1979, S. 12.

137 Schmoock 2009, S. 174. Weitere 4,5 Millionen DM.

Normalisierungsprinzip im behindertenpolitischen „Entwicklungsland" Deutschland

Ausgehend von der Überzeugung, dass allen Menschen mit geistigen Behinderungen, unabhängig vom Ausmaß ihrer Behinderung, das uneingeschränkte Recht auf ein normales Leben in der Gesellschaft zusteht, hatte der Verwaltungsjurist Niels Erik Bank-Mikkelsen (1919–1990) bereits 1959 dafür gesorgt, dass der Satz: „Normalisierung bedeutet, den geistig Behinderten ein so normales Leben wie möglich zu gestatten", in das dänische Gesetz zur Sozialfürsorge aufgenommen wurde.[138] Der schwedische Psychologe und Vertreter der Elternvereinigung Bengt Nirje (1924–2006) entwickelte darauf aufbauend eine Systematisierung dieses Konzepts für die Praxis. Darin forderte er für alle Menschen, „gleich ob sie leicht oder hochgradig geschädigt sind, gleich ob sie innerhalb ihrer Familie oder in Einrichtungen zusammen mit anderen Behinderten leben"[139] acht „Elemente der Normalisierung": 1. Normaler Tagesrhythmus, 2. Trennung von Arbeit, Freizeit und Wohnen, 3. Normaler Jahresrhythmus, 4. Normaler Lebensablauf, 5. Respektierung von Bedürfnissen, 6. Angemessene Kontakte zwischen den Geschlechtern, 7. Normaler wirtschaftlicher Standard, 8. Standards von Einrichtungen.[140]

Die erste Publikation in deutscher Sprache, in der die führenden dänischen und schwedischen Vertreter des Normalisierungsgedankens und deren englische und US-amerikanische Kollegen ihre modernen Vorstellungen über die Betreuung geistig behinderter Menschen veröffentlichten, erschien 1974 in einer (Teil-)Übersetzung des Alsterdorfer Arztes Wilfried Borck.[141] Die dort versammelten Experten waren allesamt Mitglieder einer von John F. Kennedy 1962 berufenen Kommission gewesen, die eine Bestandsaufnahme der „vielfach vorhandenen entwürdigenden Verhältnisse" in den amerikanischen Anstalten für Menschen mit geistigen Behinderungen vorgenommen und im Anschluss daran „Möglichkeiten grundsätzlicher Veränderungen" vorgelegt hatten.[142] Borck hoffte, mit seiner Übersetzung zum Nachdenken über die „eigene Situation" anzuregen und die damit einhergehende „Herausforderung" anzunehmen.[143] „Unter den dargestellten fortschrittlichen Modellen" trete „besonders das ‚Normalisierungsprinzip'" hervor. „Es wird gezeigt, wie durch viele gemeindenahe Betreuungsstätten, Spezialeinrichtungen und Hilfsangebote die großen Anstalten aus ihrer fatalen Umklammerung durch Raumnot, Personalmangel und Finanzmisere befreit werden können."[144]

Wie schon oben dargestellt, plädierte Borck seit Jahren für eine grundlegende Veränderung der Anstaltsstrukturen und für die Realisierung „eines integrativen dif-

---

138 Thimm 2005, S. 14.

139 Nirje 1974, S. 34–38.

140 Thimm 2005, S. 21f.

141 Kugel 1974. Das Buch ist die Übersetzung des Buches: Kugel, Robert B. (Hg.) (1969): Changing patterns in residential services for the mentally retarded. Washington (President's committee on mental retardation).

142 Kugel 1974, Klappentext.

143 Kugel 1974, S. VI. Wilfried Borck, Vorwort zur deutschen Ausgabe.

144 Kugel 1974, Klappentext.

ferenzierten Systems auf regionaler Ebene".[145] Gleich nachdem Bundesarbeitsminister Walter Arendt im Frühjahr 1970 mit dem Aktionsprogramm der Bundesregierung zur Förderung der Rehabilitation der Behinderten das Startsignal zur „Dekade der Rehabilitation" gegeben hatte, kam aus den Alsterdorfer Anstalten das Angebot, bei der „Entwicklung eines ‚deutschen Modells' moderner Behindertenförderung" mitzuarbeiten.

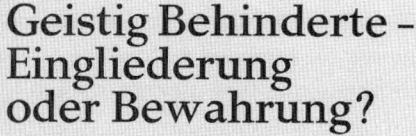

Cover der 1974 erschienenen Publikation, übersetzt und bearbeitet von Wilfried Borck.

In einer an Arendt adressierten Situationsanalyse stellte Borck die Frage, woran es in Deutschland fehle,

–   wenn „behinderte Menschen – ‚pflegerisch gut versorgt' […] vielfach noch in überfüllten Sälen im Bett liegen, obgleich sie vielleicht an sinnvolle Beschäftigung und Teilnahme am Leben hätten geführt" werden können.

–   wenn „die berufliche Eingliederung über meist bescheidene Versuche nicht hinausgelangt, nirgends befriedigend gelöst ist".

---

145 Wilfried Borck, Aktuelle Gedanken zur deutschen Behindertenbetreuung. In: Wir helfen, September 1975, S. 3–5, S. 3.

– wenn „geistig Behinderte und viele Körperbehinderte immer noch von einer
normalen gesellschaftlichen Integration ausgesperrt sind und in ‚Stätten menschlichen Elends' abgeschoben werden".[146]

Ursache für diesen beschämenden Zustand im behindertenpolitischen „Entwicklungsland" Deutschland, sei die mangelhafte öffentliche Information „über die hoff-
nungslose derzeitige Situation der Behinderten", die Ignoranz der Erkenntnisse und
Erfahrungen aus den Nachbarländern, das Fehlen interessanter Ausbildungswege,
aber auch das Versäumnis der Kirchen, „ihren diakonischen Auftrag im Blick über
die Grenzen neu zu formulieren" und nicht zuletzt die Ignoranz der „volkswirtschaft-
lichen Bedeutung" von Früherfassung, Frühbehandlung und „soziale[r] Eingliederung der Behinderten" durch die Bundes- und Landespolitiker.

Nach „ausländischem Vorbild" falle auch den Alsterdorfer Anstalten „die Aufgabe zu, zentrale Funktionen bei der Beurteilung und Versorgung der Schwerstbehinderten oder mehrfach Behinderten zu übernehmen." Derartige Einrichtungen
seien mit Personal „im Verhältnis 1:1" und mit ausreichenden Mitteln zu versorgen,
wobei der Kostensatz „das 3–10fache" betragen müsse.[147] In Wirklichkeit würden den
Anstalten „Notfallfunktionen" zugemutet,[148] der „würgenden Umklammerung von
Geldnot, Raumbeengung durch Überbelegung und Personalmangel" sei aus eigener
Kraft nicht zu entkommen.[149]

Sebastian Borck, Leiter des Hauptbereichs Seelsorge, Beratung und ethischer
Diskurs der Evangelisch-Lutherischen Kirche in Norddeutschland, hat Anfang der
1970er Jahre daran mitgewirkt, als sein Vater Wilfried Borck den Sammelband der
Kennedy-Kommission übersetzt hat. Er erinnert sich noch gut an diese Zeit: „Mein
Vater hatte Ende der 1960er Jahre im Blick auf den Umgang insbesondere mit geistig Behinderten die These, dass Deutschland aufgrund des Dritten Reichs und der
schlimmen Rede von den ‚Ballastexistenzen' der Gesellschaft hoffnungslos zurück ist
und gar nicht wahrgenommen hat, was sich außerhalb Deutschlands an völlig anderen Perspektiven und Entwicklungsmöglichkeiten für geistig Behinderte inzwischen
entwickelt hatte. Hinzu kam, dass zum Alsterdorfer System gehörte, dass die der Tendenz nach schwerer Behinderten teilweise durch die leichter Behinderten versorgt
wurden. Neuartige Einrichtungen für leichter Behinderte, mit denen die Lebenshilfe
damals begann, konnten somit empfindliche Folgen für die Anstalt haben. Angesichts
der verkrusteten, so mehr oder weniger noch in ganz Deutschland existierenden An-
staltsperspektive stellte sich mein Vater die Frage: wo müssen wir eigentlich insgesamt
hin? Die Erkenntnis, dass man geistig Behinderte ganz anders fördern kann, dass
sie nicht nur verwaltet gehören oder gar auf den Betten festgeschnallt, ist uns heute
selbstverständlich, war jedoch seinerzeit hierzulande für die Betreuung der – wie man
damals sagte – Pfleglinge neu und für viele kaum vorstellbar. Von daher betrachtet,

---

146 Wilfried Borck, Die Bundesrepublik vernachlässigt ihre Behinderten. In: Wir helfen, 1970,
S. 4–5, S. 4.

147 ArESA DV, 22, W. Borck, Vortrag vor dem Vorstand der Stiftung Alsterdorfer Anstalten,
12.11.1970.

148 Ebd.

149 Wilfried Borck, Medizinische Rehabilitation der Behinderten in Alsterdorf. BuB 1972, S. 5–11,
S. 11.

Wilfried Borck, um 1970.

war ‚Normalisierung' eine Revolution. Mein Vater hat dazu aufgerufen, geistig Behinderte anders in den Blick zu nehmen, z. B. ihre Fähigkeit herausgestellt, sich freuen und feiern zu können. Und er hat für sie gute Möglichkeiten individuellen Lebens und gezielter Förderung geſordert. Doch dafür fehlte den Alsterdorfer Anstalten das Geld." Immer wieder trat der Alsterdorfer Arzt auch an die Kirche heran, um sie aufzuklären und zu stärkerem Engagement zu bewegen. Für einen an alle Synodalen der Evangelisch-Lutherischen Kirche im Hamburgischen Staate gerichteten Brief sei er auch kritisiert worden. „Meine Wahrnehmung in diesen frühen Jahren des Alsterdorfer Veränderungsprozesses", so Sebastian Borck rückblickend, „war die, dass er mit seinen Forderungen relativ allein war, dass es schwer war, mit diesem Thema durch- oder vorzudringen.

Ärztliche Perspektive und Anstaltsleitung waren nicht leicht zusammen zu bringen. Schließlich waren die neuen Ansätze mit neuartigen Konzeptionen, erheblichem neuen Gebäude- und großem Finanzbedarf verbunden. In den folgenden Jahren konnten dann aber doch wesentliche Vorhaben realisiert werden, so u. a. 1974 das Werner-Otto-Institut zur Früherkennung, Frühförderung und Behandlung für Kinder und Jugendliche mit Entwicklungsstörungen und Behinderungen als Fachzentrum für den ganzen norddeutschen Raum bis heute."[150]

Auf diesen Aspekt wies auch Dr. Joachim Meyer-Wirtgen im Herbst 1979 hin. In Anerkennung der frühen reformerischen Appelle seines Vorgängers veröffentlichte er einen seiner zentralen Texte („Die Bundesrepublik vernachlässigt ihre Behinderten") aus dem Jahr 1970 zum zweiten Mal und kommentierte ihn mit folgenden Worten: „Herr Dr. Borck […] hat diese Ideen bereits 1970 nicht nur für ‚Wir helfen' aufgeschrieben, sondern in unseren Konferenzen, in den Anstaltsschulen, vor Kirche, Behörden, Vereinen, und wo er nur ein Auditorium finden konnte, leidenschaftlich vertreten. Er hat leider vielfach nicht die genügende Beachtung gefunden und wurde teilweise auch innerhalb unseres Hauses wegen freimütiger Kritik missverstanden."[151]

Während zwischen der Anstaltsleitung und dem Oberarzt Konsens herrschte über die grundlegenden finanziellen, personellen, räumlichen und therapeutischen Defizite im Anstaltsalltag und die immense Bedeutung der Förderung, waren die

---

150 Telefonische Informationen (16.5.2012) und schriftliche Mitteilung (17.1.2013) Sebastian Borck.

151 Wir helfen, September 1979, S. 10–11.

Differenzen bezüglich der Rehabilitation bzw. Normalisierung und die daraus resultierenden Veränderungen unübersehbar: Während sich Borck nachdrücklich für die „Rehabilitation der Behinderten" und die „Normalisierung" ihrer Lebensverhältnisse einsetzte, bezog Schmidt durch die Engführung des Begriffs eine ebenso vehemente Kontraposition.

Für Borck ging es bei der „Rehabilitation „eben nicht nur um die Wiederherstellung oder Entwicklung gewisser Lebens- u. Leistungsmöglichkeiten nach erworbener oder angeborener Schädigung, sondern *zuvor* [Herv. i. O.] um die Wiedereinsetzung in menschliche, soziale, juristische Rechte und die Wiederherstellung des gesellschaftlichen Ansehens, um die ‚bürgerliche Rehabilitation'."[152]

Schmidt bezog Gegenposition, indem er „Rehabilitation" als „einen Menschen in einen früheren Zustand zurückzuversetzen"[153] definierte und Bank-Mikkelsens „Normalisierungsbegriff" als „die völlige Angleichung aller Behinderten an unsere sogenannte Normalwelt" und somit als „fundamentalen Fehler" kategorisch ablehnte.[154] Damit befand sich der Alsterdorfer Anstaltsleiter übrigens in der Gemeinschaft vieler anderer, die „Normalisierung" beharrlich als „Normalmachen" missdeuteten.[155] Der „Förderideologie" hielt er entgegen, dass sie immer auch eine Abwertung enthalte und es von daher nicht weit sei bis „zum sogenannten ‚Untermenschen' unseligen Angedenkens".[156] Weiterführend sei dagegen die Definition des Theologen Ernst Wolf, die besage, dass für den Menschen die Notwendigkeit bestehe, „während seines Erdendaseins das Leiden als konstitutives Element, ja als Positivum hineinzunehmen und es nicht dauernd nach sog. ‚besseren Dingen', nach ‚Normalisierungsprinzipien' im Sinne des Idealismus zu hinterfragen."[157]

Im Gegensatz zu Borck, der die verbreitete Meinung kritisierte, „geistig und oft auch physisch behinderten Menschen [...] seien grundsätzlich anders als wir; sie müßten vor allem aus den Zusammenhängen unserer Lebenswirklichkeit ausgegliedert und in einer Eigenwelt verwahrt werden", verteidigte der Anstaltsleiter und mit ihm viele Repräsentanten konfessioneller Heime,[158] die stationäre Einrichtung als Schutz der Behinderten vor einer intoleranten Gesellschaft. Das „Ziel stationärer Behindertenarbeit" sei demnach die „intramurale Normalisierung" mit bestmöglicher individueller Förderung und „Öffnung nach außen". Dieser „großartige [...] Freiheitsraum", in dem „unsere Behinderten die Könige und gerade nicht die Abhängigen" seien, sollte u. a. durch den Bau von Behindertendörfern realisiert werden.[159] Konkrete Pläne für ein „Behindertendorf" mit 180 Plätzen in Bargfeld-Stegen

---

152 ArESA DV, 1864, Bd.I, W. Borck: Wege zur Rehabilitation in Alsterdorf, ohne Datum.

153 Schmidt in BuB 1972.

154 ArESA DV, 355, Schmidt, Die Arbeitssituation der Alsterdorfer Anstalten. Bericht vor der Synode, 30.8.1979, S. 2.

155 Thimm 2005, S. 10.

156 ArESA DV, 1854, Bd. 2, Schmidt, Die Alsterdorfer Anstalten – allgemein und theologische Aspekte. Bericht vor der Synode, 23.9.1971, S. 8.

157 Ebd.

158 Rudloff 2010, S. 174.

159 ArESA DV, 355, Schmidt, Die Arbeitssituation der Alsterdorfer Anstalten. Bericht vor der Synode, 30.8.1979, S. 7 und 13.

(Gelände des Heinrich-Sengelmann-Krankenhauses) lagen 1979 vor. Mitarbeiter der Alsterdorfer Anstalten hatten sie gemeinsam mit Vertretern der Lebenshilfe, des Hamburger Spastikervereins und des Vereins zur Förderung autistischer Kinder entwickelt. Hier sollten nach den Vorstellungen der Alsterdorfer Mitarbeiter Schwerst- und Mehrfachbehinderte gemeinsam mit leichter Behinderten leben.[160]

„Dieses Denken, dass Behinderte gegenüber den Angriffen von außen geschützt werden müssen, war aus heutiger Sicht natürlich eine Art falsches Generalprinzip, aber es war noch da", so die selbstkritische Rückschau des ehemaligen Anstaltsleiters. „Da bin ich zum Teil auch mit schuldig geworden, indem ich das verteidigt habe. Ich habe es auch aus historischen Gründen gemacht, weil Sengelmann den Schutzraum im Idiotophilus sehr in den Vordergrund stellte. Und er hatte ja nicht ganz unrecht, denn das andere Extrem – alles raus, alles verselbstständigen, jeder für sich – ist ja auch nicht unproblematisch."[161]

Neue pädagogisch-psychologische Therapiekonzepte

Eine enorme Triebkraft beim Aufbruch der verkrusteten Anstaltsstrukturen hatte der Einzug neuer und häufig junger MitarbeiterInnen verschiedener Professionen. Dazu zählten Sozialarbeiter, Sozialpädagogen, Psychologen aber auch Zivildienstleistende und die Auszubildenden der neuen Schule für Heilerziehungspfleger.

Eine wichtige Schnittstelle nahm hierbei der „psychologische Dienst" ein, der mit Eröffnung der psychologischen Abteilung im Sommer 1971 zunehmend an Bedeutung gewann.[162] Hatte sich die Arbeit der ersten 1969 eingestellten Psychologin noch im Wesentlichen auf den Unterricht in der Kinderpflegerinnenschule konzentriert,[163] waren ihre nachfolgenden KollegInnen nun für den Gesamtkomplex der Anstalt, die psychiatrischen Abteilungen des evangelischen Krankenhauses Alsterdorf und des psychiatrischen Langzeit-Krankenhauses Stegen, für die Sonderschule und das Heim Alstertal zuständig. Ihr Arbeitsbereich umfasste den „Geistig- und Lernbehinderten-Bereich", die „Psychiatrisch-neurologische Abteilungen" und den „Personalsektor".[164] Bis 1975 war die Zahl der PsychologInnen auf fünf angewachsen. Davon gehörten vier der psychologischen Abteilung und eine Diplom-Psychologin als Lehrkraft und Praxisanleitung der Fachschule für Heilerziehungspflege an.[165]

---

160 Ebd., Überlegungen zur Entwicklung von „Dörfern" für geistig Behinderte (Sanierung der Alsterdorfer Anstalten), 9.8.1979, S. 9.

161 Interview Hans-Georg Schmidt.

162 Wir helfen, März 1973: Escher, Aufgaben des psychologischen Dienstes in den Alsterdorfer Anstalten, S. 4–5.

163 Am 16. Januar 1969 nahm die Diplom-Psychologin Ilse Wördemann ihre Tätigkeit in Alsterdorf auf. BuB 1970, S. 28.

164 Wir helfen, März 1973: Escher, Aufgaben des psychologischen Dienstes in den Alsterdorfer Anstalten, S. 4–5.

165 ArESA DV, 273, Stellenplan Stand 1.9.1975, S. 13f.

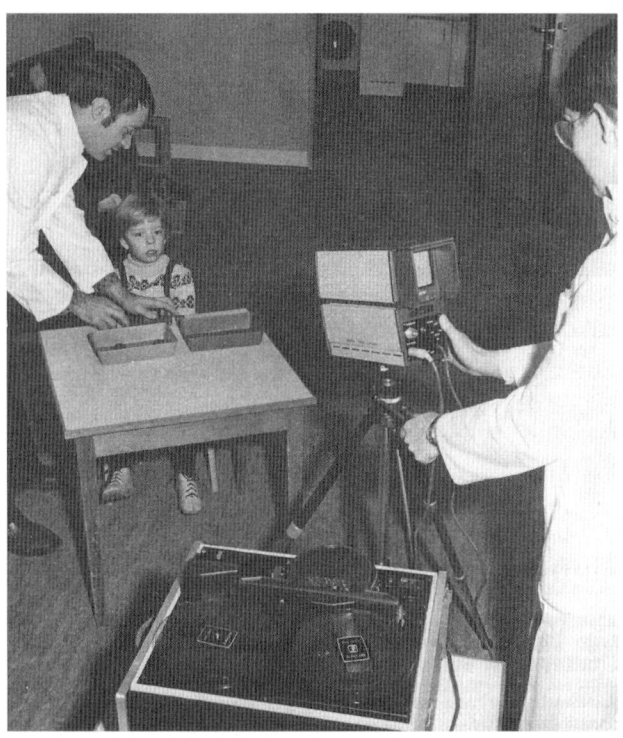

Mit Kamera und Tonband
dokumentieren die Psycho-
logInnen (Heinz Escher
und Gabriele Frassa)
ihre Arbeit, 1973.

Mit ihnen zog das pädagogisch-psychologische Therapiekonzept der Verhaltensmodifikation in den Anstaltsalltag ein.[166] Ausgehend von der Erkenntnis, dass Verhalten erlernt, erworben und deshalb auch wieder verlernt werden kann, sollte es eingesetzt werden, um lebenspraktische Kompetenzen, z. B. eigenständiges Essen oder
die Toilettenbenutzung zu entwickeln, oder störendes, unerwünschtes oder (auto-)
aggressives Verhalten zu überwinden.[167] So könnte es schließlich auch Menschen mit
schweren geistigen Behinderungen ermöglicht werden, „allein zu essen, sich an- und
auszukleiden, sich sicher zu bewegen, die Toilette zu benutzen, auf ihren Namen zu
hören und einfache Anweisungen zu befolgen und eventuell einfache abstrakte Beziehungen (größer, kleiner, innen, außen, oben, unten, neben usw.) zu verstehen und ein
Minimum an sozialer Spiel- und Beschäftigungsaktivität zu erwerben".[168] Auch wenn
Kritiker auf die der Therapie immanenten „Gefahr […] einer entpersönlichenden,
bloßen Reaktionsfixierung"[169] hinwiesen, ist der Einsatz derartiger therapeutischer
Methoden ein sicherer Beleg dafür, dass die Erkenntnis der Lernfähigkeit von Menschen mit schweren geistigen Behinderungen endgültig im Anstaltsalltag angekommen war.

---

166 Heinz Escher, Geistige Schwerstbehinderung bei Kindern aus der Sicht der heilpädagogischen
     Psychologie. In: BuB 1972, S. 11–14. Wir helfen. April 1973: Hahne, In der Diskussion:
     Verhaltenstherapie. S. 10–12. Teil 2 des Artikels in: Wir helfen, Mai 1973, S. 4–5.

167 Suhrweier 2009, S. 253ff.

168 Heinz Escher, Geistige Schwerstbehinderung bei Kindern aus der Sicht der heilpädagogischen
     Psychologie. In: BuB 1972, S. 11–14.

169 Thompson, Grabowski 1976, S. 5. Zit. nach Suhrweier 2009, S. 259.

Wider die Anstaltskarrieren – die Modellstation

Wegen der Unmöglichkeit im laufenden Stationsbetrieb nachhaltig verhaltensthera-
peutisch zu arbeiten, wurde im Sommer 1973 eine „Modellstation" eröffnet.[170] In der
Intensivabteilung zur psychologischen Verhaltensmodifikation geistig behinderter
Kinder im Keck-Ludewig-Flügel,[171] einem neu eröffneten Anbau des Hauses Bethlehem, erprobte man nun Therapiemethoden, Tests und heilpädagogische Hilfsmit-
tel, überprüfte die Ausbildungsinhalte der verschiedenen Berufsgruppen und das
„Personalschlüsselproblem".[172] Mit zehn ausgesuchten Kindern arbeiteten hier „10
pflegerische und/oder heilpädagogische/psychologische Kräfte", teilweise in zwei
Schichten. Dabei seien „erstaunliche Förderungsresultate" erzielt worden, so Abteilungsleiter Escher. Die „Kinder sind in ihrem Sozialverhalten wesentlich aufgeschlos-
sener und in ihrem Stimmungsverhalten sehr viel fröhlicher geworden. Hospitalisie-
rungserscheinungen sind in starkem Maße zurückgegangen".[173]

Ein wichtiges Argument für die Einbeziehung verhaltenstherapeutischer Methoden war neben der Förderung auch die dadurch erwarteten positiven Auswirkungen
auf die personellen und wirtschaftlichen Ressourcen. So erhoffte man eine Entlastung
des „Personals von einfachen Pflegearbeiten"[174] und im Fall des Karl-Witte-Hauses
die Vermeidung einer kostspieligen baulichen Nachbesserung. Denn nachdem „sich
gezeigt hatte, dass der Beton des neu eröffneten Hochhauses schlecht ausdünstet und
es hier viele Inkontinente gab, hätten nachträglich auf allen Etagen Belüftungsanlagen
eingebaut werden müssen", erinnert sich Heinz Escher. „Und als der technische Leiter
dann sagte, ‚Das wird eine sehr teure Nachrüstung', habe ich mir gedacht, ‚Wir können doch mal sehen, ob wir die Inkontinenten sauber kriegen. Mit Verhaltenstherapie
müsste das doch zu schaffen sein.'"[175]

Tatsächlich wurde in der Folgezeit ein großangelegtes Forschungsprojekt zur Sauberkeitserziehung durchgeführt. Auf einer eigens eingerichteten „Spezialstation"[176]
wurden sieben Versuchsgruppen mit jeweils sieben inkontinenten, „langzeitig hospitalisierten schwer geistig behinderten" Erwachsenen gebildet und über einen Zeitraum
von zwölf Tagen nach exakten verhaltenstherapeutischen Vorgaben „trainiert".[177] Der

---

170 Planungen für die Abteilung gab es bereits seit Anfang 1972. ArESA DV, 595, 12.4.1972 und 27.9.1972
     und 594, 24.5.1973. Die Modellstation wurde am 8.8.1973 eröffnet. BuB 1973/74, S. 4 und 22. Zeit-
     gleich wurde in der Stiftung Anscharhöhe in Hamburg-Eppendorf eine ähnliche Abteilung in ei-
     nem neu erbauten „Testhaus" eingerichtet. Vielen Dank an Dr. Harald Jenner für diesen Hinweis.

171 Namensgeber für diesen Anbau war der 1969 tödlich verunglückte Hamburger Kinderarzt Dr.
     Keck, dessen Tochter Wiebke Ludewig gemeinsam mit ihrem Mann den Bau durch eine „große
     Spende" ermöglicht hatte. Schmidt 1973, S. 52.

172 BuB 1973/74, S. 22.

173 Zwischenzeugnis für Dr. Heinz Escher, Diplom-Psychologe, 1.11.1974. Vielen Dank an Prof.
     Dr. Escher für die Überlassung des Dokuments.

174 Heinz Escher, Geistige Schwerstbehinderung bei Kindern aus der Sicht der heilpädagogischen
     Psychologie. In: BuB 1972, S. 12.

175 Interview Heinz Escher.

176 Brand 1976, S. 16.

177 Beginn des Sauberkeitstrainings am 12.3.1974. ArESA DV, 596, Konferenz leitender Mitarbeiter,
     6.3.1974.

Projektleiter Michael Brand, von 1971 bis Sommer 1974[178] als klinischer Psychologe in den Alsterdorfer Anstalten tätig, hat über das Projekt eine Dissertation verfasst und damit ein außergewöhnliches Zeitdokument geschaffen. Die Ergebnisse der teilnehmenden Beobachtung über den Umgang des Pflegepersonals mit den Bewohnern vermitteln ein realitätsnahes und detailreiches Bild sowohl über den Arbeitsalltag des Pflegepersonals als auch über das Leben der BewohnerInnen unter Bedingungen nahe einer „sensorischen Deprivation".[179] Nicht nur die Erkenntnis, dass die meisten der „Trainees"[180] bereits zwei Monate nach Beendigung der Maßnahme die zum Teil beachtlichen Trainingserfolge unter „Laborbedingungen" wieder eingebüßt hatten, bestätigte die bekannte Hypothese, dass „die konventionelle Behinderten-Einrichtung [...] ihre eigene Notwendigkeit immer wieder reproduziert. Die extreme Hilflosigkeit und Unselbständigkeit der Schwerstbehinderten [...] zu einem wesentlichen Teil das Ergebnis ihrer Anstaltskarriere und ihrer aktuellen Unterbringung" und „nicht ausschließlich das einer hirnorganischen Schädigung" war.[181] Brands Auslassungen zur Rolle des Psychologen in Behinderteneinrichtungen vermitteln darüber hinaus ein deutliches Bild von den Konfliktlinien innerhalb der Profession als auch zwischen den Psychologen und der Anstaltsleitung. „Der Psychologe soll sich dafür einsetzen", so Brand, „dass eine Einrichtung für die Behinderten da ist und nicht umgekehrt. Konkret heißt das, er muss erarbeiten und begründen, was für Bedürfnisse bestehen und welches ungefähr die Reihenfolge ihrer Dringlichkeit ist. [...] Der Psychologe wird notwendig ‚seine Kompetenzen überschreiten' und sich in die Planung und Verwaltung ‚einmischen' müssen, um die Einrichtungen in diesem Sinne zu verändern. Da dies in der Regel seine Aufgabe nicht sein soll, muss er bereit sein, den Konflikt mit dem Arbeitgeber gegebenenfalls durchzustehen, will er glaubhaft bleiben."[182]

Obwohl diese und andere psychologische Forschungsarbeiten, die Anfang der 1970er Jahre über die Alsterdorfer Anstalten verfasst wurden,[183] kurzfristig kaum etwas an den Gesamtstrukturen und nur wenig an den Lebensbedingungen der BewohnerInnen änderten, trug die Basisarbeit der „psychologischen Abteilung" zur Dynamisierung einer Entwicklung bei, an deren Ende die Auflösung der Anstaltsstrukturen als ein folgerichtiger und rückblickend unausweichlicher Schlusspunkt stand.

---

178 ArESA DV, 596, Konferenz leitender Mitarbeiter, 6.3.1974, 15.8.1974.

179 Brand 1976, S. 86.

180 Gemeint sind die Alsterdorfer BewohnerInnen.

181 Brand 1976, S. 272.

182 Ebd., S. 347.

183 Auf der Grundlage von Forschungen in den Alsterdorfer Anstalten wurden eine Diplomarbeit zum Thema „Verhaltens-Analyse und Therapieplanung bei autoaggressivem Verhalten geistig schwer retardierter Kinder" (Scholtz 1974) und Arbeiten über „Zufriedenheit und die Wahrnehmung von Arbeitsbedingungen und Einstellungen zu Aspekten der Arbeit beim Pflegepersonal" (Horstmann 1974), sowie „Die Wahrnehmung der Arbeitsbedingungen und die Einbeziehung zur Organisation beim Pflegepersonal einer Anstalt für geistig Behinderte" (Klusmann 1974) erstellt.

Heilpädagogisches Training oder Dressur? – Verhaltenstherapie

Prof. Dr. phil. Heinz Escher (*1937) trat am 1. Juli 1971 als Leiter der neuen Abteilung für klinische und pädagogische Psychologie in den Dienst der Alsterdorfer Anstalten ein. Der Diplompsychologe und Fachpsychologe für klinische Psychologie kam aus dem Rheinischen Landeskrankenhaus in Düsseldorf, wo er unter Caspar Kulenkampff, dem Initiator der Psychiatrie-Enquete, die kommissarische Leitung der Abteilung Psychologie innehatte. In Alsterdorf war er für die klinisch-psychologische Versorgung der psychiatrischen PatientInnen des Evangelischen Krankenhauses Alsterdorf und des Heinrich-Sengelmann-Krankenhauses zuständig, baute eine „Modellstation" für Kinder mit schweren geistigen Behinderungen und ein „Sauberkeitserziehungsprojekt für schwerstbehinderte Erwachsene" auf. Darüber hinaus war er für die Erziehungsberatung im Heim Alstertal, die „testdiagnostische Versorgung"[184] der Sonderschule und die Personalausbildung in den Fächern Psychologie, Soziologie und Pädagogik in der Schule für Krankenpflegehilfe und der Krankenpflegeschule zuständig. Zudem war Heinz Escher maßgeblich an der Planung des Werner-Otto-Instituts beteiligt. Nach unüberbrückbaren Meinungsverschiedenheiten schied Escher Ende 1974, ebenso wie kurz zuvor sein Kollege Michael Brand, aus dem Dienst der Alsterdorfer Anstalten aus. Bis zu seiner Emeritierung im Jahr 2003 lehrte er an der Fachhochschule Kiel im Fachbereich Soziale Arbeit und Gesundheit.

„Durch einen persönlichen Kontakt zu Dr. Borck hörte ich, dass es in Alsterdorf reichlich Veränderungsbedarf gab. Ich hatte mich in München vermittelt durch die Gesellschaft zur Förderung der Verhaltenstherapie e. V. redlich fortgebildet unter anderem speziell auf dem Gebiet der Verhaltenstherapie bei Schwerstbehinderten. Professor Lovaas aus Los Angeles hatte interessante Versuche lernpsychologischer Natur gemacht, um Veränderungen herbei zu führen, und die waren durchaus erfolgreich.[185]
In Alsterdorf war ich zunächst allein auf weiter Flur und deshalb ganz gut ausgelastet. Hier hoffte ich aber das, was ich bei Lovaas und anderen gelernt hatte, verstärkt in die Praxis umsetzen zu können. Ich habe hauptsächlich mit Kindern und Jugendlichen gearbeitet, um Veränderungen in den Fällen herbei zu führen, wo es wirklich dramatisch war. Mein Schwerpunkt lag bewusst auf dem Kinderheim Bethlehem mit den kleinen und dem Kinderheim Michelfelder mit den größeren Kindern bis Jugendlichen, weil es bei ihnen zumindest noch eine vage Hoffnung gab, man könne hier und da etwas verändern. Dagegen war bei den Erwachsenen der therapeutische Nihilismus, also das Gefühl, alles ausgereizt zu haben, vorherrschend,
Zunächst ging es um einzelne Therapien oder pädagogische Maßnahmen, je nachdem wie man das nennen will. Gleichzeitig ging es darum, beim Personal einen Grundstock zu bilden, d. h. also Fortbildung für Pflegepersonal, insbesondere um die Patienten herum, mit denen ich gearbeitet habe. Später kam noch eine Kollegin [Gabriele Frassa, d. V.] dazu und so haben wir durch unsere Erfolge bewirkt, dass nach

---

184 Zeugnisentwurf für Dr. Heinz Escher, Diplom-Psychologe, 2.10.1974.

185 Dr. Ivar Lovaas hatte seit den frühen 1960er Jahren am neuropsychiatrischen Institut der Universität von Kalifornien in Los Angeles Verhaltenstherapie bei autistischen Kinder erfolgreich eingesetzt.

und nach weitere Psychologenstellen eingerichtet wurden, dass eine Heilpädagogin dazukam und dann noch zwei Sozialpädagoginnen, die halbtags arbeiteten und die nun angeleitet wurden, mit den behinderten Kindern und Jugendlichen zu arbeiten. Später kam Hans-Heiner Hahne, ein Diplompsychologe dazu, der als Fortbildungs-referent tätig war und einen großen Wirkungskreis in vielen Einrichtungen von Stuttgart bis Niedersachen entfaltete.

Ich kann mich sehr gut an meine ersten Rundgänge erinnern, weil es für mich auch Schlüsselerlebnisse waren. Im Michelfelder Kinderheim gab es ein zwölfjähriges Mädchen. Sie hieß Barbara, war schwerstbehindert und vollführte bei der täglichen, mehrfachen Fütterungsprozedur jedes Mal ein Mordsgeschrei. Die Ideologie des Hauses besagte ja, der Stärkere soll dem Schwächeren helfen, d. h. eine erwachsene behinderte Frau stopfte diesem Mädchen gewaltsam mit Zurückbiegen des Kopfes den Brei so in den Rachen, dass das Mädchen, um nicht zu ersticken, zwangsweise schlucken musste. Für mich war es wirklich qualvoll, das mit anzusehen. Das Pflegepersonal hatte sich offensichtlich daran gewöhnt, dass so etwas praktiziert wurde. Und ich habe mir überlegt, wie kann ich mit dem, was ich als Verhaltenstherapeut gelernt habe, diese Situation verändern. Wir haben also ein Programm entwickelt, haben ein Esstraining nach den Prinzipien der sogenannten Verhaltensformung durchgeführt und haben das auch mit dem Pflegepersonal nach entsprechender Anleitung umsetzen können, sodass dieses Kind, das im Laufställchen kaum stehen konnte, also schwerstbehindert war, dann doch innerhalb von sechs, acht Wochen gelernt hat, zwar noch etwas staksig, den Brei aufzunehmen, zum Munde zu führen und sich einzuverleiben. Das bedeutete nun, Schluss mit der Quälerei, ein Stückchen Autonomie gewinnen.

Aber es gab noch viele andere schwerwiegende Fälle, wie zum Beispiel ein Mädchen, das ständig festgebunden war und sich selbst verletzte sobald man die Arme losband. Ein Augenlicht war bereits irreversibel geschädigt, das zweite konnte jetzt dank der Verhaltenstherapie gerettet und zudem die ständige Fixierung abgebaut werden. Das war ja schon eine große Verbesserung der Situation, nicht mehr tagtäglich angebunden zu sein mit allen Folgeerscheinungen der Hospitalisierung, die das ja mit sich bringt.

Oder es gab solche, die sich blutig kratzten oder mit hoher Aggressivität auf ihr Gegenüber losgingen, sobald sie losgebunden wurden. Und weil es noch mehr solcher Fälle gab, haben wir gesagt, wir müssen eine Modellabteilung einrichten. Im Haus Bethlehem bekam ich dann nach und nach drei schöne Räume, das waren früher Schwesternappartements, ein großer Raum, Balkon und eine integrierte kleine Küche. Den großen Tagesraum haben wir leer geräumt und haben einen Raum als sogenannten Auszeitraum gestaltet. Der war wichtig, um eine kurzfristige Unterbrechung der Verstärkungszufuhr zu bewirken, denn wenn Kinder Verhaltensauffälliges zeigen und sie werden durch unbeabsichtige Zuwendung, auch unter Umständen durch negative Zuwendung, verstärkt, kommt man da nicht weiter. Das war heilpädagogisches Training in kleinsten Schritten und stieß natürlich zunächst auf heftigste Ablehnung. Im Haus Bethlehem war eine sehr liebevolle leitende Schwester, die auf ihre Art versuchte, die Zimmer wie die von gesunden Kindern einzurichten. Ich will das jetzt nicht karikieren, nur es passte nicht zu deren Situation, weil diese Kinder damit leider nichts anfangen konnten. ,Dressur' hieß es dann, weil nun nicht mehr die Plüsch- und Häkeldeckchenatmosphäre herrschte, sondern nackte Tische. Aber es ging am Anfang nicht anders, weil sie alles runter- und weggefegt haben, wenn sie in die Räume kamen. Und um jetzt Anfänge von Kommunikation, von Sozialverhalten, von Spielverhalten aufzubauen, bedurfte es dieser kleinen Schritte.

Wir haben es tatsächlich geschafft mit Hilfe von angelernten Kräften, mit Einsätzen von zwanzig, dreißig Minuten am Tag über sechs, acht Wochen meist in Einzelbehandlung erhebliche Verhaltensänderungen zu bewirken. Diese Ergebnisse konnten sich auch von der Kosten-Nutzenanalyse her sehen lassen. Im Vergleich zu uns arbeitete Prof. Lovaas mit einem Personalschlüssel von drei bis vier hochspezialisierten Fachkräften pro Kind und erheblich zeitintensiver.

Besonders in Erinnerung ist mir auch Manuela, die ganz stark autistische Züge hatte und den Kontakt nicht aushalten konnte. Sobald man sie losband, ging sie kratzend, fauchend oder beißend auf einen zu. Da haben wir uns eingeschlichen mit entsprechenden Kassetten, also mit Musik. Wir haben nach den richtigen musikalischen Inputs gesucht, um eine Brücke zu diesem Kind herzustellen, um dann wiederum mit dem systematischen, immer ähnlichen Aufbau weiterzumachen: Wahrnehmungs- und kognitive Fertigkeiten, z. B. Farben, Formen, Mengen unterscheiden, non-verbale Begriffsbildung etc., sprechen lernen, soziale Kontakte herstellen. Diese mühsamen Fortschritte wurden dann konterkariert durch den Umgang mit ihr auf der Station. Denn im Michelfelder Kinderheim lebten so dreißig, vierzig, vielleicht auch fünfzig Jugendliche und der Pflegepersonaleinsatz war so getimed, dass um halb fünf die Schicht endete und die Jugendlichen ins Bett gesteckt wurden. Das waren körperlich gesunde Menschen, die von halb fünf nachmittags bis zum nächsten Morgen um sieben in ihren Betten liegen mussten. Das hält nicht jeder aus. Und da war auch ein Mädchen, das aufbegehrte gegen diese Prozedur, und die deshalb an den Füßen und mit nach hinten ausgestreckten Armen stramm am Bett fixiert wurde. Man muss nicht studiert haben, um zu wissen, dass Motorik für erholsamen Schlaf unerlässlich ist. Und weil ich das so empörend fand, wollte ich Herrn Schmidt das zeigen. Aber er hat sich nicht darauf eingelassen und ist in solchen Fällen überhaupt nicht unterstützend tätig geworden.

Ich habe dann eine Diplomandin von der Uni rangesetzt, den Status der sogenannten Selbststimulation und der Selbstbeschädigung unter diesen Massenpferchsituationen zu dokumentieren und vor allen Dingen zu dokumentieren, was passiert, wenn man die räumliche Situation entzerrt, also dort weniger Menschen unterbringt. Solche Dinge haben wir natürlich angestoßen mit der Zielrichtung, es muss sich etwas ändern.

Aber irgendwann kam der Punkt, an dem ich mir gesagt habe, so kann es nicht weitergehen. Und als ich dann eine Einladung zu einer Vorstandssitzung bekam, habe ich die Abteilung vorgestellt, Therapie-Videoaufnahmen gezeigt und die Ziele geschildert. Automatisch ging es dann auch darum, was verändert werden müsste. Das konnte ich ja nun nicht verheimlichen. Als sich dann nichts tat, habe ich irgendwann gesagt: ‚Ich kann das hier jetzt nicht mehr mittragen. Wenn sich nach Jahren nichts in Richtung Veränderung bewegen lässt, sollte ich mich an die Öffentlichkeit wenden.' In dem Moment hatte ich natürlich unbewusst meine Kündigung in die Wege geleitet.

Wenn ich auf diese strapaziöse Zeit zurückblicke, war das, was mich aufgebaut und was mich aufrecht erhalten hat, der sichtbare und erlebbare Erfolg bei einer ganzen Reihe von behinderten Menschen. Es waren kleine Schritte, aber ich denke die Lebensqualität, die dadurch bei Menschen mit Behinderungen zustande kam, war den Einsatz wert. Als ich nach diesen dreieinhalb Jahren gegangen bin, dann bin ich in der Hoffnung gegangen, dass ich etwas gesät habe, und dass es doch zumindest eine Chance gibt, dass diese Saat aufgehen kann. Denn die Erfolge waren sichtbar und sprachen sich herum und das Pflegepersonal wurde hellhörig und zeitweise auch aufmüpfig, weil es eine ganze Reihe von Leuten gab, die die Menschen nicht nur verwahren, sondern die pädagogische Initiative ergreifen wollten. Die es als einen Sinn ihres Lebens gesehen haben, dass sie auch an Veränderungen mitwirken konnten und wollten."

Von den Grenzen des „grundsätzlichen Ja zur Sexualität des Behinderten"

Neben der Schaffung von Arbeitsplätzen in den Alsterdorfer Werkstätten für Behinderte, einigen verbesserten Wohnmöglichkeiten (Einzelzimmer und kleinere Schlafräume) für Menschen mit leichteren Behinderungen, der Eröffnung einer ersten Außenwohngruppe und der Einrichtung eines Elternbeirats[186] geriet das Thema Sexualität und Partnerschaft in den Focus der Diskussion. Da man an den „Grundgegebenheiten der menschlichen Existenz nicht vorbei" könne und die „polare Situation" „in der Regel" für Gesunde und Behinderte gleichermaßen gelte, es zudem bei Führungen immer wieder die Frage gebe, welche Konzeption man in der „Handhabung der Beziehungen zwischen den Geschlechtern der Pflegebefohlenen" verfolge, wurde im April 1973 ein siebenköpfiger Sonderausschuss gebildet.[187] Das Team setzte sich aus den beiden leitenden Ärzten, dem Psychologen, Lehrer, Pastor, der Oberin und dem Leiter des „männlichen Gebiets" zusammen und sollte ein Konzept über „die Grundlagen für die Handhabung der Kontakte zwischen den männlichen und weiblichen Pflegebefohlenen erarbeiten, eine Bestandsaufnahme vornehmen und die Soll-Wunschvorstellungen fixieren, wohin der Behinderte im sexuellen Bereich geführt, wohin die repressive Sexualität gelenkt werden soll und wieweit Auflockerungen in der Handhabung des bisherigen Systems vorgenommen werden können."[188]

Bereits im Vorfeld hatte die Pflegeleitung des „männlichen Gebiets" eine Umfrage bei 485 „männlichen Pflegebefohlenen" durchgeführt. Danach hatten sechs der Befragten Freundschaften zu „Mädchen", vier besuchten das „Revier von St. Pauli",

---

186 ArESA DV, 14, Vorstandssitzung 15.2. und 12.4.1977. Am 10.12.1976 fand die konstituierende Versammlung des Elternbeirats statt. Erster Vorsitzender: Prof. Christoph Hohlfeld, 1. stellvertretender Vorsitz Dr. med. Grit Hammer, 2. stellvertretender Vorsitz Wolfgang König. Erste Gesamt-Elternversammlung am 24.2.1977; Wir helfen, Januar 1978: Der Elternbeirat, S. 10. „Seit dem 3. Nov. 1976 übt der Elternbeirat seine Tätigkeit für die Interessen der Heimbewohner aus."

187 Oberin Hartwig, Dr. Preußner-Uhde, Dr. Borck, Dr. Escher, Hahn, Pastor Lampe und Schade.

188 ArESA DV, 595, Konferenz leitender Mitarbeiter, 25.4.1973.

69 gaben „homosexuelle Beziehungen an" und 214 der Befragten betrieben Selbstbefriedigung.[189]

Auch das Pflegepersonal hatte man nach seiner Einstellung „zur Sexualität bei
Pfleglingen" befragt und herausgefunden, dass ca. drei viertel der MitarbeiterInnen
zwischengeschlechtliche Beziehungen „unter gewissen Umständen" ermöglichen
wollten (78 %), und es sie bedrückte zu sehen, „wie die Pfleglinge sich mit unausge-
lebter Sexualität herumquäl[t]en" (75 %).

Immerhin 16 % der Befragten waren jedoch der Meinung, dass Selbstbefriedigung
bei „Pfleglingen […] eine ernste Sache [sei], die man streng handhaben" müsse und
23 % wollten „Pfleglinge" davor bewahren, „zu früh etwas über Sex zu erfahren".[190]

Obgleich zu dieser Zeit immer noch strengste Geschlechtertrennung galt, zwei
beim Tête-à-Tête auf der Parkbank sofort „auseinander gejagt" und sexuelle Aktivitäten auch mit der Verlegung in den Wachsaal bestraft wurden, setzte in den Alsterdorfer Anstalten ein langsamer „Entkrampfungsprozess" ein.[191] Immerhin hatte
es im Jahr zuvor den ersten gemeinsamen Tanzabend für männliche und weibliche
„Pflegebefohlene" gegeben.[192]

Auf die Bedeutung des „Ausschusses über Sexualitätsfragen" verweisen die AutorInnen in der Einleitung ihrer Studie über „Sexualprobleme bei Behinderten": „Seit
Gründung der Alsterdorfer Anstalten [sei] dies der erste Versuch, im größeren Rahmen ein Gespräch über die Sexualerziehung der uns anvertrauten Behinderten zu
führen." Das Fazit ihres umfassenden und differenzierten Berichts, den sie im Juni
1973 vorlegten, lautete:[193] „Die Aufgabe angesichts der Sexualprobleme bei geistig
Behinderten aller Intelligenzgrade ist es, den Behinderten dahin zu führen und ihn
darin helfend zu begleiten, dass er seine Geschlechtlichkeit als etwas Natürliches,
Erlaubtes und Gottgegebenes ansieht und lernt, die Sexualität in den Grenzen, die
seine Behinderung ihm setzt, zu gebrauchen."[194] Sie schlugen vor, Rückzugsorte für
gleichgeschlechtliche Paare einzurichten, familienähnliche Wohngemeinschaften für
heterosexuelle Partnerschaften zu schaffen, Kontakte im allgemein sozialen Bereich
(am Arbeitsplatz, bei Festen, in der Freizeit) zu fördern, ebenso die „Erziehung zur
Zärtlichkeit" (u. a. durch die Vermittlung „sachgerechter Ausdrücke für den ge-
schlechtlichen Bereich", die Betreuung der Pfleglinge mit gemischtem Personal) und
im „Einzelfall", die Eheschließung zu erlauben.

In der anschließenden Diskussion, die mit einem „grundsätzlichen Ja zur Sexualität des Behinderten" endete, herrschte ebenfalls Einigkeit darüber, dass diese
„Neuorientierung dringend nötig" sei, aber zugleich viele Fragen im Hinblick auf
die Praxistauglichkeit aufgetaucht seien: Denn, „welches sind die Nahziele, und die

---

189 Ebd.

190 ArESA DV, 596, Konferenz leitender Mitarbeiter 3.4.1974. Fragebogen für das Pflegepersonal
der Alsterdorfer Anstalten, geordnet nach Kategorien mit dem Prozentsatz der Zustimmungen,
Fragen 57–60.

191 Interview Heinz Escher.

192 BuB 1973, S. 20. Im Frühjahr 1977 wurde ein erster Tanzkursus durchgeführt. Wir helfen, Mai
1977: Erster Tanzkursus erfolgreich abgeschlossen, S. 9.

193 Der Bericht war der Konferenz leitender Mitarbeiter am 27.6.1973 zugestellt worden.

194 ArESA DV, 596, Konferenz leitender Mitarbeiter, 31.10.1973. Sexualprobleme bei Behinderten, S. 13.

Fernziele? Muss nicht doch jeder Fall individuell behandelt werden? Soll der Pfleger
die Masturbation tolerieren und kann er das überhaupt, wenn er schon älter und in
seiner Einstellung dazu festgelegt ist? Und was ist in Fällen der Homosexualität zu
tun?" Dass man Sexualität hier ausschließlich als männliches Thema bzw. Problem
definierte, zeigt die Formulierung des folgenden Nahziels. Es gelte den „Pflegern klar-
zumachen, dass Masturbation keineswegs immer etwas Widerliches sein muss, auch
wenn er es anders gelernt hat". Ebenfalls als ein Nahziel definierte man individuelle
Entscheidungen darüber, ob etwa Adolf M. oder Werner B. seine Freundin besuchen
dürfte. Das Fernziel, die Einleitung einer generellen Umerziehung, sei indes nur mit
„langfristiger Planung" zu erreichen, „bei 1200 Patienten würde sich vielleicht schon
bald ein spezieller Sexualbeauftragter lohnen".[195]

Als dann, fast vier Jahre später tatsächlich zwei verlobte Paare einen Antrag auf
Heiratserlaubnis stellten und deren Vormund vorschlug, ein Haus anzumieten, in
dem ausgesuchte Pärchen leben könnten, lehnte man dieses Ansinnen als „vorerst für
zu verfrüht" ab. Natürlich habe man Verständnis dafür, dass, nachdem „in gewisser
Weise ‚a' gesagt" worden sei, „die Pflegebefohlenen möchten, dass wir nun auch ‚b'
sagen", aber neben „rechtlichen Barrieren" könne auch „aus Vernunftgründen" nicht
zugestimmt werden.[196]

1978 war das Thema schließlich von der Leitungsebene auf die Ebene der MitarbeiterInnen „gewandert". Der Arbeitskreis „Partnerschaft und Sexualität der Behinderten" diskutierte in wöchentlichen Treffen aktuelle und theoretische Fragestel-
lungen und schaltete sich auch in die laufenden Entwicklungen ein. So forderte er
bei der Planung des „216-Betten-Hauses" eine „gemischtgeschlechtliche Belegung",
da bisher „junge Erwachsene aus dem Jugendhaus in bestimmtem Alter wieder auf
eingeschlechtliche Abteilungen zurück müßten".[197]

Bis in die Gegenwart sind die Themen Sexualität und Partnerschaft im Bereich
der deutschen Behindertenhilfe „mehr oder minder mit Tabus belegt". Sie werden
zwar „nicht mehr offen negiert, aber stillschweigend dethematisiert – so als gäbe es
dies nicht", resümierte ein Hamburger Soziologe in seiner unlängst vorgelegten Dissertation über den sozialen Prozess der Ambulantisierung einer stationäre Wohneinrichtung in der Hansestadt.[198]

Erweiterung des beschäftigungs- und arbeitstherapeutischen Angebots

Die integrierte Arbeitstherapie zur Selbstversorgung und heilpädagogischen Förderung gehörte von jeher als zentraler Bestandteil zum Anstaltsmodell. Schon Heinrich
Sengelmann hatte der Beschäftigung eine hohe Bedeutung zugemessen, da sie zum
einen durch das „Erlernen von Sekundärtugenden wie Fleiß, Geduld, Genauigkeit

---

195 Ebd.

196 ArESA DV, 598, Konferenz leitender Mitarbeiter, 9.11.1977.

197 ArESA DV, 598, Arbeitskreis „Partnerschaft und Sexualität der Behinderten" im Auftrag Georg
      Schnitzler, Dipl.-Psych., 12.3.1979. Zum Arbeitskreis zählten zu diesem Zeitpunkt zwölf weib-
      liche und sieben männliche Mitarbeiter der Alsterdorfer Anstalten.

198 Kreuzer 2010, S. 247.

und Zuverlässigkeit die Persönlichkeitsbildung [fördere], zum anderen [...] der Existenzsicherung und der Vorbereitung auf ein Leben außerhalb der Anstalt" diene.[199] Allerdings führte der Weg aus der Anstalt über die Arbeitstherapie nur in den wenigsten Fällen ins „freie Leben". 1961 gab es laut Anstaltsleiter Jensen „51 derartige Entlassungen", während für die anderen die Arbeitstherapie, die Grundlage dafür bilden sollte, „dass sie auch in der engumgrenzten Welt der Anstalt ihr eigenes, sinnerfülltes Leben zu finden vermögen."[200]

1966 waren insgesamt 520 „arbeitsfähige Pfleglinge" in der Landwirtschaft, den Werkstätten und Abteilungen beschäftigt. Geht man davon aus, dass in diesem Jahr 1.024 Frauen und Männer zwischen 16 und 65 Jahren auf dem Anstaltsgelände lebten, lag der Anteil der beschäftigten bzw. mitarbeitenden BewohnerInnen zu diesem Zeitpunkt bei 51 %.[201]

180	Abteilungen	6	Wohnheim, Reinigung
87	Landwirtschaften	6	Abfuhrwesen
34	Küche, Diätküche, Casino, Kartoffelkeller	5	Sattlerei
24	Korbmacherei	5	Buchbinderei
22	Gemüseanbau	5	Maurerei
22	Nähstube, Garderobe	4	Lager
20	Landschaftsgärtnerei	3	Malerei
18	Verwaltung, Schreibstube	3	Klempnerei
16	Wäscherei, Bügelei	3	Friseurstube
11	Arbeiterkolonne	3	Tischlerei
11	Garderobe, Schneiderei	2	Essenfahrer
10	Blumengärtnerei	2	Holz- und Geschirrschuppen
8	Schuhmacherei	2	Spendenabteilung
6	Maschinenhaus	2	Krankentransport

Anzahl und Arbeitsplätze der beschäftigten Alsterdorfer BewohnerInnen, 1966.

Damit übernahmen viele „Pfleglinge" zum Teil zentrale hauswirtschaftliche und handwerkliche Tätigkeiten, die als „Bestandteil eines Selbstversorgungssystems der Anstalten sinnstiftend und nicht selten auch identitätsstiftend waren."[202] In einigen Bereichen – insbesondere auf den Stationen – waren die sogenannten Hilfsmädchen und Hilfsjungen unentbehrliche Arbeitskräfte.

---

199 Rau 2004, S. 34.

200 BuB 1962/63, S. 15.

201 LKAK 32.01, Nr. 3860, Statistik für das Jahr 1966, S. 18. Insgesamt lebten am 31.12.1966 1278 Menschen in der Anstalt, davon waren 199 unter 16 Jahre und 55 hatten das 65. Lebensjahr überschritten.

202 Theunissen 1999, S. 42.

Auch 1979 war die Zahl derjenigen, die „im Anstaltsbereich als Helfer bzw. als Arbeitskräfte" und in den seit Mai offiziell als Werkstatt für Behinderte[203] anerkannten Einrichtungen arbeiteten mit etwa 550 Personen relativ konstant geblieben. Allerdings sei zu überprüfen, so der kritische Einwand nach einer Begehung durch die Heimaufsicht der Arbeits- und Sozialbehörde, „inwieweit die Helfer in reguläre Arbeitsverhältnisse oder in den Bereich der Werkstatt überführt werden […] und das Arbeitsprämiensystem leistungsgerechter gestaltet werden" könne.[204]

Schon 1961 hatte die Beschäftigungstherapie mit Frau Hildegard Christian[205] und Ilse Pörksen in Alsterdorf Einzug gehalten. Ebenso wie ihre beiden Nachfolgerinnen Helga Markert und Diethild Langer hatten sie ihre Ausbildung am Annastift in Hannover, der 1953 eröffneten ersten staatlich anerkannten Schule für Beschäftigungstherapie, gemacht.[206] Mit Hilfe der neuen Therapieform sollten diejenigen, „die zu geregelter Tätigkeit nicht fähig zu sein" schienen, „in Einzelstunden, auf dem Wege vielseitiger Betätigungsmöglichkeiten für die Umwelt" aufgeschlossen und zu „geregelter Tätigkeit" befähigt werden. Im ersten Jahr konnten auf diese Weise „13 männliche Pfleglinge" dem stupiden Stationsalltag wenigstens für kurze Zeit entfliehen.[207] „Wir waren ja damals Mangelware, weil es die Ausbildung noch nicht lange gab und nach Alsterdorf wollte auch keiner gerne hin", erinnert sich Diethild Langer, die im November 1964 als Beschäftigungstherapeutin in Alsterdorf ihre Arbeit aufnahm. „Die meisten wollten in die Pädiatrie und Orthopädie und richtig Therapie machen. Was wir in Alsterdorf in den ersten Jahren gemacht haben, war ja Beschäftigung. Zu Anfang hatten wir zwei Räume, in einem Raum wurde mit psychiatrischen Patienten gearbeitet, in dem anderen Raum mit Jungen und Mädchen aus der Anstalt. Die durften ja damals noch nicht zusammen kommen, deshalb kamen morgens die Männer und nachmittags die Frauen." Noch zu Jensens Zeiten wurden gemischtgeschlechtliche Gruppen eingeführt, und es gab eine größere Werkstatt. Der sogenannte Weihnachtskeller, in dem sich bisher einmal im Jahr die Schwestern zum Handarbeiten getroffen hatten, wurde umfunktioniert. „Es war ein herrlich großer Raum, den wir dann fertig gemacht haben. Eine schräge Ebene für die Rollstuhlfahrer gab es anfangs nicht, die Rollstühle mussten wir noch runter tragen. Aber es war eine sehr schöne Zeit, weil wir aufbauen durften. In jeder Gruppe waren zehn bis zwölf Personen, Jugendliche und Erwachsene. Wir haben gewebt, Makrameearbeiten gemacht, Gürtel geflochten, Lampenschirme gemacht, Teppichknüpfen, Emaillearbeiten, Tonarbeiten, Stricken, Sticken usw.. Die Arbeiten wurden dann einmal im Jahr auf einem großen Basar verkauft. Dieser Basar war heilig, da mussten auch alle Werkstätten antreten und es wurde ziemlich viel Geld eingenommen.

Wir haben uns immer mehr ausgebreitet, der Weihnachtskeller wurde ausgebaut, nachher hatten wir dort vier Räume und es kamen auch weitere Kollegen dazu. Als

---

203 „Seit Mai 1979 hat die bisherige Fertigungs- und Arbeitstherapie die Anerkennung als Werkstatt für Behinderte und ist ab 1. Januar 1980 selbständig.[…] Ab 1.1.1980 gehören alle [Beschäftigten, d. V.] der Krankenkasse und Sozialversicherung an." Die Alsterdorfer intern 1/80, S. 22.

204 ArESA Ö, Bericht der Heimaufsicht über die Alsterdorfer Anstalten, Herbst 1979.

205 BuB 1961/62.

206 Scheepers, Steding-Albrecht, Jehn 2011, S. 13.

207 BuB 1962/63, S. 15.

Pastor Schmidt kam, waren wir schon ziemlich etabliert. Zu dieser Zeit wurde es auch therapeutischer. Davor haben wir eher für den kommerziellen Bereich gearbeitet. Pastor Jensen und vor allem seine Frau legten sehr viel Wert darauf, dass etwas produziert wurde, was auch verkauft werden konnte. Das änderte sich, als Jensens weggingen. Das habe ich sehr stark als einen Umbruch unserer Arbeit erlebt. Der therapeutische Ansatz rückte viel mehr in den Vordergrund. Da haben wir dann wirklich nach Montessori gearbeitet und Kinder behandelt und nicht nur Bommeln für Eierwärmer hergestellt."[208]

Bis 1975 war die Zahl der Beschäftigungstherapeutinnen auf acht plus sechs Hilfskräfte angestiegen. Die Zahl der Angestellten in der „Fertigungs- u. Arbeitstherapie" lag zur gleichen Zeit bei dreizehn Personen.[209] Wie Beschäftigungs- und Arbeitstherapie im Idealfall aufeinander aufbauen sollten, beschrieb Anstaltsleiter Schmidt 1969: „Die erste Stufe der Behandlung von geistig Behinderten besteht darin, dass sie von einem Team erfahrener Fachkräfte getestet werden. Dann kommen sie in die Beschäftigungstherapie, wo ihre Fähigkeiten im Sinne einmal ihrer schöpferischen Kräfte (‚kreatives Dasein') wie auch auf der anderen Seite ihres handwerklichen Geschicks geprüft werden. Die Beschäftigungstherapeutin leitet dann diejenigen Behinderten, die dazu in der Lage sind, weiter an den Arbeitstherapeuten, der dem Behinderten einen Platz in einer Werkstätte zuweist und ihn im einzelnen an seinem Arbeitsplatz anleitet und betreut."[210] Bis 1973 hatte sich ein differenziertes, aufeinander aufbauendes System von Beschäftigungs- und Arbeitstherapie entwickelt. Dazu zählten vier verschiedene Werkstattgruppen, in denen nach den „Richtlinien beschützender Werkstätten" gearbeitet wurde, aber auch die traditionellen anstaltsinternen Arbeitsplätze, nun ganz modern als „Regiebetriebe" tituliert.[211] Laut offizieller Darstellung waren 1973 „62 % der Pflegebefohlenen in Beschäftigung und Arbeit."[212]

Als im Herbst 1974 die Arbeitstherapie in das renovierte Haus Wittenberg einzog und dadurch die Zahl der dort beschäftigten „Pfleglinge" auf über 140 anstieg,[213] berichtete ein begeisterter Mitarbeiter über die „geradezu erlösende Wirkung auf

---

208 Telefonische Informationen von Diethild Langer. Frau Langer arbeitete von 1964 bis 1976 als Beschäftigungstherapeutin in den Alsterdorfer Anstalten.

209 ArESA DV, 273, Stellenplan 1.9.1975.

210 ArESA DV, 191, Hans-Georg Schmidt, Sept. 1969.

211 Schmidt 1973, S. 30.

212 Ebd.

213 BuB 1975/76, S. 18. Am 1. Oktober 1974 zog die Arbeitstherapie in das Haus Wittenberg ein. ArESA DV, 597, Arbeitsgruppen für das Haus Wittenberg ab 1.10.1974: Gruppe 1: Arbeitsplatzfindung, Arbeitserprobung, Anlerngruppe (9 Personen), Gruppe 2: Eigenproduktion: Teppiche, Peddigrohrarbeiten, Textilarbeiten (22 Personen), Gruppe 3: Eigenproduktion: Ton und Keramikarbeiten (5 Personen), Gruppe 4: Elektro: Sägen von Metallrohren, Gewindeschneiden, Absetzen und verzinnen von Kabeln, Montage von Lampenfassungen. Ab 1975 Bleche falzen, schleifen grundieren (20 Personen), Gruppe 5: Lebensmittel und Spielzeug: Kleben von Etiketten, Preisaufkleber, Farm, Zoo, Indianer, Cowboy, Kartoneinsätze, Kunstblumen (22 Personen), Gruppe 6: Karten falzen, kleben, sortieren und verpacken (15 Personen), Gruppe 7: Metall: Träger für Rollos, Hohlspiralen, Alu-Winkel, Klemmrollen (18 Personen), Gruppe 8: Plastik: Kabelverschraubungen, Eimer, Deckel (20 Personen), Gruppe 9: Briefmarken sortieren, schneiden (6 Personen) und Transportgruppe (4 Personen).

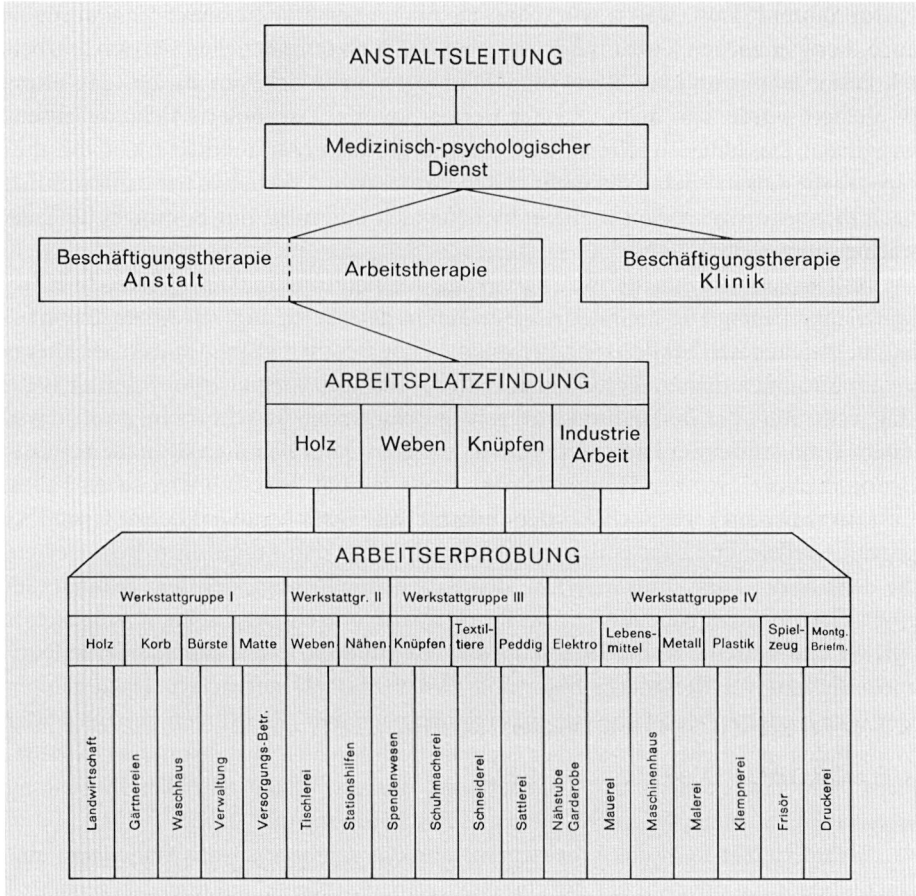

Grafische Darstellung der Arbeits- und Beschäftigungstherapie, 1973.

die ‚Kinder‘“. Selbst bei den „Schwächsten der Schwachen“ und den „Wagenkindern“ würden „erstaunliche Arbeitsaktivitäten“ freigesetzt. „Die ‚Kinder‘ drängen sich jetzt zur Arbeit und freuen sich auf jeden Arbeitstag, weil sie sich in den hellen, freundlichen und zweckmäßig hergerichteten sowie genügend Platz bietenden neuen Arbeitsräumen wohl fühlen, z. B. wohler als auf ihren Abteilungen.“[214]

Bis Mitte 1979 war die Zahl der Arbeitsplätze in den Alsterdorfer Werkstätten für Behinderte auf 236 angestiegen, an der Beschäftigungstherapie nahmen zu diesem Zeitpunkt täglich 49 BewohnerInnen teil. Seit April 1978 gab es in den Räumen der „alten Schuhmacherei“ im Herntrich-Haus zudem eine tägliche Fördergruppe für 19 Männer aus den Häusern Carlsruh und Heinrichshöh. Während mit diesem Angebot die Kategorie der „untere[n] Fördergrenze“ und damit die Gruppe der „‚hoffnungslosen Fälle‘“ endlich aufgelöst werden sollte,[215] richtete sich das Bildungsangebot

---

214 ArESA DV, 597, Leitungskonferenz 23.9.1974.

215 ArESA Ordner Dokumentation Alsterdorfer Anstalten 1979–1983, Fördergruppen, Therapie, Freizeitmaßnahmen, 18.5.1979. Auch Wir helfen, Februar 1979: Erika Fischer, Fördergruppe für Schwerstbehinderte, S. 6–7.

„Alsterdorfer Helfer" seit Oktober 1979 an die Gruppe der „Hilfsjungen" und „Hilfsmädchen". In einem neunmonatigen Ausbildungskurs mit 32 Unterrichtsstunden in
Theorie und Praxis wurden erstmals acht Frauen und Männer auf ihre Arbeit „bei der
Mitpflege und Mithilfe schwerbehinderter Bewohner [und] bei der Sauberhaltung
und Pflege von Abteilungen und Wohngruppen" vorbereitet und damit erstmals auch
offiziell als Arbeitskräfte anerkannt.[216]

Der Anstieg der Arbeitsplätze in den Werkstätten für Behinderte war für viele der
vorher unbeschäftigten Menschen ein Segen, hatte aber auch Kehrseiten, wie das folgende Beispiel zeigt: Als die Modernisierung des landwirtschaftlichen Betriebs in Stegen viele Arbeitsplätze in der ländlichen Außenstelle vernichtete, wurden die Keller-
räume zu industriellen Fertigungsräumen umgebaut. Hier saßen jetzt im „Neonlicht
[…] die Männer, die nur frische Luft gewöhnt waren, an Tischen und steckten Tag für
Tag mit ihren großen Arbeiterhänden kleine Plastikteile für Scharniere und Dach-
konstruktionen zusammen. Hatten einige vorher ausführlich über Einzelheiten ihrer
Arbeit erzählt, z. B. über Eigenarten der Kuh X und die individuellen Melktechniken
[…], so wussten sie nun nicht, was es mit den von ihnen zusammengesteckten Plas-
tikteilen auf sich hatte."[217]

Paradigmenwechsel in der Ausbildung – vom medizinisch-pflegerischen zum heilpädagogischen Ansatz

Vor dem Hintergrund der Forderungen nach „Normalisierung", der Erkenntnis, dass
die Förderung der BewohnerInnen durch qualifizierte MitarbeiterInnen nicht nur im
„Arbeits- und Beschäftigungsbereich", sondern auch im „Wohnbereich" stattfinden
sollte, dass eine reine medizinisch-somatische Ausbildung längst nicht mehr zeit-
gemäß war, heilpädagogische Zusatzseminare zu kurz fassten und dringend zusätzliches, vor allem auch männliches Pflegepersonal angeworben werden musste, kam es
auch in den Alsterdorfer Anstalten zur Entwicklung und Integration neuer Ausbildungskonzepte.

1969 stellte die Leitung der Alsterdorfer Anstalten bei der Hamburger Schulbehörde einen Antrag auf staatliche Anerkennung einer „vollberuflichen Ausbildung
zum Werktherapeuten".[218] Dem vorausgegangen waren mehrere Informationsreisen
von Alsterdorfer Mitarbeitern durch therapeutische Zentren in Holland,[219] bei denen

---

216 BuB 1980, S. 20, Eine neue Chance: Der Alsterdorfer Helfer. Wir helfen März 1981: Alsterdorfer
 Helfer, wo sind sie geblieben? S. 4–5.

217 McManama 2010, S. 107f.

218 ArESA DV, 191, 30.6.1969.

219 Derartige Reisen fanden im Dezember 1968 (ArESA DV, 12, Während der Vorstandssitzung
 am 5.12.1968 zeigte Walter Helbing Lichtbilder über eine Reise zu therapeutischen Zentren in
 Holland.) und im Juni 1969 statt (Schmidt, Julia Klages u. a., ArESA DV 191, Schmidt an die
 Schulbehörde, 30.6.1969.).

insbesondere die Besichtigung des „katholisch-diakonischen Werkes Raalte" und die dort beschäftigten Werktherapeuten überzeugt hatten. Das Konzept der fünfjährigen Ausbildung zum Werktherapeuten war weit gespannt und umfasste sowohl die Vermittlung von handwerklichen Kenntnissen (ein Jahr) als auch den Unterricht in medizinischen, psychiatrischen, psychologischen und heilpädagogischen Fächern (drei Jahre).[220] Der so ausgebildete Werktherapeut sollte „zur entscheidenden Beziehungsperson für den Behinderten bei seiner Lebensbewältigung" werden und ihn „hineinführen in die ihm neu erschlossenen Arbeitsmöglichkeiten".[221] Mit diesem neuen Schulangebot wollte man sicher auch dem Mangel an qualifizierten Arbeitstherapeuten entgegenwirken. Für sie gab es damals lediglich das Angebot einer berufsbegleitenden sozialpädagogischen Zusatzausbildung an der Gotthilf-Vöhringer-Schule in Wilhelmsdorf bei Ravensburg.[222]

Während die Absicht, diesen Ausbildungsgang in das Bildungsangebot der Alsterdorfer Anstalten zu übernehmen, nicht realisiert wurde, begann der Unterricht in der Heilerziehungspflegeschule für „sieben Herren [und] vier Damen" am 23. Februar 1972.[223] Nach ersten Anfängen in Stetten – hier hatte Ludwig Schlaich bereits 1958 eine Evangelische Heilerziehungspflegeschule eröffnet – und der nachfolgenden Gründung einzelner Ausbildungsstätten „innerhalb großer Behinderteneinrichtungen", hatten die Vertreter des Verbandes der Katholischen Einrichtungen für Lern- und Geistigbehinderte und des Verbandes Deutscher Evangelischer Heilerziehungs-, Heil- und Pflegeanstalten die „staatliche Anerkennung der Schulen für Heilerziehungspflege und Heilerziehungshilfe" gefordert.[224] Die Notwendigkeit einer solchen neuen sozialen Berufsausbildung lag auf der Hand. Es fehlte dringend eine spezifische Ausbildung in der Pflege, Heilerziehung und „Anleitung der Geistigbehinderten".[225] Schon bald nachdem die Ausbildung 1971 in Baden-Württemberg erstmals staatlich geregelt worden war, begann auch in Alsterdorf die Ausbildung zum Heilerziehungspfleger.

Mit der staatlichen Anerkennung der Heilerziehungspflegeschule am 23. Februar 1972[226] war das seit Anfang der 1960er Jahre verfolgte Ziel, Alsterdorf als heilpädagogische Ausbildungsstätte in Hamburg zu profilieren, endlich erreicht. Die Leitung der Schule, die ab Sommer 1973 in der ehemaligen Weberei untergekommen war, übernahm Julia Klages, die kurz zuvor pensioniert worden war.[227] Bis zu ihrem Ein-

---

220 Handwerklicher Grundkenntnisse in Holz, Metall, Stoff und Papier.

221 ArESA DV, 191, Antrag S. 6.

222 Hohm 1977, S. 127, An dieser „einzigen Schule werden seit ca. 8 Jahren Arbeitserzieher und Arbeitstherapeuten in einer sozialpädagogischen Zusatzausbildung herangebildet."

223 Wir helfen, November 1972: Ein Beruf mit Herz: Heilerziehungspfleger, S. 10–11.

224 Amthor 2003, S. 470.

225 S. dazu ausführlich Amthor 2003, S. 467–476.

226 Schmidt 1973, S. 49. BuB 1972, Arbeitszweige der Alsterdorfer Anstalten. Die erste staatliche Abschlussprüfung von acht Schülern erfolgte am 16. und 17.1.1975. BuB 1975/76, S. 20. BuB 1977, S. 19, 11.6.1976: Herrn Direktor Pastor Schmidt wird die „Urkunde des Senats, durch die die ‚Fachschule für Heilerzieher der Alsterdorfer Anstalten' die staatliche Anerkennung erhält", offiziell überreicht.

227 BuB 1973/74, S. 22. Am 16.8.1973 zog die Schule für Heilerziehungspflege in die freigewordenen Räume der Weberei, nach deren Umzug in das neu eröffnete Karl-Witte-Haus.

tritt in den Ruhestand hatte sie als Oberschulrätin in der Hamburger Schulbehörde gearbeitet und auch schon maßgeblich am nicht realisierten Konzept zur Ausbildung von Werktherapeuten mitgewirkt.[228] Im Sommer 1977 trat Dr. Klaus D. Hildemann ihre Nachfolge an.[229]

Lehrinhalte und Aufgaben entsprachen in modifizierter Form denen des Werktherapeuten, wobei die Ausbildung zum Heilerziehungspfleger kürzer war (drei Jahre) und weniger handwerkliche Anteile enthielt. Neben Psychologie und Pädagogik als Kernstücke der Ausbildung, wurden Soziologie, Politik, Rechtskunde, Deutsch, Theologische Grundfragen aber auch medizinische und pflegerische Grundlagen, sowie beschäftigungs- (Werken in Holz, Ton, Papier, Textil), arbeits- und heiltherapeutische (Krankengymnastik, Musik und Rhythmus) Inhalte vermittelt.[230] In den kommenden Schuljahren besuchten jährlich ca. fünfzig Schülerinnen und Schüler die dreizügige Bildungsstätte.[231] Seit November 1974 gab es mit der Eröffnung der Logopädenlehranstalt am Werner Otto Institut einen weiteren Ausbildungsgang in der Alsterdorfer Behinderteneinrichtung.[232]

Auch wenn bei der Umsetzung der neuen Ausbildung zum Heilerziehungspfleger/zur Heilerziehungspflegerin noch viel Entwicklungsarbeit geleistet werden musste und das „Spannungsverhältnis" zwischen Anspruch und Realität zu Konflikten zwischen den SchülerInnen und den „alten" MitarbeiterInnen führte,[233] war die Etablierung des neuen Ausbildungszweiges eine wichtige Etappe auf dem Weg zum Paradigmenwechsel, der weg führte vom medizinisch-pflegerischen hin zu einem heilpädagogischen Ansatz. Darüber hinaus ließ er die Hoffnung keimen, dass die neue Fachschule eine Professionalisierung des Pflegepersonals nach sich ziehen würde, was insbesondere im „männlichen Bereich" der Anstalten positive Auswirkungen haben musste. Denn 1973 hatten von den 124 Mitarbeitern weniger als ein Drittel eine Ausbildung als Krankenpfleger.[234]

---

228 ArESA DV, 595, Leitungskonferenz 6.6.1973: Die im „Ruhestand befindliche Oberschulrätin Frau Klages [ist] vom Vorstand dazu ausersehen worden […], die Leitung der Heilerziehungspflegeschule ab Sommer 73 auf Honorarbasis zeitweilig zu übernehmen." Zu ihrer Arbeit beim Aufbau der Fachschule für Heilerzieher Julia Klages, „Ich bin ein Alsterdorfer. In: Wir Helfen, September 1977, S. 5.

229 Klaus D. Hildemann (*1942), Theologe und Diakoniewissenschaftler. http://de.wikipedia.org/wiki/Klaus_D._Hildemann (22.5.2012).

230 Julia Klages, Die Fachschule für Heilerziehungspflege. BuB 1973/74, S. 6–7.

231 1974: 45; 1975/76: 57 und 1977: 53 Schülerinnen und Schüler. BuB 1974–1977.

232 Eröffnung am 4.11.1974, BuB 1973/74, 9; 1975/76: 12 Plätze, BuB 1975/76, S. 25.

233 „Natürlich besteht ein Spannungsverhältnis zwischen einer stark beanspruchten Praxis, die Mühe hat, des Tages Last zu tragen, und jungen Menschen, die in der Ausbildung stehen und nicht verstehen, dass die Erkenntnisse der ‚Wissenschaft', die sie gerade frisch erwerben, nicht schon heute statt morgen verwirklicht werden können." BuB 1973/74, S. 7. ArESA DV, 596, Konferenz leitender Mitarbeiter, 6.3.1974. „Um mögliche Konflikte zwischen den neuausgebildeten Heilerziehungspflegern und alten Stationsleitern abzufangen, hat der neue Fortbildungsdozent, Herr Dipl. Psychol. Groppe, der am 1.4. seinen Dienst bei uns aufnimmt, sich bereit gefunden, entsprechende pädagogische Programme für beide beteiligten Gruppen in seiner Fordbildungsarbeit anzubieten."

234 Schmidt 1973, S. 49: „38 Krankenpfleger, 9 Krankenpflegehelfer, 12 Krankenpfleger-Schüler, 2 Krankenpflegehelfer-Schüler, 10 Ersatzdienstleistende, 41 Pflegehelfer, 12 Verschiedene."

Herr~~Max~~ L.   G.

geb.   in

hat am

2. Akademiekurs für Bereichsleiter/Heimleiter

mit Erfolg teilgenommen.

Der Qualifizierungsnachweis wurde erbracht durch

Teilnahme an sämtlichen Kursabschnitten
Bearbeitung spezieller Aufgaben zur Übertragung der Lerninhalte
       des Kurses in die eigene Praxis
Vorlage einer schriftlichen Abschlußarbeit
Teilnahme an einem öffentlichen Abschlußkolloquium

Ziel des Kurses war es, die Teilnehmer als Heimleiter/Bereichsleiter
in der Behindertenhilfe zu qualifizieren.

An der Durchführung des Kurses waren neben den Mitgliedern der
fachlichen Leitung folgende Dozenten beteiligt:

Direktor N, E. Bank-Mikkelsen, Sozialministerium, Kopenhagen
Dr. jur. E. Dahlinger, Direktor des Landessozialamtes Württemberg, Stuttgart
Dipl. Päd. Erwin Dürr, Hauptgeschäftsstelle Diakonisches Werk, Stuttgart
Sabine Muischneek-Hoffmann, Dozentin für Rhythmik, Bern
Dipl. Päd. Wolfgang Schmid, Heilpädagogisches Seminar Wichernstift, Delmenhorst
Dipl. Soz. Hans-Georg Schmidt-Barthmes, Wuppertal
Dr. Fritz Schneeberger, Leiter des Heilpädagogischen Seminars, Zürich
Prof. Dr. Walter Thimm, Pädagogische Hochschule, Heidelberg
Dipl. Soz. Dr. Hans-Christoph Vogel, Solingen.

Stuttgart, den 17. Februar 1978

Fachliche Leitung:

(Dr. Albrecht Müller-Schöll)   *(Dr. Norbert Schwarte)*   *(Herbert Wohlhüter)*

2. Akademiekurs für
Bereichsleiter/Heimleiter.

Um die systematische Fortbildung der „alten" Mitarbeiter und Mitarbeiterinnen
kümmerte sich der Diplom-Psychologe Hans-Heiner Hahne, der seit Januar 1973
regelmäßige Fortbildungsveranstaltungen anbot.[235] Auf dem Programm standen u. a.
die Grundlagen der Lernpsychologie, Rollenspiele zum Thema „„Wertschätzung' der
anderen Person" mit der Vermittlung von angemessenem „Erziehungs- und Pflegeverhalten" und Kommunikationstraining zur besseren Verständigung mit den Kollegen am Arbeitsplatz.[236] Mitarbeiterinnen aus der Beschäftigungstherapie wurden
hier ebenso fortgebildet, wie langjährige Pfleger und Schwestern. Unter ihnen der
Pflegehelfer LG (*1923), der 1974 als Oberpfleger die Leitung des Hauses Carlsruh
übernahm. Auf dem Programm des einjährigen heilpädagogischen Kurses, den Oberpfleger G. wöchentlich für zwei Stunden besuchte, standen die Einführung in Grund-

---

235 BuB 1973/74, S. 20: Ab 15.7.1972 begann der Fortbildungsdozent des Diakonischen Werkes,
    Hans-Heiner Hahne, als assoziiertes Mitglied der psychologischen Abteilung seinen Dienst.
    Nach eineinhalb Jahren waren „etwa 80 Mitarbeiter in sechs Kursreihen fortgebildet worden".

236 Dazu ausführlich Wir helfen, September 1974: Hahne, Fortbildungsarbeit in den Alsterdorfer
    Anstalten, S. 3–4.

fragen der Heilpädagogik, der Musik- und Sprachtherapie, Fallbesprechungen und ein Besuch der Sprachheilschule Wentorf. Darüber hinaus nahm der Mitarbeiter an einwöchigen Grundkursen über die „Grundlagen der klinischen Verhaltensmodifikation" und dem „Training in angemessenem Erziehungs- und Pflegeverhalten" teil.

1976 bis 1978 reiste er zudem in die Diakonische Akademie nach Stuttgart.[237] Den Lehrstoff des „Akademiekurs[es] für Bereichsleiter/Heimleiter" mit über vierhundert Unterrichtsstunden vermittelten hier renommierte Vertreter der modernen Behindertenarbeit, unter ihnen der bekannte Däne Niels Erik Bank-Mikkelsen, der mit seinen Thesen zum „Normalisierungsprinzip" in die Geschichte der Behindertenhilfe einging.

Zweifel an der Wirksamkeit der Fortbildungen äußerte ein ehemaliger Mitarbeiter. Nach seiner Erfahrung änderten altgediente Pfleger ihr Verhalten nicht, „weil ein Psychologe ihnen erzählt, dass es eben so richtig und im übrigen eine feine Sache sei, sondern weil sie – günstigenfalls – *die Erfahrung machen* [Herv. i. O.], dass sie mit Psychologie im Alltag besser arbeiten können als ohne."[238]

Die Geschichte eines Skandals –
Vom Kollegenkreis Alsterdorf zur Goldenen Krücke

Zuerst waren sie zu dritt: ein angehender Arzt, ein Zivildienstleistender und der Heilerziehungspfleger Horst Wallrath. Man traf sich regelmäßig in der Blauen Blume in Altona und diskutierte, wie die Lebensbedingungen der behinderten Menschen, aber auch die Arbeitsbedingungen des Pflegepersonals zu verändern bzw. zu verbessern seien. Im Dezember 1975 gingen sie als Initiativgruppe Freizeitzentrum zum ersten Mal mit einem Flugblatt in die Anstaltsöffentlichkeit. Mit Hinweisen auf die Ergebnisse eines Internationalen Symposiums in London und die Empfehlungen des Diakonischen Werks zur sinnvollen Freizeitgestaltung für geistig Behinderte forderten sie, endlich das lange geplante Freizeitzentrum für die Alsterdorfer BewohnerInnen fertig zu stellen, es ganztägig auch für Schwerbehinderte zu öffnen, es finanziell und personell ausreichend auszustatten.[239] „Statt inhaltlicher Gespräche wurde das Verteilen des Flugblatts verboten und deutlich gemacht, dass Kritik unterwünscht sei", erinnert sich Wallrath. Aber der Kreis wurde dann nach und nach größer, nannte sich nun Kollegenkreis Alsterdorf[240] und bekam auch Unterstützung von kirchlicher

---

237 Die Diakonische Akademie Deutschland ist die zentrale Akademie des Diakonischen Werkes der Evangelischen Kirche in Deutschland. Die Akademie wurde 1970 in Stuttgart von Prof. Dr. Albrecht Müller-Schöll gegründet. Nach mehreren Umstrukturierungen erhielt die Diakonische Akademie 1998 eine neue Rechtsform und führt seither den Namen „Diakonische Akademie Deutschland gGmbH". Am 28.4.1999 wurde Prof. Dr. Hanns-Stephan Haas zum neuen Geschäftsführer berufen. www.bundesakademie-kd.de/ueberuns/focus.php (14.5.2012).

238 Brand 1976, S. 46.

239 Privatarchiv Horst Wallrath.

240 Zum Alsterdorfer Kollegenkreis s. auch Kühn 1981.

Seite.[241] Legendär wurde die Veranstaltung in der Wandsbeker Christus-Kirchengemeinde am 13. Juni 1978, für die der streitbare Pastor Wolfgang Grell den Gemeindesaal zur Verfügung gestellt hatte.[242] „Er war einer von mehreren linken Pastoren, die
unsere Initiative befürwortet haben, weil sie sagten, das, was dort in Jesu Namen oder
im Namen der Kirche passiert, das können wir überhaupt nicht gut heißen und wenn
Menschen, die dagegen opponieren, Schwierigkeiten bekommen, dann stehen wir zu
denen. Diese Unterstützung und Rückendeckung war für uns natürlich sehr wichtig
und hat uns bestätigt."[243] Es waren die Vertreter einer jungen, gesellschaftskritischen
und konfliktbereiten Hamburger Theologengeneration, die gemeinsam mit anderen
Gruppen als Mitveranstalter oder Mitherausgeber von Texten und Flugblättern fir-
mierten und so ihre Solidarität mit den Zielen des Kollegenkreises bekundeten. Der
Arbeitskreis Kirche und Gewerkschaft[244] war hier genauso präsent, wie die Hamburger
Gesellschaft für soziale Psychiatrie, die Hamburger Krüppelgruppe (1978 gegründet),
der Gesundheitsladen, die GAL (Grün-Alternative Liste Hamburg), der Aktionskreis
71 (AK 71)[245] oder die Redaktion der kirchenoppositionellen Zeitschrift Gegen den
Strom. Pastor Ulrich Hentschel, damals Mitherausgeber des Blattes, in dem vor allem
Pastorinnen und Pastoren der Nordelbischen Kirche theologische und politische Themen aufgriffen und diese „aus linker Sicht" kommentierten, erinnert sich gut an den
Kontakt zu Wallrath und dem Kollegenkreis, den man über die gewerkschaftliche
Arbeit in der ÖTV und andere politische Zusammenhänge kannte und dessen Ziele
man gerne unterstützte. „Es ging uns damals um eine grundsätzliche Veränderung
von dem, was man unter Anstaltsleben verstand. Wir waren sehr motiviert, alles das
zu unterstützen, was der Menschenwürde zum Durchbruch verhelfen konnte." Dafür
stellte man sich auch schon mal in „lausiger Kälte" und misstrauisch beäugt von den
Alsterdorfer Mitarbeitern vor die Pforte der Alsterdorfer Anstalten, um Flugblätter zu
verteilen. „Das war eine Unterstützungsaktion für den Kollegenkreis, denn die durften das ja selbst nicht."[246]

---

241 Am 26.4.1976 erschien das Flugblatt „Liebeswerk Alsterdorf? Zur Situation der Mitarbei-
     ter in den Alsterdorfer Anstalten bei dem der „Arbeitskreis Kirche und Gewerkschaft in der
     Nordelbischen Initiative zum Fall des Vikars Helmut Tröber" die Verantwortung im Sinne des
     Presserechts übernommen hatte.

242 S. zu Wolfgang Grell die Publikation von Linck und Christiansen 2009: Als im Kirchenamt „die
     Hölle los" war: Wolfgang Grell - ein Pastorenleben zwischen Rotariern und RAF.

243 Interview Horst Wallrath. Wallrath arbeitete vom 1.11.1971 bis Juni 1976 in den Alsterdorfer
     Anstalten und kehrte im April 2000 in die Evangelische Stiftung Alsterdorf zurück.

244 „Arbeitskreis Kirche und Gewerkschaft in der Nordelbischen Initiative zum Fall des Vikars
     Helmut Tröber". Der Arbeitskreis war Teil der Nordelbischen Initiative in der sich ca. 200 Pas-
     toren, kirchliche Mitarbeiter und Laien aus Protest gegen das Berufsverbot Tröbers zusam-
     mengeschlossen hatten. Dem jungen Vikar waren „kommunistische Aktivitäten" unterstellt
     worden. Telefonische Informationen von Helmut Tröber, 16.4.2012.

245 Flugblatt mit einem Aufruf zur Veranstaltung am 13.6.1978. Der AK 71 ist „eine Patientenselbst-
     organisation, die sich aus psychiatrischen Patienten und engagierten Bürgern" zusammensetzte
     und seit 1971 auf eine grundlegende Reform der Versorgung psychisch Kranker hinwirkte.

246 Ca. 1977 gegründet, erschien das DIN-A-4 Blatt 3–4 Mal jährlich in einer Auflage von ca. 300
     Stück. Laut Auskunft von Ulrich Hentschel, damals Gemeindepastor in Rellingen (Schleswig-
     Holstein) und Teil der fünf bis achtköpfigen Redaktionsgruppe. Telefonische Informationen
     Ulrich Hentschel, 23.4.2012.

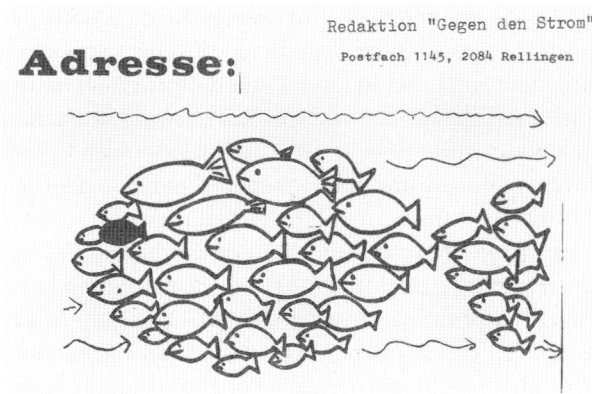

Redaktion "Gegen den Strom"

Adresse:

Postfach 1145, 2084 Rellingen

Die Redaktion
Gegen den Strom
als Unterstützer des
Kollegenkreises Alsterdorf.

In der Wandsbeker Gemeinde scheint die Gesprächs-Atmosphäre am 13. Juni 1978 alles andere als entspannt gewesen zu sein: in einer „Blitzaktion" war Anstaltsleiter Schmidt mit einer Gruppe von achtzig bis hundert Gegnern des Kollegenkreises erschienen, um den anwesenden Kritikern Paroli zu bieten.[247] Während die Vertreter des Kollegenkreises (zweck-) optimistisch resümierten: „Naja, jedenfalls erkannte er [Hans-Georg Schmidt, d. V.] unsere Kritik als berechtigt an und bescheinigte ihr sogar eine gewisse Konstruktivität",[248] stellte Schmidt deren Vorgehen als Diffamierung des Pflegepersonals dar und verortete die „Heißsporne" allesamt in der linksradikalen Ecke.[249]

Rückblickend erscheint die Veranstaltung in der Wandsbeker Christusgemeinde der Startschuss für die bald darauf einsetzende spektakuläre öffentliche Skandalisierung der Lebensbedingungen in Alsterdorf gewesen zu sein. Eine Veranstaltung, für deren Unterstützung der Wandsbeker Gemeindepastor sowohl von der Leitung der Alsterdorfer Anstalten als auch vom Kirchenvorstand der Gemeinde beträchtliche Kritik einstecken musste. Härter traf es den Oberpfleger Horst Wallrath, der bereits im Juni 1976 seinen Arbeitsplatz in den Alsterdorfer Anstalten verlor. Dieser habe sich als Atheist bekannt und mit den Grundsätzen der Alsterdorfer Anstalten nicht mehr übereingestimmt, ließ Anstaltsleiter Schmidt die Vorstandsmitglieder wissen.[250] Tatsächlich sei ein zentraler Kündigungsgrund die Unterzeichnung der Flugblätter und Broschüren mit seinem Namen gewesen, erinnert sich Wallrath. Außerdem sei der Spagat, in einer Institution zu arbeiten, die man tagtäglich kritisierte, letztendlich zu groß gewesen.[251]

1976 übernahm Wallrath für seine KollegInnen, die weiterhin in der Anstalt tätig waren und aus Angst vor Repressionen nicht öffentlich in Erscheinung treten woll-

---

247 Hans-Georg Schmidt in den BuB 1979.

248 Kollegenkreis 1978, S. 10.

249 BuB 1979, S. 6.

250 ArESA DV, 14, Vorstandssitzung 31.10.1978.

251 Wallrath kehrte im Frühjahr 2000 in den Dienst der Evangelischen Stiftung Alsterdorf zurück, mit dem Auftrag die geschlossene Station im Karl-Witte-Haus aufzulösen. In diesem Haus hatte er bis zu seiner Kündigung 1976 gearbeitet. Heute ist Wallrath Leiter der Hausgemeinschaft „Fett´sche Villa" im Hamburger Stadtteil Niendorf. Außer ihm sind noch weitere Kollegenkreis-Aktivisten in leitenden Positionen zu finden. Unter ihnen Birgit Schulz als Vorstandsmitglied der Evangelischen Stiftung Alsterdorf und Thomas Hülse als Leiter der Fachschule für Heilerziehung.

ten, die Rolle des offiziellen Kollegenkreissprechers. Nur wenige Monate nach der
Veranstaltung in der Christusgemeinde erschien im September 1978 die sogenannte
Schwarze Broschüre. In Handarbeit layoutet und in einer Hinterhofdruckerei hergestellt, wurde das Heft zunächst in einer Auflage von tausend Stück produziert. Schon
bald folgten weitere tausend Exemplare in einer zweiten Auflage. Bestellungen kamen
von „Buchläden, Behindertenorganisationen und von Privatpersonen aus dem gesamten Bundesgebiet".[252]

Die 31-seitige Schrift mit ihrem provokanten Bildzitat auf der Coverseite benannte Punkt für Punkt die zentralen Kritikpunkte: die katastrophalen Wohn- und
Lebenssituationen, die unangemessenen bzw. nicht vorhandenen Therapie- und Re-
habilitationsmöglichkeiten, die Unterdrückung der Sexualität der BewohnerInnen
und die schlechte Personalsituation. In einem „persönlichen Erfahrungsbericht"
schilderte ein Pfleger die verschiedenen Arten von Gewalt gegenüber den Behinderten auf seiner Station, beschuldigte sich selbst der „Verrohung" und interpretierte dies
als unausweichliche Entwicklung innerhalb der bestehenden Anstaltsstrukturen.[253]
Als kurzfristiges Ziel forderten die Mitglieder des Kollegenkreises eine Verbesserung
der „Lebensbedingungen der Behinderten und der Arbeitssituation der Kollegen", als

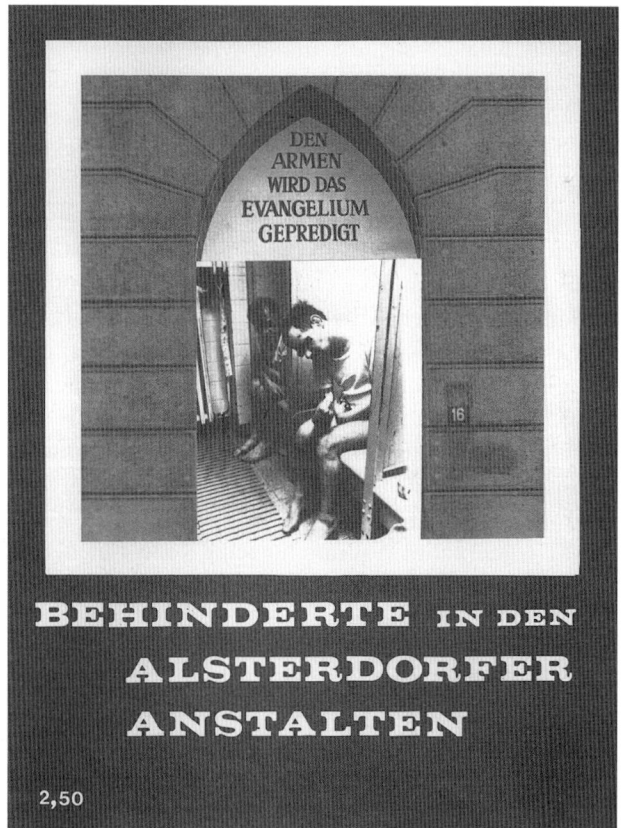

Zweitausend Exemplare
der Broschüre gingen
an InteressentInnen
im ganzen Bundesgebiet.

---

252 ArESA DV, 697, Kollegenkreis Alsterdorfer Anstalten 1979, S. 3.
253 Kollegenkreis 1978.

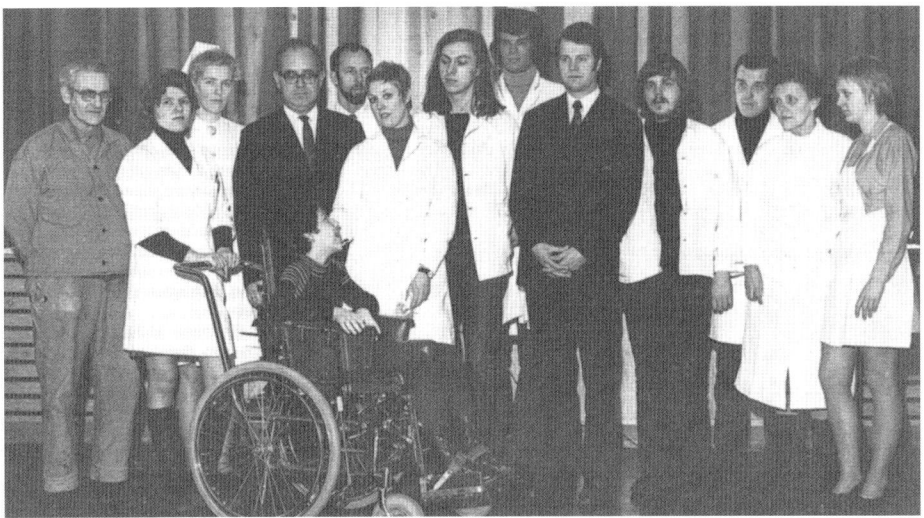

Horst Wallrath (Mitte, mit langen Haaren) als Repräsentant der Alsterdorfer Mitarbeiterschaft, 1973.

mittelfristiges die „Verkleinerung der Anstalt insgesamt" und schließlich als „weitest-
gehendes Ziel" deren Auflösung.[254]

Obwohl „in verschiedenen Abteilungen unter den Mitarbeitern Sympathisanten
zu finden" waren, entschloss sich der Stiftungsvorstand der Alsterdorfer Anstalten
dazu, die als „lästig und zeitraubend" empfundene Angelegenheit „generell" herun-
terzuspielen. Wesentliche Punkte sollten „im Sinn positiver Richtigkeit zusammengestellt und allen, die anfragen, in die Hand gegeben werden. Innerhalb einer normalen
Mitarbeiterversammlung sollten diese Punkte im allgemeinen Sinn ohne direkten
Bezug auf die Broschüre positiv dargestellt werden."[255]

Indessen bestärkten Solidaritätsbekundungen den Kollegenkreis, den eingeschla-
genen Weg fortzusetzen. Briefe kamen u. a. von der Freiburger Redaktion der jungen Zeitschrift Dr. med. Mabuse[256] und von der ÖTV-Betriebsgruppe Rotenburger
Anstalten. Diese bestellte gleich 25 weitere Exemplare der Dokumentation mit dem
Hinweis darauf, dass sie bei den Kollegen „ungeheuer gut eingeschlagen" habe und
sich die „Beschäftigten in den Diakonischen Betrieben […] zusammenschließen"
müssten, um gegen die als unbefriedigend empfundenen Zustände anzugehen.[257]

Nachdem der Kollegenkreis zunächst vergeblich versucht hatte, Zeitschriften
(u. a. die Zeit) und andere Medien für die Zustände in Alsterdorf zu interessieren,

254 Ebd., S. 6.

255 ArESA DV, 14, Vorstandssitzung 31.10.1978.

256 Aus der Idee von Medizinstudierenden in Frankfurt am Main, eine neue Art Fachschaftszeit-
     schrift auf den Mark zu bringen, die sich kritisch mit Medizin und Gesundheitspolitik
     auseinandersetzt und auch andere Berufsgruppen im Gesundheitswesen einbezieht, entwickelte
     sich die Zeitschrift Dr. med. Mabuse, deren erste Ausgabe am 10.12.1976 erschien. 1979 setzte
     sich die Redaktion aus autonom arbeitenden örtlichen Mabuse-Gruppen in Aachen, Berlin,
     Frankfurt, Freiburg, Giessen, Hamburg, Heidelberg, Kiel, Köln, Marburg, München zusammen.
     www.mabuse-verlag.de/Zeitschrift-Dr-med-Mabuse/Ueber-Dr-med-Mabuse (17.4.2012).

257 Vielen Dank an Horst Wallrath, der die Briefe zur Verfügung gestellt hat.

kulminierte die Idee, eine Diskussion über die „Aussonderung von Menschen [...] innerhalb und außerhalb der Anstaltsmauern"[258] anzuregen, im Frühjahr 1979 in einer bundesweit beachteten medialen Skandalisierung. Nie zuvor war eine diakonische Einrichtung für Menschen mit Behinderung in dieser Form an den Pranger gestellt worden. In der renommierten Wochenzeitung Die Zeit erschienen am 20. April 1979 gleich zwei ausführliche Berichte: Unter dem Titel „Die Gesellschaft der harten Herzen" identifizierte Katharina Zimmer die Alsterdorfer Anstalten als eine von vielen „Schlangengruben in unserem Land" und im Zeitmagazin berichtete Renate Just ausführlich über die „unmenschlichen Verhältnisse". Ein Hamburger Fotograf lieferte bedrückende und aufrüttelnde Fotografien vom Anstaltsalltag.[259]

Mit drastischen Worten beschrieb die Journalistin ihren Eindruck vom „Elendsquartier" Haus Carlsruh: Der Anblick „treibt einem Tränen in die Augen, dreht einem buchstäblich den Magen um. Wer hier ‚daheim' ist, würgt nicht mehr."[260] Sie kritisierte den „Entzug von allem, was menschliches Leben ausmacht", die Blockierung von pädagogischem, einfühlendem und fortschrittsorientiertem Arbeiten durch den „fatalistisch diagnostizierenden Mediziner-Standpunkt", aber auch den stigmatisierenden ausgrenzenden Umgang der „‚normalen' Gesellschaft" mit den „Nicht-Normalen". „Solange die Außenwelt auf ihrer Verdrängungsroutine beharrt, solange sie die Verantwortlichkeit für ihre Schwachen erleichtert delegiert, so lange können sich Anstalts-Kolosse nicht in Luft auflösen. Und so lange wird der Spruch, der in Schönschrift im Flur von Haus Bismarck hängt, ein Sarkasmus, ein nicht eingelöstes Versprechen sein: ‚Der Herr vergisset nicht das Schreien der Armen.'"

Nach Befragungen von MitarbeiterInnen aus dem Pflegebereich, ÄrztInnen und BewohnerInnen resümierte sie: „Hier ist keiner ein ‚Monster', hier sind alle Opfer, nicht nur ihrer Behinderung, sondern vor allem der unsäglichen Verhältnisse, die den Schaden erst anrichten." Ihr Appell an die Anstaltsleitung und die Chefärzte, die „Schattenseiten" in den „Glanzbroschüren, mit denen die Institution um öffentliches Wohlwollen und Spendenfluß" werbe, nicht länger zu bagatellisieren. „Das Anstaltsmonster Alsterdorf wächst und wächst. [...] Aber heben Klinker und Beton statt Bretterbuden von 1890 den diskriminierenden Anstaltscharakter auf?"[261]

Noch heute erinnert sich Hans-Georg Schmidt mit Schrecken an die damals eskalierende Konfrontation: „Das war eine Zeit damals, die war einmalig, da musste man eine ganze Menge durchstehen. Ich wusste doch selber, wie es in manchen Häusern bei uns aussah. Einige waren zwar renoviert, aber Baracken waren es trotzdem und niemand möchte auf Dauer eine Baracke als Wohnung haben. Unser ganz klares Ziel war es, bis spätestens 1985 gibt es das gar nicht mehr. Aber es ging nicht von heute auf morgen, wo sollten die alle hin? Darüber hat sich keiner Gedanken gemacht, niemand war bereit, Schwerstbehinderte aufzunehmen, das überließ man uns und wir waren dann Schlangengruben. Was mich stört ist, dass bis heute in der Regel nur das Negative auf den Tisch gebracht wird. Es gab ja beides, es gab auch positives. Das Borck-Haus, das war damals das modernste Jugendhaus der Behindertenwelt.

---

258 Kühn 1981, S. 134.
259 Rudi Meisel.
260 Just 1979.
261 Ebd.

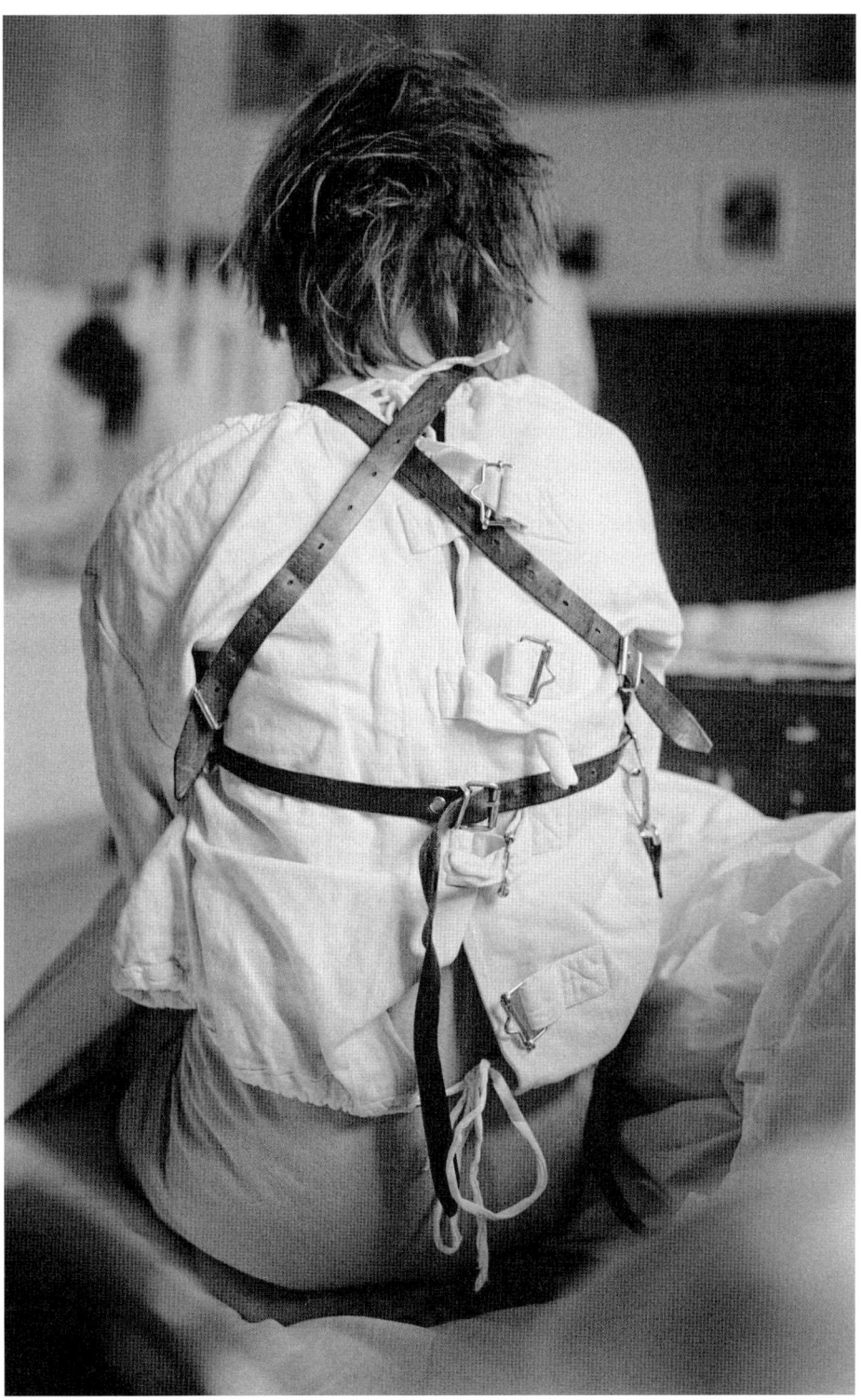

Anstaltsalltag in Alsterdorf. Titelmotiv des Zeitmagazins vom 20.4.1979

Natürlich bezogen auf damals, heute würden wir ganz andere Ideen haben. Aber das wird häufig vergessen. Auf einmal war alles die Schlangengrube der Gesellschaft.“[262]

Die Journalisten des Zeit-Magazins prangerten aber nicht nur die aktuellen Missstände in den Alsterdorfer Anstalten als Resultat einer „Gesellschaft der harten Herzen“ an. Zum ersten Mal wurde öffentlich in dieser Form über das Thema der „Euthanasie“-Verbrechen an Alsterdorfer BewohnerInnen berichtet.[263] Ausgehend von der Lebensgeschichte und den Berichten des „Pflegebefohlenen“ Albert Huth (1926–2008), unterstützt durch die Aussagen des Hamburger Staatsanwalts Dietrich Kuhlbrodt und sicher auch durch Informationen des Kollegenkreises berichteten sie über die Deportationen der AlsterdorferInnen in den Tod.

Schon seit Jahren hatte Huth, der seit 1940 in den Alsterdorfer Anstalten lebte, an einem tagebuchartigen Bericht über das geschrieben, was er damals in der Anstalt gesehen hatte, und Briefe an öffentliche Stellen im In- und Ausland geschickt.[264] Einer seiner Briefe an die Staatsanwaltschaft hatte 1967 sogar ein staatsanwaltliches Ermittlungsverfahren gegen die Verantwortlichen in der NS-Zeit ausgelöst. Auch wenn weder die Texte von Albert Huth noch die des Zeit-Journalisten wissenschaftlichen Überprüfungen standhalten, erreichten sie etwas sehr Entscheidendes: zum ersten Mal wurde parallel zum Betreuungsskandal schwerstbehinderter Menschen über die Hamburger „Euthanasie“-Opfer gesprochen.

„Diese Berichte […] entsprechen die Wahrheit.“ – Tagebuch von Albert Huth.

An dieser Stelle wird die immense Bedeutung des Wechselbezugs von Aufarbeitung und Reform offensichtlich. Schon lange vor den „68er Jahren“ hatte die Hypothek der NS-Medizinverbrechen erste Impulse ausgelöst, in deren Folge dringende Verän-

---

262 Interview Hans-Georg Schmidt.

263 Im Sommer 1973 waren im Zusammenhang mit dem Prozess gegen Lensch und Kreyenberg Artikel „in Sachen Euthanasie in Alsterdorf während des Krieges“ in der Bild-Zeitung und in Die Welt erschienen. ArESA DV, 596, Konferenz der leitenden Mitarbeiter 29.8.1973. Hamburger Pastor unter Mord-Anklage. In: Bild (Hamburg) 28.7.1973, Euthanasie in Alsterdorf: Pastor unter Mordanklage. In: Die Welt (Hamburg) 28./29.7.1973.

264 Auszüge aus dem Tagebuch von Albert Huth, s. Sierck 1982.

Albert Huth, 1966.

derungen in psychiatrischen Anstalten und Behinderteneinrichtungen angemahnt wurden. Aber erst die Dynamik der 68er Bewegung führte schließlich dazu, dass sich die vielen Einzelinitiativen zu einer durchsetzungsfähigen Reformbewegung entwickelten.[265]

Innerhalb und außerhalb der Alsterdorfer Anstalten brachte der Zeit-Artikel eine Lawine ins Rollen. Noch am selben Tag setzten sich die Verantwortlichen zu einem Krisenstab zusammen,[266] zwei Tage darauf wurde der Zivildienstleistende Daniel Karasek, den man als Hinweisgeber enttarnt hatte, beurlaubt und mit Hausverbot belegt. In den der Berichterstattung nachfolgenden Ausgaben der Zeit wurden dutzende Leserbriefe abgedruckt und am 18. Mai schließlich zu einer Pressekonferenz in die Alsterdorfer Anstalten eingeladen. Trotz der umfassenden Informationen, die die Anstaltsleitung an die zahlreich erschienenen Journalisten verteilte, berichteten diese nur wenig über die erfolgten und noch geplanten Schritte zur „Normalisierung im Sinne des noch heute hochmodernen Sengelmannschen Prinzips"[267], sondern stellten zwangsweise angeschnallte Behinderte und schlagende PflegerInnen in den Vordergrund. So titelte die Frankfurter Rundschau „Behinderte wurden auch geschlagen. Alsterdorfer Anstalten geben Misshandlungen zu",[268] und ein Kommentator der Hamburger Morgenpost forderte angesichts des „Prügel-Skandals" von „Pastor Schmidt als Christen [...] diese unmenschlichen Zustände" auf den Stationen von sich aus anzuprangern, „nicht erst auf Druck der Presse."[269]

Angesichts der „harten öffentlichen Kritik" formierte sich innerhalb der Mitarbeiterschaft eine „Aktionsgemeinschaft", die den Kurs der Anstaltsleitung unterstützte. Ausgerüstet mit einem Banner zogen „Bewohner und Betreuer" in die St. Nicolaus Kirche, forderten „Vertrauen für Pastor Schmidt" und vom Senat mehr Geld für eine „moderne Behindertenarbeit". Vehement wehrten sie sich dagegen, „zu Sündenböcken für Verfehlungen einzelner Mitarbeiter gemacht zu werden".[270]

265 Dieser Zusammenhang wurde erstmals grundlegend von Franz-Werner Kersting analysiert. S. dazu Kersting 1998 und 2003.

266 ArESA DV, 598.

267 LKAK 11.02, Nr. 581. „Bisherige Tätigkeiten im baulichen Bereich und Planungen" und „Konzeption der Alsterdorfer Anstalten".

268 Frankfurter Rundschau, Mai 1979.

269 Hamburger Morgenpost, 21.5.1979, Der Kommentar von Gerd-Peter Hohaus.

270 Hamburger Abendblatt, 21.5.1979, S. 5. Der Kreis startete ebenfalls eine Unterschriftenaktion: „Solidarität mit Pastor Schmidt!" ArESA DV, 697, Kollegenkreis Alsterdorfer Anstalten 1979, S. 33.

Die Demonstration der „Aktionsgemeinschaft" am 20. Mai 1979.

Obwohl der Auftritt dieser Gruppe einmalig bleiben sollte, wirft er doch ein Blitz-
licht auf die enorme Polarisierung, welche die Folgen der Kollegenkreisaktivitäten
auslösten, denn viele langjährige MitarbeiterInnen erlebten die Forderungen und
Vorwürfe als persönliche Entwertung. Die Herausforderung, auf diesem „Minenfeld"
die richtige Balance zu finden, ist Teil eines unlängst erschienenen Berichts über die
Entwicklung der Mitarbeiterschaft in den ehemaligen Rotenburger Anstalten.[271] Auch
die Dokumentationen über den bundesweit beachteten und heftig diskutierten Höhepunkt der Bremer Psychiatriereform, die vollständige Auflösung der langzeitpsychia-
trischen Einrichtung Kloster Blankenburg[272] Ende der 1980er Jahre, lässt das enorme
Konfliktpotential lebendig werden, das ein Aufeinandertreffen von Reformern und
„alten" MitarbeiterInnen bewirkte.[273]

Im „Fahrwasser" der enormen medialen Thematisierung – neben der Presse
berichteten auch Rundfunk und Fernsehen[274] – gelangte das Thema schließlich auf
die politische Ebene.[275] Am 30. Mai 1979 wurden die „Vorfälle in den Alsterdorfer

271 Kiss 2011, S. 86f.

272 In der Außenstation des damaligen Zentralkrankenhauses Bremen-Ost lebten seit 1957 bis zu
    vierhundert Frauen, Männer und Kinder. Indem man auch „die ausgegrenztesten und rand-
    ständigsten Bürger wieder ins Zentrum der Gemeinde" zurückholte, ist „in Bremen zum
    erstenmal auf dem Boden der BRD Gemeindepsychiatrie vollständig und ausnahmslos ernst-
    genommen worden", urteilte der Psychiater Klaus Dörner 1991. Dörner 1991, S. 198.

273 Zu Blankenburg s. Der Mythos 1983 und Gromann 1991. Zum 20-jährigen Jubiläum thema-
    tisierte die Sonderausstellung „Zurück ins Leben – Psychiatrie, Reform, Kunst und Gesellschaft"
    (20.6.–31.8.2008, Krankenhaus-Museum, Bremen) diesen bundesweit einmaligen Auflösungs-
    prozess und ließ die verschiedenen daran beteiligten bzw. davon betroffenen ProtagonistInnen (Pa-
    tientInnen, Pfleger, Schwestern, ÄrztInnen, SozialarbeiterInnen, Politiker usw.) zu Wort kommen.

274 Vgl. eine Auswahl der Medienreaktionen in: ArESA DV, 697, Kollegenkreis Alsterdorfer
    Anstalten 1979.

275 Bereits Ende 1978 hatte der SPD Abgeordnete Michael Sachs eine „Schriftliche Kleine Anfrage"
    an die Hamburger Bürgerschaft gestellt. Nach Auflistung der Kritikpunkte, die er aus der „Schwar-

Anstalten" ausführlich und kontrovers in der Hamburger Bürgerschaft diskutiert.[276] Die Vertreter der CDU warfen dem Senator für Arbeit, Jugend und Soziales, Jan Ehlers (SPD), vor, Mitarbeiter und Anstaltsleitung im „Regen undifferenzierter Kritik stehengelassen" zu haben, und verlangten, er solle sich nach „Auswertung aller Kenntnisse vor die Alsterdorfer Anstalten und vor deren Mitarbeiter" stellen und „für die Öffentlichkeit und in der Öffentlichkeit ein klärendes positives Votum" abgeben. Dagegen wies Ehlers auf die Ambivalenz der Situation hin: Ohne Zweifel seien die Alsterdorfer Anstalten „ins Gerede gekommen. Und dies muss", so der Senator, „von vornherein eine zweischneidige Sache sein. Dies ist mit Sicherheit gut, weil sich so die Chance bietet, überhaupt die Lebens- und auch die Arbeitsbedingungen […] zu verbessern." Weniger gut sei der Vertrauensverlust, der mit einer „Kritik, die über das Ziel hinausschießt", verbunden sei.[277]

Ein weiterer Höhepunkt des Alsterdorf-Skandals ging am 21. November 1979 im renommierten Frankfurter Theater (Schauspiel Frankfurt) über die Bühne. Auf Initiative des Kollegenkreises überreichte Ernst Klee den Verantwortlichen der Alsterdorfer Anstalten in Abwesenheit „Die goldene Krücke". Der Journalist und Autor, dessen frühe Publikationen über „die Probleme der größten Randgruppe in unserer Gesellschaft" (Behinderten-Report 1974/76) und Arbeiten über den Massenmord an Menschen mit geistigen und psychischen Behinderungen während der NS-Zeit als bahnbrechend gelten,[278] leitete gemeinsam mit Gusti Steiner[279] – Mitbegründer der bundesdeutschen emanzipatorischen Behindertenbewegung – den Frankfurter Volkshochschul-Kurs „Bewältigung der Umwelt".[280] Die behinderten und nichtbehinderten TeilnehmerInnen hatten dabei die Idee entwickelt, Organisationen oder Einzelpersonen, die sich in „Wort, Schrift, Tat, Ton oder Bild als besonders behindertenfeindlich ausgezeichnet" hatten und damit „die Integration Behinderter nachhaltig" erschwerten, mit einem „Wanderpreis" auszuzeichnen.[281] Während die erste „Goldene Krücke" 1978 für den Slogan „Verkrüppelt für den Rest des Lebens … ist ein schlimmer Tod!" vollständig an den HUK-Verband gegangen war, wurde sie 1979 auf

---

zen Broschüre" des Kollegenkreises zusammengestellt hatte, bat er den Senat um Stellungnahme. Bürgerschaft der Freien und Hansestadt Hamburg, 9. Wahlperiode, Drucksache 9/399, 3.1.1979.

276 An der Diskussion beteiligten sich von der CDU: Dr. Sieghard-Carsten Kampf, Facharzt im Katholischen Marienkrankenhaus, Hamburg und Eduard Prosch, von der SPD Jan Ehlers, Senator für Arbeit, Jugend und Soziales und Bodo Schümann, der das Thema einführte. Schümann, 1937 geboren war Pastor, Lehrer an einer Gesamtschule und von 1985–2002 Geschäftsführer der Elbe-Werkstätten GmbH, Werkstatt für behinderte Menschen in Hamburg. (Kopitzsch, Brietzke 2003, S. 463). 2000 schrieb er eine Dissertation über Heinrich Sengelmann als Stifter und Anstifter der Behindertenarbeit. (Schümann 2001).

277 Plenarprotokoll der Bürgerschaft der Freien und Hansestadt Hamburg, 9. Wahlperiode, 22. Sitzung am 30.5.1979, S. 1165–1170.

278 Hier vor allem die Publikationen „Euthanasie" im NS-Staat: die „Vernichtung lebensunwerten Lebens" von 1983, die mittlerweile in 12. Auflage erschienen ist und Dokumente zur „Euthanasie" (1985).

279 Dazu Gusti Steiner (1938–2004): Wie alles anfing - Konsequenzen politischer Behindertenselbsthilfe. www.forsea.de/projekte/20_jahre_assistenz/steiner.shtml (23.4.2012).

280 Dazu ausführlich Klee 1976.

281 Zit. nach Klee 1980, „Die Goldene Krücke - Preisstatuten". http://bidok.uibk.ac.at/library/klee-behindert.html#id3157141 (23.4.2012).

offener Bühne zersägt: die eine Hälfte sollte an den Leiter des Spastikerzentrums in München,[282] die andere an Hans-Georg Schmidt, den Leiter der Alsterdorfer Anstalten, gehen. Begleitet von theatralischen und musikalischen Inszenierungen – zur Melodie „Auf der Reeperbahn nachts um halb eins" wurde der Text „Dort in Alsterdorf nachts um halb zehn, hört kein Herrgott dein Rufen und Flehn" gesungen – überreichte Klee die halbierte Krücke an die Vertreter der abwesenden Repräsentanten der Münchener und Alsterdorfer Anstalten. Schmidt, der sich von drei Mitarbeitern vertreten ließ, nahm tags darauf in einem Rundschreiben an alle MitarbeiterInnen Stellung. „Daß ich zu einem solchen Geschehen nicht persönlich hingefahren bin, werden Sie sicher verstehen, wenn Sie die anliegende sogenannte ‚Laudatio' des Herrn Klee lesen. Ich meine, solche blasphemischen Äußerungen und unwahren Behauptungen richten sich selbst." Sein Ratschlag an alle diejenigen, die für derartige Texte Verständnis aufbrächten, sich endgültig von „unserer Alsterdorfer Arbeit" zu distanzieren und Konsequenzen zu ziehen, war eine deutliche Aufforderung an alle aktiven Kritiker, ihren Dienst zu quittieren.[283]

> „Hochzuverehrende Anwesende, geliebte Krüppel,
>
> wir leben in einem Land, dessen Politiker und Rehabilitations-Bürokraten ständig von ‚Integration' (zu Deutsch: Eingliederung) festrednern, in Wirklichkeit Behinderte jedoch dauerhaft sonderbehandeln. Behinderte kommen in Sonderkindergärten, Sonderkindertagesstätten, Sonderschulen, in besondere Heime und gesonderte Werkstätten, selbst der Transport dorthin geschieht mit einem besonderen Fahrdienst für Behinderte. Die Bundesrepublik gliedert Behinderte ein, indem sie sie ausgliedert. [...]
>
> Wir zeichnen mit den Alsterdorfer Anstalten und ihrem Leiter, Pastor Hans-Georg Schmidt, eine gottesfürchterliche Einrichtung aus. Die Alsterdorfer Anstalten nennen sich ‚Evangelische Heilerziehungs-, Heil- und Pflegeanstalt' und gehören als Stiftung privaten Rechts der Inneren Mission und dem Diakonischen Werk an. Hier sind etwa 1350 meist geistig Behinderte untergebracht, in Häusern mit so gottesfürchtigen Namen wie ‚Zum guten Hirten', ‚Friedenshort' und ‚Haus unterm Gottesschutz'.
>
> Evangelische Heilerziehung bedeutete all die Jahre für viele Behinderte: Stumpfsinn, stinkende Räume, Schläge, Ruhigstellen durch Übermaß an Psychopillen, Zwangsjacke und öffentliches Gruppenscheißen, denn die Toiletten im Haus ‚Carlsruh' liegen sich offen gegenüber. Evangelische Heilerziehung bedeutete all die Jahre auch: Pfleglinge, an Bänke festgebunden, auf dem Klo angeschnallt und ins Bett gekreuzigt, indem man die ausgestreckten Arme und Beine am oberen und unteren Bettrand festbindet.
>
> Jesus wurde von den Römern gekreuzigt. Nun kreuzigen ein paar seiner amtskirchlichen Nachfolger geistig Behinderte in Diakonie-Betten. Sie kassieren für diese Art der Behandlung sogar noch ein ‚Pflegegeld'.

---

282 Prof. Dr. Albert Göb wurde u. a. vorgeworfen, die BewohnerInnen rund um die Uhr von der „Wach- und Schließgesellschaft", auch mit Videokameras bewachen zu lassen. http://pdf.zeit.de/1979/49/eine-minute-mitleid.pdf (23.4.2012).

283 ArESA DV, 297, Schmidt an die MitarbeiterInnen der Alsterdorfer Anstalten, 22.11.1979.

Eine Anstaltsleitung, die solche Mißstände duldete und Mißstände auch weiterhin duldet, eine Anstaltsleitung, die in einem Prospekt verkünden läßt: ‚… wir helfen Behinderten leben!' und behauptet, Alsterdorf gehöre zu den ‚glücklichsten Stadtgebieten in Norddeutschland', wirkt wie eine sozialkriminelle Vereinigung. An Sympathisanten fehlt es nicht. In Alsterdorf sonnen sich Prominente im warmen Glanz der Mildtätigkeit und erwerben sich werbewirksame Diakoniebräune.

Bankdirektoren sitzen im Anstaltsvorstand, ein Mineralölkonzern fördert Almosen zutage und der Verteidigungsminister übt sich in einem Manöver der Nächstenliebe bei der Grundsteinlegung zu einem neuen Behindertengetto (mit 200 Betten).

Wir verleihen Herrn Direktor Pastor Hans-Georg Schmidt die ‚Goldene Krücke' dafür, daß er es der Gesellschaft ermöglicht, den menschlichen Schutt so preisgünstig auszulagern. Denn: Anstalten wie Alsterdorf sind nichts anderes als gesellschaftliche Mülldeponien für die Unbrauchbaren. Die Alsterdorfer wissen wohl, daß ihre Praxis der kostengünstigen Ablagerung von Sozialmüll zum bundesdeutschen Anstaltsalltag gehört, sie wissen, daß nicht nur in Alsterdorf Behinderte festgebunden, in Fesseln gelegt, in Zwangsjacken gesperrt, ins Bett gekreuzigt werden.

Dennoch und trotzdem können sich die Alsterdorfer Anstalten nicht aus dem Skandal herausbeten. Wenn sie um Spenden werben, spielen sie den Behindertenfreund, den guten Hirten, der die geistig verwirrten Schäflein so liebevoll weidet und Heimplätze und Anstaltsfrieden bietet. Da gerät der Behinderte, der Pflegebefohlene, wie es in Alsterdorf so schön diakomisch heißt, sehr flott zum Reklamekrüppel, mit dessen Schicksal den Spendern das Geld tränenreich aus der Tasche gezogen wird: Ach, es gibt ja soviel Elend, wollen wir froh sein, daß es eine Einrichtung gibt, die sich der Ärmsten der Armen erbarmt und wo unsere abgelegten Kleider und Lumpen noch gut genug sind, die ‚armen Irren' zu kleiden.

Sie können das Elend recht gut vermarkten, sie haben zum Elend ein gesundes Verhältnis. Über einer Eingangstür der Anstalten steht der Spruch: ‚Den Armen wird das Evangelium gepredigt.' Schön und gut, hochverehrter Preisträger, Pastor Hans-Georg Schmidt, aber die Predigt halten die Repräsentanten einer in diesem Fall gottesfürchtlichen Diakonie Marke Alsterdorf. Da wird das Evangelium, die Frohe Botschaft, zur Drohbotschaft und die ‚kleine Stadt der Nächstenliebe' zur Stätte der Behindertenfeindlichkeit."[284]

„Laudatio" von Ernst Klee, 21.11.1979.

„Nach dieser Aktion wurde mir postwendend der ‚schmierige Kugelschreiber' von den Verantwortlichen der Alsterdorfer Anstalten verliehen", erinnert sich Ernst Klee. „Wir fanden es damals sehr wichtig, dass der Preis im Schauspielhaus, also an einem renommierten Ort verliehen wurde und das sich daran auch gute Schauspieler beteiligten. Bei den Veranstaltungen haben wir z. B. mit Rollenumkehrungen gearbeitet. So haben Behinderte Nichtbehinderten Geld geschenkt oder als Trostpreis gab es eine

---

284 ArESA DV, 297, Schmidt an die MitarbeiterInnen der Alsterdorfer Anstalten, 22.11.1979. S. dazu auch Klee 1980, das Kapitel „Spott als Waffe - ‚Die Goldene Krücke'". http://bidok.uibk.ac. at/library/klee-behindert.html#id3157141 (23.4.2012).

Minute Mitleid. Das war die Hölle für die Gewinner. Die kamen auf die Bühne und kriegten eine Minute Mitleid, indem sich alle wegdrehten und schwiegen."[285]

Schließlich beschleunigte die „Reibungshitze" der Skandalisierung, dass sich im Sommer 1979 eine zwölfköpfige Kommission aus VertreterInnen der Arbeits- und Sozialbehörde, sowie der Behörde für Schule, Jugend und Berufsbildung auf den Weg machte, um eine erste „wirklich Substanz aufnehmende Besichtigung" der gesamten Anstalt vorzunehmen.[286] Angesichts des katastrophalen Ergebnisses beschloss die Heimaufsicht, dass fünf Häuser (Michelfelder Kinderheim, Haus Samaria, Haus Bethesda, Haus Carlsruh, Heim Alstertal - großes Gebäude) und die Therapieräume im Keller des Hauses Hohenzollern „unverzüglich zu räumen und nicht wieder zu belegen" seien. In allen weiteren Häusern sollte mit einer Frist von zwölf Monaten bis fünf Jahren die Zahl der BewohnerInnen reduziert werden. Weitere Auflagen betrafen die Qualifizierung des Personals und die Wahrnehmung der Mitwirkungsrechte der BewohnerInnen.[287]

Als Anstaltsdirektor Hans-Georg Schmidt im Mai 1980 gemeinsam mit dem prominenten Förderkreismitglied Dr. Hans Apel (Bundesverteidigungsminister) vor die Presse trat, um eine „erste Bilanz ihrer Aktivitäten nach den schwerwiegenden Anschuldigungen" zu ziehen, lautete das Fazit eines Journalisten: „Mit dem Wind, den andere für sie machten, sind die ‚Alsterdorfer' ein schönes Stück vorangekommen, aber die weitaus größere Wegstrecke liegt noch vor ihnen." [288] Auch wenn zu diesem Zeitpunkt noch alle Häuser belegt waren, von denen die Heimaufsicht gefordert hatte, sie „unverzüglich" zu räumen, muss man konstatieren, dass die Mitglieder des Kollegenkreises Alsterdorf gemeinsam mit ihren UnterstützerInnen, die dringend notwendige umfangreiche und grundlegende Reform beschleunigt hatten. Durch Ihre Aktivitäten waren zum ersten Mal die menschenunwürdigen Lebensbedingungen der schwerstbehinderten Menschen in den Alsterdorfer Anstalten in den Fokus der Öffentlichkeit gerückt worden, ebenso die Verstrickung der Anstalten in die „NS-Euthanasie" und das Schicksal der Opfer. Damit verstießen die KritikerInnen gegen ein Tabu: „Bloß keine Schande über uns verbreiten! An diesem Geheimhaltungsprinzip, das ja noch heute in der Kirche weit verbreitet ist, wurde damals natürlich ganz stark festgehalten", urteilt Ulrich Hentschel rückblickend.[289]

---

285 Telefonische Informationen Ernst Klee, 4.5.2012. 1980 wurde die „Goldene Krücke" ein drittes und letztes Mal verliehen. Sie ging an den Richter Otto Tempel, der in seinem sogenannten Frankfurter Behindertenurteil die Anwesenheit einer Behindertengruppe am Ferienort zum Reisemangel für Nichtbehinderte erklärt hatte. Dazu der Artikel „Den Anblick ersparen" vom 2.5.1980 in: Die Zeit. www.zeit.de/1980/19/den-anblick-ersparen (22.4.2012).

286 ArESA Ö, Anlage zum Besichtigungsprotokoll über die Begehung der Alsterdorfer Anstalten 1979. Die Heimaufsicht hatte vom „22. Juni bis 12. Juli 1979 alle Abteilungen und Einrichtungen der Alsterdorfer Anstalten besichtigt und dabei das Diakonische Werk, den zuständigen Spitzenverband, sowie die Heimaufsicht des Amtes für Jugend beteiligt."

287 ArESA Ö, Bericht der Heimaufsicht über die Alsterdorfer Anstalten, Herbst 1979.

288 Der Wirbel hat ihnen weitergeholfen. In: Hamburger Abendblatt 3./4. Mai 1980.

289 Telefonische Informationen Ulrich Hentschel, 23.4.2012.

„Wir waren der Meinung, dass da eine irrsinnige Verlogenheit lief."

Daniel Karasek, Generalintendant und Regisseur am Theater Kiel, nahm am 2. Oktober 1978 seine Arbeit als Zivildienstleistender in den Alsterdorfer Anstalten auf. Acht Monate später, am 2. Mai 1979, wurde ihm fristlos gekündigt, weil Die Zeit auf Grund seiner Initiative über die katastrophalen Zustände auf einigen Abteilungen der Alsterdorfer Anstalten, über Gewalt und die Deportation von Bewohnerinnen und Bewohnern in Tötungsanstalten während der NS-Zeit berichtet hatte. Über dreißig Jahre später, im Frühjahr 2012, erinnert sich Karasek wie es zu der aufsehenerregenden Berichterstattung kam.

„Herr Karasek, wie sind Sie nach Alsterdorf gekommen?"
„Ich glaube, ein Freund aus der Schule hat mich auf die Idee gebracht, meinen Zivildienst dort zu absolvieren. Aber ich hatte auch Lust, in einer Behinderteneinrichtung zu arbeiten, und die Alsterdorfer Anstalten galten als eine sehr vorbildliche Institution. Ich habe mich sehr gezielt dort beworben, bin gleich angenommen worden und mit Begeisterung reingegangen. Ich wollte diese Welt einfach kennenlernen."

„Wo haben Sie gearbeitet?"
„Angefangen habe ich im Haus Hohenzollern, einem Haus, in dem leichter Behinderte lebten. Wir Zivis waren dazu da, die Zeiten zu überbrücken, in denen die anderen Pause hatten. Aber weil die meisten Behinderten aus diesem Haus zur Arbeit gingen, gab es da in meiner Erinnerung nicht so wahnsinnig viel zu tun. An den Oberpfleger kann ich mich noch sehr genau erinnern, der hatte die ritualisierte Angewohnheit, ein sehr, sehr langes Frühstück mit seinen Mitarbeitern durchzuführen, und dabei auch sehr viel von seiner ganz eigenen christlich geprägten Lebensphilosophie zu vermitteln.
    Danach bin ich mehr oder weniger von Station zu Station rotiert. Das war mein Wunsch, und diesem Wunsch wurde auch entsprochen. Das war aber völlig ohne Absicht, ich wollte einfach nur die Anstalt kennen lernen. Dabei bin ich dann auch auf Abteilungen gekommen, wo die Zustände einfach katastrophal waren.
    Es gab Stationen, wo die Menschen in ihren eigenen Fäkalien lagen, wo sie an die Wand gefesselt wurden, wo es in die Wand betonierte Stühle gab. In meiner Naivität als 19-Jähriger Wellingsbüttler Bürgersohn war ich auf so etwas natürlich in keiner Weise vorbereitet. Das waren schon Erlebnisse, die erschreckten und auch Brechreiz auslösten. Aber das war ja keineswegs überall so, es betraf nur zwei, drei Häuser und es gab auch sehr liberale Abteilungen, wo eine jüngere Generation ausgezeichneter Pfleger und Pflegerinnen arbeitete.
    Genauso schwierig wie die Konfrontation mit diesen unglaublichen hygienischen Zuständen war für mich aber die Konfrontation mit diesem seltsamen Geist, der in einigen Häusern herrschte. Es gab Mitarbeiter mit einer pastoralen, leicht bigotten Art und andere, die Schwerbehinderte geradezu abrichteten. So nach dem Motto: ‚Der Große kann den jetzt mal erschrecken', hatten sie z. B. einen Behinderten, der an Elefantiasis litt und eine riesige Hand hatte, darauf abgerichtet, den Neuen seine Hand auf den Kopf zu legen. Die Pfleger haben die Bewohner benutzt und hatten auch Spaß

daran. Das war schon eine sehr eigene, manchmal gespenstische Welt, wo man sich manchmal fragte: Was wird da verheimlicht? Was wird da gemacht? Was passiert da? Aber das hat mich damals nicht sonderlich irritiert, ich habe das lange Zeit als Teil der Anstaltsrealität akzeptiert."

„Wie kam es dazu, dass Sie Kontakt zur Zeit aufgenommen haben?"

„Ganz wichtig war dabei meine Begegnung mit Albert Huth. Der stand auf dem Hof, sprach ein bisschen seltsam und war überhaupt eine seltsame Erscheinung und drückte mir ein Heft mit seiner Lebensgeschichte in die Hand. Darin hatte er dezidiert aufgeschrieben, was in der Nazizeit in Alsterdorf passiert war, dass Menschen deportiert und auch umgebracht worden waren. Da hatte ich aber erstmal überhaupt nicht das Gefühl, dass ich jetzt einen Sprengsatz in der Hand halte. Sondern ich habe selbst eine Zeit lang geglaubt, dass der ein bisschen plemplem ist. Das war ein witziger Kerl, aber auch ein bisschen nervig, der ging einem auch auf den Wecker, weil er immer wissen wollte, ob man denn was unternommen hatte. Aber gut, er hatte ja auch eine irrsinnige Vita hinter sich in dieser Anstalt. Ein anderer Zivildienstleistender, den ich sehr schätzte, sagte mir dann, dass er die Albert Huth-Geschichte glauben würde, dass die Alsterdorfer Anstalten ihre eigene Geschichte verschönern würden und die offizielle Meinung, dass es keine Deportation gegeben habe, nicht stimmte. Und richtig aufmerksam wurde ich dann, weil es eine andere Seite gab, die immer sofort und sehr fluchtartig und übereifrig alles runter redete. Es war nicht zu übersehen, mit welcher Energie die sich bemühten, Albert Huth als einen Schwachsinnigen hinzustellen, als einen, der nicht so ganz bei Sinnen war.

Die Konfrontation mit dem alten Geist, die Zustände in den drei Häusern und das in Kombination mit der Albert Huth-Geschichte und den sich daraus entwickelnden Wahrheiten oder Halbwahrheiten hat bei mir ein sehr ungutes Gefühl ausgelöst."

„Hatten Sie auch Kontakt mit dem Kollegenkreis Alsterdorf?"

„An direkte Kontakte kann ich mich nicht erinnern, aber es gab in der Anstalt eine aufklärerische Atmosphäre. Es gab ja etliche, die deutlich sagten: ‚Hier, die Anstalt geht mit ihrer Vergangenheit nicht gut um.' Und dadurch bin ich natürlich emotionalisiert worden. Ganz allein aus mir ist das natürlich nicht entstanden.

So und dann kam Katharina Zimmer ins Spiel. Sie war eine gute Familienfreundin, hatte eine behinderte Tochter und arbeitete bei der Zeit. Zu dem Zeitpunkt war ich aber vor allem auf der Suche nach einem Menschen, bei dem ich mich über die Zustände auslassen konnte. Ich hatte nicht wirklich im Sinn, dass Die Zeit daraus so eine Geschichte machen könnte. Ich wollte erstmal meinen inneren Protest bei einem Menschen loswerden, der einen Bezug zu dem Thema hatte. Denn für viele andere, denen ich das erzählte, waren das ja Welten, die man zum Glück hinter Zäune befördert hatte. Und erst im Laufe dieses Gesprächs wurde mir die ganze Dimension, diese Minenfelder auf die ich da gestoßen war, bewusst.

Katharina Zimmer hörte sich das an und sagte dann: ‚Ok, wenn die Sachen in der Anstalt wirklich so schlimm sind, dann machen wir was daraus.'

Ich habe die Anstalten dann auch wissentlich reingelegt, eine Journalistin als meine Freundin ausgegeben und sie mit auf die Stationen genommen, sie einfach mal

ACHTUNG !!

in der „ZEIT" Nr. 17 ist

ein Artikel über die

ALSTERDORFER
ANSTALTEN

abgedruckt, den
jeder Kollege

LESEN sollte

Ankündigung des Zeit-Artikels
auf dem Gelände der
Alsterdorfer Anstalten.

rumgeführt, bis wir gewiss waren, dass es sich tatsächlich um etwas handelt, das man veröffentlichen muss. Wir waren der Meinung, dass da eine irrsinnige Verlogenheit lief. Und zwar in zweifacher Hinsicht, einmal im Hinblick auf die eigene Geschichte und einmal im Umgang mit der Alltagswirklichkeit und beides zusammen hat dann zu dem ‚Schlangengruben'-Artikel geführt."

„Nachdem der Artikel erschienen war, wurden Sie direkt entlassen?"

„Das ging Ruckzuck, eine Woche später wurde ich vom Dienst suspendiert und durfte auch nicht mehr aufs Gelände. Das war natürlich aus Sicht der Anstaltsleitung zu verstehen, auch wenn es ja nie unsere Absicht war zu sagen: ‚So ist es überall in der Anstalt und alle Mitarbeiter sind so.' Wir sind ja bewusst nur dorthin gegangen, wo die schlimmsten Zustände existierten, haben auch nur dort Fotos gemacht und nicht in den anderen Abteilungen. Aber es wurde dann so aufgenommen, als ob wir alle damit meinten.

Die Anstalt war ja zu dem Zeitpunkt in zweifacher Hinsicht eingezäunt, einmal waren die Anstalten zur Beruhigung der Bevölkerung hinter ihre Zäune verbannt, damit mussten sich die Leute ja nicht mehr mit dem Thema beschäftigen, und dann dienten die Zäune aber auch zum eigenen Schutz. Man hoffte, was dahinter geschah, würde niemand sehen. Doch es war ja angesichts einer zunehmenden Offenheit absehbar, dass das irgendwann nach außen dringen musste. Gerade durch die Zivildienstleistenden haben sie ja selbst die Beobachter massenweise reingeholt. Die Lunte war gelegt."

„Hatten Sie auch Angst vor Ihrer eigenen Courage?"

„Natürlich war das eine aufregende Zeit, aber Angst hatte ich nie. Ich war in der Schule politisch sehr aktiv, war Schulsprecher und hatte eine Theater AG gegründet, also der Aktivismus war etwas, das zu mir gehörte. Ich bin in dem Bewusstsein groß geworden, dass man sich einsetzt, wenn einen etwas empört. Wir waren ja eine politische Generation, wir glaubten an die Veränderung der Welt, und als ich so etwas Konkretes, wirklich Erschreckendes vor Augen hatte, war der Aktivismus natürlich entflammt."

„Wie ist das für Sie, wenn Sie auf die Zeit in Alsterdorf zurückblicken?"

„Ich habe für mich sehr viel gelernt. Es gab auch sehr schöne Tage, mit sehr tollen, sehr spannenden Leuten. Ich habe erfahren, wie herrlich Menschen mit Down-Syndrom sein können und wie lustig, und ich habe gelernt, dass die sich auch lieben und turteln und flirten und all diese Sachen, das waren die positiven, anregenden Seiten. Auch die Begegnung mit einem anderen Zivildienstleistenden, der in der Lage war, direkt und unverkrampft mit den Behinderten umzugehen, der mit ihnen über die Absurdität der Welt lachen konnte und dafür geliebt wurde. Das hat mich tief beeindruckt. Natürlich war der Alltag zwischendurch auch Routine und langweilig, man musste auch blöde Arbeit machen; aber es gab immer wieder Möglichkeiten etwas Überraschendes und anderes zu erleben. Dieser Alltag war sehr schön in Alsterdorf."

„Wie ging es danach weiter?"

„Ich bin nach Harburg in ein Altenheim sozusagen zwangsversetzt worden. Da habe ich eine andere, ganz traurige Kehrseite unserer Gesellschaft kennen gelernt, die ich zwar noch weniger verkraftet habe, weil der Tod da plötzlich so präsent war, aber aus heutiger Sicht, war diese Erfahrung sehr lehrreich. Die Welt dort stand in sich still und war das totale Gegenteil von Alsterdorf. Alsterdorf war ein urbanes Gewusel, eine kleine globale Welt. Schon allein durch die unterschiedlichen Menschen die dort lebten und deren Kommunikationsmöglichkeiten.

Nach meiner Zivizeit bin ich direkt ans Theater gewechselt. Die Theatralik, die ja Behinderte in gewisser Weise nach außen bringen, auch deren gestenreiche Körpersprache, das ist mir schon sehr in Erinnerung geblieben und hat mir auch geholfen, das Extreme des Menschen zu erfassen. Heute erscheint es mir als organisch, dass danach das Theater kam, weil ich erstmal so erschrocken war von der Wirklichkeit, dass ich heute noch froh bin, dass wir ja nur so tun als ob. Künstler sind ja auch extreme Menschen und manchmal denke ich, wenn es keine Theater gäbe, würde ich mir Sorgen machen."

Basis für eine grundlegende Reform – Ausblick

Ende der 1970er Jahre war in den Alsterdorfer Anstalten trotz der weiterhin virulenten räumlichen und personellen Probleme die Basis für eine grundlegende Reform gelegt worden. Die öffentliche Skandalisierung hatte ohne Zweifel einen entscheidenden Anteil an der Beschleunigung des nachfolgenden Prozesses.

Während man weiterhin an der „Anstaltsidee" als „Freiheitsraum […] für Behinderte" festzuhalten versuchte, waren neue, zeitgemäße Wohnmodelle (Einzelzimmer, Wohngruppen) entstanden bzw. in Planung. Keinen Zweifel gab es am Normalisierungsprinzip als leitendem Paradigma und der daraus abgeleiteten Erkenntnis, dass der behinderte Mensch nicht nur ein Recht auf Pflege und Behandlung sondern auch ein Recht auf „Erziehung und Unterricht, Ausbildung und Arbeit" hat.[290] Als wichtige Marksteine sind hier die Einrichtung von Fördergruppen von bis dahin ausschließlich „verwahrten" Menschen (ab September 1978), die offizielle Anerkennung der Werkstatt für Behinderte (Mai 1979) und das Bildungsangebot Alsterdorfer Helfer (September 1979) zu nennen. Trotz Einbindung in die medizinisch-psychiatrische Dominanz[291] hatten Pädagogik und Psychologie einen festen Platz im Anstaltsalltag, wo ein multiprofessionelles Team aus Ärzten, Seelsorgern, Psychologen und Therapeuten interdisziplinär zusammenarbeitete. Die mit dem Paradigmenwechsel einhergehenden Konflikte waren in Alsterdorf genauso wie in anderen vergleichbaren Einrichtungen Teil dieses Reformprozesses. Darüber hinaus war die strikte Geschlechtertrennung endlich Geschichte, und es wurde darauf geachtet, dass die Rechte der behinderten Menschen auch umgesetzt wurden. So mahnte die Heimaufsicht im Sommer 1979 an, neben dem Elternbeirat auch den gesetzlich vorgeschriebenen Heimbeirat zu wählen, „der die Interessen der Bewohner gegenüber der Einrichtung unmittelbar vertreten" sollte.[292]

Die Bedeutung des Jahres 1979 als Zäsur in der Geschichte der Alsterdorfer Anstalten belegt nicht zuletzt der Blick in die anstaltseigene Zeitschrift Briefe und Bilder: Zum ersten Mal in der über 100-jährigen Geschichte (1. Ausgabe 1.1.1877) taucht der Begriff „Pflegling" oder „Pflegebefohlener" kein einziges Mal auf. Die in Alsterdorf lebenden Kinder, Frauen und Männer werden nun „Bewohner" genannt.

---

290 ArESA Ordner Dokumentation Alsterdorfer Anstalten 1979–1983, Die pädagogische Konzeptionsplanung, 18.5.1979.

291 Wunder 1999.

292 ArESA Ö, Bericht der Heimaufsicht über die Alsterdorfer Anstalten, Herbst 1979.

Anhang

Die Gebäude der Alsterdorfer Anstalten

Die nachfolgende Liste umfasst alle Gebäude und Einrichtungen, die zwischen 1945 und 1980 zu den Alsterdorfer Anstalten gehörten. Nicht erfasst sind Garagen, Schuppen sowie die Personalwohnhäuser außerhalb des Anstaltsgeländes. Innerhalb der Kategorien sind die Gebäude nach dem Datum ihrer Erbauung geordnet. Die Abkürzungen hinter den Namen der Wohnhäuser beziehen sich auf die BewohnerInnen (w=weiblich, m=männlich), die Zahlen in Klammern auf die Luftaufnahmen in den Umschlaginnenseiten.[1]

I. Evangelisches Krankenhaus Alsterdorf

Haus Bethabara (1): 1897 erbaut als Krankenstation für „Pfleglinge", 1928 erweitert, auch PrivatpatientInnen werden aufgenommen, 1945 geringe Kriegsschäden, 1956 Frauenstation, Chirurgische Abteilung 2, Operationssaal, Laboratorium und Apotheke. Abriss im Zuge der Bauarbeiten des Alsterdorfer Marktes.

Bodelschwingh-Haus (2): 1912 erbaut für 140 „sieche männliche Pfleglinge", seit 1943 als Krankenhaus genutzt, 1945 zum Teil ausgebrannt, mit Holznotdach versehen, 1956 Aufnahme, Innere Abteilung, Chirurgische Abteilung 1, Wochenstation. Im Kellergeschoss: Röntgenabteilung, Diätküche; außerdem Werkstätten für Sattlerei und Buchbinderei. Heute Teil des Evangelischen Krankenhauses Alsterdorf, im Umbau befindlich.

Johann-Hinrich-Wichern-Haus (3): 1914 als Schule erbaut, 1914–18 Reservelazarett, seit 1943 als Krankenhaus genutzt, 1945 Dachgeschoss ausgebrannt, mit Holznotdach versehen, 1956 umbenannt in Johann-Hinrich-Wichern-Haus, Innere Abteilung. Heute Teil des Evangelischen Krankenhauses Alsterdorf, im Umbau befindlich.

Paul-Stritter-Haus (4): 1931 erbaut als „Lehrlingsheim für 80 in der Berufsausbildung befindliche Jungen", seit 1942 als Krankenhaus genutzt, 1945 Dachgeschoss ausgebrannt, mit Holznotdach versehen, 1947 neurologisch-psychiatrische Klinik, 1962 neuer Massageraum, 1975 Renovierung. Abgerissen im Zuge des Erweiterungsbaus des Evangelischen Krankenhauses Alsterdorf.

---

1   Alle Zitate sind folgenden Quellen entnommen: BuB 1948–1979, LKAK 11.02, Nr. 581, „Bisherige Tätigkeiten im baulichen Bereich und Planungen", ArESA Ö, Besichtigungsprotokoll über die Begehung der Alsterdorfer Anstalten 1979.

II. Wohnhäuser:

Haus Wartburg/Stadtheim (m) (5): 1883 als „Erziehungs- und Besserungsanstalt Ohlsdorf" erbaut, 1933 von den Alsterdorfer Anstalten als Teil des Gesamtkomplexes Stadtheim gepachtet, 1945 unversehrt, 1956 „Säle für mehr als 40 Bewohner" umgebaut in „sieben Abteilungen mit je einem Tagesraum und zwei Schlafzimmern", „eigenen Toiletten und Wohnräumen" für 106 Bewohner (Haus für „pflegebedürftige junge und ältere Männer"), Umbenennung des Hauses in Haus Wartburg, Ausbau der Turnhalle für Schulkinder und BewohnerInnen, 1976/77 Umbau mit Vier- bis Einbettzimmern (früher Säle mit 13 Betten). Abgerissen im Zuge der Erschließung des Stiftungsgeländes zugunsten von Neubauten der Bugenhagen-Schulen und der Alsterdorfer Werkstätten/Kantinen-Neubau.

Haus Wittenberg/Stadtheim (m) (6): 1883 als „Erziehungs- und Besserungsanstalt Ohlsdorf" erbaut, 1933 von den Alsterdorfer Anstalten als Teil des Gesamtkomplexes Stadtheim gepachtet, 1945 unversehrt, 1956 umgebaut, 1957 Umbenennung des Hauses in Haus Wittenberg, 1960 Umbau und Neuinstandsetzung, 1961 Erweiterungsbau, 1974 Einzug der Arbeitstherapie. Abgerissen im Zuge der Erschließung des Stiftungsgeländes zugunsten von Neubauten der Bugenhagen-Schulen und der Alsterdorfer Werkstätten/Kantinen-Neubau.

Haus Hoher Wimpel (w) (7): 1884 erbaut 3-stöckig, 1936 durch ein abstürzendes Flugzeug zerstört, 1937 Wiederaufbau, 1945 geringer Dachschaden, 1956 Abteilungen für Frauen und Mädchen, 1960 Wiederaufbau des Dachstuhls, 1964 Umbau und Neueröffnung, 191 Frauen und Mädchen, Schlafzimmer mit zwei bis sechs Betten, erster Fahrstuhl in Alsterdorf, 1976 Einzelzimmer im Dachgeschoss, 1979 201 Betten in acht Abteilungen, davon „15 Betten für Leichtbehinderte und 81 für Mittelbehinderte, der Rest für Schwer- und Mehrfachbehinderte". Umbau im Zuge der Eröffnung des Alsterdorfer Marktes, heute Geschäftshaus mit Läden und Galerien.

Haus Knabenhort/Haus Friedenshort (m) (8): 1884 erbaut, ein Schlafsaal mit 80 Betten, 1945 unversehrt, 1956 umgebaut in „kleinere wohnliche Schlaf- und Tagesräume", Erneuerung der hygienischen Einrichtungen und umbenannt in Haus Friedenshort, Abteilungen für „besonders pflegebedürftige Kranke und Körperbehinderte", 1970 Umbau (früher Säle mit über 20 Betten) zu Vier-, Zwei- und Einbettzimmern. Abgerissen im Zuge des Baus der Apartmenthäuser am Alsterdorfer Markt 2001.

Haus Carlsruh/Karlsruhe/Karlsruh (m) (9): 1890 erbaut, Name zur Erinnerung an Karl Koops, 1911 teilweise durch Feuer zerstört, nach Umbau wieder in Betrieb genommen, 1945 unversehrt, 1956 Abteilung für besonders pflegebedürftige BewohnerInnen, Barbierstube, 1960 neu instandgesetzt und umgebaut, 1967 umgebaut und erweitert, 1979 43 Bewohner. Abgerissen im Zuge des Baus der Appartementhäuser am Alsterdorfer Markt 2001.

Im Gottesschutz (m) (10): 1890 erbaut auf den Ruinen eines nach Brandstiftung abgebrannten Hauses, Namensnennung „zum Gedächtnis der gnädigen Bewahrung in jener Brandnacht", 1945 unversehrt, bis 1956 Ess- und Aufenthaltsräume für Mitarbeiter. Versammlungssaal für den Pfleglingsverein „Lazarus", 1957 Umbau zum Wohnheim für 30 Bewohner, bis Frühjahr 1958 „weiblicher Wachsaal", dann neue Abteilung für „Körperbehinderte", 1969 Instandsetzung und Einbau verbesserter sanitärer Anlagen, 1979 22 Bewohner. Abgerissen im Zuge des Baus des Alsterdorfer Marktes.

Zum goldenen Apfel (m) (11): 1890 erbaut als „Knabenwohnhaus", 1945 unversehrt, 1956 Abteilung für „leistungsfähige Pflegebefohlene", männliche Schreibstube, 1959 Neuinstandsetzung, männliche Schreibstube, Maurerei, Abteilung mit 27 Männern, 1968 grundlegende Renovierung, 1979 21 Bewohner. Abgerissen im Zuge der Erweiterung des Evangelischen Krankenhauses Alsterdorf.

Haus Bismarck (m) (12): 1893 erbaut für „ältere und gebrechliche Leute", 1945 unversehrt, 1956 Abteilung für Epileptiker, 1964 umgebaut und wiedereröffnet, 40 „Pflegebefohlene", viele Epileptiker, 1979 38 Bewohner. Mittlerweile abgerissen.

Haus Hohenzollern (m) (13): 1894 erbaut für Schulknaben, 1933 Einrichtung eines Wachsaals, 1945 unversehrt, 1956 Wachsaal, Ambulanz, 1973 Umzug der Bewohner ins Karl-Witte-Haus, 1973–1975 umgebaut (früher Säle bis zu 14 Betten) und wiedereröffnet mit 2 x 6 Bettenzimmern, 12 Einzelzimmern für ‚Schwerstbehinderte' und 12 Einzelzimmern für leichtbehinderte Männer, 1976 Umbau der Dachwohnungen (bisher Dienstwohnungen für Mitarbeiter) in 2- bis 3-Bett-Zimmer für Bewohner, 1979 53 Bewohner auf drei Stationen. Abgerissen im Zuge des Baus des Alsterdorfer Marktes.

Im Fichtenhain/Michelfelder Kinderheim (w/m) (14): 1898 erbaut für „60 kleine Knaben", 1909 aufgestockt, oberes Stockwerk für Mädchen, 1945 unbeschädigt, 1956 Kinderabteilungen, Spielschule, 1959/60 Umbau und Erneuerung, Umbenennung nach Sylvester Michelfelder, Pastor der amerikanischen Gemeinde in Toledo, 111 Kinder, 1979 „102 schwer- und mehrfachbehinderte Kinder und anfallsleidende Kinder". Heute Nutzung durch das alsterspectrum (Arbeitsplätze im Rahmen der Tagesförderung für Menschen mit Behinderung).

Haus Heinrichshöh (m) (15): 1900 erbaut, für „männliche ältere sieche Pfleglinge", im Obergeschoss Familienwohnung für den Oberwärter, Name in Erinnerung an Heinrich Sengelmann, 1945 unversehrt, 1956 Haus für Schulkinder und junge Männer, 1957 Osthälfte für „sehr schwache Kinder" zwischen 10 und 18, 1962 umgebaut (u. a. vier Schlafräume mit je acht Betten), 36 sehr pflegebedürftige Jugendliche, im Anbau 38 etwa 10–18 jährige Jungen, die die Schule besuchen oder sonst bildungsfähig sind, 1979 71 Bewohner in drei Abteilungen, davon eine geschlossene Abteilung. Abgerissen im Zuge des Baus der Apartmenthäuser 2001.

Zum Guten Hirten (w) (16): 1904 erbaut als 2-stöckiges Gebäude für 120 weibliche „Pfleglinge", 1931 Einrichtung eines Wachsaals, 1945 1. und 2. Stock ausgebrannt, mit Holznotdach versehen, 1956 Abteilungen für Frauen und Mädchen, Ambulanz, Wachsaal, 1958/59 Um- und Wiederaufbau, Aufstockung 3. Etage, 4 Abteilungen von je 32 „Pflegebefohlenen", Wachsaal mit 25 Plätzen, halbgeschlossene

Abteilung mit 32 Plätzen, insgesamt 185 „Pfleglinge", Schlafzimmer mit 2–8 Betten, 1972 Fahrstuhl, 1976 Einbau von sechs Einzelzimmern, 1979 183 Betten in sieben Abteilungen, Erdgeschoss „55 Betten für unruhige Schwerstbehinderte und Anfallsleidende", Dachgeschoss 6 Einzelzimmer. Abgerissen im Zuge des Baus des Alsterdorfer Marktes.

Haus Samaria/Fichtenhain-Baracke (w) (17): 1928 erbaut als Erweiterungsbau für das Haus Fichtenhain, 1945 unbeschädigt, 1956 Stationen für „besonders pflegebedürftige Kinder, Alte und Körperbehinderte, Krankenstation" für das weibliche Gebiet, 1979 Krankenstation mit 23 Betten, „Pflegeabteilung mit 27 Schwerst- und Mehrfachbehinderten, zum großen Teil nur liegend". Mittlerweile agerissen.

Eichenhof (m) (18): 1928 erbaut, Barackengebäude, 1945 unversehrt, 1956 Abteilung für „alte Herren und Körperbehinderte", Krankenstation für das männliche Gebiet, der Hauptteil, in dem „unsere alten Herren den Lebensabend verbringen" neu instandgesetzt, 1972 abgerissen.

Haus Bethesda/Guter-Hirte-Baracke (w) (19): 1928 erbaut als Erweiterungsbau für das Haus Zum guten Hirten, 1945 unbeschädigt, 1956 „ältere Frauen und Körperbehinderte", 1979 44 Bewohnerinnen. Mittlerweile abgerissen.

Haus Bethlehem (w/m) (20): 1966 erbaut für kleine Kinder, 1973 Anbau des Keck-Ludewig-Flügels, Modellstation für Verhaltensmodifikation, 1979 43 BewohnerInnen in vier Abteilungen. Abgerissen im Zuge des Baus Alsterdorfer Markt.

Karl-Witte-Haus (m) (21): 1973 eröffnet, geplant unter dem Namen Neu-Wittenberg, 300 Betten, beherbergte auch zwei interne Krankenhaus-Stationen, Weberei und Korbmacherei, 1975 Einbau eines Bewegungsbades, 1979 Krankenstation mit 25 Betten, Intensivstation (früher Wachsaal) und 6 Abteilungen mit 189 Bewohnern. Um- und rückgebaut. Heute Nutzung durch Arbeitsfelder der Stiftung (Gesundheits- und Fitnesscentrum, theravitalis, Beratungszentrum Alsterdorf) sowie durch Fremdmieter.

Wilfried-Borck-Haus (w/m): 1979 eröffnet, Jugendhaus mit 128 Betten. Zur Zeit Auszug der letzten Mieter. Weitere Planungen laufen.

Carl-Koops-Haus (w/m): 1984 eröffnet, 216 Betten, 2011 abgerissen.

III. Sonstige Gebäude:

Haus Schönbrunn (22): 1863 erbaut, erstes Gebäude der Alsterdorfer Anstalten, 1945 unversehrt, 1956 Angestelltenwohnhaus. Heute Sitz von Verwaltungseinheiten der Stiftung (Diakonische Profilentwicklung, Personalmanagement, Veranstaltungsmangement).

Amalie-Sieveking-Haus (23): 1871 erbaut, 1945 unversehrt, Haushaltungsschule von 1934 bis 1956.

St. Nicolaus Kirche (24): 1889 erbaut, 1927 neues Kupferdach, 1938 Innenrenovierung, 1945 unversehrt.

Schneiderei (25): 1890 erbaut, 1945 unversehrt.

Abendruhe (26): 1890–97 erbaut, seit 1933 Altenheim, 1945 unversehrt. Abgerissen im Zuge von Geländeverkäufen. Neubebauung.

Kirchliche Hochschule/Simon-Schöffel-Haus (27): 1906 als Turn- und Versammlungssaal für 1000 Personen erbaut, 1945 ausgebrannt, nach Wiederaufbau eröffnet als Kirchliche Hochschule, nach deren Auszug 1957 Neueröffnung und Umbenennung in Simon-Schöffel-Haus, Gemeindesaal für die Anstaltsgemeinde, im Obergeschoss: Wohnung für die Familie des Pflegevorstehers und Zimmer für ledige Mitarbeiter, Bücherei der Landeskirche. Heute Sitz der Oberstufe der Bugenhagen-Schule Alsterdorf, Jugendhaus.

Schulbaracken (28): 1948 auf dem Stadtheim-Gelände erbaut, 1959 ausgebaut. Mittlerweile abgerissen.

Haus Deutscher Kaiser/Volkmar-Herntrich-Haus (29): 1878 erbaut, Esssaalgebäude, 1883–1914 auch Anstaltsschule, 1926 erweitert, Aufbau mit 22 Einzelwohnungen für Angestellte, 1945 abgebrannt, 1954 Wiederaufbau, 1956 Schwesternwohnräume, Weibliche Schreibstube, Schwestern-Esssaal, großer Versammlungssaal, Nähstuben, 1966 Umbenennung in Volkmar-Herntrich-Haus, Eröffnung der Kantine. Heute Veranstaltungssaal und Hausgemeinschaft von Menschen mit Behinderung.

Haus in der Sonne (30): 1956 erbaut, Heim- und Unterrichtsräume für Pflegevorschülerinnen (Kinderpflege) und Haushaltungsschule, 1975 auch Sitz der Heilerziehungspflegeschule. Heute weiterhin Sitz der Heilerzieherschule/Fachschule für Sozialpädagogische Assistenz

Pastorat/Direktorwohnhaus: 1956 erbaut, das 1887 erbaute Pastorat wurde im Zweiten Weltkrieg zerstört.

Heinrich-Sengelmann-Haus (31): 1957 erbaut als Schwesternhaus, das 1878 erbaute und 1926 erweiterte Schwesternhaus wurde während des Zweiten Weltkriegs zerstört.

Zum goldenen Boden (32): 1962 erbaut, ein 1885 erbautes Handwerkerhaus mit dem gleichen Namen wurde während des Zweiten Weltkriegs zerstört, Werkstätten: Schuhmacherei, Maurerei, Tischlerei, Klempnerei, 1967 Umbau und Neueinrichtung, Labor, med.-techn. Abteilung im Obergeschoss des Hauses. Heute vermietet an ein Sanitätshaus am Alsterdorfer Markt.

Schreibstube/Verwaltung weibliches Gebiet: 1966 erbaut.

Werner Otto Institut: 1974 erbaut, Institut zur Früherkennung und -therapie.

IV. Wirtschafts- und Verwaltungsgebäude

Altes Verwaltungsgebäude (33): 1902 erbaut, 1956 Angestelltenwohnhaus.

Wasserturm (34): 1912 erbaut. Heute Wahrzeichen des Alsterdorfer Marktes als Bestandteil des Veranstaltungszentrums „Alte Küche".

Wirtschaftsgebäude (35): 1912 erbaut, 1945 unversehrt, 1956 Großküche, Lager und Kantine, Wohnräume für Mitarbeiterinnen, 1971 umgebaut. Heute Veranstaltungszentrum „Alte Küche".

Verwaltung und Pforte (36): 1914 als Teil des Schulgebäudes erbaut, 1925 um Pforte erweitert, 1945 Dachgeschoss ausgebrannt, mit Holznotdach versehen. Rückbau, Umbau im Zuge der Geländeöffnung in Zusammenhang mit dem Alsterdorfer Markt.

Waschhaus (37): 1916 erbaut, 1945 zum Teil abgebrannt, mit Holznotdach versehen, 1956 im Obergeschoss: Plätterei, Wäscheausgabe, weibliche Garderobe (1959 modernisiert, 1961 Umzug), Wohnräume für Mitarbeiterinnen. Heute an einen Drogisten vermietet, Bestandteil des Alsterdorfer Marktes.

Männliche Garderobe (38): 1955 erbaut.

Maschinenhaus (39): 1929 erbaut, 1945 unversehrt. Teilweise abgerissen im Zuge des Baus des Alsterdorfer Marktes; restliche Teile heute Bestandteil des Restaurants Kesselhaus.

Korb- und Mattenflechterei (40): 1949 erbaut. Mittlerweile abgerissen.

Haus Tabea (41): 1961 erbaut, Baracke mit Spendenabteilung für Oberbekleidung Mädchen, Frauen, Kinder, weibliche Garderobe, Handarbeits- und Versammlungsräume. Mittlerweile abgerissen.

V. Außerhalb des Anstaltsgeländes

Jugendheim Alstertal (42): ehemaliger Gasthof, 1932 zunächst gepachtet als Heim der Fürsorgeerziehung, 1945 unversehrt, 1953 umgebaut, 1960 instandgesetzt und umgebaut, 1969 erweitert durch Hinzunahme des Dachgeschosses, 1954 50 Jungen, 28 Mädchen, 1976 34 Jungen, 7 Mädchen. Abgerissen. Heute Nutzung für ein Projekt für Familien mit behinderten Kindern der alsterdorf assistenz ost.

Altenheim Duvenstedt: 1951 eröffnet, 25 Personen.

Heinrich Segelmann-Krankenhaus, Stegen: Psychiatrisches Krankenhaus, 1964 1. Bauabschnitt, 202 Betten, 1973–75 2. Bauabschnitt, nun insgesamt 336 Betten.

VI. Landwirtschaftliche Betriebe

Hof Ohlsdorf/Gärtnerei Ohlsdorf: 1874 gepachtet, 1945 abgebrannt, 1946 Aufhebung der Landwirtschaft, Aufbau Gemüsegärtnerei.

Gut Stegen bei Bargfeld, Kreis Stormarn: 1924 erworben, 1956 Neueinrichtung der Pfleglingsabteilung mit kleineren Zimmern, Einbau Zentralheizung und Bade- und Duschraum, 1975 Renovierung, Anbau und Neubau des Wohnheimtraktes (ausschließlich Ein- und Zweibettzimmer in Gruppen zu sechs Personen). Z. Zt. laufen Planungen für Um- und Neubau.

Gut Neuendeich bei Glückstadt: 1933 gepachtet. Nutzung als Beschäftigungs- und Wohnort für Menschen mit Behinderung.

Brüderhof bei Harksheide: 1938 gepachtet, 1946 Kündigung des Pachtvertrags durch das Rauhe Haus.

Moorhof Kayhude, Kreis Bad Segeberg: 1938 erworben, 1946 Aufbau der Gebäude des Moorhofes (Wohnhaus, Viehhaus, Feldscheune), 1957 instandgesetzt. Umgebaut, weiterhin genutzt als Beschäftigungs- und Wohnort für Menschen mit Behinderung

Gut Hohenbuchen, Poppenbüttel: 1946 gepachtet, 1959 Wohnräume saniert, 1974 aufgelöst.

Liste der Interviews

BewohnerInnen[2]	Beruf	Ein-/Austritt AA	Datum
a) Von den Autorinnen durchgeführte Interviews			
Breitel, Wolfgang (*1953)	„Zögling" im Heim Alstertal	1961–1971, Kran-ken- und Heiler-ziehungspfleger	7.5.2012
Brütt, Margret (*1937)	„Hilfsmädchen"	1940	10.10.2011
Jentzsch, Erika (*1942)	„Hilfsmädchen"	1958	12.10.2011
Junski, Alfred (*1935)	„Hilfsjunge"	1956	4.4.2012
Voss, Renate (*1943)	„Hilfsmädchen"	1954	2.11.2011
Zismer, Rolf (*1939)	Malergehilfe	1945	29. 9. 2011
b) Nicht von den Autorinnen durchgeführte Interviews[3]			
Friebel, Gerda (*1931)	„Hilfsmädchen"	1939	
Matzke, Klaus (*1940)	Gärtner	1946	
Schmüser, Karin (*1930)	„Hilfsmädchen"	1938	
Schwark, Konrad (1939–2008)	Gärtner	1945	
Witt geb. Brockmann, Otto (*1935)	Schneidergehilfe	1937	

Personal

BC[4] (*1937)	Pfleger	1965–2002	21.10.2011
Clement, Renate (*1945)	Schwester	1961–1973, 1987–1998	7.11.2011
Escher, Prof. i. R. Dr. Heinz (*1937)	Psychologe	1971–1974	30.08.2011
Karasek, Daniel (*1959)	Theaterintendant, Zivildienstleistender	1978–1979	26.4.2012
Langmaack, Anke (*1928)	Theologin	1956–1962	16.11.2011
Laute, Rolf (1940–2013)	Künstler und künstlerischer Leiter von „Die Schlumper Maler"		11.7.2012
Mitterhuber, Georg (*1933)	Pfleger	1958–1999	21.10.2011

---

2   Für alle zitierten Interviewpassagen liegt die schriftliche Einverständniserklärung der Inter-
    viewten selbst oder ihrer gesetzlichen VertreterInnen vor.

3   Die Erinnerungen von Schmüser, Friebel, Schwark, Matzke und Witt sind der Broschüre „So
    war das hier" entnommen.

4   Der Initialen des Pflegers wurde auf seinen Wunsch pseudonymisiert, d. h. sie entsprechen
    nicht den tatsächlichen Anfangsbuchstaben seines Namens.

Name	Beruf	Ein-/Austritt AA	Datum
Schmidt, Hans-Georg (*1930)	Direktor der Alsterdorfer Anstalten	1968–1982	3.+30.7.2012
Schulz, Birgit (*1953)	Sozialpädagogin	1977	4.4.2012
Stein, Ilse (*1922–2012)	Schwester	1945–1983	20.9.2011
Vesper, Gudrun (*1941)	Schwester	1959–2000	11.10.2011
Wallrath, Horst (*1953)	Heilerzieher	1971–1976, seit 2000	10.10.2011
Wiese, Gretel (*1925)	Schwester	1939–1985	1.11.2011

Gruppeninterview

Name	Beruf	Ein-/Austritt AA	Datum
Froehlich, Theo (*1937)	Schauspieler, Literat, Zivildienstleistender	1962–1963	4.4.2012
Jensen, Harro (*1941)	KFZ-Mechaniker, Zivildienstleistender	1962–1963	4.4.2012
Müller, Holger (*1938)	Lehrer, Zivildienstleistender	1962–1963	4.4.2012

Telefonische Informationen von ZeitzeugInnen zu Einzelthemen

Name	Beruf	Ein-/Austritt AA	Datum
Borck, Sebastian (*1953)	Pastor		16.5.2012
Fenker, Dieter	Ehemaliger Chef der Personalabteilung		
Führing, Rita (*1955)	Heilerzieherin	1977–1993	7.9.2012
Hentschel, Ulrich (*1950)	Pastor		23.4.2012
Jensen, Jens Christian (*1928)	Kunsthistoriker		26.6.2012
Koch, Veronika (*1960)	Heilerzieherin	seit 1981	7.9.2012
Klee, Ernst (1942–2013)	Journalist, Buchautor		4.5.2012
Langer, Diethild (*1938)	Beschäftigungstherapeutin	1964–1976	25.5.2012
Mantey, Angelika (*1958)	Heilerzieherin	1979–1983	17.9.2012
Mittelstädt, Prof. i. R. Dr. Gerhard	Pädagoge		15.2.2012
Sass, Maren (*1958)	Heilerzieherin	1980	18.9.2012
Tröber, Helmut (*1945)	Pastor	1945	16.4.2012

Abkürzungen

AA	Alsterdorfer Anstalten
ADB	Allgemeine deutsche Biographie
ADW	Archiv des Diakonischen Werkes der EKD, Berlin
ArESA BA	Archiv Evangelische Stiftung Alsterdorf, BewohnerInnen Akten
ArESA DV	Archiv Evangelische Stiftung Alsterdorf, Direktion-Verwaltung
ArESA FO	Archiv Evangelische Stiftung Alsterdorf, Fotoordner
ArESA Immo	Archiv Evangelische Stiftung Alsterdorf, Immobilien
ArESA Ö	Archiv Evangelische Stiftung Alsterdorf, Abteilung für Öffentlichkeit
ArESA PA	Archiv Evangelische Stiftung Alsterdorf, Personalakten
AK 71	Aktionskreis 71
BDA	Bund Deutscher Architekten
BMAS	Bundesministerium für Arbeit und Soziales
BMFSFJ	Bundesministerium für Familie, Senioren, Frauen und Jugend
BSHG	Bundessozialhilfegesetz
BuB	Briefe und Bilder aus Alsterdorf
CCH	Congress Center Hamburg
d. V.	die Verfasserinnen
DAF	Deutsche Arbeitsfront
DEK	Deutschen Evangelischen Kirche
DRK	Deutsche Rote Kreuz
DSCV	Deutsche Christliche Studentenvereinigung
EKD	Evangelische Kirche in Deutschland
GAL	Grün-Alternative Liste Hamburg
Herv. i. O.	Hervorhebung im Original
HSK	Heinrich-Sengelmann-Krankenhaus
HUK	Haftpflicht-Unterstützungs-Kasse kraftfahrender Beamter Deutschlands e. V.
KIH	Die Kirche in Hamburg
KPD	Kommunistische Partei Deutschlands
LKAK	Landeskirchliches Archiv Kiel
LWB	Lutherischer Weltbund
NDB	Neue deutsche Biographie
NDR	Norddeutscher Rundfunk
NELK	Nordelbische Landeskirche
NSDAP	Nationalsozialistische Deutsche Arbeiterpartei
NSV	Nationalsozialistische Volkswohlfahrt
ÖRK	Ökumenischer Rat der Kirchen
ÖTV	Gewerkschaft Öffentliche Dienste, Transport und Verkehr
P. G.	Parteigenosse
RGG	Religion in Geschichte und Gegenwart, Handwörterbuch
SA	Sturmabteilung
SED	Sozialistische Einheitspartei Deutschlands
StaHH	Staatsarchiv Hamburg
VEEMB	Verband evangelischer Einrichtungen für Menschen mit geistiger und seelischer Behinderung e. V. (zuvor: Verband Evangelischer Einrichtungen für Geistig und Seelisch Behinderte)
VELKD	Vereinigte Evangelisch-Lutherische Kirche Deutschlands
WdE/FZH	Werkstatt der Erinnerung / Forschungsstelle für Zeitgeschichte in Hamburg
WfB	Werkstatt für Behinderte
ZDF	Zweites Deutsches Fernsehen

Archive

Staatsarchiv Hamburg (StaHH)
Landeskirchliches Archiv Kiel (LKAK)
Archiv des Diakonischen Werkes der EKD, Berlin (ADW)
Archiv Evangelische Stiftung Alsterdorf (ArESA)
Privatarchiv Horst Wallrath

Literatur

100 Jahre Dienst an Geistesschwachen in Alsterdorf: Bericht über die Hundertjahrfeier 18. –20. Oktober 1963. Hamburg. In: Briefe und Bilder aus Alsterdorf 1963/64.

100 Jahre Sonderschule in den Alsterdorfer Anstalten. In: Briefe und Bilder aus Alsterdorf 1967.

Amthor, Ralph Christian (Hg.) (2008): Soziale Berufe im Wandel: Vergangenheit, Gegenwart und Zukunft sozialer Arbeit. Baltmannsweiler (Grundlagen der sozialen Arbeit; 19).

Benad, Matthias (2008): Auf dem Weg zur religiösen Selbstverantwortung. Zum Wandel der religiösen Alltagskultur in diakonischen Einrichtungen nach 1945, in: Journal of Religious Cultur 101. Frankfurt am Main. http://web.uni-frankfurt.de/irenik/religionskultur.htm (5.3.2012).

Ders., Hans-Walter Schmuhl (2006): Bethel-Eckhardtsheim: von der Gründung der ersten deutschen Arbeiterkolonie bis zur Auflösung als Teilanstalt (1882–2001). Stuttgart.

Bergmann, Werner (1997): Antisemitismus in öffentlichen Konflikten: kollektives Lernen in der politischen Kultur der Bundesrepublik 1949–1989. Frankfurt am Main [u. a.] (Schriftenreihe des Zentrums für Antisemitismusforschung Berlin; 4).

Bericht über die Lage der Psychiatrie in der Bundesrepublik Deutschland – Zur politischen und psychotherapeutisch/psychosomatischen Versorgung der Bevölkerung (1975), Bundestagsdrucksache 7/4200 und 7/4201. www.dgppn.de/schwerpunkte/versorgung/enquete.html (30.4.2012).

Betz, Hans Dieter (Hg.) (1998–2007): Religion in Geschichte und Gegenwart: Handwörterbuch für Theologie und Religionswissenschaft. Tübingen.

Blum, Emil (1925): Die sozialistische Bewegung und das Evangelium. Schlüchtern.

Bock, Gisela (1986): Zwangssterilisation im Nationalsozialismus: Studien zur Rassenpolitik und Frauenpolitik. Opladen (Schriften des Zentralinstituts für Sozialwissenschaftliche Forschung der Freien Universität Berlin; 48).

Bohnsack, Ralf (2008): Rekonstruktive Sozialforschung: Einführung in qualitative Methoden. Opladen [u. a.].

Borchert, Wolfgang (1947): Draussen vor der Tür: ein Stück, das kein Theater spielen und kein Publikum sehen will. Hamburg [u. a.].

Ders. (1949): Das Gesamtwerk. Hg. von Bernhard Meyer-Marwitz. Hamburg.

Borck, Wilfried (1950): Geschlechtsverteilung bei Hirngeschwülsten. Hamburg (Diss.).

Ders. (1975): 125 Jahre Behinderten-Betreuung in Hamburg: aktuelle Gedanken zu einer ehrwürdigen Institution. In: Hamburger Ärzteblatt 29, S. 303–306.

Bösl, Elsbeth (2009): Politiken der Normalisierung: zur Geschichte der Behindertenpolitik in der Bundesrepublik Deutschland. Bielefeld (Disability studies; 4).

Dies. (2010): Die Geschichte der Behindertenpolitik in der Bundesrepublik. In: Aus Politik und Zeitgeschichte 23, S. 6–12.

Dies., Anne Klein, Anne Waldschmidt (Hg.) (2010): Disability history: Konstruktionen von Behinderung in der Geschichte. Bielefeld (Disability studies; 6).

Bracken, Helmut von (1976): Vorurteile gegen behinderte Kinder, ihre Familien und Schulen. Berlin.

Brakensiek, Stefan (Hg.) (2005): Ergebene Diener ihrer Herren?: Herrschaftsvermittlung im alten Europa. Köln.

Brand, Michael (1976): Verhaltensmodifikation bei langzeitig hospitalisierten schwer geistig behinderten Erwachsenen durch Mediatoren unter besonderer Beachtung der Sauberkeitserziehung. Berlin (Diss.).

Breeger, Norbert (1979): Selbstorganisationsversuche Behinderter am Beispiel des Club 68 – Verein für Behinderte und ihre Freunde e. V. in Hamburg. In: Runde, Peter (Hg.), Chancengleichheit für Behinderte: sozialwissenschaftliche Analysen für die Praxis, Neuwied [u. a.], S. 237–253.

Bretschneider, Falk (Hg.) (2011): Personal und Insassen von „Totalen Institutionen" – zwischen Konfrontation und Verflechtung. Leipzig (Geschlossene Häuser; 3).

Ders., Martin Scheutz, Alfred Stefan Weiß (2011a): Machtvolle Bindungen – Bindungen voller Macht. Personal und Insassen in neuzeitlichen Orten der Verwahrung zwischen Konfrontation und Verflechtung. In: ders. (Hg.), Personal und Insassen von „Totalen Institutionen" – zwischen Konfrontation und Verflechtung, Leipzig, S. 7–24.

Bundesvereinigung Lebenshilfe für Menschen mit geistiger Behinderung (Hg.) (2008): 50 Jahre Lebenshilfe. Aufbruch – Entwicklung – Zukunft 1958–2008. Marburg.

Burlon, Marc (2009): Die „Euthanasie" an Kindern während des Nationalsozialismus in den zwei Hamburger Kinderfachabteilungen. Hamburg (Diss.).

Buss, Hansjörg (2011): „Entjudete" Kirche: die Lübecker Landeskirche zwischen christlichem Antijudaismus und völkischem Antisemitismus; (1918–1950). Paderborn [u. a.].

Büttner, Ursula (2008): Wegweiser für ein Orientierung suchendes Volk? Die evangelische Kirche Hamburgs in der Nachkriegszeit. In: Hering, Rainer (Hg.), Hamburgische Kirchengeschichte in Aufsätzen, Hamburg, S. 279–295.

Dassler, Henning (2007): Verschiedene Welten – gleiches Schicksal? – Konvergenzen zwischen Geistigbehindertenarbeit und Sozialpsychiatrie. (2. Salzwedeler Sozialpsychiatrie-Tag, 2007), www.zsp-salzwedel.de/fileadmin/nowack/inhalte/zsp/Vortrag_Dassler.pdf (10.4.2012).

Daudert, Petra (1992): Die Schwesternschaft der Evangelischen Stiftung Alsterdorf. Eine Untersuchung der Aufgabe, Stellung und Entwicklung unter feministisch-theologischer Perspektive. Hamburg (Unveröff. Magisterarbeit im Fach Ev. Theologie der Universität Hamburg).

Der Mythos vom harten Kern (1983): Referate und Tagungsberichte zum Internationalen Workshop am 28./29. Oktober 1982 in Wuppertal. Bonn (Sozialpsychiatrische Informationen; 13,1).

Die Alsterdorfer Anstalten in Wort und Bild (1932): Hamburg.

Die Bibel. Nach der Übersetzung Martin Luthers. Stuttgart 1999.

Dixon, Stephen (Hg.) (1969): Die Euthanasie: ihre theologischen, medizinischen und juristischen Aspekte. Göttingen (Evangelisches Forum; 11).

Dörner, Klaus (1991): Schwerst- und mehrfachbehinderte Menschen als Prüfstein der Gemeindepsychiatrie. In: Gromann, Petra (Hg.), Was heißt hier Auflösung?: Die Schliessung der Klinik Blankenburg, Bonn, S. 193–198.

Doetz, Susanne (2011): Alltag und Praxis der Zwangssterilisation: die Berliner Universitätsfrauenklinik unter Walter Stoeckel 1942–1944. Berlin (Schriften-Reihe zur Medizin-Geschichte; Bd. 19).

Eckart, Uwe, Robert Jütte (2007): Medizingeschichte: eine Einführung. Köln.

Ehrenberg, Herbert (1979): Die siebziger Jahre, eine Dekade der Rehabilitation. In: Bundesarbeitsblatt: Arbeitsmarkt und Arbeitsrecht. Bundesministerium für Arbeit und Soziales (BMAS) 11, S. 5–13.

Eissing-Christophersen, Christoph (2001): 20 Jahre Schlumper. Die Geschichte einer Verselbständigung. In: Gercken, Günther (Hg.), Die Schlumper: Kunst ohne Grenzen. Wien [u. a.], S. 3–12.

Engelbracht, Gerda (2004): Von der Nervenklinik zum Zentralkrankenhaus Bremen-Ost: Bremer Psychiatriegeschichte 1945–1977. Bremen.

Ennen, Georg (1980): Struktur und Bedeutung sonstiger Wohnformen für geistig Behinderte außerhalb der Familie. In: Kulenkampff, Caspar (Hg.), Probleme der Versorgung erwachsener geistig Behinderter, Köln, S. 79–92.

Faulstich, Heinz (1998): Hungersterben in der Psychiatrie 1914–1949: mit einer Topographie der NS-Psychiatrie. Freiburg im Breisgau.

Feuser, Georg (1987): Zum Verhältnis von Geistigbehindertenpädagogik und Psychiatrie. In: Dreher, Walther, Theodor Hofmann, Christian Bradl (Hg.), Geistigbehinderte zwischen Pädagogik und Psychiatrie, Bonn, S. 74–92.

Flügge, Thomas (2007): Kurzüberblick über die Entstehung eines ‚Diakonischen Werkes‘ bis 1957. In: Jähnichen, Traugott (Hg.), Auf dem Weg in „dynamische Zeiten“: Transformationen der sozialen Arbeit der Konfessionen im Übergang von den 1950er zu den 1960er Jahren, Berlin, S. 173–187.

Fuchs, Petra (2010): „Sei doch dich selbst“ – Krankenakten als historische Quellen von Subjektivität im Kontext der Disability History. In: Bösl, Elsbeth, Anne Klein, Anne Waldschmidt (Hg.), Disability history: Konstruktionen von Behinderung in der Geschichte, Bielefeld, S. 105–123.

Galtung, Johan (1975): Strukturelle Gewalt: Beiträge zur Friedens- und Konfliktforschung. Reinbek bei Hamburg.

Gastauer, Peter (1966): Sozialhygienische Erhebungen über die Schule der Alsterdorfer Anstalten. Hamburg (Diss.).

Gause, Ute (2010): „Aufbruch der Frauen“ – das vermeintlich ‚Weibliche‘ der Weiblichen Diakonie. In: Kaiser, Jochen-Christoph, Rajah Scheepers (Hg.), Dienerinnen des Herrn: Beiträge zur weiblichen Diakonie im 19. und 20. Jahrhundert, Leipzig, S. 57–71.

Geertz, Clifford (1983): Dichte Beschreibung. Beiträge zum Verstehen kultureller Systeme. Frankfurt am Main.

Genkel, Ingrid (1987): Pastor Lensch – ein Beispiel politischer Theologie. In: Wunder, Michael, Ingrid Genkel, Harald Jenner, Auf dieser schiefen Ebene gibt es kein Halten mehr. Die Alsterdorfer Anstalten im Nationalsozialismus, Hamburg, S. 59–94.

George, Uta (2008): Kollektive Erinnerung bei Menschen mit geistiger Behinderung: das kulturelle Gedächtnis des nationalsozialistischen Behinderten- und Krankenmordes in Hadamar; eine erinnerungssoziologische Studie. Bad Heilbrunn (Klinkhardt-Forschung: Studien zur historisch-systematischen Erziehungswissenschaft).

Gerhardt, J. Paul (1913): Die Schule der Alsterdorfer Anstalten. Jena.

Godau-Schüttke, Klaus-Detlev (2010): Die Heyde/Sawade-Affäre: Wie Juristen und Mediziner den NS-Euthanasieprofessor Heyde nach 1945 deckten und straflos blieben. Baden-Baden (3. Aufl.).

Goffman, Erving (1972): Asyle: über die soziale Situation psychiatrischer Patienten und anderer Insassen. Frankfurt am Main.

Göhres, Annette (Hg.) (2008): Bischöfinnen und Bischöfe in Nordelbien 1924–2008. Kiel.

Gröschke, Dieter (2008): Heilpädagogisches Handeln: eine Pragmatik der Heilpädagogik. Bad Heilbrunn.

Gromann, Petra (Hg.) (1991): Was heißt hier Auflösung?: Die Schließung der Klinik Blankenburg. Bonn (Werkstattschriften zur Sozialpsychiatrie; 48).

Haaser, Albert (1975): Entwicklungslinien und gesellschaftliche Bedingungen der Behindertenpolitik in Deutschland: zur Sozialgeschichte und Soziologie der Rehabilitation. Konstanz (Diss.).

Häcker, Hartmut O., Kurt-H. Stapf (Hg.) (2009): Dorsch psychologisches Wörterbuch. Bern (15. Aufl.).

Häfner, Heinz (2003): Die Inquisition der psychisch Kranken geht ihrem Ende entgegen. Die Geschichte der Psychiatrie-Enquete und Psychiatriereform in Deutschland. In: Kersting, Franz-Werner (Hg.), Psychiatriereform als Gesellschaftsreform: die Hypothek des Nationalsozialismus und der Aufbruch der sechziger Jahre, Paderborn [u. a.], S. 113–140.

Hahn, Daphne (2000): Modernisierung und Biopolitik. Sterilisation und Schwangerschaftsabbruch in Deutschland nach 1945. Frankfurt am Main [u. a.].

Hammerschmidt, Peter (2005): Wohlfahrtsverbände in der Nachkriegszeit: Reorganisation und Finanzierung der Spitzenverbände der freien Wohlfahrtspflege 1945 bis 1961. Weinheim [u. a.].

Häupl, Waltraud (2008): Der organisierte Massenmord an Kindern und Jugendlichen in der Ostmark 1940–1945: Gedenkdokumentation für die Opfer der NS-Euthanasie. Wien [u. a.].

Hauser, Andrea (2002): Ritterhuder Frauen erzählen über Arbeit, Liebe, Freizeit und Konsum: als ich 20 war; 1939–1999. Bremen.

Heinemann, Manfred (2011): Zivilisierung der Gewalt – Eine der ältesten Daueraufgaben zum Wohl der Betreuten in Behinderteneinrichtungen. In: Reiter, Raimond (Hg.), Geschichte und Geschichten: der Weg der Rotenburger Werke der Inneren Mission von 1945 ins 21. Jahrhundert, Berlin, S. 102–112.

Hentschel, Ulrich (2006): Leitungsstrukturen und Mitarbeiterschaft. In: Benad, Matthias (Hg.), Bethel – Eckardtsheim: von der Gründung der ersten deutschen Arbeiterkolonie bis zur Auflösung als Teilanstalt (1882–2001), Stuttgart, S. 71–91.

Hering, Rainer (1995): Die Bischöfe: Simon Schöffel; Franz Tügel. Hamburg (Hamburgische Lebensbilder; 10).

Ders. (1995a): Der „Fall Nieland“ und sein Richter. Zur Kontinuität in der Hamburger Justiz zwischen „Drittem Reich“ und Bundesrepublik. In: Zeitschrift des Vereins für Hamburgische Geschichte 81, S. 207–222.

Ders. (2004): „Einer antichristlichen Dämonie verfallen“. Die evangelisch-lutherischen Kirchen nördlich der Elbe und die nationalsozialistische Vergangenheit. In: Lundt, Bea (Hg.), Nordlichter: Geschichtsbewusstsein und Geschichtsmythen nördlich der Elbe, Köln [u. a.], S. 355–370.

Ders. (Hg.) (2008): Hamburgische Kirchengeschichte in Aufsätzen. Hamburg (Arbeiten zur Kirchengeschichte Hamburgs; 26).

Herntrich, Hans-Volker (Hg.) (1968): Volkmar Herntrich: 1908–1958; ein diakonischer Bischof. Berlin (Schriften für Diakonie und Gemeindebildung; 9).

Herntrich, Volkmar (1932): Ezechielprobleme. Giessen (Beihefte zur Zeitschrift für die alttestamentliche Wissenschaft; 61).

Ders. (1933): Völkische Religiosität und Altes Testament: zur Auseinandersetzung der nationalsozialistischen Weltanschauung mit dem Christentum. Gütersloh.

Ders. (1959): Der Nächste ist verplant – Diakonie im Wohlfahrtsstaat. In: Ryssel, Fritz Heinrich (Hg.), Protestantismus heute, Frankfurt am Main.

Hohm, Hartmut (1977): Berufliche Rehabilitation von psychisch Kranken: kritische Bestandsaufnahme, neue Konzepte und Praxisversuche. Weinheim [u. a.].

Höllenriegel, Rudolf (1967): Die Arbeit der Schule heute. In: 100 Jahre Sonderschule in den Alsterdorfer Anstalten. Briefe und Bilder aus Alsterdorf 1967, S. 23–28.

Hollmann, Annette (2011): Hilfen für geistig behinderte Menschen: Standards und Paradigmen im Wandel der Zeit. In: Reiter, Raimond (Hg.), Geschichte und Geschichten: der Weg der Rotenburger Werke der Inneren Mission von 1945 ins 21. Jahrhundert, Berlin, S. 11–39.

Horn, Eckhard (1983): Strafbarkeit der Zwangssterilisation. In: Zeitschrift für Rechtspolitik 11, S. 265–266.

Horstmann, Helmut (1974): Zufriedenheit und Wahrnehmung von Arbeitsbedingungen und Einstellungen zu Aspekten der Arbeit beim Pflegepersonal einer Anstalt für geistig Behinderte. Hamburg (Unveröff. Diplomarbeit).

Hummerich-Diezun, Waltraud (1994): Die Weiterentwicklung der Berufsgeschichte der Theologinnen nach 1945 – ein Überblick. In: Frauenforschungsprojekt zur Geschichte der Theologinnen Göttingen (Hg.): „Darum wagt es, Schwestern …“: zur Geschichte evangelischer Theologinnen in Deutschland, Neukirchen-Vluyn, S. 403–484.

Hungar, Stella (1968): Schwangerschaftsunterbrechungen und Sterilisation von Frauen in Hamburg: Analyse des Materials der Gutachterstelle bei der Ärztekammer Hamburg der Jahre 1964 und 1965. Bielefeld.

Jähnichen, Traugott (Hg.) (2007): Auf dem Weg in „dynamische Zeiten“: Transformationen der sozialen Arbeit der Konfessionen im Übergang von den 1950er zu den 1960er Jahren. Berlin (Bochumer Forum zur Geschichte des sozialen Protestantismus; 9).

Jantzen, Wolfgang (1999): Aspekte struktureller Gewalt im Leben geistig behinderter Menschen: Versuch, dem Schweigen eine Stimme zu geben. In: Seidel, Michael, Klaus Hennike (Hg.), Gewalt im Leben von Menschen mit geistiger Behinderung, Reutlingen, S. 45–65.

Jenner, Harald (1987a): Die Meldebögen in den Alsterdorfer Anstalten. In: Wunder, Michael, Genkel, Ingrid; Jenner, Harald, Auf dieser schiefen Ebene gibt es kein Halten mehr. Die Alsterdorfer Anstalten im Nationalsozialismus, Hamburg, S. 169–178.

Ders. (1987): Friedrich Lensch und die Alsterdorfer Anstalten. In: Wunder, Michael (Hg.), Auf dieser schiefen Ebene gibt es kein Halten mehr: die Alsterdorfer Anstalten im Nationalsozialismus, Hamburg, S. 127–144.

Ders. (2011): Bewohner in Alsterdorf 1945 bis 1979 (Teil II Juni 2011). (Unveröff. Manuskript).

Jensen, Julius (1960): Denkschrift „Vorgänge betr. Euthanasie und Juden-Entlassung in den Alsterdorfer Anstalten während der Zeit des Nationalsozialismus". (Unveröff. Manuskript, ArESA).

Ders. (1963): Heinrich Matthias Sengelmann: ein Bild seines Lebens. Hamburg.

Ders. (1964): Lebensrecht und Lebenssinn der Schwachen. Sonderdruck in: BuB 1963/64, S. 1–23 (auch Sonderdruck im Auftrage des VEEMB: Jensen, Julius (1964): Lebensrecht und Lebenssinn der Schwachen. Hamburg).

Ders. (1967): Aus der Geschichte unserer Schule. In: 100 Jahre Sonderschule in den Alsterdorfer Anstalten. In: BuB 1967, S. 4–10.

Ders. (1969): Theologische Überlegungen zur Frage nach dem Lebenssinn geistig Behinderter. In: Dixon, Stephen (Hg.), Die Euthanasie: ihre theologischen, medizinischen und juristischen Aspekte, Göttingen, S. 88–106.

Ders. (1980): Die Alsterdorfer Anstalten in diesem Jahrhundert. Vortrag vor der erweiterten Leitungskonferenz in Alsterdorf am 25.6.1980 (Unveröff. Manuskript, ArESA Ö).

Just, Renate (20.4.1979): Versteckt, verdrängt, vergessen. In: Zeit-Magazin, 17.

Kaiser, Jochen-Christoph, Rajah Scheepers (Hg.) (2010): Dienerinnen des Herrn: Beiträge zur weiblichen Diakonie im 19. und 20. Jahrhundert. Leipzig (Historisch-theologische Genderforschung; 5).

Kaminsky, Uwe (2005): Zwischen Rassenhygiene und Biotechnologie. Die Fortsetzung der eugenischen Debatte in Diakonie und Kirche, 1945–1969. In: Zeitschrift für Kirchengeschichte 116, S. 204–241.

Kaschuba, Wolfgang (1999): Einführung in die Europäische Ethnologie. München.

Kersting, Franz-Werner (1998): Psychiatriereform und ´68. In: Westfälische Forschungen 48, S. 283–295.

Ders. (2003): Vor Ernst Klee. Die Hypothek der NS-Medizinverbrechen als Reformimpuls. In: ders. (Hg.), Psychiatriereform als Gesellschaftsreform: die Hypothek des Nationalsozialismus und der Aufbruch der sechziger Jahre, Paderborn [u. a.], S. 63–80.

Kien, Renate (1996): Mehrfachbehinderung und Hörschädigung dargestellt an der Lebensgeschichte eines erwachsenen Bewohners der Evangelischen Stiftung Alsterdorf. Hamburg (Unveröff. Hausarbeit).

Kiss, Maria (2011): Personalentwicklung: Die Mitarbeiterschaft verändert sich. In: Reiter, Raimond (Hg.), Geschichte und Geschichten: der Weg der Rotenburger Werke der Inneren Mission von 1945 ins 21. Jahrhundert, Berlin, S. 73–101.

Klee, Ernst (1974): Behinderten-Report. Frankfurt am Main.

Ders. (1976): „Wir lassen uns nicht abschieben": Bewusstwerdung und Befreiung der Behinderten. Frankfurt am Main.

Ders. (1980): Behindert: über die Enteignung von Körper und Bewußtsein; ein kritisches Handbuch. Frankfurt am Main.

Ders. (1983): „Euthanasie" im NS-Staat: die „Vernichtung lebensunwerten Lebens". Frankfurt am Main.

Ders. (Hg.) (1985): Dokumente zur „Euthanasie". Frankfurt am Main.

Ders. (1986): Was sie taten – Was sie wurden. Ärzte, Juristen und andere Beteiligte am Kranken- oder Judenmord. Frankfurt am Main.

Ders. (2007): Das Personenlexikon zum Dritten Reich: wer war was vor und nach 1945. Frankfurt am Main (2. Aufl.).

Kleßmann, Christoph (1998): Kontinuitäten und Veränderungen im protestantischen Milieu. In: Schildt, Axel (Hg.), Modernisierung im Wiederaufbau: die westdeutsche Gesellschaft der 50er Jahre, Bonn, S. 403–417.

Klevenow, Annegret (1986): „Darüber konnte ich nie sprechen". Zwangssterilisierte erinnern sich. In: Ayaß, Wolfgang (Hg.), Verachtet – verfolgt – vernichtet: zu den „vergessenen" Opfern des NS-Regimes, Hamburg, S. 118–121.

Klevinghaus, Johannes (1972): Hilfen zum Leben: zur Geschichte der Sorge für Behinderte. Bielefeld (Beiträge zur Diakonie und Sozialhilfe; 1).

Klusmann, Dietrich (1974): Die Wahrnehmung der Arbeitsbedingungen und die Einbeziehung zur Organisation beim Pflegepersonal einer Anstalt für geistig Behinderte. Hamburg (Unveröff. Diplomarbeit).

Knaack, Kirsten (2001): Die Hilfsschule im Nationalsozialismus. Eine Studie zur Geschichte der Hamburger Hilfsschule. Hamburg (Unveröff. Staatsexamensarbeit), www.hilfsschule-im-nationalsozialismus.de (9.7.2012).

Kollegenkreis Alsterdorfer Anstalten (Hg.) (September 1978): Den Armen wird das Evangelium gepredigt. Behinderte in den Alsterdorfer Anstalten. Hamburg.

Ders. (Hg.) (1979): Wir helfen nach. Dokumentation einer Auseinandersetzung. (2. Auflage).

Konukiewitz, Enno (1988): Hans Asmussens Weg zum Altonaer Bekenntnis. In: Reumann, Klauspeter (Hg.), Kirche und Nationalsozialismus: Beiträge zur Geschichte des Kirchenkampfes in den evangelischen Landeskirchen Schleswig-Holsteins, Neumünster, S. 71–131.

Kopitzsch, Franklin, Dirk Brietzke (Hg.) (2003): Hamburgische Biografie: Personenlexikon. Hamburg (Bd. 2).

Kreutzer, Susanne (2005): Vom „Liebesdienst" zum modernen Frauenberuf: die Reform der Krankenpflege nach 1945. Frankfurt am Main [u. a.] (Reihe Geschichte und Geschlechter; 45).

Kreuzer, Rainer (2010): Qualitätsentwicklung als teilnehmender und intervenierender Forschungsprozess in der Behindertenhilfe: Eine empirische Handlungsforschung im sozialen Prozess der Ambulantisierung einer stationären Wohneinrichtung in Hamburg. Lüneburg.

Kugel, Robert B., Wolf Wolfensberger (Hg.) (1974): Geistig Behinderte – Eingliederung oder Bewahrung?: Heutige Vorstellungen über die Betreuung geistig behinderter Menschen, Stuttgart.

Kuhlbrodt, Dietrich (1984): „Verlegt nach … und getötet". Die Anstaltötungen in Hamburg. In: Ebbinghaus, Angelika (Hg.), Heilen und Vernichten im Mustergau Hamburg: Bevölkerungs- und Gesundheitspolitik im Dritten Reich, Hamburg, S. 156–161.

Kühn, Heike (1982): Löst die Anstalten auf!. In: Wunder, Michael, Udo Sierck (Hg.), Sie nennen es Fürsorge: Behinderte zwischen Vernichtung und Widerstand, Berlin, S. 134–140.

Kulzer, Barbara (2008): Strukturelle Gewalt gegen Menschen mit Behinderung: Untersuchung an Wohneinrichtungen der Behindertenhilfe. Saarbrücken.

Laga, Gerd (1982): Methodologische und methodische Probleme bei der Befragung geistig Behinderter. In: Heinze, Rolf G., Runde, P. (Hg.), Lebensbedingungen Behinderter im Sozialstaat, Opladen, S. 223–239.

Linck, Stephan (2006): „Fehlanzeige": wie die Kirche in Altona nach 1945 die NS-Vergangenheit und ihr Verhältnis zum Judentum aufarbeitete. Hamburg.

Ders., Theo Christiansen (Hg.) (2009): Als im Kirchenamt „die Hölle los" war: Wolfgang Grell – ein Pastorenleben zwischen Rotariern und RAF. Wittingen.

Lutz, Tilman (2010): Strenge Zucht und Liebe: die pädagogischen Arrangements im Rauhen Haus in den 1950ern und 1960ern. München (Impulse: Werkstatt Fachhochschule; 17).

Mager, Inge (2005): Fünfzig Jahre Hamburger theologische Promotionen. In: Steiger, Johann Anselm (Hg.), 500 Jahre Theologie in Hamburg: Hamburg als Zentrum christlicher Theologie und Kultur zwischen Tradition und Zukunft, Berlin [u. a.], S. 421–492.

McManama, Brigitte (1994): Normalisierung – Prinzipien, die das Leben von Menschen mit Behinderungen verändern sollten. Eine Wegbeschreibung. In: Zur Orientierung 4.

Dies. (2010): Chancen zur Enthospitalisierung und De-Institutionalisierung für Menschen mit geistigen Behinderungen?: Entflechtung der psychiatrischen Landeskrankenhäuser und deren Folgen für die Behindertenhilfe im Land Sachsen-Anhalt. München.

Mittelstädt, Gerhard (1965): Erziehung, Therapie und Glaube am Beispiel der heilpädagogischen Bewegung im Blick auf Sengelmann. Hamburg (Diss.).

Morisse, Heiko (2003): Jüdische Rechtsanwälte in Hamburg. Ausgrenzung und Verfolgung im NS-Staat. Hamburg.

Müller, Ulrich (2007): Metamorphosen. Krankenakten als Quellen für Lebensgeschichten. In: Fuchs, Petra, Maike Rotzoll, Ulrich Müller, Paul Richter, Gerrit Hohendorf (Hg.), „Das Vergessen der Vernichtung ist Teil der Vernichtung selbst": Lebensgeschichten von Opfern der nationalsozialistischen „Euthanasie", Göttingen, S. 80–96.

Müller, Winfried (Hg.) (2004): Das historische Jubiläum: Genese, Ordnungsleistung und Inszenierungsgeschichte eines institutionellen Mechanismus. Münster (Geschichte: Forschung und Wissenschaft; 3).

Münch, Paul (Hg.) (2005): Jubiläum, Jubiläum …: zur Geschichte öffentlicher und privater Erinnerung. Essen.

Naujoks, H. (1951): Schwangerschaftsunterbrechung und Sterilisierung. In: Archiv für Gynäkologie 180, S. 304–319.

Nicolaisen, Carsten (1998): Niemöller, Emil Gustav Martin. In: Neue Deutsche Biographie 19, S. 239–241.

Nirje, Bengt (1974): Das Normalisierungsprinzip und seine Auswirkungen in der fürsorgerischen Betreuung. In: Kugel, Robert B., Wolf Wolfensberger (Hg.), Geistig Behinderte – Eingliederung oder Bewahrung?: Heutige Vorstellungen über die Betreuung geistig behinderter Menschen, Stuttgart, S. 33–46.

Pfäfflin, Friedemann (1989): Die Sterilisation „Erbkranker" in Hamburg. In: Bussche, Hendrick van den (Hg.), Medizinische Wissenschaft im „Dritten Reich". Kontinuität, Anpassung und Opposition an der Hamburger Medizinischen Fakultät, Hamburg, S. 282–288.

Pixa-Kettner, Ursula, Stefanie Bargfrede, Ingrid Blanken, (1996): „Dann waren sie sauer auf mich, daß ich das Kind haben wollte …": eine Untersuchung zur Lebenssituation geistigbehinderter Menschen mit Kindern in der BRD. Baden-Baden (Schriftenreihe des Bundesministeriums für Gesundheit; 75).

Poore, Carol (2007): Disability in twentieth-century German culture. Ann Arbor.

Preuss-Lausitz, Ulf (1981): Fördern ohne Sonderschule: Konzepte und Erfahrungen zur integrativen Förderung in der Regelschule. Weinheim [u. a.].

Raab, Jürgen (2008): Erving Goffman. Konstanz (Klassiker der Wissenssoziologie; 6).

Ralser, Michaela (2007): Psychiatrische Krankenakten als Material der Wissenschaftsgeschichte. Methodisches Vorgehen am Einzelfall. www.h-net.org/reviews/showrev.php?id=29099 (31.10.2012).

Rau, Miriam (2004): Paradigmenwechsel und aktuelle Umstrukturierungsprozesse innerhalb der Evangelischen Stiftung Alsterdorf vor dem Hintergrund der Konzeption Heinrich Matthias Sengelmanns und der geschichtlichen Entwicklung der Stiftung. Hamburg (Unveröff. Diplomarbeit).

Rauschmann, Michael A., Klaus-Dieter Thomann, Ludwig Zichner, (Hg.) (2005): Die Contergankatastrophe – Eine Bilanz nach 40 Jahren. Darmstadt.

Reker, Thomas (1998): Arbeitsrehabilitation in der Psychiatrie: prospektive Untersuchungen zu Indikationen, Verläufen und zur Effizienz arbeitsrehabilitativer Maßnahmen. Darmstadt.

Reumann, Klauspeter (Hg.) (1988): Kirche und Nationalsozialismus: Beiträge zur Geschichte des Kirchenkampfes in den evangelischen Landeskirchen Schleswig-Holsteins. Neumünster (Schriften des Vereins für Schleswig-Holsteinische Kirchengeschichte: Reihe 1; 35).

Romey, Stefan (1982): Asylierung – Sterilisierung – Abtransport. Die Behandlung geistig behinderter Menschen im Nationalsozialismus am Beispiel der Alsterdorfer Anstalten. In: Wunder, Michael, Udo Sierck (Hg.), Sie nennen es Fürsorge: Behinderte zwischen Vernichtung und Widerstand, Berlin, S. 43–64.

Rothmaler, Christiane (1991): Sterilisationen nach dem „Gesetz zur Verhütung erbkranken Nachwuchses" vom 14. Juli 1933: eine Untersuchung zur Tätigkeit des Erbgesundheitsgerichtes und zur Durchführung des Gesetzes in Hamburg in der Zeit zwischen 1934 und 1944. Husum (Abhandlungen zur Geschichte der Medizin und der Naturwissenschaften; 60).

Roxin, Claus (1981): Entwicklung und gesetzliche Regelung des Schwangerschaftsabbruchs. In: Juristische Arbeitsblätter 13, S. 226–232.

Rudloff, Wilfried (2003): Sozialstaat, Randgruppen und bundesrepublikanische Gesellschaft. Umbrüche und Entwicklungen in den sechziger und frühen siebziger Jahren. In: Kersting, Franz-Werner (Hg.), Psychiatriereform als Gesellschaftsreform: die Hypothek des Nationalsozialismus und der Aufbruch der sechziger Jahre, Paderborn [u. a.], S. 181–219.

Ders. (2005): Rehabilitation und Hilfen für Behinderte. In: Schulz, Günther (Hg.), 1949–1957: Bewältigung der Kriegsfolgen, Rückkehr zur sozialpolitischen Normalität, Baden-Baden, S. 517–557.

Ders. (2006): Rehabilitation und Hilfen für Behinderte. In: Hockerts, Hans Günter (Hg.), 1966–1974: eine Zeit vielfältigen Aufbruchs, Baden-Baden, S. 557–591.

Ders. (2007): Rehabilitation und Hilfen für Behinderte. In: Ruck, Michael (Hg.), 1957–1966: Sozialpolitik im Zeichen des erreichten Wohlstandes, Baden-Baden, S. 465–501.

Ders. (2010): Das Ende der Anstalt? Institutionalisierung und Deinstitutionalisierung in der Geschichte der bundesdeutschen Behindertenpolitik. In: Bösl, Elsbeth, Anne Klein, Anne Waldschmidt (Hg.), Disability history: Konstruktionen von Behinderung in der Geschichte, Bielefeld, S. 169–190.

Ders., Ferdinand Schliehe (2008): Rehabilitation und Hilfen für Behinderte. In: Geyer, Martin H. (Hg.), 1974–1982: neue Herausforderungen, wachsende Unsicherheiten, Baden-Baden, S. 583–604.

Rückblick auf die Geschichte der Alsterdorfer Anstalten während der ersten fünfzig Jahre ihres Bestehens als Anstalt für Schwachsinnige und Epileptische (1913): 1863–1913. Norden.

Rühmkorf, Peter (1961): Wolfgang Borchert in Selbstzeugnissen und Bilddokumenten. Reinbek.

Sachverständigen Kommission zur Erarbeitung der Enquête über die Lage der Psychiatrie in der BRD, Zwischenbericht (1973), Bonn (Bundestagsdrucksache 7/1124).

Saldern, Adelheid von (2009): Das „Harzburger Modell“. Ein Ordnungssystem für bundesrepublikanische Unternehmen, 1960–1975. In: Etzemüller, Thomas (Hg.), Die Ordnung der Moderne. Social Engineering im 20. Jahrhundert, Bielefeld, S. 303–329.

Schädler, Johannes (2002): Paradigmenwechsel in der Behindertenhilfe unter Bedingungen institutioneller Beharrlichkeit: strukturelle Voraussetzungen der Implementation Offener Hilfen für Menschen mit geistiger Behinderung. Siegen.

Scheepers, Clara, Ute Steding-Albrecht, Peter Jehn (Hg.) (2011): Ergotherapie: vom Behandeln zum Handeln; Lehrbuch für die theoretische und praktische Ausbildung. Stuttgart (4. Aufl.).

Schmidt, Eberhardt (1951): Schwangerschaftsunterbrechung und Sterilisation nach geltendem und künftigem Recht. In: Archiv für Gynäkologie 18, S. 290–304.

Schmidt, Hans-Georg (Hg.) ([1973]): Alsterdorfer Anstalten: Informationsbroschüre der Alsterdorfer Anstalten. Hamburg.

Schmoock, Matthias (2009): Werner Otto. Der Jahrhundertmann. Frankfurt am Main.

Schmuhl, Hans-Walter, Ulrike Winkler (2010): Gewalt in der Körperbehindertenhilfe: das Johanna-Helenen-Heim in Volmarstein von 1947 bis 1967. Bielefeld (Schriften des Instituts für Diakonie- und Sozialgeschichte an der Kirchlichen Hochschule Wuppertal/Bethel; 18).

Dies. (2011): „Als wären wir zur Strafe hier“: Gewalt gegen Menschen mit geistiger Behinderung – der Wittekindshof in den 1950er und 1960er Jahren. Bielefeld (Schriften des Instituts für Diakonie- und Sozialgeschichte an der Kirchlichen Hochschule Wuppertal/Bethel; 19) (2. Aufl.).

Dies. (2012): „Der das Schreien der jungen Raben nicht überhört“. Der Wittekindshof – eine Einrichtung für Menschen mit geistiger Behinderung, 1887 bis 2012, Bielefeld.

Scholtz, Antje (1974): Verhaltens-Analyse und Therapieplanung bei autoaggressivem Verhalten geistig schwer retardierter Kinder anhand eines einfachen Beobachtungsverfahrens. Hamburg (Unveröff. Diplomarbeit).

Schott, Christian-Erdmann (2008): Geh aus Deinem Vaterland …: Vertreibung – Integration – Vermächtnis der evangelischen Schlesier; Vorträge, Aufsätze, Predigten. Berlin [u. a.] (Beiträge zu Theologie, Kirche und Gesellschaft im 20. Jahrhundert; Bd. 13).

Schultheiß, Andreas (2005): Begegnung: Risiko und Chance zugleich. Religionspädagogik als Zwischenraum der Begegnung von behinderten und nichtbehinderten Menschen. In: Günther, Ursula (Hg.), Theologie – Pädagogik – Kontext: Zukunftsperspektiven der Religionspädagogik; Wolfram Weiße zum 60., Münster [u. a.], S. 137–150.

Schulz, Birgit (Hg.) (2003): Entschlossene Gesellschaft: das Auszugsprojekt „Karl-Witte-Haus"; eine Dokumentation. Hamburg.

Schulze, Winfried (Hg.) (1996): Ego-Dokumente: Annäherung an den Menschen in der Geschichte. (Konferenz über „Ego-Dokumente" vom 4.–6. Juni 1992 in der Werner-Reimers-Stiftung Bad Homburg). Berlin www.historicum.net/fileadmin/sxw/Lehren_Lernen/Schulze/Ego-Dokumente.pdf (31.10.2012).

Schümann, Bodo (2001): Heinrich Matthias Sengelmann als Stifter und Anstifter der Behindertenarbeit. Hamburg (Hamburger theologische Studien; 22).

Seidel, Michael, Hennike, Klaus (Hg.) (1999): Gewalt im Leben von Menschen mit geistiger Behinderung. Reutlingen.

Sengelmann, Heinrich Matthias (1885/1975): Sorgen für geistig Behinderte: eine originalgetreue Wiedergabe seines Hauptwerkes „Idiotophilus" aus dem Jahr 1885. Hg. v. Schmidt, Hans-Georg. Hamburg (Arbeiten zur Kirchengeschichte Hamburgs; 14).

Sieger, Margot (2010): Transformation in der Krankenpflege nach 1945: zwischen Professionalisierung und Deprofessionalisierung. In: Kaiser, Jochen-Christoph, Rajah Scheepers (Hg.), Dienerinnen des Herrn: Beiträge zur weiblichen Diakonie im 19. und 20. Jahrhundert, Leipzig S. 164–183.

Sierck, Udo (1982): Augenzeugenbericht eines Bewohners. Aus dem Tagebuch von Albert Huth. In: Wunder, Michael, Udo Sierck (Hg.), Sie nennen es Fürsorge: Behinderte zwischen Vernichtung und Widerstand, Berlin, S. 65–71.

Sierig, Hartmut (1960): Von Freiheit und Liebe. Ein Requiem für Volkmar Herntrich. In: Hamburger Kirchenkalender, S. 45–56.

So war das hier – Geschichten aus dem Leben in den „Alsterdorfer Anstalten" [o. J.]. Interviews und Texte: Monika Sachau. Hg. Diakonisches Begegnungszentrum feuerherz.

Steiner, Gusti [o. J.]: Wie alles anfing – Konsequenzen politischer Behindertenselbsthilfe. www.forsea.de/projekte/20_jahre_assistenz/steiner.shtml (2.5.2012).

Stolt, Peter (2008): Wachstumshilfen, Predigt zum 50. Todestag von Volkmar Herntrich am 14.9.2008 in St. Katharinen, Hamburg. www.katharinen-hamburg.de/fileadmin/99-redaktion/02-pdf_predigten/080914_kath_stolt.pdf (16.3.2012).

Störmer, Norbert (1998): Die Zuwendung zu Menschen mit geistigen Behinderungen und psychischen Problemen. In: Röper, Ursula, Carola Jüllig (Hg.), Die Macht der Nächstenliebe: einhundertfünfzig Jahre Innere Mission und Diakonie 1848–1998, Berlin, S. 294–301.

Stritter, Paul (Hg.) (1912): Deutsche Anstalten für schwachsinnige, epileptische und psychopathische Jugendliche: den Teilnehmern der vom 8.–11. September 1912 zu Bielefeld und Bethel tagenden XIV. Konferenz des Vereins für Erziehung, Unterricht und Pflege Geistesschwacher gewidmet. Halle a. S.

Strübel, Lisa (2005): Continuity and change in city Protestantism: the Lutheran Church in Hamburg 1945–1965. Hamburg (Arbeiten zur Kirchengeschichte Hamburgs; 23).

Dies. (2008): Between prophecy, politics and pragmatism: denazification in the Lutheran Church in Hamburg. In: Hering, Rainer (Hg.), Hamburgische Kirchengeschichte in Aufsätzen, Hamburg, S. 297–353.

Suhrweier, Horst (2009): Geistige Behinderung: Psychologie, Pädagogik, Therapie. Weinheim [u. a.].

Theunissen, Georg (1999): Zugänge zum Verstehen aggressiver Verhaltensweisen bei Menschen mit geistiger Behinderung. In: Seidel, Michael, Klaus Hennike (Hg.), Gewalt im Leben von Menschen mit geistiger Behinderung, Reutlingen, S. 66–88.

Ders., Milly Aßmann, Claudia Hoffmann (2000): Wege aus der Hospitalisierung: Empowerment in der Arbeit mit schwerstbehinderten Menschen. Bonn (2. Aufl.).

Thimm, Walter (Hg.) (2005): Das Normalisierungsprinzip: ein Lesebuch zu Geschichte und Gegenwart eines Reformkonzepts. Marburg.

Thompson, Travis, John Grabowski (Hg.) (1976): Verhaltensmodifikation bei Geistigbehinderten. München [u. a.].

Tielke, Martin (Hg.) (1993): Biographisches Lexikon für Ostfriesland. Aurich.

Uffen-Klose, Anita, Michael Klose (2011): Das tägliche Allerlei. In: Reiter, Raimond (Hg.), Geschichte und Geschichten: Der Weg der Rotenburger Werke der Inneren Mission von 1945 ins 21. Jahrhundert, Berlin, S. 113–125.

Verband Evangelischer Einrichtungen für Geistig und Seelisch Behinderte (1974): Empfehlungen des Diakonischen Werkes- Innere Mission und Hilfswerk- der Evangelischen Kirche in Deutschland für die Pflege, Therapie und Förderung geistig Behinderter in Heimen und Anstalten. Stuttgart.

Ders. (1997): Von der Vorsteherkonferenz zum Fachverband 1897–1997. Wegbeschreibung durch hundert Jahre evangelischer Hilfe für Menschen mit geistiger und seelischer Behinderung. Stuttgart.

Villiez, Anna von (2004): Die Vertreibung der jüdischen Ärzte Hamburgs aus dem Berufsleben 1933–1945. In: Hamburger Ärzteblatt 3, S. 110–113.

Vollmer, Antje (1973): Die Neuwerkbewegung 1919–1935: ein Beitrag zur Geschichte der Jugendbewegung, des religiösen Sozialismus und der Arbeiterbildung. Berlin (Diss.).

Vollnhals, Clemens (Hg.) (1991): Entnazifizierung: politische Säuberung und Rehabilitierung in den vier Besatzungszonen 1945–1949. München.

Ward, Mary Jane (1946): The snake pit. New York.

Weber, Cornelia (2000): Altes Testament und völkische Frage: der biblische Volksbegriff in der alttestamentlichen Wissenschaft der nationalsozialistischen Zeit, dargestellt am Beispiel von Johannes Hempel. Tübingen (Forschungen zum Alten Testament; 28).

Wensierski, Peter (2006): Schläge im Namen des Herrn: die verdrängte Geschichte der Heimkinder in der Bundesrepublik. München [u. a.].

Westermann, Stefanie (2010): Verschwiegenes Leid: der Umgang mit den NS-Zwangssterilisationen in der Bundesrepublik Deutschland. Köln [u. a.] (Menschen und Kulturen; 7).

Winkler, Ulrike, Hans-Walter Schmuhl (2011): Heimwelten: Quellen zur Geschichte der Heimerziehung in Mitgliedseinrichtungen des Diakonischen Werkes der Ev.-Luth. Landeskirche Hannovers e. V. von 1945 bis 1978. Bielefeld.

Wölber, Hans-Otto (1968): Die Kraft der Mitte. In: Herntrich, Hans-Volker (Hg.), Volkmar Herntrich: 1908–1958; ein diakonischer Bischof, Berlin, S. 9–11.

Wolff, Dieter (2011): Vom Kranken zum Bewohner – Aber ganz ohne Medizin geht es nicht. In: Reiter, Raimond (Hg.), Geschichte und Geschichten: Der Weg der Rotenburger Werke der Inneren Mission von 1945 ins 21. Jahrhundert, Berlin, S. 148–176.

Wunder, Michael (1982): Wider die Therapiesucht!. In: ders., Udo Sierck (Hg.), Sie nennen es Fürsorge: Behinderte zwischen Vernichtung und Widerstand, Berlin, S. 73–76.

Ders. (1987a): Die Karriere des Dr. Kreyenberg – Heilen und Vernichten in Alsterdorf. In: ders., Ingrid Genkel; Harald Jenner, Auf dieser schiefen Ebene gibt es kein Halten mehr. Die Alsterdorfer Anstalten im Nationalsozialismus, Hamburg, S. 97–125.

Ders. (1988): „Ausgesuchte, abgelaufene, sekundäre Demenzen…". Die Durchführung des „Euthanasie"-Programms in Hamburg am Beispiel der Alsterdorfer Anstalten. In: Ayaß, Wolfgang (Hg.), Verachtet – verfolgt – vernichtet: zu den „vergessenen" Opfern des NS-Regimes, Hamburg, S. 85–101.

Ders. (1988a): Die Sterilisation Behinderter und der Schatten der Geschichte. In: Kritische Justiz 3, S. 309–314.

Ders. (1999): Paradigmenwechsel in Alsterdorf. www.beratungszentrum-alsterdorf.de/cont/Paradigmenwechsel(1).pdf (13.6.2012).

Ders. (2000): Die Euthanasie-Morde im „Steinhof" am Beispiel der Hamburger Mädchen und Frauen. In: Gabriel, Eberhard (Hg.), NS-Euthanasie in Wien, Wien [u. a.], S. 93–106.

Ders. (2009): Erklärungen und Lösungen für ein Tabuthema. Aggression und Gewalt in der Pflege. In: CNE.Fortbildung 2 (Certified Nursing Education), S. 2–5.

Ders. (2010): Es ist normal, verschieden zu sein – Menschen mit Behinderung zwischen Exklusion und Inklusion (Unveröff. Manuskript).

Ders., Harald Jenner (1987): Das Schicksal der jüdischen Bewohner der Alsterdorfer Anstalten. In: ders., Genkel, Ingrid; Jenner, Harald, Auf dieser schiefen Ebene gibt es kein Halten mehr. Die Alsterdorfer Anstalten im Nationalsozialismus, Hamburg, S. 155–167.

Ders., Ingrid Genkel, Harald Jenner (1987): Auf dieser schiefen Ebene gibt es kein Halten mehr. Die Alsterdorfer Anstalten im Nationalsozialismus, Hamburg.

Ders., Udo Sierck (Hg.) (1982): Sie nennen es Fürsorge: Behinderte zwischen Vernichtung und Widerstand. Berlin.

Zielinski, Martin (1993): Die Bedeutung der Sittlichkeit im Prinzip der Wohnstubenerziehung bei Johann Heinrich Pestalozzi und ihre Rezeption in ausgewählter Darstellung. Bonn.

Zimmer, Katharina (20.4.1979): Die Gesellschaft der harten Herzen. In den Schlangengruben der deutschen Psychiatrie. In: Die Zeit, 17.

Zeitschriften und Zeitungen.

Briefe und Bilder aus Alsterdorf. Hg. von den Alsterdorfer Anstalten, Hamburg 1877–1977 (fortgeführt als Briefe & Bilder 1978–2003).

Der Spiegel, Hamburg.

Der Städtetag: Zeitschrift für kommunale Politik und Praxis, Berlin.

Die Kirche in Hamburg, Hamburg 1943–1968.

Die Zeit, Hamburg.

Hamburger Abendblatt.

Wir helfen in den Alsterdorfer Anstalten. Zeitschrift der Alsterdorfer Anstalten, Hamburg 1972–1982.

Personenregister

(A) = war bzw. ist in den Alsterdorfer Anstalten bzw. der Evangelischen Stiftung Alsterdorf tätig bzw. hat dort gelebt.

A

Ahme, Hellmut, Pastor (A). 95f.

Allinger, Emma (1897–1949), Schwester (A). 38f.

Apel, Dr. Hans (1932–2011), Politiker der SPD, 1978–1982 Bundesminister der Verteidigung. 294

Arendt, Walter (1925–2005), 1969–1976 Bundesarbeitsminister. 259

B

Bank-Mikkelsen, Niels Erik (1919–1990), dänischer Jurist, Mitentwickler des Normalisierungsprinzips. 258, 281

Barth, Prof. Dr. Karl (1886–1968), Schweizer Theologe. 66

Bauer, Dr. Fritz (1903–1968), Richter, Staatsanwalt. 72

Baumbach, Rolf (1946–2006), Pastor, seit 1993 Vorstandsvorsitzender der Evangelischen Stiftung Alsterdorf. 206

Blunk, Otto H., Staatsanwalt, Mitglied im Stiftungsvorstand der AA. 29

Bobath, Berta (1907–1991), Physiotherapeutin und Begründerin des Bobath-Konzepts. 256

Bobath, Dr. Karel (1906–1991), Neurologe und Begründer des Bobath-Konzepts. 256

Bodelschwingh, Friedrich von (1877–1946), Pastor, Vorsteher der Betheler Anstalten. 42, 45, 51

Bohne, Dr. Gerhard (1902–1981), Jurist. 72

Bohnsack, Ralf (*1948), Soziologe. 151f.

Borck, Dr. med. Wilfried (Wilhelm Friedrich) (1922–1978), seit 1955 Arzt, seit 1971 Chefarzt für Neurologie und Psychiatrie in Alsterdorf, als Arzt verantwortlich für den weiblichen Teil der Psychiatrie und den weiblichen Bereich der Anstalt (A). 90, 240, 246ff., 253f., 258–264, 267

Borck, Sebastian (*1953), Pastor, Leiter des Hauptbereichs Seelsorge, Beratung und ethischer Diskurs der Evangelisch-Lutherischen Kirche in Norddeutschland, ältester Sohn von Wilfried Borck. 260f.

Brand, Dr. Michael, Psychologe, (A). 218, 244, 266f.

Brandt, Willy (1913–1992), Politiker, 1969–1974 Bundeskanzler. 231

Braune, Paul Gerhard (1887–1954), Pfarrer, Leiter der Hoffnungstaler Anstalten Lobetal. 42

Breitel, Wolfgang, (*1953), Bewohner Heim Alstertal, Kranken- und Heilerziehungspfleger (A). 88f., 160f., 166f., 178, 181f., 185, 188, 197f.

Bruhns, Wibke (*1938), Journalistin, Autorin. 248

Brütt, Margret (*1937), Bewohnerin (A). 88f., 157, 159, 161, 165f., 170, 175, 178, 180, 186f., 198

Budde, Dr. jur. Enno (1901–1979), Richter, Mitglied des Stiftungsvorstands der AA. 35ff.

Büssow, Prof. Dr. med. Hans (1903–1974), 1946–1953 leitender Arzt (A), seit 1953 Mitglied des Stiftungsvorstands der AA. 58f.

Buurmann, Otto Taleus Eberhard (1890–1967), Mediziner, Philologe, Kriegsende bis November 1945 Stellvertreter des Präsidenten der Gesundheitsbehörde in Hamburg. 28

C

Carstens, Hans (*1899), Pflegeinspektor (A). 34

Catel, Prof. Dr. Werner (1894–1981), Kinderarzt, beteiligt an Kinder-„Euthanasie" während des NS. 72, 74

Christian, Hildegard, Beschäftigungstherapeutin (A). 274

Clement, Renate (*1945), Schwester (A). 118f., 124, 137f., 140, 143, 188, 227ff.

D

Daur, Georg (1900–1989), Hamburger Pastor. 65

Dettmann, Friedrich (Fiete) (1897–1970), Politiker der KPD bzw. SED, zwischen Mai 1945 und Juli 1948 Hamburger Gesundheitssenator. 32f.

Dixon, Stephen, Studentenpfarrer. 74

Dohnanyi, Dr. Klaus (*1928), 1981–1988 Erster Bürgermeister der Freien und Hansestadt Hamburg. 206

Donndorf, Gotthold (1887–1968), Pastor, Vorsteher des Rauhen Hauses, Mitglied im Stiftungsvorstand der AA. 29, 33

E

Ehlers, Jan (*1939), u. a. SPD Mitglied der Hamburgischen Bürgerschaft, Senator für Arbeit, Jugend und Soziales. 291

Engelland, Dr. Hans (1903–1970), Theologe, Dozent an der Kirchlichen Hochschule, Hamburg. 53

Ennen, Georg, Mitbegründer der Lebenshilfe Bremerhaven. 235

Ernst, Herta (*1911), Oberin 1966–1971 (A). 106, 114

Escher, Prof. Dr. Heinz (*1931), Psychologe, 1971–1974 Leiter der „Abteilung für klinische und pädagogische Psychologie" (A). 90, 241, 264ff.

F

Flehmig, Dr. Inge, Ärztin (A). 256f.

Förster, Alma (1895–1990), Oberin 1937–1946; Leiterin der Kinderpflegerinnenschule 1949–1962 (A). 33, 38f. 102ff., 108, 121

Frassa, Gabriele, Psychologin (A). 264, 267

Friebel, Gerda (*1931), Bewohnerin (A). 179, 192

Froehlich, Theo (*1937), Schauspieler, Literat, Zivildienstleistender (A). 131–134

Fuchs, Dr. Petra, Erziehungswissenschaftlerin, Historikerin. 152

Führing, Rita (*1955), Heilerzieherin (A). 216

G

Galtung, Johan (*1930), norwegischer Mathematiker, Soziologe und Politologe. 148

Genkel, Dr. Ingrid (*1942), Theologin, Lehrerin. 9

George, Dr. Uta, Soziologin. 151

Gerhardt, Johannes Paul (1867–1941), Lehrer, Heilpädagoge, Schulleiter der AA 1895–1920 (A). 85f.

Göb, Dr. med. Albert, Leiter des Spastiker-Zentrums in München. 292

Goffman, Erving (1922–1982), US-amerikanischer Soziologe. 148ff

Goppelt, Prof. Dr. Leonhard (1911–1973), Theologe, Dozent an der „Kirchlichen Hochschule", Hamburg. 53

Gräfe, Dr., Arzt (A). 210

Gräning, Elisabeth (1908–1976), Theologin, Diakonisse, Mutterhaus Volkstorf, Schulleiterin in Alsterdorf 1948–1955, später

Oberin im Diakonischen Mutterhaus Bethanien in Quakenbrück. 86

Grell, Wolfgang (1924–2010), Pastor der Wandsbeker Christus-Kirchengemeinde. 282

Griesinger, Prof. Dr. Wilhelm (1817–1868), Internist, Psychiater. 55

Groppe, Klaus, Psychologe (A). 279

H

Haas, Prof. Dr. Hanns-Stephan (*1958), Theologe, seit 2008 Vorstandsvorsitzender der Evangelischen Stiftung Alsterdorf. 281

Hahn, Karl-Heinz (*1923), Schulleiter seit 1972 (A). 90

Hahne, Hans-Heiner, Psychologe, Fortbildungsdozent (A). 268, 280

Hallbauer, Heinrich, Richter. 36

Hammer, Dr. med. Grit, 1976 erste stellvertretende Vorsitzende des neugegründeten Elternbeirats der AA. 270

Happel, Anna Maria (*1896), Oberstudiendirektorin, Mitglied des Stiftungsvorstands der AA seit 1956. 49

Hartwig, Dorothea (1929–1999), Oberin 1971–1984 (A). 107f., 110, 187

Hefelmann, Dr. Hans (1906–1986), Diplom-Landwirt, Hauptverantwortlicher des nationalsozialistischen „Euthanasie"-Programms (Aktion T4). 72

Helbing, Walter, Leiter der technischen Abteilung (A). 90, 246, 277

Hempel, Johannes (1891–1964), Theologe. 31

Hennig-Cardinal von Widdern, Joachim (*1927), Theologe. 238

Henningsen, Dr. Karl, Richter. 36

Hentschel, Ulrich (*1950), Pastor, 1970er Jahre Mitherausgeber der kirchenoppositionellen Zeitschrift Gegen den Strom. 282

Herntrich, Hertha geb. Fröhlich (*1910), Ehefrau von Volkmar Herntrich. 44

Herntrich, Prof. Dr. Volkmar Martinus (1908–1958), Pastor, Leiter der AA 1945–1955, seit 1956 Bischof der Hamburger Landeskirche. 30–35, 41–54, 63, 67, 86, 94f., 102, 214

Heyde, Prof. Dr. Werner (1902–1964), Psychiater, Neurologe, verantwortlich für die Aktion T4 während des NS. 72

Hildemann, Dr. Klaus D. (*1942), Theologe, Diakoniewissenschaftler, Leiter der Fachschule für Heilerzieher der Alsterdorfer Anstalten 1977–1981 (A). 279

Hiller, Lisa (1929–2003), Bewohnerin (Name anonymisiert) (A). 208–217

Hillmer, Hinrich, Architekt. 79, 246

Hohage, Dr. Karl, Ingenieur Mitglied im Stiftungsvorstand der AA. 29

Hohlfeld, Prof. Christoph (1922–2010), Musiktheoretiker, Pädagoge und Komponist. 1976 erster Vorsitzender des neugegründeten Elternbeirats der AA. 270

Höllenriegel, Rudolf (1906–1982), Lehrer, Schulleiter 1955–1972 (A). 87f., 195

Horstkotte, Dr. jur. Walter (1893–1979) Oberlandesgerichtsrat, Mitglied im Stiftungsvorstand der AA. 29, 35

Horstmann, Helmut, Psychologe. 127f., 130, 144

Hossenfelder, Joachim (1899–1976), Theologe. 31

Hülse, Thomas, Leiter der Fachschule für Heilerziehung (A). 283

Huth, Albert (1926–2008), Bewohner (A). 40, 76, 288f., 296

I

Ischebeck, Elisabeth, Oberin 1931–1936 (A). 101

J

Jenner, Dr. Harald (*1955), Historiker. 9f., 12, 20, 265

Jensen, Anna, geb. Schulz (*1898), Ehefrau von Julius Jensen (A). 68f., 80, 170

Jensen, Harro (*1941), Kfz-Mechaniker, Zivildienstleistender (A). 131–134

Jensen, Julius (1900–1984), Direktor der AA 1955–1968 (A). 31, 37, 61, 63–71, 73–81, 92f., 95f., 113f., 122, 126, 153, 174, 176, 179, 184, 194, 220, 226, 237f., 247, 275

Jentzsch, Erika (*1942), Bewohnerin (A). 173f., 177f., 188f., 194

Junski, Alfred (*1935), Bewohner (A). 174, 185f.

Just, Renate, Journalistin, Buchautorin. 198, 286

K

Kaempf, Klaus, Theologe, Pädagoge. 238

Kaminsky, Dr. Uwe (*1962), Historiker. 40

Kampf, Dr. med. Sieghard-Carsten, Politiker der Hamburger CDU. 291

Kaps, Dr. Georg, Psychiater (A). 74

Karasek, Daniel (*1959), Generalintendant und Regisseur am Theater Kiel, 1978/79 Zivildienstleistender (A). 289, 295–298

Keck, Dr., Hamburger Kinderarzt. 265

Kennedy, John F. (1917–1963), 1961–1963 Präsident der Vereinigten Staaten. 258, 260

Kerner, Reinhold Otto, Kaufmann, Mitglied im Stiftungsvorstand der AA. 29

Kersting, Prof. Dr. Franz-Werner (*1955), Historiker. 289

Klages, Julia (*1907), Oberschulrätin, 1972 erste Schulleiterin der Fachschule für Heilerzieher der Alsterdorfer Anstalten (A). 278f.

Klee, Ernst (1942–2013), Journalist, Buchautor. 234, 291–294

Klevinghaus, Johannes (1911–1970) Leiter des Wittekindshofes, Bad Oeynhausen 1945–1970. 63, 84

Knolle, Theodor (1885–1955), Theologe, Bischof der Hamburger Landeskirche, Dozent an der Kirchlichen Hochschule, Hamburg. 45, 48, 53

König, Wolfgang, 1976 zweiter stellvertretende Vorsitzender des neugegründeten Elternbeirats der AA. 270

Kreyenberg, Dr. med. Gerhard, (1899–1996), Psychiater, in Alsterdorf seit 1928, leitender Oberarzt und stellvertretender Direktor 1938–1945 (A). 27–30, 41, 55, 288

Kuhlbrodt, Dr. jur. Dietrich (*1932), Staatsanwalt. 288

Kulenkampff, Prof. Dr. Caspar (1921–2002), Psychiater, Initiator der Psychiatrie-Enquete. 267

L

Lampe, Pastor (A). 270

Langdon-Down, Dr. John (1828–1896), britischer Neurologe. 218

Langer, Diethild (*1938), 1964–1976 Beschäftigungstherapeutin (A). 274f.

Langmaack, Anke (*1928), Theologin, Pfarrvikarin (A). 95ff., 112f.

Laute, Rolf (1940–2013), Künstler, Gründer und künstlerischer Leiter der Malwerkstatt Die Schlumper. 190, 202, 205f.

Lejeune, Prof. Dr. Jérôme (1926–1994), französischer Pädiater und Genetiker. 218

Lensch, Friedrich Karl (1898–1976), Pastor, Direktor der AA 1930–1946 (A). 27–30, 34, 48, 75f., 101, 206, 288

Liebscher, Margarete. 204

Lilje, Johannes (Hanns) (1899–1977), Theologe, Landesbischof der Evangelisch-lutherischen Landeskirche Hannovers. 46, 48

Lovaas, Dr. O. Ivar (1927–2010), Psychologe, Verhaltenstherapeut an der Universität von Kalifornien in Los Angeles. 267, 269

Ludewig, Wiebke geb. Keck. 265

M

Mack, Günther, Drehbuchautor. 77

Marcus, Dorothea (*1923), Webmeisterin, Mitglied des Stiftungsvorstands seit 1973 (A). 49

Markert, Helga, Beschäftigungstherapeutin (A). 274

Martini, Oskar (1884–1980), Senator und ehemaliger Präsident der Hamburger Gesundheitsbehörde, Mitglied im Stiftungsvorstand der AA. 28f.

Matthies, Dr. med. Theodor. 27

Matzke, Klaus (*1940), Bewohner (A). 172, 187, 245

McManama, Dr. Brigitte (*1949), Kinderpflegerin, Soziologin (A). 118, 215f.

Meduna, Ladislaus von (1896–1964), ungarischer Psychiater, Begründer der Cardiazol-Krampf-Therapie. 210

Meisel, Rudi (*1949), Fotograf. 286

Meyer-Wirtgen, Dr. med. Joachim (*1933) (A). 261

Michelfelder, Sylvester Clarense (1889–1951), Pastor in Toledo, Exekutivsekretär des Lutherschen Weltbundes nach dem Zweiten Weltkrieg. 82

Mittelstädt, Prof. Dr. Gerhard, Pädagoge. 76

Mitterhuber, Georg (*1933), Pfleger (A). 128, 226, 228

Möhring, Prof. Dr. Heinrich, Pädagoge, Mitglied des Stiftungsvorstands von 1946–1968 (A). 87, 105

Mohrmann, Auguste (1891–1967), Schwester, Diakoniegemeinschaft Berlin. 102

Mondry, Rudi (1934–2012), Evangelischer Theologe und Vorstandsvorsitzender der Alsterdorfer Anstalten/Evangelischen Stiftung Alsterdorf 1983–1993. 154

Müller, Holger (*1938), Lehrer, Zivildienstleistender (A). 131–134

Müller-Schöll, Prof. Dr. Albrecht (1927–1997), Gründer der Diakonischen Akademie Deutschland, seit 1998 Diakonische Akademie Deutschland gGmbH. 281

N

Nachtrab, Dr. Hans, Medizinaldirektor, Hamburger Gesundheitsbehörde. 99

Nelle, Albrecht, Fernseh- und Rundfunkpastor Hamburg. 82

Nieland, Friedrich (1896–1973), Holzhändler, Verfasser einer antisemitischen Hetzschrift. 37

Niemöller, Martin (1892–1984), Theologe. 39

Nirje, Bengt (1924–2006), schwedischer Psychologe, Mitentwickler des Normalisierungsprinzips. 258

Nommensen, Maria (1902–1986), Oberin 1949–1966 (A). 100, 102f., 113

O

Oesterle, Karl (1894–1965), Gewerkschafter. 34

Osterwald, Hilke, Pastorin (A). 10, 12, 20, 151

Otto, Rudolf (1869–1937), Religionswissenschaftler, Theologe. 66

Otto, Werner (1909–2011), Unternehmer, Gründer des gleichnamigen Versandhauses. 255ff.

P

Pestalozzi, Johann Heinrich (1746–1827), Schweizer Pädagoge. 71

Petersen, Rudolf (1878–1962), Hamburger Bürgermeister. 45

Pörksen, Ilse, Beschäftigungstherapeutin (A). 274

Pörksen, Martin (1903–2002), Theologe und Politiker, Mitglied im Stiftungsvorstand der AA. 94, 105

Powierski, Alfred, Diakon im Rauhen Haus. 77, 95

Preußner-Uhde, Dr. med. Charlotte (*1914), 1957–1979 Ärztin, seit 1971 Chefärztin für Neurologie und Psychiatrie in Alsterdorf, als Ärztin verantwortlich für den männlichen Teil der Psychiatrie und den männlichen Bereich der Anstalt (A). 153, 164, 241, 254

Prosch, Eduard, Politiker der Hamburger SPD. 291

R

Rohde, Dr., Arzt (A). 212

S

Sachs, Michael (*1947), Politiker der Hamburger SPD. 290

Samuel, Herbert W. (1901–1982), Rechtsanwalt, Mitglied des Stiftungsvorstands der AA seit 1959, Vorstandsvorsitzender 1964–1975. 37, 77, 238

Schade, Georg (*1939); Diakon, Pflegevorsteher, Mitglied im Stiftungsvorstand der AA seit 1973 (A). 270

Schauer, Hermann (1895–1981), Pastor, Rektor des Amalie-Sieveking-Diakonissenhauses in Volksdorf, Mitglied im Stiftungsvorstand der AA. 29, 101

Scheying, Dr. Herbert, Arzt, Neurologe (A). 257

Schlaich, Ludwig (1899–1977), Pfarrer, 1930 bis 1965 Leiter der damaligen Heil- und Pflegeanstalt Stetten. 278

Schlaich, Peter, Pfarrer, Leiter der Diakonie Stetten. 244

Schleemann, Willi (*1919), Bewohner (A). 245

Schlorf, Dr. med. Hans (*1912), 1947–1970 Arzt, ab 1953 leitender Arzt (A). 60, 212f., 240

Schmidt, Hans-Georg (*1930), Pastor, Direktor der AA 1968–1982 (A). 18, 52, 106, 109, 123, 125, 160, 184, 231, 234, 236–245, 248–253, 255, 262, 269, 275, 283, 292–294

Schmidt, Prof. Dr. Kurt Dietrich (1896–1964), Theologe, Dozent an der Kirchlichen Hochschule, Hamburg. 53

Schober, Theodor (1918–2010), Pastor, Präsident des Diakonischen Werkes der EKD 1963–1984. 84

Schöffel, Dr. Simon (1880–1959), Bischof der Hamburger Landeskirche, seit 1922 Mitglied des Stiftungsvorstands der AA, 1946–1954 Vorsitzender. 29–32, 35, 42, 45, 49

Schomann, Otto (1907–1981), Oberpfleger (A). 179, 194

Schulte, Prof. Dr. med. Walter (1910–1972), Psychiater. 59

Schultheiß, Andreas, Pfarrer, Religionspädagoge. 206

Schulz, Birgit (*1953), Heilerzieherin, im Vorstand der Evangelischen Stiftung Alsterdorf (A). 12, 20, 283

Schulz, Lothar, PR-Referent (A). 249f.

Schümann, Dr. Bodo (*1937), Pastor, Lehrer, 1985–2002 Geschäftsführer der Elbe-Werkstätten GmbH, Werkstatt für behinderte Menschen in Hamburg. 291

Schütz, Paul (1891–1985), Theologe, Dozent an der Kirchlichen Hochschule, Hamburg. 45, 53

Schütze, Dr. Karl, Gründer und Vorsitzender des Hamburger Lebenshilfe-Werk e. V. 233

Schwark, Konrad (1939–2008), Bewohner (A). 161, 172, 176, 181, 189, 194, 245

Sengelmann, Dr. Heinrich Matthias Sengelmann (1821–1899), Gründer und Direktor der AA 1853–1899 (A). 70, 85, 90, 92, 101, 106, 252, 263, 272

Siebert, Dr. med. Joachim, Leiter des Werner-Otto-Instituts (A). 255, 257

Stange, Anni (1898–1962), Schwester (A). 191f.

Starcke, Ruth (*1921), Gewerbelehrerin, Leiterin der Heinrich-Sengelmann-Schule für Kinderpflege (A). 120f.

Steiner, Gusti (1938–2004), Sozialarbeiter, Begründer der emanzipatorischen Behindertenbewegung. 234, 291

Stoll, Karl (1893–1968), Mitglied im Stiftungs-
    vorstand der AA. 29
Stritter, Paul (1863–1944), Pastor, Direktor der
    AA 1899–1930 (A). 101

T

Tempel, Otto, Richter. 294
Thiele, Lotte, Bewohnerin (A). 205
Tietge, Max (1880–1967), 1908–1948 Lehrer,
    Heilpädagoge, Schulleiter seit 1920 (A). 86
Tillmann, Friedrich. 72
Tröber, Helmut (*1945), Pastor, Hamburg. 241,
    282
Tügel, Franz (1888–1946), Theologe, Bischof
    der Hamburger Landeskirche. 30, 45

V

Vesper, Gudrun (*1941), Schwester (A). 113f.,
    118f., 136, 138, 144, 224
Voigt, Werner (*1935), Bewohner, Maler (A).
    202–207
Völkel, Eduard (1878–1957), Pastor, Bischof von
    Schleswig. 46
Voss, Renate (*1943), Bewohnerin (A). 89, 157,
    174, 186, 188, 200f.

W

Wallrath, Horst (*1953), Heilerzieher, Sprecher
    des Kollegenkreises Alsterdorf (A). 130,
    135, 227f., 281–285
Ward, Mary Jane (1905–1981), US-amerikani-
    sche Autorin. 15

Welbergen, Johannes C. (1919–2003), Vor-
    stands-Vorsitzender der Deutschen Shell
    AG, Hamburg, Gründungsvorsitzender des
    Förderkreises Alsterdorfer Anstalten, heu-
    te Förderkreis der Evangelischen Stiftung
    Alsterdorf e. V. 250f.
Wichern, Johann Hinrich (1808–1881), Theolo-
    ge, Begründer der Inneren Mission. 90
Wiese, Gretel (*1925), Schwester (A). 102, 135
Witt, Otto (*1935), Bewohner (A). 172, 189, 245
Witte, Karl (1893–1966), Theologe, Bischof der
    Hamburger Landeskirche, Mitglied des
    Stiftungsvorstands der AA 1959–66. 82, 96
Wohlert, Olaf (*1944), Bewohner (A). 208,
    217–224
Wolf, Prof. Dr. Ernst (1902–1971), Theologe. 262
Wördemann, Ilse, Diplom-Psychologin (A). 263
Wunder, Dr. phil. Michael (*1952), Psychologe
    und Psychotherapeut, Leiter des Bera-
    tungszentrums Alsterdorf (A). 9f., 19, 40,
    55, 225, 254
Wunderlich, Gottfried. 156

Z

Zacharias-Langhans, Christoffer (*1929), Pastor
    (A). 95, 121
Zacharias-Langhans, Johann-Heinrich (1898–
    1962), Pastor, Hamburg. 67
Zimmer, Katharina, Journalistin. 286, 296
Zismer, Rolf (*1939), Bewohner (A). 88, 158,
    160f., 164, 166f., 170, 172, 178, 180f., 186–
    189, 193f., 196, 199f.

Bildnachweis

Alle nicht aufgeführten Abbildungen sind dem Archiv der Evangelischen Stiftung Alsterdorf entnommen.

Axel Nordmeier: 112, 202, 167, 178.
Bild-Zeitung: 246.
Briefe und Bilder aus Alsterdorf: 82 (1965/66, S.10), 83 (1960/61, S.2), 166 (1960/61, S. 17), 173
    (1962/63, S. 14).
Die geringsten Brüder. Ein Gang durch die Alsterdorfer Anstalten: 78, 79, 221.
Evangelischen Stiftung Alsterdorf, Abteilung für Öffentlichkeit: 46, 51, 68, 81, 84, 85, 86, 87, 88, 97,
    103, 172, 189, 219.
Freunde der Schlumper e.V.: Umschlag, 203, 205.
Privat: 116, 117, 118, 120, 133, 139, 143, 156, 159, 165, 170, 223, 284.
Rudi Meisel: 155, 187, 195, 199, 287.
Schmidt [1973]: 264, 276, 285.
Wir helfen: 242 (9/1971), 245 (8/1975), 250, 256 (12/1973), 290 (6/1979).

Das Gelände der Alsterdorfer Anstalten 1956